La vie des Français sous l'Occupation

DU MÊME AUTEUR

Histoire

LA GRANDE HISTOIRE DES FRANÇAIS SOUS L'OCCUPATION

1. Le peuple du désastre, 1939-1940 (Robert Laffont).
2. Quarante millions de pétainistes, juin 1940-juin 1941 (Robert Laffont).
3. Les beaux jours des collabos, juin 1941-juin 1942 (Robert Laffont).
4. Le peuple réveillé, juin 1940-avril 1942 (Robert Laffont).
5. Les passions et les haines, avril-décembre 1942 (Robert Laffont).
6. L'impitoyable guerre civile, décembre 1942-décembre 1943 (Robert Laffont).
7. Un printemps de mort et d'espoir, novembre 1943-6 juin 1944 (Robert Laffont).
8. Joies et douleurs du peuple libéré, 6 juin-1er septembre 1944 (Robert Laffont).

Le 18 juin 40 (Fayard).
Pétain avant Vichy (Fayard).

Politique

Ce que vivent les roses (Robert Laffont).
Monsieur Barre (Robert Laffont).

Romans

Une fille de Tel-Aviv (Del Duca).
Le ghetto de la victoire (Grasset).

Reportages

Israël... Israël (Domat).
Croix sur l'Indochine (Domat).
Le monde de long en large (Domat).
J'ai vu vivre Israël (Fayard).

Critique littéraire

Louis Émié (Seghers)
(en collaboration avec Albert Loranquin).

Albums

Quatre ans d'histoire de France (Hachette).
Aquitaine (Réalités, Hachette).

Théâtre

Et ça leur faisait très mal? (Robert Laffont).

Henri Amouroux
de l'Institut

La vie des Français sous l'Occupation

Nouvelle édition

FAYARD

**Pour Lotty et pour
mes parents.**

AVANT-PROPOS

Les années d'occupation ont suscité de nombreux livres de qualité.

Ils étudient le gouvernement de Vichy, les rapports franco-allemands, les querelles franco-anglaises, ils racontent les combats pour la Libération, les exploits des meilleurs résistants, ou se penchent longuement sur la psychologie du maréchal Pétain et de Pierre Laval.

Mais la plupart de ces ouvrages ne s'inquiètent pas de la vie quotidienne, de la vie difficile de l'homme de la rue, du Français « occupé ».

Ce sont des livres d'Histoire. Et l'Histoire est peuplée, on le sait, de plus de ministres, de généraux, de financiers, d'explorateurs que de boutiquiers, de bouchers, de cousettes, de cheminots, de ménagères et d'enfants pâles.

La tentation était grande, cependant, de se faire exclusivement l'historien de quarante millions d'anonymes. Pourquoi ne pas raconter non seulement les aventures sanglantes des Français sur les routes de l'exode mais aussi leurs difficultés à se procurer le pain quotidien, leurs ruses face aux contrôleurs du ravitaillement, leurs expéditions et leurs batailles dans les campagnes nourricières ?

Pourquoi ne pas dire les ersatz, le faux tabac, le faux café, le faux savon, les faux témoins, les divertissements d'une époque qui n'a pas été « noire » pour tout le monde, mais aussi les souffrances des femmes des prisonniers de guerre, le martyre de tous ceux que la Gestapo traque et arrête ?

Pourquoi ne pas évoquer les nuits d'alerte, les lendemains de bombardement, le climat de ces villes, dont les rafles et le couvre-feu dépeuplent les rues, l'écoute de la radio anglaise dans l'odeur des rutabagas, la vie des maquisards, pour qui le combat n'est qu'une brève lumière dans la suite des jours ternes et dangereux ?

L'auteur de ce livre a cédé à la tentation, découvrant, chaque jour davantage, la difficulté d'une tâche que l'abondance des documents non officiels rendait plus périlleuse encore. Documents dont beaucoup ont la chaleur de la vie et l'intensité du roman.

Le roman de la vie quotidienne, en somme...

Que ce mot de roman n'abuse d'ailleurs pas.

Il n'y a rien d'inventé dans ce livre, naturellement imparfait, incomplet, mais fondé sur de nombreux témoignages souvent inédits, sur une documentation patiemment recueillie, pendant trois ans, dans toutes les régions de France.

Un tel travail eût été, cependant, impossible sans un réseau d'amitiés efficaces.

A ces amitiés il doit en grande partie, aujourd'hui, son existence.

CHAPITRE PREMIER

LES ROUTES DE L'EXODE

Une foule. Toute la France qui coule sur les routes. De jour et de nuit, une foule protégée par deux épaisseurs de matelas, couronnée de valises et de cages à oiseaux. Une foule qui n'a jamais fini de passer, toujours aussi épaisse, toujours renouvelée et qui abandonne dans les fossés ses voitures et ses morts.

Ceux qui fuient pour échapper à la guerre.

Ceux qui fuient dans l'espoir d'être mobilisés un jour.

On se bat pour un litre d'essence.

On achète un verre d'eau.

— Allez, sortez la monnaie ! Dix sous le verre, deux francs la bouteille !

On confie des enfants aimés à des inconnus en camion.

— Prenez-le, prenez-le.

— Je m'appelle...

Ils ne sauront jamais comment s'appelle l'inconnu charitable et, quelques jours plus tard, les journaux de Bordeaux, de Lyon, de Marseille, de tous ces terminus de l'exode, feront leur plein de dramatiques petites annonces.

« *Mme Gentil, Hôtel Mercier, à Montmorillon* (*Vienne*), *demande nouvelles de ses filles Camille et Ghislaine laissées à Evreux le* 10 *juin.* »

« *Recherchons Marie-José Philippe,* 6 *ans, perdue Bourges* 16 *juin. Ecrire...* »

« *Mme Cissé, réfugiée à Loupiac-de-Cadillac, recherche ses trois enfants : Hélène, Simone et Jean perdus à Saint-Pierre-des-Corps le* 15 *juin.* »

Les camions militaires transportent des vieilles dames fatiguées et des enfants malades.

Des civils sauvent des drapeaux.

Les chars d'assaut et les corbillards pleins de gosses roulent côte à côte.

Les bennes à ordures véhiculent des tonnes d'archives inutiles. Les autocars de *Paris la Nuit* transportent des petites vieilles et des bonnes sœurs. Des chiens sont attelés à des charrettes chargées de toutes les richesses du foyer : édredons, postes de T.S.F., poupées, habits du dimanche.

Des valises changent de main. Des autos aussi. Tandis que son conducteur est à la recherche d'un peu d'essence, deux artilleurs s'emparent de la camionnette 1977 ED 8, dans laquelle la mairie de Boulogne-Billancourt évacuait ses bureaux, et s'enfuient vers Sully-sur-Loire avec cent registres de délibérations du Conseil municipal, tous les arrêtés du maire, une montagne de cartons verts et une machine duplicatrice « Edison ».

Des bandes de pillards, parfaitement organisées (eux seuls le sont dans ce désastre), fouillent les voitures abandonnées, frappent aux portes des maisons en criant :

— Les Boches arrivent, les Boches arrivent, vous allez être bombardés !

Ils s'installent dans les demeures désertées depuis un instant et les déménagent consciencieusement.

Des soldats se font tuer derrière de ridicules barricades en armoires Lévitan et charrettes de fermes, tout juste bonnes à ralentir le flot des réfugiés.

Ailleurs, c'est la population qui supplie les officiers de cesser le feu. A des artilleurs qui tentent de mettre une pièce en batterie, la foule sur laquelle les Allemands tiraillent en même temps que sur les soldats, la foule crie :

— Allez-vous-en ! Allez-vous-en ! Vous êtes des lâches (1).

Au Blanc, les anciens combattants éteignent les mèches et empêchent le pont de sauter. A Poitiers, la population menace d'abattre les barricades dressées par les hommes du 274e R.I. et le maire marche vers les Allemands, un drapeau blanc à la main.

★

Les villages que l'exode n'a pas encore atteints regardent passer les réfugiés. Sur le pas de leurs portes, les habitants disposent, au début, des seaux d'eau, des bouteilles de lait, des vivres. Les femmes hébergent des passants épuisés qui s'en vont parfois, le lendemain, en dérobant l'argenterie.

Dans une grande maison d'Argenton-sur-Creuse, les

(1) Rapporté par Léon Werth et cité par Saint-Exupéry dans *Pilote de guerre.*

réfugiés se retrouvent bientôt près de quarante. De fugitifs, les voilà sédentaires lorsque sautent les ponts et qu'ils ne peuvent plus ni avancer, ni reculer. Une demoiselle des P.T.T. et sa mère sont logées dans l'écurie, sur de la paille ; dans le jardin, campe une famille de cinq personnes ; au rez-de-chaussée, car l'étage est inhabitable depuis la destruction des ponts, dorment une vingtaine de personnes.

Chaque soir, a lieu une distribution de soupe à base de pommes de terre du jardin. Muni de son assiette ou de sa gamelle, chacun vient chercher une portion de chaleur et d'amitié. De petits groupes se forment. Les uns pique-niquent dans la serre, la famille Biry, de Maubeuge, se retire dans l'atelier, la famille Dutronc, de Dijon, sous un grand sapin, d'autres dans leur voiture (1) !

Exilés, ils se demandent à chaque instant s'ils n'ont pas eu tort de partir.

Mais leur exemple semble contagieux.

Ceux qui ont de l'argent l'ont retiré en hâte des Caisses d'Epargne pour aller se le faire voler plus tard par des compagnons de route qu'un excès de malheur rend plus aisément malhonnêtes (2).

Ceux qui ont un lit l'ont abandonné pour une botte de paille déjà souillée d'excréments. Ceux qui ont des provisions en ont chargé des sacs à dos qui scient les épaules, retardent la marche et finiront dans les fossés de l'exode.

Un balayeur à 400 francs par mois brûle vingt-cinq millions sous les yeux des directeurs du ministère des Finances réfugiés à Avoine-Beaumont.

Mais le préfet du Nord réclame au gouvernement de l'argent pour son département encerclé par l'avance allemande. On entasse plusieurs millions dans deux avions Glenn-Martin qui s'éloignent en direction de Lille. Ils approchent, ils vont atterrir, lorsque la D.C.A. anglaise les prend violemment à partie, les abat, cependant que des milliers de billets de banque se répandent dans toute la campagne (3).

---

(1) Témoignage de Mme Baucheron.

(2) En juin 1940, les Français retireront 1.212 millions de francs des Caisses d'Epargne. Dans le mois, il n'y eut que 158 millions de versements. En juillet 1940, les versements tombèrent à 107 millions et les retraits à 326.

(3) La confusion de la D. C. A. anglaise s'explique par la récente introduction (avril) de ces appareils américains sur le théâtre des opérations. Un seul des six aviateurs français réussit à sauter en parachute. Des millions dispersés. M. Carles, préfet du Nord, ne recueillit que 240.000 francs.

Sur la route, des fous se mêlent à la foule sans qu'il soit possible de les distinguer de la foule apeurée.

La ville de Troyes est abandonnée par les hommes valides aux malades, aux infirmes, aux vieillards rassemblés à l'hôtel-Dieu.

Un curé transporte dans une brouette sa gouvernante, une vieille demoiselle de 80 ans.

C'est à peine si l'on prend le temps d'enterrer les morts et de planter une croix dans la terre fraîche. A cheval sur la croix, parfois, un ours en peluche. Sur la croix, un casque.

— Les Boches arrivent. Dépêchons.

La vedette de cinéma Corinne Luchaire, qui se repose dans une maison campagnarde isolée, non loin de Mantes, a la surprise de découvrir, le 10 juin, les villages d'Ile-de-France abandonnés par les épiciers, les boulangers, les laboureurs. Pour boire un peu de lait, et en offrir à une section de zouaves épuisés et désarmés, elle doit traire des bêtes errantes.

A Saint-Benoît-sur-Loire, M. Max Jacob, poète, catholique, juif et breton, répond au curé qui lui dit, le 15 juin :

— On évacue l'hôpital, les enfants et les vieillards, il faut partir.

— Je ne suis ni enfant, ni vieillard, je resterai. Les tirs d'artillerie sont très précis. On n'a pas de raison de viser Saint-Benoît qui n'a ni pont ni usines. J'aime en tout cas mieux mourir dans mon lit que sur une route d'exil. C'est plus beau ! Non, c'est plus prudent.

Le 8 juin, les trains quittant Paris vers l'ouest circulent normalement ; le 10 juin, ils n'arrivent plus à Rennes qu'avec dix-huit heures de retard ; le 11, il n'y a plus de trains, mais la masse humaine n'en déferle pas moins à pied, à bicyclette ou en voiture.

Dans l'espoir de prendre d'assaut un wagon surpeuplé, à la marche toujours lente et incertaine, des réfugiés font parfois cent kilomètres à pied (de Charleville à Soissons par exemple), souvent près de cinquante (de Dreux à Chartres).

En juin 1940, il faut sept jours aux réfugiés pour aller par le train de Lille à Morlaix, cinq jours du Havre à Brest, cinq jours de Reims à Nantes.

★

Pendant un mois, la moitié de la France se vide d'hommes. Il y a eu les Belges et les Hollandais que l'on regardait avec pitié mais sans se croire directement intéressé. Puis les gens du Pas-de-Calais, du Nord, de la Somme. Ceux de l'Aisne, de la Marne. Ceux des Ardennes, qui sont partis des premiers avec leurs lourds chariots, sur lesquels sont assis les femmes âgées et les infirmes, sur lesquels sont entassés les sacs d'avoine pour les bêtes, tandis que les hommes, montés sur des bicyclettes, vont et viennent, recherchent des cantonnements, des vivres, de l'eau.

A chaque arrêt, il faut descendre les vieillards du chariot, puis les remonter. Certains, ne comprenant rien à cette guerre, parlent sans cesse de retourner chez eux et cherchent à s'enfuir.

Longues journées sous le soleil, sous la menace des avions.

Les paysans songent au bétail qu'ils ont dû abandonner dans les champs.

— Les vaches, ce qu'elles doivent souffrir !

Songent aux champs non moissonnés, s'inquiètent de la santé des poulains qui les accompagnent dans leur marche, des maisons ouvertes.

— Je leur ai dit, à nos soldats, de tout manger et de bien boire, mais les Boches qu'est-ce qu'ils vont faire chez nous !

A chaque heure nouvelle, l'ange de l'exode touchait insi du doigt un village nouveau.

Après avoir contemplé le long et pittoresque et pitoyable cortège des fuyards, les villageois venaient s'y intégrer docilement. L'exode les aspirait.

On avait vu des scènes semblables au moment de la première Croisade. Des villages entiers se détachaient de leurs bicoques pour prendre la route de Jérusalem. Mais, dans cette croisade à rebours, il ne s'agissait que de gagner les plages des dernières grandes vacances.

★

Les prières dites le 19 mai à Notre-Dame, devant un gouvernement mécréant, ont été impuissantes. Inutile le défilé des reliques de sainte Geneviève et de saint Louis. Il faut évacuer Paris.

Le 11 juin, dans la nuit, le gouvernement, à la demande du général Weygand, qui veut épargner à la ville d'inutiles destructions et des combats qui ne changeraient rien au sort de la guerre, déclare Paris ville ouverte.

L'annonce de cette décision provoque un dernier départ

de réfugiés. Tous ceux qui doutaient encore se décident. Ils partent par troupes, entassent sur de vieilles voitures tout ce qui leur tombe sous la main : l'immédiat et non l'indispensable (1).

Ils se mêlent aux convois paysans qui passent boulevard Saint-Germain, boulevard Henri-IV. Troupeaux de vaches, moutons, volailles dans des cages à claire-voie, chevaux trapus, chiens assoiffés, donnent aux places parisiennes l'allure de vastes champs de foire. Paris refait connaissance avec l'odeur du crottin.

Les gens se hâtent. Désireux de rattraper leur retard, ils s'éloignent sans savoir vers quel toit.

— On part... on ne sait pas très bien où... on verra bien... En tout cas, ils ne nous auront pas.

Des milliers de Parisiens assiègent la gare d'Austerlitz, refluent jusque dans le métro où ils couchent, dans l'espoir de trouver, à l'aube, une place vers le Sud dans un wagon de marchandises.

Dans les rues qu'emprunte l'exode, les convois laissent leur signature : meubles brisés, papiers gras, paille, valises ouvertes, parapluies, vêtements perdus, pneus éclatés.

Des femmes se précipitent dans les dernières pharmacies ouvertes pour faire piquer les bêtes familières qu'elles ne se résignent ni à abandonner ni à entraîner à l'aventure.

Paris achève son déménagement dans le grand vent des bobards.

— Vous ne partez pas, vous avez tort. La Préfecture évacuera de force, rue après rue, tous ceux qui sont restés.

— Vous ne partez pas ? Les Allemands vont déporter tous les hommes. Ce sera terrible. Ils brûleront la plante des pieds de ceux qu'ils prendront vivants.

— Vous ne partez pas ? Weygand a rassemblé une armée formidable derrière la Loire. La guerre va durer longtemps, le pays sera coupé en deux, comme en 1914.

— Pourquoi partez-vous ? Nous avons, grâce à des concentrations d'artillerie, détruit 1.000 chars en trois jours (2). Les Etats-Unis vont déclarer la guerre à l'Allemagne. Tout finira comme en 1914.

Dans les ambulances qui sortent d'usine, des ouvriers de chez Renault entassent leurs gosses.

---

(1) Le XIVe arrondissement — composé en majorité de quartiers populaires — ne comptera plus, le 19 juin, que 49.000 personnes (dont seulement 14.800 hommes) contre 178.000 d'habitude.

(2) Cité par Jacques Bardoux, *Journal d'un Témoin de la Troisième*, à la date du 8 juin.

A la porte d'Italie, des familles de piétons font de l'autostop, se séparent avec déchirement, se donnent des rendez-vous que le hasard et parfois la mort se chargeront d'annuler.

— A la gare de Fontainebleau. C'est ça. Demain soir ou après-demain matin.

Ceux qui soupçonnent le prodigieux encombrement des routes — il faut de six heures à vingt heures pour aller de Paris à la sortie d'Etampes : cinquante kilomètres — empruntent des chemins détournés, passent par Longjumeau, par Dourdan, mais aboutissent toujours à ces routes nationales, remplies jusqu'aux fossés d'une foule motorisée ou non, dont la fatigue se mesure au teint des visages, à l'abattement, au silence et à la morne résignation.

Dans ce tumulte du dernier jour, il y a des zones de calme, des scènes de paix. Au coin de la rue Saint-Antoine, des marchandes de fruits et de fleurs défraîchies sont postées là, comme chaque jour, dans l'attente du client.

Mais les ministères, soucieux de leurs archives, réquisitionnent, pour un dernier voyage, les véhicules qui manqueront à l'armée pour ravitailler ses troupes, évacuer son matériel et ses blessés. On abandonne des stocks de cuivre, des stocks de toile d'avion, des freins de 75, mais le Musée de l'Armée obtient deux camions pour sauver des bribes de notre gloire militaire.

Des affectés spéciaux dont les usines ont cessé de produire s'éloignent à pied, avec Marseille pour point de ralliement !

Restaurants et magasins sont fermés, les Parisiens qui restent font, après bien des recherches, de dérisoires provisions. Lucien Daudet achète du chocolat, du pain d'épices et remplit sa baignoire d'eau. Les journaux ne paraissent plus. La radio est imprécise. Des fous proposent à la petite délégation municipale qui couche à l'Hôtel de Ville (1) de déterrer le corps du Soldat Inconnu, afin de le mettre en lieu sûr ! Privés de ravitaillement, privés de nouvelles, mais non de téléphone, ceux qui n'ont pas abandonné Paris regardent, dans le ciel, se rapprocher les fumées du désastre.

Il pleut.

Dans cet inaltérable juin, il pleut enfin ; mais la pluie, tant désirée lorsqu'elle aurait pu ralentir l'avance allemande, gêner les bombardiers, n'est plus d'aucun secours

(1) Jean Chiappe, Georges Contenot, Maurice de Fontenay, Noël Pinelli.

à la patrie défaite. Sur les visages des passants, elle étale la suie des incendies qui retombe lentement.

Dans l'après-midi du 13, le général Dentz, qui a été rappelé du front d'Alsace et a accepté avec résignation la tâche de ne pas défendre Paris, où la peur de la Cinquième Colonne avait déjà conduit le gouverneur militaire à faire effectuer dix patrouilles quotidiennes dans les égouts, ordonne en effet de mettre le feu aux réservoirs d'essence du Pecq, de Port-Marly et de Colombes. A l'aube du 14, ceux de Vitry, Villeneuve-le-Roi et Juvisy brûlent à leur tour.

Les Allemands sont aux portes.

★

Depuis la veille, aucune troupe française organisée ne traverse plus Paris, mais des isolés passent encore.

Et toujours ces fuyards qui espèrent, avec leurs vieilles Renault du dimanche, gagner de vitesse les chars allemands et dont le bel élan ira mourir dans les rues embouteillées de Versailles !

Le préfet de police Langeron communique en Touraine, où le gouvernement s'est éparpillé pour peu de jours entre quinze châteaux, des renseignements sur la progression allemande.

— Ils sont à Pierrefitte.

— Ils sont à Bondy.

— Ils sont à Pantin.

Avant d'être privé du téléphone, Roger Langeron parle une dernière fois aux collaborateurs de Reynaud, de Mandel, à Magre, secrétaire général de la présidence de la République.

Pendant ce temps, les Allemands s'arrêtent aux postes de police des plus lointaines banlieues et à 23 h. 45 avertissent le gouvernement militaire de Paris que les négociations ne seront possibles que pendant cinq heures encore. Passé ce délai, les Allemands attaqueront la capitale.

Les deux négociateurs français, le commandant Devouges et le lieutenant Holtzer, trouvent devant la mairie de Sarcelles un capitaine allemand qui conduit le commandant Devouges jusqu'à Ecouen où le commandant Brink lui dictera les conditions de l'entrée dans Paris.

— Toute résistance devra cesser avant 9 heures sur le front Saint-Germain-Versailles-Meaux.

— Je n'ai pas qualité pour traiter sur ce point, réplique Devouges (1).

— Communiquez-le au quartier général français. Il faut aussi que l'ordre dans Paris soit garanti par les autorités françaises. Tous les services publics devront fonctionner normalement. Tous les habitants seront consignés chez eux pendant quarante-huit heures.

— S'il en va ainsi, remarque l'officier français, comment voulez-vous que les services publics fonctionnent ? Il faudra donner beaucoup de laissez-passer (2).

— Nous verrons, dit le commandant Brink. Apportez-nous très rapidement la réponse de vos chefs.

Lorsque l'entretien de Sarcelles a lieu, il y a déjà plus d'une heure qu'un motocycliste allemand solitaire a traversé la place Voltaire.

A 5 h. 20, trois voitures arrivent devant les casernes de Saint-Denis.

A 5 h. 30, deux camions et six motocyclistes sont à la porte de La Villette. A 5 h. 35, des troupes descendent la rue de Flandre en direction des gares du Nord et de l'Est.

Premières vagues de la marée.

Derrière leurs volets, les Parisiens qui n'ont pas quitté leur ville contemplent avec angoisse ces guerriers d'Apocalypse, ces motocyclistes, tout à la fois raides et souples dans leurs manteaux de cuir, ces troupes que la victoire n'a pas débraillées, ces hommes venus d'un autre monde et qui sont, à l'aube, les seuls spectateurs de leur irréprochable parade.

Dans son bureau de la Préfecture de police, Roger Langeron continue à prendre connaissance des renseignements téléphonés par les commissariats de police.

« 5 *h.* 50. — *Trente gardiens de la paix se trouvent prisonniers à Bondy. Ils sont désarmés par les Allemands.*

« 6 *h.* 10. — *Cinq ou six voitures se dirigent vers Aubervilliers.*

« 7 *heures. — Des troupes allemandes arrivent à la caserne de Saint-Denis, elles désarment un gardien de la paix.*

« 7 *h.* 15. — *Quelques estafettes motorisées allemandes et une automobile passent quai des Grands-Augustins* (3). »

---

(1) En réalité, les troupes françaises se sont déjà retirées de cette ligne.

(2) Les Allemands ne maintiendront pas cette clause.

(3) Roger Langeron, *Paris, Juin 1940.*

Il est 8 heures du matin maintenant.

Les soldats allemands passent toujours sans s'arrêter, marée humaine aux mouvements bien réglés par des agents de la police militaire munis d'un disque et postés à tous les carrefours.

Huit heures. De son bureau silencieux des Invalides, Dentz, qui vient de s'entretenir avec le commandant Devouges, voit les masses allemandes franchir le pont Alexandre, traverser l'Esplanade, s'avancer directement sur lui et, comme dans quelque monstrueux gros plan cinématographique, ne se diviser qu'au dernier instant. Des officiers se détachent, qui placent des sentinelles aux portes, font couper les fils téléphoniques et, avant de faire débarrasser le tombeau de Napoléon des sacs de sable qui le protègent, réclament — ô la mémoire des défaites passées — les drapeaux allemands de la dernière guerre.

Dentz réplique qu'il ignore où ils sont. Puisque les Allemands ont occupé les Invalides, qu'ils cherchent !

Huit heures. Deux officiers allemands entrent à la Préfecture de police et demandent au préfet Langeron de se présenter à 11 heures à l'hôtel Crillon pour y rencontrer le général von Stutnitz placé à la tête du Grand Paris. Le lendemain, un autre officier — de la Gestapo celui-là — fera irruption à la Préfecture. Après avoir demandé ironiquement au préfet qui l'a fait attendre quelques minutes « s'il se croyait encore sous les ordres du juif Mandel », il réclame les archives confidentielles des Renseignements Généraux : dossiers d'étrangers, d'espions, de communistes (1).

Drapeaux et dossiers.

Drapeaux. Les Allemands remplacent tous les drapeaux français un peu salis par les poussières de la ville, drapeaux si familiers que l'on ne prêtait plus attention à ce rouge au faîte des palais, à ce bleu contre le bleu du ciel.

Mais lorsque les passants voient les oriflammes allemandes remplacer nos trois couleurs (à l'Arc de Triomphe la cérémonie a lieu à 9 h. 45 le 14 juin), bien des larmes coulent (2). Pour beaucoup de nos compatriotes, voilà le plus humiliant symbole de l'occupation.

(1) Evacués par péniches le 12 juin. Sur le point d'être rattrapés par l'avance allemande, près de Roanne, les inspecteurs coulèrent l'une des deux péniches près du bord, puis la renflouèrent quelques jours plus tard, Roanne étant alors en zone libre. Dans une usine désaffectée, ils firent sécher leurs documents.

(2) Le drapeau allemand sera retiré dans la soirée et ne reparaîtra plus sur l'Arc de Triomphe. Beaucoup de drapeaux français avaient été amenés sur l'ordre des autorités le 12 ou 13 juin.

Un peu partout fleurissent rapidement les drapeaux à croix gammée : Chambre des députés, Sénat, ministères, Hôtel Crillon, Hôtel Lotti, grands hôtels du Centre sont immédiatement « décorés » d'immenses drapeaux rouges à croix gammée.

L'occupation de Paris a été minutieusement préparée et c'est une ville déjà transformée que le docteur Dietrich, chef de la presse du Reich, et le docteur Bömer montreront, dans l'après-midi, aux journalistes étrangers qui suivent l'avance allemande et iront photographier cet Arc de Triomphe qui porte dans sa pierre tant de noms de victoires, tant de noms de villes allemandes assiégées et capturées.

A partir de 9 h. 45, les Allemands qui ont posté plusieurs soldats à chacune des bornes entourant l'Arc de Triomphe, qui ont placé quatre autos-mitrailleuses et quatre canons en batterie en direction des Champs-Elysées et des avenues Foch, Victor-Hugo et Marceau, commencent leur défilé sous le regard voilé de larmes de M. Gaudin, mutilé de 1914-1918 et gardien de la Flamme.

Après avoir salué l'Inconnu, plusieurs officiers supérieurs prennent place tandis qu'au son des musiques militaires, groupées entre les avenues Mac-Mahon et Carnot ou près de l'avenue d'Iéna, les troupes débouchent de l'avenue de Wagram, de l'avenue de Friedland, exécutent d'impeccables « tête à droite » ou « tête à gauche » en passant devant l'Arc de Triomphe, la Flamme, les généraux, puis redescendent, soit par l'avenue Kléber, soit par l'avenue de la Grande-Armée.

Les troupes qui passent ont supporté de durs combats sur la Somme et sur l'Oise. Leur équipement et leur visage portent souvent les traces de la bataille et de la fatigue. Les généraux arrêtent un instant, pour le féliciter, le lieutenant Prochaska qui, le 12 juin, à la tête de sa compagnie, a percé près de L'Isle-Adam les défenses françaises. Puis l'officier viennois reprend sa marche vers le Sud. Prochain objectif de cette prodigieuse avance : Versailles et son château, Louis XIV après Napoléon.

Pendant toute la journée, officiers et soldats allemands se succèdent devant le Tombeau de l'Inconnu et se photographient mutuellement.

Vers le milieu de l'après-midi, Edmond Ferrand, membre du Comité de la Flamme, remonte les Champs-Elysées, interroge Gaudin, le gardien de la Flamme.

— On m'a dit, hier, de laisser éteindre la Flamme, affirme Gaudin. Est-ce possible ?

— Non, attendons jusqu'à 18 h. 25. Si personne ne vient, nous prendrons une décision.

Les deux hommes observent les soldats qui se succèdent et ce général allemand qui se découvre, se recueille, se met à genoux, fait le signe de la croix et prie, cependant que des larmes brillent dans ses yeux.

A 18 h. 30, aucun autre Français n'a rejoint l'Arc de Triomphe. Alors, en présence d'Allemands, qui se mettent immédiatement au garde-à-vous, Ferrand et Gaudin, la main sur l'épée, accomplissent le geste pieux. Ensuite, sur le registre quotidien, ils apposent leurs signatures :

« 14 *juin* 1940

Ed. Ferrand, membre du Comité de la Flamme
Gaudin, gardien de la Flamme. »

★

Drapeaux et politique. Des soldats jettent aux passants des tracts annonçant l'entrée en guerre de l'Italie.

Ailleurs, des voitures munies de haut-parleurs se font entendre à chaque carrefour. Vers 11 heures du matin, l'une d'entre elles stoppe place Saint-Sulpice. Un soldat allemand annonce au micro que « *Le Haut Commandement allemand ne tolérera aucun acte d'hostilité envers les troupes d'occupation. Toute agression, tout sabotage sera puni de mort.* »

Etrange tambour de ville, la voiture repart pour débiter plus loin son message.

Dans d'autres rues, ce sont des officiers qui interpellent directement les Français qui se rassemblent assez peureusement autour d'eux.

— Vous êtes libres. Nous ne vous voulons aucun mal. Les Anglais vous ont engagés dans une guerre que vous aviez perdue d'avance. Madame, vous réclamez le retour de votre mari, sans doute ?

— Oui.

— Eh bien, ma femme réclame le mien. La paix signée avec vous, nous réglerons l'affaire des Anglais dans quinze jours (1).

★

La population ? Quelle est l'attitude de la population devant cette armée allemande qui, avec ses chars, ses

(1) Rapporté par Roger Langeron.

canons, ses motocyclistes, ses colonnes, ses drapeaux, ses trophées, ses prisonniers, hélas, a envahi toute la ville et paraît d'autant plus nombreuse que les Parisiens sont plus rares.

Voici le témoignage du correspondant de guerre allemand Léo Leixner qui accompagne les blindés : « *Nous ne rencontrons que peu de civils, ils paraissent résignés aux événements, ils nous regardent comme s'ils voulaient lire dans nos yeux ce qui va leur arriver. Ils acceptent visiblement avec reconnaissance notre sourire et nos réponses rassurantes à leurs timides questions.*

« *Comme je suis heureuse que le premier soldat allemand soit aussi aimable* », *avoue une femme de banlieue. Encore un court arrêt... Un officier achète des bananes dans un magasin où les mamans cachent peureusement leurs enfants derrière elles. L'officier qui s'en aperçoit revient dans la boutique, achète du chocolat et le répartit entre les huit petits. On aurait pu entendre le soupir de soulagement de la foule apeurée. Un cauchemar disparaît de la ville à partir de ce moment-là. Une femme pleure :* « *Ma pauvre France ! Ce malheur n'est pas de notre faute.* » *Pourtant, la résignation paraît plus grande que la consternation.*

« *Le soldat allemand n'est pas aussi méchant que l'avaient dit les gazettes parisiennes encore avant-hier. Cette constatation paraît adoucir l'amertume de ce jour pour les Parisiens. Par-dessus tout, il y a un grand soulagement que la guerre soit finie* (1). »

Quant à Otto Abetz, qui a réoccupé très vite l'ambassade de la rue de Lille, où les premiers repas s'improvisent, paraît-il, « dans une atmosphère de pension bourgeoise » (2), il prend plaisir à signaler que des Français applaudissent un grenadier de la division von Briesen qui fait jouer ses biceps en disant : « Or kaput, travail or. Voilà mon or. »

★

Les renseignements sur l'attitude de la population le 14 juin et les jours suivants varient d'ailleurs suivant les témoins et le quartier.

Stupeur, honte, terreur, détresse patriotique, haine, curiosité, soulagement, indécence, tout est vrai.

---

(1) Léo Leixner. Von Lemberg bis Bordeaux.

(2) Oltramare. *Les souvenirs nous vengent.*

En juillet, le journal *La Gerbe* interrogera plusieurs personnes présentes à Paris le 14 juin. L'ouvrier André Bellier qui a pris son vélo « pour faire un tour » raconte qu'à midi « *on fraternisait avec les Fridolins. Y en avait même qui allaient un peu fort. Rue Lafayette, pendant le défilé, une grosse bonne femme pouvait pas tenir en place. Elle arrêtait pas : « Oh ! qu'y sont beaux ! Et ces chevaux ! Ah ! ils avaient pas mangé depuis dix ans, voyez-moi ça ces beaux hommes ! Et ces canons ! Et ces motos ! Ah ! ils n'avaient pas d'essence ? Et pas de matériel ? On s'est foutu de nous !* (1)

« *A la fin, je voyais qu'elle allait applaudir. J'ai été obligé de lui dire :*

— *Dites donc, la petite mère, tenez-vous un peu. Y a des gars qui sont morts...* »

Le colonel Groussard signale, de son côté, qu'un agent de la circulation allemande installé rue de Grenelle fut rapidement entouré par un certain nombre de curieux « *qui ne tardèrent pas à engager la conversation et à plaisanter* ». Et le même officier ajoute que cet état d'esprit amena les Allemands à renoncer à l'interdiction faite aux Parisiens de sortir pendant quarante-huit heures et à la remplacer par un couvre-feu fixé à 21 heures.

Quant à Lucien Daudet, qui n'a pas quitté Paris, il remarque que « *les quelques Parisiens sortis de chez eux regardent les troupes d'occupation avec curiosité mais sans aucune animosité* ».

Par contre, le préfet de police Langeron, qui a effectué plusieurs tournées dans les commissariats, est surtout frappé par le calme et le vide des rues, calme relatif, toutes les grandes artères étant envahies par les véhicules allemands : chars, ambulances, voitures hippomobiles, voitures d'états-majors, ainsi que par les nombreux bataillons qui, toute la journée, défilent en chantant.

Mais Roger Langeron note à la date du 16 juin que « *la tenue des passants est d'une dignité parfaite. Ils regardent devant eux comme si les uniformes verts étaient invisibles et transparents... Quelques cinémas ont ouvert, avec l'autorisation ou sur l'inspiration des occupants, mais attirent peu de monde* ».

Qui croire ?

---

(1) En découvrant le matériel et l'équipement de l'armée allemande, les Français, longtemps trompés par la propagande, sont frappés de stupeur, stupeur qui se mue parfois très vite en colère contre leurs dirigeants de la veille. « Pour des gens habillés avec des arêtes de poisson, ils font de l'effet », murmure un titi le 14 juin.

Tout le monde.

Toutes les réactions se sont produites le 14 comme le 15 juin, mais la plupart sont à l'honneur du peuple français. Et si, en plusieurs endroits, on a enregistré des signes de servilité, le suicide du grand chirurgien Thierry de Martel et de quelques autres Français étouffés par la honte de la défaite rachète, s'il ne les efface pas, les premiers actes de collaboration qui ne tardent guère. Dans Paris, privé de moyens d'information, une feuille paraît le 17 juin et son directeur, non content de vanter « la fraternité des hommes et l'internationale des nations » se dit d'accord avec Hitler « avec l'homme, avec le patriote allemand » pour briser les chaînes de Versailles.

Aux quatre coins de Paris on crie donc « la Victoire » ! Etrange titre, bien mal accordé à ce 17 juin 1940. Etrange journal, hâtivement imprimé au recto d'une seule feuille (1), mais dont la manchette porte, avec une stupéfiante inconscience, le refrain des soldats de « Faust » :

Gloire immortelle
De nos aïeux
Sois-nous fidèle
Mourons comme eux !
Et sous ton aile,
Soldats vainqueurs
Dirige nos pas (bis)
Enflamme nos cœurs !

Pendant quatre jours — *La Victoire* du fumeux Gustave Hervé cessera ensuite définitivement sa parution — le journal tiendra donc les Parisiens au courant des petits événements qui se produisent dans la ville déserte.

L'Institut Pasteur poursuit sa tâche, ce qui est fort utile car, en banlieue surtout, de nombreux chiens abandonnés ont mordu des enfants. Le cardinal Suhard et le clergé parisien « se tiennent à la disposition des fidèles pour les services spirituels et de tous ordres qu'ils pourraient leur rendre ».

Pour ceux qui meurent (et l'on meurt beaucoup en juin 1940), l'entreprise de pompes funèbres Edouard Schneeberg, 43, rue de la Victoire (encore !), se chargera

(1) Il s'en excuse par l'encadré d'usage : « Nous prions nos lecteurs de vouloir bien, en raison des circonstances et des difficultés que nous avons rencontrées avant de pouvoir reparaître, nous excuser de la présentation de ce numéro, à l'avenir nous leur présenterons un journal « normal ».

de « l'organisation de convois de toute nationalité et des cérémonies religieuses de tous cultes ».

Le Jardin des Plantes est ouvert de 7 à 20 heures, le bureau de placement du Syndicat national des Concierges fonctionne normalement, le Théâtre Georges-VI sollicite des acteurs. Dans ce journal fourre-tout et farfelu, on trouve même, le 20 juin 1940, alors que seuls les avions allemands sillonnent le ciel français, une publicité pour les parachutes Aviorex « les plus sûrs, les plus robustes, les plus simples, les plus résistants... » !

La nuit tombe.

Sur les vendeurs qui crient *La Victoire*, comme sur les soldats allemands qui l'achètent, après s'être fait photographier devant l'Inconnu sous l'Arc de Triomphe.

Sur Paris.

Sur la France où sept millions de réfugiés et deux millions de soldats marchent toujours.

★

Et maintenant, Paris défilait sur les routes du Loiret.

Le Paris des beaux quartiers, des ministères, le Paris des faubourgs.

En route vers les ponts d'Orléans, ces ponts au-delà desquels s'ouvrait une France encore libre et que l'on croyait, pour toujours, hors de portée de l'ennemi.

Reculant le miracle de rivière en rivière, au fur et à mesure que les rivières étaient franchies par les chars allemands, des millions de Français avaient placé tout leur espoir dans la barrière d'un fleuve presque sans eau. En 1940, la victoire de la Marne serait gagnée sur les rives de la Loire ! Voilà ce que tout un peuple nourri de réminiscences historiques, conscient de la supériorité du « système D », se disant vaguement assuré de quelque mystérieuse protection divine, s'efforce de croire encore malgré la raison et malgré le désastre.

Le flot des Parisiens déferle par toutes les routes, emportant avec lui les citadins — à Chartres, le 15 juin, il ne reste plus que 800 habitants, dont le préfet Jean Moulin, sur 23.000 — emportant les paysans qui, eux, se contentent généralement de gagner les bois proches d'où ils peuvent surveiller leurs champs et leurs bêtes.

Dans le grand désordre provoqué par les réfugiés, l'administration ajoute encore du trouble. N'a-t-elle pas imaginé le 14, le 15 juin, alors que les dés sont jetés, de faire évacuer, non seulement les hommes mobilisables, mais aussi les vieillards et les enfants ?

Comment ce départ d'une moitié de la population n'entraînerait-il pas immédiatement le départ de l'autre moitié ?

Le samedi 15 juin, à 4 heures du matin, le maire de Beaugency reçoit un télégramme qui lui ordonne de faire rallier Orléans-Saint-Marceau (même à pied) à toute la population munie de trois jours de vivres. Les enfants de Paris, réfugiés en Loiret, doivent suivre le mouvement.

Tous les maires du département du Loiret sont alertés par des télégrammes identiques. Lorsque M. Paul Cabanis, député-maire de Beaune-la-Rolande, a déchiffré le sien, il lui faut préparer en quelques heures une évacuation que la rapidité de l'avance allemande rend totalement inutile.

A l'aube, sous la protection de trois religieuses (Sœurs Marie, Françoise et Geneviève), on charge les vieillards de l'hospice dans un autocar conduit par M. Simon. Les enfants de la colonie scolaire de la Seine sont transportés jusqu'à La Ferté-Saint-Aubin par des ambulances militaires.

Privées de gendarmes, de pompiers (partis sur ordre des autorités militaires parmi les premiers), privées de boulangers, d'épiciers, de bureaux et d'usines où travailler, séparées des enfants, entendant chaque jour, amplifiés par la peur, les terribles récits de soldats et de réfugiés qui n'ont parfois rien vu, mais qui donnent toujours quelque horrible prétexte à leur fuite, craignant les bombardements et la famine plus encore que la bataille, pourquoi les populations s'accrocheraient-elles à un sol où plus rien ne les retient ?

Elles partent et aussitôt les maisons vides et soigneusement closes sont occupées, les magasins sont forcés, les jardins dévalisés.

Dans tout le Loiret — pris ici comme département témoin — ce n'est qu'un cri contre « les Parisiens ». Le maire d'une petite commune parle dans une lettre au Préfet des « *réfugiés envoyés de Montreuil, Fontenay, Bagneux ou autres lieux suspects* ».

On tord le cou des poulets.

— Encore un que les Boches n'auront pas !

Mais l'on brise aussi les glaces des armoires, on souille les draps, on déchire les robes, on laisse les robinets ouverts après avoir bu trois litres de vin et l'on jette les bibliothèques par les fenêtres.

Lorsque l'instituteur de Boismorand rentrera, il ne

trouvera, dans son école occupée, ni tableaux noirs, ni livres, ni cahiers, ni serrures, ni linge de rechange, ni argent. A Andonville où 230 habitants sur 250 ont fui, les pillards ont forcé la porte du tabernacle, jeté les hosties, volé un ciboire... et emporté le drapeau des anciens combattants.

— Encore un que les Boches n'auront pas ?

Un vent de folie souffle sur la France.

Comment en irait-il autrement dans ce pays soudain privé de chefs civils et militaires et dont l'armée est engluée dans une masse de femmes et d'enfants ?

En ces jours tragiques de juin, on se procure un gîte en fracturant une porte, de la nourriture en cambriolant une épicerie, de l'essence comme on peut, et le plus souvent au détriment du voisin.

L'adjoint au maire de La Bussière décrit les réfugiés *« tuant les poules, les lapins, les bestiaux, emportant les boissons et maints objets ou literies. Ce pillage était impossible à empêcher sans danger et l'adjoint qui a tenté d'intervenir n'a échappé que de justesse à un coup de couteau lâchement préparé dans son dos »*.

Il n'y a rien à faire. Gendarmes et gardes champêtres sont impuissants. Et, d'ailleurs, trop pressés de partir. Quel espoir peut nourrir le maire de Coudroy lorsque, pour arrêter le pillage, il relève le numéro de toutes les autos privées stationnées dans sa commune et invite les réfugiés installés dans les fermes à partir ? Tout est vain de ce qui, d'habitude, était efficace.

Les villages paisibles ont démesurément grossi et sont devenus des villes anonymes et changeantes.

Pour quelques jours, Beaune-la-Rolande passe de 1.700 à 40.000 habitants. Il faut nourrir cette masse humaine. Les bonnes volontés indigènes n'y suffisent pas.

A Briare, où il ne reste plus que 100 personnes, mais où il passe 12.000 réfugiés par vingt-quatre heures, le premier adjoint a fait rassembler tous les animaux errants pour les vendre aux bouchers qui nourrissent la foule.

A Neuville-aux-Bois, où la directrice de l'Ecole libre a créé un centre d'accueil, trois infirmières arrivent dans la soirée du 15 juin. Leur auto sanitaire ne pouvant aller plus loin, Mmes la générale Ecot, Berr et Velle se mettent à la disposition du Centre d'accueil. Et, chaque matin, la générale Ecot va quêter, parmi les réfugiés de la nuit, afin de nourrir les réfugiés de la journée...

★

Dominant cette masse, la survolant, la mitraillant quotidiennement, comme pour la pousser plus vite aux épaules et l'enferrer dans sa panique : les aviateurs allemands.

Ils l'ont vue, sans doute, comme la voit l'aviateur Saint-Exupéry : « *Je survole donc des routes noires de l'interminable sirop qui n'en finit plus de couler. On évacue, dit-on, les populations. Ce n'est déjà plus vrai. Elles s'évacuent d'elles-mêmes... Où vont-ils ? Ils ne savent pas ! Ils marchent vers des escales fantômes, car à peine cette caravane aborde-t-elle une oasis, que déjà il n'est plus d'oasis* (1). »

Dans cette masse molle et folle, il en est qui trouvent un repos définitif dans la mort. Des anonymes dont on ne saura jamais le nom, et que l'on enterre à la hâte, notamment dans le cimetière de Gien, après que la balle de mitrailleuse ou l'obus les a frappés.

« *Tombe* 76. *Un homme inconnu. Vêtu d'une combinaison bleue, paletot à rayure grise, pardessus réséda, béret basque, jambe droite raide, cheveux châtains, chaussé d'espadrilles à carreaux. Inhumé en bordure route nationale* 140, *près La Gacherie. Objets trouvés : une alliance très usagée, deux insignes du Sacré-Cœur, une lampe électrique, un briquet, une carte Michelin...*

« *Tombe* 19. *Une femme inconnue,* 40 *ans environ, taille* 1 *m.* 65, *assez forte corpulence, dont le corps flottait en Loire au lieu-dit* Les Cassons. *Etait vêtue d'une combinaison rose, une ceinture noire avec boucle noire, un ciré noir, une jarretière bleue, un gilet bleu avec manches, souliers de daim noir avec talons en caoutchouc...* »

Que de drames derrière ces notes de fossoyeur.

Qui dira jamais d'où venait l'inconnu de la tombe 84 : « *Homme taille moyenne, les pieds, les bras, le corps ligotés, vêtu d'un pantalon de velours, veston noir, une montre.* »

L'homme ligoté est-il un espion ? Un vrai ou faux parachutiste ? Un prisonnier politique abandonné sur le revers d'un fossé ?

Nul ne s'en inquiète tant est grande la frénésie « d'espionnite ». Vraies ou fausses, d'atroces histoires de cinquième colonne circulent parmi soldats et réfugiés.

(1) *Pilote de guerre.*

— Dans les Ardennes, les parachutistes allemands ont pour signal de reconnaissance le cri de la chouette !

— Près de Landrecies, des civils ont tué deux officiers français qui contrôlaient les réfugiés.

— Ce n'est rien, à Abbeville, une section a été livrée à l'ennemi par un sous-officier de la Légion.

— A Rouen, il a fallu abattre un Allemand déguisé en officier belge ainsi que son chauffeur et une femme, qui voulaient absolument obtenir le passage.

Bonnes sœurs, curés, Belges, sont particulièrement suspects. Un parachutiste prussien déguisé en religieuse, tel est le cauchemar qui hante les nuits des anciens combattants rassemblés par commune en une incertaine et brouillonne « garde civique ».

Le sénateur Jacques Bardoux raconte, le 24 mai, qu'un avion allemand ayant atterri sur le bord d'une route, il en est descendu deux hommes et une femme qui ont épuisé leurs chargeurs sur la foule des réfugiés !

De tels récits ne peuvent qu'amplifier la panique, faire perdre le contrôle d'eux-mêmes aux soldats et aux gardes mobiles. On fusille et on assomme à tort et à travers. Un sous-officier du 4e régiment de cuirassiers donne-t-il un coup de phare, il est immédiatement soupçonné d'espionnage. Un officier de marine qui cherche à rejoindre nos lignes près de Dunkerque est jugé sommairement puis fusillé par les Anglais. De braves gens, énervés ou hébétés par la défaite et qui ne peuvent pas faire de bonnes réponses, sont tués, sans autre forme de procès, par d'autres braves gens que talonne la peur.

★

Qu'une ligne de résistance soit, par miracle, établie, il ne manquera à la France repliée dans le Sud ni les tableaux du Louvre, ni les archives de milliers de petites communes occupées, ni les prisonniers de Fresnes et de la Santé.

On les a évacués au soir du 10 juin, dans deux douzaines d'autobus aux stores baissés, aux plates-formes gardées par des gardes mobiles. On les a évacués aussi — voleurs, assassins et politiques pêle-mêle — dans des voitures cellulaires. Dans chaque placard de cinquante centimètres de côté, dans chaque placard les prisonniers enfermés deux à deux vont d'abord rester dix-huit heures sans bouger.

Le communiste Léon Moussinac, avant de quitter sa

cellule de la Santé, a emporté dans un modeste baluchon peigne, savon, brosse, morceaux de sucre et de chocolat. A ces nourritures terrestres, il ajoute *Le Discours de la Méthode* de Descartes et *La Mer* de Michelet. Précautions indispensables : les captifs n'ont presque rien à manger, une cuillerée de riz le matin et une pomme de terre le soir. Pendant les alertes aériennes, on les maintient naturellement prisonniers de leurs autobus obscurs et ils restent plusieurs jours dans un camp sur la rive droite de la Loire, écoutant la bataille qui se rapproche, se querellant avec des gardes de plus en plus nerveux, ne sachant pas très bien si le salut est dans l'évasion ou dans la poursuite de ce voyage infernal.

Pour eux, comme pour tous les autres, l'espoir est de l'autre côté des ponts d'Orléans.

Pendant dix jours, les ponts d'Orléans vont voir passer des millions d'hommes.

Brusquement, le 15 juin, ils sont menacés par l'armée allemande qui veut les saisir, par l'armée française qui va les faire sauter.

★

Le 12 juin, à 8 heures, le lieutenant Albert Marchand et ses hommes se sont présentés au colonel Ginard qui les a chargés de l'étude des destructions des trois ponts d'Orléans : le pont de Vierzon où passe la voie ferrée, le pont George-V et le pont Joffre.

Dans la journée du 12 et celle du 13, les officiers et soldats du génie ont mis au point la rédaction des projets de destruction. Ils prévoient six kilos de pétards de dynamite pour le pont George-V, à la clef de voûte des deuxième et troisième travées.

Autant pour le pont Joffre.

A 6 heures du matin, le 14 juin, les travaux sont entamés par deux équipes de seize hommes dont le travail est sans cesse ralenti par les convois de réfugiés et les colonnes militaires. Par les bombardements aussi. Imprécis, ils n'en obligent pas moins les soldats à s'abriter.

Dans la soirée, le lieutenant Marchand reçoit les explosifs nécessaires à la destruction du pont George-V. Comme les pétards destinés au pont Joffre n'arrivent pas, Marchand partage son lot d'explosifs et attend les événements. A moins d'apparition de l'ennemi, la mise à feu ne pourra être faite que sur ordre écrit de la place d'Orléans. Mais aucun ordre ne sera jamais transmis et Marchand ne dispose même pas d'un cycliste pour assurer ses liaisons. Il est là, guettant l'ennemi, interrogeant les hommes qui passent.

— D'où venez-vous ?

— D'Etampes.

— Ils étaient près ?

— Juste derrière nous, mon lieutenant.

— D'où venez-vous ?

— De Pithiviers.

— D'où venez-vous ?...

Dans l'après-midi du samedi 15 juin, une foule énorme de réfugiés, de soldats et aussi d'Orléanais se précipite dans la rue Bannier.

— Les ponts vont sauter.

— Dépêchons-nous, les ponts vont sauter.

La marée humaine frôle Marchand. Poussée par la peur, par l'incendie qui commence à dévorer les premiers morceaux d'Orléans, par le bruit des avions, la foule se rue en direction du pont George-V. A l'entrée nord d'Orléans apparaissent les dernières arrière-gardes françaises. Eléments disparates qui n'en peuvent plus de fatigue, qui « décrochent » depuis des jours et des jours et qu'épuisent la tension nerveuse et les mitraillages quotidiens. Peu de troupes homogènes, beaucoup d'isolés que plus rien ne lie à cette armée en décomposition.

Sur le pont d'Orléans, passe le lieutenant Crozette du 126e R.I. qui, grièvement blessé au ventre dans la forêt de Compiègne, refuse d'attendre les ambulances allemandes (celle de son unité a été incendiée), marche longtemps soutenu par un camarade, est opéré à Paris, puis trois jours plus tard, n'ayant pour tout vêtement qu'une chemise et une culotte, fuit l'hôpital pour ne pas être capturé !

Il est heureux, Crozette. Dans Orléans en flammes, il a pu récupérer une paire de chaussettes.

Sur les ponts d'Orléans passent les Parisiens qui ont pu encore acheter quelques litres d'essence dans une épicerie de campagne.

— Trouvez-moi de l'essence à n'importe combien.

— Ah ! oui... mon bon monsieur... On pourrait p't-être bien vouer chez mon garçon qu'a p't-être encore quelques litres.

— Je paie n'importe quel prix.

— Vingt francs le litre.

— Oui, oui, vite, vite.

Sur les ponts d'Orléans passent des cars chargés d'enfants joyeux ou de malades.

Des cars chargés d'archives. Et les Allemands n'auront qu'à se baisser pour ramasser, dans un fossé, des souvenirs napoléoniens précipitamment enlevés des Invalides.

Passent des bonnes sœurs pour la première fois sorties de leur couvent.

Des ouvriers de la banlieue parisienne qui poussent des voitures à bras recouvertes de rideaux et de sacs, des ouvriers qui sont partis avec un litre de coco, un broc, une gamelle. Les infirmes, les vieillards, les éclopés sont transportés dans des charrettes, des voitures d'enfants, parfois des brouettes.

Lorsque le maire d'Auvilliers (Loiret), qui a entassé dans son auto ses quatre enfants, sa femme, sa belle-mère paralysée, tous les registres d'état civil de 1838 à 1940, les matrices cadastrales, le registre des délibérations et deux cachets de la mairie, tombe en panne d'essence quelques kilomètres avant Gien, c'est avec une brouette qu'il poursuit sa route ! Une route faite de plus de piétinements que de pas. Ailleurs, mais toujours face à la Loire, un convoi militaire met vingt-cinq heures pour aller de Sully à Gien : 25 kilomètres !

Sur le pont d'Orléans passent des infirmières de l'hôpital d'Orsay qui, pour ne pas abandonner les intransportables aux mains des Allemands, viennent de tuer six grands malades.

Parmi toutes les histoires affreuses de ce mois de juin, c'est l'une des plus affreuses.

Comment en sont-elles arrivées là, ces filles jusqu'alors bien notées et dévouées ? Dans les taxis G. 7 qui les emportent, Madeleine A..., Yvonne T..., Jeanne R..., Viviane B..., revivent-elles les heures tragiques qui les ont conduites au meurtre ?

★

Depuis plusieurs jours, l'hôpital d'Orsay est privé de médecin.

Sept infirmières épuisées, mangeant à peine, ne dormant que deux ou trois heures par nuit, soignent quatre-vingts malades et vieillards. C'est leur travail de tous les jours.

Mais elles s'occupent également de tous ces blessés que la guerre déverse sur les routes. Les médecins majors se succèdent. Ils entrent, ils pansent leurs hommes, repartent avec un mot de remerciement. Pour les soldats affamés qui passent, il y a toujours un casse-croûte et du vin.

Le 13 juin, on commence à parler de l'évacuation de l'hôpital. Il n'y a pas d'ordres, bien sûr, mais la terrible aspiration de l'exode.

Dans la nuit du 13 au 14, Yvonne T..., qui est surveillante, interroge un major de passage, un major inconnu, que l'on ne retrouvera jamais, que les uns décriront comme « petit et brun », les autres comme ayant « 1 m. 72 et une forte corpulence ».

— Si nous évacuons l'hôpital, que ferons-nous des intransportables ?

— Ils sont nombreux ?

— Sept.

Hommes et femmes, ce sont soit de grands vieillards (84, 93 et 94 ans), soit des cardiaques à toute extrémité depuis quelques semaines.

— Eh bien, faites sédol et morphine à haute dose !

Il est 2 heures du matin.

A l'aube, lorsqu'elle voit que les préparatifs d'évacuation se précisent et que les médecins militaires réquisitionnent une quarantaine de taxis en panne d'essence, près du Christ de Saclay, Yvonne T... pose de nouveau la question.

— Pour les incurables ?...

— Je vous l'ai déjà dit, répond le major agacé, sédol, morphine ou strychnine... dix, vingt, trente centimètres cubes, jusqu'à ce que vous obteniez la dose toxique.

Yvonne, qui possède la clef de l'armoire aux toxiques, sort une boîte de morphine, donne l'ordre d'effectuer les piqûres. Entre 8 heures et 9 heures, on fait trois piqûres à Joséphine D... qui a 94 ans. Elle meurt à 11 heures sous les yeux de sa voisine de chambre.

Comme les doses s'avèrent trop faibles, presque tous les malades doivent recevoir une ou deux piqûres supplémentaires et une infirmière affolée éclate en sanglots.

— Une croyante comme moi, j'ai tué un être humain !

Mais ce trouble passe inaperçu dans le trouble général.

A midi trois officiers mangent dans le bureau de la directrice de l'hôpital, à qui ils veulent absolument offrir un verre de champagne, lorsqu'un arrivant pousse brutalement la porte.

— Nom de Dieu, ils sont à Palaiseau !

Alors c'est la fuite générale. En quelques minutes, on charge quarante soldats blessés dans les taxis rouges. Dans quelques voitures libres, on enfourne des malades de l'hôpital et plusieurs infirmières.

En route vers les ponts d'Orléans.

Les quatre infirmières sont sauvées. Elles franchissent les ponts d'Orléans.

Mais la paix du cœur et le repos ne sont pas de l'autre côté du fleuve (1).

★

Dans Orléans qui flambe (les bombardements ont duré presque tout l'après-midi du 15 juin), sept soldats pénètrent à leur tour.

Ils ont perdu leur bataillon dans les ruines d'Etampes et se dirigent vers l'hôpital Sonis à la fois pour manger et pour remplir leur mission d'infirmiers. L'hôpital a été évacué et le concierge s'apprête à partir à son tour avec sa famille. Mais le caporal-chef Marcel Thomas, le caporal Dufour, l'abbé Paul Eberhard et leurs camarades le persuadent de rester. Les hommes dévorent quelques croûtes de pain.

Vers ces soldats, dont la seule présence suffit à reconstituer un embryon de centre sanitaire, des blessés se hâtent. C'est d'abord un Algérien atteint par un éclat de bombe dans le dos, puis des militaires, des civils, un gosse de 16 ans au bras déchiqueté et qui, toute la nuit, appellera sa mère.

Il ne suffit pas de s'occuper des hommes. Au fond de la cour de l'hôpital, plus de 800 chevaux sont attachés dans les écuries du 8e chasseurs à cheval. Abandonnées, les bêtes meurent de faim et de soif. Quelques infirmiers vont leur donner à boire.

Le 16 juin au matin, l'abbé Eberhard et ses camarades reçoivent la visite de sœur Pauline du Bon-Secours.

— Nous n'avons pas évacué l'hôtel-Dieu et deux médecins opèrent chez nous. Amenez vos blessés.

Alors, sous la mitraille, à travers les rues en flammes, on opère le délicat transbordement.

★

Maintenant, les ponts vont sauter. Le chanoine Chapuis et M. Rosier, les premiers, ont vu arriver trois voitures de

(1) Jugées en mai 1942, les quatre infirmières d'Orsay ont été condamnées avec sursis à des peines variant entre cinq ans et un an de prison. La panique de juin 1940 — encore présente dans toutes les mémoires — fut à l'origine de ce verdict de clémence.

soldats allemands près du square Charles-Péguy où de nombreux blessés attendent du secours.

Il est 14 h. 32.

Une des autos blindées allemandes fonce vers le pont George-V.

Le lieutenant Marchand la voit arriver et donne l'ordre de mise à feu.

Les Allemands réussissent à passer avant l'effondrement du pont, tirent sur la douzaine d'hommes de garde, puis s'éloignent en direction de Sully.

Il est 15 h. 30.

Une demi-heure plus tard, devant la pression allemande, le lieutenant Marchand, qui a tenu assez longtemps pour assurer le passage sur l'autre rive d'une batterie antichars, donne un second ordre de mise à feu. Dans un vacarme effroyable, le pont Joffre s'effondre dans la Loire.

Surpris par l'explosion, des réfugiés ont été jetés à l'eau (1). D'autres, morts ou vivants, sont retombés sur les piliers déchiquetés du pont. Le 18 juin, l'abbé Eberhard et le caporal Dufour réussiront à sauver Mme Roblet et Mlle Mirof qui se trouvaient à côté de deux cadavres dans une auto à moitié ensevelie par les ruines du pont. Le 19 juin, ils arrachent à la mort le capitaine Robert Janet qu'une grave blessure immobilise sur une des piles du pont Joffre.

Les ponts d'Orléans ont sauté (2). Des centaines de milliers de Français perdent tout espoir de gagner le Sud. Il leur faut rebrousser chemin...

★

Ceux qui ont passé continuent vers le Sud.

Objectif des plus ambitieux et des plus menacés : Hendaye, où les autorités espagnoles ne laissent passer que cent vingt voitures par jour, où il faut abandonner dans le coffre de la douane, lingots d'or, dollars, bijoux, richesses dont les Allemands s'empareront dès leur arrivée.

Objectif de millions d'autres : ces villes qui se gonflent régulièrement.

Agen qui passe de 27.000 à 45.000 habitants ; Cahors de 13.000 à 60.000 ; Périgueux de 37.000 à 80.000 ; Brive de 30.000 à 100.000 ; Lourdes où le centre d'accueil de la

---

(1) « On ignore combien de réfugiés se trouvaient sur le pont Royal : 100, 500, 600 », écrit la *Nouvelle République*, le 16 juin 1950.

(2) Le pont de chemin de fer, dit pont de Vierzon, ne sauta pas. Les Allemands l'utilisèrent immédiatement.

rue Baron-Duprat voit passer en quelques jours 40.000 réfugiés ; Angoulême, où, dans les services de chirurgie de l'Hostel-Dieu de Notre-Dame-des-Anges, il faut dédoubler les lits pour accueillir les enfants blessés sur les routes ; Toulouse où l'on se dispute les salles de bains et les cabinets de débarras, où la gare est pleine de voyageurs qui ne savent plus quel train prendre et passent la nuit, adossés aux murs sales, assis sur leur valise, la tête entre les bras, somnolents, éveillés, somnolents.

Bordeaux enfin, Bordeaux au pont unique, nuit et jour engorgé d'hommes et de véhicules.

★

Dans notre histoire républicaine, Bordeaux demeure la capitale des jours tragiques.

A la ville, à son théâtre, à ses bâtiments officiels demeurent liés les souvenirs de 1870 et de 1914. Le décor a l'opulente discrétion de ces bureaux de notaire provinciaux où s'achèvent de grands destins.

Depuis les premiers jours de juin, la ville est encombrée de réfugiés. Sur la table du préfet Bodenan, télégrammes et notes manuscrites, émanant de la préposée au téléphone, s'accumulent.

« *Communication de la surveillante du téléphone. Le ministère des Affaires Etrangères est actuellement à Langeais (Indre-et-Loire)... Le ministère de l'Armement à la Bourboule.* »

« 140 *enfants, réfugiés de Seine-et-Oise accompagnés de* 8 *personnes, passeront gare Bordeaux train* 409 *mercredi matin* 5 *h.* 27 *pour centre Condom (Gers). Prière assurer ravitaillement.* »

« *Vous informe que d'accord avec vice-présidence du Conseil, je dirige sur votre département à concurrence de* 2.000 *places enfants accompagnés par parents et femmes enceintes en provenance communes de Colombes, Puteaux et Vincennes.* »

« *Un train* 251 *aliénés Bas-Rhin et* 75 *personnel passeront gare Bordeaux le* 7 *juin à* 5 *h.* 19. *Halte repas. Départ* 6 *heures.* »

C'est une avalanche de malheureux.

A partir du 10 juin, une mission de l'Armement présidée par le général Goby tente de faire partir tous ces gens pour installer à leur place des ouvriers travaillant aux industries de guerre. Peine perdue. D'ailleurs, où aller maintenant ? Ceux qui ont obtenu une place, un coin de table, un coin de lit se battent pour les conserver.

Les départements encore libres se renvoient les réfugiés en surnombre. Le préfet de la Haute-Garonne proteste le 17 juin auprès du préfet de la Gironde qui vient de diriger trois trains sur Toulouse. Le préfet des Deux-Sèvres expédie un S. O. S. et demande que l'on stoppe les convois de réfugiés. Il n'a pas de quoi les nourrir. Il ne sait comment les loger.

A l'intérieur même du département, les villes et les villages se ferment. Les municipalités n'ont plus de pain, plus d'argent, plus de lits. Le maire de Pauillac, qui a déjà 300 réfugiés dans sa commune, en reçoit 500 en quelques heures et doit réclamer d'urgence, à Bordeaux, 50 lits d'enfants.

Dès le 12 juin, Mme de Fels, femme du maire d'Arcachon, téléphone pour signaler qu'elle ne peut plus loger personne.

Le 17 juin, en gare de Libourne, 3.000 réfugiés ; 2.500 en gare de Saint-Mariens ; 1.500 en gare de Coutras surgissent de trains militaires et réclament bruyamment un peu de nourriture, un peu de nouvelles.

A Bordeaux, les différentes couches de réfugiés se superposent. Les premiers arrivés sont les moins mal logés. Les premiers arrivés, c'est-à-dire les Belges : dockers d'Anvers que le préfet a, un moment, l'intention de faire photographier et mensurer, policiers bruxellois, familles débarquées le 22 mai de l'*Albertville* et du *Baudouinville*. Les Belges et aussi les gens du Nord, les Alsaciens et Lorrains qui ont rejoint une partie de leur famille campée depuis l'hiver dans le Sud-Ouest.

Les autres s'installent comme ils peuvent. Liés aux camions et aux trains qui les transportent, ils en suivent le sort. Bien malgré lui, le dépôt du 18e train accueille ainsi quatorze vieillards et deux religieuses de l'hospice de Villebruel dans l'Yonne.

La gare Saint-Jean est un vaste caravansérail où 30 gardes mobiles — il en faudrait 120 — sont incapables de remettre de l'ordre parmi les femmes, les enfants et les soldats errants.

Aboutissent là tous les convois qui, pendant des jours, se succèdent sur toutes les voies ferrées, s'arrêtant en rase campagne, bloquant aux passages à niveau la marée des véhicules, se touchant tous sans jamais pouvoir se dépasser, longue chenille noire que coupent et fractionnent les bombes.

Trains chargés de bagages (qui resteront en gare jusqu'en juillet 1940 sans que l'on sache qu'en faire).

Trains sanitaires chargés de blessés civils et militaires, d'hommes qui ont longtemps souffert sous la chaleur des tôles, qui ont entendu, sans pouvoir fuir, les avions passer en rase-mottes, de femmes aux pieds malades, aux pieds énormes, gonflés, sanglants, comme usés à force de marcher.

Trains de troupes où se sont glissés des enfants perdus. Trains de réfugiés où se sont perdus des soldats en fuite.

★

C'est dans cette ville surpeuplée (700-800.000 habitants ?) que Paul Reynaud précédant, sur des routes momentanément dégagées (1), un gouvernement assommé par la défaite, arrive le 14 juin, vers 18 h. 30. Dans la cité, où plus un lit n'est à louer, où chacun héberge des parents, des amis, des amis d'amis, des inconnus, il faut trouver place pour le flot de tous ceux qui papillonnent encore autour du pouvoir, font des gestes, prononcent des discours, exposent des plans dont l'importance décroît à chaque instant dans une France peau de chagrin.

Repliés sur les trois grandes imprimeries de la ville, les journaux de Paris sont également présents. Deux chaises à la rédaction de la *Petite Gironde* constituent toute la fortune du *Temps,* du *Figaro,* du *Journal* et, dans les couloirs encombrés d'une foule inquiète, intelligente et sans emploi, André Pironneau, rédacteur en chef de l'*Epoque,* raconte qu'en 1937, le colonel Guderian lui a parlé du colonel de Gaulle... François Mauriac lit quelques dépêches dispersées sur une table et murmure :

— Ah ! pauvre pays !...

★

Le maire Adrien Marquet a réclamé à l'archiviste municipal Xavier Védère le dossier de l'exode de 1914. C'est sur ces références que l'on distribuera les logements.

---

(1) D'après Louis Marin, Georges Mandel, ministre de l'Intérieur, aurait donné, depuis Tours, l'ordre de faire dégager une route en direction de Bordeaux pour permettre le repli rapide du gouvernement. Entendu par la Commission d'enquête sur les événements survenus en France de 1933 à 1945, M. Albert Lebrun précisa que, s'il rallia en effet Bordeaux sans être gêné par les réfugiés, ce fut en suivant des chemins départementaux.

Le président du Conseil, Paul Reynaud, est logé dans l'hôtel du commandant de la XVIIIe région militaire, rue Vital-Carles, voisin de l'hôtel de la Préfecture, où se trouve le président de la République Albert Lebrun. Le maréchal Pétain a été envoyé à l'autre bout de la ville, 304, boulevard Wilson.

« *Les propriétaires sont absents. La concierge qui ouvre la porte déclare que les armoires sont fermées et qu'elle n'a rien pour préparer les lits. Quand elle sait quel est l'hôte imprévu qui se présente, elle offre les plus beaux draps de son trousseau pour le Maréchal et le général Brécard qui l'accompagne* » (1).

M. Mandel, ministre de l'Intérieur, s'est installé à la table de travail du préfet Bodenan. Le Sénat occupe la salle de cinéma *Capitole*, rue Judaïque. A la Chambre ou à ce qu'il en reste, 105 députés, on a affecté l'école primaire du cours Anatole-France, mais de nombreux parlementaires passent leur journée à la mairie, dans l'ombre de Pierre Laval et du maire Adrien Marquet.

Le ministère des Affaires Etrangères campe au Lycée Longchamp avant de gagner la Faculté de droit. Le ministère de la Guerre occupe l'annexe d'un lycée de jeunes filles, celui du Ravitaillement les Abattoirs, ceux de l'Air et des Colonies sont installés à la Chambre de Commerce.

Tout est à l'avenant.

Dans un décor de préfecture, sous les yeux de réfugiés qui sont maintenant plus d'un demi-million et dont certains s'efforcent de donner à Bordeaux « l'air de Paris », les derniers ministres de la IIIe République enregistrent, sans y croire encore, le plus grand désastre de la France.

Les palais harmonieux, bâtis au XVIIIe siècle par des commerçants heureux, abritent des hommes angoissés et surexcités à qui le pouvoir échappe.

Quel pouvoir d'ailleurs ?

Ils ne peuvent ni canaliser ces millions de réfugiés, cette moitié, puis ces trois quarts de la France, qui cherchent refuge dans le dernier quart, ni faire refluer l'armée allemande infiltrée partout et dont les communiqués français, de jour en jour plus discrets, n'osent même plus révéler toute l'avance.

Les rédacteurs du communiqué savent-ils d'ailleurs où

(1) Louis-Georges Planes et Robert Dufourg : *Bordeaux capitale tragique*.

se trouvent les Allemands ? A peine rédigé, leur texte est périmé. Imprimé, il se révèle tragiquement faux. Lorsque le général Weygand, pour répondre à l'appel du maréchal Pétain, qui n'est encore que vice-président du Conseil, quitte, le 14 juin, le Grand Quartier Général de Briare, il s'embarque avec trois officiers d'ordonnance dans un train spécial qui mettra plus de douze heures pour atteindre la gare de Bordeaux-Bastide. En douze heures, les blindés allemands ont progressé presque partout de 50 ou 100 kilomètres. Le général Lafont, commandant la région, qui accueille le général Weygand à sa descente de train, ne peut que lui annoncer de nouvelles catastrophes.

C'est dans cette ville surpeuplée, terrorisée par la crainte des bombardements, enfiévrée par mille bobards (1), que se joue le dernier acte d'un drame dont les acteurs sont des hommes presque tous arrivés au dernier stade de l'épuisement nerveux.

★

C'est à Bordeaux, les 15 et 16 juin, que toutes ses cartes sont arrachées à Paul Reynaud.

Roosevelt répond à son télégramme angoissé, envoyé dans la nuit du 13 au 14, par des promesses charitables mais imprécises qui équivalent à une fin de non-recevoir. L'Amérique n'interviendra pas. Il nous faudrait son secours à l'instant. Elle ne peut parler que d'avenir.

Soutenu par le maréchal Pétain, Weygand affirme qu'il faut demander l'armistice sans plus tarder et gagne sans cesse, à l'intérieur du Conseil, des partisans à sa thèse. Le généralissime ne veut pas d'une capitulation qui, selon lui, couvrirait nos drapeaux de déshonneur et ne permettrait au gouvernement de quitter la métropole qu'en cédant la métropole tout entière à l'ennemi.

A Paul Reynaud qui allègue l'exemple de la reine de Hollande, Weygand réplique :

— Quelle analogie y a-t-il entre un monarque et le chef d'un de ces gouvernements éphémères, tels que la IIIe République en a déjà compté plus de cent en soixante-

(1) Et naturellement l'on reparla de la 5e colonne. C'est ainsi que plusieurs témoins affirmèrent avoir vu, le 20 juin, lors du bombardement de Bordeaux, des signaux lumineux émanant du bateau belge *Baudouinville* qui était ancré au quai de Martin-Videau, à Bordeaux-Bastide. Des pigeons voyageurs (?) seraient également partis du *Baudouinville* quelques jours plus tôt.

dix années d'existence ? Une fois parti de France, Paul Reynaud serait remplacé et oublié (1).

Et d'ailleurs, comment partir et avec quelles troupes ? Darlan qui, le 14 juin, était opposé à l'armistice, hausse maintenant les épaules lorsqu'on lui parle de transporter 900.000 hommes en Afrique du Nord.

— Il faut 200 navires ! Où sont-ils ? Et où sont vos 900.000 hommes ? Où sont les vivres et les approvisionnements ?

On pourrait lever toute la classe 40, mais il n'y a ni armes, ni vêtements pour ces adolescents. Ou plus exactement on ne sait où se trouvent approvisionnements et munitions. Les découvre-t-on, il n'y a pas d'essence pour les transporter. Pour réarmer les débris de l'armée Corap, battue à Sedan, c'est à peine si l'on a pu rassembler 5.000 vieux fusils. Dans ces conditions, à quoi bon ?...

Au sein du Conseil des ministres que ne contrôle plus le larmoyant Albert Lebrun, la division est totale. Le dernier carré des partisans de la résistance à outrance, Reynaud, Mandel, Dautry, Rio, cède davantage sous les coups de la terrible réalité et de tous ces bruits qui circulent dans la ville, et de tous les désastres annoncés par les dépêches, les liaisons, les fuyards, que sous les attaques des partisans de l'armistice.

Au fur et à mesure que les heures passent, l'armistice s'impose comme la seule solution capable de mettre fin au supplice de tout un peuple. Plus tard, lors du procès du maréchal Pétain, Paul Reynaud déclarera :

« *Si on avait fait voter les Français à ce moment-là, les Français croyaient au maréchal Pétain.* » Ils croyaient surtout à l'urgence d'un armistice.

Ils souhaitaient un armistice et non la poursuite de la guerre en Afrique.

Paul Reynaud a raison d'affirmer qu'Alger est une ville aussi française que Tours ou Casteljaloux. Raison d'affirmer que la capitulation militaire abrégerait les souffrances des Français en mettant fin immédiatement aux combats. Peut-être a-t-il raison aussi de croire que les Allemands ne franchiront ni la Méditerranée, ni le détroit de Gibraltar (2).

---

(1) Paul Reynaud a nié que cette phrase ait été prononcée. Du moins le sens y était.

(2) Il faut souligner que, depuis l'Afrique du Nord où il commandait en chef, le général Noguès enverra *sept* télégrammes au général Weygand

Mais presque personne, parmi les chefs militaires français, n'imagine la possibilité d'une efficace résistance anglaise.

— L'Angleterre ? Dans trois semaines, elle aura le cou tordu comme un poulet.

Que le général Weygand l'ait ou non prononcée, cette phrase cinglante exprime l'opinion de la majorité des soldats de métier et de bon nombre de civils.

L'armée française vaincue, l'armée allemande leur semblait invincible.

Cette réaction d'orgueil professionnel et de nationalisme sera à l'origine de bien des erreurs et de bien des drames.

Le 16 juin, le Conseil des ministres, après avoir rejeté une proposition d'union franco-britannique, en revient à l'étude de l'armistice.

M. Chautemps, vice-président du Conseil, propose à nouveau que l'on adopte la solution transactionnelle dont il a déjà exposé la veille les détails : demander les conditions de l'armistice qui *seront* inacceptables et permettront, une fois repoussées, de reprendre la lutte avec vigueur.

C'est ruser avec la réalité. Les conditions d'armistice une fois demandées, le faible ressort qui maintient encore en marche une partie de l'armée française sera définitivement brisé.

Certes, il y a des unités qui se battent toujours farouchement en ces jours tragiques où la France chancelle. Mais elles n'ont plus ni la prétention ni l'espoir d'endiguer l'avance allemande. Elles sauvent l'honneur.

Que le sous-lieutenant Michel Madon descende trois avions ennemis, dans la seule journée du 14 juin, le ciel n'en restera pas moins, pour le fantassin, désespérément vide de cocardes françaises. Que le sergent-chef aviateur Le Moal attaque à la mitrailleuse, le 16 juin, les colonnes ennemies, cela fait à l'armée allemande une égratignure à peine visible.

Quels renseignements peuvent bien rapporter de leur mission en plein ciel adverse les lieutenants Gouzian, Da, le sergent-chef Costes, l'adjudant Boutière et tous ces hommes qui volent entourés d'ennemis (le sous-lieutenant Charles Toni qui effectue un vol d'observation sans protec-

pour lui demander de poursuivre le combat en Afrique. Interrogé le 22 juin sur les possibilités de résistance, il répondit :

« L'Afrique du Nord avec ses ressources actuelles, les renforcements d'aviation en cours qui ont une importance capitale et avec l'apport de la flotte, est en mesure de résister longtemps aux entreprises de l'ennemi. »

tion de chasse sera attaqué, le 16 juin, par 27 Messerschmitt 109) ?

Ils meurent partout — 757 avions français abattus ou détruits du 10 mai au 10 juin — mais on ne les a vus nulle part tant est immense la supériorité allemande, rapide le moment du combat.

Ils rentrent — lorsqu'ils rentrent — sur des avions criblés d'éclats, si déchirés qu'ils semblent ne plus se maintenir en l'air que par la volonté humaine.

Saint-Exupéry a tout dit de ces inutiles missions de renseignements : « *Heureusement — nous le savons bien — on ne tiendra aucun compte de nos renseignements. Nous ne pourrons pas les transmettre. Les routes seront embouteillées. Les téléphones seront en panne. L'état-major aura déménagé d'urgence. Les renseignements importants sur la position de l'ennemi, c'est l'ennemi lui-même qui les fournira.* »

Et, sur terre, ces soldats qui ne se sont pas déchaussés depuis dix-sept jours, ces bataillons qui, de décrochage en décrochage, finissent, écrira le lieutenant Armand Lanoux, par se sentir *comme suspendus dans le vide*, ces régiments décimés dont les colonnes se confondent avec les colonnes de réfugiés jusqu'à en prendre le débraillé et la terreur, peuvent-ils autre chose que se sacrifier pour ralentir de quelques heures l'avance de la marée ?

Voici, par exemple, le 57e R. I. qui se bat hargneusement devant Voncq, le 9 juin, contre-attaque, capture 572 prisonniers aux trois régiments qui sont en face de lui. Qu'importe cette victoire locale lorsque tout le front cède et lorsque les renforts ne peuvent rejoindre le premier bataillon réduit à 25 hommes et 2 officiers ?

Le 11 au soir, le régiment doit retraiter. En trente-six heures, il couvre 56 kilomètres. Il tourne autour de Bar-le-Duc déjà occupé par l'ennemi, descend vers Vittel, est expédié faire le coup de feu à Neufchâteau, engage autour de Châtenois une véritable partie de cache-cache avec les Allemands, rassemble les hommes valides, mais combien épuisés pour un dernier combat le 20 juin sur la rive gauche de la Moselle. Combat au terme duquel toute résistance organisée est brisée. Mais le colonel a donné l'ordre de dispersion et fixé à ses hommes épuisés la mission de rejoindre... les armées de la Loire.

Ils se mettent donc en marche par petits groupes, plus ou moins heureux.

Autour du colonel, 120 soldats, tapis pendant trois jours

dans les bois, observant malgré eux les colonnes allemandes qui circulent sans arrêt sur la route Nancy-Mirecourt, mangeant un cheval cru. Lorsqu'ils franchissent enfin la route, les voilà repérés. De 120, ils ne sont plus que 90, 60, 40, 13 enfin qui ont la chance d'atteindre un village fraîchement évacué par les Allemands et où on leur donne des vêtements civils...

★

Réduits à une poignée de combattants ; ont combattu jusqu'au bout, ce sont des mots que l'on retrouve dans les citations publiées en novembre et décembre 1940.

Comme Weygand était l'ombre de Foch, Mandel l'ombre de Clemenceau, des milliers de fantassins, de marins et d'aviateurs font en sorte d'être l'ombre des soldats de la Grande Guerre. Il en est qui se feront tuer la veille de l'armistice, qui se battront après l'armistice, qui voudront au prix de leur sacrifice et de leur sang réparer cette effroyable liquéfaction de l'armée française.

Car, passé les jours de mai, l'armée allemande cueille les Français par dizaines de milliers.

Brasillach a complaisamment raconté l'histoire de ces soldats et de ces officiers qui, désarmés, mais laissés libres de leurs mouvements par une armée accablée de captifs, remontaient vers le nord en interrogeant les soldats allemands « *par le seul mot allemand que nous connaissions : « Lager », et ils nous indiquaient la route à suivre* (1). »

Certes, il en est qui s'évadent au soir de leur capture. Le capitaine Henri Frenay fera 700 kilomètres à pied. Pierre Brisson, directeur du *Figaro*, rejoindra à bicyclette la zone libre, après avoir couché dans plus de granges que de châteaux. Le capitaine Chaila reste avec quelques hommes caché dans une région occupée et rejoint Paris où il dépose en lieu sûr la caisse d'une unité de l'armée de l'air avant de reprendre la route pour la zone non occupée. Le lieutenant Jean Chariel, après avoir sauté de son avion en perdition, échappe à ses poursuivants et, durant sa marche vers nos lignes, n'oublie pas de noter des renseignements sur la progression allemande.

Claire Roman, la seule femme pilote qui ait fait partie de l'armée française, est capturée par une reconnaissance allemande sur le terrain de Rennes où elle vient d'atterrir, le 18 juin, pour sauver quelques avions abandonnés. Quel-

(1) *Journal d'un homme occupé.*

ques heures plus tard, elle réussit à fuir la caserne où on l'a enfermée, gagne Saint-Nazaire à bicyclette, se fait délivrer un appareil américain dont elle ignorait le maniement et regagne le terrain des Landes-de-Bussac cependant que les autres pilotes, pris avec elle, réussissent à fuir en mettant hors de combat un motocycliste allemand et en franchissant la Loire à la nage.

★

Mais, même multipliés par dix mille, ces exemples ne sont que des exceptions et il y a de terribles défaillances...

Depuis trois jours, des régiments d'artillerie en provenance de la ligne Maginot retraitent. Sans combattre. Les ordres interdisent de faire usage des armes et certaines unités ont enterré les munitions. Le 23ᵉ R.A.F. est de celles-là.

Mais, le 20 juin, alors qu'il est pressé par les Allemands, le colonel Charly, commandant le régiment, réunit six officiers dans un verger du petit village de Tantimont. Le colonel explique qu'il a l'intention de résister.

— Au moins pour sauver l'honneur, messieurs.

Il n'y a plus de munitions. Les verrous des pièces ont été abandonnés à Vaudigny. Eh bien, on ira les rechercher. Les hommes sont fatigués. Ils en ont assez de cette guerre stupide, ils savent que l'armistice a été réclamé, ils jugent inutile de prendre des risques, on vient de retrouver quatre soldats cachés dans une cave.

— Conseil de guerre pour ces quatre gaillards. Je parlerai aux autres.

Charly s'avance vers les troupes qui gardent la tête basse. Il exhorte, essaie d'enflammer, finalement menace et donne des ordres. Un sous-officier décide d'envoyer deux hommes de la 8ᵉ batterie à la recherche de munitions. Deux hommes, Arnould et Fernand B..., deux hommes qui renâclent. B... murmure : « Si j'y vais, je le descends. » Et voilà que quelqu'un pousse un mousqueton entre ses mains.

— Prends-le et descends le colonel, ça nous évitera le massacre.

Fernand B... tire. Au grand soulagement de tous, le colonel Charly s'effondre. Quelques minutes plus tard, les Allemands arrivent et capturent ces hommes qui n'ont pas voulu d'un baroud d'honneur (1).

---

(1) Au terme d'un procès confus, Fernand B... sera condamné, en avril 1949, à cinq ans de prison par le tribunal militaire de Metz.

★

Ce que l'armée française attend de l'armistice, c'est sa démobilisation. Les hommes qui se laissent capturer dans les casernes, où l'intendance n'a même pas eu le temps de les habiller, estiment que la captivité est le plus sûr moyen d'être rendus bientôt à la vie civile.

Ils ne savent pas.

Très peu de Français, d'ailleurs, ont compris que Paul Reynaud avait raison lorsqu'il lançait à Weygand :

— Vous prenez Hitler pour Guillaume Ier, vieux gentleman qui nous a pris l'Alsace-Lorraine, et tout était dit ; or, Hitler, c'est Gengis Khan.

Mais Paul Reynaud, ce soir du 16 juin, n'a plus que quelques partisans autour de lui (1). En face de lui, contre lui, ses deux vice-présidents du Conseil, Pétain et Chautemps, Pétain, surtout, qui, le matin même, a lu une lettre de démission et proclame son intention de ne pas quitter le sol français ; contre lui la majorité des ministres, la foule presque tout entière que la moindre rumeur affole, le généralissime, les armées qui en ont assez de gravir leur chemin de croix sous un soleil de grandes vacances.

Paul Reynaud abandonne le pouvoir et il conseille à Albert Lebrun de lui donner le maréchal Pétain pour successeur.

La France, si elle n'attend plus de ce vieux soldat des recettes de victoire, espère du moins qu'il sera, mieux que tout autre, capable d'obtenir une paix honorable.

Alors, pendant cette nuit du 16 juin, tout se dénoue très vite.

A 21 heures, Paul Reynaud démissionne. Le président Lebrun fait appeler le maréchal Pétain et il a « l'heureuse surprise » de voir le vice-président du Conseil tirer de sa

---

(1) Au Conseil des Ministres, il n'y a pas décompte des voix. Mais lorsque Camille Chautemps avait, pour la première fois, proposé de demander à Hitler ses conditions d'armistice, Paul Reynaud, prenant une feuille de papier, avait inscrit à droite ceux qui parlaient pour la proposition Chautemps (treize) et à gauche ceux qui étaient partisans de sa politique (six). Les mêmes proportions se retrouveront le 16 juin.

Ces chiffres varieront d'ailleurs avec les heures... et avec les témoins. Selon Reynaud, le 17 juin, neuf ou dix ministres lui étaient toujours fidèles. Pomaret estime qu'il y avait, au cours du dernier conseil de cabinet Reynaud, douze ministres hostiles à l'armistice, mais, en vérité, beaucoup plus que les chiffres, comptait l'ardeur des partisans de l'armistice et le découragement de ceux qui voulaient poursuivre une lutte paraissant sans espoir.

poche une liste de ministres (1). A 23 h. 30, le gouvernement est définitivement constitué. A 24 heures, Baudouin, nouveau ministre des Affaires Etrangères (non sans lutte, Laval voulant le poste et le Maréchal manifestant déjà cette mobilité d'humeur qui ira s'accentuant), Baudouin demande à l'ambassadeur espagnol Lequerica de s'entremettre pour obtenir des Allemands leurs conditions d'armistice.

Ironie du sort : le jour même où ils apprennent la demande d'armistice, les amateurs de mots croisés qui se penchent sur *La Petite Gironde* ont à chercher un mot de sept lettres définissant ce qui « couronne le vainqueur »... Laurier, naturellement !

★

Le 17 juin, à midi trente, des millions de Français écoutent l'allocution que prononce le maréchal Pétain, tandis que monte, au-dessus de Bordeaux, l'orage que réclamait l'effondrement de la France.

Beaucoup pleurent en entendant ces mots dits d'une voix cassée, chevrotante et paternelle, et qui scellent notre défaite.

Mais la plupart sont soulagés. Les réfugiés, épuisés de fatigue, dormant debout, condamnés à fuir sans cesse, les soldats agglutinés autour des postes de T. S. F. des petits cafés provinciaux, les habitants des villes non encore occupées et qui ne savent vers quel refuge se tourner, presque tous enfin écoutent avec reconnaissance ces paroles qui arrêtent la guerre, mettent fin au calvaire, éloignent la faim, la peur, la mort.

---

(1) « *Je n'étais pas préparé,* écrit Lebrun dans ses *Mémoires, à une telle rapidité, je me rappelais, non sans amertume, les constitutions de ministères si pénibles auxquelles j'avais présidé pendant mon séjour à l'Elysée.* »

Plus tard, le maréchal Pétain sera interrogé à l'île d'Yeu sur la manière dont il a constitué son ministère. Dialogue pénible, eu égard au grand âge du prisonnier, et que l'on ne peut valablement retenir.

« *M. le Président.* — Comment avez-vous pu constituer votre première équipe ?

Maréchal Pétain. — Successivement.

M. le Président. — Vos amis vous présentaient sans doute des collaborateurs possibles.

Maréchal Pétain. — Le premier qui était appelé en appelait un second. Cela formait masse et l'on constituait une équipe comme cela... »

(Commission d'Enquête sur les événements survenus en France de 1933 à 1945, T. I, p. 175).

« Français,

« A l'appel de M. le Président de la République, j'assume à partir d'aujourd'hui la direction du gouvernement de la France. Sûr de l'affection de notre admirable armée qui lutte, avec un héroïsme digne de ses longues traditions militaires, contre un ennemi supérieur en nombre et en armes. Sûr que, par sa magnifique résistance, elle a rempli nos devoirs vis-à-vis de nos alliés. Sûr de l'esprit des anciens combattants que j'ai eu la fierté de commander. Sûr de la confiance du peuple tout entier, je fais à la France le don de ma personne pour atténuer son malheur.

« En ces heures douloureuses, je pense aux malheureux réfugiés qui, dans un dénuement extrême, sillonnent nos routes. Je leur exprime ma compassion et ma sollicitude. C'est le cœur serré que je vous dis aujourd'hui qu'il faut cesser le combat... »

Il faut cesser le combat. Dans l'après-midi, à la demande du général Georges, on modifiera cette phrase qui agit comme un terrible dissolvant sur les débris de l'armée française.

Car, déjà, la propagande ennemie s'est emparée de l'appel du Maréchal. La 3ᵉ D. I. M. est assaillie le 18 juin, avant l'aube, par des blindés allemands dont le chef, le lieutenant-colonel Sholz, affirme aux officiers français que Paul Reynaud est parti pour l'Amérique et que le maréchal Pétain a ordonné de déposer les armes. Ailleurs (dans les Vosges notamment), les Allemands parachutent des tracts invitant les soldats français à cesser le feu.

Presque partout, le discours du maréchal Pétain accélère la débâcle et dissout les velléités de résistance.

Les villes s'ouvrent. Quelques obstinés veulent-ils les défendre, les maires s'y opposent et les maires ont toute la population derrière eux.

Édouard Herriot, avisé, le 18 juin à l'aube, que Lyon sera défendu par 2.340 fantassins et 4 canons de 75 (!) et que 31 ponts vont sauter, se précipite chez le maréchal Pétain. Immédiatement réveillé, le Maréchal accorde au président de la Chambre, penché sur son lit, que Lyon, dont les habitants, mêlés à d'innombrables réfugiés venus de l'Est, s'enfuient vers le Sud par des routes encombrées de véhicules militaires et de troupes, que Lyon, comme Paris, ne soit pas défendu.

Dans la journée du 18 juin, le gouvernement étendra cette mesure à toutes les villes de plus de 20.000 habitants.

Avant de se battre, l'armée devrait donc consulter le dictionnaire des communes !

Mais ceux qui savent combien cette décision sauve de vies humaines, épargne de biens matériels, ceux-là, devant l'imminence de la fin des hostilités, ne peuvent qu'approuver.

D'ailleurs, les Allemands, davantage qu'aux combats, songent maintenant aux problèmes que pose l'occupation de leur nouvelle et plus belle conquête (1).

★

Le premier jour d'occupation n'est pas le même pour tout le monde. Pour les uns, c'est le 13 mai, pour les autres le 25 juin ; mais, partout, les Allemands appliquent les mêmes mesures, annoncées par affiches et journaux, aux populations.

La Feldkommandantur communique...

Cela commence toujours ainsi.

La Feldkommandantur communique que toutes les pendules doivent être avancées d'une heure, que toutes les armes à feu et tous les fusils de chasse doivent être déposés d'urgence dans les mairies, que le mark vaut désormais 20 francs (2).

La Feldkommandantur oblige tous les citoyens français à posséder une carte d'identité, s'inquiète des besoins en fers à chevaux, nomme des maires lorsqu'elle ne les trouve pas en place, convie parfois les habitants à nettoyer « *l'intérieur de leurs immeubles et devant leur maison* » s'occupe du retour des réfugiés, réglemente les feux champêtres, les prix des vivres et la circulation des automobiles, interdit le port des drapeaux français aux enterrements et les manifestations scoutes...

En quelques jours, parfois en quelques heures, l'administration française, lorsqu'elle s'est retirée, se trouve remplacée.

---

(1) Ce livre qui s'efforce de peindre la vie quotidienne des Français sous l'Occupation ne pouvait cependant négliger la toile de fond politique. Mais ce très rapide tableau des jours de juin 1940 à Bordeaux et de la fin du ministère Reynaud est forcément incomplet. Pour mieux suivre le déroulement politique de ces jours tragiques, on lira avec profit la remarquable *Histoire de Vichy*, de Robert Aron, les livres de M. Paul Reynaud, du général Weygand, du général Gamelin, de M. Benoist-Méchin, etc...

(2) La fixation du cours du mark date du 19 mai 1940.

★

En mai 1940, les Allemands placardent sur les murs de Mézières et Charleville des affiches, trop vite imprimées pour être bien traduites, annonçant que « *l'alimentation de la population des territoires occupés sera garantie, pourvu que la récolte de cette année soit faite à fond. C'est donc dans l'intérêt de la population elle-même d'assister de toutes ses forces que la récolte soit engrangée, comme toute négligence serait au désavantage de la population.* »

En conséquence, et dans le même français vacillant, les Allemands ordonnent à tous les hommes, femmes et enfants de plus de 14 ans, de travailler sans désemparer *même le dimanche* à rentrer les récoltes. Les propriétaires de machines agricoles et de chevaux doivent les mettre au service de la collectivité et les récoltes des cultivateurs absents sont réquisitionnées par les autorités allemandes au profit de la population civile.

Comme les autorités municipales avaient, en compagnie de presque toute la population, quitté la région avant l'arrivée des troupes allemandes, la Feldkommandantur nomme des « maires provisoires ». Elle les prend parmi les quelques Français qu'elle a sous la main, c'est-à-dire dans les prisons où, depuis le 20 mai, une dizaine d'entre eux, enfermés dans une cellule de quatre mètres sur quatre, sont maintenus comme otages (1). Employés, avec leurs camarades, à ramasser les morts, incertains de leur sort, s'attendant d'un jour à l'autre à être fusillés, Pierre Gamen et Jules Bogaert sont respectivement — et à leur plus grande surprise — nommés « maires provisoires » de Mézières et de Charleville. Dans les deux villes dévastées, où il n'y a plus un seul commerçant, et où les réfugiés qui rentrent sont nourris par une cuisine de campagne allemande, installée dans la caserne du 9e d'infanterie, Gamen et Bogaert doi-

---

(1) « Depuis le 19 mai, dit l'avis allemand placardé sur les murs de Mézières, on constate que la population attaque des soldats allemands, met le feu à des bâtiments et donne des nouvelles à nos ennemis.

Pour garantir la sûreté des troupes allemandes, ont été emprisonnés comme otages :

1. — Gamen, Roger Pierre, Mézières.
2. — Roblin, René Louis, Charleville.
3. — Leguillier Gaston, etc.

S'il arrive encore un fait hostile contre nos soldats sans qu'on trouve les coupables, les otages seront tirés tout de suite. »

Le commandant.

vent faire face à une situation terriblement complexe (1).

Il n'y a plus d'argent (on vivra près d'un mois sans argent), la lumière, le gaz, l'eau font défaut. Toutes les maisons ont été pillées et les réfugiés qui refluent doucement, à la fin du mois de juin, trouvent souvent leur demeure vide. Ils ont du moins la ressource d'aller choisir des meubles chez un marchand absent et de les faire transporter par des camions de l'armée allemande.

Mais les vivres restent rares, le chômage est total, mille problèmes se posent sur lesquels les Allemands s'estiment en droit de se pencher.

Le 12 juin, à l'instigation du major Poetcher, commandant la place de Charleville, une réunion se tient à l'hôtel de ville. Le docteur Bridoux, maire de Mézières, est rentré la veille en compagnie de deux adjoints et de son secrétaire général. L'ingénieur voyer Jacquet, MM. Gamen et Bogaert, ainsi que quatre interprètes et le commissaire de police provisoire, sont également présents, mais c'est le major allemand qui a des allures de maître.

Il prend la parole.

— Nous sommes réunis, messieurs, pour tâcher de réparer les dégâts de cette guerre qui n'était pas voulue du gouvernement allemand, mais du gouvernement français. La besogne est grande, mais je compte sur la collaboration loyale et désintéressée de tous, d'autant plus qu'il s'agit de secourir vos propres frères.

Après avoir énuméré les travaux urgents, le major poursuit :

— La municipalité a, non seulement le droit, mais le devoir de réquisitionner la main-d'œuvre. En cas de refus de la part de l'ouvrier, celui-ci sera puni sévèrement du fait que l'ordre donné par les maires émane de l'autorité militaire allemande.

Chaque fois qu'ils en ont l'occasion, les Allemands remplacent ainsi les autorités défaillantes. Ils remplissent même des devoirs de charité, quitte à exploiter plus tard leurs bienfaits pour les besoins de la propagande. Dans plusieurs villages, ils répartissent des vivres, abandonnés par les troupes françaises ; dans le Nord, une œuvre d'assistance nationale socialiste distribue, d'après le D. N. B., 2 millions de repas chauds, 800.000 pains, 10.000 kilos de viande.

---

(1) Dans de très nombreuses villes, les Allemands s'assurèrent ainsi un certain nombre d'otages. A Rouen, dix otages, différents chaque jour, devaient, pour la période du 13 au 22 juin, être enfermés dans une salle de la mairie.

A Autry-le-Châtel (Loiret), ils mettent des camions à la disposition du maire pour le retour des évacués, ailleurs ils soignent les enfants blessés et le mot « ils sont corrects » vient, en juin 1940, sous la plume de beaucoup de maires paysans.

« *Les soldats allemands qui sont au pays se conduisent très bien. Les gens ont repris leur travail et n'ont pas à se plaindre de l'occupation allemande.* » Voici des phrases, écrites à la fin de juin 1940, par des hommes qui attendaient les cavaliers de l'Apocalypse et se trouvent en face de soldats à qui la brièveté du combat et la facilité de leur victoire laissent le temps et le plaisir d'être humains.

Les occupants manient même l'ironie et l'indignation. Le correspondant de guerre Ettighoffer raconte l'histoire d'une vieille femme de Bar-le-Duc qui, au moment de l'offensive, a confondu Allemands et Anglais :

— Ce que je fais ici, messieurs les Anglais ? On m'a oubliée, tout simplement oubliée dans mon petit logement à l'entrée de la ville. J'ai perdu deux fils à la dernière guerre, j'ai près de 86 ans et mon seul désir est de mourir au plus tôt.

Nous nous regardâmes, en proie à de nouvelles réflexions.

Etait-il Dieu possible ! Une ville tout entière prend la fuite, M. le Préfet détale, M. le Maire se met en sûreté, d'innombrables fonctionnaires, soi-disant serviteurs de l'Etat et par conséquent du peuple, vivant des deniers de ce peuple, sauvent leurs précieuses existences et une vieille femme, une mère qui a fait don de ses deux fils à la France, a été oubliée sans plus, livrée à un destin incertain...

Après ces réflexions moralisatrices, les Allemands décident de ne pas dissiper la confusion. Puisqu'on les prend pour des Anglais... Ils conduisent la vieille femme à leur cantonnement, confectionnent des crêpes, préparent une tasse de café...

— A présent, dites-nous, grand-mère, à quoi avez-vous reconnu que nous étions des Anglais ? lui demandâmes-nous, lorsque, rassasiée, elle s'appuyait commodément contre le dossier de son siège. Vous n'aviez pas peur, des fois, que nous puissions être des Allemands ?

Notre question la fit sourire.

— Mais non, voyons, je sais bien comment ils sont, les Allemands ; je les ai vus en 1870, ils avaient de tout autres uniformes... Et puis, croyez-vous que les Allemands

auraient eu pitié d'une vieille femme, d'une mère de soldats, par-dessus le marché, délaissée et à demi morte de faim ! On n'entend dire que du mal des Allemands.

Nous avions peine à réprimer notre rire... Nous composâmes une pancarte de la teneur suivante : « Ici habite une mère de soldats, une vieille femme que les autorités françaises, en fuite, ont abandonnée à son sort. » Cela suffisait. Chaque soldat allemand comprendrait tout de suite.

Histoire vraie (1) ? Plus vraisemblablement histoire « améliorée » pour les besoins de la propagande et de cette affiche « *Populations abandonnées, faites confiance à l'armée allemande* », qui surgira bientôt sur tous les murs de France.

Ce qui est, sans doute, le plus intéressant dans ce texte, c'est l'étonnement scandalisé des Allemands devant la disparition de toutes les autorités administratives françaises, disparition que Pierre-Etienne Flandin dénonce également devant l'Assemblée nationale réunie à Vichy.

Pendant cette période de désarroi, préfets, généraux, évêques parfois, pompiers (et la chose est affreuse car les ordres qui lançaient les pompiers sur les routes de l'exode condamnaient au feu et à la destruction totale les villes atteintes, fût-ce par une demi-douzaine de bombes incendiaires), policiers, boulangers, épiciers, magistrats, tous ont fui (2).

Face aux Allemands, pour maintenir un semblant d'armature administrative, il n'y a plus que quelques milliers de maires paysans ou d'hommes de bonne volonté placés, soudain, face à des tâches terribles.

Ne recevant plus d'ordres de personne (si ce n'est des Allemands), il leur faut improviser, réquisitionner, émettre des titres de transport, fixer le prix de la viande et du pain, rationner, secourir, inventer... Les voit-on à l'œuvre, on

---

(1) Histoire, en tout cas, qui est loin d'être unique. Un rapport militaire allemand, cité par R.-G. Nobécourt, signale que les habitants de la région de Rouen saluaient tous les Allemands, car ils les confondaient (à la nuit tombée il est vrai) avec les troupes anglaises. Cette confusion s'explique surtout par la rapidité de l'avance allemande. Les populations n'en « croyaient pas leurs yeux ».

(2) Ministre de l'Intérieur, Georges Mandel avait prescrit aux autorités civiles de ne pas participer à l'exode. Ordres vite oubliés. Quoi qu'il en soit, le Gouvernement relève de ses fonctions le 21 mai le sous-préfet de Montdidier ; le 26, il révoquera huit commissaires de police du département du Nord ; le 28, plusieurs maires seront frappés.
Ensuite... c'est presque toute la France officielle, dans quarante départements, qu'il aurait fallu révoquer. Notons, par contre, que les agents de certains services publics (P. T. T. et chemins de fer, par exemple) restèrent sur place dans les conditions les plus difficiles.

comprend mieux l'immense service qu'ils ont rendu à la France. Sans eux des millions de Français étaient voués, d'abord aux cantines allemandes, ensuite à toutes les entreprises de la propagande.

★

A Verdun — où les Allemands sont entrés sans combat — les 5 ou 6.000 évacués qui rentrent, dès le 21 juin, sont nourris à la caserne Niel où des prisonniers de guerre français font la cuisine pour tout le monde. L'ancienne municipalité repliée en Haute-Vienne, M. Coné, propriétaire de l'hôtel du *Coq Hardi*, que les Allemands ont nommé maire, rétablit peu à peu une vie normale. En prélevant de la farine sur les stocks de la Citadelle, il est possible de remettre en marche quelques boulangeries. En faisant rassembler les bêtes qui errent dans les champs, on peut procéder à plusieurs distributions gratuites de viande. Un vieux fiacre branlant va chercher le lait à Haudainville...

Partout, ce sont les mêmes préoccupations : le pain, la viande, le lait.

A Ardon, dans le Loiret, un four de boulanger, abandonné depuis 1917, est remis en état le 26 juin 1940. Le maire de Beaune-la-Rolande (1.700 habitants en temps normal) lance un appel en faveur des 22.000 prisonniers et des 7 à 8.000 réfugiés qui stationnent en permanence sur la commune et réussit à améliorer ainsi leur ravitaillement déficient.

Le 16 juin, il ne reste plus qu'une centaine d'habitants à Briare. Deux boulangers et deux bouchers, mais ni épicier, ni laitier, ni charcutier. Le premier adjoint, qui est resté sur place, fait marcher les boulangeries, organise le ramassage des morts (une trentaine) et des cadavres d'animaux, paye en légumes et en pain les équipes chargées de la voirie et de la remise en ordre de la ville.

Ailleurs — à Jouy-le-Potier par exemple — le curé remplace le maire évacué. Il fixe le prix du lait à 1 franc, le prix de la viande à 12 francs le kilo. Il s'occupe du ravitaillement, recrute, parmi les réfugiés qui stationnent sur la commune, des boulangers, des charcutiers, des infirmières.

A Cléry, le maire institue la carte de pain, procède au profit des boulangers et médecins à la récupération de l'essence dans toutes les voitures abandonnées, fait même arrêter des pillards allemands.

Un peu partout des vocations d'administrateurs se révèlent ainsi (1). Parfois, ces « maires provisoires » ont une allure quelque peu dictatoriale, mais la situation ne justifie-t-elle pas les fortes décisions ?

A Viroflay, où presque tout le personnel municipal est en fuite, où les commerçants ont fermé boutique, trois conseillers municipaux organisent la répartition des vivres, la saisie des marchandises dans les magasins abandonnés, la remise en route d'une cuisine municipale et des services médicaux, la chasse aux chiens errants, ainsi que l'affichage sur les murs de la ville « de conseils et de communiqués urgents ».

M. P... « *conseiller municipal faisant fonction de maire* mandate le 14 juin, neuf de ses concitoyens *pour prendre, de quelque façon que ce soit, dans toutes propriétés abandonnées (jardins ou maisons de comestibles) pour l'alimentation de la population civile de la commune.* »

Mlle Chalat, directrice de l'Ecole maternelle, qui supervise les différentes œuvres de secours, organise, le 19 juin, route nationale, un poste de secours qui reçoit un flot ininterrompu de réfugiés remontant vers le Nord et dont c'est le quatrième ou cinquième jour de marche.

Après le ravitaillement, on s'occupe du travail. On forme « un corps des artisans », on ouvre un bureau municipal de placement et de répartition de la main-d'œuvre, on constitue des équipes de jeunes, de 16 à 20 ans, chargées du remblai des tranchées et de l'enlèvement des ordures ménagères, on « mobilise » enfin les jeunes filles de plus de 16 ans dans un atelier de couture aux règles morales très strictes, puisque la directrice interdit aux garçons d'accompagner ou d'attendre les jeunes travailleuses à la porte de l'atelier !

M. P... couronne son œuvre par l'organisation, le 23 juin, d'un match de football (signe que la vie a bien repris) et surtout par l'ouverture de classes provisoires « *où une large place* (sera) *assurée à l'enseignement de la culture physique, des langues étrangères, au culte du travail et de la probité.*

Ce que nous faisons, dit M. P..., le jour de l'ouverture des

(1) Encouragés non seulement par les Allemands qui veulent trouver des interlocuteurs en face d'eux, mais aussi par les Français, témoin cette note du Secrétaire général de Seine-et-Oise faisant fonction de de préfet (15 juin 1940). « *Dans les communes où n'existerait aucun représentant de l'autorité municipale, je demande un homme de bonne volonté qui se chargerait d'assurer sur place l'administration de la localité, en vue de ses besoins et notamment de son ravitaillement.* »

écoles, *n'a rien à voir avec les méthodes académiques. Je vais introduire quelques nouvelles méthodes dans l'enseignement pour prouver que le résultat sera supérieur* ». Ces nouvelles méthodes ont nom : douche obligatoire, danse rythmique, cours de cuisine et de puériculture, cours d'études morales (une heure par jour) sur la propreté et le travail...

★

L'épisode de Viroflay, s'il donne un bon reflet de l'époque (avec ses difficultés et ses révolutions de palais à l'échelle de la commune) ne contient rien de dramatique.

D'autres administrateurs communaux doivent, non seulement pourvoir au ravitaillement et au travail de la population, mais aussi éteindre les incendies, déblayer les ruines, enterrer les morts. Des villes brûlent que quelques seaux d'eau auraient sauvées. Les pompiers sont loin. On retrouvera à Orléans la pompe de Charenton abandonnée dans un fossé. A Lyon les pompes de Reims, à Laval celles de Rouen. Quant aux pompes d'Orléans, elles ont échoué à Ussel (Corrèze), où l'on ira les rechercher à la fin du mois d'août.

C'est d'Orléans qu'il s'agit maintenant.

D'Orléans où, le 19 juin, les Allemands, qui sont entrés depuis trois jours, s'inquiètent — comme partout — de désigner un maire. Ayant rassemblé plusieurs Orléanais dans la salle de la mairie (mais les Orléanais sont peu nombreux ce jour-là), le major Boenninghausen pose les questions rituelles :

— Le maire d'Orléans est-il présent ?

— Non.

— Le Conseil municipal est-il présent ?

— Non, à l'exception de M. Pelé, adjoint au maire.

Mais M. Pelé allègue son grand âge pour refuser le poste de maire et la charge échoit finalement à M. Mars qui va avoir fort à faire. La ville est privée d'eau, de gaz, d'électricité, de transports, de pain, de ravitaillement. Pour afficher les proclamations de la délégation municipale, il n'y a ni employés municipaux, ni cyclistes. Veut-on mettre les horloges publiques à l'heure allemande, personne ne connaît le moyen d'y accéder.

Il n'y a presque plus d'Orléanais dans la ville, dont l'état civil a été évacué dans une benne de nettoyage en direction de Souesmes, en Loir-et-Cher (1). Mais l'on naît tout de même. Des femmes qui ont traîné, sur les routes de l'exode et dans la chaleur de ce juin étouffant, des ventres énormes, des femmes venues de Mont-Saint-Martin (Meurthe-et-Moselle), de Sotteville-lès-Rouen, de Guillerval, en Seine-et-Oise et de Paris, accouchent à l'hôpital entre les mains de Marie Sabletout. C'est sur l'almanach d'un grand magasin que M. Alphonse Pelé retranscrit les naissances et note les morts.

Toutes les pharmacies sont closes. L'une d'elles — la pharmacie Servier — ouvre-t-elle ses portes, le public s'y précipite et ne tarde pas à être troublé par l'attitude du nouveau pharmacien. Qu'il s'agisse d'une spécialité ou d'un cachet d'aspirine, il vend, en effet, tous les médicaments 10 sous !

On ne tarde pas à découvrir que le pharmacien philanthrope n'est autre qu'un fou évadé, avec 200 autres, de l'asile de Semoy. Le 21 et le 22 juin, la voiture municipale fait donc la chasse aux fous qui, souvent ivres, se prenant pour Jeanne d'Arc ou Napoléon, se promènent dans des tenues ahurissantes ou simplifiées (une femme est complètement nue) parmi les ruines et les incendies de la ville (2).

Car la ville brûle. Sur la place du Martroi, Jeanne d'Arc a une couronne de flammes.

M. Mars, à peine installé à la mairie, fait demander aux Allemands, par l'intermédiaire de M. Brach, qui tient le rôle épuisant d'interprète, l'envoi d'une compagnie du génie avec ses explosifs.

Puisqu'il n'y a ni pompes, ni eau, ni tuyaux, ni essence, on fera sauter les maisons menacées, ce qui stoppera la progression de l'incendie qui gagne de toit en toit avec une prodigieuse rapidité et qui détruit tout sur son passage.

Avec les maisons, brûlent les souvenirs.

Avec les immeubles du département et de la ville, disparaissent les archives et jusqu'aux timbres fiscaux (plus de 2.000) et jusqu'aux tickets d'entrée du musée Jeanne-d'Arc.

La compagnie du génie arrive de Paris, mais elle n'a pas d'explosifs. Elle aide cependant un groupe d'infirmiers qui

(1) La mairie ira jusqu'à Nontron où, faute de place, elle devra s'installer dans la prison...

(2) Le préfet Morane et son secrétaire général durent insister pour obtenir du major von Bönninghausen, Feldkommandant, les véhicules nécessaires à cette véritable chasse aux fous.

ont trouvé deux motopompes abandonnées, vingt-cinq prisonniers français, des prêtres et quelques civils de bonne volonté à lutter contre le feu (1). Mais il est le plus fort. Il ravage la rue des Carmes, s'installe rue de la République, rue des Charretiers, rue d'Illiers.

Le capitaine Moreau, des pompiers d'Orléans, rentré le 24 juin, doit faire la navette avec sa tonne entre la Loire et le feu ! Les hommes qui n'ont pas pris de nourriture sont épuisés. Tout paraît perdu lorsque M. Germain Maure, président des Industriels du Loiret, obtient de la Kommandantur un laissez-passer pour Paris. Là, il tâchera de gagner les pompiers à la cause d'Orléans.

De ce qui reste d'Orléans.

M. Maure quitte Orléans le 25 juin, vers 10 heures.

A contre-courant, il remonte l'armée allemande victorieuse avec ses tanks et ses équipages chargés de trophées.

Dans les fossés, s'inscrit l'histoire de deux semaines de débâcle.

Equipements militaires, masques à gaz, véhicules calcinés, matelas, valises ouvertes, fils téléphoniques arrachés, villages brûlés, platanes hachés par la mitraille, tombes qui font le gros dos au soleil...

Après deux heures de ce film, où la joie des uns ajoute à la misère des autres, M. Germain Maure arrive enfin à la caserne Alésia d'où il téléphone au colonel Barrière, commandant le régiment des sapeurs-pompiers de Paris. Deux heures émouvantes à supplier les uns et les autres, à obtenir de la Kommandantur l'indispensable autorisation, à convaincre M. Marchand, nouveau préfet de police, à mettre sur pied, avec le colonel Barrière, le départ des pompiers parisiens.

— Vous promettez de ne pas les garder plus de quarante-huit heures ? demande le colonel Barrière.

— J'en prends l'engagement d'honneur.

Et, à 15 heures, sous la direction du capitaine Lacoste, trente pompiers, munis de trois jours de vivres, s'éloignent sur deux grosses autos-pompes en direction d'Orléans. Arrivés à 18 heures, ayant immédiatement mis en batterie, ils resteront trente-six heures au travail, se relayant nuit et jour pour éteindre ces moignons de maisons qui s'écroulent sur des cadavres calcinés.

---

(1) M. Maurice Picard, secrétaire général de la Préfecture, réussit, le 20 juin, à se faire « prêter » une pompe allemande et quelques soldats de l'armée de l'air avec lesquels il éteint l'incendie de la rue de Malte.

CHAPITRE II

LA FRANCE COUPÉE EN QUATRE

Le 25 juin, très tôt, le feu cesse sur tous les fronts de France (1).

Le drame militaire est consommé.

La France ressemble à un grand animal meurtri qui lèche ses blessures et n'en découvre pas encore l'énormité.

Après le flux de l'exode, elle va connaître le reflux de l'exode.

Mais, d'abord, il faut regrouper les familles, les unités, les entreprises, les administrations.

Eparpillée par la grande main de la défaite, la France, pendant deux ou trois semaines, est à la recherche de la France.

Où se trouve, par exemple, le 2 juillet, la population d'Orléans, dispersée par le malheur ?

Plusieurs services de la préfecture du Loiret et de la mairie d'Orléans sont à Nontron, le proviseur du lycée Pothier réside chez M. Anglade à Mérignac (Gironde) et fait savoir que les résultats du baccalauréat de juin ne sont pas encore connus. M. Evesque, inspecteur d'Académie, a trouvé refuge à l'Inspection académique de Tulle. La Trésorerie Générale du Loiret est en voie de regroupement à Guéret, cependant que l'usine Panhard occupe le lycée Voltaire de Tarbes. Le pasteur Nercier habite près de La Roche-Chalais, en Charente ; l'abbé Avezard est en cantonnement au Sacré-Cœur de Caussade (Tarn-et-Garonne).

La succursale de la Banque de France est repliée à Millau, celle de la Société générale à Aurillac et celle du Comptoir National d'Escompte à Dax.

Directeurs et ouvriers de la Manufacture des Tabacs

---

(1) Certaines unités de la Ligne Maginot poursuivront cependant le combat quelques jours encore.

sont éparpillés entre Bordeaux, Toulouse, Tonneins et Marmande.

N'ayant pu trouver de place à Périgueux, le directeur de l'Enseignement du Loiret a fixé le siège de sa direction dans le canton voisin de Saint-Pierre-de-Chignac.

Pour les trois quarts des villes françaises, la dispersion est aussi totale que pour Orléans. Ces villes dont le temps avait cimenté les individualités, ces villes faites de femmes et d'hommes solidement unis par les habitudes, le passé, les mariages, la religion, l'argent, la condition sociale sont soufflées à tous vents.

★

Ce n'est rien de se retrouver loin de son foyer lorsqu'on s'y retrouve en compagnie des siens. Mais de nombreuses familles sont séparées et parcourent avec anxiété ce « Recueil général des Adresses des Réfugiés » que publie l'éditeur Etienne Chiron, lui-même replié à Clermont-Ferrand.

Dans les journaux, ils interrogent anxieusement.

Qui a vu la fille de M. René Chevalier, perdue à 4 kilomètres de Gien, le 16 juin ?

Qui donnera à M. et Mme Rappaport des nouvelles de leur fils blessé près de Pithiviers ?

Qu'est devenu Eugène Bailly ? Sa femme signale qu'il est tombé de faiblesse, le 17 juin « *sur la route aux environs d'Orléans* », on le reconnaîtra à son pantalon de velours noir, mais surtout au tatouage de son bras gauche.

Mme Mary, qui habitait les Ardennes, recherche non seulement son époux, mais également ses trois voitures et ses quatre chevaux.

Leur maman a perdu Marc, Luc, Jean, Marie-Françoise, Michel, le 17 juin. Ils sont restés avec les valises en gare de Poitiers. Lui écrire au plus vite à La Tremblade.

Des jours et des nuits d'angoisse, des drames et des pleurs résumés en trois lignes. Les journaux publient des visages d'enfants inconnus et on rassemble, dans deux lycées parisiens, des dizaines de gosses qui ont perdu leur famille.

Ceux qui n'ont pas égaré un enfant ou un proche parent sont au moins en quête de bagages abandonnés au hasard de la fuite. Les journaux regorgent de petites annonces, aussi révélatrices qu'un miroir où la défaite montrerait son masque tragique.

« Mallette chapeau, brune, contenant argenterie, disparue gare de Tours. Mme d'H..., 22, rue Saint-Pierre, Dax. »

« Récompense à Parisien forain ayant voyagé du 13 au 17 juin avec monsieur barbu (accompagné chien), évacué de Breuillet (Seine-et-Oise), s'il lui écrit au sujet des bagages qu'il lui confia à Saintes et dont le contenu ne peut être utilisé. »

« Serais reconnaissante et saurais reconnaître service à quiconque, même chauffeur-conducteur, fera retrouver caisses portraits de famille, marquées L. D., chargées Tours, 8, rue Racine, par Entreprise Thimoléon. »

La grande affaire, c'est de se regrouper, de se rassembler dans la chaleur du même accent et des mêmes souvenirs. 1 se crée, un peu partout, des comités de réfugiés qui siègent dans des salles de café et recensent les malheurs du jour.

On envoie, vers les villes abandonnées, des messagers chargés de rapporter des nouvelles.

C'est ainsi que les impressions de voyage du cardinal Gerlier font connaître, à la zone non occupée, le nouveau visage de Paris.

« *Le voyage du cardinal Gerlier,* dit la dépêche d'agence en provenance de Lyon, *s'est effectué très facilement, grâce au laissez-passer qui lui avait été accordé par la Kommandantur de Lyon au dernier jour de l'occupation allemande* (1).

« *Au retour, aucun papier n'est demandé pour sortir de Paris et le franchissement de la ligne s'opère comme à l'aller.*

« ... *Les moissons s'annoncent fort belles, mais plus encore qu'au temps de paix, il manque du monde pour le travail des champs. Même impression de vie ralentie à Paris où la population est très restreinte... Un grand nombre de magasins et de cafés sont fermés. Cependant, bien des Parisiens sont déjà rentrés et l'on n'a pas trop de difficulté à vivre.*

« *Plusieurs curés ont pu organiser, avec le concours des communautés religieuses, des soupes populaires à bon marché. Pour 2 fr. 75, on peut avoir une soupe, une portion de viande avec légumes et un dessert.*

« *La plus grande souffrance de nos compatriotes est de*

---

(1) Lyon fut, en effet, occupé par l'armée allemande, puis libéré, les conventions d'armistice n'englobant pas la ville dans la zone occupée.

se sentir sevrés de nouvelles. Les émissions de la T. S. F. française leur arrivent mal. Ils n'ont d'autres moyens de se renseigner que les trois journaux rédigés à leur intention en langue française. »

★

Savoir... Savoir si la famille est en bonne santé, si la maison est intacte.

La ligne de démarcation établie dès le 25 juin, et qui coupe la France en deux, restreint considérablement les possibilités de communication. C'est en septembre seulement que les autorités allemandes, « *en présence des inconvénients* (résultant) *pour les familles de la suspension des relations de part et d'autre de la ligne de démarcation* », admettront l'envoi de cartes postales dites « familiales » dont le libellé (1) était d'une sécheresse telle que la complicité des passeurs clandestins devait seule permettre aux deux Frances de se raconter, de s'épancher et de s'aimer.

Treize lignes.

...... le 194
.... en bonne santé .... fatigué
.... légèrement, gravement malade, blessé ......
.... tué .... prisonnier ....
.... décédé .... sans nouvelles de ....
La famille .... va bien
.... besoin de provisions .... d'argent ....
.... nouvelles, bagages .... est de retour à ....
.... travaille ...... va rentrer à l'école de ......
.... a été reçu ...... aller à ...... le ......
....
....
....
Affectueuses pensées. Baisers ...... Signature

Treize lignes pour l'amour, l'amitié, l'inquiétude. Treize lignes après le grand tremblement de terre de juin 1940.

---

(1) En mai 1941, les autorités de Vichy avaient obtenu le remplacement des cartes familiales par des cartes à sept lignes sans aucune mention imprimée. Mais ces cartes à sept lignes ne furent jamais utilisées, les cartes postales ordinaires ayant été admises à partir du 1er août 1941. En mars 1943, c'est-à-dire plusieurs mois après l'occupation de la zone libre, les relations postales furent rétablies normalement sur la totalité du territoire.

De ces cartes, où il faut « *rayer la mention inutile* », il s'échangera cependant entre 300.000 et 500.000 exemplaires par jour, de chaque côté de la ligne de démarcation.

Mais nous n'en sommes pas encore là.

Au siècle de l'avion, de la T. S. F., la France de juin 1940 se retrouve plongée en plein Moyen Age. De vastes zones sont silencieuses. On se félicite le 7 juillet que les relations postales soient rétablies entre le Sud-Ouest et le Sud-Est et que « *Lyon même, ainsi que Grenoble et le Jura* » aient donné de leurs nouvelles à Bordeaux.

Le 23 juillet, le service télégraphique est toujours limité à la zone non occupée où le trafic a d'ailleurs dépassé le double du trafic normal dans 44 % des bureaux, le triple dans 22 %, le quadruple dans 6 %. Toulouse, avec 72.000 télégrammes traités le 29 juin 1940, contre une moyenne journalière de 8.000 avant la guerre, bat tous les records.

Les mairies reçoivent des centaines de lettres inquiètes. A Orléans, où toute correspondance municipale a cessé pour la période du 14 juin au 16 juillet 1940, M. Mars signe onze lettres le 17 juillet. Presque toutes sont des réponses à d'inquiètes demandes.

« *A M. B..., Ferme de Boissor, Luzech (Lot).*

« *Cher Monsieur,*

« *En réponse à votre lettre du 9 courant, j'ai le regret de vous informer que votre immeuble situé rue d'Illiers a été complètement démoli, ainsi d'ailleurs qu'une grande partie du centre de la ville.*

« *Il m'est infiniment pénible, croyez-le, de vous faire part de cette triste nouvelle...* »

« *A Mme V. S..., Château de Sorlut, Cozes (Charente-Inférieure).*

« *Madame,*

« *En réponse à votre lettre, je suis heureux de vous confirmer que ni votre maison, ni vos chantiers n'ont été démolis par les bombardements ; toutefois, ceux-ci sont, en effet, occupés par des troupes allemandes, et je ne puis actuellement vous indiquer aucun moyen pour vous permettre de les faire évacuer...* »

En attendant de pouvoir rentrer chez eux (car les Allemands... et les difficultés ferroviaires, retardent le retour des réfugiés), des millions d'hommes et de femmes cherchent à subsister et à augmenter l'allocation quotidienne versée par l'Etat (10 francs pour les adultes, 6 francs pour les enfants).

Les ouvriers de chez Renault, de chez Citroën et des usines d'aviation sont employés au débroussaillage des forêts du Sud-Ouest, menacées par l'incendie.

Les premières restrictions font naître mille et un petits métiers nouveaux, font renaître l'artisanat et ouvrent toutes grandes, aux audacieux, les portes du marché noir.

Car il faut manger et tous les maires se plaignent de manquer d'argent et de vivres. « *Maire de Cantenac à Préfet Gironde, 24 juin. Impossible nourrir et héberger convenablement réfugiés en surnombre arrivés hier. Prière envoyer urgence cuisine roulante, vivres et fonds indispensables.* »

Un télégramme entre mille.

Enfin, quelques réfugiés, assez rares d'ailleurs, tentent de s'installer sur les lieux où la guerre les a portés et répondent aux annonces qui proposent des maisons paisibles et des fonds de commerce sans histoire à ces gens du Nord et de l'Est, deux fois en vingt-six ans chassés par l'invasion.

En vérité, la plupart ne songent qu'au retour. Et c'est du retour qu'ils parlent dans les cantines où les municipalités les nourrissent, dans les demeures où ils ont été accueillis souvent en amis, dans le grand élan de la défaite, et où ils se sentent maintenant étrangers.

★

Le retour !

Pour rentrer chez soi, il faut de l'essence.

Il faut des trains.

Il faut l'accord des autorités allemandes.

Au début, les réfugiés ont tenté un exode à l'envers, mais, très vite, ils en ont été empêchés. L'essence est rare, les trains sont stoppés, les ouvrages d'art détruits, les Allemands ne veulent pas d'embouteillages sur les routes.

Il faut attendre.

Se faire recenser.

Obtenir des certificats municipaux déclarant que l'on est indispensable à la reprise de la vie quotidienne.

Seuls, quelques « privilégiés » réussissent à regagner Paris à la fin du mois de juin. Mais leur voyage est interminable.

Partis de Clermont-Ferrand à 13 h. 30 le 28 juin, par un train où l'on a heureusement chargé des vivres, un certain nombre de cheminots parisiens arrivent sans encombre jusqu'à Saint-Germain-en-Mont-d'Or, près de Lyon.

Les Allemands leur interdisent d'aller jusqu'à Lyon, mais Pierre Girard, qui dirige le convoi, finit par arracher l'autorisation de poursuivre. Vingt kilomètres plus loin — il est 19 h. 30 — c'est Lyon, et le train stoppe, toute circulation nocturne étant interdite.

Le lendemain 29, le convoi couvre 72 kilomètres et s'arrête à Mâcon pour une seconde nuit. Le 30, le train arrive à Chalon-sur-Saône, première gare de la nouvelle ligne de démarcation.

Après de longues discussions avec les Allemands, Pierre Girard obtient de poursuivre sa route jusqu'à Dijon où on lui affirme qu'il pourra gagner Paris par la ligne directe Sens-Melun. Tout va bien pendant 140 kilomètres, mais, à Saint-Florentin-Versigny, les Allemands, qui ont occupé la gare et chassé le personnel français, s'opposent à la marche vers Paris. On change l'orientation de la machine et le train se gare pour la nuit à 32 kilomètres de Troyes.

Le 1er juillet, les Allemands, dont le personnel ferroviaire exploite seul certaines lignes, dirigent le train vers Châlons-sur-Marne... où il ne peut arriver, car le chef de gare allemand de Nuisement le stoppe pour laisser passer d'interminables convois de troupes.

Les provisions s'épuisent.

Les caractères s'aigrissent. Et la journée du 2 juillet se passe dans l'attente. Le train qui part enfin de Nuisement à 20 heures met quatre heures pour couvrir les 10 kilomètres qui le séparent encore de Châlons-sur-Marne. Le 3 juillet, le convoi français va de Châlons à Reims puis... de Reims à Châlons, les destructions rendant impossible la poursuite de la route. La journée du 4 se passe en discussions. Le 5, enfin, on charge le matériel dans des camions allemands, les cheminots dans des cars militaires, et c'est finalement par la route, à 12 h. 55, que Pierre Girard et ses subordonnés atteignent Paris après huit jours de voyage !

★

On ne peut lancer des millions d'hommes dans pareille aventure.

Avant de remettre les trains en route, il faut rapiécer le réseau, réparer la plupart des 2.500 ponts effondrés, déblayer les 1.300 gares détruites. Aussi courts que soient les délais — et ils seront relativement très courts (1) — un temps d'arrêt est nécessaire. Une seule grande ligne, Paris-Vierzon, fonctionne encore et, depuis Orléans, des trains formés de plates-formes, sur lesquelles on entasse 4.000 réfugiés, regagnent Paris à partir du 27 juin.

Mais ces retours hâtifs (et non sans bousculades) par chemin de fer constituent l'exception, et qui n'a pas de laissez-passer ne peut d'ailleurs franchir la Loire.

Ce n'est qu'au mois d'août que les réfugiés rentrent massivement en utilisant la voie ferrée. En dix jours (21 au 31 août), 79 trains remontent du Sud vers la zone comprise entre la Loire et la Somme, 44 partent en direction de l'Alsace et de la Lorraine, 66 de la Belgique. Encore ces convois sont-ils exceptionnellement lents. Il faut six heures pour aller de La Rochelle à Nantes, plus de dix-huit heures pour relier Bordeaux à Paris, près de onze heures pour couvrir la distance Paris-Nancy.

Le rapatriement fonctionne d'ailleurs suivant un plan qui donne priorité aux agriculteurs — les moissons ne peuvent plus attendre — aux fonctionnaires, aux ouvriers d'usine. Quittent Bordeaux pour Paris, dans la journée du 18 juillet, 1.700 cheminots, 728 ouvriers de chez Peugeot, 450 employés des usines d'aviation, 264 de l'Air Liquide, 106 de l'Electro-Mécanique, etc...

Ceux qui sont partis en auto tentent de revenir de même. Il leur faut trouver de l'essence. Après les énormes embouteillages de juillet où, sur toutes les routes, des milliers d'automobilistes sont restés immobilisés faute de carburant, les Allemands et les services français délivrent, à partir d'août, des bons d'essence renouvelables d'étape en étape (2).

---

(1) D'après Bouthillier, qui fut ministre de Vichy, 12 chantiers de réparation étaient ouverts dès le 20 juillet, plus de 100 à la fin d'août, si bien qu'au 30 septembre six ou sept coupures seulement subsistaient sur les voies ferrées. Au 31 décembre 1940, les trois quarts des ouvrages détruits étaient rétablis, soit définitivement, soit au moyen de passages provisoires.

(2) Au début de l'exode à rebours, on fixait dans chaque ville un contingent d'essence attribué aux réfugiés (1.000 litres par jour à Rennes), puis on se contenta de fournir 10 litres par voiture.

Le 5 juillet 1940, M. Arieu, maire de Saint-Germain-du-Puch, signalait que, sur la route en direction de Bellac-Limoges, des centaines de réfugiés en voiture étaient immobilisés sans essence et sans ravitaillement. Même cri d'alarme, le 3 juillet, du préfet de la Dordogne réclamant 300.000 litres d'essence.

On fait passer des petites annonces : « *Dame, chien, valise, cherche place payante auto ou camionnette, direction Narbonne.* »

Il s'établit tout un marché noir au profit de ceux qui, pour quelques jours encore, ont le droit de conduire une voiture. Passé le grand retour des réfugiés, les routes et les rues deviendront vides pour quatre ans et plus.

★

Pour la masse des piétons, lorsque l'avance allemande l'a rattrapée et dépassée, elle a reflué comme elle était venue.

Parfois, des astucieux ont attaché un cheval perdu à une voiture en panne d'essence. Dans certains cas, les Allemands ont réquisitionné des autobus de la T. C. R. P. pour les vieillards, les femmes et les enfants.

Le plus souvent, les réfugiés ont dû se traîner sur les routes, traverser des villages pillés, quêter un peu de pain, coucher dans des granges... Au soleil du départ a succédé la pluie. Ah ! c'est vraiment la défaite !

★

La ville qu'ils retrouvent tous a, la plupart du temps, considérablement changé.

Ils l'ont quittée voici huit jours, quinze jours, un mois et ne la reconnaissent plus.

Qu'elle soit défigurée par l'incendie ou vide et silencieuse, c'est une autre ville.

Et lorsqu'il s'agit de Paris...

Voici le témoignage de Georges Adrey, ouvrier de la « Radiomécanique », qui a eu la chance de pouvoir achever en train son voyage de retour. Le convoi arrive à Paris à 22 h. 30 « *c'est-à-dire vingt minutes après l'heure où il est interdit de circuler dans les rues de la capitale... Des agents courent sur les quais et empêchent le monde de sortir.*

« *— Mesdames et messieurs, restez ici ! Couchez dans les wagons, sur les quais, dans les salles d'attente, là où vous voudrez. Mais, surtout, ne sortez pas de la gare avant demain matin 5 heures !*

« *Ça, c'est le comble ! Non content de nous avoir fait poireauter à la gare pendant plus de six heures et de nous avoir ballottés ensuite pendant cinq heures un quart entre Etampes et Paris, voilà qu'on nous interdit maintenant de rentrer chez nous ! Quoique fort mécontents, nous nous faisons une raison et nous nous dirigeons vers la salle d'attente, espérant que nous pourrons nous allonger, là, sur les banquettes et dormir un peu. Mais, en raison de l'affluence, nous ne trouvons aucune place pour nous reposer comme nous l'aurions voulu et force nous est de sommeiller assis, ce qui contribue, après avoir été transportés comme des veaux, à nous fatiguer bien davantage.*

« Après une nuit d'insomnie, nous quittons la gare d'Austerlitz à 5 heures du matin. De nombreux commissionnaires attendent les réfugiés dans la rue et dans la cour avec des voitures à bras, des poussettes, voire même des diables. Et ces véhicules, en plus ou moins bon état, nous changent tout de même du spectacle fastidieux des innombrables voitures d'enfants sans roues abandonnées sur la route pendant l'exode.

« Saint-Marcel ! Le métro ! Nous poussons un soupir de soulagement... Mais, à côté de l'animation qui régnait tout à l'heure, à la gare, que Paris est triste et désert ! On dirait que, pour fêter notre retour, il s'est cru obligé de se mettre en deuil ! »

Cette étonnante impression de solitude, tous les « rentrants » l'éprouvent.

Paris, planète morte, occupée par une armée à laquelle l'œil n'est pas encore habitué, voilà qui frappe l'ouvrier de la « Radiomécanique », mais aussi l'écrivain Maurice Sachs.

« Nous arrivâmes à Paris le 29 *juin* 1940*. Il était* 4 *heures de l'après-midi. Des sacs de sable obstruaient en chicane les artères d'entrée aux portes de la capitale. Et, dans les avenues d'approche, tout au plus voyait-on parfois pisser un chien, trottiner une concierge. Nous eûmes la curiosité de faire un tour de Paris. Il y avait un peu de monde au Quartier Latin, quelques filles attablées chez « Capoulade » avec des officiers allemands, quelques passants encore boulevard Saint-Germain, mais, rue de Rivoli, place de la Concorde, personne que de rares Allemands, et surprenants, au premier coup d'œil, les grands étendards rouges à croix gammée flottant au centre de la cité. C'était une ville morte, spectacle assez beau d'ailleurs, et comme d'une civilisation détruite. Rien de pathétique : une ville morte. »*

Il faut déblayer les ruines.

A Creil, les ruines du magasin « Au Bon Diable » où, le 9 juin, de nombreux militaires et civils ont péri, brûlés vifs.

Les ruines de Dunkerque dont les Allemands interdisent souvent l'entrée.

Les ruines d'Amiens qui sentent toujours le cadavre.

Les ruines d'Orléans sous lesquelles le feu couvera parfois jusqu'en septembre et parmi lesquelles une équipe d'obstinés chercheurs s'emploie à récupérer quelques vestiges historiques.

Le Musée Historique et le Musée Jeanne-d'Arc, qui ont brûlé, sont fouillés par des prisonniers (professeurs, étudiants, ecclésiastiques) dirigés par le chanoine Chenesseau. Ici, on trouve une porte ancienne, là neuf plaques de cheminée, plus loin un chapiteau du XIIIe, les éléments d'un cadran solaire en fer forgé, une pierre moulurée, plus loin encore un mort.

★

On a oublié les morts, le long des routes, dans les caves, dans les tranchées, dans les trous de bombes. On les retrouve. Il faut procéder à des exhumations et les inscriptions mentent souvent. Telle fosse commune, portant l'inscription « Douze civils », contient huit soldats ; là où l'on s'attend à trouver « une femme et son enfant », c'est un Sénégalais... et un cheval que l'on découvre.

Les morts ont été enterrés dans les champs et les paysans ont recueilli ce qu'ils ont trouvé dans leurs poches, afin de permettre une identification future, mais parfois les morts sont restés bloqués dans la carcasse de leur avion ou de leur char.

Il faut s'occuper des disparus. Tout un peuple de vivants, d'ailleurs, réclame des nouvelles de ces hommes dont on ignore tout et dont on espère qu'ils sont prisonniers en Allemagne ou blessés en Angleterre.

Une femme cherche à renseigner d'autres femmes. Germaine Lherbier Montagnon court ainsi la campagne à la poursuite des avions morts (1).

Dans les journaux locaux, parmi les petites annonces, elle publie un texte demandant qu'on lui signale avions abattus et tombes d'aviateurs.

Les paysans écrivent. Les paysans qui, en rentrant d'exode, ont trouvé des aviateurs empêtrés dans leurs cordes, des aviateurs écrasés, carbonisés...

---

(1) Germaine Lherbier Montagnon dirigeait, depuis octobre 1939, la section I. P. S. A. des prisonniers de l'Armée de l'Air. Son livre, *Disparus dans le ciel*, est très beau, à la mesure de l'œuvre entreprise.

« Dans ma pâture, il y a un avion et une tombe sans nom dessus. J'ai mis des fils de fer barbelés pour le respect, à cause des bêtes. »

« Un avion a fait dans mon blé un atterrissage forcé parce qu'il avait reçu un obus et qu'il était en flammes. J'ai ramassé des morceaux d'aviateurs que j'ai inhumé près du puits et ma petite met des fleurs dessus chaque jour. »

« L'avion qui est tombé dans mes betteraves a explosé et l'aviateur aussi. »

« Ma pauvre dame,

« Moi, père de famille de huit enfants que jé perdu mon garçon à Dunkerque, et que je sui ancien combattant, je vous di que jé enterai un aviateur qu'a tombé le 6 juin. Jai pas trouvé son nom mai sété un bau petit jeune quavé des cheveux blont bouclai comme ma petite derniaire. »

★

Morts qui font partie de la vie quotidienne de tous ces départements qui se repeuplent, comme au retour d'énormes grandes vacances. A Paris où l'on ne comptait que 700.000 habitants le 14 juin, il y en a 1.051.306 le 7 juillet, 1.200.000 un mois plus tard. Mais « les beaux quartiers » demeurent toujours déserts.

Les autorités françaises estiment, au début d'octobre, que 3.500.000 personnes ont regagné leurs foyers.

Bordeaux s'est vidé. Il y avait encore 558.000 réfugiés en Gironde le 9 juillet ; un mois plus tard 320.000, au moins, sont partis.

Jusqu'en 1942, la Croix-Rouge rend à leur famille près de 90.000 enfants dispersés par l'exode !

Il est des réfugiés, cependant, dont les statistiques ne parlent qu'avec discrétion. Ce sont les habitants de la zone interdite. Réfugiés qui piétinent de longs mois en zone libre, les Allemands interdisant leur retour.

★

Peu de Français, au cours des années 1940-1942, ont eu connaissance du drame vécu par la zone interdite. Parmi la masse des communiqués, le flux des événements et tant d'inquiétudes personnelles, combien, parmi ceux qui n'habitaient pas les départements intéressés, combien ont prêté attention à ces textes annonçant le 23 juillet la création d'une zone vers laquelle tout retour était impossible ?

Son tracé suivait le cours inférieur de la Somme, le canal de Saint-Quentin, passait par Chauny, Sainte-Menehould, Saint-Dizier et finissait par rejoindre la ligne de démarcation après avoir longé la Saône et le canal du Rhône.

En somme, douze départements : Nord, Pas-de-Calais, Somme, Aisne, Ardennes, Marne, Haute-Marne, Côte-d'Or, Meuse, Meurthe-et-Moselle, Vosges, Doubs ; douze départements comptant parmi les plus peuplés, les plus riches, les plus industrialisés vont être totalement ou partiellement, en dépit de toutes les conventions d'armistice, soustraits à l'administration et à la communauté françaises.

Les communiqués préfectoraux de juillet 1940 prévenaient les habitants de cette vaste zone : « *Il ne faut pas qu'ils comptent regagner leurs foyers dans un avenir rapproché.* »

Cependant, désireux de retrouver leurs foyers et leurs champs, même lorsqu'ils soupçonnent le pire, des milliers de paysans tentent de revenir en fraude en zone interdite.

La famille B... abandonne, en août 1940, le petit village de la côte bretonne où elle s'était réfugiée et où elle suivait, en compagnie de toute la population, les obsèques des soldats anglais apportés par la mer.

Des lettres venues des Ardennes parlent des camps de concentration de Maison-Rouge et de Tagnon où des milliers de clandestins arrêtés par les Allemands vivent sous la tente, couchent sur de la paille pourrie et cuisinent en plein air.

Qu'importe ! Les lettres parlent aussi des difficultés de ravitaillement, du pillage, du pessimisme des autorités officielles (le préfet des Ardennes estime que, dans les villes importantes, la dévastation est telle que ni agriculteurs ni commerçants ne peuvent envisager leur retour).

Il n'y a plus ni bœufs ni chevaux et certains paysans doivent rentrer leur blé avec une brouette.

Il n'y a plus d'ardoises pour couvrir les toits décoiffés par les explosions. Les médecins civils font défaut et ce sont des médecins prisonniers de guerre qui soignent la population. Dans les cas urgents, ils ont le droit d'utiliser le téléphone de la Kreiskommandantur de Vouziers pour alerter un chirurgien de Reims (1).

Pas d'écoles ouvertes.

---

(1) Télégraphe et téléphone ne seront rétablis partiellement, dans le département des Ardennes, que le 1er janvier 1941.

Le courrier met de dix à douze jours pour atteindre les communes éloignées du chef-lieu d'arrondissement et, sur la ligne Sedan-Charleville-Montmédy, il est confié à un chef de train français circulant sur les convois allemands.

Ah ! qu'importe tous ces obstacles et ces décombres. Ils attirent les réfugiés comme la lumière les phalènes.

La famille B... quitte la Bretagne dans l'espoir de revenir à Monthois.

A Nantes, on ne délivre pas de billets pour Monthois. Seulement pour Châlons-sur-Marne, l'une des dernières villes avant la zone interdite.

— Là-bas, vous essayerez de vous débrouiller.

Paris à 22 h. 25. Un employé de la S. N. C. F. crie dans son porte-voix :

— Les réfugiés qui regagnent leur pays, venez ici. Vous serez les bienvenus au Centre d'accueil. Demain un camion vous conduira à votre gare de départ.

Soupe chaude, ragoût de choux et de navets.

Sonnerie de clairon, c'est l'extinction des feux.

Clairon à 6 heures, c'est le réveil.

Un camion conduit les réfugiés à la gare de l'Est.

A Revigny, contrôle des gendarmes français et allemands, à Sainte-Menehould, contrôle encore. Tous ceux qui n'ont pas de papiers en règle sont refoulés. Mais ils s'obstinent. Ils passent la « frontière » en suivant des enterrements ou des voitures de déménagement. A Amiens, le 1er novembre, le pont-frontière voit passer bon nombre de réfugiés les bras chargés de fleurs, puis de plantes vertes lorsque les fleurs sont toutes vendues. Le cimetière étant de l'autre côté de l'eau, les Allemands les laissent passer sans se douter qu'ils n'iront prier sur aucune tombe. Il est vrai qu'ils peuvent toujours les arrêter plus loin et, plus tard, les expulser lorsqu'ils se croient enfin hors de danger (1) !

★

Pour quelles raisons les Allemands ont-ils créé la zone interdite ? Faut-il y voir l'amorce de constitution d'un

(1) Les personnes rentrées en fraude (leur chiffre fut évalué à 120.000 le 31 janvier 1941 par le général Doyen, président de la délégation française auprès de la Commission d'armistice) furent d'ailleurs menacées d'expulsion, ce qui motiva une protestation supplémentaire des autorités françaises. 225 personnes furent refoulées le 9 décembre 1940 de Mézières-Charleville. Un délai de trente minutes leur avait été accordé pour préparer leurs bagages.

Etat flamand comprenant la Hollande, la Belgique et les Flandres françaises ?

Le docteur Michel, chef des services économiques allemands en France pendant l'occupation, semble bien donner raison à cette thèse lorsqu'il écrit, en parlant de la « ligne Nord-Est » ou « ligne verte », qu'elle était née « *de quelconques réminiscences historiques non claires et fausses de Hitler* ».

Cet Etat — qui se serait appelé Thiois — aurait, très approximativement, reconstitué l'ancienne Lotharingie.

Les barrières dressées devant les réfugiés correspondaient également à une volonté très poussée de colonisation agricole dont l'Ostland se fit l'instrument (1). « *Puisque les Français ont abandonné leurs terres, c'est à nous de les exploiter.* » Telle était, en toutes lettres, la thèse allemande.

L'Ostland établit sa centrale à Paris et cinq filiales s'installèrent respectivement à Amiens, Laon, Mézières, Charleville, Nancy et Dijon. Les services allemands firent venir des colons et des chefs d'exploitation poméraniens ou saxons, organisèrent le remembrement, parfois sur une très vaste échelle, occupant non seulement les terres des réfugiés, mais également celles des prisonniers.

C'est dans les Ardennes — département évacué en totalité en mai-juin 1940 — que l'expérience sera poussée le plus activement. Trois cent quatre-vingts communes sur cinq cent trois eurent à subir la présence de l'Ostland. Cent dix mille hectares furent occupés. Près de deux mille cinq cents propriétaires dépossédés en totalité. Le cheptel, les tracteurs, les charrues passèrent également entre les mains allemandes.

Lorsque le propriétaire arrive à « franchir » en fraude la « ligne verte », il se trouve souvent dans l'obligation de signer un contrat de travail et d'aller rejoindre, pour 50 francs par jour, dans ses anciens champs, des Polonais récemment déportés, des prisonniers sénégalais, marocains et belges.

Voici Jules Fortier revenu en mars 1941 dans son petit village d'Autrecourt. Le pays paraît désert. Plus une

---

(1) L'Ostland ou Ostdeutsche Landbewirtschaftungs-gesellchaft (Société agricole d'Allemagne Orientale) avait son siège à Berlin. Elle fut créée par le Ministre du Reich pour le Ravitaillement et l'Agriculture. Au mois de juin 1941, son nom fut changé en Landbewirtschaftung (service de culture), puis en 1942, en celui de Reichsland. Dans les départements de la zone interdite, l'Ostland était souvent désignée par les lettres W. O. L. (Wirtschaftsoberleitung).

seule bête. L'herbe a poussé devant chaque maison. Draps et matelas ont été emportés, des piles de vaisselle non lavée s'entassent dans la cuisine.

Quelques jours plus tard, l'Allemand Fritz Martens, qui vient d'être nommé chef de culture, arrive lui aussi à Autrecourt. Martens est accompagné de quelques Polonais. Il choisit la meilleure ferme, réquisitionne, à droite et à gauche, le mobilier. Avec cela, assez bonhomme envers les prisonniers qui travaillent pour lui, ne dédaignant pas de verser 1.000 francs lors d'une représentation théâtrale à leur profit...

Parmi les 468 membres de la W. O. L. des Ardennes (dont 161 chefs de culture) (1) on trouve des hommes de caractères bien différents. Installés dans la plus belle maison du village, ayant à leur disposition cuisinière, femme de ménage, jardinier, interprète, dactylo, ils s'efforcent, la plupart du temps, d'éviter « les histoires » afin de conserver leur intéressante situation et laissent les prisonniers français vivre à leur guise dans les maisons vides.

Ils sont plus sévères pour les Polonais, déportés par familles entières, et que l'on répartit dans les fermes au hasard des besoins.

Où vont les récoltes ? En grande partie, vers le Reich. En quatre ans, le seul département des Ardennes fournira ainsi à l'Allemagne 425.000 quintaux de blé, autant de pommes de terre, 33.500 bovins, 2.300 porcs, 5.900 moutons, etc...

★

En septembre 1941, toutefois, les Allemands acceptent le retour de certaines catégories de repliés : propriétaires ou chefs d'entreprises agricoles, industrielles et forestières, bûcherons, charbonniers, tailleurs, plombiers, cordonniers...

On voit les villes, ruinées par la bataille, ramenées à la proportion de misérables villages, s'animer peu à peu. L'agglomération de Charleville et Mézières, 52.000 habitants avant la guerre, n'en compte plus que 1.200 le 6 juillet 1940, 3.000 le 28 août, 10.000 à la fin de l'année.

En septembre 1941, 180.000 Ardennais sur 290.000 sont rentrés chez eux.

---

(1) Sous leurs ordres, les Allemands employaient (en octobre 1943 dans les Ardennes) 12.980 personnes dont 2.594 prisonniers mis en congé de captivité, 4.910 civils français, 4.839 Polonais, 298 Belges, 339 Juifs...

Le 20 mai 1943, enfin, les Allemands suppriment la frontière de la zone interdite.

★

Si les autorités allemandes mettent des entraves au retour des réfugiés habitant la zone interdite, elles s'efforcent d'attirer les Alsaciens et les Lorrains.

Ceux-là ne reviendront jamais assez vite sur leur terre natale.

Dans les camps de prisonniers, des commissions recherchent tous les Alsaciens et Lorrains pour les libérer systématiquement.

Dans les départements du Sud-Ouest, où ils s'étaient installés en 1939, plutôt mal que bien, où ils avaient été reçus, plutôt mal que bien, par des populations ignorant leur dialecte, ne partageant pas leur foi religieuse, voyant avec inquiétude des maires, des curés, des directeurs d'école doubler soudain les maires, les curés, les instituteurs locaux, toute une propagande est menée pour inciter les Alsaciens et Lorrains au retour (1).

Chaque réfugié rentrant par le train a droit d'emporter gratuitement soixante-dix kilos de bagages. Ceux qui possèdent une voiture bénéficient d'une priorité. Et le 10 septembre 1940, la radio de Vichy se félicite de la bonne marche du rapatriement. « *Il ne reste plus que* 85.000 *réfugiés alsaciens et mosellans en zone libre. Si tout se passe bien, le rapatriement sera terminé dans les premiers jours d'octobre.* » Le cynisme le dispute à l'ignorance dans ce commentaire, car les Alsaciens et les Lorrains roulent vers une terre qui, déjà, n'est plus française.

Lorsqu'ils ont franchi la ligne de démarcation, les convois de réfugiés sont immédiatement pris en charge par des propagandistes nazis. En gare de Strasbourg — Strasbourg dont, le 19 septembre, la moitié de la population est encore absente — guirlandes et banderoles

---

(1) A la fin de 1939, les principaux départements d'accueil des Alsaciens et Lorrains sont les suivants : Charente, 90.000 ; Dordogne, 90.000 ; Vienne, 60.000 ; Gironde, 40.000 ; Landes, 25.000, etc...

Sur les conditions de vie, voici quelques exemples : A Saint-Etienne, 2.000 réfugiés sont installés — très mal — dans le vélodrome ; à Charmeneuil, 1.600 évacués arrivent dans un village de 1.000 habitants ; en Dordogne, beaucoup de maires refusent de prêter les salles de classe pour la célébration du culte ; à Rochechouart, il y a 1.700 évacués pour 2 000 habitants, les Alsaciens sont couramment traités de Boches par les enfants, etc...

attendent les « frères exilés ». Les attendent également des gamelles de soupe (1) et des discours.

La musique militaire joue *Deutschland Uber Alles* et *Horst Wessel Lied.*

Soldats et jeunesses hitlériennes crient « Sieg Heil » dans l'espoir qu'on leur répondra.

Les infirmières distribuent du chocolat et de petits drapeaux hitlériens aux enfants.

Les inscriptions proclament *Willkommen in der deutschen Heimat* (Soyez les bienvenus dans la patrie allemande).

Des cinéastes filment ces scènes « patriotiques » où l'attendrissement et l'enthousiasme font le plus souvent défaut.

Des centaines de milliers d'Alsaciens et de Lorrains sont pris au piège. Nul ne leur avait dit qu'ils allaient revenir en terre annexée.

Et les protestations du gouvernement de Vichy affirmant, notamment lorsqu'il apprit que des douaniers allemands s'étaient installés sur la frontière de 1914, que *« ses droits à administrer l'ensemble du territoire demeuraient entiers »* (2) allaient se révéler sans pouvoir contre une décision prise de longue date et qui réjouissait la majorité des cœurs allemands.

Au cours des discussions d'armistice, aucune revendication allemande sur l'Alsace-Lorraine n'avait certes été élevée, mais Hitler sortant de la cathédrale de Strasbourg et s'adressant à ses soldats improvise un véritable referendum.

— Qu'en pensez-vous ? Devons-nous rendre aux Français ce bijou ?

— Non, non, jamais.

C'en est assez pour condamner l'Alsace et la Lorraine à redevenir promptement allemandes.

---

(1) A la date du 8 août 1940, les Allemands déclareront avoir servi 169.500 déjeuners et 94.100 dîners aux seuls Strasbourgeois.

(2) Protestation du général Huntziger en date du 7 août 1940. Du 6 juillet 1940 au 22 août 1944, 112 protestations concernant le sort de l'Alsace et de la Lorraine, ou des Alsaciens-Lorrains ont été adressées par Vichy au gouvernement allemand ou aux autorités militaires. On en trouvera un relevé dans l'ouvrage de Louis Cernay : *Le maréchal Pétain, l'Alsace et la Lorraine.* Lors de l'expulsion des Alsaciens et des Lorrains, la protestation française fut exprimée en termes particulièrement vifs : « *La France se trouve en présence d'un acte de force... en présence d'un acte injuste... qui est également un acte inhumain.* » (18 novembre 1940.)

Mais tout en ne reconnaissant pas l'annexion et ses conséquences, le gouvernement de Vichy donna peu de publicité à ses protestations.

★

J'ai dépouillé les archives du petit village lorrain de Gandrange pour juillet et août 1940.

Le sort de centaines de villages alsaciens et lorrains n'ayant pas été différent de celui de Gandrange, on verra, par le nombre et la cadence des circulaires, combien est rapide l'action allemande (1).

Les Allemands, lorsqu'ils arrivent, en juin 1940, trouvent un village partiellement déserté. On pousse devant eux quelques habitants qui parlent leur langue.

M. S..., le garde champêtre, le curé, ainsi qu'un adjoint se présentent donc aux officiers allemands arrêtés devant le monument aux morts.

C'est un monument assez différent de ceux que l'on voit d'ordinaire dans les petits villages ; il représente Jeanne d'Arc dressée sur ses étriers.

En juin 40 la statue est protégée par une palissade qui empêche également de lire le nom des treize morts de 1914-18. Treize morts : sept sont tombés du côté français, six du côté allemand, mais le touriste, l'étranger ne pourront jamais distinguer entre les uns et les autres.

La première question des officiers allemands a trait précisément à la guerre de 14-18.

— Quels sont les déserteurs de la guerre de 1914 ? Leur famille habite-t-elle encore le village ? (2).

Ce devait être le début d'un feu roulant de questions orales ou écrites.

Dans les derniers jours de juin, les Allemands recherchent les juifs. Il n'y en a pas à Gandrange. Mais tous ceux qui vivent sur le territoire alsacien et lorrain seront expulsés en juillet *avec* 30 *kilos de bagages et* 2.000 *francs en espèces* vers la zone non occupée (3).

Le 5 juillet, recensement des professions et de la population. Gandrange compte 728 habitants dont 627 Lorrains, 3 « Français de l'Intérieur » (4), 12 Polonais, 33 Italiens, 7 Yougoslaves, 46 personnes appartenant à diverses natio-

(1) Jusqu'au 6 août 1940, 113 circulaires s'abattront sur le petit village de Gandrange. Toutes demandent une réponse immédiate.

(2) Il est bon de rappeler que, durant la Première Guerre Mondiale, plus de 18.000 Alsaciens et Lorrains s'engagèrent dans l'armée française. Plus de 3.000 tombèrent au champ d'honneur.

(3) En novembre, tous les juifs seront expulsés après confiscation de leurs biens.

(4) Tous les « Français de l'Intérieur » résidant dans les trois départements alsaciens et lorrains seront bientôt expulsés.

nalités. Plus tard (26 juillet), les Allemands recenseront les Lorrains faisant partie de sociétés artistiques ou de partis politiques. Nous saurons ainsi qu'à Gandrange le parti socialiste compte 21 membres, l'Action Catholique 75, l'Union nationale des Combattants 50, et le Souvenir Français 102. Il y a 30 musiciens et 18 pompiers. Les uns et les autres n'auront bientôt plus le droit de se mettre en uniforme.

Le 6, ordre de lutter quotidiennement contre les doryphores.

— Donnez-nous avant le 20 juillet le nom de ceux qui ne veulent pas participer au combat contre les doryphores. Ils ne toucheront plus d'indemnité de chômage.

Le 6 encore, ordre d'arracher toutes les affiches françaises collées aux murs. Qu'il s'agisse de publicité pour le cinéma, le théâtre, une marque d'apéritif ou de savon, elles doivent disparaître comme « *traduisant une situation capitaliste* ».

Le 7 juillet, recensement des biens des juifs, ainsi que les châteaux et terrains appartenant à l'Etat français et aux Eglises.

Le 9 juillet, on demande à l'administrateur de Gandrange :

— Votre ville possède-t-elle une bibliothèque ? Si oui, vous devez la fermer immédiatement. Envoyez-nous la liste des livres.

Les Allemands veulent priver la population de livres français. Dans quelques mois, ils feront même la chasse aux traductions qui finiront, elles aussi, sur le bûcher. « *Jetez à la rue ces produits crispés de la mensongère propagande française et de la haine des peuples. Vérifiez vos bibliothèques de façon que, à côté des œuvres de nos poètes et penseurs allemands, ne se trouve plus la littérature décadente française.* »

Le 9 juillet, également, les pompiers reçoivent l'ordre de lutter contre les rats tandis que les enfants, avec leurs instituteurs (qui seront bientôt remplacés par des instituteurs allemands ou iront faire des stages politiques en Sarre), sont mis à la disposition de la commune pour participer aux travaux des champs.

Le 14 juillet, la circulaire 3.251/A3 invite la population à participer à la lutte contre les mouches, au balayage des rues et des places, à la réparation des égouts.

Le 22 juillet, les administrateurs reçoivent l'ordre de changer le nom des principaux bâtiments municipaux. La mairie deviendra « Bürgermeisteramt », l'école primaire « Volksschule ». Les annonces bilingues sont interdites. C'est la grande offensive contre la langue française. Elle n'épargne rien.

Partout les villes sont rebaptisées et, dans les villes, les rues.

Gandrange devient Gandringen ; Thionville, Diedenhofen ; Sainte-Marie-aux-Mines, Markirch ; Marmoutier, Mesmünster : Château-Salins, Salzburgen.

A Strasbourg, la place De Broglie s'appelle « Adolf Hitler Platz » ; la place de la République, « Bismarck Platz » ; à Mulhouse, la rue du Sauvage devient, elle aussi, « Adolf Hitler Strasse », ce qui fait bien rire les Mulhousiens. Il naît, un peu partout, des rues Gœring, Karl Roos, et les bourgmestres reçoivent bientôt une circulaire d'une maison allemande, circulaire dont le dernier paragraphe, lu aujourd'hui, ne manque pas d'humour. Le fabricant de plaques bleues, qui fait ses offres de service et indique ses tarifs dégressifs, conclut, en effet, son texte par la phrase suivante : *Nos plaques sont garanties quinze ans !...*

Les magasins, où tous les prix sont affichés en marks — la police fait des contrôles — ont dû également changer leurs noms et les boutiquiers ne peuvent plus s'adresser à leurs fournisseurs habituels. De force, il leur faut passer commande en Allemagne.

Les magasins, les lieux publics, l'école, la rue sont le champ de bataille où les Allemands mènent l'assaut contre le français.

Dans les magasins, des affiches proclament : *Ici, on doit parler allemand ;* mais l'on distingue aisément un Lorrain, un Alsacien d'un Allemand. L'un dit « Guten Tag », l'autre « Heil Hitler ».

Tous les films sont naturellement des films allemands et, dans les services publics, l'administration venue d'outre-Rhin a remplacé une administration française que les ordres de Vichy s'avèrent bien insuffisants à maintenir en place.

Dans les églises, les prêtres n'ont pas le droit de prêcher en français, mais l'on use de subterfuges. Beaucoup de Messins se rendent ainsi chez les Petites Sœurs des Pauvres, parce qu'ils savent que le chapelet y est toujours récité en français.

Dans les écoles, des cours intensifs d'allemand sont donnés aux petits comme aux grands. Puisque l'armée a décidé, le 24 juillet 1940, décision confirmée le 8 août par le gauleiter Wagner, que l'allemand serait désormais la seule langue autorisée, ne faut-il pas en précipiter l'enseignement ?

Mais les très nombreux « Derniers avertissements » qui paraissent dans la presse de langue allemande, avertissements adressés aux « *bavards et méchants imbéciles* » qui s'obstinent à parler français, démontrent au moins la ténacité de la résistance alsacienne et lorraine.

A la vérité, sortis de leur domicile (où ils sont parfois « encadrés » par deux familles de fonctionnaires venus d'Allemagne), beaucoup d'habitants gardent un silence prudent.

Non contents de germaniser les rues, les Allemands tentent de germaniser les noms. En novembre 1940, ceux qui portent des noms à consonance française reçoivent des listes de traduction à la lecture desquelles les Flajeolet s'appelleront désormais Bohn ; les Rochet, Roth ; les Ponton, Burger ; les Dupont, Brückner...

★

Guerre aux décorations françaises, guerre aux plus humbles des souvenirs de Paris : Tour Eiffel en plomb doré, ronds de serviette coloriés, porte-plume offrant dans un œillet de verre des vues du tombeau de Napoléon ; guerre aux mots « sel » et « poivre » sur les salières, « eau » sur les prises d'eau, aux inscriptions « boîte à lettres » et « Défense d'afficher ». Guerre au béret basque considéré bientôt par les Allemands, aussi bien que par les Alsaciens, comme un signe de ralliement à la France et d'opposition à la politique hitlérienne.

Lorsque J.-P. Leclère regagne son logement de Fontoy, il découvre que les Allemands ont détruit les cadres contenant sa nomination d'officier d'Académie, une lettre de l'Institut, la médaille de la Fidélité Française...

Ainsi, en attendant les expulsions massives, soit en direction de la France non occupée, soit en direction de l'Allemagne (1), en attendant l'entrée en vigueur, mois après mois, de toutes les lois allemandes, l'octroi d'office de la nationalité allemande (29 août 1942), la mobilisation de plusieurs classes, les Alsaciens et les Lorrains sont entrés, dès les premiers jours de l'occupation, dans la

(1) En mai 1943, on estimait que 40.000 Lorrains avaient été envoyés en Allemagne. Le chiffre total des Alsaciens et Lorrains déportés est estimé à 520.000, celui des mobilisés de force à 140.000.

période la plus rude de leur existence si souvent bouleversée.

★

La France est désormais coupée en quatre.

A côté de la zone libre qui jouit d'un statut privilégié et uniforme, la zone occupée, délimitée par une ligne qui, partant de Saint-Jean-Pied-de-Port, frôle Mont-de-Marsan, Langon, Angoulême, passe à l'est de Tours pour toucher ensuite Vierzon, Moulins, Paray-le-Monial, Chalon-sur-Saône et Dôle. Zone occupée, elle-même partagée en trois zones, où la présence de l'administration et de l'armée allemandes se fait plus ou moins fortement sentir.

Tandis que l'Alsace et la Lorraine sont purement et simplement annexées, les départements de la zone interdite vivent sous un régime de type colonial accentué ; le reste de la zone occupée est, par contraste, légèrement mieux traité. L'armée et la police y font la loi, mais leur action se trouve souvent contrariée par la présence d'une administration française fidèle à ses traditions d'indépendance et à des traditions plus générales de lenteur et de prudence.

C'est dans ce cadre brisé, c'est à l'intérieur de ces bizarres et multiples frontières, uniques dans l'histoire de notre pays, que les Français devront vivre durant quatre longues années, fertiles en bouleversements et en drames.

CHAPITRE III

LIGNE DE DÉMARCATION : PASSAGE INTERDIT

Lorsque les bonnes gens de Mont-de-Marsan parlent de Raoul Laporterie, ils ne manquent jamais d'ajouter qu'il reçoit « un courrier de ministre ». Un courrier sans proportion aucune avec l'activité de son magasin de confection. Un courrier d'un tel volume qu'il a dû mobiliser sa belle-mère, sa femme et sa fille chargées d'ouvrir les lettres, de trier, parfois de répondre à sa place.

Lettres en provenance de Lille, de Paris, de Bordeaux, de Saintes, de Pantin, de Reims, de Marseille, de partout. Que vend Laporterie pour que l'on glisse son nom, de ville en ville, d'ami en ami, comme celui d'un guérisseur fameux ou d'un inépuisable fournisseur de denrées rationnées ? Il ne vend aucun remède miracle. Il « fait passer ».

Lettres et gens.

« *Monsieur,* lui écrit Mlle Alsberghe, qui habite Tourcoing, *j'ai eu cet après-midi votre adresse par une amie et j'ose croire que vous m'excuserez de prendre la liberté de vous demander un service qui n'est pas sans danger pour vous.*

« *Si vous croyez pouvoir faire parvenir cette lettre, vous me rendriez très heureuse, car mon fiancé est sans nouvelles depuis un mois...* »

Jean Maître le prie d'expédier à sa belle-mère qui réside à Clamart « *un envoi de graines pour son jardin. Par ce même courrier, je vous expédie une boîte contenant quelques semences de pois, fèves, carottes, etc., le tout pas encombrant, et un peu de ficelle.* »

Et Mme Breton, qui habite près de Bucy-le-Long, dans l'Aisne, lui expédie ce touchant message :

« Monsieur,

« C'est moi Mme veuve Breton, la maman du caporal Charles Breton qui m'avez envoyé votre adresse pour que vous tâchiez de faire passer ses lettres, alors je vous envoie ce petit colis : c'est du papier à lettres et si vous voulez je vous enverrai un mandat pour lui aussi, mais j'attends que vous me répondiez avant, car pensez que c'est dur pour une mère de savoir son fils sans argent, je compte sur vous et si vous pouvez lui demander s'il a besoin de linge je vous ferai un colis. Je compte sur vous. »

Dans son petit bureau où s'accumulent les lettres, Raoul Laporterie autopsie, sans le savoir, la France de l'hiver 1940. Des centaines, des milliers d'inconnus lui confient leurs soucis.

Des parents cherchent leurs enfants, des enfants leurs parents et des fournisseurs leurs clients.

Des grand-mères demandent des détails sur la naissance de leur petite-fille. Des femmes sur la blessure de leur mari. *« Monsieur, excusez-moi de vous solliciter encore une fois... » « Monsieur, excusez-moi si je prends la liberté de vous écrire ; c'est parce que je n'ai plus de nouvelles de ma femme et de mes enfants... »*

Raoul Laporterie fait un paquet des trois ou quatre cents lettres que le facteur vient de lui apporter. Il les glisse sous les coussins de sa Juvaquatre et s'éloigne en direction de la ligne de démarcation. La voiture 2.134 HU 2 est familière aux Autrichiens du poste. Laporterie est un bon vivant, bavard et aimable. Un soir, ne leur a-t-il pas donné des huîtres ? (1). Il passe régulièrement deux fois par jour. Parfois quatre. Jamais seul. Mais toujours avec des papiers « corrects ». Ses compagnons présentent, eux aussi, d'insoupçonnables ausweis. Ce sont, en apparence, d'honorables frontaliers, des habitants de Bascons, cultivateurs, retraités, petits propriétaires qui « profitent » de l'auto du maire.

Le poste de contrôle est situé à la sortie de Mont-de-Marsan, sur la route d'Aire-sur-l'Adour, dans un creux de terrain.

Laporterie coupe le moteur et prépare son « Ausweis für den kleinen Grenzverkehr » (Laissez-passer pour la traversée des petites frontières).

---

(1) Ce soir-là, Raoul Laporterie avait glissé sous son siège le drapeau du 52ᵉ bataillon de mitrailleurs indochinois « oublié » à Arcachon dans les combles de l'Hôtel de France occupé par un état-major allemand.

— Surtout, ayez l'air naturel, souffle-t-il à ses passagers.

Il a avec lui une jeune femme qui rejoint son fiancé, un prisonnier évadé qui veut gagner la zone libre d'où il partira peut-être pour l'Espagne, une femme et son mari qui, avec leur bébé, vont passer quelques vacances près d'une parente épicière...

Les soldats allemands font descendre tout le monde, vérifient machinalement ausweis et cartes d'identité. Ils adressent un petit sourire à ce bon M. Laporterie qu'ils reverront tout à l'heure. C'est fini. La Juvaquatre prend son élan pour grimper la côte. Les passagers de la voiture s'ébrouent joyeusement.

— Eh bien, dit l'évadé, votre truc a marché comme sur des roulettes.

— Bah ! j'ai l'habitude, fait Laporterie. Et puis, les ausweis sont bons.

— C'est vrai ça.

— Et les cartes d'identité sont bonnes aussi.

L'évadé éclate de rire.

— Oui, mais elles ne sont pas vieilles.

Laporterie les a terminées quelques heures plus tôt.

Et, dans son magasin de Mont-de-Marsan, il a obligé tous ses passagers à se dépouiller de leurs papiers d'identité.

— Je vous les renverrai, après-demain. Avez-vous apporté une photo ?

Il dévisage ses hôtes, se penche sur un jeu de cartes d'identité.

— Voyons, 30 ans, 1 m. 70, cheveux châtains, ça devrait faire l'affaire, vous vous appellerez... n'oubliez pas...

A chacun, il donne un nom. Le nom d'un mort.

Maire de Bascons, petite commune de zone libre, située à quelques kilomètres de Mont-de-Marsan, Laporterie a obtenu un laissez-passer pour se rendre quotidiennement à son magasin de Mont-de-Marsan, en zone occupée. Cette facilité lui permet de faire passer les lettres d'une zone à l'autre. Ce n'est pas assez. Il a imaginé de « ressusciter » une vingtaine de ses administrés pour lesquels les Allemands lui ont, sans y voir malice, délivré des ausweis, et pour lesquels il a établi des cartes d'identité presque complètes. Seule la photo manque encore.

Qu'un volontaire pour le passage se présente, Laporterie tient à sa disposition ausweis et carte d'identité véritables. Il suffit de coller une photo pour que tout soit en ordre.

Une photo, c'est la seule chose qu'il réclame instamment de ses correspondants. Pas d'argent. Il n'acceptera jamais d'argent.

Juifs, prisonniers évadés, amoureux, commerçants, fonctionnaires se communiquent l'adresse de Mont-de-Marsan. Le nom de Laporterie fait boule de neige. « *A la Croix-Rouge de Châteauroux,* lui écrit-on depuis Limoges, *j'ai rencontré des gens du Nord, des Roubaisiens et une dame de la Croix-Rouge de là-bas et elles m'ont dit que si je voulais passer des lettres pour la France occupée, je pouvais passer par vous.* »

Il en est à son deux millième « passager » (il fait aussi passer dans le sens zone libre-zone occupée) et ne compte plus les lettres postées, les mandats et les colis envoyés, lorsque la Gestapo s'inquiète de sa débordante activité.

A partir de l'automne 1941, Laporterie répond, avec une mélancolie de demi-solde, aux lettres qui arrivent toujours : « *Les circonstances actuelles m'interdisent formellement de vous rendre le service que vous me demandez, mais je reste cependant à votre disposition pour vous fournir tous les renseignements utiles. L'affaire dont vous me parlez peut se faire par l'intermédiaire d'un ami...* »

★

Tout au long de la nouvelle frontière qui sépare la France de la France, ils sont ainsi des centaines de Laporterie à faire passer clandestinement les lettres qui commentent les sèches cartes interzones et les hommes qui n'ont pu obtenir un laissez-passer, ou n'ont pas voulu en demander, lorsqu'ils sont suspects à toutes les polices.

Qu'ils se fassent, ou non, payer leurs services (le passage d'une lettre coûte 5 ou 10 francs, celui d'un homme, au début, de 100 à 200 francs, mais il atteindra très vite jusqu'à 5.000 francs), les passeurs répondent à un besoin de l'heure.

Roger Langeron, préfet de police, note à la date du 10 septembre 1940, les points sur lesquels le public parisien demande le plus fréquemment des explications. On remarquera que la correspondance avec les prisonniers ne vient sur cette liste qu'en quatrième position.

— *Circulation entre les deux zones.*

— *Dans quelles conditions fonctionne le bureau des laissez-passer ?*

— *Transfert des marchandises de zone à zone.*

— *Correspondance et colis aux prisonniers.*

— *Conditions dans lesquelles les militaires allemands*

ont le droit de réquisition et pièces qu'ils doivent produire. Où peuvent être déposées les réclamations ?

— Restrictions à la circulation des voitures.

— Restrictions à la vente des pneumatiques et accessoires d'autos.

— Conditions de réquisition des voitures et paiement des indemnités.

— Droit et devoir des associations.

Les Allemands ont fait de la ligne de démarcation un véritable instrument politique, dont ils renforcent l'efficacité par les ordonnances du 4 octobre 1940 et du 28 avril 1941. Son ouverture ou sa fermeture sont fonction de l'humeur allemande du moment, ainsi que des rapports entre Berlin et Vichy.

*

Réussit-il à arracher un ausweis, le Français moyen a, d'ailleurs, l'impression d'avoir gagné une bataille. C'est presque la revanche de juin 40.

Au début de l'occupation, les bureaux allemands avaient été submergés par un torrent de certificats médicaux, le plus souvent de complaisance. Toutes les Françaises avaient besoin de cures thermales à Châtelguyon, à Royat, au Mont-Dore, à Cauterets. Toutes ces malades jugeaient la présence de leur fille indispensable et le médecin garantissait qu'une infirmière leur était nécessaire. Mensonges vite éventés. Au bas de presque chaque demande médicale, les Allemands se contentent de mettre cette formule qui ne laisse aucun espoir : « *Je vous prie d'aviser le demandeur qu'un laissez-passer ne peut lui être délivré... nicht ausgestellt werden kann.* »

Il faut donc aller plus loin dans le malheur ou dans le mensonge et se procurer ces télégrammes qui emporteront la décision allemande : maladie grave d'un conjoint ou de parents, inhumation, accouchement aux suites délicates, naissances prématurées, tout cela vrai ou faux (souvent faux), mais certifié conforme par la mairie du lieu d'expédition.

A Paris, il est nécessaire ensuite de se lever matin pour prendre le premier métro : celui des pêcheurs à la ligne. Mais ce n'est pas assez. Arrive-t-on rue du Colisée, où sont installés les services allemands, c'est pour se trouver en concurrence, dès 5 h. 40 (le couvre-feu prend fin à 5 heures du matin), avec trois cents personnes installées là sur des pliants avec tricots, livres et mines de circonstance. Trois cents personnes bien décidées à exhiber frénétiquement leurs malades et leurs morts, à se frayer passage à coups de moribonds et de cadavres jusqu'à ces bureaux où des officiers ennuyés et polis examinent la qualité des péritonites et soupèsent la valeur des crises cardiaques.

Les trois cents deviennent cinq cents. Mais les Allemands n'accordent leur attention qu'à cinquante cas par matinée. Il faut revenir. Si l'on habite le quartier, ou si l'on se résigne à passer la nuit dans quelque couloir, on a chance d'obtenir satisfaction... sans être assuré d'arriver à temps pour l'enterrement.

A Tournus où se trouve le bureau des « laissez-passer urgents » (ouvert de 8 heures à 12 heures et de 14 heures à 17 heures) c'est un rassemblement pitoyable de gens douloureux, émus, inquiets mais prêts à se battre pour atteindre plus vite la zone libre qui commence quelques centaines de mètres plus loin.

Pour les personnages officiels : préfets, ministres de Vichy, l'ausweis n'est pas un droit : tout juste une grâce accordée à qui le mérite. Nommé ministre de l'Education Nationale, Carcopino songe à rejoindre son poste à Vichy. Les Allemands lui font attendre dix-sept jours l'autorisation nécessaire. Xavier Vallat est-il, avec l'accord allemand, promu commissaire aux questions juives, on lui refuse ce laissez-passer permanent que l'amiral Darlan reste longtemps le seul ministre à posséder. Ainsi, dit expressément la note allemande du 5 avril 1941, il sera plus facile de « pouvoir contrôler ses voyages ».

La ligne de démarcation est devenue comme la tartine de confiture du peuple français. Lorsqu'il n'est pas sage, ou que son gouvernement commet quelque incartade, on la confisque, je veux dire on la ferme. Les prétextes ne manquent pas pour des fermetures de plus ou moins longue durée. En août 1940, découvre-t-on dans un train quelques juifs qui, en violation des lois, regagnent Paris, les Allemands, non contents de refouler le train, ferment la ligne pour vingt-quatre heures.

Les événements de décembre 1940, le renvoi et l'arrestation de Pierre Laval entraînent, comme première mesure, l'interdiction du passage à tous les fonctionnaires, puis à tous les hommes entre 18 et 45 ans. Quant aux ministres de Vichy, ils devront attendre quatre mois et demi avant de pouvoir retourner à Paris.

Prisonniers, ligne de démarcation, ravitaillement ; les Allemands ont ainsi entre les mains un triple et très efficace moyen de chantage. En empêchant la circulation des marchandises d'une zone à l'autre, ils peuvent asphyxier les deux Frances. En restreignant la circulation des correspondances et des personnes, ils portent un coup terrible à la vie familiale d'un peuple dispersé aux quatre vents par la guerre et l'exode. La ligne ne s'ouvre même pas pour les fiancés désireux de se marier.

★

Fiancée, au moment de la guerre, à un entrepreneur de Travaux publics de Gand, Mlle Karthal a été entraînée par l'exode jusqu'à Annecy.

Toutes ses demandes pour revenir en zone occupée sont repoussées, comme sont repoussées les demandes de son fiancé. Elle se désespère lorsque, au cours d'un dîner, un ami lance, en guise de plaisanterie :

— Mais mariez-vous donc sur la ligne de démarcation comme ce soldat français qui, au début de la « drôle de guerre », s'est marié avec une Belge sur la ligne frontière. Le bourgmestre avait placé une table entre la France et la Belgique. Pourquoi n'essayez-vous pas ?

Mlle Karthal tente sa chance. Elle a écrit au ministère de l'Intérieur à Vichy et le ministre accepte sa demande. De leur côté les Allemands sont d'accord pour laisser son fiancé, Charles d'Have, aller jusqu'à la barrière de la ligne de démarcation où sera célébré le mariage. On a choisi la commune d'Arbois et le 27 décembre 1941, sous la neige, Mlle Karthal et Charles d'Have s'avancent l'un vers l'autre en présence de quelques douaniers allemands.

Le maire d'Arbois, le docteur Lefort, fait ouvrir par son secrétaire le registre de l'état civil où les mots « ont été mariés à la mairie d'Arbois » ont été rayés pour y substituer « ont été mariés sur la ligne de démarcation ».

Le maire pose le registre sur le poteau frontière. Charles d'Have prend les mains de sa fiancée. Jean Bonnet, chauffeur du taxi à gazogène, qui a amené le fiancé, a accepté d'être témoin. Le maire prononce les paroles qui lient les deux jeunes gens et il ajoute :

— Qu'aucune ligne de démarcation ne s'introduise jamais dans votre foyer. Conservez seulement de cette cérémonie singulière, imposée par l'histoire, le souvenir que l'amour triomphe de tous les obstacles.

C'est fini.

Mariés, M. et Mme d'Have s'en vont chacun de son côté.

★

Dans ces conditions, chaque adoucissement apporté au franchissement de la zone est reçu avec soulagement par la population, même si elle soupçonne de quel prix cet adoucissement a été payé (1).

Et les gouvernements français qui se succèdent ont tous pour but d'apporter quelque amélioration spectaculaire au régime de la ligne de démarcation. Le 9 mai 1941, les journaux annoncent ainsi qu'à la suite d'un accord réalisé entre l'amiral Darlan et les autorités allemandes, la ligne de démarcation sera ouverte, de façon générale, au passage des marchandises et des valeurs. « *En ce qui concerne les personnes, elles seront autorisées à circuler entre les deux zones en cas de maladie ou de décès d'un parent proche.* »

En outre, la libre correspondance est rétablie au moyen de cartes postales non illustrées qui remplacent les fameuses cartes interzones où la vie familiale et affectueuse tient en quelques formules imprimées entre lesquelles il faut faire son choix.

La ligne, cependant, ne sera totalement supprimée qu'au mois de février 1943. Depuis le 11 novembre 1942 — date de l'invasion de la zone libre — elle n'a plus d'utilité puisque la France entière est occupée, mais elle va faire l'objet d'un dernier marchandage. Sa suppression « paye », en partie, la création du Service du Travail Obligatoire décidée le 16 février 1943 pour les jeunes gens nés en 1920, 1921 et 1922.

★

Le train s'arrête dans la nuit. Les voyageurs ont froid. Une misérable ampoule, recouverte de peinture bleue, tire à peine de l'obscurité des visages fatigués.

La voix d'un haut-parleur, la voix que tout le monde attendait en silence, emplit la nuit : « Chalon, cinquante minutes d'arrêt. Le contrôle des voyageurs se fait dans les compartiments. Tous doivent rester à leur

(1) C'est ainsi qu'en septembre 1941, les Allemands accordent des laissez-passer spéciaux aux industriels et commerçants de zone libre désireux de visiter la Foire de Paris qui dure du 6 au 18 septembre.

place, personne n'a le droit de descendre sur le quai... » (1). Les voyageurs, complètement tirés de leur mauvais sommeil, allument une cigarette, vérifient instinctivement (le geste que l'on a à l'approche de toutes les frontières) le contenu de leur portefeuille, quelques-uns s'enferment dans les waters pour glisser derrière la cuvette un papier compromettant. Le wagon redevient silencieux. Sur le quai vide, des soldats allemands sont postés de loin en loin. Baisse-t-on les vitres bleues et rayées de coups de canif, on devine une petite gare sinistre noyée dans un brouillard blême.

— Fermez ! On crève de froid ici.

Un pas approche. Rudement tirée, la porte laisse passage à un officier allemand. Il éclaire le compartiment : « Préparez les cartes d'identité et ausweis de passage. » Ceux qui sont habitués font les gestes nécessaires. Ils présentent leurs papiers au second officier qui ne tarde guère. Ils ont le geste négligent et l'air de penser à autre chose. Mais ceux qui passent cette frontière pour la première fois ne peuvent s'empêcher de trembler un peu. Ils sont toujours en faute. Qui n'est pas en faute en ces temps tragiques ? L'officier salue et s'en va.

Surgit un troisième Allemand : « Qu'avez-vous à déclarer ? Avez-vous des papiers d'affaires ? des lettres ? des devises étrangères ? » Tout le compartiment, les dents serrées, répond « non » par son silence. Un silence épais. De l'œil, chacun guette les réactions du voisin et observe les mouvements du douanier. Il a l'habitude de s'adresser à des compartiments de sourds-muets cet homme-là. Cela ne le gêne nullement pour faire son travail. Il ouvre trois ou quatre valises, dérange des casse-croûte, plonge sa main dans des haricots ou du beurre, rafle les journaux publiés en zone occupée, inspecte deux ou trois portefeuilles, étale des billets de cent francs, des photos de famille, des cartes professionnelles, des images de première communion. Trouve, ne trouve pas. Attention aux vieilles lettres. Anatole de Monzie, à qui le douanier de Langon demande :

— Avez-vous des lettres ?

lui confie sans soupçon son portefeuille où se trouve

(1) Ailleurs, la formule était différente. A Langon, par exemple, c'était : « Langon. Ligne de démarcation. Quarante-cinq minutes d'arrêt. Tous les voyageurs descendent de voiture avec leurs bagages. » A Langon, pendant que les voyageurs passaient devant les policiers, des douaniers fouillaient les compartiments. La fouille des voyageuses fut, pendant quelques mois, effectuée, en l'absence de personnel spécialisé, par deux femmes interprètes.

cependant une lettre oubliée. Au temps où les Allemands multiplient leurs victoires russes par des victoires africaines, l'ami qui lui écrit n'en prophétise pas moins la défaite d'Hitler. La lettre vogue de douanier en officier supérieur. Celui-ci a un beau sourire. Nous sommes le 22 août 1942. Le communiqué annonce qu'entre Volga et Don, la Wehrmacht a remporté de nouveaux succès. Dans le secteur du Caucase, les troupes du Reich poursuivent leur avance. Et les Allemands publient le bilan des pertes anglaises à Dieppe : 3.500 morts, 1.800 prisonniers.

— Monsieur, quoi qu'en dise votre correspondant, nous ne sommes pas perdus et je vous prie de vous ranger de ce côté (1).

« Ce côté » c'est celui des délinquants de peu d'importance, que l'on conduit en troupe à la gendarmerie (étudiant, chaudronnier de Courbevoie, paysans, Marocain évadé d'un camp de prisonniers) et qu'après un interrogatoire rapide l'on enferme pour huit ou quinze jours : c'est le tarif le plus bas ; celui qui sanctionne l'absence d'ausweis, le port de lettres ou de papiers que les douaniers jugent peu compromettants...

★

D'un bout à l'autre de la nouvelle frontière le long de laquelle les Allemands ont posé des écriteaux « Demarkationslinie überschreiten verboten », « Ligne de démarcation, passage interdit », les Français redoublent donc de ruses.

Le tracé même de la ligne facilite parfois le passage, soit qu'elle partage un village en deux, soit qu'elle isole le presbytère de l'église, l'école du reste du village. Il suffit alors de se glisser de maison en maison, puis de traverser brusquement ou négligemment une rue. La frontière est franchie.

Ailleurs, il y a l'auto de Laporterie.

Ailleurs, le corbillard suivi par une foule émue et qu'aucun lien de parenté ou d'amitié n'attache cependant au défunt. Mais puisque le cimetière est en zone non occupée...

Ailleurs, c'est une femme du pays que l'on suit à travers les vignes. On se dissimule un instant pendant qu'elle va inspecter la grand-route. S'il n'y a pas de patrouille à

(1) Anatole de Monzie. *La Saison des juges.*

l'horizon, elle s'essuie le visage avec un mouchoir. C'est le moment de bondir (1).

Ailleurs (et l'aventure est arrivée à Guillain de Bénouville), on passe dans la camionnette d'un épicier que les Allemands n'inquiètent pas car il ne se montre pas avare de chocolat. Entassés derrière des caisses et des bouteilles, plusieurs dizaines d'officiers ont pu ainsi arriver à Bourges.

Ailleurs, c'est à Saint-Aignan-sur-Cher, on passe dans le camion du marchand de vins... caché dans un demi-muid.

Ailleurs, c'est le presbytère qui sert de lieu de rendez-vous. A La Haye-Descartes, celui de l'abbé Déan, qui sera arrêté après avoir sauvé deux mille personnes. A Chissay, le presbytère de l'abbé Tardiveau à qui il arrive de guider un convoi de cent personnes en direction de la ligne de démarcation.

Ailleurs, c'est à La Rochefoucauld, il faut demander par deux fois M. Maurice, puis se rendre, muni de ses instructions, à l'*Hôtel du Grand-Cerf* où la patronne assure les passages.

Ailleurs encore, c'est à Langon, il suffit de se promener dans les beaux vignobles d'une propriété située sur la route de Bazas pour atteindre enfin une petite porte qui ouvre sur la zone libre.

De véritables troupes affluent ainsi, presque quotidiennement, dans les villages proches de la ligne de démarcation. Tournant résolument le dos à la gare, traînant valises et enfants, ces curieux voyageurs, dont tout le pays devine la destination, se rendent dans un café, parfois plein d'Allemands indifférents, et attendent avec fébrilité le passeur et la nuit (2).

Quelle joie lorsque le passeur prononce les mots libérateurs.

— Vous êtes en zone libre !

Le rabbin Netter qui vient de franchir le Cher, près de Vierzon, note dans son journal : « *Ah, quel soulagement ! Quelle joie et quel bonheur ! avoir échappé à un*

---

(1) Mme Arnaud, à Sainte-Foy-la-Grande, rapporté par L.-H. Nouveau, *Des Capitaines par milliers.*

(2) Robert Aron, qui est passé à Montceau-les-Mines, note que le passeur circulait de table en table et, sans aucune précaution, disait à chacun des nouveaux venus : « Vous êtes là pour passer la ligne ? » Quant aux Allemands, la procession des candidats à l'évasion se rendant deux par deux vers la ligne ne les inquiète pas, « ils n'étaient pas chargés de surveiller les passages... », R. Aron : « *Le Piège où nous a pris l'Histoire.* » Naturellement, ce n'était pas toujours aussi simple.

véritable danger de vie et de mort ! Du plus profond de mon être, je rendais grâce à la Providence de m'avoir fait sortir sain et sauf d'une situation extrêmement périlleuse. »

Parfois la casquette de la S. N. C. F. dissimule un voyageur clandestin et le train spécial Paris-Vichy qui, deux fois par semaine, fait la liaison pour les ministres et fonctionnaires, sert aussi au transport d'hommes dépourvus d'ausweis. Dans le tender, entre l'eau et la soute à charbon, le mécanicien et le chauffeur ont installé une inconfortable, mais presque indécelable, cachette (1). Lorsque le train arrive au poste frontière de Moulins, les cheminots, par surcroît de précaution, décrochant la machine et le tender, partent faire de l'eau et ne reviennent qu'à l'heure du départ, ce qui évite les inspections.

Dans les premiers mois de l'occupation, lorsque le passage de la ligne n'est pas strictement réglementé, certaines influences peuvent jouer. C'est ainsi que les Allemands se montrent assez larges pour les artistes lyriques que leurs contrats appellent à Toulouse. A Langon, sur le quai de la gare, ils sont « pris en charge » par le frontalier Roger Tourné qui explique leur situation au poste de contrôle. Au courant de ces succès, des amis demandent à Tourné d'aider l'un de leurs parents à passer en fraude. On convient d'un signal de reconnaissance et Tourné décide de « présenter » son clandestin comme artiste de l'Opéra. Lorsqu'il se trouve en présence du voyageur, Tourné s'aperçoit avec stupéfaction que « l'artiste » est affublé d'un volumineux appareil contre la surdité. Tant pis. Le soi-disant ténor s'enveloppe la tête de son cache-col tandis que son guide explique aux Allemands qu'il est non seulement dépourvu de laissez-passer, mais également aphone et fort inquiet pour la représentation du lendemain !

★

Lorsqu'ils ont franchi la ligne, la plupart des clandestins d'un moment s'éloignent vers le Sud.

Il en est cependant qui, faute d'argent et de relations, restent groupés et s'entassent dans les petits villages frontières de zone non occupée. C'est le cas de nombreux israélites. En août 1942, ils sont quatre cents à Confolens,

(1) Elle sera utilisée par bien des résistants et, notamment, par Médéric.

deux cents à Chasseneuil, autant à Chabanais. Le problème de leur nourriture comme de leur logement est difficile à résoudre dans une région souvent pauvre, où les prix montent sans cesse.

A Romazière cependant, un hôtelier accepte de fournir pour dix francs (ce qui est peu) deux repas par jour aux réfugiés qui passent la nuit par terre, dans la grande salle du restaurant. A Limoges, où l'on demande cinq cents francs pour une chambre, l'abbé Glorieux, Mlle Durand et Mlle Rivière s'occupent de quelques-uns de ces malheureux parmi lesquels on trouve bon nombre d'enfants qui ont franchi la ligne tout seuls ou dont les parents ont été arrêtés sous leurs yeux. C'est le cas des enfants du poète Pierre Créange.

Comme les Allemands, après avoir examiné les faux papiers, veulent retenir toute la famille pour complément d'information, l'aîné des gosses dit d'un ton qui semble naturel aux feldgendarmes :

— Nous ne connaissons pas ce monsieur et cette dame, et les parents ont le courage de confirmer.

— Ces enfants ne sont pas avec nous. Nous ne les connaissons pas du tout.

Les deux petits passent. Encadrés de policiers, Pierre Créange et sa femme s'éloignent vers leur destin. Nul ne se retourne (1).

★

Ligne de démarcation. Le tracé en est connu jusqu'en Angleterre puisque la ligne est le premier obstacle qui se dresse devant les aviateurs anglais tombés en territoire occupé. La carte de France, imprimée sur le mouchoir de soie qu'ils emportent pendant le vol, comporte naturellement le tracé de la ligne de démarcation. Mais il arrive que ce tracé soit faux. Dans la région de Montpon, le dessinateur s'est trompé de six à huit kilomètres, ce qui aurait pu avoir des conséquences graves si, le plus souvent, les aviateurs anglais n'avaient été convoyés (avec interdiction de parler) par des résistants au courant des passages et des difficultés du chemin...

Avec ou sans ausweis, inquiétés ou non par les douaniers, fouillés ou non par des hommes et des femmes qui, dans une petite pièce, font déshabiller le patient, sondent

(1) Rapporté par Mme Mesnil-Amar.

les chaussures, inspectent minutieusement l'ourlet des vêtements, la coiffe du chapeau, retournent les chaussettes et s'inquiètent même des cachettes anatomiques :

— Levez le bras, monsieur... Baissez-vous, monsieur... des centaines de milliers de Français ont, un jour ou l'autre, franchi la ligne.

La plupart, commerçants, fonctionnaires, fiancés, vacanciers en mal de Côte d'Azur, Français moyens en quête de ravitaillement, ont borné là leurs exploits. Pour d'autres, la minorité, le passage de la ligne n'est qu'un premier acte sur le chemin de la liberté.

CHAPITRE IV

VOYAGES SANS PASSEPORT

Un soldat du 7e régiment de tirailleurs marocains, que la débâcle avait entraîné jusqu'à Marseille, raconte comment, dans les premiers jours de juillet 1940, il a tenté de rejoindre l'Espagne.

« *Avec cinquante-cinq centimes en poche, pendant huit jours, tant à pied qu'en voiture que je hélais sur la route et en chemin de fer en fraude, j'ai gagné la frontière espagnole à 3 kilomètres de Cerbère, n'ayant eu pour toute nourriture que quelques grappes de raisin dérobées la nuit dans les vignobles.* »

Touchant au but, le fugitif est arrêté par les gendarmes et conduit à Banyuls-sur-Mer.

Il ne lui a manqué qu'un peu de chance à une époque où, faute de filières, la chance est une condition indispensable.

Mais, très vite, les passages en direction de cette frontière d'Espagne qui, seule, ouvre encore les portes du monde libre, s'organisent. Passeur. C'est le nom d'un métier et d'une vocation.

Un métier qui a ses risques, mais qui rapporte gros aux Andorrans, aux Espagnols, aux contrebandiers familiers des sentiers de montagne qui l'exercent presque quotidiennement et pour qui l'homme traqué représente une denrée plus précieuse encore que le tabac, l'alcool, les bas de soie, l'huile d'olive, le café que l'on arrive à vendre 1.400 francs le kilo aux amateurs français.

Passeur. C'est un métier pour lequel des hommes, héros ou assassins en puissance, abandonnent leur métier.

Comment, en effet, ne pas évoquer l'affaire Petiot ?

Spéculant sur le désir de fuite, non seulement des juifs mais aussi de certains mauvais garçons parisiens, le docteur Petiot les attire dans son cabinet de la rue Le-Sueur. Il a ses « rabatteurs », un coiffeur, un maquilleur, qu'il paye à raison de 5.000 francs par client, des clients riches car Petiot, qui promet le passage pour l'Amérique du Sud, ne veut traiter qu'avec des gens fortunés, à qui il demande de le rejoindre avec bagages, or et bijoux.

On sait comment, asphyxiés, puis découpés en morceaux et brûlés dans la chaudière du central, les hommes et les femmes qui avaient eu le tort de faire confiance au docteur Petiot, achevaient leur voyage rue Le-Sueur.

Lorsque le commissaire Massu fit dresser l'inventaire des bagages des fuyards, les policiers recensèrent 28 complets d'hommes, 13 pantalons, 110 chemises, 120 jupes, 55 culottes de dames, 77 paires de gants, 311 mouchoirs, 3 nappes, 9 draps, etc., etc...

Le « succès » de Petiot et l'impunité dont il bénéficia longtemps éclairent d'un jour exact cette époque où l'on fait confiance à n'importe qui et où la disparition et le silence d'un homme n'inquiètent aucun de ses proches.

★

L'homme traqué, le juif le plus souvent, est en effet disposé à payer cher pour sauver sa vie. On lui demande entre 5.000 et 50.000 francs (1).

Le tarif oscille suivant l'époque, les difficultés et les dangers du moment, la longueur du chemin, l'âpreté du passeur et la mine du fuyard. Habitués à évaluer du regard une bête, les passeurs savent aussi évaluer un homme. Celui-là vaut « tant ». Ils n'en démordent pas et, d'ailleurs, lorsque la caravane est en route, le passeur devient maître absolu de la vie et de la mort.

Lui seul sait reconnaître le chemin parmi les éboulis, sait lire dans le ciel comme dans le paysage et annoncer le salut lorsque tous désespèrent. Membre d'une « organisation », il n'a touché, bien souvent, au départ, que 3 ou 4.000 francs par homme. Les intermédiaires postés à Paris ou à Toulouse, les véritables agents recruteurs qui chuchotent des adresses et proposent des filières se partagent le reste. Aussi, en pleine montagne, il arrive que le passeur demande un « supplément ». C'est à prendre ou à laisser. Il lui suffit de faire mine de redescendre vers la vallée pour voir s'ouvrir les portefeuilles.

Ce sont là des drames mineurs. Il en est d'autres.

---

(1) Pour la frontière suisse, les prix varient entre 3.000 et 8.000 francs.

★

Le 24 novembre 1942, Mme Henriette Courdil et Morchon prennent en charge à Toulouse Pierre Dreyfus-Schmidt, député de Belfort, André Dreyfus-Schmidt, Roger Lanzalbert, Jean-Paul Scherrer et Jacques Grumbach, rédacteur au *Populaire*.

Les cinq hommes arrivent de Paris, d'où ils sont partis dans l'intention de gagner l'Espagne, mais en se fiant, pour trouver une filière de passage, aux hasards de la route.

Toulouse regorge d'indicateurs à l'affût des juifs. C'est la bonne saison. Depuis que les Allemands ont franchi la ligne de démarcation, les juifs fuient vers la frontière espagnole. Grumbach, qui, pendant la guerre d'Espagne, a rendu service à des Catalans, est mis en rapport dans un café de la place Extérieure-Saint-Michel avec « Ramon la Bascule », rabatteur d'un groupe qui organise des passages.

Longuement, on discute du prix.

Le 24 novembre, c'est dans le hall de la gare de Toulouse, bourré de policiers et de soldats allemands, que s'effectue le règlement. Chacun des partants remet 35.000 francs à un Espagnol. L'homme empoche les 175.000 francs, puis indique aux israélites Mme Courdil et Morchon qui se sont approchés et vont les escorter.

Lorsque le train arrive en gare d'Ussat-les-Bains, il fait très froid et la nuit est tombée depuis longtemps. Mme Courdil conduit tout son monde à l'*Hôtel des Marronniers* dont elle est propriétaire. Les hommes se rapprochent du feu en songeant à la nuit difficile qui les attend.

— Mais, mon pauvre monsieur, dit Mme Courdil, en s'adressant à Grumbach, vous êtes trop chargé. Laissez donc votre valise, je vais vous aider.

Elle plie le linge de corps contenu dans la valise et réussit à le caser dans le sac à dos où Grumbach a déjà entassé de nombreux ouvrages philosophiques (1).

— C'est une véritable bibliothèque que vous avez là !

Les hommes s'inquiètent des guides.

— Ils ne vont plus tarder maintenant. Vous verrez, ils

---

(1) Les livres, comme un peu du foyer que l'on emporte...
Passant les Pyrénées en fraude, en novembre 1942, Robert Aron a placé dans son sac à dos les *Poèmes de Vigny*, *le Théâtre de Corneille* et un ouvrage de Proud'hon : *De la justice dans la Révolution et l'Eglise*.

connaissent admirablement la montagne. Ce sont de brave gens.

L'organisation dispose des services de cinq ou six Espagnols : Francisco Blasco, José Alcaine, Joseph Holgado, Anselmo Marina, Lazare Cabrero et Valeriano Trallero. Ce sont ces deux derniers qui poussent la porte de l'hôtel.

A 42 ans, Cabrero est un petit homme au teint mat, au nez busqué. Une longue cicatrice qui part de la racine du nez court jusqu'à la tempe gauche. Il n'enlève pas le béret qu'il porte très enfoncé sur les yeux.

— Maintenant, c'est l'heure.

Les cinq se redressent, Grumbach ferme son pardessus bleu marine, prend son chapeau acheté à Marseille quelques mois auparavant, vide sa pipe.

— Attendez, dit Morchon. Vous avez un compagnon de voyage.

Il pousse dans la pièce l'Anglais Thornton, ancien chauffeur de la Maison Rolls-Royce, à Paris.

Puis le convoi s'éloigne. Il passe devant cette vaste carrière où se cachent les candidats au départ lorsqu'ils arrivent avant la tombée de la nuit et qu'une promenade en groupe est contre-indiquée. Cabrero conduit le convoi en direction de son itinéraire habituel : le pas des Escaldes, la cabane de Brouquenac, le pas de Bouc, le plateau de Siguer, puis la ferme des frères Tort en territoire andorran d'où, après une halte de vingt-quatre heures, tout le monde repartira vers l'Espagne proche.

Mais, cette nuit, le convoi avance avec peine. Trallero, qui ferme la marche, est sans cesse sur les talons de Grumbach. Un grand gaillard, pourtant, d'un mètre quatre-vingt-trois, mais vite essoufflé et qui, malgré le froid, transpire sous le poids de son bagage.

Il est une heure du matin lorsque les fugitifs arrivent à la cabane du Pla-de-Montcamp. Les deux Espagnols font du feu. Un feu de branches mouillées qui enfume plus qu'il ne réchauffe. Les hommes toussent, essaient en vain de s'assoupir sur la terre glacée, parlent un peu, puis tombent dans une somnolence d'où le moindre bruit les tire en sursaut. Il fait — 10°. Ils guettent le jour qui les arrachera à ce supplice de l'inaction dans le froid.

A l'aube, ils se remettent en marche dans les éboulis, mais Cabrero a obligé Grumbach à abandonner une partie de ses livres. Cela ne suffit pas. Grumbach se traîne. André Dreyfus-Schmidt également. De temps à autre, les deux hommes se couchent sur un rocher. Pierre

Dreyfus-Schmidt vient aider son frère, encourager son ami, mais Grumbach murmure :

— Laissez-moi, continuez sans moi. Je ne peux plus suivre.

— Allons, essayez encore. La frontière est proche.

— Non, je ne peux plus.

En bon chien de garde, Cabrero va et vient, d'un bout à l'autre de la colonne qui s'étire.

Grumbach se relève, trouve la force de soulever son sac à dos, s'écroule de nouveau, recommence ses plaintes, ses chutes et ses efforts dans les rochers qui mènent au pas de Bouc.

Cabrero s'impatiente, harcèle Grumbach, mais, cette fois, le courage ne sert plus de rien : Grumbach vient de se fracturer le talon gauche. Ravagé de douleur, il s'étend, les bras en croix, sur le mauvais sentier.

— Une simple entorse, dit-il à ses camarades. Laissez-moi. Je vous rejoindrai plus tard.

C'est aussi l'avis de Cabrero.

— Laissons-le, je vais vous conduire à une cabane où vous pourrez vous reposer, puis je reviendrai le chercher. Je pourrai l'aider à marcher.

La troupe avance. Tous les hommes sont fourbus. Ils n'ont ni l'habitude de la montagne, ni celle de l'altitude (ils se déplacent maintenant à 2.300 mètres), ni celle du froid. La perspective de s'arrêter enfin leur fait précipiter leur marche vacillante.

Grumbach les regarde s'éloigner. Ils ont très vite disparu. Alors, il contemple ce paysage sévère sur lequel la nuit tombe maintenant. Près de lui, l'étang de Mille-Roques, déjà figé par le froid, brille faiblement.

Grumbach souffre terriblement. Il se penche et délace avec peine sa chaussure gauche : un solide brodequin de l'armée. Ce n'est pas lui qui serait parti pour une telle expédition avec des souliers de ville ! Mais la rigidité du soulier est maintenant insupportable. Dans son sac, Grumbach saisit une paire d'espadrilles. Il essaie de chausser son pied gauche. La douleur est atroce.

Soudain, quelques pierres bouleversées font une cascade de bruits. Une ombre sort de la nuit. C'est Cabrero. Cabrero qui demande si ça va mieux, s'il pense pouvoir continuer, Cabrero qui se penche, se penche davantage sur Grumbach, Cabrero qui sort un revolver et tire à bout portant. Grumbach s'affaisse. Cabrero, avant de porter le cadavre entre deux rochers, prend le portefeuille du mort et un bracelet-montre. Machinalement, il repousse du pied un roman policier anglais de Virgil Markham. Puis il s'éloigne sans se retourner.

Lorsqu'il regagne la halte où les fuyards se chauffent près d'un maigre feu, on l'interroge naturellement.

— Alors ?

— Je n'ai pas trouvé votre camarade. Je reviendrai demain à l'aube.

Il tient parole. Le lendemain, il revient, en effet, sur ses pas, erre pendant trois heures avant de rentrer bredouille, et pour cause, au campement.

Le second guide, l'Espagnol Trallero quitte le groupe. Cabrero en profite, avant de remettre en marche tout son monde, pour se plaindre de n'avoir pas été payé.

— Comment, dit Dreyfus-Schmidt, nous avons versé 35.000 francs par personne.

— Pas à moi, moi je n'ai rien touché. Je veux 25.000 francs.

— Mais enfin, puisque nous avons payé.

— Vous choisissez, je vous quitte maintenant ou vous me donnez 25.000 francs.

— 25.000 !...

— Chacun 25.000.

Les cinq hommes rassemblent leur argent, réunissent 40.000 francs qu'ils donnent à Cabrero, puis Pierre Dreyfus-Schmidt rédige une lettre grâce à laquelle Cabrero, de retour d'expédition, pourra toucher 100.000 francs. Et la marche reprend. A la fin de la matinée, les israélites et leur guide franchissent la frontière andorrane par le plateau de Siguer et arrivent à la ferme La Cortinado qui appartient aux frères Tort.

Ils sont maintenant hors d'atteinte des patrouilles allemandes. Cabrero leur ordonne de se reposer. Il reviendra les chercher vingt-quatre heures plus tard pour la dernière étape. Le 27 au matin, le voici, en effet, de retour. Cette fois, avec des nouvelles de Grumbach.

— Un ami à moi l'a vu. Il m'a dit qu'il redescendait vers la France. C'est mieux, c'était trop dur pour lui.

Définitivement tranquillisés, les hommes s'éloignent maintenant vers l'Espagne.

La neige commence à tomber sur le cadavre de Jacques Grumbach (1).

(1) Elle tombera pendant huit hivers encore. Le squelette de Grumbach fut découvert par un contrebandier le 17 septembre 1950. Il fallut de

★

Il y eut bien d'autres convois tragiques. Celui que conduit le guide Iglizias, le 10 juin 1943, est presque tout entier capturé par les Allemands. Iglizias, qui a trahi sa troupe pour une somme de 100.000 francs, rencontre un paysan qui lui signale la présence de patrouilles allemandes.

— Ne vous inquiétez pas, dit-il aux vingt-quatre jeunes Français qui le suivent et qui, tous, veulent rejoindre l'Afrique pour s'engager. Je sais ce que je fais...

C'est vrai, il sait ce qu'il fait. Quelques centaines de mètres plus loin, il s'arrête. Les garçons se groupent autour de lui.

— Voilà, vous êtes arrivés. La frontière passe derrière cette crête, je vous quitte.

Avant de partir, Iglizias joue, lui aussi, la comédie du guide mal payé. Sa quête lui rapporte près de 40.000 francs. Pierre Courties lui remet 4.000 francs, toute sa fortune, Roger Simon, Yves Cazaniol, Pierre Laclotte, Gaston Caillabet, d'autres encore l'imitent.

— En échange, vous emporterez bien quelques lettres pour nos familles.

Iglizias accepte d'attendre ce courrier de dernière minute. Sur de misérables bouts de papier arrachés à des carnets, les garçons griffonnent au crayon des messages hâtifs : « *Arrivé en Andorre en parfaite santé, ne vous en faites pas. Marcel.* » « *Chers parents, Bien arrivé à l'Andorre en très bon état et beau temps. André, Louis, Jean.* » « *Ma chère petite Lulu, c'est après un très long voyage dans la montagne, je t'écrit ces quelques lignes pour te faire savoir que nous sommes arrivé tous en bonne santé, maintenant ne craint plus rien nous somme en sécurité nous rentrons en Endorre à 4 heures du soir. Tu écrira chez les adresse des copains. Dit leur qu'i sont*

---

longues recherches pour l'identifier, Cabrero, s'étant emparé du portefeuille qui contenait les papiers d'identité.

Arrêté, Cabrero fut jugé par la Cour d'Assises de l'Ariège. Pour sa défense, il allégua les ordres verbaux d'un colonel français (dont le pseudo était « Papa Noël »). Suivant les ordres incontrôlables de cet officier — décédé bien avant le procès — les passeurs devaient tuer leurs clients plutôt que de les abandonner en montagne ou de compromettre, à cause d'eux, la sécurité du convoi. Cette consigne fut confirmée au procès par Mme Courdil devant qui Cabrero avait d'ailleurs avoué, quelques jours après son crime, « avoir piqué le type aux lunettes (Grumbach) qui ne pouvait plus suivre ». Cabrero, qui s'était défendu d'avoir tué pour voler, comme d'avoir ensuite demandé un supplément de salaire, fut acquitté le 29 mai 1953.

en bonne santé aussi qu'ils sont traversé la Frontière. Je crois revenir vite ne t'en fait pas. » (1).

— Au revoir les gars. Continuez tout droit. Derrière la crête, vous y êtes.

Ils y sont.

Derrière la crête, les Allemands attendent et ouvrent le feu.

★

Passeurs rétribués parmi lesquels nombreux sont ceux qui, honnêtement, ont fait un travail lourd de risques et, après avoir gagné beaucoup d'argent, sont tout de même morts à Buchenwald.

Passeurs victimes de la montagne comme ce garçon de Bagnères qui, pris dans une avalanche, périt avec son convoi de six aviateurs américains.

Passeurs victimes de leur métier et peut-être de leur âpreté au gain comme cet Angel qui, après avoir fait franchir les Pyrénées, par le Rioumajou, à des centaines de juifs et de résistants, fut assassiné à la Libération, car il était soupçonné d'avoir, également, accompagné des miliciens !

Passeurs bénévoles, pyrénéistes d'avant-guerre qui mettent toutes leurs connaissances, celles des sentiers secrets comme des vents et des humeurs de la montagne, au service des résistants, des prisonniers évadés, des agents secrets, des aviateurs anglo-saxons que les réseaux acheminent jusqu'en zone interdite pyrénéenne, face à ces montagnes que les candidats à l'évasion abordent avec une immense bonne volonté, mais dans un état désarmant d'impréparation physique.

Vu de Paris et sur la carte, le franchissement des Pyrénées semble aux néophytes une longue excursion pour laquelle beaucoup n'hésitent pas à s'embarquer en costume de ville et souliers pointus.

Le problème des chaussures tracasse fort les passeurs. Emu d'avoir vu arriver Silvio Trentin, l'ancien ministre italien, chaussé de bottines à boutons, l'abbé Blanchebarbe décide de faire une collecte de chaussures dans les maisons de Foix. Mais les restrictions contrarient la charité et le patriotisme. Aussi, voit-on parfois les fugitifs, en

(1) Ces lettres ont été, à la Libération, retrouvées sur Iglizias que la Cour de Justice de l'Ariège condamna le 15 avril 1945 à vingt ans de travaux forcés.

marche vers l'Andorre, s'arrêter chez Michel Sutra qui met, au bord de leurs chaussures fragiles, une rangée de solides clous. Aussi voit-on Pucheu, ancien ministre de Vichy, marcher pendant sept heures pour passer la frontière espagnole en chaussures de ville « Richelieu » pourvues de semelles de bois !

A l'image de Jacques Grumbach, certains enfin, qui ont trop présumé de leurs forces, veulent abandonner en route. Il faut utiliser les grands moyens pour sauver ces hommes.

Louis Durrieu, comptable de la Société Auxiliaire d'Entreprises et de Travaux Publics de Paris, a pu rejoindre Saint-Lary dans les Hautes-Pyrénées, tout au fond de la vallée d'Aure. Il a la chance d'échapper aux mouchards de la Gestapo et de la Milice qui rôdent dans les cafés du village et ont vite fait de repérer, à leur sac à dos, à leur allure à la fois décidée et empruntée, les candidats à l'aventure espagnole. On le dirige vers le chantier de l'Electricité, installé à 2.500 mètres d'altitude. Là, vivent de nombreux ouvriers espagnols, rescapés de la guerre civile. Le chef d'équipe Corral, commandant du génie dans la bataille de Téruel, le magasinier Balsell ou l'aide-cuisinier Aguilar, ceux-là sont toujours prêts à partager leur repas, à offrir un coin de leur dortoir, à aider de bon cœur les hommes fatigués qui arrivent jusqu'à eux planqués sous des bâches, à bord de camions de matériel.

Trois Français également sur le chantier. L'un d'eux, Claude Pujol, chef scout de la troupe de Saint-Lary, a l'habitude de faire passer les résistants à travers le réseau des patrouilles autrichiennes qui, accompagnées de chiens, circulent en montagne. C'est lui qui va accompagner Louis Durrieu. Déjà, l'homme est fourbu. Il a aux pieds des bottes de caoutchouc qui le martyrisent, le serrent comme un étau et sont bientôt lacérées par les rochers. Durrieu abandonne ses bottes ; c'est pieds nus, dans la neige verglacée, qu'il continue sa marche. A 3.000 mètres d'altitude, près du pic du Batoa, il n'en peut plus et s'effondre. Il veut abandonner mais Pujol est bien décidé à ne pas céder aux plaintes et aux prières. Ecouter Durrieu, c'est le vouer à une mort affreuse. Alors, ouvrant son couteau de poche, Pujol pique, à travers le pantalon, l'homme qui progresse maintenant à quatre pattes et qui n'avance que sous la blessure du couteau.

Pujol songe au mot de Guillaumet, tragique vainqueur des Andes : « Aucune bête au monde... » Il pousse Durrieu devant lui. Un couteau scout lui sert de raisonnement et sert de courage à Durrieu. Aucune bête au monde... (1).

Ailleurs, Araud, chef de quart à la Centrale de Pradière-Auzat, spécialiste des convois difficiles, doit parfois porter sur son dos des femmes paralysées par la fatigue ou par la peur...

★

Le sac de livres de Grumbach. Les bottes de caoutchouc de Durrieu. Les souliers de Roger de Saivre. On pourrait écrire de nombreuses pages sur ces détails vestimentaires qui mettent en échec les entreprises les mieux préparées.

Le Prince Napoléon, qui vit en Suisse (2), décide, en 1942, de rejoindre l'Afrique du Nord.

Dans la nuit du 12 décembre, il passe assez aisément de Suisse en France, en franchissant les barbelés près de Saint-Julien, puis gagne Toulouse où il arrive en compagnie de Roger de Saivre, ancien chef adjoint du cabinet civil du maréchal Pétain, qui a quitté Vichy pour la Suisse, dans l'espoir de trouver une place dans un avion. Faute d'avion, de Saivre est décidé à tenter le passage par l'Espagne. Avec beaucoup de faconde, il raconte à ses amis, quelque peu surpris de voir le chef de cabinet d'hier transformé en clandestin, comment il a pris congé de son patron, le Maréchal.

— Je suis allé le voir le matin, un dimanche, c'était le 15 novembre ; il était seul dans son bureau. Je n'ai pas cherché à ruser et je lui ai avoué mon état d'âme. J'ai dit qu'il ne s'agissait pas pour moi de briguer un poste à Alger et d'y faire de la politique, mais d'y reprendre ma place au combat.

... Le Maréchal a gardé le silence pendant un petit moment, puis il m'a dit :

Si j'avais votre âge, j'en ferais autant, mais, moi, mon devoir est ici. Il s'est levé alors et j'ai vu qu'il était

(1) Témoignage de Claude Pujol. Dans le récit qu'il m'a adressé en 1959, Claude Pujol écrit, parlant de Durrieu : « Je sais que je l'aurais tué pour ne pas le laisser crever comme une bête dans cette montagne meurtrière. » Ce « cri du cœur » éclaire partiellement le geste de Cabrero.

(2) Frappé par la loi d'exil, le Prince Napoléon s'est engagé, le 19 mars 1940, à la Légion étrangère où il fut le légionnaire Blanchard. Lorsqu'il se présenta l'officier de recrutement lui dit : « Vous n'êtes pas suisse vous êtes, un déserteur français ! »

ému par ma franchise. Il m'a serré contre lui et a ajouté : *Au revoir, mon petit, et bonne chance* (1).

A Toulouse, le Prince, Deniau son secrétaire, de Saivre et le commandant Georges, un petit-cousin du général, retrouvent André Desfeuilles, sous-préfet de Pamiers, qui assure les fonctions de secrétaire général de l'Ariège, et a mis au point un itinéraire de passage avec le lieutenant Keller (2).

Les choses se présentent d'autant mieux que les Allemands qui, depuis le 24 novembre 1942, contrôlent théoriquement toute la frontière espagnole, sont loin de connaître encore tous les sentiers de la montagne, les pistes de contrebandiers, les caprices des vallées.

De Saint-Girons, le Prince et ses compagnons devront gagner Seix et, par le col de Salau, atteindre l'Espagne. Un guide les conduira en Espagne, où tout est prêt pour les recevoir.

La première partie du voyage se passe sans incidents. Une camionnette de boucher conduit tout le monde de Saint-Girons à Seix. Le guide est à l'heure ; les voyageurs ont pris la précaution de faire clouter leurs chaussures et d'abandonner tout bagage inutile. Quant à Roger de Saivre, il étrenne les chaussures de marche achetées en Suisse. Une précaution dont il se repentira bientôt. Les hommes avancent dans l'obscurité, malheureusement très relative. Le temps est beau, froid, la lune éclaire le terrain rocailleux de la vallée du Salat et, bientôt, elle éclaire aussi une patrouille qui descend de la montagne. Les Français se plaquent au sol, puis le silence revenu, reprennent leur marche. Douze heures de marche, dans la neige fraîche dont la profondeur augmente régulièrement. Les hommes peinent. Roger de Saivre supporte mal les blessures de ses chaussures neuves et les fatigues de la marche. Le Prince l'aide de son mieux, mais l'aube surprend la petite troupe à 2.300 mètres d'altitude, et à quelques centaines de mètres aussi de trois soldats allemands, qu'un soleil tout neuf éclaire...

Les fugitifs se dissimulent derrière des rochers. Vont-ils avoir la même chance que la veille ?

— Nous ne pouvons pas passer, nous allons nous faire arrêter, il faut redescendre, dit le Prince.

Dans la montagne blanche, c'est une lente partie de

(1) Rapporté par André Desfeuilles : *L'Evasion du Prince Napoléon.*

(2) Arrêté par la Gestapo, le 10 juin 1944, Keller est mort en déportation.

cache-cache. Enfonçant dans la neige, haute parfois d'un mètre, soutenant de Saivre fatigué, le Prince et ses compagnons se replient vers un chalet où ils espèrent pouvoir attendre la nuit. Mais ils ne peuvent brouiller toutes les pistes. Une autre patrouille monte en suivant leurs traces et chasseurs et chassés se retrouvent le 23 décembre à 15 heures près du chalet où se joue la dernière partie, celle qui permettra à la *Pariser Zeitung* de présenter, le 17 janvier 1943, une version rocambolesque de l'arrestation.

Deux ans à peine après avoir rendu les cendres de l'Aiglon aux Français, qui n'ont témoigné aucune reconnaissance, voilà que les Allemands arrêtent et menacent d'abattre comme des chiens le chef de la famille impériale et ses compagnons !

La petite équipe est reconduite à Seix, puis à Foix où le préfet, surpris, atterré, et qui songe à son avancement, s'écrie en apprenant la nouvelle :

— Comment Napoléon ? Pourquoi pas Jeanne d'Arc ! Et Saivre, le chef de Cabinet du Maréchal ? Alors quoi, tout le monde part !

Pour l'instant, le Prince Napoléon et les siens, après une matinée passée à l'*Hôtel Benoit* de Foix, que les Allemands ont partiellement converti en corps de garde, « partent » bien, mais par le train de 11 h. 30, qui tourne le dos à l'Espagne, et s'éloigne vers les prisons allemandes (1).

★

Avec le temps qui passe et la multiplication des obstacles dressés par les Allemands, la Milice et la police de Vichy, les passages réclament une vigilance et des soins accrus. Au début, en 1941, et même jusqu'en novembre 1942, il était relativement facile, une fois la zone libre atteinte, de rejoindre l'Espagne. Jean Bénazet, de Varilhes, près de Foix, qui a fait passer de cent cinquante à deux cents personnes, se contentait de mettre des cannes à pêche sur la voiture à gazogène où il embarquait tout son monde. L'alibi paraissait suffisant aux douaniers français.

Mais tout change après l'invasion de la zone libre et le

(1) Conduit à Toulouse puis immédiatement, à Bordeaux, le Prince Napoléon fut enfermé au Fort du Hâ. Au bout d'un mois, il fut transféré à Paris et à Fresnes, puis en avril, après un court passage dans une « villa-prison » de Neuilly, mis en liberté surveillée. Il en profita pour gagner les maquis du Berry, et, après une sérieuse blessure, termina la guerre en Autriche, comme lieutenant de chasseurs alpins.

prolongement de la zone interdite où seuls les résidents ont le droit de circuler.

Etre trouvé, à Saint-Lary, possesseur d'une carte d'identité délivrée à Paris ou à Lille entraîne l'arrestation immédiate.

Il faut à ceux qui veulent s'enfuir, non seulement des guides, mais aussi des refuges nombreux et des faux papiers, ce qui suppose une organisation cohérente. L'évasion devient presque impossible sans l'aide de ces chaînes qui traversent la France, de ces filières qui partent parfois de Belgique ou de Hollande pour atteindre les Pyrénées et ont, de ville en ville, leurs relais plus ou moins bien organisés. Ce sont comme autant de rivières invisibles qui descendent pour irriguer les Pyrénées !

Les groupes de résistance des départements éloignés de la frontière espagnole ont reçu des consignes précises. En voici un modèle :

Vos passagers se rendront par leurs propres moyens à Saint-Girons. Ils descendront de l'autobus à Saint-Lizier, car, à l'arrivée à Saint-Girons, les Allemands vérifient les identités. A Saint-Lizier, ils traverseront le pont et se rendront à une usine électrique située à cinquante mètres et visible du pont. Là, ils trouveront un surveillant et lui demanderont : « Pouvez-vous m'indiquer le chemin de Saint-Girons ? » Le contremaître leur fera laisser leurs bagages. De là, ils se rendront à Saint-Girons par un chemin détourné, qu'on leur indiquera. A Saint-Girons, ils iront à un café ou une promenade où ils devront se trouver à une heure précise. Enfin, ils seront pris en charge et n'auront plus à s'occuper de rien. Se munir de trois jours de vivres et de vêtements chauds. Les porter dans un sac de montagne, mais dissimuler le sac et les provisions dans une valise. Tout voyageur porteur d'un sac de montagne sur le dos est suspect, même dans les trains et les autobus (1).

Derrière ces mots, volontairement très vagues, se trouvent des hommes : Peyrou qui conduit les passagers à leur lieu d'hébergement, le gardien de l'usine électrique, le marchand de vin en gros qui cache les bagages, la famille Mandrin, cheville ouvrière de l'organisation.

Il arrive bien souvent d'ailleurs qu'avant les Pyrénées, les fugitifs soient pris en charge par des organisations résistantes. Il le faut bien lorsqu'il s'agit d'aviateurs anglo-saxons, très étroitement convoyés car, la plupart

(1) Cité par Pierre Dumas, *Saint-Jean Terroriste*, p. 138.

du temps, ils ne savent pas un mot de français et sont aisément reconnaissables. A Dax, annoncé par télégramme « envoyons trois colis », ils sont reçus par Edouard Callian qui les nourrit, les loge pour la nuit et les conduit le lendemain dans l'un des deux restaurants de Peyrehorade qui servent de relais. De là, les aviateurs sont pris en charge par d'autres Français courageux qui les conduisent vers Saint-Palais, Sare ou Hasparren (1).

Au bout de quelques jours Callian et Mme Callian apprennent que les « colis » sont bien arrivés à Londres !

A Toulouse, centre important de rassemblement, les aviateurs vont chez Mme Catala qui fut à l'origine des premiers convois, ou à l'*Hôtel de Paris* où M. et Mme Mongelard hébergent et nourrissent avec une générosité totale des dizaines de candidats à l'évasion (2).

Certains sont envoyés chez l'abbé Naudin, généreux curé de banlieue, chez qui les paroissiens ont l'habitude de venir frapper à n'importe quelle heure et pour n'importe qui. Un communiste pousse la porte, un soir :

— Monsieur le Curé, pourriez-vous aider une personne pourchassée ?

— Bien entendu, qu'elle vienne.

— Je vous préviens, c'est une femme.

— Ça n'a pas d'importance.

— Mais elle est Russe.

— Eh ! grand Dieu, amenez-la !

La Russe arrive et elle succède au presbytère à des Français, à des Polonais, à des Hollandais, à des Anglais qui restent huit jours ou davantage et posent à l'abbé Naudin de sérieux problèmes d'hébergement et de ravitaillement.

Le jour, les clandestins ne sortent pas. La nuit, ils ont la permission de se promener dans le jardin. L'organisation « Combat » fournit les fausses cartes de pain et le ravitaillement en viande. Il arrive aussi que les commerçants du voisinage, discrètement sollicités, se liguent pour

---

(1) Pendant un an, M. et Mme Callian hébergèrent 83 aviateurs anglais. Le 18 janvier 1944, le réseau fut vendu et Mme Callian arrêtée devait être par la suite déportée à Ravensbruck. M. Callian réussit à s'échapper et à prendre le maquis.

Parmi les membres du réseau d'évasion un notaire : Pinetel, un minotier Larran, qui convoyaient les aviateurs, des restaurateurs (Hôtel Calcos, hôtel du Cheval-Blanc, à Dax, A la Roseraie, « chez Castagnet », à Peyrehorade), qui les abritaient, etc...

(2) M. Mongelard est mort à Mathausen.

aider à nourrir ces consommateurs inattendus et qui ne demandent qu'à poursuivre leur route.

Les voici arrivés à Foix, soit par le train de 13 h. 30, soit par le train du soir. Ceux qui débarquent les premiers sont immédiatement munis de faux papiers et conduits vers la zone interdite où des guides (Cuenca, Romero, Beris, Lalena, Martinez), soit appointés par le mouvement « Combat », sur la base de 3.000 à 5.000 francs par homme passé, soit volontaires (le garagiste Bénazet, Jean Araud), les prennent en charge pour un voyage de trois jours vers l'Andorre.

Ceux qui arrivent par le train du soir sont répartis dans plusieurs maisons amies : chez Mme Rivière, chez Mme Julien, chez Mme Authie, chez M. Faur, chez l'abbé Blanchebarbe, chez M. Peyrevidal, à l'*Hôtel Merle* ou à l'*Hôtel Audoye*. Plusieurs commerçants assurent le ravitaillement sans se préoccuper de tickets. Quant aux faux papiers indispensables pour pénétrer en zone interdite, ils sont fournis par Irénée Cros, Noël Peyrevidal ou M. Goizé.

L'organisation « Combat », que dirigent Pierre Dumas et Irénée Cros, arrive ainsi à mettre sur pied deux convois par semaine. A jours fixes comme des services d'autobus internationaux : le mardi et le vendredi.

Les passagers sont en nombre variable (jamais plus de trente cependant) et d'origine sociale comme de nationalité bien différentes. Il est des passages pittoresques, comme celui de ces dix-sept séminaristes qui, venus de Lille, rejoignent Toulouse où l'abbé Blanchebarbe les prend en charge à l'Institut Catholique. Ils arrivent à Foix, le 2 juillet 1943, par le train de 13 h. 30, et c'est une curieuse procession, à la sortie de la gare, que celle de dix-sept garçons en soutane, mais sac au dos !

Comme il faut leur faire franchir le pont, surveillé par la police allemande, on les disperse dans la nature et, grâce à tout un réseau de complicités, on les regroupe peu à peu dans une carrière abandonnée, à la sortie de la ville. Goizé va les y chercher pour les mettre sur la route d'Auzat.

A Auzat, dans les cabanes du boulanger Denjean et de Delpit, les fugitifs trouvent quelques provisions disposées là à leur intention et peuvent se reposer. Ils continuent ensuite par le col d'Amplin où ils abandonnent leur soutane, attaquent la montagne au-dessus de Tarascon, suivent la conduite d'eau de Péchiney jusqu'à la Ramade, se dirigent enfin, avec l'aide d'un guide, vers l'étang d'Issoure, le port de l'Arbeille et la vallée de l'Ossarat (1).

★

Par où passe-t-on lorsque l'on veut fuir la France ? Cela dépend du climat, des difficultés de la route et, surtout, de la surveillance allemande, elle-même fonction des saisons et de la hauteur des cols (2).

Mais, plus ou moins activement, d'un bout à l'autre des Pyrénées, toutes les routes de contrebande traditionnelle sont fréquentées.

On passe par la mer en partant des côtes basques. L'aventure est à la fois facile et dangereuse.

Les passagers n'ont pas devant eux la perspective de longues marches, mais le contrôle allemand (par bateaux et avions) est beaucoup plus étroit qu'ailleurs. Il faut, avant de s'embarquer, avoir l'alliance du brouillard. Qu'il règne entre la Pointe de Sainte-Anne et la Pointe Turilla et voilà le succès de l'expédition à peu près assuré.

Le 12 février 1944, à 2 heures du matin, après quelques fausses manœuvres à Ciboure, cinq ou six « pêcheurs de sardines » s'embarquent ainsi près d'Abbadia. Il y a là un séminariste belge, un officier de la R. A. F., un israélite, deux ou trois Français, membres d'un réseau de résistance de l'armée. A bord de la pinasse à rames, les pseudo-pêcheurs tirent rudement sur l'aviron. Lorsque l'aube arrive, ils ont passé le cap du Figuier et Louis D..., dont c'est la troisième tentative d'évasion, se sent envahi d'une immense joie.

Ayant eu vingt ans en 1940, ayant rêvé d'une carrière d'officier qui n'était plus possible dans la France vaincue, il remâche le mot de Stein : « Quoi de plus beau que de chercher la liberté de la Patrie au bout du monde ? » Le bout du monde, ce matin, est à quelques kilomètres de la France ligotée et dont la côte a disparu depuis longtemps dans le brouillard.

Soudain, les fugitifs sont alertés par deux bruits de moteur.

Celui d'un avion invisible et aveugle qui ronronne, celui

(1) Pour les pages qui précèdent et qui concernent la vie à Foix, je me suis appuyé sur le livre de Raymond Escholier, *Maquis de Gascogne*, et surtout sur les témoignages oraux ou écrits de Pierre Dumas, de M. Goizé, de Jean Bénazet et de l'abbé Blanchebarbe.

(2) « La sécurité d'un passage est raison inverse de sa facilité », n'hésite pas à écrire Hirson dans sa brochure *Evasions de France*, p. 6.

d'une vedette qui approche. Allemande ? Espagnole ? Allemande ? L'officier anglais, dont les nerfs craquent brusquement, se jette à l'eau et ne reparaît pas. Il a perdu. La vedette est espagnole...

On passe entre Sare et Aïnhoa ; il y a une « ligne » qui part de Cambo pour atteindre Renteria à quelques kilomètres de Saint-Sébastien ; une autre qui a pour tête de ligne Saint-Jean-de-Luz et Ascain où les secrétaires de mairie attendent les hommes que les réseaux leur envoient. Il s'agit, dans ce cas, de passages physiquement faciles, mais très surveillés.

Par Saint-Etienne-de-Baïgorry, Urefel, Arneguy, Valcarlos passent des filières à « gros débit » et des lignes plus secrètes comme cette ligne « Talence » qui, par des chemins côtoyant les précipices, n'est permise qu'aux personnages importants de la Résistance et sert principalement à écouler vers l'Espagne le courrier du C. N. R. et celui de dix réseaux.

A Licq-Atherey, c'est l'hôtelier, Sauveur Bouchet, qui héberge les fugitifs et les nourrit en attendant l'arrivée d'un guide sûr, grâce auquel ils atteindront à l'aube le territoire espagnol.

On passe aussi (par petits paquets), par Luz-Saint-Sauveur, Gèdre et Gavarnie comme par la forêt d'Iraty et le Somport.

Dans les Hautes-Pyrénées, deux champions de ski, Favé et Cazaux, conduisent quelques privilégiés à l'attaque du Vignemale, de la Brèche de Roland et du Marboré, tandis que Vignolles depuis Barèges fait passer de nombreux fugitifs par la vallée de Baradet, la Hourquette-de-Charmentas, le lac de Baroude et, pour les défendre, n'hésite pas à faire le coup de feu.

Ceux qui partent de l'Ariège ont d'habitude l'Andorre pour objectif. Mais il faut être bon marcheur (de Foix à la frontière andorrane le trajet dure trois jours), ne pas se décourager lorsque le froid et la tempête obligent, s'il est temps encore, à rebrousser chemin. C'est ainsi qu'en mars 1943, Jean Benazet, qui conduit trois pilotes français et le neveu du Père de Foucauld, se trouve bloqué par une tourmente de neige à la Tour Lafon. Les cinq hommes, qui ne peuvent plus avancer, passent quarante-huit heures dans le refuge, mais il leur faut redescendre pour recommencer quelques jours plus tard. On devine sans peine tout ce que ces allées et venues d'hommes jeunes, dans des régions spécialement contrôlées, peuvent avoir de suspect aux yeux des Allemands.

Le coup d'audace d'un solitaire peut réussir en Pays Basque où les distances jusqu'à la frontière sont relativement courtes. Mais lorsque l'on part de l'Ariège, il est nécessaire d'être pris dans le cadre d'un réseau solide sous peine de risquer la mort dans la montagne étrangère ou d'être victime de guides d'occasion.

Arrive-t-on en Andorre, c'est, après les privations et les peurs, les restrictions et les souffrances, comme un Paradis terrestre retrouvé. A Lossarat, les Français se précipitent chez l'hôtelier Miquel, dévalisent les boutiques où cigarettes, fruits, conserves sont offerts à profusion. Les Andorrans plument consciencieusement ces touristes d'un jour, ces hommes qui, souvent, quittent la guerre pour la guerre.

On passe aussi à travers le Roussillon, voie naturelle pour tous les hommes qui viennent de Marseille et de Perpignan.

Les cheminots de la ligne Toulouse-Puicerda trompent la surveillance allemande en habillant le passager clandestin en homme d'équipe. Dans le fourgon à bagages, l'homme aide le plus naturellement du monde à embarquer colis et vélos. Aussi naturellement, arrivé à la gare internationale de la Tour de Carol, il descend et se rend à la cantine des cheminots d'où, pendant la nuit, il gagne la frontière éloignée de deux cents mètres à peine.

★

Combien d'hommes ont gagné l'Espagne entre juillet 1940 et juillet 1944 ? Il est difficile de donner un chiffre précis, l'aventure ayant été aussi bien individuelle que collective, la police espagnole n'ayant pas arrêté tous les clandestins, et les passeurs survivants fournissant des chiffres qui se recoupent rarement.

Les Français qui, installés à Madrid, calle San Bernardo, avaient pour charge non officielle d'assister leurs compatriotes et d'abréger leur stage dans le camp de Miranda, estiment à 30.000 le nombre des clandestins heureux (1). La plupart de ces hommes sont, sans doute, des Français désireux d'aller s'engager dans les troupes de la France Libre, mais il y a également dans cette masse humaine des pilotes anglais, américains, polonais ou tchèques, ainsi que plusieurs milliers d'israélites.

(1) Ippécourt, *Les Chemins d'Espagne*. Le chiffre cité dans *Histoire de la Résistance* (collection *Que sais-je ?*) est de 28.000.

C'est l'année 1943 qui apporte les plus forts contingents d'évadés : 16.000 environ.

Les rescapés qui ont la chance d'atteindre l'Espagne ne représentent que 30 % de ceux qui, un jour, ont décidé de partir. Pour beaucoup, l'aventure s'est arrêtée en gare de Bordeaux, de Toulouse, de Pau, de Lourdes ou de Foix, ou bien encore, plus près du but, dans quelque sentier du réseau pyrénéen...

★

De toutes les frontières, la frontière espagnole est la seule qui ouvre sur le monde anglo-saxon, c'est-à-dire à la fois sur la liberté et sur la guerre.

Les enlèvements par avion ou sous-marin sont réservés aux personnages importants de la Résistance ou aux techniciens alliés. Ils demandent d'ailleurs une longue et difficile préparation et sont souvent décommandés pour des raisons d'apparence mineure.

Finalement plus rapides, ouverts à tous ceux qui, à défaut de complicités ont de l'audace, les chemins d'Espagne ont vu passer de véritables pèlerinages clandestins où, en 1943, aux juifs traqués, aux aviateurs anglo-saxons, aux volontaires pour la France Libre, se mêlent des agents allemands (de nationalité française) qui, après avoir suivi un stage à l'école de sabotage de Perpignan, passent en Afrique du Nord pour s'efforcer de renseigner la Wehrmacht et de soulever les populations musulmanes.

★

Chaque jour des embarcations tentent de quitter, à destination des ports anglais, le littoral normand ou breton.

Chaque jour, nos consuls, en Espagne, recueillent de jeunes volontaires venus de la zone occupée, parfois de la zone interdite et qui se présentent à leurs bureaux exténués de fatigue et de faim.

Tous ces jeunes Français font preuve d'énergie, mais ils se trompent ou, plus exactement, on les trompe...

Ce texte émanant du cabinet du maréchal Pétain (12 avril 1941) montre bien l'ampleur du mouvement qui pousse vers les frontières des dizaines de milliers de Français. Toutefois, s'il évoque les évadés de zone interdite, il ne souffle mot de ceux qui arrivent d'Alsace ou de Lorraine, ainsi que des prisonniers évadés. Ils sont nombreux cependant. Et, plus la distance qui les sépare de l'Espagne est grande, plus leur tâche est difficile, car les Allemands ont multiplié les frontières et les barrages.

★

A 18 heures, Lucienne Welschinger pénètre dans l'église Saint-Jean de Strasbourg et se dirige vers l'autel de la Vierge. Devant la statue déjà noyée d'ombre, un homme est en prières. Lucienne s'agenouille près de lui. L'homme tourne légèrement la tête et murmure un seul mot : « Pierre ».

C'est le début d'une nouvelle aventure.

Chaque jour, Lucienne Welschinger rencontre ainsi un inconnu et le conduit à travers les rues et les champs jusqu'à Schirmeck où passe la nouvelle frontière entre l'Alsace et la France.

Pendant l'automne et l'hiver 1940, de nombreux fidèles se succèdent aux pieds de la Vierge. Seule, Lucienne Welschinger ne peut suffire à la tâche d'escorter tous ces hommes qui fuient des camps de prisonniers allemands.

En janvier 1941, Lucie Welker, Alice Daul, Marcelle Egelen se joignent à elle. L'église Saint-Jean est abandonnée au profit de Saint-Pierre-le-Vieux, mais les évadés sont toujours hébergés, ravitaillés, habillés parfois, convoyés enfin avec la même générosité et la même insouciance du danger.

Il en arrive de partout. De Wissembourg notamment où Marie Gross et Anne-Marie Muller organisent, elles aussi, l'évasion des prisonniers de guerre pour qui l'Alsace et la Lorraine sont « territoire ennemi ».

Ce qui n'était, au début, qu'une initiative privée devient, avec le temps, une organisation solide et active, ayant à sa disposition des points d'accueil à Wissembourg, Mulhouse, Landange, ainsi que de nombreux passeurs bénévoles.

Aux prisonniers de guerre qui fuient par la Schucht, le mont Tanet ou Landange, se joignent bientôt des Alsaciens et des Lorrains réfractaires au Service du Travail et au Service militaire.

Mais, le 18 février 1942, les Allemands arrêtent le bûcheron Weissenbach. Sur l'homme, ils trouvent 14 boussoles et 12 lettres de remerciement. Des lettres qui parlent de marches dans les forêts profondes, d'accueil inoubliable et de revanche. Il est impossible de nier. En quelques jours, la Gestapo capture tous les membres du réseau Welschinger. Jugée le 29 janvier 1943 par la Haute-

Cour de Strasbourg, Lucienne et quatre de ses « complices » sont condamnés à mort.

Ces représailles n'arrêtent pas les évasions. Les 200 prisonniers qui attendaient le salut de Lucienne Welschinger le devront à d'autres organisations car, pour beaucoup d'Alsaciens et beaucoup de Lorrains, faciliter l'évasion de ces prisonniers qui transitent par les anciennes casernes françaises constitue le premier des devoirs.

★

L'histoire commence presque toujours par un acte de charité.

On donne un morceau de pain à l'évadé, puis, ne pouvant s'arrêter en chemin, on l'héberge, on le cache, on l'habille, on le passe enfin de « l'autre côté ». De tels gestes ont une valeur d'engagement. Bientôt, dans cette Alsace où les Allemands ont installé leur langue et leurs professeurs, leurs lois et leurs tribunaux, prisonniers évadés et passeurs bénévoles se cherchent mutuellement.

Entre le jour de juillet 1940 où René Deiber réussit à s'introduire dans une caserne strasbourgeoise et à procurer des « bleus de mécanicien » à quelques-uns de nos soldats captifs et l'instant d'août 1943 où il est condamné à huit ans de travaux forcés, il a groupé autour de lui une vingtaine de personnes qui ont à leur actif l'évasion de centaines de prisonniers.

Entre le moment où le boulanger Schmitt, de Brumath (Bas-Rhin), donne du pain et des vêtements secs à un prisonnier qui vient de traverser le Rhin à la nage et l'instant où il doit fuir pour échapper à la Gestapo, 250 Alsaciens sont venus l'aider dans sa tâche et multiplier ainsi les résultats et les périls.

Entre ce dimanche d'août 1940 où l'abbé Mansuy, évoquant, devant un auditoire de prisonniers affamés, l'évangile du bon Samaritain, leur dit : « Si jamais vous avez besoin d'un bon Samaritain, voilà mon adresse » et le jour où il doit cesser toute activité, il a reçu, nourri, habillé, hébergé, réconforté 2.500 prisonniers venus, soit de Lorraine annexée, soit des casernes-prisons de Nancy.

Sa gouvernante ouvrait la porte.

— Monsieur le Curé, il y a encore quatre pénitents.

On les cache, soit au presbytère, soit dans une maison de retraite des Jésuites en attendant qu'ils prennent place dans un convoi ou qu'ils puissent, isolément et sous des déguisements plus ou moins pittoresques, gagner la zone libre.

C'est ainsi que l'un d'entre eux partit de Nancy en direction de la Haute-Marne sous la seule protection d'une canne à pêche. Contrairement à toute attente, son entreprise réussit parfaitement.

Lorsque la Gestapo inquiète ce grand blessé de guerre (l'abbé Mansuy a perdu le bras gauche et l'œil droit en 1914-1918), les policiers lui déclarent en guise d'entrée en matière :

— Votre adresse ? Elle est dans tous les camps !

★

C'est le général Giraud qui a le mieux dit le rôle joué, non seulement dans son évasion, mais dans des milliers d'évasions, par les Alsaciens annexés et que les Allemands punissaient comme des traîtres (1). Ayant bénéficié, de Mulhouse jusqu'à la frontière suisse, de la complicité d'un restaurateur, d'un prêtre, d'un garde forestier et de bien d'autres personnes, coalisées pour dissimuler ce personnage de haute taille, que toutes les polices du Reich et tous les indicateurs recherchent fébrilement (2), Henri Giraud eut cette définition d'un pays et de son âme : « *Les Alsaciens étaient prêts, pour aider un prisonnier, non seulement à lui donner leur argent, mais à risquer leur vie. Même sans être pris en charge par une organisation, même sans connaître personne du pays, j'aurais pu traverser l'Alsace sans encombre.* »

« Même sans être pris en charge par une organisation... » La phrase est valable pour des milliers de soldats évadés.

Elle est valable pour Maurice Metgé, pour Pourtier, pour Durand qui sont découverts, transis de froid, par quelques enfants lorrains. Ils craignent un peu. Non certes une dénonciation, mais des bavardages. Bien que la nuit ne soit pas encore tombée, ils se décident à se remettre en route, un quart d'heure après le départ des enfants. Mais voici que l'un d'eux revient, suivi d'une jeune fille.

---

(1) Il faut en effet le souligner. Considérés comme citoyens allemands, les Alsaciens qui facilitaient l'évasion des prisonniers de guerre se rendaient coupables d'actes de haute trahison. « Il est déclaré pour toujours déchu de son honneur et condamné à mort. » C'est une phrase qui revient souvent dans les verdicts des tribunaux opérant en terre alsacienne.

(2) Arrêtés le 21 septembre 1943, le restaurateur Ortlieb et l'abbé Stamm trouvèrent la mort à Wolfach, deux jours avant l'arrivée des troupes françaises.

— J'avais peur que vous ne soyez partis, dit la jeune fille. Pauvres gens ! Tenez, dit-elle, en sortant une miche de pain et un litre de vin chaud de son sac, buvez ça, c'est encore chaud !

Quelques heures plus tard, les évadés sont encore recueillis et nourris par une autre Lorraine qui, dans la même journée, a secouru trois autres prisonniers.

Témoignages de fraternité française, réconfortants, souvent ignorés et rarement récompensés.

★

Le 26 avril 1942, tous les journaux du territoire annexé publient l'ordonnance par laquelle le gauleiter Robert Wagner annonce que les Alsaciens des classes 20, 21, 22, 23 et 24 seront mobilisés au mois d'août.

Entre le mois d'avril et le mois d'août, beaucoup de jeunes Alsaciens prennent la fuite. Mais les hésitants sont nombreux, qui espèrent on ne sait quel impossible recul allemand. La campagne de Russie creuse des vides trop profonds dans l'armée allemande pour qu'Hitler puisse épargner les Alsaciens et les Lorrains. La grande armée du Reich, comme la Grande Armée de Napoléon, se gonfle de contingents étrangers que les premières défaites désagrégeront et disperseront.

Pour empêcher les évasions, les Allemands, qui sont sans illusion sur l'état d'esprit des Alsaciens et des Lorrains, décident, en ouvrant les premiers conseils de révision, de rendre les pères responsables de la fuite des enfants. Comme le 4 septembre 1942, Wending et Kaiser de Wissembourg, Herling, de Saverne, ont voulu se soustraire au conseil de révision, un avertissement public des autorités allemandes annonce les sanctions.

« *Ces jeunes gens insouciants, qui ont agi sans motif valable, ont été arrêtés et attendent leur condamnation.*

Nous rappelons vivement, à ce sujet, que les parents sont également responsables et doivent veiller à ce que leurs fils se présentent ponctuellement au conseil de révision. Ils doivent user de leur influence afin que leurs fils répondent à la convocation.

Dans les cas mentionnés ci-dessus, il a été démontré que les parents n'avaient pas fait preuve d'autorité dans ce sens. Ils ont prouvé par leur attitude qu'ils n'ont pas encore compris les exigences des temps actuels qui ne tolèrent, en Alsace, que des gens sûrs. Les parents de ces jeunes gens sus-nommés seront donc déportés sous peu dans l' « Alt-Reich », pour acquérir à nouveau, dans un milieu de nationaux socialistes, une attitude conforme à l'esprit national socialiste. »

C'est avec 15 kilos de bagages et une faible somme d'argent que les déportés, dépouillés de tous leurs biens, sont envoyés comme cultivateurs dans des villages allemands.

Ces mesures de chantage ont certes pour effet de ralentir les évasions. Elles sont bien loin de les arrêter totalement. Les jeunes gens se groupent avec armes, mais sans bagages. Ce sont de véritables troupes qui, la nuit, se dirigent vers la zone libre ou la frontière suisse.

C'est ainsi que, dans la soirée du 11 février 1943, 210 personnes venues de Felbach, Ferrette, Grentzingen, Oberdoff, Riespach, Ruderbach, Waldighoffen se réunissent près du calvaire qui domine Riespach. Au dernier moment, alors que le convoi va s'ébranler, 23 garçons et filles renoncent à tenter l'aventure dans cette nuit pleine de dangers. Ceux qui restent (183) s'éloignent par petits groupes à travers champs et bois. Ils ne disposent que de deux fusils et de deux revolvers, mais sont bien décidés à s'en servir si quelque patrouille allemande se présente. Par miracle, ils ne rencontrent personne et passent en Suisse, près du Larguet. Mais cette évasion massive inquiète les Allemands qui mettent immédiatement en alerte toutes leurs polices de la région d'Altkirch. Les patrouilles, dont la vigilance avait été trompée dans la nuit du 11 au 12, prennent le lendemain leur revanche. Elles cernent 18 garçons de Ballersdorf qui, armés de quatre fusils, se défendent, tuent et sont tués. Les porteurs d'armes hors de combat, les autres s'enfuient, mais sont rattrapés dans la matinée par des détachements de police arrivés à la rescousse depuis Mulhouse. Un seul réussit à se glisser en Suisse.

★

La Suisse est une île. Une île illuminée au milieu d'une Europe aux lumières camouflées.

L'armée allemande l'enveloppe, la presse, en bat, jour après jour, tous les rivages. A l'est, à l'ouest, au nord, au sud, la Wehrmacht monte la garde. Ceux qui veulent combattre au grand jour ne se dirigent pas vers la Suisse. Par contre, la Suisse est l'un des terrains de prédilection des agents secrets. Sa géographie en fait également le lieu d'accueil idéal de nombreux israélites et de bien des prisonniers évadés qui, souvent, abandonnent ensuite les douceurs de Genève pour rejoindre la France.

Passeurs et policiers s'y livrent au même jeu mortel de cache-cache que sur la frontière espagnole. L'argent et le dévouement y règnent également en maîtres. Les faux papiers et les fausses barbes, les mots de passe, les revolvers jouent, tout comme ailleurs, leur rôle.

Lorsque L.-H. Nouveau, qui fut, à Marseille, parmi les responsables de l'un des plus efficaces réseaux d'évasions d'aviateurs alliés, veut aller en Suisse pour prendre contact avec les Britanniques, il lui faut d'abord obtenir le mot de passe. C'est une phrase d'une absolue banalité : « Vous avez le bonjour de Maria. » Il s'agit de la prononcer en présence de M. Vuaillat, épicier à Bossey, près d'Annemasse.

Lorsque Nouveau débarque de l'autocar, M. Vuaillat est absent de l'épicerie. Il a beau répéter à Mme Vuaillat qu'elle a le bonjour de Maria, Mme Vuaillat ne comprend pas, ou ne veut pas comprendre. Elle serait très heureuse de se débarrasser de cet intrus, mais Nouveau recule devant la perspective de faire les cent pas dans les rues d'un petit village si proche (100 mètres) de la frontière. Entre l'impolitesse et le danger, il choisit l'impolitesse. D'ailleurs, en février 1942, il fait froid dans la rue.

Excédée, Mme Vuaillat finit par le faire asseoir dans l'arrière-boutique où, sans un livre, sans un journal, dans l'odeur du savon et du fromage de répartition, près des paquets de lessive et des sacs de pommes de terre, Nouveau a le temps de méditer, pendant trois heures, sur les difficultés de franchir une frontière près de laquelle il vient d'arriver en autocar.

A 19 h. 15 enfin, Vuaillat arrive et tout s'arrange par miracle. Dès qu'il a « le bonjour de Maria », Vuaillat entreprend la tournée des cabarets pour trouver un guide convenable, fait abandonner à Nouveau sa valise et ses papiers (vrais et faux), lui donne deux francs suisses, l'attable devant deux œufs au lard, un morceau de viande froide et du fromage. Lorsque Nouveau a terminé son rapide repas, il glisse dans les poches de son pardessus bleu marine un petit morceau de savon, un rasoir mécanique, trois lames de rasoir, une brosse à dents et un mouchoir. Puis, il attend.

Vers les 8 h. 30, raconte-t-il, *M. Vuaillat fit entrer un homme genre vieux paysan un peu saoulaud et me dit :*

— Voilà, vous partez !

Le paysan me dit que ce serait 200 francs. Je repris les

deux billets dans mon sac. Je serrai la main de M. Vuaillat et nous sortîmes.

Au fond, c'était très facile. Il est curieux comme les allées et venues en 1942 et 1943 étaient, à la fois, si difficiles à organiser et si faciles à exécuter.

Nous descendîmes la rue en colimaçon qui menait sur la grand'route.

L'homme était devant moi et me fit signe qu'il n'y avait pas de douanier, nous tournâmes à droite sur la grand'route et marchâmes sur le côté de gauche en allant vers Annemasse pendant peut-être 50 mètres, puis nous descendîmes un petit talus.

De hautes herbes, quelques buissons, une rangée de fils de fer barbelés que nous soulevâmes avec la main et sous lesquels nous pûmes passer, deux pas encore et nous nous trouvâmes dans un champ en Suisse (1).

Quelques minutes plus tard, ayant quitté l'homme qui titube quelque peu et a peine à reconnaître son chemin, Nouveau attend, comme un paisible banlieusard, le tramway qui le mènera jusqu'aux surprenantes lumières de Genève.

★

Louis Rossier, dont la maison est située à trente mètres de la frontière suisse, fait passer presque chaque nuit les gens que lui envoient les curés de Vegy et de Douvaine ou ceux qui se présentent à lui après avoir échoué partout, souvent après avoir été rançonnés et poursuivis.

Non seulement il ne demande pas d'argent, mais souvent il lui arrive de nourrir et d'héberger ceux qui vont passer et pour lesquels il joue au moins sa liberté, peut-être sa vie. Cet homme, qui connaît la frontière comme d'autres connaissent leur champ,. varie les ruses pour déjouer les douaniers italiens. Tantôt, il entraîne les clandestins de buisson en buisson, tantôt il leur fait traverser la rivière Hermance, tantôt il troue le réseau barbelé qui garde la frontière.

Les incidents sont nombreux : petites juives, envoyées par un couvent, qu'il passe l'une après l'autre sur ses épaules en traversant l'Hermance dont l'eau très froide (novembre 1942) lui arrive à la taille, rencontre avec des patrouilles italiennes, soldat suisse qui s'affole et tire

(1) L.-H. Nouveau : *Des Capitaines par milliers.*

sur des clandestins rampant dans les barbelés... A ce jeu terrible, il est impossible de gagner sans cesse. Le 22 janvier 1943, après avoir fait échapper quelques jeunes qui fuient le S. T. O., Louis Rossier est capturé... Les Allemands multiplient les précautions. Ils rassemblent des meutes de chiens policiers. Demandent aux pêcheurs du lac de Genève de porter chaque soir au corps de garde lampes et rames. Qu'importe. D'autres personnes continuent à faire la chaîne...

★

La *Petite Gironde* des 23 juin, 4 juillet et 6 août 1940 publie un étonnant placard de publicité.

Etonnant dans la mesure où Bordeaux se trouve en zone occupée. Ce texte, véritable invitation au voyage, annonce que, chaque semaine, un bateau de l'*American Export Lines* quitte Lisbonne pour New York. John Bechmann, 83, rua dos Fanqueiros à Lisbonne, fournira les renseignements !

Si, pour quelques privilégiés, cette publicité a un sens, pour des millions de Français, soudain prisonniers à l'intérieur de leur pays, elle a toutes les apparences de la plaisanterie de mauvais goût.

On peut rêver sur ces services hebdomadaires à destination de l'Amérique, comme on peut rêver sur cette annonce parue dans la *Petite Gironde* du 6 juillet 1940 : « Cherche petit cotre ou similaire. Ecrire Agence Havas. Bordeaux (2.799). » Un petit cotre, pour quoi faire ? Pour partir pour la pêche ou tenter de gagner l'Angleterre ?

Nation de paysans, où les ouvriers eux-mêmes retrouvent très vite, pour cultiver le jardin du dimanche, les gestes de leurs grands-pères, la France est aussi une nation de marins. Ce que les uns demandent aux sentiers pyrénéens, les autres vont le demander à l'Océan.

★

Une île ? A peine une île. Une île évoque je ne sais quelle image de douceur et de paix. Le mot île fait contraste. On l'oppose à océan. Sein, c'est un morceau d'océan pétrifié. Un rocher sans arbres où les maisons blanches et grises, soudées les unes aux autres, s'épaulent, forment un bloc compact à peine troué par quelques ruelles où deux hommes se croisent difficilement.

En juin 1940, les îliens suivent par la radio l'agonie

des armées françaises. Dans la cour du Grand Monarque, ils écoutent la T. S. F. des gardiens du phare. Devant l'*Hôtel de l'Océan,* ils écoutent le poste à pile de Charles Menou (1). Ce ne sont pas des exubérants. Le visage tourné vers ces fenêtres ouvertes, qui livrent passage à toutes les mauvaises nouvelles, ils restent impassibles sous les coups de poing de la défaite qui les bousculent comme ces lourds paquets de mer après lesquels, toujours, ils reprennent l'équilibre.

Presque pas d'hommes de 20 à 25 ans parmi les auditeurs. Ceux-là sont mobilisés. Ils sont à Dunkerque, ou en Méditerranée, ou dans les convois.

Le speaker s'adresse à un peuple d'enfants et d'anciens combattants de la Grande Guerre, à quelques réfugiés aussi qui sont arrivés du continent en clamant que les Allemands brûlaient tout devant eux et raflaient les hommes de 18 à 50 ans.

Ecoute-t-on l'appel du général de Gaulle le 18 juin 1940 ? Oui, disent les uns.

— C'est moi qui ai mis le poste, affirme Mme Jeanne Guilcher, alors employée à l'*Hôtel de l'Océan.*

— Non, nous n'avons pas entendu l'appel, réplique François Follic, mais sa femme le contredit.

C'est sans grande importance historique. L'appel du général de Gaulle a, le premier jour, touché très peu de Français. Sur les routes de l'exode, dans ces cafés de hasard où l'on happait plus sûrement un morceau de défaite qu'un morceau de pain, dans les champs où ils se battaient en retraitant, les Français ne songeaient pas encore à prendre la radio anglaise.

Quoi qu'il en soit, que les îliens décident de partir pour échapper aux envahisseurs qui approchent des côtes bretonnes, ou qu'ils aient la volonté de rejoindre avec de Gaulle « ceux qui continuent », ils partent. Non pas isolément. En bloc.

Rien d'ailleurs ne peut se faire isolément dans cette île aux rues trop étroites où les maisons siamoises abritent des familles fortement unies par la parenté, le travail quotidien et l'absence d'horizon terrestre. Mille îliens, cela représente sept ou huit « grandes familles », sept ou huit clans.

Rien ne peut se faire isolément dans cette île où le

(1) Il n'y a pas d'électricité à Sein. L'électrification de l'île n'aura lieu que bien après la fin de la guerre.

bateau et le café, le café et le bateau, réunissent, tour à tour, les mêmes hommes d'équipage.

Romantique et viscérale, la décision de départ est donc prise. Plus tard, pour l'histoire, je ne dis pas pour le roman, on ne lui trouvera aucun initiateur.

Autour des quelques marins qui occupent le phare, et qui veulent gagner l'Angleterre, des pêcheurs se groupent dans les journées des 22 et 23 juin.

Les Allemands n'ont pas encore franchi le raz de Sein. Mais si l'on veut leur échapper, il n'y a pas de temps à perdre (1).

Le 24, à la nuit tombante, toute la population de l'île se rassemble sur le port, sur la cale devant laquelle les bateaux de pêche sont groupés et bougent doucement. Les hommes du premier départ sont prêts. Les hommes ? Il y a parmi eux des gamins de 15 à 17 ans.

Jean Guilcher qui voit partir son frère saute dans le bateau. Il a 16 ans.

Les hommes ? Il y a parmi eux des pères de famille nombreuse que les autorités françaises ont démobilisés. François Follic a quatre gosses ; Jean-Yvon Porsmoguer, six enfants ; Jean Spinec est accompagné par son aîné qui a 18 ans. Chez les Spinec, le père parti, il reste huit gamins et bien peu d'argent.

Ces volontaires, pour une aventure dont ils ne peuvent deviner ni les péripéties ni la conclusion, partent les mains vides et laissent la misère derrière eux. Sur l'île, il n'y a pas de métier pour les femmes. La mer est ici le seul gagne-pain possible.

Lorsque Jean-Yvon Porsmoguer abandonne les siens, sa femme lui remet *tout* l'argent de la maison : 50 francs.

Ils s'embarquent pour l'Angleterre comme ils s'embarquent pour aller relever leurs casiers dans les parages de Tévenec : avec un casse-croûte et un litre de rouge. Quelques-uns ont pris un vêtement de rechange. Très peu ont, comme François Follic, une petite valise où la femme a entassé deux ou trois caleçons et autant de chemises !

Deux bateaux partent donc le 24, au coucher du soleil, par forte brise de nord. C'est la *Velléda*, une vedette des Ponts-et-Chaussées et la *Rouanez-ar-Mor* (patron Maurice Couillandre). Sur la *Velléda*, 34 hommes, « armés » de cinq ou six fusils que les marins du phare n'ont pas aban-

(1) Les Allemands ne débarqueront à Sein qu'au début du mois de juillet.

donnés. Le recteur, l'abbé Guillarm, donne l'absolution générale aux hommes qui s'entassent sur les petits bateaux. Pas de cris, peu de gestes, parmi les femmes en coiffes noires qui se pressent sur le quai étroit ; peu de gestes parmi les hommes qui partiront le surlendemain.

Car c'est peut-être le plus extraordinaire de l'histoire.

La nuit ne porte pas conseil. La *Velléda* et la *Rouanez-ar-Mor* sortent du port, gagnent la nuit et le large, les femmes et les enfants retrouvent un foyer d'où l'homme est absent sans que cela modifie l'attitude des 60 ou 70 hommes valides qui partiront le 26.

Hommes de peu de paroles, hommes de parole, ils s'embarquent sur la *Rouanez-ar-Peoc'h*, la *Maris-Stella* et le *Corbeau-des-Mers*. L'équipage du *Corbeau-des-Mers* a trois fusils de chasse à bord... comme si pareille mousqueterie pouvait être de quelque utilité.

Au total, 133 îliens, âgés de 14 à 51 ans, quittent l'île en deux jours. Si l'on ajoute à ces hommes les marins encore mobilisés, la population normale de 1.100 habitants se trouve, en juillet 1940, singulièrement réduite ! Dans beaucoup de maisons, il n'y a plus un sou et plus un homme pour sortir, pêcher et gagner quelque argent.

Mais lorsque, après leur traversée qui dura vingt-quatre heures, après leur première nuit passée à Falmouth, à bord du torpilleur français *La Suippe*, après les camps d'observation anglais, les îliens furent présentés au général de Gaulle, il eut ce cri qui marquait à la fois le sacrifice des uns et la timidité des autres : « L'île de Sein est donc le quart de la France » (1).

Plus personne (à l'exception de Guennolé Fouquet et de ses deux fils en 1943), plus personne ne partit de Sein. L'île avait fait son devoir dès le premier jour.

★

Et d'ailleurs, il n'était pas facile de quitter les côtes bretonnes. Le docteur Vourc'h, qui fut l'un des plus intrépides organisateurs de la Résistance, affirme que les Pyrénées furent, plus que l'Océan, indulgentes aux Bretons qui cherchaient à rejoindre l'Angleterre. Il a certainement raison.

---

(1) Sein est l'un des très rares villages français où il y eut plus de morts au combat pendant la guerre de 1939-45 que pendant la guerre de 1914-18 (respectivement 27 et 21).

Le contrôle allemand, sans cesse renforcé, et le manque d'essence firent que les expéditions maritimes allèrent en décroissant d'année en année.

Le 19 juin 1940, le bateau *Oiseau-de-la-Tempête* quitte Le Primel, port de la commune de Plougasnou ; le 20, le 25 et le 30 juin, la barque *Le Primel*, patron Tanguy, emporte, à chaque voyage, 80 passagers vers les côtes anglaises ; le 21, le *Don-Michel-Noblet* part de Douarnenez, le langoustier *La Marie-Louise*, de Camaret, dépose tout son équipage en Angleterre ; d'autres encore échappent aux Allemands, surpris par l'immensité de leur victoire et qui ne peuvent contrôler toutes les criques, inspecter toutes les barques.

Mais, passé les premiers jours, la surveillance s'organise.

Les candidats au départ doivent d'abord se procurer soit un bateau, soit une place sur un bateau. Ce n'est pas une petite affaire pour qui ne fait pas partie d'un réseau ou pour qui n'est pas marin-pêcheur.

Lorsque l'élève officier Guy Vourc'h arrive le 18 juin à Rochefort, il espère trouver un embarquement pour l'Angleterre. Mais son espoir est vite déçu. Il remonte alors vers la Bretagne, vers les rivages de son enfance. Lorsqu'il arrive le 28 à Plomodiern, son père lui dit :

— Comment, tu n'es pas déjà en Angleterre ?

Guy raconte ses déboires.

— Mais d'ici tout sera facile !

A bicyclette, il parcourt le pays, allant de port en port, en quête d'une « occasion ». Vainement. Il y a bien des conciliabules et des promesses, mais autant en emporte le vin. Guy décide alors d'acheter un bateau. Il fait choix d'une pinasse à moteur Couach de 40 chevaux : *La Petite Anna*. Le propriétaire, un pêcheur de Douarnenez, en demande 40.000 francs. C'est beaucoup pour le jeune démobilisé que ses parents ne peuvent guère aider.

Heureusement, son frère Jean a 25.000 francs sur son livret de Caisse d'épargne et paye, à lui seul, la moitié du bateau.

L'affaire n'est conclue qu'en octobre, mais, propriétaires du bateau, Guy et Jean doivent, en attendant, rassembler cent quatre-vingts litres d'essence, quelques provisions et un baril d'eau douce. Puis, ils alertent l'équipage. Un équipage où personne ne sait naviguer. Il y a là deux amis de Guy Vourc'h, dont l'élève officier Charles P..., puis Robert Alaterre, ancien secrétaire de l'ambassade de France à Londres, qui reviendra fonder l'un des premiers réseaux français, et Bernard Schedauer, un jeune garçon qui se dit petit-neveu du général de Gaulle et solide marin. L'avenir ne devait pas confirmer cette prétention (1).

Les six s'embarquent le 19 octobre au soir. Pour mieux se déguiser en pêcheurs, ils sont habillés de rouge, mais Guy Vourc'h n'a pas oublié de prendre avec lui les *Pensées* de Pascal ! Et, lorsque le jour se lève, les Allemands, qui s'entraînent toujours à des exercices d'embarquement et de débarquement, ne font pas attention à ces garçons.

La *Petite-Anna* a pris en remorque la *Vierge-de-Massabielle*, un bateau de l'île de Sein à court d'essence. C'est à la fois une élégance et une habileté. Les novices de la *Petite-Anna* comptent sur les îliens pour les sortir du port et les mettre sur la bonne route. Tandis que les garçons se dissimulent dans l'entrepont, Alexis Richard et Stanislas Guilcher montent donc à bord de la pinasse, réussissent à tromper la surveillance de la douane allemande et de la vedette de police, guident la navigation jusqu'au soir.

Alexis Richard dresse un schéma sur le roof.

— C'est facile, c'est à l'ouest, puis plein nord-est.

Mais ces mots, comme les noms des phares et des bouées, ne disent pas grand-chose à des adolescents qui ne sont jamais sortis de la baie de Douarnenez. Lorsque le soir tombe, Alexis Richard et Stanislas Guilcher quittent la *Petite-Anna*. Les jeunes gens leur ont donné deux avirons-souvenirs.

— Bon voyage. Vive de Gaulle !

La pinasse continue sa route. La *Vierge-de-Massabielle* fait voile vers Sein. A l'exception de Guy Vourc'h, malade depuis le départ, les six garçons de la *Petite-Anna* passent une nuit paisible. A l'aube, ils s'attendent à découvrir les côtes anglaises. Qu'importent le froid et l'insomnie. Mais l'aube du 21 octobre n'amène rien d'autre que la panne d'essence. Panne sèche.

Plus tard, on découvrira que l'un des évadés avait gaspillé beaucoup d'essence en inutiles « essais » dans la baie de Douarnenez ! Pour l'instant, ils n'ont rien d'autre à faire qu'à attendre sur une mer vide et plate.

Pas de côte en vue, ni de fumée. Pas de vent non plus. Et, lorsque le vent se lève, le soir, ils ne savent qu'en

(1) Mauvais marin... mais soldat courageux, Bernard Schedauer, engagé dans les F. A. F. L., fut descendu une première fois, mais réussit à rejoindre l'Angleterre. Abattu de nouveau, il fut capturé et fusillé avec 47 aviateurs anglais qui, en 1943, cherchaient à s'évader du Stalag Luft III.

faire. Vent du nord-est contre lequel ils sont incapables de naviguer. Le deuxième jour, le vent souffle toujours du nord-est, c'est-à-dire qu'il rejette les naufragés vers les côtes bretonnes.

Car ce sont déjà des naufragés. Et Guy Vourc'h, que la panne et le mauvais temps ont fait surgir de son malaise, institue un sévère rationnement des quelques vivres et des quarante litres d'eau.

Dès le quatrième jour, il n'y a plus de pain à bord, plus de pétrole pour la lampe emportée de Douarnenez. Les garçons doivent se contenter d'un quart d'eau matin et soir, de sardines et de thon à l'huile, mais sans pain.

Le septième jour, le temps change brusquement. Le vent passe au sud-est et le soleil succède aux nuages. Les naufragés ne grelottent plus. Mais leur situation n'en demeure pas moins critique. L'eau doit être rationnée plus sévèrement encore. Les garçons commencent à être gagnés par l'obsession de repas pantagruéliques. Charles P... délire. Il se croit chez lui, à Nantes, cherche l'ascenseur pour rejoindre son appartement, urine sur le moteur et lorsque ses camarades lui font des reproches, il réplique, sans comprendre :

— Depuis une demi-heure, je demande à la concierge de l'hôtel où se trouvent les waters. Elle ne veut pas me le dire. Je suis bien obligé de me soulager ici !

Dans la nuit froide, l'Angleterre a les trompeuses apparences d'un mirage.

Vers quoi voguent-ils maintenant ?

Et l'Angleterre existe-t-elle ?

Dans la nuit du huitième au neuvième jour, le temps se gâte de nouveau, devient si mauvais que Guy Vourc'h récite la prière des morts. Mais, cette fois, le vent, secourable, reste au sud-est.

Le 30 octobre, alors que leur mauvais sommeil est troué de cauchemars, le barreur se laisse glisser sous le pont, là où ses camarades sont affalés autour du moteur inutile.

— Un phare, j'ai vu un phare.

Il a vu un phare et ils se secouent et ils montent et ils contemplent cette lumière lointaine sur laquelle, toute la nuit, ils vont se guider. Au matin, la côte est proche, mais le péril n'a jamais été aussi grand. Pris dans des remous, épuisés de fatigue, assommés sous les trombes d'eau célestes, grisés de toute cette eau qu'ils avalent pour la première fois à satiété depuis dix jours, n'apercevant même pas le cargo dont la sirène hurle près de là, ils sont sauvés enfin.

Leur randonnée au gré des vagues et du courage les a conduits jusqu'au canal de Bristol.

Ils sont partis le 20 octobre. C'est le 31 que le S. S. *Cairngorn* les recueille.

Le demi-litre de vin qui restait encore à bord a été bu par le premier qui a crié « Terre » ! (1).

★

Pas plus qu'on ne peut dresser la liste des points de passage pyrénéens, on ne peut dresser la liste des ports qui, de jour ou de nuit, virent des départs vers l'Angleterre.

A côté des hommes qui partaient pour un seul voyage, comment ne pas évoquer ces passeurs bénévoles qui allaient d'une côte à l'autre, à travers les doubles périls des tempêtes et des navires allemands ?

Cinq jeunes pêcheurs de Guilvinec et de Tréboul : Baltas, Guénolé, Kerloc'h, Le Goff, Le Cosse, font ainsi *dix-neuf voyages* entre juillet 1940 et avril 1941, date à laquelle quatre d'entre eux sont arrêtés.

Comment ne pas évoquer Jacques Guéguen, ancien compagnon de Charcot, arrêté après son quatrième voyage en Angleterre, relâché à cause de son âge et que ses 75 ans n'empêchèrent nullement de gagner l'Angleterre en compagnie du plus jeune de ses fils, âgé de 16 ans ?

De Morgat, de Douarnenez, de Plouha, de Carantec, de Camaret, des bateaux partirent pour des fortunes diverses. Ceux qui paraissaient promis au naufrage abordèrent souvent. Et ceux qui semblaient le mieux armés pour la réussite échouèrent parfois.

Qui aurait parié sur les chances de Jean-Amaury Saladin s'embarquant à 15 ans et demi en compagnie de deux camarades dont l'un n'a que 16 ans, volant à la Wehrmacht l'essence nécessaire à son odyssée, chargeant, pour toutes provisions, deux douzaines de crêpes faites à la dernière minute par la mère d'un des garçons, laissant porter son bateau par le courant jusqu'au large de Morlaix et arrivant le 6 juin 1942, après dix-sept heures seulement de traversée, en vue des côtes anglaises ?

Qui aurait promis le succès à Henri Stephan ? Il n'a pour lui qu'une terrible obstination. Evadé d'un camp

(1) Témoignage du docteur Vourc'h.

d'Allemagne à la fin de 1942, il s'est juré de rejoindre l'Angleterre.

Comment ? Avec ce qu'il a sous la main comme moyen de transport : son canoë.

Ce qu'il a sous la main comme mât : un manche à balai.

Ce qu'il a sous la main comme cloisons étanches : cinq chambres à air d'auto.

Et il part. En mer, pour la première fois de sa vie, il est malade. Incapable de continuer, il regagne la côte. Son échec ne l'a pas abattu moralement. Il décide de voler un petit bateau dans le port de Ploumanach. Aussi petit que possible car, pour être patriotique, un vol n'en reste pas moins un vol (1).

Il repère « son » bateau, guette la marée favorable et, le moment venu, fourre dans un sac tyrolien ce qu'il trouve dans l'armoire familiale : 300 grammes de viande, 500 grammes de beurre (on est en Bretagne). Il court chercher un pain de trois livres, prend avec lui deux litres d'eau et un litre de cidre.

Arrivé à Ploumanach, dans la nuit du 27 mai 1943, il se déshabille, se met à l'eau et nage vers la barque repérée. Ne la trouvant pas, il monte, après quelques recherches, dans la première venue. Son canot, qu'il mène à la godille, s'échoue au pied de la garde allemande que le bruit ne tire pas de son assoupissement. Il le dégage et, après quelques centaines de mètres, hisse la voile. A l'aube seulement, il peut passer l'inspection de son canot qui porte les trois couleurs sur chaque flanc et, à l'arrière, les mots *Sainte-Anne, Lannion.*

Yves Stephan, qui a perdu un aviron, godille, puis se repose, godille de nouveau, se repose. Il dort même, dans la nuit du 27 au 28, sur la chambre à air qui doit lui servir éventuellement de bouée de sauvetage. Lorsqu'il se réveille à 3 h. 30 du matin, il s'aperçoit que la chambre à air est crevée, ce qui n'altère nullement son optimisme.

Calme plat toute la journée du 28, mais la terre, encore invisible, lui délègue un petit papillon. Enfin, le 29, à 13 h. 30, il aborde une côte anglaise.

Si, pour beaucoup, la mer reste extraordinairement vide, il n'en va pas toujours de même. Le sergent-chef Jean Magloire-Dorange, moniteur à l'Aéro-Club de Saint-

---

(1) Dans la lettre qu'il laissait à ses parents, Henri Stephan insistait sur la nécessité de dédommager « le plus largement possible » le pêcheur dont il allait prendre le bateau.

Brieuc, réussit à quitter la baie de Fresnaye, près de Saint-Cast, le 12 février 1941.

Avec lui, sur le *Buhara BM* 401, quatorze jeunes gens, ses anciens élèves pour la plupart. Le *Buhara* tombe en panne au large de Guernesey. A l'aube, un bateau vient à leur secours, mais c'est un allemand. Deux mois plus tard, Dorange et Devouassoua (le jeune garçon dont la mère avait fourni les 40.000 francs nécessaires à l'achat du *Buhara*) sont fusillés à Saint-Lô (1).

---

(1) Il y eut aussi (en petit nombre) des départs en avion. Je n'évoque pas ici les enlèvements d'hommes de la Résistance, mais les fuites équivalant aux passages par l'Espagne ou par l'Océan.

Les deux plus extraordinaires départs eurent pour héros : l'un, Maurice du Fretay, qui, le 15 novembre 1940, après avoir remonté entièrement son petit avion de tourisme, décolla depuis l'allée qui conduisait au manoir de ses parents, près de Rauléon ; l'autre, Jean Hébert et Denis Boudard, qui, le 29 avril 1941, s'envolèrent, de l'aérodrome de Carpiquet, sur un avion de liaison volé à un inspecteur de la Luftwaffe. Maurice du Fretay et Jean Hébert devaient être tués en opération aérienne.

CHAPITRE V

LE PAIN DE CHAQUE JOUR

Le 31 octobre 1941, plusieurs journaux publient l'avis suivant :

Mangeurs de chats, attention !

Par ces temps de restriction, certaines personnes affamées ne craignent pas de capturer des chats pour en faire un bon civet. Ces personnes ne connaissent pas le danger qui les menace. En effet, les chats, ayant comme but utilitaire de tuer et manger les rats porteurs de bacilles les plus dangereux, peuvent être, de ce fait, particulièrement nocifs...

C'est le temps où les corbeaux se vendent 10 francs pièce sur les marchés de Lyon, le temps où, à Bordeaux, le nombre des pigeons de la place Pierre-Laffitte passe de 5.000 à 89, le temps où, à Brive, un perdreau atteint 1.650 francs aux enchères à l'américaine, le temps du rutabaga, des poules installées sur un coin de balcon à la place du géranium, des lapins apprivoisés et pour lesquels on va dérober l'herbe des fossés, le temps des cartes de pain, des tickets vrais ou faux, bleus ou roses, des « lettres » qui donnent droit indifféremment au fromage ou au savon, des « lettres » non honorées, des queues, des complicités, des amitiés paysannes, des enfants qui ont faim, des restaurants pour riches où qui fait bonne chère est assuré de faire aussi œuvre pie, ce qui permet de sortir de table la conscience tranquille et le ventre plein (1) !

Le temps de ceux qui ne mangent jamais à leur faim.

Le temps de ceux qui mangent trop pour ne rien « laisser perdre » et parce qu'ils ignorent « de quoi demain sera fait ».

---

(1) Un certain nombre de restaurants parisiens avaient le droit de ne pas observer les prix fixés et, cela va sans dire, de donner à leur clientèle toutes les nourritures désirées et toutes les quantités demandées. Le dixième du montant de l'addition était alors versé au Secours national.

Le temps où Pierre Laval, regagnant Paris, emporte dans sa voiture son beurre et son fromage, où Sacha Guitry arrivant à Vichy s'y fait accompagner par ses provisions de la semaine. Le temps où les policiers qui protègent Jean Luchaire, président de la Corporation de la Presse Française, notent dans leurs rapports : *Le vendredi* 23 *juillet* (1943), *M. Luchaire a rapporté de ses visites* (*à deux fermiers belges*) 900 *francs de viande,* 6 *litres de crème,* 50 *œufs frais et* 20 *kilos de beurre.*

Le temps du marché noir.

Des tromperies sur le poids, sur le nom, sur la qualité.

Du fromage à 0 % de matière grasse, du tabac sans tabac, du sucre échangé contre un pneu de bicyclette.

Les acheteurs ne battent plus la campagne seulement avec un portefeuille bien garni. Dans leurs valises, ils ont les chaussures, les lainages, la vaisselle, la saccharine, sans lesquels on ne leur vendrait ni les poulets ni les porcs.

C'est le temps des vaches maigres. Des inspecteurs du ravitaillement. Le temps où, dans les prisons et les écoles, la nourriture devient une obsession, où, dans les foyers, elle ne cesse d'être l'unique pensée de millions de mères de famille soudain esclaves de l'épicier, du boulanger, du boucher, du crémier, de tous ces puissants barons qui ont pouvoir de vie et de mort sur une population tremblante, haineuse, courbée, révoltée et dont ils se font plaindre cependant lorsqu'un contrôleur trop pointilleux les envoie, pour quelques semaines, en prison (1).

C'est le temps où les enfants apprennent à voler pour manger et où les pères se vantent des scandaleux tours de force qui ont amené jusqu'à la table familiale le pain et le vin.

« Donnez-nous notre pain de chaque jour... »

Sur la riche terre de France, des millions d'hommes et de femmes découvrent soudain qu'ils peuvent, en quelques semaines, se trouver réduits à la condition d'Hindous.

★

La riche terre de France ? Tout un peuple vivait sur un mirage.

La défaite et l'occupation vont lui prouver qu'il était,

---

(1) Le commissaire de police de Charleville se heurtera, en mars 1941, lors d'une vérification, dans les boucheries de la ville, à une très violente opposition des clientes qui refuseront de faire connaître le prix qu'elles ont payé la viande. Ce n'est, certes pas, un cas unique.

plus profondément encore qu'il ne l'imaginait, tributaire de l'étranger et de ses colonies.

Jusqu'au mois de juin 1940, la guerre n'a pas dérangé ses habitudes. Il peut acheter tout ce qu'il désire. Les privations n'existent que pour le voisin allemand. Et l'on s'en moque.

Une des images d'Epinal de la force française c'est le beurre sans les canons. Ce plaisant paradoxe ne résiste pas aux batailles de juin.

Au moment où toute la navigation est, sinon stoppée, du moins difficile, la France métropolitaine découvre qu'elle recevait chaque année, en moyenne, de 7 à 8 millions d'hectolitres de vin d'Afrique du Nord, que 600.000 tonnes d'arachides partaient de Dakar vers ses ports, que le cacao, les bananes, l'huile de palme, le riz, le sucre, le caoutchouc arrivaient de nos colonies lointaines, la viande d'Amérique du Sud, le blé du Canada, l'essence du Moyen-Orient, la pâte à papier de Finlande, le charbon d'Allemagne, la laine d'Australie.

C'est au plus creux de notre malheur qu'il nous faut apprendre la signification du mot autarcie.

Encore les faibles quantités dont nous disposons (sur le plan alimentaire comme sur le plan industriel) nous sont-elles disputées par les Allemands, cependant que leur répartition, à l'intérieur même de la France, se heurte à d'innombrables difficultés et à ces nouvelles frontières que sont les lignes de démarcation (1).

« *La France du Sud n'avait ni blé, ni sucre, ni pommes de terre, ni graines potagères, ni charbon, et fort peu d'orge et d'avoine,* écrit Bouthillier, qui fut ministre de Vichy. *La France du Nord n'avait ni vin, ni huile, ni savon.* »

Le trafic par chemin de fer entre les deux zones est suspendu. Aux ponts coupés s'ajoutent les interdictions allemandes. Peuple de paysans, qui engrange facilement conserves et jambons, peuple prudent qui, par sentimentalisme autant que par superstition, ne jette jamais rien, les Français ne s'aperçoivent pas immédiatement des conséquences alimentaires de la défaite.

---

(1) « Très rapidement, note René Belin, ancien ministre du Travail, les Allemands admirent que les marchandises françaises franchissent la ligne dans le sens Sud-Nord. ... Par contre, ils interdisaient strictement tout passage de marchandises dans le sens Nord-Sud.

Par mesure de représailles, le gouvernement de Vichy décide de soumettre à autorisation préalable toute sortie de marchandises de la zone Sud. »

Juin est un mois abondant en désastres militaires sur les champs de bataille, en fruits dans les vergers.

Dans la *Petite Gironde* des 20, 21 et 23 juin 1940, d'incurables optimistes offrent ce qu'on leur arracherait à prix d'or quelques semaines plus tard.

A vendre huile de table 10 *litres. Café torréfié à partir de* 5 *K. Huilerie Roubaud fils, Marseille.*

A.V. beurre fermier frais extra 16 *f.* 50 *le k. Expédition par* 5 *et* 10 *K. et ttes quantités. Mme Coudray d'Hangest, Louvigné-du-Désert (I.-et-V.).*

Sucre synthétique disponible 500 *K. saccharine en cristaux sucrant* 450 *fois. G. Naeyaert, réfugié,* 5, *rue Leroy, Biarritz.*

Qui prête attention, dans cette abondance qui se prolonge, comme le dernier cercle d'un ricochet, aux premiers appels à la prudence ?

Pourtant, ici et là, dans les villes, l'exode, déjà, a provoqué la pénurie d'où naîtra le marché noir.

A Rouen, la viande et la farine manquent ; d'ailleurs, il n'y a plus d'électricité pour faire marcher moulins et frigorifiques. A Dunkerque, quelques jeunes de la J. O. C. vont ramasser le ravitaillement abandonné par les Anglais afin de le distribuer aux rescapés des bombardements. A Toulouse, dont la population a sans doute doublé sous la poussée des réfugiés, il n'y a plus de pommes de terre à la fin de juin 1940. Dans les casernes et les restaurants, on ne sert plus que des tomates. Le tabac a disparu et, en vingt-quatre heures, le prix du paquet de gauloises est passé de 3 à 80 francs...

★

Dans un pays sur lequel la guerre a passé comme un ouragan, où 80.000 paysans sont morts, où plus de 700.000 sont prisonniers, où l'administration est dispersée, les transports intérieurs bouleversés, les communications avec le monde extérieur interrompues, le ravitaillement de la population est fonction d'abord de la reprise des importations, ensuite du maintien et, si possible, de l'extension de la production agricole.

Le gouvernement court au plus pressé. Mais la reprise des relations avec l'Afrique suppose l'accord des Allemands comme des Anglais (1). Pour des belligérants qui

(1) L'armistice a suspendu tout le trafic maritime français. Pas un navire ne peut appareiller de nos ports méditerranéens sans l'accord préalable des commissions d'armistice.

se heurtent rudement sur mer et cherchent également à gagner la bataille du tonnage, on comprend que les 1.650.000 tonneaux qui restent à la flotte commerciale française constituent une proie tentante.

Il faut annuler ces appétits, sauver son bien, tenir ouvertes, malgré les croisières anglaises plus ou moins soupçonneuses, malgré les pressions allemandes plus ou moins fortes suivant le déroulement de la bataille, tenir ouvertes les lignes qui relient l'Afrique aux ports méditerranéens.

Car les ports de l'Atlantique, occupés par l'armée allemande, sont pratiquement fermés aux navires français. Au début de l'occupation, l'amiral Auphan a bien tenté d'envoyer sur Nantes et Bordeaux quelques navires chargés de vin et de bananes, mais un torpillage à l'ouest de Saint-Nazaire provoque l'arrêt presque immédiat de ce trafic dangereux et compromettant.

En novembre 1940, Bordeaux recevra sept navires morutiers dont la pêche importante (120.000 quintaux) alimentera, pendant de longs mois, un fructueux marché noir de la morue. En avril 1941, le *Notre-Dame-du-Châtelet*, le *Martin-Pêcheur*, l'*Izarra*, le *Bassilour*, le *Madiana*, le *Cancalais*, l'*Angelus* reprennent la mer. Mais ils ne reviendront pas au port. Le premier sera coulé par les Anglais, les autres capturés, et Bordeaux, comme tous les ports de l'Atlantique, ne connaîtra plus d'autres navires que les sous-marins et croiseurs allemands.

★

Puisque la Méditerranée est devenue une mer de remplacement, il faut multiplier les passages, élargir au maximum le gant que nos adversaires et nos alliés de la veille nous ont abandonné et qui n'est pas encore à notre pointure.

Au début, les Italiens n'autorisent que 16 passages par semaine entre Marseille et les ports d'Afrique du Nord, mais, bientôt, ce chiffre est porté à 70 et, finalement, jusqu'au débarquement anglo-américain en Afrique du Nord, la marine française transportera, d'une rive à l'autre de la Méditerranée, presque autant de marchandises qu'en temps de paix.

En Méditerranée, les incidents graves sont rares et les Anglais n'appliquent pas leur menace de blocus total des côtes françaises (1). Mais, dans l'Atlantique, il en va tout autrement.

L'humeur des Anglais est fonction de leurs succès, de leurs défaites, de leurs besoins en tonnage, des réactions françaises. La Royal Navy fait alterner sourires et coups de force. Elle arrête trois navires isolés sur la route de Dakar puis, lorsque l'Amirauté française décide d'organiser des convois protégés, d'Oran à Cotonou, cesse pendant quelques mois ses attaques, les reprend en janvier 1941 et capture un convoi entier, pille le trafic en provenance d'Indochine et de Madagascar, se casse les dents sur un petit convoi de quatre navires porteurs de riz, de laine et de rhum.

L'amiral Auphan calculera que 1.750 bâtiments de commerce français groupés en 540 convois ont ainsi, en vingt-six mois, pu franchir Gibraltar dans l'un ou l'autre sens.

★

La reprise des importations en provenance d'Afrique s'avère cependant bien insuffisante à combler le déficit alimentaire français.

Le gouvernement et les particuliers vont donc multiplier les initiatives destinées à augmenter la production.

Vichy ordonne la mise en culture (volontaire ou forcée) des terres abandonnées et particulièrement des grands espaces de Sologne et de Crau.

Les « jardins ouvriers » sont encouragés, dotés de subventions (2), de conseils, d'instruments. Sous la surveillance plus ou moins exacte de commissions de contrôle, on voit se grouper dans les établissements religieux, les

---

(1) Menaces dont le gouvernement de Vichy prit connaissance le 31 juillet 1940, lorsque M. Baudoin, ministre des Affaires Etrangères, vint informer ses collègues que l'Angleterre considérait désormais la France et l'Afrique du Nord comme territoires occupés par les Allemands.

Dans le secteur méditerranéen, les incidents avec les Anglais eurent surtout pour cause les transports de phosphates que nous opérions à moitié pour le compte de l'Axe.

« En vingt-sept mois de navigation, nous eûmes, en Méditerranée, 10 navires coulés et 3 avariés, savoir 4 sur mines italiennes, 2 par bombe allemande ou torpille de sous-marin allemand, 7 par bombes ou torpilles anglaises. » Amiral Auphan : *La Lutte pour la vie.*

(2) Une subvention forfaitaire de 150 francs pour tout jardin d'au moins 200 m² mis en exploitation dans une ville de plus de 2.000 habitants. Le *Journal Officiel* du 18 septembre 1940 publiait une loi relative à la mise en exploitation des terrains urbains inutilisables, terrains mis à la disposition des jardins ouvriers et des chefs de famille.

usines, les bureaux, tous ceux qui n'ont pas oublié leurs origines paysannes.

« L'Amicale des jardins des prévoyants de Lutèce » et les « Jardiniers de la Condamine » éclosent dans l'hiver 1940 et supputent déjà les récoltes printanières.

Financièrement et psychologiquement, le gouvernement encourage également le retour à la terre. Ces citadins que l'exode a souvent ramenés dans leur village natal, village parfois désert, pourquoi ne s'y fixeraient-ils pas ? On leur promet des concessions exemptes de fermage, des capitaux au taux de 1 %, un bon de transport gratuit pour eux, leur famille et leur mobilier, un petit pécule, l'aide de l'Etat pour la formation agricole de leurs enfants...

Les journaux chantent le courage et l'intelligence de ceux (ils sont 25.000 paraît-il) qui ont su revenir à la terre pour mieux manger sans doute, mais aussi pour faire revivre une parcelle de sol français (1).

Voici M. et Mme Bourguet qui, près d'Etampes, ont repris une ferme de 30 hectares en accord avec plusieurs de leurs amis du groupe parisien Saint-Louis.

Pierre Dubard interroge Mme Bourguet (2).

— Terminons par une confidence, une vraie. Si c'était à refaire, partiriez-vous ? Quitteriez-vous Paris ? Je vous pose la question, car je suis sûr de l'honnêteté de la réponse.

— Je ne sais si j'aurais le courage de recommencer. Nous avons été beaucoup aidés par la Providence. Nous avons eu énormément d'audace... Sans nous en rendre compte.

★

Afin de réduire le gaspillage (à une époque où le gaspillage administratif sera effréné), on mobilise les enfants des écoles pour la récolte des châtaignes et des glands. La lutte contre le doryphore est intensifiée. Le service civique rural organisé. Le remembrement favorisé.

Dans la volonté de ne laisser aucun lopin de terre inu-

---

(1) Car la propagande insiste sur la nécessité de délaisser les villes, où règne bien souvent le chômage, au profit de la campagne. Dans l'un de ses premiers appels (25 juin 1940), le maréchal Pétain déclare : « Un champ qui tombe en friche, c'est une portion de France qui meurt. Une jachère de nouveau emblavée, c'est une portion de France qui renaît. »

(2) *La Gerbe*, 9 janvier 1941. M. et Mme Bourguet avaient, d'ailleurs, commencé leur expérience avant le début de la guerre.

tilisé, on ira jusqu'à mettre en culture le jardin des Tuileries. Une fois mûres, les tomates, poussées à la place des fleurs, seront distribuées au Secours National.

Mesures spectaculaires à l'influence limitée.

De 1940 à 1944, les surfaces cultivées diminuent de 16 % pour le blé, de 22 % pour les betteraves sucrières, de 29 % pour l'avoine et l'orge. Elles n'augmentent sensiblement que pour les légumes frais et pour les cultures oléagineuses (colza, œillette, navette) où elles passeront de 9.000 hectares à 267.000.

Quant aux récoltes, comment ne diminueraient-elles pas dans un pays où les engrais font défaut ainsi que les machines neuves, l'essence, les semences sélectionnées et jusqu'aux fers à chevaux depuis que l'armée allemande s'est emparée des stocks de l'unique usine de Duclair (1).

Lorsqu'ils écrivent, les paysans énumèrent tout ce qui leur fait défaut. Voici une lettre en provenance de la Somme :

« *Si j'avais pu trouver un bon tracteur de* 35 *C.V. à huile lourde, au lieu d'un* 10/20 *Fordson et le carburant nécessaire, j'aurais pu semer* 40 *hectares en blé, au lieu de* 25 *et* 15 *hectares en seigle au lieu de* 3. *Pour l'avoine, la même chose ; les chevaux me manquent aussi. Je n'ai pu trouver aucun matériel roulant : chariot, tombereaux, déchaumeuse, pas d'engrais ou presque pas pour l'automne j'ai eu* 1.500 *kgs de super,* 400 *kgs de sulfate d'ammoniaque. Si vous croyez qu'avec ça je vais avoir une bonne récolte. Enfin, inutile de continuer. J'espère quand même arriver à mener le tout pour le mieux.* »

Faut-il s'étonner, dans ces conditions de pénurie généralisée, de voir la production se stabiliser difficilement pendant quatre ans à des chiffres éloignés de 25 % au moins de ceux d'avant-guerre (2) ?

Quand tout manque, quand les importations sont soumises à des conditions politiques qui en rendent la poursuite aléatoire, la France agricole ne dispose ni des hommes, ni des moyens techniques nécessaires à donner aux Français leur pain quotidien, le beurre pour l'accom-

---

(1) Les paysans français qui consommaient annuellement, avant la guerre, 181.000 tonnes d'azote, 323.000 tonnes de phosphate n'ont plus à leur disposition que 100.000 et 79.000 tonnes. Pour l'essence et le gas-oil, la consommation tombe de 300.000 m³ en 1939 à 145.000 m³ en 1941, 88.000 m³ en 1943, 52.000 m³ en 1944.

(2) 55 millions de quintaux de blé en 1942 contre 73 en 1940, 69 millions de quintaux de pommes de terre contre 103, 35 millions d'hectolitres de vin contre 49, etc...

pagner, la poule au pot dominicale, le litre de vin de chaque jour et les pommes de terre qui entourent le bifteck sur les tables familiales.

★

Les Français ne sont d'ailleurs pas les seuls consommateurs.

A côté d'eux, disposant de priorités indiscutables, de moyens d'achat puissants et d'un change scandaleusement favorable (1) : l'armée allemande. Non plus l'armée allemande de juin 1940, où des soldats de légende dévorent des omelettes de vingt-quatre œufs et meurent étouffés pour avoir mangé trop de pêches, non plus l'armée allemande de juin 1940, dont l'amour pour les fruits de nos vergers et les gâteaux de nos pâtisseries constitue comme un dérisoire hommage — un hommage tout de même — au traditionnel bonheur de vivre français.

Mais, très vite, une armée allemande organisée qui, dès le 25 août 1940, à Bordeaux, réquisitionne caoutchouc et savon, et, le 12 septembre, commande 20.000 caisses de Bénédictine dont 300 livrables immédiatement. Ses réquisitions et ses achats ont pour but, non seulement de nourrir les troupes campant sur le sol français, mais aussi les civils allemands et, plus tard, les soldats de l'Est.

Lorsqu'on effectuera le recensement des denrées emportées (achats amiables, prises de guerre, réquisitions), on arrivera, pour la période allant de juin 1940 à juin 1944, à 2.845.000 tonnes de blé (la moitié d'une récolte annuelle) et presque autant d'avoine, 845.000 tonnes de viande (soit plus que la consommation de 40 millions de Français pendant l'année 1941), 711.000 tonnes de pommes de terre, 220 millions d'œufs, 750.000 chevaux, etc...

Les représentants français à la Commission d'armistice de Wiesbaden ont beau attirer l'attention sur la disparité des rations françaises et des rations allemandes (2),

(1) A la suite d'une décision du commandement allemand, le mark vaut 20 francs, alors que sa valeur réelle ne dépasse pas 10 ou 12 francs.

(2) Voir notamment une lettre adressée le 19 février par M. de Boisanger à M. Hemmen. Le délégué français signale que « dans l'ignorance où l'on était des ressources exactes du pays, faute d'avoir pu encore en dresser l'inventaire, le Gouvernement français a fixé, en accord avec les autorités allemandes, un taux de rations inconditionnellement bas » ; il rappelle que les consommateurs allemands bénéficient de rations qui sont plus élevées (de 15 à 150 %), que les rations françaises et que les exportations en direction de l'Allemagne sont nombreuses : 1.400.000 quintaux de blé expédiés depuis les départements du Nord et du Pas-de-Calais, 5.000 têtes de bétail, soit une semaine de consommation pour la ville de Paris, etc...

réclamer l'arrêt des exportations hors de France de toutes les denrées alimentaires, solliciter une réduction des achats des troupes ainsi que des livraisons de compensation de pommes de terre et de sucre allemand, la plupart de ces réclamations restent sans effet. Elles provoquent même la colère du maréchal Gœring qui, le 6 août 1942, expose, devant les commissaires du Reich pour les territoires occupés, sa conception de la situation alimentaire en France.

La France ? Il en vient. Les paysans français ? Tous des paresseux. Les citadins ? Des gens *« qui s'empiffrent de nourriture, que c'en est une honte »*.

Le gros maréchal bien nourri tremble de colère et pointe un index accusateur.

— J'ai vu des villages où ils ont défilé avec leurs longs pains blancs sous le bras. Dans les petites villes, j'ai vu des oranges à pleins paniers, des dattes fraîches d'Afrique du Nord... Si une voiture allemande est aperçue devant un café ou un restaurant français, on prend aussitôt son numéro. Mais qu'une file de voitures françaises se trouve derrière et que ces voitures bouffent de l'essence, pas un chat ne s'en occupe. Je vais envoyer une quantité d'acheteurs en France qui auront tout loisir, d'ici Noël, d'acheter à peu près tout ce qu'ils trouveront dans les belles boutiques et les beaux magasins et, cela, je le ferai mettre en vitrine pour le peuple allemand dans les boutiques allemandes, et il pourra se le procurer (1).

★

Les acheteurs n'ont pas eu besoin des injonctions de Gœring pour se mettre à l'œuvre.

En dehors des achats officiels, payés sur les frais d'occupation et qui devraient, *en principe*, être effectués en présence d'un fonctionnaire français, admis à discuter les prix avec les fournisseurs, les Allemands multiplient les achats clandestins qui détraquent l'économie française.

Tous les grands organismes allemands civils et militaires ont, à Paris comme en province, bureaux d'achats et acheteurs qui se fournissent uniquement au marché noir. Les prix ne comptent pas pour ces intermédiaires, avides de faire fortune en quelques mois et à qui les complicités ne manquent pas.

La plupart ont déguisé leur nom. L'Espagnol Macias se

---

(1) Cité par *Les Cahiers d'Histoire de la Seconde Guerre*, tome IV.

fait appeler Jean Bell, Wirstch le Luxembourgeois, Dubois, et, sous le nom d'Otto, se cache le colonel Brandel.

Le Bureau Otto, créé en 1941 à Paris par le colonel Brandel, le major Perschel et le capitaine Radœcke, a bientôt à sa disposition, pour ses 200 employés, non seulement les bureaux de la rue Adolphe-Yvon, mais aussi les docks de Saint-Ouen où il entrepose les cuirs, ceux de Saint-Denis pour les métaux, de Nanterre pour l'outillage, ainsi que le fort de Satory pour les bicyclettes.

Car les Allemands ne s'intéressent pas au seul ravitaillement. D'octobre 1942 à juin 1943, pour faire cuire la viande, ils expédient, vers le Reich, 76 tonnes de poêles à frire ; pour se distraire après le repas, 10 tonnes de cartes à jouer ; pour cultiver la terre allemande, 76 tonnes de manches de pioche et 145 tonnes de chaussures suivies, comme il se doit, de 34 tonnes de cirage...

En quelques mois, les acheteurs réalisent de monstrueuses fortunes. Le réfugié russe Michel Szokolnikoff, principal fournisseur du bureau d'achats Reichfuhrung S. S., a encaissé plus de 2 milliards (1944) de profits. Sa maîtresse, l'Allemande Hélène Samson, commande chez les plus grands couturiers de la capitale cinquante robes par an, possède pour 100 millions (1944) de bijoux et trois puissantes voitures pour lesquelles les restrictions d'essence n'existent naturellement pas...

Lorsque les acheteurs allemands se jettent sur une marchandise (qu'il s'agisse du beurre ou de brouettes à destination de l'organisation Todt, de camions ou de bétonnières, de sucre ou de parfums), les prix sont comme frappés de folie. Les occupants sont-ils suffisamment pourvus, les prix se dégonflent.

C'est ce qui se produit le 15 avril 1943. Mais, cette fois, pour cause de fermeture définitive.

A midi, tous les bureaux allemands et officines clandestines ont fermé leurs caisses et mis fin à tous les marchés en cours. Le dollar-or, qui avait atteint 1.400 francs en novembre 1942, tombe à 710 francs le 16 avril 1943, et ce n'est là qu'une des conséquences de la fin — du moins sur une échelle géante — du marché noir allemand en France (1).

De la fin du marché noir, mais non, bien entendu, des prélèvements officiels et des achats de la troupe.

---

(1) Pour plus de précisions sur ce marché noir, cf. *Les Cahiers d'histoire de la seconde guerre mondiale*, qui, dans le tome IV, ont largement reproduit un rapport établi par l'administration du Contrôle Economique.

★

Puisque le ravitaillement n'arrive qu'avec parcimonie et que, sur les denrées coloniales, les Allemands prennent une part plus ou moins importante (1), puisque l'armée d'occupation campe et mange sur notre sol, puisque la production métropolitaine, loin d'augmenter, diminue notablement, il faut se rationner.

Cette solution, pénible aux Français, les Allemands l'imposent, la bataille à peine achevée, dans les villes qu'ils occupent.

L'annexe n° 2 des Instructions spéciales n° 6 du commandant en chef des forces allemandes en France fixe, le 24 juin 1940, les taux des rations alimentaires pour réfugiés. Ils auront droit à 530 grammes de viande par semaine, 2 kilos 400 de pain, 175 grammes de beurre, 100 grammes de confiture, 250 grammes de sucre, 62,5 grammes de fromage, 93 grammes de café.

Les occupants supervisent également les prix. Le 3 août 1940, sur les murs de Mézières et de Charleville, où un seul épicier est rentré depuis l'exode, paraissent des affiches blanches rédigées en français et en allemand. Signées conjointement de MM. Gamen, Bogaert, Magny « maires provisoires » de Mézières, Charleville et Mohon, du Dr Bridoux, « maire supérieur », et du « major und Kommandant » Paetcher, elles fixent de nombreux prix. Le beurre vaudra 15 francs la livre, le sucre 6,90 le kilo, les pommes de terre 3,50, le vin pesant neuf degrés 4 francs le litre, le savon noir 7 francs et le savon blanc 8 francs le kilo, etc...

A l'autre bout de la France, à Bordeaux, capitale provisoire d'un gouvernement qui va céder ses bureaux, ses fauteuils et ses lits à l'ennemi, les autorités françaises se sont préoccupées elles aussi du rationnement, mais en prenant encore des formes. L'été a été très beau, les vergers sont riches, et les nombreux réfugiés n'ont pas tout dévoré des réserves préparées pour les grandes vacances !

Le rapport, daté du 18 juin, sur lequel le Président de la République s'appuie pour créer un Commissariat Général au Ravitaillement, n'évoque que les désordres de l'exode et lorsque le maire de Bordeaux invite la population à se restreindre, il laisse les commerçants libres de refuser ou de livrer la marchandise.

---

(1) Notamment 25 % de l'huile des arachides transportées depuis Dakar dans l'automne 1940 (Cf. Auphan : *La Lutte pour la Vie*).

Cependant taxations, interdictions, restrictions vont aller s'amplifiant et créer dans le pays une psychose de hausse, un vertige de stockage.

On achète parce que, demain, tout sera plus cher, on achète parce que, demain, tout manquera.

En veut-on un seul exemple, choisi hors des produits de première nécessité ? La campagne de 1942 a donné lieu, pour les foies d'oie et de canard, dans le seul département des Landes, à la vente de 85 tonnes de foies, quantité qui correspond à 125.000 volailles d'un poids total de 1.000 tonnes. Or, la collecte des oies par le Ravitaillement général n'a rapporté que... 7 tonnes de volailles dans toute l'année !

Des législateurs, sans doute bien intentionnés, placent partout des barrières de papier qui n'arrêtent que les plus pauvres et les plus vieux des Français.

Les lois nouvelles, les inspecteurs et les policiers, loin de procurer par leur action quotidienne un peu plus de ravitaillement aux consommateurs, accélèrent la hausse des prix et la fuite des marchandises.

L'on estime ainsi qu'en 1943 les « consommateurs ordinaires » n'ont disposé que de 191.000 tonnes de viande sur un total de 1.150.000 tonnes abattues ! On pourrait citer mille autres exemples.

Pendant les quatre années d'occupation (cela continuera par la suite) la France va se trouver en pleine anarchie alimentaire. Les textes ne manquent pourtant pas qui prétendent organiser la misère et répartir les miettes. Mais ils n'allouent aux Français que des quantités dérisoires.

La ration officielle coûte bon marché, il est vrai, et l'on a calculé qu'il faut 5 fr. 78 en 1942 pour se procurer les denrées allouées chaque jour par le Ravitaillement général ; mais ces 5 ou 6 francs ne permettent de fournir à l'organisme que 1.200 calories quand 2.400 au moins sont nécessaires. Les calories manquantes coûtent trois, quatre, cinq fois plus cher que les calories officielles et l'argent ne suffit même pas à les obtenir.

A l'argent, il faut joindre la patience, l'entregent, la dialectique. Il faut pouvoir affronter le froid de l'hiver et la rigueur des queues dans l'obscurité, il faut posséder un réseau d'informateurs et d'amis, ne pas craindre les bousculades dans les trains qui reviennent de province, savoir se faire une âme tranquille à l'instant de franchir les barrages de l'octroi, se moquer des perquisitions, des amendes, des humiliations.

Pendant les premiers trimestres cependant, des millions

de Français honnêtes (beaucoup d'entre eux n'étaient pas pauvres) s'efforcèrent de vivre avec les seules denrées procurées par le Ravitaillement général.

Il fallut de longs mois avant que la fraude et le marché parallèle parussent excusables à toute cette partie de la population qui, par morale et entêtement patriotique, refusait d'abord de se ravitailler auprès des trafiquants.

Les lois qui ont la prétention de tout codifier, et qui vont en effet réglementer sous peu la vente des corsets, des cotillons, des escargots et du pain, les lois portent d'ailleurs en elles-mêmes leur principe de destruction.

La loi du 15 mars 1942, qui définit le marché noir, exclut en effet : « *les infractions qui ont été uniquement commises en vue de la satisfaction directe de besoins personnels ou familiaux* ».

Et l'Eglise, plus prompte encore à réagir, a, depuis décembre 1941, déclaré que « *ces modestes opérations extra-légales par lesquelles on se procure quelques suppléments jugés nécessaires se justifient tout à la fois par leur peu d'importance et par les nécessités de la vie* (1) ».

Par ces brèches obligatoires, ouvertes dans la muraille de Chine des interdictions et des restrictions, ce sont des millions de tonnes qui vont s'engouffrer.

★

Muraille de Chine, occupée par une armée de mandarins.

Dès septembre 1940, les services du Ravitaillement sont détachés du Secrétariat d'Etat à l'Agriculture et constituent un secrétariat d'Etat distinct qui, au fil des mois, deviendra un organisme monstrueux, régentant toute la vie du pays et dont l'activité, qui se manifeste en communiqués, assurant aux journaux une clientèle obligatoire, occupe la première place dans les soucis quotidiens des Français.

Son rôle est triple. Il doit réduire la consommation grâce à des interdictions de fabrication et de vente, ainsi qu'à l'établissement de rations, recenser les ressources et les rassembler par la création de groupements d'achat et de

(1) Instructions de Mgr Suhard, cardinal-archevêque de Paris, *Semaine Religieuse de Paris*, 13 décembre 1941.

On peut citer un autre exemple de la tolérance du marché noir par l'Etat. Le Comité d'organisation du Cuir décide de considérer toute peau apportée à une tannerie comme appartenant à une bête morte accidentellement ; jusque-là, les peaux des bêtes abattues clandestinement — c'étaient les plus nombreuses — étaient perdues pour tout le monde.

répartition, assurer la distribution et la répartition individuelle des produits collectés.

Tâche prodigieusement complexe dans un pays partiellement en état de rébellion morale et où tromper le Ravitaillement, c'est, à tort ou à raison, tromper d'abord l'occupant.

Le premier rôle du ministère du Ravitaillement est d'interdiction et de rationnement. La liste des denrées alimentaires rationnées s'allongera avec les mois. Après le pain, les pâtes alimentaires, le sucre (2 août 1940), c'est le tour (23 octobre 1940) du beurre, du fromage, de la viande, du café, de la charcuterie, des œufs, de l'huile, puis du chocolat, du poisson frais (juillet 1941), des légumes secs, de la triperie (octobre 1941), des pommes de terre, du lait, du vin et même, à certaines époques, des légumes frais.

Les rations diminuent d'année en année et les difficultés de production ou de transport entraînent souvent, en dehors de toutes dispositions légales, des restrictions supplémentaires.

Anodines, au début, les interdictions se précisent et se précipitent rapidement.

Qui se souviendra, en avril 1942, lorsque Max Bonnafous, préfet régional de Marseille, annonce que les Français sont menacés de six semaines sans pain, qui se souviendra de l'interdiction faite en 1940 aux boulangers de vendre du pain frais ?

De plus en plus rare, le pain devient également de plus en plus noir. En 1939, on obtenait la farine panifiable en retirant de 100 kilos de blé 75 kilos de farine. Le 25 novembre 1940, on en retire 82 kilos ; le 9 mars 1941, 85 kilos ; le 8 janvier 1942, 90 kilos ; le 1er avril 1942, 98 kilos ! Un triste record.

Ce pain si mesuré, ce pain qu'on ne trempe plus jamais dans la sauce, les soldats allemands en distribuent gracieusement les miettes aux cygnes, dans les jardins publics où il reste encore des cygnes (1).

La pâtisserie est, également, soumise à réglementation sévère. La farine de blé en est bientôt chassée pour faire place à la farine de sarrazin, de châtaignes ou de tourteaux.

La charité elle-même n'est pas toujours une excuse à faire « bonne chère ».

En mars 1943, plusieurs préfets écrivent aux responsables

(1) Journal de M. B... à la date du 14 juin 1941. L'épisode rapporté se passe au Jardin Public de Bordeaux.

de la Légion et d'autres organisations pour leur rappeler les instructions du président Laval suivant lesquelles « *les galas, fêtes de bienfaisance, ventes de charité ne pourront comporter ni buffet, ni déjeuner, ni dîner ou souper, ni ventes aux enchères de denrées alimentaires (rationnées ou non) sous quelque forme que ce soit* ».

Finies donc (en principe tout au moins) ces pieuses ventes aux enchères, organisées souvent au profit des prisonniers, où un lapin de garenne atteint 600 francs, un perdreau 1.650 (Brive, 16 octobre 1941), un lièvre 3.020 francs, 2 palombes 270 francs, 2 écureuils 110 francs (Pau, 21 octobre 1941).

★

On institue, pour commencer, des jours sans viande : les mercredi, jeudi et vendredi, mais c'est le 25 novembre 1940 que les boucheries bordelaises affichent, pour la première fois, le fatidique « Fermé faute de viande ». Bientôt, il faut s'inscrire chez un boucher, ce qui a pour but de décourager les clients qui battent la ville et vont de boutique en boutique. Un jour, on sert 25 personnes, un autre jour 50... En octobre 1941, le Parisien qui consommait quotidiennement 111 grammes de viande en 1939 en reçoit officiellement 28 grammes. Le chiffre tombe à 20 grammes pour janvier 1942.

Peu de pain, pas de viande, et lorsque les fruits sont abondants peu de sucre. Dès le mois de juillet 1940, les consommateurs sont avertis qu'il leur faut renoncer aux confitures familiales.

La confiserie est interdite, mais les mères de famille qui mettent au monde des jumeaux ont cependant droit à 2 kilos de dragées !

Les bonbons au chocolat font également défaut. Et pour les fêtes de Noël 1940, quelques confiseurs mettent en vente, à 70 francs la livre, des bonbons que l'on payait 22 francs l'année précédente et qui étaient, certes, de meilleure qualité.

La réglementation des restaurants est d'une complication qui serait décourageante... si elle était observée.

Classés en quatre catégories : A de 35 fr. 10 à 50 francs ; B de 25 fr. 10 à 35 francs ; C de 18 fr. 10 à 25 francs ; D égal ou inférieur à 18 francs (1), ils doivent afficher à

---

(1) Arrêté ministériel publié le 7 mai 1941. Ces textes seront modifiés à plusieurs reprises, notamment le 1er octobre 1943. Le principe des

partir de 10 heures, non seulement le menu, mais aussi la valeur des tickets à remettre par le client.

Pour la composition des menus (tout service à la carte étant interdit), quatre formules sont admises entre lesquelles le consommateur a le choix. La nature des hors-d'œuvre, qui doivent obligatoirement être servis froids, est déterminée : pas de poissons, pas de salades contenant des œufs. Ni beurre, ni sucre à la disposition des clients. 20 centilitres de vin seulement à chaque repas.

Enfin, le restaurateur n'a même pas le droit de tenter un éventuel client. Tous les fruits et plats doivent être rigoureusement invisibles de l'extérieur.

Les restaurateurs qui enfreindraient ces règles (et bien d'autres encore), qui n'afficheraient pas le menu à l'heure, s'abstiendraient de découper les tickets convenables, les consommateurs qui mangeraient du cheval le jeudi, du poisson le samedi, du pain trop tendre ou trop blanc, qui boiraient du café ou de l'alcool après 15 heures sont passibles de peines qui vont de six jours à deux mois de prison, de 16 francs à 2.000 francs d'amende.

Epargnant les plus fortunés des consommateurs, ceux que n'arrêtent ni les prix, ni les suppléments (50 % pour le caviar, les marennes, le gibier), la répression touche rudement les humbles : petits cultivateurs, ouvriers, petits fonctionnaires, employés pris au hasard d'un contrôle économique.

A toutes ces difficultés, s'ajoutent bientôt les difficultés de chauffage. Dès le mois d'octobre 1940, il est « conseillé » aux usagers de réduire de 30 % leur consommation de gaz ; quant au charbon, on leur rappelle qu'avant la guerre nous importions d'énormes quantités d'Allemagne. Des « conseils », on passe très vite aux restrictions imposées. Le gaz n'est plus qu'une flamme vacillante et pauvre, chichement mesurée, lorsqu'elle n'est pas simplement supprimée.

Alors c'est le triomphe de la marmite norvégienne construite par les bricoleurs de la famille à l'aide d'une caisse et à grand renfort de couvertures. Là mijotent, une journée entière, les rutabagas nauséabonds de la dernière répartition !

---

quatre catégories est toujours maintenu, mais alors qu'en mai 1941 le législateur avait mentionné qu'aucun restaurant ne servant des repas de plus de 50 francs ne serait autorisé, on voit apparaître une catégorie exceptionnelle dont les prix vont de 50 à 100 francs par repas.

★

Grand maître du ravitaillement, le gouvernement remplace peu à peu, ou contrôle étroitement, les professionnels qui, avant la guerre, rassemblaient, expédiaient, répartissaient, distribuaient.

On voit naître partout, et pour tout, des groupements d'achat, d'importation, de répartition. Pour empêcher l'accaparement et le détournement des denrées, on s'efforce de « suivre à la trace » chaque produit. La circulation du ravitaillement est interdite sans autorisation et sans carte d'expéditeur. Le gouvernement tente de lutter ainsi contre le marché noir, mais il n'évite ni l'anarchie, ni la paralysie, ni le gaspillage, si bien que l'on se demande si le remède n'est pas, à la fin, pire que mal.

Anarchie. Incohérence et lenteurs. En août 1941, Nouzonville (Ardennes) où vivent 3.000 personnes reçoit exactement le même nombre de casiers de vin (40) que Neufmanil : 700 habitants.

Les 135.000 habitants du Havre n'ont à se partager, en janvier 1941, que 279 bœufs, 23 veaux, 3 moutons, 91 porcs, tandis que les Rouennais disposent, pour une population moins nombreuse, de 555 bœufs, 302 veaux et 365 porcs ! Dans le Nord, les légumes font défaut, alors que la production s'avère de cinq à six fois supérieure à la consommation.

Toutes ces complications paperassières, ces lenteurs, ces malveillances, ces preuves de mauvais vouloir, l'inadaptation aussi de fonctionnaires provisoirement détachés aux services du Ravitaillement (ceux de la ville du Havre passent de 50 employés au 1er janvier 1941 à 140 au 16 février 1943), l'établissement de véritables barrières policières et douanières à l'intérieur du pays et non plus seulement de zone à zone, mais de département à département, ont pour conséquence d'allonger sérieusement les distances et délais qui séparent le ravitaillement du consommateur.

La taxation favorise d'ailleurs, bien souvent, la culture d'aliments pauvres. C'est ainsi qu'au printemps 1942, un hectare planté en rutabagas rapporte deux fois plus qu'un hectare planté en pommes de terre. Erreur tardivement redressée, mais on continuera à vendre au poids, c'est-à-dire à favoriser l'écoulement des produits de seconde ou troisième qualité : haricots géants, lentilles non triées, carottes avec leurs fanes.

La même administration, qui organise, en dix articles, le jour où les Allemands envahissent la zone libre, le marché des escargots « bouchés » et celui des escargots « coureurs » (1), bloque le beurre jusqu'au moment où il faut, soit le jeter, soit le livrer aux fabricants de savon et réduit de moitié, sans motif, le nombre des cartes de lait attribuées aux nourrissons.

★

Les possesseurs de cartes d'alimentation, 40 millions de Français dont le plus connu, le maréchal Philippe Pétain a la carte n° 50.084 T, doivent tenir une très sérieuse comptabilité.

Entre le moment de la distribution des cartes, de l'inscription pour une denrée et celui de la distribution, il s'écoule souvent des semaines, parfois des mois.

Le rhum pour lequel les consommateurs se sont inscrits en décembre 1941 ne leur sera distribué qu'au mois de mars 1942.

D'inexplicables mutations se produisent. L'inscription d'oranges, prise à Paris en novembre 1942, donne lieu à une vente de figues le 15 janvier 1943 contre le ticket DM de novembre !

Il faut donc veiller attentivement à ne pas égarer ces légers tickets de couleur qui, même inutilisés (mais non détachés par d'autres ciseaux que ceux de l'épicier) peuvent, un jour, se voir dotés de quelque valeur par un Ravitaillement soudain généreux.

La perte des tickets représente, dans les foyers modestes, un véritable drame, et l'on imagine sans peine le désespoir de cette Parisienne, Mme Videux, qui, ayant déposé ses cartes d'alimentation près de son lapin domestique, arriva trop tard pour les disputer au rongeur !

★

Dans un très gros portefeuille, la mère de famille range donc, côte à côte, les cartes de vêtements et d'articles textiles, les cartes d'alimentation, les cartes de tabac, de jardinage, de vin, les bons d'achat pour une veste de travail ou une culotte de bain, les coupons permettant l'acquisition d'une paire de chaussures et de produits détersifs, les tickets pour les articles de ménage en fer et les articles d'écolier, etc., etc...

Il faut se tenir au courant des « déblocages » annoncés par la presse ou l'épicier, tenir à jour ses inscriptions,

(1) *Journal Officiel* du 11 novembre 1942.

deviner l'heure à laquelle commencera la queue favorable, surveiller le compteur à gaz et le compteur d'électricité, marchander une fausse carte de pain moins chère qu'une vraie, mais plus difficile à « faire passer ».

Imprimées au *Moniteur,* le journal de Laval, distribuées par les mairies, soumises, lors des demandes de renouvellement, à des formalités qui ont pour but de réprimer les fraudes, mais sont sans grande efficacité (1), les cartes de ravitaillement classent les Français en huit catégories.

Désormais, on n'est plus bourgeois ou prolétaire, mais A ou T.

L'adolescence, cet anonymat aux frontières troubles, se voit arbitrairement découpée et le législateur, aidé par la longueur des restrictions, fera passer le mot J 3 du langage administratif à celui du théâtre et du cinéma.

Voici quelles sont les catégories de rationnaires :

E : Enfants âgés de moins de 3 ans.

J1 : Enfants âgés de 3 à 6 ans.

J2 : Enfants âgés de 6 à 13 ans.

J3 : Adolescents de 13 à 21 ans.

A : Consommateurs de 21 à 70 ans, ne se livrant pas à des travaux donnant droit aux catégories T ou C.

T : Travailleurs de force (de 21 à 70 ans). La carte T donne droit à des suppléments de pain, de viande, de vin, etc., etc... Objet, à ce titre, de bien des convoitises, elle est attribuée suivant des règles parfois incompréhensibles. Y ont droit ceux qui fabriquent des billards ou des armures de théâtre, mais non les fabricants de parapluies ; ceux qui travaillent dans une usine de conserves de poisson, mais non ceux qui sont employés par une usine de conserves de légumes ; ceux qui confectionnent des yeux de poupées, mais non les horlogers !

C : Consommateurs de plus de 21 ans se livrant à des travaux agricoles.

V : Consommateurs de plus de 70 ans.

On a tenté (2) d'établir des comparaisons entre la valeur calorifique des rations reçues par les différentes catégories de rationnaires et leurs besoins énergétiques. C'est une tâche presque impossible.

---

(1) Notamment lors du renouvellement général qui eut lieu entre le 15 et le 30 juin 1941.

(2) Lucie Randoin et J. Maillard : *Bulletin de la Société scientifique d'hygiène alimentaire* (1947).

Il n'existe, en effet, que des cas d'espèce.

Peut-on comparer le ravitaillement officiel à Mont-de-Marsan, à Rennes, à Montpellier et à Paris ?

Peut-on ne pas tenir compte des saisons, des années, des conditions géographiques différentes ?

Pour avoir une idée non seulement de ce que les Français reçoivent, mais surtout de ce qui leur manque et des denrées qu'ils devront donc se procurer au moins partiellement au marché noir, il faut se contenter de chiffres très généraux.

Que mangeait chaque mois, en 1939, le Parisien moyen, non pas le travailleur de force mais l'employé de banque, le fonctionnaire, l'artisan, le commerçant, celui qui fera partie, quelques mois plus tard, de l'immense armée des A ?

13 kilos 500 de pain : il en touchera 8 kilos 525 en janvier 1942.

15 kilos de pommes de terre : on lui en distribuera 2 kilos.

3 kilos 500 de viande : il en aura officiellement 620 grammes.

Il buvait 12 litres de vin : on ne lui en accordera plus que 4 litres et demi (1).

Il faut donc, pour survivre, se procurer une partie de la différence. A des prix défiant toute concurrence.

Calculant le prix de revient d'un panier de provisions (un grand panier) qui contiendrait la consommation annuelle approximative d'une famille de quatre personnes (2) avant la guerre, l'Institut National des Statistiques a estimé qu'en 1939 ce panier coûtait 3.070 francs environ. En 1942, le même panier était estimé 6.421 francs aux prix taxés (soit une hausse de 109 %) et 12.076 francs aux prix réels (292 % de hausse) (3).

★

Pour contrarier quelque peu l'effet de ces hausses, le gouvernement s'efforce de favoriser les familles nombreuses, ainsi que les catégories sociales financièrement les plus démunies.

---

(1) Comparaisons établies pour un mois de 1939, octobre 1941 et janvier 1942 par Mandelstamm et Paulette et Louis Baudin.

(2) Soit beurre : 25 kilos ; œufs : 40 douzaines ; pommes de terre : 325 kilos ; haricots : 20 kilos ; porc : 45 kilos ; poulets : 15 kilos ; lapins : 25 kilos.

(3) En 1943, respectivement 7.916 fr. 50 et 18.604.

Il institue (1) la carte nationale de priorité accordée aux mères de famille ayant au moins 4 enfants de moins de 16 ans (ou 3 de moins de 14 ans, ou 2 de moins de 4 ans), aux femmes enceintes et aux mères allaitant un enfant.

Ces cartes permettent d'échapper (parfois non sans querelles et incidents) aux queues qui rassemblent des centaines de personnes devant la boutique — souvent close — du boucher, de l'épicier, du charcutier.

Elles ont pourtant été interdites, ces files d'attente (à Lyon d'abord, puis à Paris le 1er juillet 1941) ; on croit les éviter en multipliant les inscriptions, mais elles se reforment chaque fois que la plus petite denrée en vente libre apparaît dans un quartier.

Faire la queue est devenu une sujétion, un divertissement, un métier. Le 27 septembre 1940, la police parisienne doit séparer Suzanne V... et Germaine M... Devant une boutique de la rue Lafayette, Suzanne et Germaine ont en effet roulé à terre et continuent, sous les rires de la foule, d'échanger horions et insultes. Suzanne, qui gagnait de 4 à 5 francs par heure en faisant la queue pour le compte de personnes peu soucieuses d'attendre, n'a pu admettre la concurrence illicite de Germaine qui vend ses services deux fois moins cher...

Il y a la queue à relais faite par les membres d'une même famille qui se succèdent d'heure en heure le long du trottoir. La queue à surprise qui consiste à attendre la voiture de l'épicier sans savoir ce que la voiture apportera. Et parfois, elle est vide...

Les mères de famille nombreuse échappent du moins à cette astreignante discipline où les bavardages, la lecture et le tricot ne font oublier ni le froid, ni la pluie...

A mi-chemin entre la solidarité et la charité, il existe enfin de nombreuses initiatives nationales ou municipales. C'est ainsi qu'en 1941, à l'occasion de la fête des Mères, la ville de Pau offre à chaque famille comprenant quatre enfants de moins de 16 ans « la poule au pot d'Henri IV ». 198 poules, 1 coq et 1 dindon furent sacrifiés !

Dans toute la France, le Secours national rassemble argent et vivres au cours de collectes d'hiver où les générosités se manifestent en grand nombre.

Au terme de la campagne 1941-1942, les habitants du petit village d'Arette, dans les Basses-Pyrénées, ont versé 5.871 fr. 50, ainsi que plusieurs tonnes de denrées ali-

(1) Loi du 18 juin 1941.

mentaires, dont 218 kilos de maïs, 89 kilos de haricots, 116 kilos de châtaignes, 129 kilos de pommes de terre.

Les paysans proches du Havre acceptent de vendre, au prix de la taxe, un millier de poulets et de lapins aux familles sinistrées.

Dans l'Isère, des communes cultivent le « champ du pauvre », tandis que les curés du Tarn recueillent en une semaine 117.000 œufs.

Le clergé prend souvent la tête d'initiatives charitables. A Lille, le chanoine Detrez s'occupe de l'Entr'aide Française et des Soupes Populaires, grâce auxquelles 867.000 repas sont distribués dans les neuf premiers mois de 1941. Il lui faut, chaque semaine, 3.200 kilos de pois cassés, 2.400 de pâtes, 800 de matières grasses, 8.000 kilos de confitures et des quantités énormes de pommes de terre.

Pour trouver la soupe quotidienne des 24.000 Lillois : chômeurs, vieillards, enfants, femmes de prisonniers, qui lui font confiance, le chanoine Detrez n'hésite pas à solliciter les paysans.

Le voilà devant eux, le 1er décembre 1940, après la sortie de la messe, dans le village de Steenwerck.

Le cabaret où le chanoine Detrez parle est envahi de fumée. Attentifs, les hommes, qui se sont réunis pour la fête corporative de la Saint-Eloi, l'écoutent évoquer, en débutant, des jacqueries possibles. S'ils ne peuvent pas prévoir ces petits écriteaux « ferme à brûler » que l'on posera un jour ici et là, ces raids d'ouvriers mécontents, ils savent bien que les citadins menacent parfois.

Le chanoine Detrez parle de tous ceux à qui il donne à manger.

— 12.000 enfants fréquentent nos cantines scolaires, 5.000 adultes nos restaurants populaires ; nos soupes quotidiennes sont attendues par 24.000 personnes. Tous ces gens, ce n'est pas avec de l'eau claire que nous pouvons les alimenter. Il nous faut 1.000 tonnes de pommes de terre, 500 tonnes de haricots et de petits pois.

« Cette nourriture, je viens vous la demander, mais nous ne sommes pas des mendiants ; nous sommes des acheteurs décidés à vous offrir le juste prix. »

Le chanoine Detrez a vite convaincu son auditoire. Les paysans qui sont là acceptent de renoncer à tout bénéfice irrégulier ; sur la feuille de papier qui circule, ils s'inscrivent pour 100, 200, 1.000 kilos de pommes de terre qui seront entreposées dans la crypte de l'église de Steenwerck, ou bien encore dans celle (très vaste) de l'église Saint-Pierre-Saint-Paul de Lille.

★

Ces initiatives contribuent quelque peu à dissiper le malaise qui règne entre ville et campagne.

L'une est tributaire de l'autre. Mais si bien des paysans, bénéficiant tout à coup des avantages d'un métier qu'ils rêvaient d'abandonner, profitent de la situation pour s'enrichir brutalement, beaucoup se souviennent aussi des cousins ou des neveux citadins, de ceux qui ont abandonné un jour la Vendée ou les Landes pour le métro, la petite maison auvergnate pour la loge de concierge (1).

A l'intention de ceux que l'on jalousait hier et qui mendient aujourd'hui, les paysans confectionnent donc des « colis familiaux », gratuits ou payants, mais officiellement admis par le Ravitaillement qui, sur le papier du moins, en réglemente sévèrement le contenu.

Car, très rapidement, la décision gouvernementale, en date du 25 août 1941, est détournée de son but. De véritables agences commerciales se constituent un peu partout. De braves paysans se retrouvent parents de citadins hier totalement inconnus. Les colis familiaux ne sont plus que l'antichambre du marché noir et l'on estime à 300.000 le nombre des Parisiens qui en auront été, quotidiennement, les bénéficiaires.

Aussi, le 13 octobre 1941, le gouvernement réglemente-t-il le poids (pas plus de 50 kilos) et la composition de ces colis qui ne devront comporter ni farine, ni pommes de terre, ni légumes secs, ni matières grasses. Sont autorisés les fruits frais, les légumes, le poisson, le gibier (5 kilos), les poulets ou lapins (3 kilos), les œufs à concurrence de deux douzaines.

Entre le ravitaillement officiel, trop réduit, et le marché noir, trop cher, les colis familiaux constituent donc un appoint précieux.

Est-ce suffisant pour apaiser la grande faim des Français ? Certes non. Aussi, chaque catégorie sociale fait-elle effort pour créer sa coopérative (il y en aura 3.168 en 1942 groupant 2.197.852 sociétaires), sa cantine d'usine ou d'atelier.

On distribue des repas chauds et des biscuits vitaminés dans les écoles.

---

(1) Jean Guéhenno note à la date du 3 janvier 1941 : « La vie à Paris devient très difficile. Nous avons des tickets mais ils ne permettent plus de rien obtenir. Les boutiques sont vides. A la maison, nous n'avons vécu depuis quinze jours que des envois d'amis et de cousins bretons. »

Lys Gauty, Charpini, Rouché, directeur de l'Opéra, inaugurent le 7 octobre 1941, boulevard Saint-Germain, le restaurant d'entraide des étudiants où, pour 8 francs, 300 repas sont servis chaque jour.

Ceux qui disposent d'un revenu de moins de 6.000 francs pour 4 personnes à charge peuvent prendre leurs repas dans les « Rescos » (restaurants communautaires), où les prix : 8, 10, 12, 14, 16 et 18 francs, depuis l'arrêté du 10 mars 1944, sont fixés suivant les ressources des bénéficiaires. Le repas, identique quel que soit le prix, comprend obligatoirement un potage (ou hors-d'œuvre), un plat garni, un légume, un fromage et 20 centilitres de vin. Les « Rescos » mettent également en vente, par l'intermédiaire des charcutiers et crémiers, des plats cuisinés dont les prix vont de 4 fr. 50 à 8 fr. 50.

Il y a, à Paris, des cantines pour juifs (rue Richer, rue Vieille-du-Temple, rue Elzévir, rue Béranger) où de vieilles gens viennent quêter un bol de soupe en attendant qu'on les prenne aisément au piège.

Il existe, en zone libre, des restaurants légionnaires qui doivent, d'après le journal *La Légion*, « *être parrainés par une zone bien définie où des camarades paysans légionnaires, ayant satisfait à la réquisition, mettraient à la disposition du restaurant les produits non encore contingentés qu'ils ont encore en réserve.* » Restaurants où l'on trouve non seulement des plats à emporter (6 francs) et des repas (9 francs), mais aussi les publications de la *Légion* (1).

Les administrations et ministères « s'organisent ».

Le directeur parisien des services de la Marine marchande sollicite, le 18 septembre 1941, l'administrateur de l'Inscription maritime de La Rochelle et lui demande de faire envoyer du poisson frais chaque semaine au groupement du personnel des services de la Marine marchande, 3, place Fontenoy. Deux colis de 150 kilos devront donc être expédiés hebdomadairement « *suffisamment à temps pour que le premier envoi parvienne dans la journée du mardi et le second dans celle du jeudi* ».

Trente-trois personnes se partageront ces 300 kilos ! Pour ces Parisiens privilégiés, le poisson de La Rochelle constituera un appoint alimentaire sérieux mais aussi, et surtout, une précieuse monnaie d'échange. Car les Français, se souvenant du temps où leurs ancêtres, au Canada ou en

(1) En mars 1943, à Lyon, R. Lachal a inauguré cinq nouveaux restaurants légionnaires pouvant servir 10.000 repas. Ces restaurants « sont ouverts à tous les Français inscrits ou non à la Légion, avec priorité pour les Légionnaires en cas d'affluence ».

Afrique, donnaient poudre et colliers de verre lorsqu'ils recevaient des peaux et de l'or, ont redécouvert le troc. « Donne-moi de quoi que t'as, je te donnerai de quoi que j'ai... » Le troc, aux lois mouvantes, naît avec les premières restrictions. Un chroniqueur de la *Petite Gironde* en révèle les mystères à ses lecteurs, le 26 septembre 1940 :

Ma voisine, de retour de son voyage stratégique en Dordogne, a retiré 20 litres d'essence de sa voiture, vouée désormais au repos. 20 litres d'essence, c'est, pour l'instant, une valeur-or, une petite fortune !

— Il est naturellement facile de trouver un acquéreur.

— Vendre de l'essence, vous plaisantez, c'est une monnaie d'échange trop précieuse, j'aurai, en la divisant en plusieurs lots, des pâtes, du beurre et ces merveilleuses denrées que sont le café et le sel !

— Dans ces négociations ténébreuses, il doit y avoir, pensez-vous, quelque cours réglant les échanges ?

— Détrompez-vous. Les cours s'établissent suivant la rareté momentanée des denrées en cause.

Cependant, les statisticiens essaient de saisir sur le vif, et de fixer pour la postérité, le cours de ces échanges.

Ils établissent qu'en août 1944, on donne, à Paris, deux kilos de tickets de pain pour un litre de vin ; ils ont entendu parler de ce négociant en vins de Sète qui expédie des fûts à Pau et les récupère lestés de jambon, de lard, d'avoine, de pommes de terre ; ils relèvent dans le journal de l'Indre *Le Département* cette annonce significative (17 août 1944) : *Echangerais belles oies contre poste T. S. F. avec ondes courtes. A. Dubois,* 19, *route de Bossay, Preuilly-sur-Claise* (*I.-et-L.*) ; ils savent que, dans le Puy-de-Dôme, on obtient un kilo de beurre avec deux kilos de sucre ou quatre paquets de cigarettes, un porc avec un costume, que l'on paie le menuisier, le maréchal-ferrant en lait, beurre, œufs, lapins.

Mais, un jour ou l'autre, les ressources officielles, comme celles du troc, ne suffisent plus et les Français, tous les Français, riches ou pauvres, font connaissance avec le « marché noir ».

CHAPITRE VI

LE CRÉMIER-ROI

Le *Petit Larousse* donne, pour la première fois, dans son édition de 1942, une définition du marché noir.

« *Marché noir : marché clandestin où les objets sont vendus à un prix supérieur à la taxe.* » C'est la consécration d'un mot qui fait fortune et fera la fortune d'un monde de grands et de petits trafiquants.

La chose, pourtant, n'est pas nouvelle. Le marché noir fait son apparition chaque fois qu'il y a pénurie. On lit ainsi, dans la Bible, qu'au cours d'une grande famine à Samarie, une tête d'âne se vendait 80 sicles d'argent (soit 240 francs 1941) et les pois chiches 5 sicles d'argent le kilo (15 francs 1941).

Et quelques petits vers écrits sous le Directoire dépeignent, sans qu'il soit besoin d'en changer un mot, l'atmosphère des années 40-44 :

La fureur de l'agiotage
A métamorphosé les gens
Le cordonnier vend des rubans
Et la coiffeuse du fromage.

Partout l'agioteur s'exerce
Pour tromper à bon escient
Enfin tout le monde commerce...
Excepté le négociant...

Qui fait du marché noir ?

Peu ou prou, tout le monde. Celui qui vend comme celui qui achète au-dessus de la taxe.

Dans un pays dominé par la faim, et où ceux qui ont assez à manger manquent d'essence ou de chaussures, dans un pays où la taxe, fixée trop bas, prive les marchés de ravitaillement, où tout est rationné, le marché noir est l'affaire de la mère de famille, du lycéen, du militaire, du postier, du pharmacien, du pêcheur, du paysan, de l'épicier bien sûr, bref de M. Tout le Monde.

Il est impossible de donner une « physionomie générale » du marché noir. Il a pour double caractéristique d'être (relativement) clandestin et de varier de nature avec les régions, et même à l'intérieur d'une région, suivant les villes, les villages, les quartiers et les rues.

*

Pour qui veut trafiquer, il est essentiel, non seulement de se procurer la marchandise, mais aussi de la transporter et de la cacher de telle façon qu'elle parvienne entre les mains de la clientèle et non entre celles des agents du ravitaillement.

D'où mille ruses, un combat perpétuel contre les policiers et les agents du contrôle économique. Comme le ravitaillement ne peut venir que de la campagne et que les routes sont vides d'autos, il suffit donc, en principe, de surveiller trains et gares pour saisir des montagnes de vivres ?

C'est vrai et c'est faux. On ne peut arrêter tous les voyageurs, inspecter toutes les valises, sonder tous les colis, interroger ces galants soldats allemands à qui des voyageuses ont confié leurs trop lourds bagages...

A-t-on le temps de « passer au crible » un train et ses occupants, on va de surprise en surprise.

Passe pour les 53 kilos de beurre et les sept litres d'alcool découverts sous le charbon dans un train qui, en août 1941, se rend en Belgique, mais que dire de ce train de la ligne Clermont-Nîmes dont les passagers transportent 2.500 kilos de lentilles par quantités inférieures à cinq kilos ?... On imagine, en gare de Langeac, 600 ou 700 personnes, vidant de leurs sacs à provisions, de leurs valises (sur des tables ? sur le quai ?) qui trois kilos, qui quatre kilos de lentilles !...

Que dire de ces véritables convois de fraudeurs qui, dans les trains se rendant en Belgique, transportent, par quantités inférieures à 50 kilos, plus d'une tonne de blé ? (1).

(1) Entre la France et la Belgique, il existe de grandes différences de prix qui favorisent le trafic.

C'est ainsi que le beurre acheté 60 francs le kilo en France (août 1941) est revendu 160 francs en Belgique. Par contre, le tabac valait bien moins cher en Belgique qu'en France et il servait souvent de monnaie d'échange.

Que dire de ces wagons aux compartiments truqués grâce à des doubles cloisons et qu'il faudra retirer de la circulation ?

Il y a plus fort encore, car si les routes sont vides d'autos, elles sont envahies de bicyclettes en plus ou moins bon état, bicyclettes dont le chiffre officiel passe de 8.320.042 en 1939 à 10.711.808 en 1942. En août 1941, une centaine de cyclistes, hommes et femmes, arrivent vers minuit à Roubaix et s'arrêtent dans un café du boulevard de Colmar.

Ils en repartent une heure plus tard et foncent, comme un peloton du Tour de France cycliste, en direction de la Belgique. Les douaniers bondissent dans leur sillage, mais ils sont trop peu nombreux et ne réussissent qu'à saisir quelques-uns des contrebandiers. Les captifs parlent et révèlent que la bande transportait 4.000 kilos de blé !

Que dire de ces astucieux trafiquants qui cachent 38 kilos de sucre et 40 pains d'épice dans un piano à queue (c'est avenue de Clichy) ; 20 morceaux de viande, déjà étiquetés, 6 jambons, 11 litres de genièvre et 7 litres d'eau-de-vie dans leur lit (c'est à Villers-du-Bois, dans le Pas-de-Calais) ; des pâtes alimentaires, de la viande et de la charcuterie dans un caveau vide du cimetière (c'est à Saint-Germain-en-Laye) ; un petit veau (c'est à Béthune), dans une voiture d'enfant, où le bébé voisine d'ailleurs avec l'animal ; 10.000 kilos de viande dans les écuries de Maisons-Laffitte !

Que dire de ce garagiste de Douai qui, pour vendre du porc, emploie le vocabulaire de son ancienne profession ? Vient-on lui demander une livre de pont arrière, il découpe du jambon, du lubrifiant, il sert de la graisse, des pots d'échappement, il va quérir des tripes.

L'ingéniosité du peuple français trouve quotidiennement à s'exercer dans cette lutte contre la police. Pour une ruse découverte, combien passent inaperçues !

Au début de février 1942, les contrôleurs économiques interpellent une voyageuse, en gare de Lyon.

— Qu'avez-vous à déclarer ?

— Rien.

— Et ça ?

— Ça, c'est Médor.

Un Médor trop sage. Le gabelou pousse plus avant et découvre que Médor est en peluche et qu'il cache dans son ventre deux kilos de beurre et une bouteille de cognac.

Ailleurs (gare Montparnasse), un contrôleur plonge un

poinçon dans le sac d'une jeune femme dont le train vient d'arriver en gare. Le poinçon est un admirable détecteur de matières grasses. L'arme cette fois revient grasse, non de beurre... mais de sang. Dans le sac, un Médor bien en chair agonise et la voyageuse parle de porter plainte...

★

Chaque jour amène des confiscations et des arrestations par centaines. Mais la répression ne semble avoir d'effet que sur le prix des denrées. Plus leur quête et plus leur transport s'avèrent difficiles, plus leurs prix augmentent.

Lorsque les citadins sont découragés de battre la campagne et tremblent devant les risques d'amende, de prison et de déshonneur, ils sont remplacés par de véritables « écumeurs », chômeurs de la veille ou de l'avant-veille, qui s'embarquent, valises pleines de chaussures, de boîtes de conserves vides, de cigarettes, de pétrole, de saccharine, de café, d'huile, de savon à barbe pour le fermier et de bas pour la fermière, bref de tout ce qui peut inciter les paysans à se démunir — contre argent — de leurs victuailles et de leurs légumes.

L'écrivain Maurice Sachs a donné un récit plein de feu de ces expéditions à la campagne. Muni de deux valises vides, il quitte Paris pour Vendôme en compagnie d'un ami. Il faut descendre à une station de banlieue par crainte des contrôleurs du ravitaillement, rejoindre à pied la ville, frapper à une porte inconnue suivant un rythme de conspiration.

« *La porte s'ouvre. C'est l'arrière-boutique d'un boucher qui nous remet nos valises pleines et reçoit son dû à raison de 70 francs le kilo. Nous sortons à pas feutrés, la marchandise bien lourde au bras ; nous atteignons une maison particulière où l'on nous ouvre. Une triste chambre de campagne à crucifix, vieux buis et papier ramagé* (1). »

Les deux compagnons dorment quelques heures, après avoir pris soin d'ouvrir les valises, pour que « la viande prenne l'air ». « *Effrayant spectacle,* écrit Sachs, *comme d'un cadavre frais haché en morceaux.* »

A l'aube, il leur faut repartir, soudoyer un porteur à domicile, afin d'éviter les risques de l'octroi parisien, répartir la viande entre les acheteurs...

---

(1) Maurice Sachs : *La Chasse à courre.*

★

Où vont les professionnels du ravitaillement ?

Ils connaissent admirablement la France agricole, ils ont « leurs » producteurs, comme ils ont, à Paris ou dans les grandes villes de province, leurs revendeurs : concierges, garçons de café, coiffeurs et coiffeuses...

Ils vont acheter les pommes de terre à 3 francs le kilo dans la Vienne, 4 ou 5 francs dans la région lilloise et les revendent de 12 à 15 francs à Bordeaux ou à Paris.

Ils vont chercher le jambon dans l'Aube, le payent 180 ou 200 francs le kilo et le revendent 1.000 francs à Lyon.

Les œufs, qui viennent au deuxième rang pour la fréquence des contraventions, sont payés de 20 à 35 francs la douzaine dans les régions de production et revendus de 96 à 120 francs aux Lillois, 180 francs aux soldats allemands, 240 francs aux Belges !

Dans les trains — le train des haricots, le train des pommes de terre — il n'est question que de ravitaillement. Après quelques mots sur le froid, la guerre, les prisonniers, chacun aborde le seul sujet qui soit constamment à l'ordre du jour : le ravitaillement.

La nourriture, d'ailleurs, envahit le compartiment par des odeurs et des bruits. Dans une boîte à chaussures percée de trous, l'un rapporte un lapin, l'autre une poule.

— Vous croyez que vous pourrez la nourrir ?

— Oh ! oui, j'ai du grain, mon mari l'échange contre du tabac, on la logera sur le balcon. Vous réussissez avec les lapins ?

— Ben ! Avec la maladie, c'est difficile.

Les valises, sévèrement cordées, contiennent du beurre, des choux, des pommes de terre, du jambon, du vin dont on proclame fièrement les prix mais dont on tait l'origine. Chacun est conscient d'avoir réalisé, en quelques heures de marché parmi les villages, une excellente affaire.

— Dire qu'à Paris on vend le beurre 450 francs le kilo. Si c'est pas malheureux. Vous croyez que ça va durer ?

Ils énumèrent ce qu'ils ont mangé, ce qu'ils vont manger, les menus d'avant-guerre, les astuces d'aujourd'hui.

— Un restaurant où vous mangez la purée avec un couteau, oui mon cher, parce que, sous la purée, il y a une entrecôte comme ça.

L'observateur qui aurait noté les conversations entendues dans les trains de 1942 donnerait, des préoccupations de nos concitoyens, une image fidèle, quoique sans grande noblesse.

Image confirmée par les rapports des préfets qui signalent souvent (surtout en 1941-1942) que la politique intérieure fait l'objet de beaucoup moins de conversations que le mauvais ravitaillement (1).

Image confirmée par les conversations téléphoniques dont Maurice Sachs donne une idée :

— *Allô, chéri, écoute, j'ai* 3.000 *kilos de sucre à* 60 *francs le kilo.*

— *Et moi* 100 *litres d'huile.*

— *Allô, mon vieux, j'ai besoin de* 5.000 *kilos de cuivre. Très sérieux, pour les Allemands.*

— *Tu n'aurais pas besoin de riz ?*

— *Peut-être... à combien ?*

— *Allô, comment allez-vous, cher monsieur ? Connaîtriez-vous des locomotives pour voies étroites et* 100 *kilomètres de rail ? Si vous pouviez me les procurer, je vous ferais bénéficier d'un camion de tabac belge.*

— *Oh ! Je n'ai pas cela, mon cher... on vient de me proposer du cognac d'origine, sur wagon, carte rouge ; et des jambons.*

★

Naturellement, les grandes villes jouent le rôle d'énormes aspirateurs. Dans certaines zones de concurrence entre Paris et Bordeaux, Lyon et Marseille, Lille et Paris, tous les prix sont perturbés.

D'un trimestre à l'autre, parfois d'un mois à l'autre, ou d'une semaine à l'autre, les prix augmentent en fonction de l'ardeur de la répression, des difficultés d'approvisionnement et de transport, des aléas de la production.

Les salaires, eux, demeurent presque immuables. Leur progression, lorsque progression il y a, reste sans aucune commune mesure avec les hausses fulgurantes qui « travaillent » le marché noir (2). Tandis que les manœuvres continuent à gagner 1.200 francs par mois (1941) ; les

(1) Le commissaire de police de Charleville note ainsi, en janvier 1941, qu'il semble bien que « le président Laval n'ait pas les faveurs du peuple trop intéressé aux problèmes du ravitaillement et du logement pour se passionner actuellement pour les faits marquants de l'action générale du gouvernement ».

(2) Dès l'ouverture des hostilités, le gouvernement a, par deux décrets-lois (27 octobre et 10 novembre 1939) maintenu en vigueur les conven-

dactylos, 2.200 (1943) ; les employés de banque, 3.500 ; et ceux des grands magasins, 2.250 ; le beurre au marché noir passe de 250 francs le kilo en mai 1942, dans les Basses-Pyrénées, à 350 en janvier 1943, ce qui représenterait, en 1989, 320 francs; la graisse de 150 à 300; la saccharine de 80 francs les 100 pastilles à 150; le café de 1.000 à 2.000 francs (1.800 francs si l'on souhaite un chiffre de 1989); les pommes de terre de 7 à 10 francs, les haricots de 20 à 35 francs.

Si l'on veut avoir une idée de ce que la journée de travail d'un *Français moyen,* journée qui lui est payée entre 60 et 80 francs en 1941, entre 70 et 100 francs en 1943, permet de se procurer au *marché noir,* voici quelques chiffres :

Avec son salaire *quotidien,* M. Dupont, âgé de 35 ans, fonctionnaire, ouvrier, petit employé, mais qui entre dans cette catégorie de Français (la plus nombreuse) dont les salaires sont à peine plus élevés que ceux des manœuvres, peut acheter au marché noir *soit* 500 grammes de sucre, *soit* trois kilos de navets (1), *soit* cinq litres de vin ordinaire à 13 francs le litre (en mai 1941) (2), *soit* un kilo de haricots, *soit* 250 à 350 grammes de beurre, *soit* encore 4 à 5 kilos de pommes de terre.

Le manœuvre provençal qui aurait la folle idée d'offrir un litre d'huile d'olive à sa famille devrait consacrer près d'un mois de salaire à l'achat de cette denrée de haut luxe, qui se vend de 1 000 à 1 500 francs le litre dans les arrière-boutiques (3).

★

Le provincial qui se rend à Paris, s'il déjeune, en avril 1941, au wagon-restaurant, paye 7 fr. 50 le petit déjeuner (pain, café noir, sucre et confiture de pommes), et 35 francs le déjeuner (potage à la farine de sarrasin, une mince tranche de bœuf, chou-fleur béchamel, gâteau

---

tions collectives, mais stabilisé les salaires aux taux pratiqués le 1er septembre 1939.

En mai 1941, une augmentation horaire de 1fr. 15 est accordée portant le salaire horaire du manœuvre ordinaire de 8 fr. 10 à 9 fr. 25. L'arrêté du 21 juin 1943 fixe le barème horaire à 10 francs.

(1) Ils sont vendus 20 francs le kilo au marché noir à Bordeaux, le 13 mai 1941.

(2) La même année, en décembre, un tonneau de château-d'Yquem 1940 est vendu 160.000 francs, ce qui met la bouteille à 120 francs.

(3) Baudin, *op. cit.*, p. 192, cf. également l'enquête sur les prix réels de certaines denrées en 1942 (Service national de Statistiques).

de pommes de terre, orange, demi-bouteille de vittel). Le vin, fourni par la Maison Eschenauer, coûte 7 fr. 50 la demi-bouteille.

Le wagon-restaurant ignore certes le marché noir, mais si notre provincial souhaite inviter quelques Parisiens, il a le choix entre cinquante restaurants où, suivant l'année, pour 100 à 200 francs par tête, on lui servira tout ce qu'il réclame sans exiger de tickets.

Galtier-Boissière a noté quelques-uns de ces prix qui font scandale au début et auxquels, pourtant, une certaine « élite » s'habitue très vite, prix qu'elle se transmet d'ailleurs avec les adresses, qui sont parfois adresses de bistrots aux nappes graisseuses, ou plutôt aux toiles cirées écaillées, aux murs humides, mais à la cuisine sérieusement approvisionnée.

Le 25 décembre 1940, Galtier-Boissière et sa femme sont invités à déjeuner par Marcel Herrand et Jean Marchat « chez la mère Coconnier » qui, dans sa jeunesse, tenait, rue Lepic, le *Restaurant des Artistes*. « *Comme je ne vais guère au restaurant, l'addition me semble exorbitante : 400 francs à quatre pour des huîtres, un bœuf à la mode et un fromage, arrosé de crépy.* »

Autre repas, le 2 août 1941, « chez un mastroquet du quartier de la Bastille ». C'est Desnos, le poète, qui règle l'addition. Non point celle, fort sage, orthodoxe, destinée au fisc et au contrôle économique, mais celle du client : 650 francs à quatre, pour soles, gigot, escalopes.

La folie des prix alimentaires s'exprime « à l'air libre » dans les ventes aux enchères.

Les produits de gueule sont devenus, eux aussi, objets de spéculation. On les pousse, comme on pousse un tableau ou un bijou.

En août 1941, dans une ferme de Saint-Denis-en-Vals, près d'Orléans, au cours des enchères, un porc atteint le chiffre record de 3.700 francs, auxquels s'ajoutent 15 % de frais, ce qui met le kilo vif à 71 francs. Une paire de poulets se vend 400 francs, une autre 500 francs (1).

Le 20 février 1942, à l'*Hôtel des Ventes* à Paris, une bouteille de château-d'Yquem 1921 atteint 470 francs et une bouteille de Grande Chartreuse Verte 2.000 francs (2) !

Et, pour mettre le vin au frais, le réfrigérateur de

(1) Je rappelle qu'en 1941 les manœuvres gagnent 1.200 francs par mois, les dactylos 2.100, les employés de magasin 2.300.
(2) 2.000 francs 1942 égalent environ 2.000 francs 1990.

Pierre Cot, vendu à Chambéry en octobre 1941, dépasse la coquette somme de 20.000 francs (1).

★

Qui peut payer ?

Voilà bien la grande question.

Si l'on en croit Céline, mais peut-on croire Céline ? « *La guerre de 39 est une affaire mirifique pour 30 millions de Français. 10 millions sont victimes à plaindre, pas davantage.* » Et P.-A. Cousteau de renchérir : « *En France, 20 millions de paysans échappent par définition aux conséquences alimentaires de la défaite et sur les 20 millions de citadins qui restent, 10 millions se débrouillent plus ou moins somptueusement, alors que les autres 10 millions supportent à eux seuls tout le poids de la pénitence* (2). »

Fixer des chiffres de façon aussi brutale, c'est se moquer de la vérité. Cependant toute une population paysanne et commerçante, à laquelle il faut ajouter une foule d'intermédiaires récents, est ainsi — plus ou moins directement — enrichie par le marché noir.

Il n'y a pas de règle générale dans un domaine (celui de la fraude presque obligatoire des lois) où la conscience personnelle, la morale publique, la position sociale, les stocks existants, le passé, les relations familiales, la distance des grands centres, jouent un rôle.

Certains se contentent de vendre aux amis, ou aux clients d'avant-guerre, à un prix certes plus élevé que le prix ridiculement bas de la taxe, mais à un prix raisonnable encore.

D'autres n'ont pour objectif qu'une immense et rapide fortune.

D'autres, encore, mettent mille et une nuances dans leur marché noir quotidien. Ils « rendent service » aux familiers, ils « assomment » les clients de passage.

Certains se contentent de trafics modestes, juste suffisants pour nourrir leur famille.

D'autres « se tuent à la tâche », sillonnent les campagnes dans des trains toujours encombrés, parfois mitraillés, glacials l'hiver, torrides et puants l'été, déploient pour convaincre les paysans des trésors d'éloquence et

---

(1) A peu près 24.000 francs en 1970. Au cours de la même vente, une baignoire en tôle émaillée est acquise pour 3.350 francs + 17 % de frais. Mais baignoires et réfrigérateurs neufs commencent à être rares.

(2) *Je suis Partout*, 29 octobre 1943 et le 11 février 1944.

pour tromper les gendarmes des trésors d'ingéniosité, font de leur femme et de leurs enfants les défenseurs de leurs cachettes, les espions de leurs voisins, leurs commissionnaires, leurs agents et leurs revendeurs. Comment, dans ces conditions, mal acquise, mais non sans risques, la fortune ne serait-elle pas au bout ?

Pas de règle générale donc, mais de nombreuses enquêtes menées dans les départements éclairent bien des détails.

Elles permettent d'établir qu'en 1942 les paysans français ont mangé le quart de leur beurre, le tiers des œufs pondus par leurs poules, la moitié de leurs porcs, le tiers de leurs poulets, et 41 % des pommes de terre récoltées.

Ils ont vendu, soit aux trafiquants du marché noir, soit à des parents ou amis 31 % du beurre, 32 % des œufs, 33 % des porcs, 57 % des poulets, 22 % des pommes de terre produits par leurs fermes.

Ils ont livré... le reste au Ravitaillement général (1).

Il y aurait, d'ailleurs, une passionnante étude à faire sur l'augmentation générale du niveau de vie des paysans français pendant la période 1940-1950 comme sur les nouvelles habitudes de vie engendrées par l'argent plus facile et le ravitaillement plus abondant.

Il est remarquable, par exemple, que le chiffre des postes de T. S. F. déclarés diminue sensiblement pendant la guerre dans tous les départements « ouvriers », passant de 1.329.663 pour la Seine et Seine-et-Oise en 1939 à 1.189.681 en 1943, de 358.978 dans le Nord en 1939 à 327.402 en 1943, tandis qu'il augmente sans cesse dans les départements paysans.

C'est ainsi que dans l'Allier, le Finistère, les Côtes-du-Nord, la Vendée, la Haute-Vienne, départements où les animaux de boucherie sont les plus nombreux, il ne cesse de croître, passant, pour ces cinq départements seulement, de 142.840 en 1939 à 180.674 en 1943, soit une augmentation de plus de 26 %, alors que, pour la France entière et pour la même période, l'augmentation dépasse à peine 5 %.

---

(1) Enquête sur les prix et consommations de 1942 à 1944 (S. N. S.). D'une enquête effectuée, non sans peine, par la Direction Départementale du Ravitaillement général du Cantal, il ressort qu'en janvier-février 1943 le beurre est réparti de la manière suivante. Part du producteur : 25 % ; du ravitaillement : 40 % ; des amis : 15 % ; du marché noir : 20 %.

Pour la viande de porc on trouve respectivement : 62 % ; 10 % ; 10 % et 18 % ; pour les légumes secs : 20 % ; 48 % ; 10 % ; 22 %.

★

Quant aux commerçants, ils connaissent une prospérité que l'on peut mesurer... *a contrario*, par le petit nombre des faillites et des liquidations judiciaires. Alors qu'il n'y a plus rien à vendre, plus personne ne fait de mauvaises affaires ! Ce serait incompréhensible si le marché noir n'expliquait tous les mystères.

Le chiffre des faillites, qui était de 10.266 en 1935, tombe à 1.084 en 1941 et 439 en 1944. Celui des liquidations judiciaires de 2.222 en 1937 à... 48 en 1943.

Dans le même temps, au plus creux des restrictions, des interdictions, des suppressions, le nombre des commerces de denrées rationnées ne cesse d'augmenter.

Pour la seule année 1943, 1.478 épiceries nouvelles s'ajoutent à toutes celles existant déjà, pour les aider sans doute à distribuer les maigres rations officielles. Plus de 1.500 entreprises de transport se créent alors que les gazogènes triomphent et que les routes sont vides. 715 commerçants en textiles et 4.567 fabricants de vêtements et bonneterie viennent coopérer avec tous ceux qui diffusent parcimonieusement les étoffes en fibres de genêts !

Bourreau de millions de Français, le marché noir est la providence de millions d'autres Français.

★

Mais si toute une partie de la population échappe aux restrictions, comment vivent les ouvriers, les fonctionnaires, les employés du métro, des autobus, des banques à qui un petit salaire ne permet pas de se porter acheteur et à qui leur métier ne procure pas les avantages du troc ?

Comment vivent les femmes de prisonniers ?

Et les vieillards ?

Tous ceux-là — ils sont plusieurs millions, ils sont peut-être, malgré Céline, la majorité — tous ceux-là vivent et mangent de plus en plus mal. Une littérature abusive a accrédité l'image de la France s'adonnant aux délices ruineuses du marché noir. Or le marché noir complet, total, celui qui permet de vivre « comme avant », ou presque comme avant, demeurera le privilège de quelques-uns.

Entre le 1er juin et le 5 juillet 1943, l'Institut Dourdin, dont c'est l'une des premières enquêtes menées suivant la méthode des sondages, envoie ses collaborateurs visiter

2.600 foyers d'assurés sociaux à Paris et dans la banlieue parisienne.

Ces 2.600 foyers abritent 6.729 personnes. 83 % des foyers visités bénéficient d'un ou plusieurs salaires et plus du tiers ont d'autres ressources que le salaire : sursalaire familial, allocations militaires, pensions, etc.

Lorsqu'ils ont additionné tout l'argent gagné chaque mois, et de quelque façon que ce soit, par ces 6.729 personnes, les enquêteurs de l'Institut Dourdin obtiennent une somme de 5.893.400 francs, ce qui représente une moyenne mensuelle de 2.266 francs par foyer et de 876 francs par personne (1).

Or, 876 francs, cela représente, en 1943, le prix de deux kilos de beurre au marché noir !...

Ce sont donc les achats de nourriture qui absorbent la plus grande part de ces faibles mensualités. Les personnes interrogées consacrent 71 % de leur budget (contre 62 % en 1940) au ravitaillement, rognent sur l'habillement (7 %), l'éclairage et le chauffage, d'ailleurs officiellement limités, pour acheter un peu plus de pain et de viande.

Mais les enquêteurs ne se contentent pas de ces conclusions.

Interrogeant, dépouillant les livres de compte et les feuilles de paye, refaisant parfois les calculs de la ménagère, ils découvrent que ces Français, qui disposent mensuellement de 876 francs par personne, en dépensent 907, d'où un déficit permanent, accusé surtout par les familles nombreuses et les personnes âgées.

Lorsque les enquêteurs tirent leurs conclusions, c'est pour écrire que 94 % des personnes interrogées ont déclaré manquer d'aliments, que 71 % d'entre elles n'achètent pas au marché noir, que les matières grasses, le pain, la viande et les pommes de terre sont les denrées les plus souvent réclamées.

Et ceux-là même qui disent bénéficier d'autres denrées que les denrées oficielles les achètent très rarement au marché noir (13 %). La plupart du temps (72 %), ils doivent leur ravitaillement supplémentaire aux précieux colis familiaux.

Lorsqu'ils achètent au marché noir, les ouvriers et petits bourgeois français ne se laissent tenter ni par le café, ni par l'huile, ni par le jambon.

---

(1) En 1990, ces sommes équivaudraient à 2.100 francs par foyer et 811 francs par personne.

Ils réservent leur argent aux cartes de pain d'abord, aux pommes de terre ensuite.

Le pain sans beurre est indispensable à l'homme qui n'a plus assez de viande ni de vin.

Le pain sans chocolat est indispensable à l'enfant qui n'a pas assez de lait ni assez de beurre.

Cartes de pain ? Elles valent des prix différents, non seulement suivant l'époque, mais aussi suivant leur origine. Volées dans une mairie, c'est-à-dire « vraies », elles sont payées plus cher que les fausses cartes imprimées clandestinement par quantités monstrueuses, mais plus aisément décelables par le boulanger ou le contrôleur.

En août 1941, les policiers marseillais arrêtent 49 personnes qui, en accord avec l'imprimeur Louis B..., revendaient dans les cafés et les bars de fausses cartes de pain sur la base de 35 francs pièce.

En septembre de la même année, on découvre une imprimerie parisienne qui « lance sur le marché » 400.000 cartes par mois revendues 50 francs pièce.

Encore ces prix sont-ils des prix de 1941. Ils datent d'une époque où les spéculateurs du marché noir n'ont pas encore découvert tout le parti que l'on peut tirer de la famine.

En 1943, les fausses cartes valent 150 francs ; les cartes volées (on en vole de plus en plus dans toutes les mairies) de 300 à 375 francs.

Naturellement, les fabriquants de fausses cartes restent insensibles aux foudres de la loi du 16 octobre 1941 qui prévoit la peine de mort pour les contrefacteurs de titres de ravitaillement. Ils savent bien qu'en France, le marché noir n'a jamais conduit personne à l'échafaud et que, pour 40 millions de Français, le pain demeure l'aliment le moins cher et le seul qui soit indispensable !

★

Il est faux que l'histoire se répète. Mais les hommes, eux, ne changent pas. Les inventeurs de la Révolution nationale de 1940 utilisent, devant les mêmes périls (inflation, restrictions), les mêmes armes que les défenseurs de la Révolution de 1789. L'analyse, faite par Taine, du programme jacobin est applicable — la corruption comprise — au programme anti-spéculation des années 1940-44.

« *Pour plus de commodité, nous saisissons les choses directement et à l'endroit où elles sont : les grains chez le cultivateur, le fourrage chez l'herbager, les bestiaux chez l'éleveur, le vin chez le vigneron, les peaux chez le boucher, les cuirs chez le tanneur, les savons, les suifs, les sucres, les eaux-de-vie, les toiles, les draps et le reste chez le fabricant, l'entrepositaire et le marchand. Nous arrêtons les voitures... Nous emportons les batteries de cuisine pour avoir du cuivre... Nous disposons des personnes comme des choses* (1). »

Cette répression de la fraude, de la spéculation, du marché noir est d'autant plus difficile que les Français meurent de faim et que, de l'avis officiel, le rationnement ne fournit que 1.150 calories, alors que 2.500 à 2.800 sont nécessaires.

La France est un pays doublement occupé.

Occupé par les Allemands, mais occupé également par une armée de contrôleurs dont l'action est souvent en proportion inverse du délit. Entre la répression nécessaire, la punition des trafiquants importants, envers lesquels l'autorité fait preuve d'autant plus d'indulgence que contrôleurs, policiers et juges sont des hommes, et qui ont faim, et la « chasse au lampiste », il y a une marge que les fonctionnaires n'hésitent pas à franchir (2).

Lorsque la Direction générale du contrôle économique fera son bilan pour les années d'occupation, elle pourra prouver, en effet, que deux chefs de famille sur dix ont, plus ou moins légitimement, souffert de son action.

Le nombre de procès-verbaux n'a cessé de croître. De 27.528 en 1940, il est passé à 214.016 en 1941, 199.485 en 1942, 379.405 en 1943.

Les infractions au ravitaillement sont au nombre de 149.368 en 1943 et 107.411 en 1944.

Les sanctions pécuniaires atteignent 1.214.000.000 de francs en 1943 (3). Plus de 4.000 Français en 1942, plus de 8.000 en 1944 sont condamnés à la prison pour marché noir. De 511 en 1940, le nombre des magasins fermés par

(1) Taine : *Les Origines de la France contemporaine*, ch. VII, cité par Anatole de Monzie : « La Saison des Juges ».

(2) Pendant l'occupation, la répression du marché noir s'appuie sur trois textes essentiels :
1°) La loi du 21 octobre 1940 codifiant la législation sur les prix.
2°) La loi du 15 mars 1942 tendant à réprimer le marché noir.
3°) La loi du 31 décembre 1942 sur la répression des infractions à la législation économique.
Le contrôle des prix fut confié en 1940 à un service spécial de contrôle institué par décret du 20 mai 1940. Puis, en janvier 1942, ce service devient Service général de contrôle économique et, par la loi du 6 juin 1942, direction générale du Contrôle économique.

(3) Somme ramenée à 757 millions par suite des transactions.

autorité judiciaire passe à 1.763 en 1942 et 4.339 en 1943. Ainsi de suite...

Cette ivresse répressive entraîne naturellement une récession de la marchandise, une ascension foudroyante des prix.

A côté des faussaires arrêtés, et justement punis, des trafiquants ou des stockeurs condamnés, il y a toute l'armée des petites gens que l'on pourchasse, au nom de lois et d'arrêtés qui se chevauchent et qu'ils ignorent, pour un œuf gobé, un verre d'alcool avalé.

A côté des 7.440 voleurs de colis dans les gares jugés en correctionnelle en 1943, il y a cette femme de 23 ans, Renée J..., que la gendarmerie de Bolbec arrête pour avoir utilisé les tickets d'alimentation de son bébé mort un mois plus tôt.

A côté de ces trafiquants arrêtés pour avoir vendu, 58 francs le litre, sous le nom d'huile d'arachide, de l'huile de lin, qui valait 6 francs à peine, il y a cet Izeck D..., interné comme juif au camp de Gurs, que les juges de Pau condamnent à un mois de prison pour vol d'*une* botte d'asperges.

A côté de ce marchand de fromages parisien qui a vendu, en mars 1941, 980 kilos de gruyère à 50 francs au lieu de 21 fr. 50, 66 kilos de parmesan à 70 francs au lieu de 40 francs et qui entreposait, dans son arrière-boutique, 144 meules de gruyère, une meule de parmesan, plusieurs douzaines de fromages de chèvre, 38 caisses de crème de gruyère ; il y a cette Henriette P... qui, à Saint-Jean-Lespinasse (Lot), fabrique avec le lait de son unique chèvre des cabecous, petits fromages odorants qu'elle vend 20 sous pièce à Saint-Céré. Henriette ignore, comment le saurait-elle, que, pour son infime commerce, il lui faut une carte d'autorisation du Comité Interprofessionnel laitier.

Le Tribunal correctionnel de Figeac la condamne donc, pour vente irrégulière de fromage, à 200 francs d'amende ! 200 francs d'amende, c'est peu direz-vous, mais pour une fille, à la campagne, une fille ignorante, éberluée, ne comprenant rien à la justice, à son arroi et à ses ridicules, c'est la honte et le déshonneur.

L'épicier parisien aux innombrables meules de fromage s'en tire avec quatre mois de prison, ce qui, toutes proportions gardées, est pour rien (1). Sorti de sa geôle

(1) Pour rien, si l'on songe que, pour avoir acheté un kilo de fromage au marché noir, le nommé Samuel Auerbach, « hébergé au camp de Gurs », est condamné le 22 juillet 1941 par le Tribunal de

— s'il y entre jamais — il rattrapera le temps et l'argent perdus en vendant plus cher, à l'image de cet épicier en gros de la Somme qui, ayant vendu du vin à des prix illicites et accepté une transaction de 100.000 francs, fit payer l'amende par ses clients. Il facturait simplement 10 francs de plus par litre sur toutes les livraisons antérieures à l'amende en précisant : « *Part contributive sur transaction du Contrôle économique, faisant suite au procès-verbal du* 22 *mai* 1942 !... »

Si, pour beaucoup de citadins, une contravention ou une condamnation émanant des contrôles économiques n'a aucun caractère infamant, il n'en va pas toujours ainsi à la campagne, où la morale est plus stricte, plus grande aussi la peur du gendarme et du juge.

Que fait Louis Lalande, grand mutilé de la guerre 1914-1918, boulanger à Thenon (Dordogne), lorsqu'il est menacé par le contrôle économique ?

Il se tue.

Lalande, qui avait vendu du pain chaud à un paysan qui ne pouvait revenir le lendemain, voit sa boulangerie fermée pour quinze jours et le motif de la fermeture affiché sur la porte. Seule la vente de pain rassis étant licite, le contrôle économique avait puni son crime comme il se devait. Mais il n'avait pas prévu la suite : ni le suicide de Lalande, incapable de supporter ce déshonneur ; ni le cortège de paysans et de nomades — les femmes en habit de fête — accompagnant le cercueil ; ni les discours sur la tombe de cet homme qui, ayant versé son sang pour sa patrie en 1914-1918, donna sa vie en 1941 pour satisfaire la mesquinerie de quelques fonctionnaires.

Dans le temps où l'on surveille si activement la vente des fromages de berger dans nos montagnes et la vente du pain chaud dans nos campagnes, un chargé de mission revient de Marseille, le 16 juillet 1941, en annonçant que 96.000 tonnes de denrées de toutes espèces, plus ou moins avariées à la suite d'un trop long stockage, sont définitivement perdues !

*

Ce qui irrite d'ailleurs le plus les Français, et blesse en eux ce sens de l'honneur qui exige l'uniforme pour

première instance d'Oloron-Sainte-Marie, à huit jours de prison avec sursis et 100 francs d'amende. Pour un kilo de fromage, on passe en France devant les tribunaux !

le policier, c'est l'hypocrisie où se complaisent certains contrôleurs.

Il y a l'homme qui pénètre dans une boulangerie et murmure :

— Je n'ai plus de tickets et j'ai trois gosses à la maison. On peut s'arranger, hein ?

Le voyageur à l'allure joviale qui s'attable au restaurant et commande :

— Un bifteck et une sole... Je sais bien, c'est jour sans viande, mais, allons ma petite dame, vous aurez bien un bon mouvement. Je viens de la part de Durand.

L'acheteur qui glisse dans l'oreille de l'épicier :

— Vous avez bien du vrai café. Tant que vous y êtes, ajoutez du gruyère et un kilo de sucre. Je discute pas le prix, moi.

Au moment de payer le pain, l'addition, le sucre et le café, l'anonyme sort une carte et se transforme en Jupiter tonnant : je veux dire en agent du contrôle économique.

Cette escroquerie morale déplaît fort ; elle s'apparente aux méthodes de l'espionnage et de la Gestapo. Certains tribunaux retiennent même la provocation comme une excuse absolutoire. Ils ont raison : la provocation des agents du contrôle économique ne dédaigne pas d'utiliser la misère et la faim des enfants, de faire appel aux bons sentiments, de donner, en somme, l'impression au commerçant qu'il gagnera de l'argent tout en rendant service. Il y a là une étrange bassesse de cœur.

Il est inutile d'évoquer longuement, à propos des difficultés de ravitaillement, cette guerre civile qui fait rage entre les Français et a la lettre anonyme pour arme.

Si votre ennemi politique mange mieux que vous, dans un temps où bien manger est *a priori* suspect, n'y a-t-il pas là comme un déni de justice, comme une offense qui exige réparation ?

La politique n'épargnera donc pas le ravitaillement.

Voici la lettre savoureuse adressée, le 21 novembre 1941, par le capitaine Sézille, secrétaire général de l'Institut d'études des questions juives, à von Valtier, du service de l'Information de l'ambassade d'Allemagne :

Monsieur,

J'ai l'honneur de vous rendre compte que M. P..., qui tenait la librairie à l'Exposition « Le juif et la France », a été arrêté pour marché noir.

J'ai attendu jusqu'à ce jour pour vous confirmer le fait d'avoir des renseignements par la police.

Or, je viens de recevoir du Commissaire divisionnaire, M. Magneval, les précisions suivantes :

« M. P... a été arrêté le 17 novembre pour trafic illégal de fruits coloniaux (des dattes qu'il achetait 4 francs et vendait 18 francs) et d'autres produits.

« M. P..., depuis quelque temps, était affilié même avec un juif nommé R... et avec un repris de justice... »

Ceci prouve combien il faut faire attention chez nous à notre entourage.

L'alliance des antisémites professionnels et des juifs autour de quelque affaire de marché noir, voilà qui ne manque pas de saveur !

★

Comment le marché noir, qui existe dans les écoles, n'existerait-il pas également dans les prisons et les camps de concentration ? Là, plus qu'ailleurs, difficile, obligatoire, secret.

A Drancy, le cours des cigarettes oscille entre 200 et 500 francs le paquet. Il varie quotidiennement, dépendant de la plus ou moins grande « complaisance » (rétribuée) des gendarmes, de l'argent que les internés ont pu dissimuler sur eux (1), de l'imminence des grands départs qui exacerbe, chez les intéressés, le désir de fumer et d'oublier un peu.

Denise Aimé raconte (2) qu'elle a vu une femme vendre les bouillies de ses enfants pour pouvoir fumer et, d'après le témoignage d'un prisonnier, six personnes se cotisèrent, la veille d'un départ en déportation, pour acheter *une seule cigarette* 150 francs... (3). Les plus pauvres des plus pauvres s'offrent une bouffée pour 10 francs.

Mais dans ces camps, où un prisonnier perd « aisément » 20 kilos en quelques mois, les cigarettes ne sont pas le seul objet de trafic. Le prix de la ration quotidienne de pain est de 250 à 300 francs. Pour qu'elle baisse, jusqu'à 50 francs, il faut que le principe du colis de vivres aux internés soit enfin admis par l'administration franco-allemande.

Dans ce désert alimentaire, un morceau de sucre vaut de 12 à 15 francs, une ration de viande (quelques grammes) : 150 francs ; un petit-suisse : 40 francs ; une

(1) Les internés ne pouvaient pas posséder plus de cinquante francs.
(2) Denise Aimé : *Relais des Errants*.
(3) C.D.J.C. - CCXIII - 106.

pastille Valda : 5 francs ; un oignon : 80 francs ; une allumette, pas une boîte, une seule allumette : 2 francs. 2 francs, c'est également ce que coûte une feuille de papier à cigarette (1) !

Additionnant les rations du Ravitaillement général, les colis familiaux, les denrées achetées au marché noir, les Français ont vécu. Plus ou moins mal.

Trop d'éléments personnels et géographiques entrent en ligne de compte pour qu'il soit possible d'évoquer la position du Français moyen face au ravitaillement.

Du moins peut-on esquisser quelques situations en précisant bien, une fois de plus, qu'elles n'ont de valeur que localisées et pour un temps très court.

Désespérant de trouver, auprès d'un public encore plus méfiant que d'habitude, tous les renseignements chiffrés qui permettraient d'établir exactement ce que mangent et boivent les Français, la direction du Service national des Statistiques décida de demander un jour aux auxiliaires et commis des quinze directions régionales de lui servir de « cobayes ».

On ne demandait nullement aux intéressés *où*, ni par *quel moyen* ils s'étaient procuré les denrées consommées. Indifférente au marché sur lequel on s'approvisionnait, la direction du Service national des Statistiques se montrait par contre très pointilleuse sur le nombre de personnes vivant dans chaque foyer, le nombre des repas pris au dehors, la nature et le poids de chacune des denrées consommées quotidiennement.

Les renseignements devaient être scrupuleusement notés pendant trois périodes : la première allant du 24 janvier au 6 février 1944 ; la seconde du 22 mai au 4 juin ; la troisième du 25 septembre au 8 octobre.

Au terme de cette enquête passionnante, l'une des plus sérieuses, la seule sérieuse sans doute, menée sur la question, on constate que le chiffre de calories le plus bas est atteint à Toulouse, où la moyenne quotidienne ne dépasse pas 1.800 pour la période allant du 24 janvier au 6 février 1944.

Pendant la même période, certaines familles toulousaines, soumises au questionnaire, ont vécu avec 1.270 calories. Or, d'après les travaux du professeur Richet, *la ration de 1.600 calories est insuffisante et conduit à la mort.*

(1) Ce qui mettrait, en 1990, le morceau de sucre à 10 ou 13 francs, le petit-suisse à 35 francs, la cigarette à 1 fr. 80, etc.

C'est à Montpellier que l'on mange *le moins* de pain, *le moins* de viande, *le moins* d'œufs, que l'on boit *le moins* de lait, mais, avec Bordeaux, le plus de vin (7 litres par mois).

Si l'on veut résumer cette enquête, qui a porté, pendant six semaines, sur plusieurs centaines de personnes, réparties sur l'ensemble du territoire, on peut écrire que les villes déshéritées ont nom : Dijon, Lyon, Marseille, Montpellier, Nancy, Orléans, Reims et Toulouse.

Les villes relativement plus favorisées l'ont été soit à cause de leur position au centre ou à proximité d'une zone agricole : Bordeaux, Clermont-Ferrand, Limoges, Rennes, Rouen, Lille, soit à cause du rôle joué par le marché noir : essentiellement Paris.

★

Paris, centre important de marché noir, où les riches peuvent vivre presque aussi bien que par le passé, souffre cependant terriblement de sa position de capitale aux effectifs énormes (5.545.000 rationnaires en juillet 1943, dont 1.115.000 enfants), de capitale qui dispute au reste de la France toutes les richesses des provinces, mais dont le ravitaillement est sans cesse à la merci de quelques bombardements sur les ports et les gares, où les distances multiplient toutes les difficultés quotidiennes, où l'argent abondant engendre l'ascension des prix, où un étonnant réseau de renseignements fait courir des foules ménagères du marché à l'ail qui se tient à l'entrée du métro Saint-Augustin au marché au tabac de la station Strasbourg-Saint-Denis, du marché aux sardines au marché aux éponges métalliques, aux harengs saurs, aux enveloppes, aux fils électriques qui ont la plupart du temps pour « carreau » les couloirs du métro, où des mendiants, astucieux et patriotes, jouent la *Marseillaise*. En tout temps difficile, c'est dans l'été 1944 que le ravitaillement de Paris connaît ses heures tragiques.

Encombrées par l'armée allemande qui livre sur les côtes françaises la bataille de la dernière chance, écrasées par l'aviation anglo-américaine, coupées sporadiquement par la Résistance, les voies de communication indispensables au ravitaillement ne jouent plus leur rôle (1).

(1) En juillet 1944 la moyenne journalière des wagons chargés par la S. N. C. F. tombe à 3.706 et en août à 1.507 contre 23.218 et 21.351 pour juillet et août 1943.

L'essence manque, malgré les efforts de M. de Staël, qui détourne, au profit de la ville, une partie du carburant attribué aux Allemands.

Sur les routes, les camions que Pierre Taittinger, président du Conseil municipal, a munis d'un émouvant laissez-passer, qui joue souvent son rôle auprès des maquis, doivent ruser pour échapper aux avions. « *Le camion,* raconte Edmond Dubois (1), *était signalé aux aviateurs alliés par un large fanion blanc ; des observateurs étaient étendus sur les ailes avant, yeux au ciel. Le ronflement du moteur empêchait, en effet, d'entendre le ronronnement des avions. Il fallait les découvrir et signaler aussitôt leur inquiétante présence au conducteur. Le signal d'alarme était transmis par un système de ficelles, dont chaque observateur tenait une extrémité en main et dont l'autre était nouée au bras du conducteur.* »

Malgré ces précautions, les camionneurs se découragent. Les risques sont trop grands. Le 25 août 1944, les camions qui passent les lignes (car la bataille se rapproche de Paris) ne sont plus que 70. Un peu partout, les moulins sont en flammes, les S.S. interviennent, les appareils américains mitraillent... 70 camions pour 5 millions d'habitants, la proportion est dérisoire.

Sur ces mois tragiques et cependant pleins d'espoir, le docteur Jean-Marie Musy, ancien président de la Confédération helvétique, chargé de mission en France du gouvernement suisse et de la Croix-Rouge internationale, a dressé un rapport dramatique.

Ayant accès à toutes les sources d'information, il note que, pour satisfaire les besoins journaliers de pain (14.000 quintaux avant la guerre), il n'est arrivé que 8.000 quintaux par jour en juin.

Pour le lait, la chute est encore plus brutale : 1.800.000 litres par jour avant la guerre ; 220.000 litres en juin, alors que la ville compte 250.000 nourrissons.

La viande fait défaut (90 grammes par semaine), malgré les efforts de Pierre Taittinger qui a essayé, dès 1943 et en prévision des batailles futures, d'organiser dans la banlieue de vastes parcs à bestiaux, puis, lorsque les transports chaotiques furent totalement interrompus, d'acheminer « à pied » vers Paris d'importants troupeaux de bœufs.

Peu de légumes (les arrivages ne permettent que des

(1) *Paris sans lumière.*

distributions de 50 grammes par jour), pas de fruits, presque pas de pommes de terre.

En juin, l'on a pu distribuer encore deux litres de vin par consommateur, mais, en juillet, toute distribution est suspendue. Les maigres denrées que l'on se procure à prix d'or (Jean Guéhenno note, le 9 août 1944, qu'un kilo de petits pois coûte 45 francs, soit, en 1989, l'équivalent de près de 32 francs; un kilo de pommes de terre, 40 francs) (1), encore faut-il les faire cuire.

Or, privées de charbon (les arrivages tombent de 5.500 tonnes par jour, en mars 1944, à moins de 1.000 du 10 au 15 juillet), les usines à gaz ne dispensent plus qu'une maigre flamme, à peine un peu plus haute à l'heure du déjeuner et du dîner, flamme que les malins « sollicitent » à l'aide de « tire-gaz » achetés dans le métro ou fabriqués à la maison grâce à un tube d'aspirine fendu à une extrémité et resserré à l'autre.

Les ménagères sont épuisées, exaspérées, par des attentes inutiles devant les boutiques vides ou qui ne s'ouvrent, à la nuit tombée, que pour quelques privilégiés fortunés.

La pénurie est absolue et les autorités municipales songent à créer des restaurants populaires où l'on cuirait chaque jour 600.000 repas, simples (une soupe chaude, un plat de légumes), bon marché (10 francs), pour ceux qui manqueront de provisions et de combustible !

Pendant ces jours d'août où le beurre coûte 1.000 francs le kilo à Paris, il vaut 30 francs au Mans puisque la pénurie des transports maintient le ravitaillement sur les lieux de production.

Pendant ces semaines, tragiques pour les consommateurs parisiens, la région de Clermont-Ferrand est excédentaire en produits de toute nature, le beurre et le fromage s'accumulent dans le Cantal, la viande est enfin délivrée, un peu partout dans les campagnes, sans tickets.

Pendant ces jours où le marché noir connaît, dans les grands centres isolés, ses heures de gloire, il s'effondre dans les villages sous la double pression des stoks provisoires et des maquisards qui, la mitraillette à la main, fixent les prix et exigent que cesse « *la comédie des arrière-*

(1) Dans d'autres quartiers, elles valent 60 francs, ce qui est également le prix d'un concombre. Pierre Nicolle : *Cinquante mois d'armistice.*

boutiques où riches et échangistes trouvent tout au prix fort (1). »

Etranges contradictions d'une époque troublée.

★

Pour chaque région, pour chaque ville, pour chaque famille, pour chaque individu, les moments les plus critiques se situent, d'ailleurs, à des époques différentes.

Pour les uns, il s'agit du premier hiver. Sous un vent féroce et glacé (la température tombe à — 14° à Toulouse dans la nuit du 3 au 4 janvier 1941, à — 20° au Puy-de-Dôme ; il y a un mètre de neige à Grenoble, les trains ne peuvent plus quitter Lyon), la France, selon le mot de Brasillach, n'ayant « pas encore réinventé le système D », apprend à faire la queue et fait la connaissance de cet inconnu : le rutabaga (2).

Pour les autres, il s'agit du dernier été lorsque les colis familiaux ne peuvent plus percer le rempart des armées adverses.

A la campagne, lorsque la bataille approche, les paysans enterrent quelques vivres. C'est ainsi que Benjamin Valloton qui habite près de Belfort enfouit, le 25 septembre 1944, une marmite de saindoux dans une cave, cinq bocaux de rôti dans une autre cave, une bonbonne de goutte et 50 litres de vin de Tunisie ailleurs...

Pour certains, le drame se prolonge jusqu'en mai 1945. C'est le cas des Rochelais qui connaissent huit mois de siège, au cours desquels troupes françaises et allemandes finissent par conclure des accords qui permettent le transport vers les assiégés soit par terre, soit par mer, à bord des chalutiers *Messidor* et *Roland-Raymonde,* de bois de boulange et de quelque ravitaillement, dû en partie à la générosité de la Croix-Rouge suédoise.

---

(1) Extrait d'une affiche apposée à Tournus, où le maquis fixe, en juin 1944, le prix du kilo de beurre à 80 francs ; à 30 francs celui de la douzaine d'œufs ; à 5 francs celui des pommes de terre nouvelles.

(2) Le premier hiver fut cependant le plus favorisé pour les rations : 450 grammes de beurre par mois contre 150 en 1943 et 50 en 1944 ; 350 grammes de pain contre 275 ensuite ; un kilo de viande par mois contre 400 grammes, mais l'absence d'organisation nationale et surtout familiale fit cruellement sentir les restrictions. Par ailleurs, il est certain que, sur le plan psychologique, les Français, qui sortaient de l'abondance, furent péniblement surpris par les premières mesures de rationnement. L'habitude vint ensuite.

★

Pendant toute la guerre, les îles sont comme des forteresses entourées d'ennemis.

Sein, privée d'hommes et où, malgré les restrictions d'essence, les vieux ont dû se remettre à la pêche, accompagnés de gamins de douze ans ; Sein, où l'on n'a plus de bois et où les femmes se disputent le goémon qui, une fois sec, donne un combustible de mauvaise qualité (1), où, pour nourrir les vaches, il faut aller chercher le foin à Audierne, où l'on distribue 4.600 repas par mois aux enfants des écoles qui grignotent des carottes et des rutabagas pendant les récréations, où les Allemands partagent parfois leur pain avec une population qui en manque vingt jours durant, Sein connaît des heures tragiques

Sur le continent, quelques braves gens en sont émus et le docteur Vourc'h, qui habite Plomodiern, lance, en 1941, 72 lettres vers des cultivateurs du voisinage.

Il réclame pour Sein du beurre, du lait, des œufs, ajoutant : « Le tout vous sera payé au prix de la taxe ». Le jour convenu, les paysans se succèdent dans le salon et la cuisine de Mme Vourc'h. Le lendemain, six tonnes de ravitaillement et deux « culasses » (2) de farine partent de Camaret pour l'île déshéritée.

Les îliens dans leur île et les gardiens de phare sur leur rocher... Ce sont les femmes qui, à terre, doivent s'occuper du ravitaillement. Avec les 6 fr. 10 de la prime quotidienne de nourriture, il leur faut accomplir des miracles. Mais le pain, qu'elles envoient tous les quinze jours par le ravitailleur, moisit très vite et les hommes doivent se contenter de poisson séché au soleil lorsqu'il fait beau et de pommes de terre. Peu ou pas de vin, ce qui est cruel au cœur des gardiens...

Le Gall qui, de 1941 à 1944, « habita » Ar-Men, le terrible Ar-Men, où il n'est pas rare de voir du goémon collé sur la lanterne, c'est-à-dire à 28 mètres de hauteur, Le Gall se souvient de cette nuit de Noël 1943 où un sergent allemand lui offrit un verre de rhum en disant :

— Nicht égal 14-18.

Car des soldats allemands vivent en permanence dans les phares en compagnie des gardiens français. Ce sont

---

(1) Un bateau anglais chargé de bois s'était échoué dans les parages au début de la guerre. Le bois avait été entreposé sur le quai. Lorsque cette provision fut achevée, on dut passer à l'utilisation du goémon et, comme aux Indes et en Egypte, à celle de la bouse de vache séchée.

(2) La « culasse », mesure locale, équivaut à 100 kilos.

eux qui indiquent les heures d'allumage des phares, heures qui coïncident avec le retour de navires allemands. Les « équipages », français et allemands, font cuisine à part mais, parfois, on dérobe à l'ennemi, mieux pourvu, un peu de nourriture...

★

Avec les années, quelles sont les conséquences des restrictions ? Sur le plan moral, d'abord, elles entraînent une désagrégation plus ou moins rapide de toutes les valeurs reçues.

Dans l'impossibilité de faire vivre sa famille avec son salaire insuffisant, l'ouvrier et le fonctionnaire « se débrouillent » ; le commerçant fait fortune au marché noir, le paysan se laisse emporter par un vent de trafic et chacun légitime comme il le peut une illégalité plus ou moins profitable.

L'homme que la gendarmerie de Vierzon a arrêté en mai 1941 pour avoir vendu, sous le nom de chèvre, des gigots de chien était sans doute, avant la guerre, un fort honnête Français, comme ce manœuvre d'Arras qui, muni d'un brassard, s'était placé dans un petit chemin emprunté par des cyclistes en quête de beurre et les arrêtait pour prélever une partie de leurs achats illégaux. Et ce vieux Bordelais, qui tue sa femme parce qu'elle lui refusait un morceau de pain, pourquoi n'aurait-il pas été, avant les restrictions, un excellent mari ?...

Mais, ici plus que jamais, l'occasion fait le larron.

Des millions de Français volent. Ouvertement ou non. Entre ceux qui volent pour faire fortune et ceux qui volent pour manger, nul, jamais, n'établira les pourcentages.

On vole dans les gares et, en janvier 1942, les règlements d'indemnité pour petits colis volés atteindront 30 millions.

On vole dans les champs.

M. Dumesnil, cultivateur près de Bolbec, surprend deux hommes qui coupent des épis de blé dans son champ. Le champ de pommes de terre de M. Bellet, agriculteur à Tourville-les-Ifs, est retourné sur une superficie de 450 m². Le tribunal correctionnel de Pau inflige un mois de prison à la femme B... qui a volé dix pommes et une poignée de trèfle. Emile G..., de Mougins, tue d'un coup de gourdin Gino G... qui déterrait des pommes de terre.

On vole dans les boutiques. Le 17 mars 1941, vers 15 heures, une femme de 70 ans s'empare d'une côte de veau à l'étal du boucher Villars, sous la halle de Mirande, et disparaît sans remettre ni argent ni tickets...

L'opposition entre citadins et campagnards prend des formes aiguës. *Trop de paysans des environs,* écrit à la date de 1942, Guillemard dans son livre « *l'Enfer du Havre* », *se conduisent comme d'infâmes fripouilles. Sachant que nous manquons de tout, ils nous ont vendu* 5 *francs les pommes de terre taxées à* 2 *fr.* 50 *le kilo ; on a porté la taxe à* 6 *francs le kilo, ils en demandent* 10, *voire* 12. *Et nombre d'entre eux exigent en échange du sucre, du chocolat, du linge.*

De son côté, Pierre Nicolle signale, le 16 octobre 1942, que « *des expéditions sont organisées dans les grandes fermes de Normandie et du Vexin par des groupes de* 100 *à* 150 *ouvriers* ».

Les restrictions font des victimes chez les adolescents. Le marché noir aussi.

Au lycée et au collège, on trafique et souvent le trafic porte sur des objets volés aux parents. Dans un climat familial troublé, comment les jeunes échapperaient-ils à la dictature de l'argent, aux prestiges de la « combine » ?

Roger-Ferdinand, auteur des « *J 3* », fait rire tout Paris en représentant quoi ? Des écoliers qui proposent à leur surveillant une canadienne contre de l'alcool à 90°, qui élèvent un cochon en classe et sortent de leur poche, devant le proviseur, piles électriques, flacons de parfum, billets de banque, boîtes de saccharine, paquets de cigarettes, briquets à mèche, stylos, etc...

Le sommet de la délinquance juvénile se situe tout naturellement en 1942, année pendant laquelle 34.695 mineurs ont été jugés pour crime ou délit dont 26.035 pour vol contre 7.820 en 1938 !...

★

Sur le plan de la santé des Français, les restrictions ont également de lourdes conséquences.

Bien entendu, l'alcoolisme a diminué mais, à côté de cette conséquence heureuse, que de troubles et de maux durables !

La loi du 23 août 1940 interdisant la fabrication des apéritifs à base d'alcool, réglementant les heures de vente de l'alcool et surtout le rationnement du vin (en 1941), ont pour effet d'abaisser considérablement la mortalité par cirrhose du foie (1), ainsi que les internements pour alcoolisme et les crimes commis sous l'influence de l'ivresse.

Par contre, les difficultés de ravitaillement, la mauvaise qualité des aliments, le peu de calories obtenues, le froid, l'absence de moyens de transport facilitent les progrès de la maladie particulièrement chez les nouveau-nés (plus du quart d'entre eux pèsent moins de 3 kilos) et chez les vieux.

C'est ainsi qu'en janvier 1942 la mortalité de la population parisienne dépasse de 46 % le niveau moyen des années 1932-1938.

★

Une étude attentive des mouvements de population permet de constater que les départements agricoles sont les seuls (à partir de 1942) où l'on relève un excédent des naissances sur les décès.

Voici d'ailleurs les départements où les proportions de naissances sont les plus fortes en 1943 : Manche, 192 naissances pour 10.000 habitants ; Sarthe, 191 ; Calvados, 189 ; Maine-et-Loire, 188 ; Haute-Savoie et Doubs, 187 ; Ille-et-Vilaine, Mayenne, Pas-de-Calais, 185, etc...

Non seulement les naissances sont plus nombreuses mais, encore, la mortalité décroît dans ces départements paysans. Par rapport à la période 1936-38, elle diminue de 11 % dans l'Indre, 10,9 % dans la Mayenne, 10,4 % dans l'Orne, 7,8 % dans la Sarthe, toutes régions où le chiffre de calories absorbées est souvent supérieur à ce qu'il était avant la guerre.

Dans les départements industriels, par contre, dans les villes et dans ces agglomérations particulièrement défavorisées que sont les hospices et les asiles, la mortalité ne cesse de croître (Bouches-du-Rhône + 57 %, Rhône + 29 %, Seine + 24 %).

En 1939, la proportion des morts est de 63 pour 1.000 dans les asiles d'aliénés. Elle passe à 170 pour 1.000 en 1942. La progression est presque aussi forte dans les hôpitaux où sont hébergés infirmes et incurables (18,9 % en 1938, 28,4 % en 1942) dont les souffrances physiques sont aggravées par les souffrances morales, car ils ne comprennent pas les nécessités des restrictions et veulent vivre « comme avant ».

---

(1) 12.161 en 1936, 3.388 en 1943.

En novembre 1944, dans les arrondissements les plus pauvres de Paris, les déficits de croissance atteignent 7 centimètres pour les garçons et 11 centimètres pour les filles de 14 ans.

A Suresnes, en 6 mois, 35 % des filles et 41 % des garçons qui fréquentent l'école ont maigri.

Les médecins attachés au Laboratoire de physiologie de la Faculté de Montpellier (région de monoculture donc particulièrement défavorisée), après une longue enquête (de 1941 à 1945) portant sur plusieurs centaines d'enfants, notent que 72 % des sujets présentent une faculté rétinienne nettement inférieure à la normale, que 73 garçons sur 137 et 110 filles sur 174 souffrent de déficit de croissance...

★

Dans leur âme comme dans leur chair, dans leur fortune comme dans leur standing social, les restrictions ont profondément modifié les Français de tous âges et de toutes conditions.

Divisés sur bien des choses, ils réagissent identiquement à un seul mot : « manger ».

De bouche à oreille, on se passe plus de recettes que de slogans politiques, plus de bonnes adresses que de noms d'hommes à abattre.

Suprême consécration, le dictionnaire et l'usage accueilleront et garderont presque tous les mots inventés ou ressuscités pour les besoins des restrictions. De J 3 à travailleur de force, de déblocage à marché parallèle, de soudure à monnaie-matière, ils ont leur place dans notre mémoire et dans l'histoire.

Serviteurs indispensables pour les temps difficiles.

CHAPITRE VII

UN JEUNE MÉNAGE S'INSTALLE

Au mois de novembre 1941, le Secrétariat d'Etat à la Santé organise un vaste referendum sur les causes de la dénatalité.

Dans l'espoir de se partager 400.000 francs de prix, les concurrents s'efforcent de choisir, parmi quinze raisons, celles qui sont avant tout, à leurs yeux, responsables de la dénatalité française.

Faut-il incriminer le cinéma, l'auto, « l'absence ou l'insuffisance de religion », « l'abandon des campagnes », les difficultés de logement, la vie chère, les douleurs de l'accouchement (1) ?

Ils cherchent, ils s'interrogent en famille sur les causes de la stérilité française, et ce grand jeu n'est qu'une arme dans la panoplie gouvernementale. Une façon amusante et aimable de dénoncer les fils uniques et l'égoïsme des ménages sans enfants.

★

« Trop peu d'enfants, trop peu d'armes, trop peu d'alliés, voilà les causes de notre défaite. »

Dès le 20 juin 1940, le maréchal Pétain, qui est resté longtemps célibataire et qui n'a pas d'enfant, a établi le diagnostic.

« Trop peu d'enfants ». Bien avant la guerre, le déficit en hommes est encore plus inquiétant que le manque d'armes et de machines. Les spécialistes prévoient pour 1970 une France de 30 millions d'habitants. Une France de vieillards. Chaque année les décès l'emportent sur les nais-

(1) La plupart des réponses (il y en aura plus de 500.000) indiqueront comme raison essentielle « l'absence ou l'insuffisance de religion ».

sances. De 35.000 unités en 1938, 30.000 en 1939, 200.000 en 1940.

La défaite augmente les inquiétudes du gouvernement. Les prisonniers, derrière les barbelés, ne participent plus à la vie française. Retirés de la nation, ces jeunes hommes sont perdus pour le mariage et la paternité.

Au cours des trois premiers mois de 1941, le chiffre des mariages baisse de 30 % par rapport au premier trimestre de 1940, celui des naissances de 38 % (1). Dans la Seine, il y a deux fois plus de décès que de naissances, deux fois plus également dans le département du Nord, les Bouches-du-Rhône, les Alpes-Maritimes, près de trois fois plus en Seine-et-Oise.

Chaque année, la France perd une nouvelle bataille plus importante que celle de juin 1940. Il faut renverser la situation, créer un climat favorable à la famille. Une mystique. Donner de l'argent mais aussi forger des lois.

L'occupation, avec ses restrictions, ses menaces ne crée nullement un climat favorable.

Les années troublées, celles au cours desquelles il est presque impossible de voyager, de s'habiller, de se loger, où il est difficile de nourrir les enfants, où les femmes enceintes tombent de fatigue dans la rue, où les bombes s'ajoutent aux menaces du S. T. O., des arrestations, du chômage sont cependant les années où la France amorce sa révolution démographique.

En 1943, les naissances équilibrent presque les décès. Elles sont plus nombreuses en tout cas (d'un millier) qu'en 1938 ! Dans 36 départements (en majorité agricoles), elles sont en excédent sur les décès. Pour revivre, la France choisit l'une des années les plus sombres de son histoire.

Pour s'accrocher à la vie, les Français préfèrent les temps difficiles. Les malheurs de la patrie leur font-ils oublier leurs malheurs personnels ? Jamais, en tout cas, les suicides n'ont été moins nombreux. De 1940 à 1942, ils diminuent de plus de moitié (4.216 contre 8.798) (2).

---

(1) A Paris, le nombre des mariages baisse de près de 50%. De 30.055 en 1939, il passe à 15.568 en 1941 ; 18.105 en 1942 ; 14.785 en 1943 ; 13.784 en 1944. En 1945, avec le retour des prisonniers, il atteindra 27.583.

(2) Les Allemands ayant exigé la remise des armes à feu dans toute la zone occupée, ce mode de suicide est abandonné. Par exemple, en 1942, pour le ressort de la Cour d'appel de Caen, on trouve un seul suicide par arme à feu contre 93 par pendaison ; pour la Cour d'appel de Douai, 17 contre 210 pendaisons ; pour la Cour d'appel de Paris, 64 contre 461 pendaisons. Il en va différemment en zone libre : Cour d'appel de Riom, 16 suicides par armes à feu et 53 pendaisons ; Cour d'appel de Montpellier, 25 et 46 ; de Lyon, 54 et 151 ; d'Agen, 18 et 35.

Etrange preuve de vitalité donnée par un peuple que le désastre éveille. Au bord des ruines, inquiet de l'avenir, non seulement il refuse de s'abandonner au désespoir, mais il crée ces existences nouvelles qui, plus tôt venues, auraient peut-être modifié le sort des batailles.

★

En vérité, les mesures en faveur de la famille ont précédé la guerre et la défaite. Le Code de la Famille date du 29 juillet 1939, mais le gouvernement de Vichy va aménager et amplifier le décret-loi Daladier.

Avec le Travail et la Patrie, la Famille constituera l'une des trois divinités du nouveau régime. La femme mariée sera relevée de la condition juridique inférieure dans laquelle elle était tenue encore (1) ; le divorce retrouve le caractère exceptionnel qu'il avait perdu au fil des années, il est même rendu impossible pendant les trois premières années du mariage, et ces mesures ont pour conséquence immédiate de faire tomber le chiffre des divorces de 24.318 en 1938 à 14.900 en 1942 (2).

L'abandon de famille est plus sévèrement puni que par le passé. Les restrictions facilitent également la répression de l'alcoolisme.

La lutte en faveur de la santé du foyer est basée, non seulement sur le certificat prénuptial obligatoire (3), mais également sur de nombreuses mesures sociales, que des brochures, largement répandues, copieusement illustrées, font connaître au pays et dont le gouvernement revendique, parfois abusivement, toute la paternité (4).

★

Le pain, le lait, la viande, le beurre font défaut et de nombreux médecins signalent, un peu partout, le mauvais état de santé des femmes enceintes. Pourtant, le gouverne-

(1) Loi du 22 septembre 1942 par laquelle la femme peut, dans tous les cas où le mari est hors d'état de manifester sa volonté, exercer de plein droit les attributions de chef de famille.

(2) En additionnant tous les délais envisagés par la loi du 2 avril 1941, on constate que sept années pouvaient s'écouler avant que les époux désireux de se séparer puissent obtenir satisfaction.

(3) *J. O.* du 22 décembre 1942. Ce certificat ne comporte aucune indication sur le résultat de l'examen. Seul l'intéressé connaît l'avis favorable ou défavorable et se trouve ainsi instruit de ses responsabilités.

(4) Examens médicaux obligatoires pendant la grossesse, repos et indemnités aux femmes enceintes, protection médico-sociale de l'enfant en bas âge, etc... Il s'agit généralement de textes anciens complétés par les lois des 15 janvier et 22 décembre 1942.

ment attribue à celles-ci des suppléments de nourriture : un demi-litre de lait par jour depuis le moment où la grossesse est constatée jusqu'à la fin de la période d'allaitement, la carte J 3, qui donne droit à de légers suppléments de pain et de viande, à des attributions de confitures, de chocolat, d'œufs, de fruits secs, une carte spéciale de suralimentation...

Ces mesures, ces maigres mesures, ont-elles une influence sur la reprise de la natalité ? On n'ose l'affirmer.

Les avantages financiers constituent sans doute pour de nombreux ménages une garantie et une invitation à peupler leur foyer. Prime à la première naissance, allocation de salaire unique, dégrèvements fiscaux, allocations familiales contribuent à améliorer la situation des jeunes ménages, mais n'expliquent pas tout.

Il semble que l'extrême péril où se trouve la race soit la cause profonde de cette remontée démographique. Privée de divertissements, menacée par mille périls, prisonnière du couvre-feu, la jeunesse française de 1940, cette jeunesse pourrie de traditions égoïstes, livre pour son propre compte, et pour celui de sa patrie, le combat obscur et quotidien de la vie familiale, alors que toutes les jeunesses du monde s'anéantissent dans la terreur et l'ivresse des combats.

Paradoxalement (et malgré l'absence des prisonniers), 1940 répare 1918. La défaite épargne les adolescents qu'une guerre longue et victorieuse aurait fauchés.

★

Mariage. Pour se mettre en ménage, il faut une maison, des meubles, du linge de table, des assiettes, des draps, un poêle et du mauvais charbon ou du bois dans la cave.

Il n'y a rien. Rien sans tickets. On ne demande plus à ses amis que des cadeaux utiles et la moindre casserole représente une victoire du système D.

Rares sont ceux qui ont la chance de trouver un appartement (à Paris aucune autorisation de bâtir n'est plus accordée depuis juin 1942) ; n'est-il pas d'ailleurs préférable de s'installer chez parents ou beaux-parents alors que les difficultés s'accumulent ? Ceux qui veulent tout de même tenter leur chance et s'évader de la protection familiale, ceux qui « partent de zéro », sans greniers derrière eux, ni armoires garnies, ni costumes anciens, ces costumes que l'on transforme sans cesse et qui passent d'un sexe à l'autre, vivent un véritable roman d'aventures.

Comment faire pour acheter douze assiettes alors qu'assiettes et verres ne se vendent plus qu'à l'unité ? Il faut mobiliser plusieurs personnes. Les étudiants convoquent leurs camarades de Faculté qui prennent leur tour dans la queue.

Les jeunes ménages ont théoriquement droit à un lavabo, mais il est préférable d'appuyer ce droit d'un gigot si l'on veut être rapidement servi ; qui possède un poêle n'a pas les tuyaux et réciproquement ; il faut donc acheter des bons-matière en fraude ; la fiancée emprunte ses chaussures à une amie mariée d'avant-guerre, la robe blanche, prévue pour être utilisée « après », représente soit une véritable fortune, soit la valeur de plusieurs colis familiaux, le marié loue son costume, les parents envoient sur cartes interzones des faire-part à toute une famille qui ne pourra franchir la ligne de démarcation et se plongent dans l'établissement d'un menu suspendu aux variations du marché noir.

Voici venu le jour du mariage.

Pour se rendre à l'église, les invités utilisent les moyens de transport les plus divers, à l'exception, bien entendu, de l'automobile. Il n'y a plus d'essence d'ailleurs que pour quelques rares privilégiés, assez souvent trop bien vus des Allemands, puisque les médecins eux-mêmes ont dû abandonner très rapidement l'auto pour la moto, puis la bicyclette (1).

Suite logique de ces restrictions, les accidents d'auto régressent considérablement (1.281 morts en 1942 contre 2.839 en 1938), moins considérablement cependant que la circulation, car les conducteurs allemands happent bien des piétons insouciants (2).

Alors, vive le métro.

---

(1) Un exemple : en mai 1940, la ville de Pau consommait 300.000 litres d'essence par mois ; en janvier 1941, elle en reçoit seulement 20.000 litres. En 1939, la France consommait l'équivalent de 3 millions de tonnes de carburant. Après la défaite, elle ne possédait plus que 200.000 tonnes de stock et ne pouvait compter, les importations étant stoppées, que sur une production locale annuelle de 50.000 tonnes d'équivalents-essence.

Grâce à la mise en service de véhicules à gazogène et à accumulateurs, le ravitaillement essentiel peut être assuré, un certain nombre de lignes de transport sont demeurées ouvertes et l'on estime que la production nationale (surtout de charbon de bois) maintient la consommation française à 25 % des chiffres d'avant-guerre pour les carburants.

Ajoutons que, sur 260.000 camions et autobus constituant le parc français avant la guerre, 105.000 furent détruits par la guerre ou pris par l'ennemi, tandis que 645.000 voitures particulières sur 2.105.000 disparaissaient également.

(2) Pour l'année 1943, deux départements (le Gers et la Creuse) ne compteront aucun mort par accident d'auto.

Le métro qui sert de théâtre à des millions de combats singuliers.

De nombreuses stations ont été fermées, les trains sont espacés, mais le chiffre des voyageurs ne cesse d'augmenter. On délivre 2.225.924 billets *par jour* en décembre 1940, 2.614.239 en décembre 1941 et ce n'est pas fini, ce n'est jamais fini. Si l'on tient compte de la diminution de 15 % de la population parisienne, l'augmentation du trafic est de l'ordre de 50 %.

Pour 1 fr. 50 en deuxième classe, pour 1 fr. 90 en première classe (1), les voyageurs sont transportés avec tous leurs bagages, puisque la direction, indulgente à la peine des Parisiens, a abrogé certaines mesures restrictives. Chiens et chats sont admis dans des paniers spéciaux. Ils ajoutent leur odeur à celle des choux, du fromage, du poisson qui embarquent aux Halles, à l'odeur des fleurs, à l'odeur des hommes et des femmes mal lavés, aux fortes odeurs qui s'échappent des colis familiaux à l'emballage plus ou moins assuré et que leurs propriétaires couvent comme de fabuleux trésors.

Pieds écrasés, chapeaux cabossés, bras tordus, corps pressés contre les corps et qui jaillissent sur la pointe des pieds à la recherche d'un air vicié, contrôleurs qui courent sur le quai pour fermer les portes, pousser un gros Allemand avec ses musettes, son masque à gaz, son fusil, ses paquets-souvenirs.

— Allons, messieurs-dames... Un peu de compréhension... Tout porte à croire que ça doit être un étranger (2).

Cris, jurons, poussées brutales qui font basculer toute la masse humaine.

Ah ! non, le métro, malgré ses avantages, ne représente pas le meilleur moyen de se rendre à un mariage.

★

On peut utiliser un fiacre : c'est un moyen de transport pittoresque, d'une élégance vieillotte, mais qui coûte cher. De cent à deux cents francs la course suivant la distance. Il est vrai que, dans certains cas, on a la chance d'être conduit à destination par la célèbre écuyère Rachel Dorange qui vient d'abandonner le cirque.

Les vélos-taxis ont toutes les faveurs d'une population

(1) La proportion des voyageurs de première classe passe de 4,2 % en 1939 à 7 % en 1941.

(2) Cité par Edmond Dubois : *Paris sans lumière*. Les soldats de la Wehrmacht circulent sans billet dans le métro.

qui ne se résigne pas à la promiscuité de l'autobus à gazogène ou du métro et qui hèle le conducteur d'un vélo-taxi en se donnant l'illusion que les beaux jours n'ont jamais pris fin.

Le taxi 1942 se compose d'une bicyclette ou d'un tandem, attelés à une caisse plus ou moins bien suspendue, plus ou moins bien rembourrée, plus ou moins bien protégée par une toile de tente. L'hiver, les passagers ont droit à un pare-brise, à une toile cirée qui remonte sur les genoux.

Portant sur leurs flancs des noms pittoresques *La Belle Equipe, A la grâce de Dieu, Les Turfistes, Pourquoi pas moi ? Les temps modernes, sécurité-confort-rapidité,* les vélos-taxis sont rassemblés près des carrefours et des gares. Cuirassés d'imperméables et de jambières l'hiver, à l'aise l'été, en short de plage et chandail léger, les pédaleurs n'ont guère à attendre le client.

Cinq francs de prise en charge, neuf francs du kilomètre pour une personne, cinq francs par colis de plus de 20 kilos, ce sont là, en 1943, des tarifs officiels auxquels on donne de nombreux « coups de pouce ». Les équipages qui se partagent quotidiennement de 700 à 800 francs ne sont pas rares. Intermédiaires et confidents du marché noir, de la galanterie et des plaisirs, les conducteurs de vélos-taxis conduisent au champ de courses le turfiste pressé, à son rendez-vous l'amoureux, à son « petit restaurant » l'homme d'affaire gourmand.

On a pour eux beaucoup plus d'attentions que pour le chauffeur de taxi de naguère. Ils savent tirer avantage d'un long préjugé contre la traction humaine et, vraies ou fausses, d'innombrables histoires de vélos-taxis font le tour de Paris (1).

Les vélos-taxis sont réservés cependant aux gens aisés ou âgés. Les jeunes vont à bicyclette.

Les années d'occupation consacrent, en effet, le triomphe de la « petite reine ». Le chiffre des plaques de bicyclettes vendues passe de 7.430.526 en 1940 à 10.711.808 en 1942. Un vélo pour quatre Français en comptant les enfants au berceau et les vieillards ! Encore s'agit-il des chiffres officiels, certainement inférieurs à la réalité.

(1) « L'homme qui triompha pendant les réunions de la grande semaine, l'homme qui eut du génie tout simplement, c'est celui qui utilisa un tandem. Son client, moyennant prix indiscutable, avait le droit d'enfourcher la deuxième selle et le devoir de pédaler pour atteindre le guichet du Pari Mutuel. Plus il pédalait ferme, plus vite il était rendu. Donc, notre uni tandem battait à chaque voyage son temps horaire, car ses clients étaient de plus en plus pressés. » Edmond Dubois : *Paris sans lumière.*

Dans certains départements (Alpes-Maritimes, Indre, Lot), le chiffre des bicyclettes en circulation double en deux ans, il augmente de plus de 300.000 dans la Seine, de près de 100.000 dans le Rhône, de 80.000 dans les Bouches-du-Rhône, la Haute-Garonne et la Gironde.

Les vélos, qui coûtent de 2.500 à 4.000 francs en 1941, constituent, entre voleurs et propriétaires, l'enjeu d'une bataille quotidienne. A Paris, malgré garages, chaînes et antivols, 22.000 vélos sont volés dans les trois derniers mois de 1940. Des bandes opèrent devant les cinémas, les bureaux de poste et d'allocations familiales, devant les mairies... Chaque membre de la bande a sa spécialité : vol, démontage, maquillage, revente.

Les policiers arrêtent assez souvent les voleurs, mais ils sont impuissants à retrouver les précieuses machines que l'on prend très vite l'habitude de ne jamais abandonner la nuit dans quelque couloir, que l'on monte, sur son épaule, jusqu'au quatrième étage, jusqu'au palier, jusqu'à l'appartement.

★

Voilà nos invités arrivés. Qui grâce au métro, qui grâce au vélo-taxi, à la bicyclette, à ces étranges voiturettes que des bricoleurs fabriquent, en enveloppant leur bicyclette d'une carcasse de bois qui ressemble à la carlingue d'un avion.

Qui grâce aux autos à gazogène qui circulent encore péniblement et réclament tant de patience.

De quoi parlent les invités en attendant les époux ? Des moyens de transport défaillants.

Ils connaissent tous des histoires de gazogènes capricieux et de mains sales.

— A Nantes, pour un mariage également, la famille avait loué un tramway. Bonne idée n'est-ce pas (1) ?

Mais on parle surtout ravitaillement, tickets, ersatz de sucre, d'huile, de café, faux et vrai boudin, on parle du petit horloger qui vend du savon à barbe et de la couturière chez laquelle il est possible de se procurer du beurre.

Les chaussures à semelles de bois des femmes claquent sur la pierre du seuil. Semelles de bois astucieusement

(1) Il s'agissait, en juillet 1941, du mariage de Fernand Septier et Edith Bertho (qui habitaient aux deux extrémités de la ville). Le tramway spécial prit d'abord la fiancée et sa famille, puis les déposa, en compagnie de plusieurs invités, place du Commerce, avant d'aller chercher le fiancé.

articulées, dont on fabrique 24 millions de paires en 1943 et qui rythment les bavardages.

Les hommes, eux, parlent tabac.

— Avez-vous essayé le topinambour, l'armoise, le tilleul ?

— Non mon cher, moi je m'en tiens au tabac de mégots. La récupération, je ne connais que ça.

— Ah ! On voit bien que vous n'êtes pas gros fumeur (1). Fort heureusement, ma femme se prive un peu pour moi. Et puis, je fais des essais. Pas toujours couronnés de succès. L'Eco-Tabac par exemple. J'ai appris par les journaux qu'il ne s'agissait que de feuilles d'orties et de marronnier hachées, ça sentait terriblement mauvais, mais, au moins, ça donnait une illusion... Je me demande si on a bien fait d'arrêter l'inventeur (2).

— Et le tabac belge ?

— Oui, bien sûr. Fameux. Mais 150 francs les 100 grammes ! Non, que voulez-vous, j'en suis réduit à passer de la feuille de betterave à un mélange de cassis, de menthe, de verveine et de topinambours, de la fleur de châtaignier à la mousse, des fanes de carottes à la feuille de tomate... au hasard des saisons, mon cher. Bienheureux, d'ailleurs, lorsque l'on n'est pas victime d'escrocs. Sur la foi d'une publicité, j'avais acheté des cigarettes Rexol. Savez-vous de quoi il s'agissait ? De cigarettes de bois pseudo-médicales, ces cigarettes, vous savez, qui servent par aspiration à protéger les gorges fragiles. Quelle époque (3) !

— Ah ! les voilà. Jolie fille.

— J'espère que nous pourrons monter dans l'autobus à gazogène pour aller jusqu'au restaurant.

— Vous connaissez le menu ?

— Chut, taisez-vous, on ne demandera certainement pas de tickets.

---

(1) Le 1er janvier 1943, le paquet de tabac gris passe de 8 à 10 francs, les gauloises bleues de 7 fr. 50 à 9 francs.

(2) Sous le nom d'Eco-Tabac, Alexandre R..., 26 ans, employé d'assurance en chômage, vendait ce mélange suspect 2 fr. 80. Il en avait écoulé plus de 150.000 paquets lorsqu'il fut arrêté et jugé en décembre 1941 par la Xe Chambre Correctionnelle de la Seine. Sur les paquets, il écrivait : « Aesculus Hippocastanus, 60 gr. » ; « Juglaus Regia, 20 gr. » ; « Castanus Hippocastanus, 20 gr. ».

(3) Le nommé D... avait fait passer, dans les journaux, l'annonce suivante : « Fumeurs. Ne souffrez plus du manque de tabac ; cigares et cigarettes Rexol ne vous feront jamais défaut. Renseignements gratis. Echantillons sur demande. » Il faisait payer son envoi, qui valait entre 6 et 10 francs, 34 fr. 85. Il fut condamné, le 2 février 1942, à quatre mois de prison. *Gazette du Palais*, 1er semestre 1942.

Au nom du Père...

Orgues. Sermon. Quête. Orgues.

Repas vite dévoré et qui représente tant de courses à la campagne, de stations chez les commerçants du quartier, de ruses, d'ingéniosité, d'argent... Voyage de noces dans une région qui ne sera ni côtière, ni frontalière, elles sont interdites.

La vie à deux commence.

★

Avec 1.600 à 2.500 francs par mois, la plupart des Français salariés découvrent qu'ils est impossible de manger à sa faim, impossible de meubler un foyer.

Il faut donc « faire attention », se débrouiller, ne solliciter le marché noir que pour l'essentiel, éviter tout gaspillage...

Il fait froid et le charbon est rare.

Dans la journée, ceux qui ne travaillent pas fréquentent les bureaux de poste, les halls des banques, les bibliothèques dont le nombre des lecteurs, qui a déjà augmenté avec la guerre et la disparition de bien des distractions, grandit encore avec l'hiver (1).

Le matin, les oisifs et les vieillards restent au lit. Une paire de gants fourrés, un chandail à col roulé, un bonnet de nuit les aident à mieux supporter le froid de leur chambre. Les autres n'ont que la ressource de marcher aussi vite que possible dans la rue, de battre la semelle ou de tourner en rond dans le bureau, afin de se réchauffer un peu.

Les journaux conseillent la confection de semelles de papier journal et de gilets où des feuilles de papier prendront place entre deux épaisseurs de flanelle. Avec le poussier accumulé dans les caves, les bricoleurs fabriquent des boulets et des briquettes.

Les nouveaux mariés inspectent les greniers où ils jouaient enfants. Ils ouvrent des malles couvertes de poussière, riches de trésors.

Le costume d'homme, l'habit ou la redingote du grand-père, en beau et solide tissu, servira à faire un tailleur de dame. Les couturiers ont, depuis longtemps d'ailleurs, attiré l'attention de leur clientèle sur ce procédé : « *Faites comme tout le monde. Retournez vos vêtements. Prix*

---

(1) Voici quelques chiffres pour la Bibliothèque municipale de Bordeaux. Le nombre de lecteurs passe de 44.336 en 1939 à 60.346 en 1940, 57.940 en 1941, 48.248 en 1942, 47.671 en 1943, 49.827 en 1944.

modérés. L'envers parfait. La première maison de Paris. Faites-vous faire un tailleur, Madame, dans un costume que votre mari ne porte plus. Jacques Debray, tailleur. »

Les journaux multiplient les conseils sur l'art d'utiliser les restes. Un pull-over défraîchi et une vieille jupe de jersey deviendront une chaude combinaison-jupon ; dans une robe ancienne, il est conseillé de tailler une culotte droite s'arrêtant aux genoux, culotte que l'on prolongera de guêtres assorties.

Malgré tant de restrictions, la mode continue cependant à régir le vêtement féminin.

Aucune maison de couture ne peut présenter de collection de printemps supérieure à 75 modèles, les grands sacs sont interdits par la loi, les ceintures de cuir ne doivent pas dépasser 4 centimètres, les fourrures sont rares, on fait de la laine avec de la caséine, avec du genêt d'Espagne, avec du « lanarté » (1), avec des cheveux dont les coiffeurs rassemblent 7 tonnes en avril 1942, 21 tonnes en septembre sans arriver jamais aux 600 tonnes espérées par les experts, le Secours national instaure l'échange des vêtements (2), les hommes sont condamnés au costume national, Berlin tente de ravir à Paris la première place dans le domaine de l'élégance vestimentaire, qu'importe tout cela ?

Plus ou moins bien, à l'aide de mille astuces, les femmes suivent toujours la mode parisienne.

En 1941, elle est à l'Orient : burnous en lainage noir, garni d'un capuchon en astrakan, grande cape en lainage gris-fumée garnie de loutre noire. Elle est aussi à l'écossais qui annexe vestes, jupes, chapeaux, chaussures. Pour « l'heure des visites », Henry à la Pensée imagine une jupe-culotte de tissu écossais portée avec une jaquette de ton uni, Madeleine de Rauch un tailleur en lainage rouge à poche en bénitier accompagné d'un volumineux turban, exécuté dans une soie rayée noir et blanc.

Fabuleux, presque monstrueux, défiant les lois de l'équilibre, les chapeaux féminins constituent une éloquente protestation contre les restrictions de tissu. Les femmes portent sur la tête l'étoffe qu'elles ne peuvent utiliser pour leurs jupes.

Turbans volumineux, « jardinières » copieusement garnies, feutres de mousquetaires, faux rubans vernis en

(1) Matière comprenant 15 % de laine, 80 % de fibranne et 5 % de poil de lapin.
(2) Contre deux costumes de laine usagés, on peut recevoir un bon d'achat pour un costume neuf et laineux, sinon « pure laine ».

copeaux de bois artistement taillés par le menuisier du coin, immenses bérets, autant de coiffures d'un maniement difficile lorsqu'il s'agit de se glisser dans la cabine d'un vélo-taxi, de lutter pour une place dans le métro, de courir d'une boutique à l'autre, mais qu'importe : grâce au chapitre des chapeaux, les femmes oublient, un instant, les difficultés de l'époque.

★

Sources d'inquiétude pour les uns, les restrictions sont prétextes à extravagance pour les autres.

Les journalistes exercent leur verve contre une partie de la jeunesse parisienne, ces « zazous » qui annexent les terrasses de quelques cafés et les sous-sols d'une centaine de dancings clandestins : bistrots ou cours de danse le jour, boîtes où l'on s'initie au swing le soir venu (1). Les « zazous » à l'argent facile (ils ne sont pas les seuls) constituent une faune spéciale. Ils ont choisi de faire scandale par la longueur de leur veston et de leurs cheveux. Leur révolte vestimentaire n'est pas très honorable, mais elle a du moins le mérite de battre en brèche l'hypocrisie des temps. Ils sont sujets d'indignation à une époque où les prétextes plus sérieux ne manquent pourtant pas.

Voici, vus par un journaliste de l'*Illustration*, les zazous et leurs compagnes : « *Les hommes portent un ample veston qui leur bat les cuisses, des pantalons étroits froncés sur de gros souliers non cirés et une cravate de toile ou de laine grossière... Ils lustrent à l'huile de salade, faute de matières grasses, leurs cheveux un peu trop longs qui descendent à la rencontre d'un col souple maintenu sur le devant par une épingle transversale. Cette tenue est presque toujours complétée par une canadienne dont ils ne se séparent qu'à regret et qu'ils gardent volontiers mouilée... Quant aux femmes, elles cachent sous des peaux de bêtes un chandail à col roulé et une jupe plissée fort courte : leurs épaules, exagérément carrées, contrastent avec celles des hommes qui les « portent » tombantes ; de longs cheveux descendent en volutes dans leur cou ; leurs bas sont rayés, leurs chaussures plates et lourdes ; elles sont armées d'un grand parapluie qui, quelque temps qu'il fasse, reste obstinément fermé.* »

---

(1) Pour ne pas offenser au malheur des temps, la danse était interdite dans les salles publiques, mais on avait le droit d'apprendre à danser... à condition que ce fût au son d'un phonographe ou d'un piano et non d'un orchestre.

★

On se scandalise. Mais on rit également de ces malheurs qui vont du faux tabac au faux café en passant par la fausse laine !

La mauvaise qualité des costumes masculins fournit au chansonnier René Paul l'une des meilleures « histoires drôles » de l'occupation :

Dès que j'ai eu mon bon de costume, dit René Paul en pénétrant en scène dans un costume étriqué, *mon tailleur m'a dit : « Monsieur, vous tombez à merveille, j'ai encore là quelques draperies que j'ai pu sauver. Ça sort des usines de Baden-Baden, le dernier cri de l'industrie moderne ! Je vais vous habiller avec ça, vous serez content... Que dis-je, vous serez gâté. C'est de la végétalose... » Et voilà ce qu'il m'a fait ! Tout peuplier ! Oui... Oui, tout peuplier ! Oh ! le vendeur me l'a dit : « Il n'y a pas un gramme de laine là-dedans, ça je vous le jure. » Il a même ajouté : « Si vous en trouvez un demi-gramme, vous pouvez me rapporter le costume... je vous le rembourse... » Mais j'ai eu affaire à une maison sérieuse, j'ai su le prix, mais j'ai eu quelque chose de beau... c'est du peuplier ! Il n'y a pas de platane là-dedans ! Peuplier, pure laine. Heu... pure fibre... Ce tissu n'a qu'un inconvénient, c'est qu'il craint l'humidité. D'ailleurs, le vendeur m'a bien mis en garde : « Méfiez-vous, c'est un tissu sans tissu, qui aurait une fâcheuse tendance à se ratatiner à l'humidité ! » Oh ! il m'a prévenu : « Vous sortez en pantalon long, une bonne averse et vous rentrez en short. » C'est un léger inconvénient, mais, quand on est prévenu, dès les premières gouttes, on enlève le pantalon, on le met sous le bras et l'on part en criant : « Sauvons les meubles ! »*

Le système D partout règne en maître. C'est le triomphe du bricoleur, le triomphe de ceux qui savent tirer parti des déchets, des fonds de grenier où des générations traditionnellement prévoyantes avaient, par souci de ne rien jeter, accumulé des richesses démodées que l'on exhume de leur poussière.

D'ingénieux artisans proposent aux citadins des barattes ou des rouets garantis six mois et, dans les campagnes, les femmes, à la grande admiration des journalistes, filent à nouveau la laine.

Faute de pouvoir se meubler de neuf, ceux qui ont de

l'argent achètent des meubles anciens et font la fortune d'antiquaires souvent improvisés.

Les inventeurs, qui n'ont jamais déposé autant de brevets qu'en ces années de pénurie, annoncent qui une « *remorque pour bicyclette, tandems, vélomoteurs ou similaires avec caisson à volume variable, démontable, pliante et transformable sous forme d'une mallette portative ordinaire* », qui un « *bandage élastique increvable* », qui un « *pneu de remplacement en liège* ». Aux cyclistes, trop souvent amenés, à la fin de la guerre, à bourrer leurs chambres à air d'herbe sèche, on propose un procédé permettant « *la réparation instantanée sans dissolution, sans essence, sans rien* ».

« Sans rien », voilà un mot sublime. « Sans rien » !

Faire quelque chose « sans rien » est à la portée de peu de gens. On s'efforce du moins d'adapter aux besoins de la population le peu de produits dont la France dispose encore. Sur les traces de l'Allemagne, mais avec bien du retard, la France se lance dans la bataille de la récupération et de l'ersatz.

Tout ce que M. Durand, Français moyen, jetait ou méprisait dans les jours prospères, tout ce qu'il mettait au rebut, tout ce qu'il enfouissait dans l'ombre de sa cave va servir à nouveau.

Les vieilles ampoules doivent être conservées pour être échangées contre une ampoule neuve, les emballages, tubes de pâte dentifrice, bouteilles, pots pharmaceutiques, également.

En septembre 1942, chiffonniers, scouts, enfants des écoles, industriels, artisans récupèrent 303 tonnes de déchets de cuir, 1.141 tonnes d'os, 700 tonnes de verre cassé, une dizaine de tonnes de soies de porc sans compter des milliers de kilos de vieux papiers, de faines dont le ramassage fait l'objet d'une journée nationale (1), de genêts, de plomb, de cuivre...

Poussé par les Allemands, le gouvernement organise le troc, soit qu'il propose de l'argent contre la batterie de cuisine en cuivre, contre les plateaux, les heurtoirs, les plaques d'identité professionnelles, soit, l'argent n'étant pas assez convaincant, qu'il accorde une prime en nature : en la circonstance, un litre de vin par 200 grammes de cuivre fournis.

---

(1) Les jeunes sont invités à se grouper le 20 octobre 1940, dans chaque commune de France, sous la conduite des instituteurs et chefs des associations de jeunesse pour ramasser des faines.

★

Pour donner quelque espoir aux Français, les journaux expliquent que les visiteurs de la Foire de Leipzig ont pu admirer — sinon goûter — du beurre tiré du charbon, du caviar et du pâté de saumon artificiels, ainsi que de la ficelle lieuse fabriquée avec du bois, des fanes de pommes de terre, des roseaux.

En France, les produits de remplacement vont également tenir une place importante dans la vie quotidienne. Mais la défaite a été trop brutale, l'impréparation militaire et économique du pays trop grande, pour que ces « ersatz » puissent remplacer, quantité pour quantité, tous les produits qui font défaut. Ces « ersatz » ne sont bien souvent que des produits de qualité médiocre tombés dans l'oubli, et, faute de mieux, remis soudainement à l'honneur.

★

M. Durand manque-t-il de colle ? On lui conseille d'éplucher une gousse d'ail et d'en frotter soigneusement les parties à recoller, puis de les ajuster et de les maintenir en place à l'aide d'une ficelle. L'ail, en séchant, soude, paraît-il, aussi fortement que de la colle forte.

Le savon fait défaut. On ne le distribue qu'avec parcimonie. Encore est-il rugueux, terreux, incapable de fournir la moindre mousse !

Les « inventeurs du dimanche » ne se découragent pas pour autant. Ils proposent vingt formules de savon de remplacement. On peut essayer le mélange de lichen et de chaux éteinte, la farine de marrons d'Inde, les racines de luzerne coupées ou concassées dans l'eau pure, le charbon de bois intimement mêlé à 125 grammes de savon râpé, 150 grammes de lessive, une bougie et un quart de cuillerée à café d'alcali ; l'addition de gras de bœuf, de soude caustique et de résine donne également de bons résultats, ainsi que la saponaire en combinaison avec les salicornes, les soude-plantes.

Lorsque les marchés sont vides, on propose à Mme Durand de cueillir des chardons. *On sait,* écrit le journaliste chargé d'en vanter les qualités, *que ses feuilles constituent une gourmandise pour les ânes. Mais ses jeunes racines tendres peuvent entrer dans l'alimentation humaine, soit crues et épluchées, soit râpées et préparées comme la carotte, soit cuite comme le salsifis.*

Pour celles qui n'aiment pas les chardons, voici la racine noirâtre de la consoude, ou langue de vache, suivie d'une salade de jeunes pousses de fougères !

Dans les nombreux brevets d'invention pris en 1942, près de 200 concernent l'alimentation. M. Vard, qui habite le Vaucluse, propose d'extraire une farine de la graminée « *Triticum Repens, vulgairement appelée chiendent* ».

Un autre bienfaiteur de l'humanité invente une mayonnaise sans œufs, mais à base de farine, de moutarde, d'huile et surtout d'eau froide...

On peut également obtenir l'illusion du café en faisant torréfier et en pulvérisant des graines de lupin ou d'églantine, des châtaignes, des glands, des pellicules de pommes séchées...

Le faux café sera naturellement sucré avec du faux sucre. Saccharine, mais la saccharine coûte cher au marché noir. Pour la remplacer, M. Drouet, qui habite Angers, propose une décoction très concentrée de bois de réglisse ; M. Bernanose, de Lunéville, conseille de faire cuire une citrouille, d'en passer la purée à travers un linge et de faire évaporer le jus obtenu jusqu'à consistance sirupeuse.

« *Un autre gros intérêt de cette recette,* ajoute M. Bernanose, qui témoigne d'un solide optimisme, *est qu'elle peut être combinée avec une extraction d'huile à partir des pépins des citrouilles utilisées. On résout de la sorte, du même coup, le problème du sucre et celui de l'huile.* »

Le sucre de châtaigne présente, lui aussi, l'avantage de n'être pas soumis aux restrictions, mais il est d'extraction coûteuse et difficile ; quant au sucre de raisin, produit d'abord par une raffinerie marseillaise, il connaît une vogue immense.

★

Cobayes dont on vante le petit appétit. « *Le cobaye, lapin des villes. Petite taille, petit logement, petite consommation d'herbe.* »

Rhubarbe que les plus affamés mangent, malgré les risques d'accident mortel.

Feuilles de thé séchées après usage et qui servent à nouveau trois fois, quatre fois.

Viandes malsaines que l'on traite à l'autoclave pour faire des bouillons et des conserves.

Affreux boudin de sang de bœuf et de farine de pommes de terre, pâtés inquiétants, gâteaux de goémon, gâteaux de pommes de terre, de carottes, de citrouilles, vin de cosses de pois (1), alcools trafiqués, seiches, pâtes de fruits peu appétissantes, pissenlits dont la racine a, paraît-il, la propriété de remplacer la chicorée, orties pour faire la soupe, épilobe des clairières dont le goût se rapproche de celui du thé, racines de choux qui participent à une variété de faux café, la liste de ces produits de qualité inférieure que l'on offre à l'appétit des Français est interminable...

La plupart du temps, la mauvaise qualité d'une viande, l'absence de principes nutritifs d'un ersatz n'arrêtent pas les fabriquants. Dans un seul trimestre de 1942, le service de recherche et de contrôle des ersatz alimentaires qui fonctionne au Ministère du Ravitaillement opère 7.000 analyses sur lesquelles 1.250 concluent au rejet du produit étudié !

★

Le problème de la cuisson tourmente toutes les ménagères. Requises par d'interminables files d'attente, ayant à faire cuire des viandes de qualité inférieure, des légumes durs qui réclament de bouillir longuement, elles ne disposent ni de temps, ni de gaz.

C'est le triomphe de la marmite norvégienne que les maris bricoleurs sont invités à fabriquer rapidement à l'aide de moleskine, de contreplaqué, de kapok ou de sciure de bois.

L'avenir paraît être non à ceux qui pensent le mieux, mais à ceux qui savent se servir d'un marteau, prévenir la maladie des lapins, aux biens renseignés, aux débrouillards, aux agiles, aux sans-gêne.

Préconisant la création d'un atelier du fer et du bois dans les lycées et collèges, le journal *Tout le système D* fonde sa proposition sur cette phrase d'Anatole France : *« De tous les travaux auxquels puisse se livrer un honnête homme, le travail d'enfoncer des clous dans un mur est celui qui procure les plus tranquilles jouissances... »*

Et, en 1942, quelques-unes des plus légitimes satisfactions.

---

(1) Dont voici la recette : pour un tonnelet de 25 à 30 litres, faire bouillir pendant trois heures 5 kilos de cosses de pois verts bien lavées dans 15 litres d'eau. Passer et presser le liquide à travers un torchon. Refaire bouillir ce jus pendant une demi-heure avec 75 grammes de cônes de houblon et, si l'on préfère une boisson parfumée, quelques branches de sauge. Passer et, après refroidissement, ajouter 50 grammes de levure délayée dans un peu d'eau et quelques cosses de pois verts lavées. Achever de remplir le tonnelet d'eau en laissant un léger vide. Laisser fermenter, mettre en bouteilles, rigoureusement propres, après la fermentation. Tenir les bouteilles couchées.

CHAPITRE VIII

LES PRISONNIERS DE JUIN 1940

Hommes vêtus de loques, mal chaussés, bardés de musettes.

Blocs de poussière qui avancent mécaniquement.

« Vieux » de la Grande Guerre qui traînent la patte et que leurs médailles et leurs souvenirs rendent plus amers.

— De notre temps...

Gamins de la classe 40 qui n'ont jamais tenu un fusil, comme ces 1.500 recrues du 5e Génie, habillées le 9 juin à Versailles, expédiées vers le Centre et capturées en Seine-et-Oise dans leurs wagons à bestiaux.

Nord-Africains, Sénégalais, Malgaches, Allemands, Italiens, Espagnols, Belges de la Légion, artilleurs, fantassins, soldats de l'intendance et du train, fonctionnaires de l'armée qui grognent :

— Moi, c'est pas juste, j'ai jamais été combattant.

Armée qui n'est plus qu'une caricature de l'armée et qui s'abat sur les seaux d'eau, les barriques de cidre, les miches de pain que la pitié villageoise place le long des villages à demi abandonnés. Provisions qui n'étanchent aucune soif, n'apaisent aucune faim.

Figurants que les soldats allemands photographient à chaque carrefour, figurants mal lavés, mal fagotés, dont le visage hésite entre la fureur et la servilité.

Sur toutes les routes de France, de misérables colonnes sont en marche vers des casernes, des stades, des champs où rien ne les attend qu'une herbe déjà souillée, une poussière déjà soulevée et des cuisines vides.

Combien de prisonniers ?

Deux millions lorsque les combats prennent fin (1).

---

(1) Dans la lettre qu'il écrira, le 26 novembre 1942, au maréchal Pétain, le chancelier Hitler parlera de 1.960.000 prisonniers.

Les plus nombreux, peut-être, ont été capturés à partir du 16 juin.

L'armée allemande secoue la France et les villes tombent comme des fruits mûrs.

Les communiqués allemands annoncent 200.000 captifs pour le 19 juin, 200.000 encore pour le 22, 500.000 pour le 23, parmi lesquels les commandants de trois armées.

On voit des unités, littéralement hypnotisées (et mortes de fatigue), attendre l'ennemi qui les cueillera.

D'autres se pelotonnent dans leurs casernes comme pour être, du moins, capturées au nid.

Dans le tumulte de la défaite, le manque de liaisons et la confusion des esprits ajoutent à l'immensité de la victoire allemande.

Pourquoi se battrait-on puisque le gouvernement a demandé l'armistice et que les villes de plus de 20.000 habitants sont déclarées ouvertes à l'ennemi ?

Quel est le village qui, sous la marée des réfugiés, ne peut prétendre, pour un jour, pour une heure, compter les 20.000 habitants providentiels qui l'empêcheront d'entrer dans l'histoire de cette guerre perdue ?

A quoi bon lutter encore ?

A quoi bon fuir, même, alors que la France est réduite à une trentaine de départements surpeuplés où plus aucune défense n'est possible ?

D'ailleurs, le nouveau gouvernement interdit tout exode supplémentaire.

Le général Colson, ministre de la Guerre depuis vingt-quatre heures, fait, le 18 juin « *interdiction formelle à toute autorité civile et militaire de se replier. Chacun reste à son poste même en cas arrivée ennemi. Toute infraction à cet ordre entraînera comparution délinquant devant tribunal militaire* ».

Ces ordres, qui avaient été précédés, la veille et l'avant-veille, de télégrammes presque identiques, seront, trop souvent, scrupuleusement obéis. Le général Colson voulait sans doute maintenir, fût-ce en territoire prochainement occupé, une armature — intendance, gendarmerie, pompiers — indispensable à la vie économique du pays. Il ne le dit pas expressément. Cette absence de nuances facilitera, en tout cas, la rafle allemande.

Puisqu'il ne faut plus se battre, on ne se battra plus.

On attendra sagement les Allemands après avoir mis les armes sous clef... de peur des imprudents.

Il en va ainsi à Pontivy où le malheureux commandant d'armes reçoit successivement, dans la journée du

18 juin, l'ordre de défendre, puis de ne plus défendre la ville.

Le colonel commandant la subdivision de Lorient lui ordonne enfin de ramener la troupe au quartier et de déposer armes et munitions dans un local fermé à clef.

A Lamballe, la colonne motorisée allemande qui entre dans la ville croise des soldats français qui portent leurs armes au magasin.

A Lorient, le 17 juin, un officier dit au sous-lieutenant Régis, à qui il vient de faire abandonner son poste aux lisières de la ville :

— Restons en place et dans un ordre parfait ; lorsque les Allemands viendront, ils verront que nous sommes une troupe disciplinée !

Et le général commandant la subdivision réunit une cinquantaine d'officiers dans la cantine du quartier d'artillerie coloniale pour leur tenir un discours que le commandant de La Roque résumera, plus tard, de la manière suivante :

— Le maréchal Pétain a demandé l'armistice, le Préfet maritime compte sur vous pour maintenir l'ordre dans Lorient. Maintenant que la guerre est finie, nous devons faire face à l'ennemi de l'intérieur.

A Nantes, où le muscadet et les mauvaises nouvelles s'attaquent également aux volontés, on vogue d'ordre en contrordre jusqu'au moment où un tank allemand se présente devant la porte grande ouverte d'une caserne pleine de soldats. *Au sommet du tank,* raconte un témoin, *un seul homme bougeait ; il ouvrit un coffre et en tira des cigarettes et du tabac qu'il distribua autour de lui à la volée* (1).

A La Rochelle, dans la nuit du 19 au 20, le général commandant la subdivision reçoit l'ordre de rassembler tout le monde et d'attendre sur place sans tirer ni résister, après avoir enfermé toutes les armes, travail auquel des équipes de magasiniers se livreront jusqu'au 23 juin, date de l'arrivée des Allemands dans la ville.

A Saintes, à Clermont-Ferrand, dans d'autres villes encore, on assiste à des scènes identiques qui justifieront, en 1941, la création « d'une commission d'enquête sur les repliements suspects »... et sur les captures insolites.

Ces prisonniers saisis dans les casernes, ces prisonniers de la fin juin 40, qui n'ont eu, ni à jeter leurs armes, ni à lever les bras, ces prisonniers qui sont passés, en somme,

(1) Alain Le Diuzet.

d'une administration à une autre administration, vont rejoindre leurs frères captifs.

Ils retrouveront les soldats capturés à Dunkerque, à Amiens, à Verdun, à Lille, à Baccarat, les soldats pris à Etampes, à Orléans devant les ponts effondrés, les hommes qui n'en peuvent plus de marcher sans se déchausser, de traîner des armes inutiles, de ne rien comprendre à cette guerre où la capture vient parfois comme une délivrance, toujours comme une certitude.

La seule certitude au milieu de tant d'incertitudes et d'incohérences.

Et puis les Allemands sont le plus souvent rassurants.

Aux prisonniers de juin 1940 — ceux qui leur ont donné le moins de mal — ils disent :

— Krieg fertig. Guerre finie. Quinze jours rentrer maison. Angleterre kaput.

C'est bien le sentiment des prisonniers. Dans quinze jours, ils seront chez eux.

— Nous sommes trop nombreux. Qu'est-ce que tu veux qu'ils fassent de nous ? D'abord, ils pourront pas nous donner à croûter.

Aux officiers qui leur interdisent de s'évader, ils obéissent facilement. Qu'iraient-ils faire, sans argent, souvent sans papiers, mais en uniforme, dans une France encore troublée par la guerre, où les évadés ne sont pas toujours bien accueillis par une population fatiguée et qui craint « les ennuis » ? La capture n'est-elle pas le moyen le plus rapide d'être démobilisés ?

Ils le croient

Alors colonnes par trois, sous la direction de gendarmes « à collier de chien » et de sentinelles vigilantes.

Marche. Marche. Marche. Ils ont tout le temps, le long des routes, d'admirer les blindés allemands, les transports de troupes, les autobus d'état-major, les filets de camouflage, la puissante D. C. A. ... et de faire des comparaisons.

— Ah ! Si nous avions eu un matériel pareil.

— T'as vu leurs bottes et leurs motos. Ça c'est de la machine, c'est pas comme nos réquisitions.

— Et leurs avions ! Jamais on n'a vu de zincs français. Les aviateurs c'est tous des rigolos. Forts devant les gonzesses, oui.

— Nous, on n'avait que 40 cartouches par fusil.

— Et nous, lorsqu'on a voulu pénétrer dans un blockhaus, il était fermé à clé. Tu parles d'une guerre.

— Ben quoi, nous, les Allemands sont arrivés par derrière. C'est pas d'jeu. Par où devait venir la relève.

Marche. Des millions d'hommes.

Ivres de fatigue, des soldats s'écroulent. Quelques copains se chargent des sacs.

— Allons, viens mon vieux.

Parfois, c'est un Allemand qui aide les captifs. Le sous-lieutenant Alain de Cé, qui traîne deux valises et porte un sac à dos énorme, a ainsi la surprise de voir un soldat ennemi s'emparer, avec un sourire obligeant, de sa valise la plus lourde qui contient — mais comment l'Allemand le saurait-il ? — un stock de conserves, 150 paquets de cigarettes et des vêtements civils. Pendant plus de trois quarts d'heure, gardien allemand et prisonnier français marcheront ainsi côte à côte. Et l'intervention coléreuse d'un officier nazi n'obtient qu'un succès provisoire auprès du soldat allemand.

Marche. Beaucoup n'ont même pas la chance de porter de trop lourdes valises. Capturés au combat, parqués dans un champ sous la surveillance d'un F. M., ils ont été fouillés, plus ou moins dépouillés suivant l'humeur du moment.

« Souvenir », disent les soldats feldgrau en faisant sauter dans leur main montres et briquets.

Il faut mendier son pain. Les uns ont de la chance. Robert Laplagne, fait prisonnier près d'Armentières, signale que les gardiens de son unité sacrifièrent quelques pigeons et offrirent deux tasses de bouillon à chaque captif. A Grand-Rozoy, deux soldats allemands lui donnent un pain d'une livre qu'il partage avec trois de ses camarades de captivité.

D'autres sont moins favorisés. A Baccarat, les Allemands repoussent la population qui fait la haie pour offrir du pain et du sucre et renversent les seaux d'eau placés sur le bord des trottoirs.

Marche. Dans l'armée française, une troupe se repose dix minutes après cinquante minutes de marche. Dans l'armée allemande, il faut parcourir 16 kilomètres avant d'avoir droit à une pause d'une demi-heure.

Certains repassent devant les villages qu'ils ont occupés, où ils se sont battus, devant les bistrots familiers, devant les tombes des camarades.

Halte de quelques minutes — à Ramberwiller, c'est au « Stade de la Liberté » ! — et puis il faut repartir jusqu'au camp de regroupement.

Marche. Marche. Capotes déchirées, bandes molletières négligemment enroulées, visages sales — il n'y a pas de savon —, ventre creux — il n'y a pas de pain — c'est une

armée de chemineaux qui marche sur les routes de France.
— Dans quinze jours, nous serons chez nous !

★

Pour l'instant, les voilà jetés dans des camps trop petits pour cette masse humaine qui n'en finit pas de couler.

A Verneuil, 5.000 soldats sans nourriture et sans moyens de couchage sont rassemblés pendant quelques jours dans un vaste pré.

A Pithiviers, il y a bientôt 18.000 hommes de troupe et 290 officiers que l'on ne sait où loger et qui doivent dormir dans la boue. Ceux qui ont eu la chance de trouver un lit le partagent avec un camarade. Deux capitaines du 211e régiment régional couchent ainsi ensemble, l'un vêtu d'une chemise de nuit d'homme, l'autre d'une chemise de nuit de femme. C'est tout ce qu'ils ont découvert dans une armoire proche.

A Châteaubriant, 45.000 prisonniers sont répartis en quatre camps, qui ont été rapidement entourés d'un double réseau de barbelés et flanqués, à chaque coin, des miradors caractéristiques.

A Voves, où l'on retire aux prisonners rasoirs, couteaux et fourchettes, ils sont plusieurs milliers dans un entrepôt de vieux chiffons. 12.000 à Romilly qui, le soir venu, se glissent sous des tentes minuscules faites de toiles posées sur des bâtons.

A Neuf-Brisach, les prisonniers ont de la chance. On leur abandonne la ville. 50.000 hommes dans les maisons où vivaient 6 à 7.000 bourgeois paisibles. Huit chez le juge cantonal, dont le lieutenant Brasillach, dix chez le boulanger, cinq chez le pasteur et six ou sept chez la mercière à fouiller dans ses armoires, roses de combinaisons et de culottes, que les gars, par jeu, se jettent au visage.

Le soir, un clairon français sonne le couvre-feu.

★

Partout, c'est le même spectacle : une anarchie pitoyable. Les Allemands, qui se piquent pourtant d'organisation, mettent plusieurs jours avant de rétablir de l'ordre dans cette masse humaine.

Partout, on entend les mêmes mots. Les hommes ont faim.

— Dis donc, tu crois qu'on va croûter ?

Au Bel-Ebat, près de Pontoise, cinq captifs doivent se partager quotidiennement une boule de pain moisi qui, dans sa croûte dure, porte la date de sa fabrication : 8 juin. Et l'on est le 20 !

A Châteaubriant, après vingt-quatre heures de jeûne, les prisonniers reçoivent un pain de six livres pour cent hommes.

Faim. Ils ont faim et le général Huntziger intervient le 3 juillet en faveur des prisonniers de Surgères menacés de mourir d'inanition.

A la recherche d'une excuse, les Allemands mettent parfois en accusation les autorités françaises : *Votre ravitaillement devrait être assuré par la ville de Paris. Mais les détenteurs des stocks alimentaires, en grande majorité des négociants juifs, se sont enfuis après avoir fermé les entrepôts où sont dissimulés les produits de première nécessité. Le soldat allemand n'est pas de ceux qui fracturent les portes pour s'emparer des marchandises qu'elles cachent.* Cette littérature ne donne pas à manger.

Lorsque les distributions de soupe à l'orge commencent, c'est une ruée vers les bassines de fer blanc. Certains prisonniers n'ont, pour tout récipient, qu'une boîte de conserve ramassée dans quelque coin de cour. Qu'importe ! A la guerre comme à la guerre !

Pour remplir les imaginations, à défaut des estomacs, il se trouve toujours un loustic pour lire une recette découverte dans un journal vieux de quelques semaines à peine : « *Bœuf en gelée. Prendre environ un kilo de bœuf, dans la tranche de préférence...* »

Alors, les esprits vagabondent. Chacun évoque des souvenirs heureux. Tout en cuisinant d'affreuses « tambouilles » faites d'herbes, de pain dur, d'épluchures abandonnées par les Allemands, on se lance à la tête des prix et des adresses de petits bistrots, de restaurants des bords de Marne...

Au milieu de cette misère, il existe, bien sûr, des inégalités.

Les 30.000 hommes rassemblés à Baccarat, et qui n'ont pour tout repas qu'un quignon de pain par quarante-huit heures, envieraient ceux de Pithiviers qui ont droit, de temps à autre, à 30 grammes de cheval. Les bêtes tuées sont effroyablement maigres, mais qu'importe.

Si le pain manque (comme on se dispute celui que les Allemands lancent parfois, par pitié ou par jeu, au milieu des Français !), l'eau est rare et mauvaise.

Enfin, une odeur effroyable plane sur les camps des

premiers jours et de grosses mouches importunent les dormeurs.

L'hygiène la plus élémentaire n'est pas respectée par des hommes qui, depuis plusieurs jours, n'ont plus ni force morale, ni force physique.

Privés de savon, n'ayant changé ni chemise ni chaussettes depuis un mois parfois, pourquoi prêteraient-ils attention à la bonne tenue des feuillées ? Ils font leurs besoins un peu partout, au hasard, et les épidémies de dysenterie, très fréquentes en juillet 1940, expliquent et excusent tout.

On se bat pour le pain, on se bat pour les cigarettes, et c'est dans les camps de prisonniers que le marché noir fait ses premières apparitions.

A Meaux, le paquet de tabac de 1 franc atteint la somme, alors astronomique, de 100 francs, la boîte de lait concentré vaut 25 francs, la plaque de chocolat 20 francs.

Dans cette atmosphère démoralisante, où les hommes sont séparés de leurs chefs, parfois de leurs anciens camarades, où ils ont faim, froid et soif, où ils s'inquiètent du sort de leur famille et veulent donner signe de vie grâce à ces « cartes de capture » que les Allemands distribuent parcimonieusement, où ils découvrent les frontières immédiates de leur univers de prisonnier, où le « dans quinze jours » perd de sa conviction, on imagine avec quelle joie sont reçues celles qui arrivent à franchir les barbelés pour les ravitailler et pour les renseigner.

Les quelques jeunes femmes des Sections Sanitaires Automobiles, qui n'ont pas quitté Paris, font des prodiges pour ravitailler (modestement) les camps. Qu'est-ce que 50 colis et autant de paquets de cigarettes pour les 14.000 captifs de Meaux ? Mais, aussi précieuses que le pain, il y a les nouvelles que l'on apporte, les nouvelles que l'on emporte.

— Alors, comment ça va à Paris ? La paix, c'est pour bientôt ? Vous croyez qu'on est là pour longtemps ?

— De quoi avez-vous le plus besoin ?

— De tout exactement... Des pâtes, du riz, des légumes secs, autant que vous pourrez, et de la « Marie-Rose » par-dessus le marché, car les bestioles ne manquent pas (1).

Les jeunes femmes prennent note, réclament aux responsables français les listes des captifs et quittent le camp avec plusieurs cahiers sous le bras. Des milliers de noms iront

(1) S. S. A.

s'ajouter à tous ceux qui sont déjà affichés sous les arcades du Palais-Royal.

A Pithiviers, l'Association des Dames de France apporte quelques couvertures, tandis que l'American Legion fait distribuer des sandwiches au foie gras.

A Châteaubriant, pendant les premiers jours de captivité, alors qu'un seul fil de fer isole encore les prisonniers, la population recueille adresses et billets pour les familles ; les enfants courent remplir les bidons, les femmes font passer du pain et des fruits.

Au Bel-Ebat, la Supérieure de Saint-Vincent-de-Paul vient chaque jour de Versailles avec, dans son auto, du pain frais et des légumes.

Vers de nombreux camps, d'ailleurs, à peine l'armistice signé, c'est l'envol des femmes et des parents. A Châteaubriant, l'on colporte l'histoire de ce prisonnier qui vit descendre sa mère d'une voiture de réfugiés remontant vers le Nord et put l'embrasser longuement avant de retourner derrière ses barbelés. Ces rencontres de hasard sont rares. Il faut donc forcer le destin : faire la queue devant les baraquements où se trouvent quelques gendarmes français, amadouer les soldats allemands, faire passer colis de vivres et valises, passer soi-même.

Tant bien que mal, on s'organise.

Les sous-officiers regroupent des hommes, font dresser des listes « par ordre alphabétique, professions et dates de naissance ».

— Grouillez-vous ! Je repasserai la prendre dans cinq minutes.

Une liste, en voilà assez pour occuper les conversations de la journée et donner quelque aliment nouveau à tous les rêves.

— Les dates de naissance, c'est peut-être pour libérer les plus vieux !...

On organise la misère. Il faut mieux assurer les bâtons qui portent la toile de tente, agrandir son trou, découvrir un clou pour accrocher sa musette (la quête d'un clou comme une nouvelle chasse au trésor) !

Calligraphiées, des petites annonces fleurissent : « Je vends, j'achète, j'échange... »

Les distributions de pain et de soupe demandent souvent des heures, mais on recherche toujours comment améliorer ce piètre ordinaire.

— Tu crois que si je faisais cuire ces herbes ?...

— Dis, ta boîte de sardines, tu la vends combien ?

Certains s'inquiètent aussi de nourrir des chiens errants

recueillis au hasard des routes. Les Allemands, bientôt, font la chasse à ces prisonniers clandestins. Au camp de Bel-Ebat, où des corvées de chasseurs de chiens, munis de gourdins et de lacets de fil de fer, opèrent toute une journée, c'est un pitoyable concert de hurlements et de jurons. La tuerie s'achève à coups de revolver.

★

Le temps passe lentement.

L'ennui s'installe.

Le moindre incident est prétexte à fol espoir ou à profond découragement.

Les bruits les plus insensés sont reçus pour vrais. Les querelles avec les interprètes alsaciens et lorrains, que leur nouvelle dignité rend aisément arrogants, prennent des proportions considérables.

On remâche les raisons de la défaite : démission et médiocrité des chefs, pauvreté de l'armement, impréparation des troupes, trahison enfin.

Trahison. C'est le mot-clef, le mot-poignard, le mot-baume. Il explique tout. Blesse encore. Mais il console aussi.

Qui a trahi d'ailleurs ? Le traître change avec la classe sociale, avec l'arme, avec l'âge aussi.

La trahison est comme une absolution que chaque soldat se donne à lui-même et à son unité.

Des rêves d'avenir succèdent à ces amertumes.

— Dès que je serai rentré, j'achèterai une bicyclette. Si j'avais eu une bicyclette le 17 juin, je ne serais peut-être pas ici, dit l'un.

— Moi, je m'occuperai du ravitaillement pour ma femme et mes gosses...

— J'ai promis à ma femme qu'à mon retour de la guerre nous commencerions par aller passer un mois dans le Midi, réplique le troisième (1).

Dans l'attente de la libération, cette libération que de faux bruits annoncent et que de faux bruits démentent quotidiennement (certains captifs tiennent un journal des faux bruits), les prisonniers luttent comme ils peuvent contre le cafard.

Les anciens scouts organisent des chorales, les intellectuels proposent des sujets de conférence, les malins montent de véritables baraques foraines, les artistes sculptent

(1) Maurice Betz : *Dialogue des Prisonniers.*

des cannes ou façonnent à grand bruit des bagues dans des pièces de bronze de 40 sous. Les Allemands achètent ces souvenirs 2 ou 3 marks ou bien les échangent contre des cigarettes.

Pitoyable divertissement de ceux qui trouvent dans la poussière de quelque grenier la petite brochure du commandant Caillès : *L'Art de faire des prisonniers*. Ils rient, mais ils rient jaune à la fin.

Pour avoir quelque chance de faire des prisonniers, il faut choisir, en effet :

1. — *Un clair de lune moyen, mais où la lune soit à son premier ou dernier quartier, tamisée par les nuages.*

2. — *Une heure où il fera suffisamment clair pour y voir à une dizaine de mètres.*

3. — *Le moment où l'ennemi est dans son premier sommeil, ou pendant ses heures de repas.*

Comme on comprend que les hommes s'exclament :

— On n'a pas pris tant de précautions avec nous.

— C'est certain. Mais on a au moins la consolation de se dire qu'on n'a pas été pris dans les règles.

— Si on leur demandait de recommencer (1) !

Comme il se trouve souvent des prêtres et des séminaristes parmi les prisonniers, chaque camp important comprend sa chapelle en plein air avec chandeliers artistement tournés et peintures naïves. Avec le temps, les prisonniers qui suivent les offices seront de plus en plus nombreux. Le 23 juin, seuls 100 soldats sur 18.000 ont, à Pithiviers, assisté à la première messe célébrée en captivité. Le 4 août — alors que le camp a considérablement diminué — 2.000 prisonniers sur 2.500 sont présents.

★

Comment savoir ce qui se passe à l'extérieur ? La bataille continue-t-elle ? L'armistice est-il signé ? Règle-t-il le sort des captifs ? Le moindre bout de journal — vieux de plusieurs jours, qu'importe — est âprement commenté. Ceux qui connaissent l'allemand bavardent avec les sentinelles et quêtent le renseignement.

Lorsqu'un soldat allemand remet à Benoist-Méchin le

(1) Benoist-Méchin : *La Moisson de Quarante*, p. 230. Le livre du commandant Caillès fut publié au lendemain de la Première Guerre mondiale.

bulletin allemand de sa division « Der Vormarsch », « la Marche en avant », les prisonniers affluent, avides de nouvelles.

Le journal est consacré à l'entrée des troupes allemandes à Paris et Benoist-Méchin note que les photos de soldats défilant rue Royale et place de la Concorde ne soulèvent aucune réaction chez ses camarades prisonniers. Par contre, une photo sur laquelle on aperçoit une terrasse de café les passionne. Ah ! s'asseoir à une terrasse de café !

Mais, deux heures plus tard, la même sentinelle apporte un autre numéro du journal qui contient les clauses de l'armistice franco-allemand. Ils vont enfin savoir. C'est la ruée.

Benoist-Méchin traduit lentement et les mots qu'il prononce sont examinés, discutés, soupesés comme s'il était au pouvoir des captifs de refaire l'Histoire. Le paragraphe 4, d'après lequel « *les groupements de l'armée française qui se trouvent encore en pays occupé, seront ramenés dans les territoires non occupés pour y être démobilisés* » est accueilli avec joie par des hommes qui en comprennent mal le sens et s'imaginent qu'ils lui devront la liberté. Benoist-Méchin poursuit sa lecture. Il arrive au fatal paragraphe 20. D'un coup d'œil, il le parcourt et en juge toutes les conséquences. Il hésite un instant. Va-t-il le lire à ses camarades ? Faire retomber tous leurs espoirs ? Mais, tôt ou tard, ils sauront. Allons, il lui faut lire !

Tous les prisonniers de guerre français resteront dans les camps allemands jusqu'à la conclusion de la paix.

— Et ensuite ?

— C'est tout.

— Ah !

Un murmure de déception s'élève du groupe.

— Mais, pourtant, le paragraphe 4 que tu nous a lu tout à l'heure ? suggère une voix hésitante.

— On n'y comprend rien, on cherche encore à nous posséder ! D'abord, on dit qu'on va être refoulés vers la zone non occupée, maintenant qu'on restera ici jusqu'à la signature de la paix ! Et puis on n'est pas dans des camps allemands. Qu'est-ce que tout cela veut dire (1) *?*

Les discussions commencent autour de chaque mot. Demandes et réponses sont aussi vaines les unes que les autres. Personne ne peut renseigner personne. Lassés à

(1) *La Moisson de Quarante.*

la fin, les prisonniers s'éloignent avec, au cœur, une seule certitude — certitude que certains de leurs camarades ont accueillie avec des cris de joie et des applaudissements (1) — la guerre est terminée.

Mais que vont-ils devenir ?

★

Où sont-ils ? Que vont-ils devenir ?

De l'autre côté des barbelés, des millions de femmes, d'enfants, d'hommes âgés, s'interrogent.

Pour les rassurer, ils n'ont, dans les derniers jours de juin, que des miettes d'information. Ils courent chez les radiesthésistes. La consultation coûte 200 francs. Ils vont de bureau en bureau. Ecrivent...

Le destin va obliger les Français à se livrer à un jeu cruel de cache-cache. Les soldats, qui ont croisé tant de réfugiés sur les routes, ne savent plus à quelle adresse écrire. Sur quelles rives leur famille, roulée par ce fleuve, a-t-elle abordé ?

Les femmes, qui ont côtoyé l'armée en déroute, devinent que les secteurs postaux ne correspondent plus à rien.

Pour les renseigner, quelques listes publiées par les journaux de province qui s'efforcent de recenser, plus ou moins parfaitement, la population des camps voisins.

Les listes affichées sous les arcades du Palais-Royal et devant lesquelles stationnent des files anxieuses, qui s'allongent parfois jusqu'à la place du Théâtre-Français.

Entre le 12 août et le 31 août, le Centre National des Prisonniers de guerre publie, « d'après les renseignements fournis par l'autorité militaire allemande », neuf listes de captifs. Les sept premiers fascicules comprennent chacun 5.000 noms, le huitième 7.500, le neuvième 10.000. Noms de toutes consonances et de toutes origines (2). Grande Armée qui n'a jamais trouvé son Napoléon. Abbadie, Abdallah ben Aïssa ben Kalifa, Delforge, Paboundi Kondogo né à Touoba (Congo), Boleslav Pacala né à Essen, Wojtasikiewicz né en Pologne, Sanchez qui a vu le jour à

(1) Signalé par René Ganon au camp de Bel-Ebat.

(2) A la date du 15 octobre, le Centre National d'Information sur les prisonniers de guerre, 60, rue des Francs-Bourgeois, Paris-3e, aura publié 30 listes qui peuvent être consultées gratuitement dans toutes les mairies. Entre le 31 juillet et le 17 octobre 1940, il enverra 172.399 réponses précises à ses correspondants.

Le *J. O.* du 30 juillet créait d'autre part une Direction des Prisonniers de guerre chargée de centraliser toutes les questions.

Jimenado, et Dupré et Nguyen van An du village de Tam Düong, et Dupont et Martin. 30.000 Martin, dont près de 2.000 se prénomment Jean, trouveront place dans le fichier français de l'Agence centrale de Genève.

Cette Agence centrale du Comité International de la Croix-Rouge, à laquelle les autorités françaises conseillent d'écrire, en franchise de port et en priorité, reçoit en quelques jours des centaines de milliers de lettres identiques pour le fond et presque pour la forme.

Messieurs,

Je suis sans nouvelles de mon fils depuis le 15 *mai et j'ai recours à vous, dans l'angoisse où je suis, espérant que vous pourrez me renseigner sur son sort.*

Il s'appelle Jean Martin.
Né le 30 *mars* 1903
dans l'Ardèche, à Saint-Lou.
Incorporation 2e *classe,*
21e *R. A. C.*
7e *Batterie.*

Dans l'espoir que ces indications suffiront à vos recherches, à l'avance et de tout cœur je vous dis Merci !

Oui, des milliers et des milliers de lettres.

Après les premières libérations de juillet, près de 18.000 garçons de l'Aisne restent prisonniers, 11.000 de la Charente, 24.350 des Côtes-du-Nord, 29.650 du Finistère, 26.050 de l'Ille-et-Vilaine, 25.150 de la Loire-Inférieure, 13.750 de la Dordogne, plus de 20.000 de la Marne, 25.650 de la Nièvre, 24.550 de la Somme, départements paysans qui ont toujours payé cher l'honneur de fournir l'infanterie des rois et des républiques.

★

Lorsqu'on les a retrouvés, il faut apprendre à leur écrire. La Direction du Service des Prisonniers de guerre « conseille » aux femmes et aux parents qui connaissent l'adresse exacte de leur prisonnier d'envoyer des cartes postales non illustrées, de préférence aux lettres sous enveloppe non fermée, de ne pas « *s'étendre en de vaines lamentations auxquelles le prisonnier ne peut apporter de remèdes, de ne pas importuner le prisonnier par l'exposé des difficultés journalières, commerciales ou autres, de ne pas porter d'appréciation sur les événements actuels qu'ils soient d'ordre extérieur ou intérieur* (1) ».

★

Très vite, les lettres deviendront le seul soutien (ou la principale source de démoralisation) des captifs.

Passées l'excitation des premiers jours, les souffrances de la faim quotidienne, les difficultés d'une installation où la débrouillardise joue le plus grand rôle, passées les discussions au cours desquelles l'on refait la bataille et l'histoire à sa convenance, retombé l'espoir d'une prochaine libération, le captif, qu'il soit conduit en Allemagne ou demeure sur le sol français, n'a, pour le raccrocher à sa vie antérieure, que les photos de son portefeuille et les cartes et les colis qui, par-dessus les barbelés, calment et irritent la grande faim de tendresse et de savoir.

Pour lire la carte-lettre qui arrive bien tard — certaines mettront cent quatre-vingt-dix-neuf jours — l'homme va s'asseoir sur son châlit. Au milieu de la masse humaine et des cris et des bruits et des odeurs, il s'isole. Voici recréé, autour de lui, son univers familier. Il lit et relit, cherchant par-delà les mots, les visages et les gestes ; essayant d'interpréter jusqu'à la graphie et jusqu'au choix des adjectifs ; la pudeur et l'éloignement tempèrent la tendresse, il le sait bien, et il ne vieillit pas à la même allure que ceux qu'il aime. L'aiment-ils encore ? Les aime-t-il toujours ?

Question des nuits et des jours.

Les baisers qui viennent de si loin ne sont-ils pas seulement un témoignage de charité ?

Dans ce monde des captifs ou tout appartient à tous, les lettres qui apprennent la trahison d'une femme sont immédiatement connues. Ce mal, qui frappe les autres : mort,

(1) Pour les prisonniers internés en Allemagne, les correspondants doivent inscrire, en haut et à gauche, leurs nom et adresse ; en haut et à droite « Kriegsgefangenenpost », ce qui signifie « Poste des Prisonniers de guerre » et « Gebührenfrei », qui veut dire « Franco de port » ; il faut également reproduire intégralement l'adresse du prisonnier de guerre en la faisant précéder des mots « an den Kriegsgefangenen » qui veulent dire « au prisonnier de guerre ». Doivent suivre le grade et le nom du prisonnier, ainsi que le numéro qu'il a reçu à son arrivée au camp définitif. Sous ces indications, il faut porter le numéro du Stalag ou de l'Oflag ainsi que le mot Deutschland.

Pour ceux qui écrivent à des prisonniers toujours en territoire occupé, le mot « Stalag » est à remplacer par le mot « Frontstalag ». Le nombre de cartes que peuvent envoyer et recevoir les prisonniers est limité.

maladie, abandon, n'est-il pas en marche pour m'atteindre ? Ils peuvent tous se poser la question.

Une petite pièce régionaliste (1) riche en poncifs, mais aussi en notations exactes (ce n'est nullement contradictoire) montre l'arrivée du courrier dans un stalag. L'aumônier va de l'un à l'autre. Il console Bessemoulin dont la mère vient de mourir. Il s'approche de Moreau.

— Pour toi aussi, mon petit, il y a de mauvaises nouvelles !

— Il y a trois mois que je ne reçois plus rien. C'est pas naturel. J'en dors pas. C'est au sujet de ma femme ?

— Oui, c'est d'elle qu'il s'agit. L'Ecriture nous dit que l'ennemi rôde autour de nous, cherchant sa proie.

— Tournez pas autour du pot. Qu'est-ce qu'il y a ? C'est qu'elle me plaque, pas vrai ?

— Non, mon petit. Si elle a succombé, elle t'aime malgré tout. Elle s'est ressaisie. Malheureusement...

— Malheureusement ?

— Il y a eu des suites — un enfant est venu.

— Saleté, va ! Alors, pendant qu'on souffre à en crever, nos femmes font la bombe. Ah ! les garces !

— Les femmes de prisonniers ne méritent pas ce reproche. Dans l'ensemble, malgré toutes les sollicitations, elles font leur devoir. Hélas! une faiblesse peut arriver.

— Une faiblesse ? Vous appelez ça une faiblesse ! Une saloperie, voilà ce que c'est. Jamais je ne lui pardonnerai. Ça jamais.

— Calme-toi. La colère t'aveugle. Réfléchis. Elle est jeune, peut-être coquette... Elle a pu se laisser entraîner...

Moreau pardonnera. Mais combien de Moreau dans les camps ?

★

Il y a le supplice provoqué par les lettres. Mais il est plus douloureux encore de ne rien recevoir.

Je viens de passer les jours les plus noirs de ma captivité, jusqu'ici s'entend, note Roger Debouzy, le 6 février 1941. *Ni lettres ni colis n'arrivent. Que font-ils, bons dieux ?*

Je me suis mis à donner des cours d'anglais moyen pour m'occuper utilement et à étudier l'espagnol après avoir

(1) *Retour de Stalag*, de Ch. Maestu de Boduer, publié dans « Les Cahiers du Berry ».

abandonné l'allemand et l'italien. Je ne suis pas le seul à ne pas savoir me fixer. Nomades emmurés !

20 *heures. — Je viens de recevoir cinq lettres. Rayons de soleil au fond de cette cave...*

Dans l'immense littérature suscitée par les prisonniers, on insistera toujours justement sur l'importance psychologique des lettres et des colis.

Je voudrais avoir le temps de vous dire longuement qu'il y a tout un art — un art du cœur — de composer un colis et d'écrire une lettre, déclare un prêtre, *même — ou plutôt surtout — si l'on ne dispose que de quelques lignes ou de denrées trop rares.*

Un colis, quand des mains pieuses ont pu le composer, c'est comme une lettre en blanc, dont le prisonnier s'efforce de déchiffrer le message muet. Si sa rêverie s'éternise devant ce modeste pull-over déplié devant lui, c'est qu'il devine que ses initiales ont été brodées par la main hésitante de sa fillette... Ce petit paquet, noué soigneusement, il s'émeut à la pensée que la main de sa femme, de sa mère s'est posée dessus (1).

Le colis ? Lui aussi obéit à des règles très strictes. Pas de briquet, ni d'allumettes, ni de lampes électriques, ni de vêtements civils, qui pourraient faciliter une évasion, pas de stylographe ni de papier à lettre, pas de produits pharmaceutiques ni de cirage, pas de denrées périssables. Il est limité (2) (un colis postal de 1 à 5 kilos tous les deux mois, un paquet-poste d'un kilo par mois), ouvert à l'arrivée par les Allemands qui savent bien que beaucoup de boîtes de conserves contiennent des lettres, des cartes, des marks, de l'alcool. A la poursuite des denrées prohibées, les gardiens mélangent confiture, nouilles, haricots, riz, lait condensé, toutes ces richesses qui sont le fruit de longues attentes, de ruses, de sacrifices quotidiens.

Les prisonniers sont naturellement heureux des colis envoyés par les œuvres charitables : au début d'octobre 1940, la Croix-Rouge Internationale a distribué 60.000 collections de vêtements ; le B. U. S. a expédié 25.000 volumes en six mois aux étudiants et professeurs

(1) « Rien n'est plus cruel, écrit l'abbé Ludovic Giraud, que ces lettres vagues de ton, banales de sentiment, abstraites, entre les lignes desquelles on peut tout deviner, même le pire. La meilleure lettre pour le prisonnier est celle où il sent battre le pouls de la vie familiale quotidienne. »

(2) Il existe d'abord une carte de colis, puis les prisonniers adressent des « étiquettes » à leur famille.

rassemblés dans les camps, et ce chiffre atteindra 220.000 le 24 janvier 1942 ; l'Aumônerie générale des Prisonniers a fait parvenir aux prêtres captifs 3.200 autels et 130.000 litres de vin de messe ainsi que 800.000 missels... 30.000 évangiles polonais, des bibles israélites, des croix orthodoxes et des images pieuses dont le modèle doit être agréé par les Allemands qui refusent des textes aussi innocents que : « Sainte Jeanne, patronne de la France, priez pour eux ».

De son côté, la Direction du Service des Prisonniers de Guerre expédie aux hommes de confiance des camps un certain nombre de colis collectifs (couvertures, draps, chaussures). De Lyon, où se trouvent les entrepôts de la Croix-Rouge française, partent tous les jours, à destination de Genève et des camps d'Allemagne, des wagons complets dont le contenu, au 30 avril 1941, forme, au départ de la zone libre, un total relativement impressionnant : 12 millions de paquets de cigarettes, 4 millions de paquets de tabac, 6 millions de kilos de pain de guerre, plus d'un million et demi de conserves de viande, 887.472 kilos de sucre et de confiture.

Les communes, les administrations, les usines, les amicales régimentaires, la Légion, les patronages, les lycées, l'Université récoltent et répartissent les dons les plus divers. A Paris, le Centre d'Entr'aide aux étudiants prisonniers réussit à envoyer 200 colis de 5 kilos chaque mois, colis comprenant aussi bien du linge (serviettes, chandails) que du ravitaillement, des reconstituants, du tabac et du savon. Les donateurs n'oublient pas le moral des prisonniers. C'est ainsi que l'œuvre de recherche et d'entr'aide des prisonniers de la 32e division — dirigée par un prêtre il est vrai — expédie davantage de livres de prières (550 kilos) que de chocolat (279 kilos) ou de viande de conserve !

Partout, des quêtes ont lieu en faveur des prisonniers, et les plus humbles se privent souvent, au profit d'inconnus, d'un peu de laine que l'on tricote, de quelques morceaux de sucre que l'on joint à un colis.

Ceux qui donnent, soupçonnent-ils l'émotion de ceux qui reçoivent ?

Je ne suis pas superstitieux, écrit l'aspirant Debouzy, le 13 février 1942, *mais ce vendredi* 13 *me porte chance. Je viens de recevoir une carte collective d'une classe de fillettes parisiennes qui veulent devenir mes marraines. C'est sincèrement émouvant. Mais pourquoi moi ? Je sens que je vais accepter et j'ai un peu honte, car je ne suis pas le plus nécessiteux des 120.000 prisonniers parisiens ; il s'en faut même de beaucoup.*

Et, le 21 avril, lorsque le colis est arrivé :

Le premier colis de mes marraines m'est parvenu. C'est vingt colis en un seul, une série de petits paquets isolant une cigarette ou deux ou trois, une demi-barre ou une barre de chocolat, deux ou trois morceaux de sucre, quatre ou cinq gâteaux, une boîte de confiture (je suis confondu d'un tel sacrifice), un peu de succédané de café, des noix, etc...

Ces petites sont bouleversantes dans leurs gestes si simples et si purs.

Mais le véritable colis, c'est celui que la femme prépare avec amour et malgré des difficultés, des sacrifices, dont jamais le prisonnier ne pourra se rendre compte.

Entre la solitude totale de la femme de prisonnier et la solitude peuplée du prisonnier, les objets familiers : ce chandail et ces gants tricotés à la maison, ces conserves, ces fruits secs, ce sucre, accumulés à force de privations et de « combines » aussi, tissent des liens aussi forts que les lettres, des complicités affectueuses, offrent un champ immense à l'imagination.

Le colis est dialogue.

Femmes de prisonniers. La plupart vivent très chichement ayant droit, en 1942, à des allocations journalières dont le montant varie entre 10 fr. 50 et 20 francs, somme à laquelle il faut ajouter une allocation à peu près équivalente par enfant à charge.

Femmes de prisonniers, à mesure que passent les années, de plus en plus solitaires, en marge d'une société qui a déjà oublié le drame de 1940 qui reste leur drame. Femmes de prisonniers aux prises avec les mille difficultés de la vie quotidienne, les enfants à élever, l'argent difficile, la vie chère, la solitude physique et morale et l'oubli d'un visage qui s'estompe avec le temps, comme celui d'un mort.

Essayant de dresser un bilan, « un groupe de femmes de prisonniers » écrit, en 1943 : *Il est facile de jeter la pierre à celles qui, paraissant oublier l'absent, cherchent dans un autre le secours ou la tendresse qui leur manquent. Il faudrait avoir compris jusqu'où leur détresse les accablait. L'égoïsme de ceux qui vivaient à côté d'elles les a peu à peu conduites à ces chutes.*

Le gouvernement s'efforce bien de protéger les foyers de prisonniers en menaçant de frapper sévèrement « *tout individu qui, profitant de la moindre résistance morale d'une épouse restée seule, vivrait avec celle-ci dans un état de concubinage prolongé et notoire* » mais, conclusion de trop de drames de l'absence, le nombre des naissances illégitimes passera de 38.000 en 1938 à 57.000 en 1944 pour 86 départements seulement ; celui des divorces atteindra, en 1945, plus de 42.000, plus de 70.000 en 1946, contre 27.000 en 1938.

Alors qu'avant la guerre la femme obtenait le plus souvent le divorce à son profit, tout est changé soudain.

Pour une moyenne de 1.000 divorces prononcés en 1946, l'homme a gain de cause 538 fois, la femme 298. Dans 174 cas, le divorce est prononcé aux torts réciproques des époux.

★

Tous les prisonniers de juin 1940 n'ont pas été conduits en Allemagne.

Dans les premiers jours de l'occupation, le gouvernement français, soucieux de remettre en marche l'économie du pays, obtient de Berlin, qui souhaite cette reprise, la libération de très nombreux soldats. Il n'est que juste d'ailleurs, d'écrire que la pensée du maréchal Pétain sera quotidiennement tournée vers les prisonniers.

On libère le personnel sanitaire et la plupart des grands blessés (100.000 hommes), ainsi que les anciens combattants de 1914-1918 ; on met « en congé de captivité » (1) les hommes indispensables au maintien de l'ordre, les ouvriers de la S. N. C. F., le personnel des houillères, du gaz et de l'électricité, les fonctionnaires de l'administration centrale, les agents des ponts et chaussées, bon nombre d'agriculteurs.

Avant même qu'interviennent ces libérations, qui videront les camps d'une partie de leurs occupants (2), les prisonniers cantonnés en France sont employés à des travaux d'urgence. Y a-t-il tâche plus nécessaire que de remettre en état le réseau routier et ferroviaire et de rentrer la moisson ?

A l'heure où la main-d'œuvre fait cruellement défaut,

(1) Le congé de captivité est conditionnel. Le prisonnier qui en bénéficie peut, à chaque moment, recevoir l'ordre des autorités allemandes de rejoindre un camp de prisonniers de guerre. Dans la pratique, cette clause ne fut que rarement appliquée.

(2) Après 1940, les rapatriés ont été au nombre de 427.000, ainsi répartis : 223.000 pour 1941 ; 85.000 pour 1942 ; 92.000 pour 1943 ; 27.000 pour 1944.

les paysans viennent dans les camps « louer » des prisonniers.

Dans la forêt de Juigné, on voit ainsi des équipes de P. G. travailler sous la molle surveillance de quelques sentinelles qui n'empêchent nullement les femmes de venir retrouver leurs maris. Ailleurs, les prisonniers déblaient les voies pilonnées par les bombardements. Là où les torpilles sont tombées, des wagons écrasés, des rails tordus, des obus non explosés, du matériel renversé et mutilé, des sacs à dos, des vêtements, des lettres de femmes et des circulaires jonchent le sol.

Il faut soulever délicatement les obus amorcés, veiller aux fusées, aux munitions proches des foyers qui couvent encore.

★

Le 9 juillet, le lieutenant Stein, qui commande le camp de Voves, convoque Benoist-Méchin. Historien de l'armée allemande, Benoist-Méchin, qui a refusé de servir comme interprète, a cependant d'assez fréquents entretiens avec ses gardiens. Sa parfaite connaissance de l'allemand et de l'Allemagne en font un interlocuteur tout désigné pour des hommes qui s'embarrassent moins des grades que des compétences.

C'est à lui que Stein annonce que l'autorité militaire allemande a décidé de mettre à la disposition des paysans des milliers de prisonniers. Partout la moisson attend.

— Il y a là, dit le lieutenant Stein, toute une organisation à mettre sur pied. Voulez-vous vous en charger ?

Difficile travail. Il faut rapidement faire coïncider les désirs des communes et les impératifs allemands. Etablir des cartes d'identité. Une liste des besoins paysans. Le maire de chaque commune fera l'appel deux fois par semaine, c'est entendu. Chaque prisonnier sera nourri, touchera 25 francs par semaine et aura le droit d'inscrire ses plaintes sur un répertoire spécial. Si un prisonnier s'évade, toute son équipe sera punie...

La moisson, immense toison rousse, à peine foulée ici et là par la guerre, pâtirait de trop longues paperasseries. Il faut se hâter.

Enfin, voici venu le jour du départ des équipes de moissonneurs. Les hommes s'avancent vers l'entrée du camp (une usine de chiffons). Les chefs d'équipe annoncent, en passant devant le lieutenant Stein, Benoist-Méchin et ses aides, le nombre de leurs hommes :

— Theurville ?
— 25 hommes.
— Tout le monde est là ?
— Personne ne manque.
— Beauvilliers ?
— 18 hommes.
— Boisville-la-Saint-Père ?
— 30 hommes.
— Fain-la-Folie ?
— 38 hommes (1).

Quatre cents prisonniers partent ainsi dès le premier jour. Deux mille auront bientôt provisoirement quitté le camp de Voves.

Hommes heureux de renouer avec une activité physique, d'obtenir une nourriture plus substantielle que celle des camps, paysans à l'aise parmi ces champs qui leur rappellent leurs champs, et dans l'odeur de cette chaude moisson de juillet.

Dans les Ardennes, l'emploi des prisonniers aux travaux agricoles se poursuivra bien après l'été 1940. Pour 30 francs par jour, les P. G. sont utilisés sur les terres annexées par les Allemands. Mais la garde (un soldat pour dix P. G., puis un pour cinq) est relativement sévère.

A partir de 1942, cependant, quelques captifs des Frontstalags des Ardennes (3.300) pourront signer un « contrat de travail » qui leur évitera le départ pour l'Allemagne.

Possédant des habits civils, logé dans un cantonnement différent de celui des autres P. G., pouvant circuler librement dans les villages et même obtenir « une courte permission pour le pays natal » soumis à la seule autorité du chef de culture allemand, le « prisonnier en congé » jouit d'un statut assez proche de celui des travailleurs français en Allemagne.

★

Tout le monde n'a pas la chance d'être agriculteur ou cheminot.

On ferme les wagons.

Les wagons de la démobilisation qui seront les wagons de la captivité.

---

(1) *La Moisson de Quarante*, pp. 172-173.

Un million et demi de soldats vont vivre pendant des années dans les camps d'Allemagne.

Il en est qui s'évadent. 70.000 environ jusqu'en 1944.

Il en est qui vivent une aventure plus extraordinaire encore que l'évasion.

En liberté surveillée, ils retrouvent, pour quelques jours, la France où on les fête et quinze jours plus tard, sans chercher à s'enfuir, volontairement, reprennent le chemin du stalag...

★

Ce soir de novembre 1942, comme chaque soir, le prisonnier Léonce Lagrue, matricule 56.174, assiste au rassemblement des 1.000 prisonniers de guerre employés par l'usine Hoesch, près de Dortmund.

— Comment va ton pied ? demande un camarade.

— Mieux, je ne vais plus tarder à vous rejoindre.

Léonce Lagrue jette un coup d'œil sur son pansement. Il songe qu'il ne pourra, une troisième fois, se brûler volontairement avec de la crasse rouge.

Pour échapper à l'infernal travail devant les fours Martin, il s'est blessé à deux reprises et, chaque fois, a obtenu vingt et un jours de convalescence. Il ne peut recommencer sans péril. Il va falloir reprendre le chemin de l'usine...

— 56.174 !

Son numéro, mais oui, c'est bien lui que l'on cherche.

Le chef de camp lui dit :

— Morgen früh Stalag (demain matin au stalag) et Léonce Lagrue songe immédiatement que la raison de sa mutilation est connue. On va le juger, l'expédier dans un camp de représailles...

Le lendemain, il est au stalag où un officier le convoque.

— Quel métier ?

— Etudiant en théologie.

— Vous partir en France demain matin six heures pour avoir les pouvoirs et vous revenir sacrifier pour vos camarades.

— Mais, je ne suis pas prêtre... où vais-je aller ? C'est mon archevêque seul qui peut m'appeler.

— Demain, six heures vous partir Reims. Baptême Clovis. Champagne. Centre de la France chrétienne !

A la même date, dix-huit séminaristes, répartis dans plusieurs stalags d'Allemagne, au III A, au IV D, au XIII B, etc., entendent à peu près les mêmes mots.

Sans comprendre. Bien sûr, plusieurs mois auparavant, on leur a dit que la mission Scapini intercédait en leur faveur (1), mais il y a tant de bobards... et puis être ordonné prêtre alors que certains ne sont que sous-diacres, c'est impossible, voyons !

Ils partent tout de même. Pas pour Reims. Pour Trêves où on les regroupe peu à peu. Pendant plusieurs jours, ces hommes qui déchargeaient des pavés, labouraient, surveillaient des fours Martin, n'ont plus qu'une chose à faire : s'exercer à dire la messe dans la chapelle du Stalag sous la direction d'un prisonnier qui était, en France, directeur de grand séminaire, apprendre à confesser, à donner les sacrements.

Enfin, le 7 décembre, après qu'on leur a fait signer une promesse de retour, les dix-huit prennent le train sous la garde de deux soldats catholiques... et sans armes, apparentes.

Nancy... Le premier verre de vin. Châlons-sur-Marne... Les premiers draps blancs. Le 8, au matin, les séminaristes arrivent à Reims et sont conduits à la Kommandantur qui les « confie » au Supérieur du Grand Séminaire, M. Desamy, un ancien combattant de la Grande Guerre.

Immédiatement, la plupart des prisonniers échangent leurs mauvais vêtements militaires contre des soutanes prêtées par des séminaristes. Pendant quatre jours, ils font retraite, se recueillant dans un admirable climat de ferveur, méditant la beauté de leur aventure et cette phrase de saint Paul : « Cependant chacun de nous a reçu sa part de la grâce divine selon que le Christ a mesuré ses dons ! C'est pourquoi l'on dit : Montant dans les hauteurs, il a emmené des captifs. »

Leurs heures de liberté, ils les passent en compagnie de leurs familles vite alertées, ils les passent aussi à renseigner femmes, mères, fiancées de leurs camarades. On leur apporte des cadeaux, de la nourriture, des messages.

Le 12, certains d'entre eux reçoivent l'ordination du diaconat. Et le dimanche 13 décembre, dans la cathédrale de Reims qu'une foule émue emplit, quatorze (2) jeunes hommes, chaussés de gros souliers de soldat, revêtus de soutanes empruntées, s'étendent devant l'autel pendant

(1) L'abbé Rhodain avait demandé à tous les évêques de France de lui indiquer les noms des séminaristes qui pourraient être ordonnés prêtres en captivité.

(2) Quatorze sur dix-huit. Quatre d'entre les captifs provisoirement libérés n'avaient pas, en effet, reçu les ordres mineurs.

que l'on chante la litanie des Saints et que Mgr Marmottin prononce les paroles qui font d'eux des prêtres pour l'éternité.

Après l'ordination, l'abbé Rhodain leur remet leur croix d'aumônier de captivité ainsi que leur autel portatif (1).

Les autorités allemandes ont accordé trente-six heures de permission aux nouveaux prêtres. En compagnie de leurs parents, les voici partis vers leur ville ou leur village. Quatre vers Nantes : les abbés Aoustin, Jubin, Doucet et Pavin, trois vers Rouen : Fedina, Lagrue et Auvray, un vers Troyes : Vuidepot, un vers Luçon : Bitandeau.

Toute la nuit, ils la passent dans un train bondé et Edmond Aoustin, debout contre un ivrogne qui clame des horreurs ou des imbécillités, murmure : « Tout à l'heure ce sera ma première messe, tout à l'heure... »

Leur première messe, ils ont en effet la joie de la célébrer dans l'église qui fut l'église de leur enfance. Tous sauf un : l'abbé Paul Manigaud, de Limoges, qui n'a pu se rendre dans l'ancienne zone libre (occupée depuis un mois) et va cependant dire la messe au Sacré-Cœur, à Montmartre, ainsi qu'à Notre-Dame-des-Victoires.

Ils parlent, ils parlent de leurs camarades de captivité, ils expliquent, et puis ils regardent avidement ces lieux et ces êtres chers qu'il leur faut quitter. Embrassades. Retour à Reims. On leur dit qu'ils doivent partir le 19 décembre ; le 18, ils apprennent que leur retour en Allemagne est repoussé au 21. Le 21, toujours pas de nouvelles de leurs gardiens. Ils sont partagés entre le désir de célébrer la messe de Noël devant leur famille ou devant leurs camarades de captivité. Les heures passent, incertaines et difficiles.

De multiples amitiés les entourent, attentives à leur bien-être. Le 23, enfin, on réveille à 4 heures du matin ceux qui couchent au Petit Séminaire.

— Vite, vite, rassemblement, vous partez dans une heure.

A la hâte, ils s'habillent, courent au Grand Séminaire. On charge une charrette des bagages et des provisions. Bouteilles de champagne et alcools ne manquent pas à l'appel ; quel plaisir de rapporter de France, pour les camarades, toutes ces nourritures terrestres !

Chant des adieux. 5 h. 30, le train s'ébranle.

(1) Dans l'après-midi une cérémonie eut lieu à la Maison des Prisonniers, cérémonie au cours de laquelle les prêtres-prisonniers purent constater (avec peine et surprise) la désunion des Français.

Allons, leur messe de Noël, ils la diront devant d'autres captifs, leurs frères (1)...

★

Pendant quatre ans, prisonniers lointains et présents.

Présents dans les discours officiels et dans les rêves des femmes.

Pesant de tout leur poids sur les rapports franco-allemands.

Objectif pour Vichy, marchandise pour Berlin.

Leur misère sert d'appât. La Relève se fait en leur nom et l'on organise à Compiègne une cérémonie symbolique au cours de laquelle le premier train d'ouvriers croise le premier train de rapatriés (2).

Dans la petite gare, officiers allemands et officiers français se font face ; sur les toits des wagons, beaucoup d'hommes sont montés pour voir Laval serrer la main de ceux qui rentrent. Ils ont de vieux calots sur la tête, des capotes usées, des visages fatigués et rayonnants. Ecoutent-ils ce discours que, devant trois micros, Pierre Laval lit alors : « *Pour contribuer à faire tourner ses usines, l'Allemagne nous demande* 150.000 *spécialistes et le chancelier Hitler a accepté qu'au fur et à mesure de leur départ,* 50.000 *prisonniers nous soient rendus. C'est ainsi que la relève a commencé. L'arrivée de ce premier train de prisonniers atteste que les ouvriers de France ont répondu à mon appel... Et vous, Français qui rentrez, vous comprendrez mieux la France... Vous ne serez pas sceptiques, vous qui avez connu les souffrances morales de l'exil.* »

Hommes relativement âgés (il y a parmi eux bon nombre de veufs pères de famille), libérés des stalags I A et I B, ils songent surtout aux joies du retour. Encore quelques heures. Encore quelques minutes.

Les wagons, ornés d'inscriptions à la craie, « Vive Pétain, vive la Relève. Songez à ceux qui restent » poursuivent leur route. A chaque arrêt, musique, autorités, jeunes femmes en costume régional, fleurs, enfants, premiers baisers mala-

---

(1) Plusieurs prêtres ordonnés le 13 décembre 1942 (les abbés Léonce Lagrue, René Auvray, Joseph Pavin, Edmond Aoustin, Paul Manigaud) ont bien voulu me communiquer, dix-huit ans plus tard, leurs souvenirs personnels sur cette exceptionnelle et inoubliable journée.

(2) M. Scapini, « ambassadeur des prisonniers » signale au début de l'année 1941 une manifestation de femmes de prisonniers devant ses services, rue Cortambert. Ces femmes étaient désireuses de voir leurs maris remplacés en Allemagne par des affectés spéciaux.

droits. A Lyon, les rapatriés gagnent la maison du Prisonnier dans un tramway que la foule empêche d'avancer autrement qu'au pas.

Ils ont à peine retrouvé leur foyer que l'on demande aux prisonniers de prendre parti. A ceux qui viennent de passer par Compiègne, l'on soumet immédiatement un communiqué « contre les informations mensongères et les commentaires tendancieux » de la radio de Londres et des journaux clandestins.

Le Centre d'action des Prisonniers de guerre rapatriés, qui a son siège à Lyon, tente d'élaborer une « mystique P. G. ». Réunis en janvier 1942 au château de Crépieu-le-Pape, 17 dirigeants du C. A. P. confrontent leurs expériences de camp et leurs impressions de rapatriés :

Nous sommes arrivés en Allemagne dans une impression d'ahurissement, presque comme des bêtes cernées qui renonçaient à comprendre, écrit le rédacteur qui résume les discussions de l'abbé Marouel, de Jean Guitton, de de Chazournes, de de Fabrègues, de Buttin et de leurs camarades. *Mais, bien vite cependant, nous avons senti la nécessité d'exploiter l'épreuve... Le prisonnier a fait face à la défaite... Le prisonnier a reconnu que la défaite était méritée, qu'elle n'était pas un accident imprévisible. La défaite militaire a hâté une décomposition déjà profonde, mais non encore consacrée du tissu social français. En un certain sens, elle a heureusement mis fin à cette décomposition.*

Rapatriés, ces hommes qui ont fait retour sur eux-mêmes, et à qui le climat moral de la France retrouvée ne plaît pas toujours, s'efforcent de se donner des mots d'ordre capables de soutenir une doctrine, mais les événements marchent plus vite qu'eux. Ils ont pris deux ans de retard sur la France.

Partisans de la Révolution Nationale, telle qu'ils l'ont connue à travers les messages du Maréchal, ils devinent que cette révolution n'a presque jamais dépassé le stade des mots et ne reconnaissent pas la France qu'ils retrouvent.

Pays étrange où la lutte pour la vie est de plus en plus rude, où tous ceux qui se « débrouillent » pour manger et pour vivre ont pris une avance irrattrapable, où les civils souffrent davantage que les soldats, où les longues, et un peu vaines, discussions des camps ne sont plus de mise.

Prisonniers à qui d'autres hommes, chaque jour plus nombreux, plus misérables, plus glorieux, disputent leur titre de prisonniers.

CHAPITRE IX

LA VIE QUOTIDIENNE DANS LES PRISONS

Le 8 décembre 1941, le lieutenant Ernst Jünger marche dans Paris. Il n'est que 8 heures du soir. Mais les rues sont vides. Pas un seul vélo-taxi, les grilles des stations de métro sont refermées, déserts les halls des cinémas ; de loin en loin, seulement, une patrouille d'agents...

Paris est consigné. Paris est mis au coin. Ernst Jünger marche à travers une ville noire, dans des rues fantômes, entre des fantômes de maisons. Il pourrait se croire sur une planète morte s'il n'y avait, à droite et à gauche, les rires des enfants et le bruit de la radio.

Comme si l'on passait entre des cages d'oiseaux, songe-t-il.

Ces cages que l'on couvre d'un manteau sans parvenir à obtenir le silence.

Jünger pense à son travail de la journée. Pour l'armée allemande, il a traduit les lettres d'adieu des otages fusillés à Nantes et, rentré chez lui, songeant à ces hommes, morts sous les coups de soldats portant le même uniforme que lui, il note sur son carnet : « *C'est là une lecture qui m'a fortifié. On dirait que l'homme, à l'instant où on lui annonce sa mort, se dégage du vouloir aveugle et reconnaît que l'amour est le plus profond de tous les liens.* »

Quels sont donc ces mots capables de « fortifier » un soldat allemand, qui est aussi un écrivain antinazi ? Les plus beaux mots du monde : « courage », « amour », « espoir ».

Les hommes qui vont mourir ont longtemps espéré — peut-être espèrent-ils jusqu'à la dernière seconde, jusqu'au face à face avec les fusils ? — Mais les voilà devant l'officier ou le prêtre qui vient les prévenir. Alors, l'âme se hausse. Tout naturellement, elle s'offre à elle-même une dernière représentation. Consciemment ou non, chacun veut laisser aux siens une image très belle, mais, en même temps, se définir, expliquer son combat, une dernière fois jouer le rôle de chef de famille, évoquer l'argent, la vie quotidienne, le métier à donner aux enfants, le modeste héritage à partager.

« *Je laisse environ* 615 *francs* (1). *Remettez-les à la solidarité pour les emprisonnés et les internés politiques* (2). »

« *Vous viendrez à Vannes prendre ma valise et les sous qui me restent. Alfred prendra soin de mon vélo et quand il pourra gagner son pain il lui appartiendra. Vous donnerez ou vous vendrez les rasoirs et tondeuses, faites d'eux ce que vous voudrez. Tâchez de vous aider entre vous parce que moi je n'appartiens plus à ce monde* (3). »

Parfois, l'homme qui va mourir, et qui se veut si fort, se laisse aller à une dernière mélancolie.

« *Nous ne verrons plus les beaux jours revenir,* écrit Charles Delavacquerie, le 22 octobre 1941.

On vient, il est 1 *h.* 30.

Finis les derniers bons jours en famille. je ne verrai plus mon beau Montreuil... »

« *Ma petite femme adorée,*

Ma chère petite Mût,

Déjà la dernière lettre et déjà il faut se quitter. Que la route est jolie, jolie, ah ! vraiment oui, chantons, chantons de toutes nos forces (4). »

Il en est que l'imbécillité de leur sort déchire et révolte. Pourquoi vont-ils mourir ? Ils sont nés juifs, c'est vrai. Mais ils n'ont jamais tiré sur des soldats allemands, jamais saboté, jamais diffusé de journaux clandestins.

On va donc les tuer parce qu'un soldat allemand a été abattu quelque part dans la ville et que les coupables sont introuvables. Qu'ont-ils à voir avec cette histoire ?

Otages ? Un otage, dans l'histoire des guerres, c'est un maire, un évêque, un industriel, un personnage important, quoi !

Mais eux, ils ne savent pas pourquoi ils meurent. Juifs. Est-ce donc naître coupable que de naître juif ?

Alors, ils écrivent des lettres haletantes et très belles, pleines d'humanité, traversées de cris, de soupirs et de larmes.

---

(1) Les fusillés ont peu d'argent au greffe, on s'en doute. La Croix Rouge, qui est souvent chargée de transmettre les derniers souvenirs, remet ainsi à Mme G... un porte-monnaie contenant 55 francs en billets, 3 fr. 35 en pièces ; à une autre femme, 20 timbres à 0 fr. 80, etc...

(2) Lettre de René Perronault, fusillé à Châteaubriant.

(3) Lettre de Louis Laboulette, le 22 mai 1941.

(4) Lettre de Claude Lalet, fusillé à Châteaubriant.

Prison du Cherche-Midi, 14-12-41.

Ma chère femme et enfants,

Je t'écris ces quelques lignes pour vous faire savoir que je suis ici depuis midi, suis condamner pour exécuter demain matin, pour otage, ordre de la commandantur ; ça sera ma dernière lettre et mes derniers mots à toi et aux enfants. J'espère que les enfants s'occuperont de toi et pensez toujours à leur père qui est mort innocent, rien à t'écrire, mais il faut dire à ma mère que je suis mort et toi je crois que tu penseras ces lignes sont mes derniers souvenirs pour toi et pour les enfants.

Mes derniers baisers à toi chère femme et chers enfants.

Ton mari et père.

Simon N... qui va être fusillé dans quelques heures ajoute encore quelques lignes à sa lettre. Et, par deux fois, il crie « je suis innocent », comme si cette affirmation pouvait émouvoir les bourreaux.

Bonjour à toute la famille avec mes respects. J'embrasse ma chère mère avec toute la famille. Je meurs innocent et pour rien. Ton mari.

Ma chère femme,

Demande à la Kommandantur le transfert de mon corps pour pouvoir m'enterrer là-bas ; je meurs innocent, pense toujours à moi.

Il n'y a rien de plus émouvant que ces « rallonges ».

Lorsqu'ils n'ont plus rien à espérer, lorsqu'il faut attendre seulement, privés du soutien et du regard des camarades de lutte, lorsque la dernière lettre est écrite, les condamnés à mort sont tentés d'ajouter quelques lignes encore sur le papier, quelques lignes courtes, terriblement humaines (1).

Le 14 décembre 1941, Jacques Grinbaum sait qu'il va mourir à l'aube. Aux siens, il écrit une très belle lettre :

Ma maman que j'aimais tant, Mon papa et meilleur ami, Mes deux petites sœurs chéries, Vous tous qui ne me verrez plus... Vivez, ne tentez rien par désespoir, je l'exige. Telle est ma dernière volonté.

Moralement, je veux vous dire que, dans ces dernières heures, je crois plus que jamais à tout ce que j'ai aimé. Je

(1) La diffusion des lettres de fusillés est interdite par les Allemands, au même titre que le transfert des corps et l'apposition d'une plaque au nom du défunt.

veux m'entretenir avec mes sœurs. Jacqueline a 14 ans, Yvette 12 ans presque. Vous ne verrez plus votre frère. Je n'entendrai plus vos voix. Ma petite rouquibiche et toi ma grande sœur, vous me comprendrez, si ce n'est pas aujourd'hui c'est plus tard. Je regrette de n'avoir pas donné plus de joie à mes parents. Les parents méritent plus de respect. Ils méritent qu'on les choie et leur rende la vie heureuse...

Mais, lorsqu'il a achevé d'écrire longuement, il n'en a pas fini avec la nuit.

Comment dormir ? Il est 3 h. 15. Il griffonne quelques lignes encore, comme s'il voulait tenir le journal de bord de son agonie.

3 *h.* 15 *du matin. Bientôt l'exécution. Je suis calme, très calme et j'attends. Une force me soutient, j'espère que vous tiendrez, promettez-le-moi, au-delà de la mort. On ne meurt qu'une fois.*

Lentes à passer les heures. Les bruits de la prison et de la nuit sont amplifiés par la fièvre de l'insomnie. Encore quelques lignes. Les dernières.

5 *h.* 40. *Toujours aussi courageux. J'ai fait mon* mea-culpa. *Je n'ai rien à me reprocher. Je vous aime papa, maman, Jacqueline et Yvette. Ne pleurez pas trop. Adieu à vous, à toute la famille et à tous mes amis auxquels je pense. Courage. Confiance. Adieu. Conservez mes affaires qui sont à la Kommandantur et à la Croix-Rouge.*

Courage. Bonne chance (1).

★

Bien souvent, ceux qui vont mourir définissent le but de leur lutte. Les communistes proclament leur foi. « Vivent les Soviets ! Vive l'U. R. S. S. » écrit Delavacquerie, l'un des otages de Châteaubriant, et René Perronault : « Je meurs satisfait de la certitude de notre victoire et de celle du communisme », et Adrien Agnès : « Je meurs, ma Monne adorée, avec au cœur la même foi révolutionnaire et la même certitude de la victoire finale, pour la paix et la liberté (2). »

Les catholiques écrivent sur le même ton, avec des mots parfois différents, une foi qui a d'autres racines, mais avec la même ferveur, le même patriotisme.

---

(1) Jacques Grinbaum a été fusillé à Drancy, le 15 décembre 1941.

(2) La dernière lettre d'Adrien Agnès est l'une des plus belles qu'il soit donné de lire. Le texte *in extenso* en a été publié dans le livre : *Châteaubriant et ses martyrs.*

Au moment de mourir, presque tous les condamnés rejoignent, en effet, l'une ou l'autre de ces deux religions qui se disputent le monde des prisons : catholicisme, communisme.

Le brave ouvrier breton Louis Laboulette se réjouit de s'être confessé avant de mourir et, songeant qu'il va être fusillé le jour de l'Ascension, il a ce mot : « *J'ai un bon jour pour mourir, je ferai une ascension le même jour que Notre-Seigneur Jésus-Christ. Il n'y en a pas un qui aura l'honneur de mourir dans le même état que moi.* »

Et le lieutenant Barlier, compagnon du commandant d'Estienne d'Orves :

Mes chers petits-enfants,

Le bon et très doux Jésus, dont nous sommes tous les petits-enfants, a dit aux apôtres, avant de retourner au ciel : je ne vous laisserai pas orphelins.

Aussi, bien qu'Il me rappelle à Lui maintenant, je sais et je vous dis qu'Il ne vous laissera pas orphelins ; d'abord, parce qu'Il est votre père plus encore que moi, et aussi parce qu'auprès de Lui, il me sera permis de vous voir, d'intercéder pour vous et de vous aimer plus encore que je n'aurais pu le faire en restant près de vous...

★

Pour ces hommes qui ont été moralement et presque toujours physiquement suppliciés, la mort vient mettre un terme à de longues souffrances.

Ils y sont préparés. Depuis leur arrestation, tout au long des interrogatoires et du procès, son ombre ne cesse de les accompagner. Compagne des insomnies, visiteuse dont le chant de la *Marseillaise* dans les cellules annonce le passage, la mort ne les prend pas par surprise.

C'est la dernière marche de l'escalier et la plupart savent qu'elle conduit à l'Histoire.

La volonté d'en imposer aux Allemands et le désir de donner un exemple aux camarades emprisonnés, de susciter, par la grandeur du sacrifice, des vocations nouvelles, d'éveiller d'autres âmes à la résistance, contribuent à faire de la marche au supplice une cérémonie religieuse et théâtrale à la fois. Messe des croyants et des incroyants.

« Ils sont partis en chantant la *Marseillaise* »... La phrase revient souvent dans les récits qui se transmettront de bouche à oreille ou par les journaux clandestins. On songe aux témoins évoquant les martyrs chrétiens : « Ils sont partis en chantant des cantiques. »

★

Mercredi 22 octobre 1941. La journée sera très belle. Jour d'automne qui a la tendresse du printemps, le ciel bleu de l'été.

A Châteaubriant, Moreau, le commandant du camp, et le lieutenant de gendarmerie Touya prennent leurs dispositions. Depuis leurs fenêtres, les communistes de la baraque 19 regardent les deux hommes qui s'agitent, qui mesurent...

— Ils doivent chercher comment faire manœuvrer les camions.

— Tu crois que c'est pour aujourd'hui ?

— Bien possible. Tu vois, ils vont examiner la porte qui donne sur la route de Fercé.

— Cinquante otages pour un seul type descendu, quels salauds ! Je me demande si nous serons fusillés ou guillotinés.

— Fusillés. Nous sommes pas des criminels. Des soldats.

Un moment, cette question les agite. Il y a là Granet, Timbaud, Michels, Auffret, Bartoli, Barthélémy, Agnès. Ils regardent les gendarmes de plus en plus nombreux. Les heures passent. Michels se lève pour faire cuire du poisson. Ils partagent leurs provisions.

— Autant en profiter, dis donc.

Ils sont vingt dans la baraque et ils savent depuis la veille que trente communistes de Châteaubriant seront fusillés en représailles de la mort du Feldkommandant de Nantes. Ils savent également que leur baraque doit fournir presque tout le contingent exigé.

Ils écrivent à leur famille. Des lettres sans importance. Des lettres qui parlent de la beauté du jour, des copains, des potins du camp. Le temps n'est pas venu d'écrire : « Voici ma dernière lettre... » On ne sait jamais.

Il est 13 h. 30. Barthélémy achève un mot pour sa femme prisonnière à Niort. Il relève la tête et pousse un cri.

— Bon Dieu, regarde.

Les gendarmes arrivent vers la baraque. Le long des barbelés, on a posté un homme tous les dix mètres. Des Allemands apparaissent suivis du lieutenant Touya.

— Ça y est, c'est pour nous, ils viennent nous chercher.

— Merde alors, ils mettent un F.M. en face de la 6.

— Ils vont peut-être nous descendre sur place.

— Penses-tu.

— Voilà Touya et les Boches.

Très pâle, le lieutenant ouvre la porte de la baraque. Il entre, suivi d'un officier allemand, et salue longuement.

— Salut, messieurs, préparez-vous à sortir à l'appel de votre nom.

Les hommes sont massés sur la gauche, devant le lit d'Agnès. Le lieutenant Touya appelle :

— Michels, Timbaud, Poulmarch, Granet.

Dix noms encore. Dix hommes qui sortent de la baraque. puis :

— Delavacquerie.

Un très léger silence.

— Delavacquerie, demande à nouveau Touya en regardant les six hommes qui restent.

— Il est au camp P 1, répond le docteur Jacq.

— Bon.

Le lieutenant salue de nouveau.

Il ferme la porte.

Ferme la porte entre la vie et la mort.

Les six hommes qui restent se regardent avec plus de stupeur que de joie. Ils étaient prêts eux aussi. On leur avait dit que leur baraque était tout entière condamnée...

Les quatorze hommes qui sont sortis sont conduits dans la baraque 6, face au fusil mitrailleur. Le lieutenant Touya continue sa quête.

Baraque 1, il appelle Kérivel, Kérivel dont la femme est internée également dans le camp. Il aura la permission de la revoir une dernière fois.

Baraque 3.

— David, Bastard, Le Panse.

Plus loin.

— Delavacquerie, Lefèbvre.

Plus loin encore, Tellier et Lalet, Pourchasse et Vercruysse.

Baraque 10.

— Moquet.

Moquet qui a 17 ans.

Court arrêt à l'infirmerie pour prendre Gardette. Il est 14 heures. Tous les hommes sont enfermés dans la baraque 6, on leur remet du papier et des enveloppes. Puis, pendant qu'ils écrivent, la porte s'ouvre. Une fois encore. Ils lèvent la tête. L'abbé Moyon s'avance vers eux. Michels lui dit :

— Nous ne vous recevons pas en tant que prêtre, mais en tant qu'homme. Nous ne sommes pas des catholiques, mais nous sommes contents de votre démarche et nous vous en remercions.

On confie à l'abbé Moyon quelques papiers, des alliances, des photos.

Comme le temps passe.

On a donné une demi-heure à ceux qui vont mourir. Les lettres sont achevées. Ils ont chanté la *Marseillaise* comme l'on communie. Et tous les captifs, consignés dans leurs baraques, chantent également les yeux tournés vers cette baraque 6 dont toutes les ouvertures sont fermées.

14 h. 25. L'abbé Moyon sort. Des camions allemands arrivent et se rangent devant la baraque. Le lieutenant Touya ouvre la porte pour le dernier appel.

Neuf par camion. Ténine dit à Touya en lui désignant Moquet :

— Epargnez-le, c'est un crime de tuer un gosse.

— Laisse, Ténine, réplique Moquet, je suis autant communiste que toi.

Les camions s'éloignent. Deux kilomètres avant la carrière de sable où on les fusillera. Deux kilomètres de *Marseillaise* et d'*Internationale*.

Dans le camp, où l'émotion est immense, les gendarmes ont levé la consigne. Les captifs se précipitent vers la baraque 6.

A 15 h. 30, 16 heures, 16 h. 10, leur parvient l'écho des salves. A 16 h. 15, chaque camp se réunit et fait l'appel des morts :

— Timbaud.
— Fusillé.
— Michels.
— Fusillé.
— Moquet.
— Fusillé.

Le jour tombe sur des hommes qui songent que demain leur tour viendra (1)...

★

Mort de communistes. Mort de catholiques.

Depuis sa cellule mal éclairée de Fresnes, Honoré d'Estienne d'Orves ne voit pas le ciel mais un petit bâtiment en mauvais état : la chapelle de la prison, et

(1) Les Allemands avaient, en effet, annoncé que, le lendemain, 52 nouveaux otages seraient fusillés dont 25 pris à Châteaubriant. Ces exécutions n'eurent pas lieu. Pour raconter ce qui s'est passé à Châteaubriant, le 22 octobre 1941, j'ai notamment utilisé une longue lettre d'Adrien Agnès à sa femme.

cette vision le console un peu de n'être pas autorisé à assister à la messe.

Il a aussi le réconfort de recevoir la visite de l'abbé Franz Stock, recteur de l'Eglise allemande, qui, chaque semaine, lui apporte la communion. Le réconfort de tenir son journal de captivité sur de classiques cahiers d'écolier, dont la couverture représente le dôme des Invalides, et d'envoyer, à ses enfants, des lettres dans lesquelles ce marin, profondément chrétien, explique comment il a triomphé de la solitude et de l'ennui des prisons.

Ses recettes sont simples. Dans sa cellule, il récite le chapelet et toutes les prières qui remontent de son enfance. Il chante, oui de sa voix un peu fausse, il chante le *Pater*, le *Credo, Je suis Chrétien, Nous voulons Dieu, J'irai la voir un jour*, et tous les cantiques qu'il peut trouver dans son petit livre de prières.

Et le dimanche, il participe avec ses codétenus — à travers les portes — aux discussions sur l'Evangile.

Le 8 juin 1941, quatre jours après sa condamnation à mort, il ouvre au hasard *L'Imitation*, et son regard se pose sur cette phrase qui dictera sa conduite pendant les jours qui le séparent de la mort :

« *Si vous portez votre croix à regret, vous en augmenterez le poids, vous rendrez votre fardeau plus lourd et cependant il faut la porter.*

Si vous vous appliquez à être ce que vous devez être, à souffrir et à mourir, bientôt vos peines s'adouciront et vous aurez la paix. »

Et cependant, ce n'est pas un ascète : il aime la vie, cet homme de grand air ; il souffre des mille et une privations de la prison : plus de lecture, ni de tabac, mauvaise nourriture et il se réjouit lorsqu'un changement de cellule lui permet de contempler un morceau de ciel bleu et des champs moissonnés.

Il s'attendrit en recevant quatre petits œufs de Pâques, un peu fondus, en mauvais chocolat, enveloppés d'un papier sur lequel sa petite fille a écrit : « De la part de Monique. »

Un homme comme les autres.

Un homme dépassant les autres, car il a, de son rôle de chef, une conception aristocratique.

Pendant son procès, il fera tout, non seulement pour éviter de nouvelles arrestations, mais pour décharger ses coïnculpés. Il ne nie pas être venu d'Angleterre en France en décembre 1940 pour espionner les arsenaux et les navires allemands, mais il cherche à dégager la responsabilité de tous ceux qui l'ont aidé : Doornik, Barlier, Clément, Leprince ; la responsabilité de François Follic, ce pêcheur de l'île de Sein qui, avec son équipage, l'a conduit en France.

Générosité sans orgueil, patriotisme intransigeant, mais sans haine, qui arrache à la cour martiale qui va rendre neuf verdicts de mort ce préambule qui ressemble au salut de l'épée devant l'adversaire malheureux :

Le tribunal se trouvait en face d'une tâche lourde. Il fallait juger des hommes et des femmes qui s'étaient manifestés comme des personnes de mérite, d'une grande fermeté de caractère et qui n'ont agi que par amour de la Patrie. Mais, de même que celles-là ont cru être obligées à remplir leur devoir envers leur Patrie, nous autres, les juges, étions tenus à remplir notre devoir envers la nôtre et à juger les accusés selon les lois en vigueur.

Cet homme, qui, en attendant la mort, découvre joyeusement le *Mithridate* de Racine, apprend l'allemand dans un *Deutsche Elementarbuch,* annote Péguy et le Saint Thomas d'Aquin que lui a prêté l'abbé Stock, va donner à son supplice l'allure d'une cérémonie patriotique et mystique.

★

Le 28 août 1941, l'abbé Stock annonce à d'Estienne d'Orves, Jean Doornik et Maurice Barlier que leur recours en grâce a été rejeté par le chancelier Hitler. Les trois hommes restent impassibles. Mais ils sourient en apprenant qu'ils vont pouvoir passer leur dernière nuit ensemble dans la cellule de Doornik.

Pendant sa dernière nuit, d'Estienne d'Orves écrit trois lettres encore : la seconde est pour l'abbé Stock. Celui qui va mourir sous les balles allemandes, mais qui ne veut pas être vengé (1), écrit à l'homme qui l'a préparé à la mort : *Je prie le bon Dieu de donner à la France et à l'Allemagne une paix dans la justice, comportant le rétablissement de la grandeur de mon pays.*

A sa sœur, Mme Régnier, il recommande les femmes de ceux qui ont été arrêtés avec lui, les familles qui manquent d'argent. Il doit s'interrompre de temps à autre pour obtenir de ses camarades un peu de silence et poursuit : *Maintenant, je vais dormir un peu. Demain matin, nous aurons la messe.*

---

(1) « Que personne ne songe à me venger. Je ne désire que la paix dans la grandeur retrouvée de la France. » Lettre à sa femme.

Le matin est venu.

Son dernier matin. L'abbé Stock entre à 4 heures dans la cellule de Doornik et les trois amis l'aident à dresser l'autel.

— Veuillez bien remarquer, dit d'Estienne d'Orves, que l'office du jour commémore la décollation de saint Jean-Baptiste et que les ornements sont rouges.

Tous les trois communient, puis l'aumônier prend un peu de nourriture avec eux. Il faut partir...

D'Estienne d'Orves, qui vient d'apprendre que six de ses compagnons ont été graciés par Hitler, dit à un officier allemand :

— Je suis bien heureux. Je désirerais voir mes camarades et leur annoncer moi-même la bonne nouvelle.

L'officier allemand acquiesce.

On envoie en toute hâte un sous-officier réveiller Clément et Follic.

— Schnell, Schnell...

On ne leur laisse même pas le temps de s'habiller complètement. Clément à qui l'on interdit de mettre ses chaussures a un mouvement de révolte. Aller à la mort en pantoufles !

— Schnell.

André Clément est poussé dehors ; par-dessus la balustrade qui borde le chemin de ronde, il aperçoit des soldats en armes, des officiers. C'est bien ça, on va le fusiller. En savates ! Le voici devant le peloton. Il a la surprise de voir d'Estienne d'Orves s'avancer vers lui, suivi du père Stock, l'embrasser et lui dire :

— André, j'ai la joie de vous annoncer que vous êtes graciés, votre femme et vous.

— Et vous, commandant ?

— Non, nous allons être fusillés tout à l'heure, Barlier, Doornik et moi ; mais j'ai demandé à vous dire adieu et à vous annoncer votre grâce.

Il dit à peu près les mêmes mots à Follic.

— Mon cher Follic, je suis très heureux de vous annoncer que vous êtes gracié, ainsi que vos camarades. Bientôt, vous aurez le bonheur de rentrer chez vous et la joie de retrouver votre femme et vos enfants.

— Je ne comprends pas, commandant, dit Follic, en montrant les soldats en armes.

— C'est ainsi, mon cher Follic ; quant à nous, nous allons être fusillés dans un instant.

D'Estienne d'Orves embrasse Follic comme il a embrassé Clément et ajoute :

— Nous ne sommes pas des traitres et si, un jour, vous entendez salir nos mémoires, je vous demanderai de nous défendre. Adieu et faites aussi nos adieux à vos camarades.

L'officier qui commande fait un geste brutal.

Tremblant d'émotion, Follic remonte dans sa cellule où Pierre Cornec et Martial Bizier, ses camarades de captivité, sont tout surpris de le revoir. Ils pensaient qu'on l'avait déjà entraîné à la mort.

★

Avec Doornik et Barlier, d'Estienne d'Orves prend place dans l'autocar qui les conduira au Mont Valérien. L'autocar est éclairé. Les dix hommes du peloton d'exécution — des Sarrois et des hommes de la Thuringe — sont assis face à face sur des banquettes. Entre eux, les prisonniers et l'abbé Stock. Les prisonniers ont emporté un petit missel dans lequel ils lisent à voix haute les prières des agonisants.

« Adjutorium nostrum in nomine Domini. Notre secours est dans le nom du Seigneur... Protégez votre serviteur qui espère en vous, mon Dieu. Envoyez-lui de votre sanctuaire, Seigneur, votre secours, Soyez pour lui, Seigneur, une forteresse imprenable, a facie inimici... un refuge contre l'ennemi. »

Le voyage se poursuivant, Honoré d'Estienne d'Orves propose à ses camarades de chanter et ils chantent, en effet, sans se soucier des soldats du peloton d'exécution.

Voici le mont Valérien.

L'instant de l'exécution.

Face aux fusils, d'Estienne d'Orves obtient qu'on leur épargne et les liens et le bandeau sur les yeux. Il embrasse l'abbé Stock et le président Keyser qui a lu une dernière fois la sentence. Sous la bénédiction de l'abbé Stock, les hommes s'agenouillent et récitent le *Notre Père*.

Au garde-à-vous, enfin, ils attendent et reçoivent la mort.

Il est 7 heures (1).

★

Des centaines de milliers de Français opposés à l'armée allemande, à la politique de callaboration, sont passés,

(1) Les « papiers, carnets et lettres du commandant d'Estienne d'Orves », publiés aux Editions Plon, sont d'une élévation d'âme peu

en quatre ans, dans les camps et les prisons. Ils y ont rencontré des milliers de Français arrêtés pour marché noir, achat d'or, vol ou recel, puisque le nombre des délits de droit commun augmente vertigineusement, passant, pour les vols seulement, de 35.000 en 1938 à 114.905 en 1942.

Etrange rassemblement du pur et de l'impur.

Et quel résistant n'a jamais fait de marché noir ? Et ne trouve-t-on pas, parmi les trafiquants, des opposants courageux ? Mais, enfermés dans la même prison, une ligne de démarcation les sépare.

Tous les détenus ont leur orgueil.

Les uns, celui de souffrir davantage ; les autres, celui d'avoir su profiter au maximum des troubles et des misères de l'époque.

Combien de prisonniers politiques ? Avec les années qui passent, il y a, dans leur masse, des additions et quelques soustractions, si bien qu'il est difficile de dresser un bilan d'ensemble.

En mai 1941, le gouvernement de Vichy se flatte que 30.000 communistes soient sous les verrous, dont 12.000 pour la seule zone non occupée. En 1941, plus de 37.000 arrestations ont été portées à la connaissance de la Délégation générale du Gouvernement pour les territoires occupés. En 1943, Otto Abetz signale que 40.000 personnes ont été arrêtées dans l'année pour « activités gaullistes, communistes et anti-allemandes ».

Mais c'est l'année 1944 qui sera la plus sévère. Les rafles se succèdent. 300 personnes arrêtées à la fois à Villeurbane, 20.000 appréhendées en mars à Paris dont 1.500 seront emprisonnées, près de 10.000 arrestations pour la France en un seul mois. D'innombrables contrôles d'identité, des rafles parmi les récalcitrants au S. T. O., des rafles parmi les juifs, des rafles parmi les zazous, les turfistes, les amateurs diurnes de cinéma, les oisifs, contribuent à remplir les prisons comme les camps et à y rendre la vie quotidienne de plus en plus difficile.

★

---

commune. Dans ce livre, on trouve également quelques très belles lettres de Maurice Barlier et des souvenirs sur Jean Doornik. J'ai également suivi, pour ce récit, les pages que Perraud-Charmantier consacre, dans son livre : *La Guerre en Bretagne*, au réseau nantais du commandant d'Estienne d'Orves. Enfin, Jean-François Follic, patron du bateau qui conduisit d'Estienne d'Orves et ses camarades en France, condamné à mort, puis gracié, a bien voulu me donner de nombreux détails.

Avant d'arriver à la prison, il faut supporter les coups qui suivent l'arrestation, subir les injures, les brutalités qui accompagnent le premier interrogatoire.

La prison, cependant, peut être un havre. Le lieutenant Devigny, qui a été suspendu par les bras et cravaché si fortement que, pour étouffer ses cris, un Allemand doit lui envelopper la tête d'une couverture, puis, pieds et mains liés, livré à un chien policier, avant de subir le supplice de la baignoire, l'accueille ainsi.

Pour son corps martyrisé, la paillasse de la cellule est une couche presque délectable.

Mais, pour les autres ? Pour tous ceux que leur destin conduit directement en prison et qui passent brutalement du grand jour de la salle à manger familiale à l'obscurité d'une cellule, des mille bruits de la vie : enfants, radio, charrettes, aux mille bruits de ces maisons de la mort ?

★

Les prisons se ressemblent presque toutes.

Et les prisonniers se ressemblent presque tous.

Des unes et des autres, on pourrait presque tracer un portrait type.

Le captif n'a guère le temps de contempler le porche de la prison sous lequel, sorti du fourgon cellulaire, on l'a poussé. Quelques minutes plus tard, il est jeté dans un trou noir de 3 mètres de long et 2 mètres de large dont, encore tout étourdi, il opère une prudente reconnaissance. Voilà une paillasse déchirée... du crin... une couverture grasse... une cruche placée sous un robinet et sur un orifice dont l'odeur indique assez l'usage.

Les heures passées au secret sont longues.

L'homme songe à sa femme, à ses enfants, à tous les siens, au travail abandonné : « Comment vont-ils gagner leur vie maintenant ? », aux camarades de réseau. Il est comme le fil de laine grâce auquel les Allemands pourront tout démailler. Il a faim, il a froid, il a peur et ces trois souffrances endurcissent les forts, rongent les faibles.

Enfin, des gardiens viennent, vingt-quatre ou quarante-huit heures plus tard, le tirer de son réduit. On le pousse dans une cellule de 4 mètres sur 2 m. 50 où, au gré des événements, cinq, sept, dix, onze hommes sont déjà entassés.

— Alors, comment ça va dehors ?

— Où sont les Anglais ? Et les Russes, c'est vrai qu'ils ont repris Karkhov ?

— D'où es-tu ? Tu as des gosses ? Le ravitaillement est-il toujours aussi moche ?

— Pourquoi es-tu là ?

Il faut répondre à un flot de questions. Faire connaissance avec les lieux et avec les hommes.

Il n'existe aucune homogénéité dans les prisons. Au Cherche-Midi, Fabre-Luce, qui est arrêté pour avoir écrit un trop intelligent *Journal de la France*, se trouve sur le même étage qu'un vendeur d'or, que Maurice, qui portait dans ses poches le plan des carrières de la région parisienne ; que Jacques I, arrêté pour avoir transporté 30 kilos de viande ; que Jacques II, qui a revêtu un uniforme allemand pour perquisitionner chez un juif ; que Gaston qui s'est caché dans un avion allemand prêt à s'envoler avec l'intention de tuer le pilote et de prendre sa place ; qu'Edouard, arrêté à la frontière espagnole. A Fresnes, l'abbé Naudin qui, sous les coups des Allemands venus l'arrêter dans son presbytère toulousain, a eu ce cri admirable :

— Et puis merde après tout, vive la France !

A Fresnes, l'abbé Naudin verra passer dans sa cellule un jeune paysan, un ingénieur de la S. N. C. F., un gardien de la paix et un « mauvais garçon » qui, au bout de quelques jours de cohabitation, lui dira :

— Eh bien, maintenant, nous ferons tous la prière avec vous...

Monde étrange et qui surprend le nouvel arrivant.

— Tu te mettras ici, tu es le dernier rentrant.

Ici, c'est parfois le trou des cabinets d'où il faudra déménager bien souvent.

— Aujourd'hui, tu n'auras pas faim, lance celui qui a l'air d'être le chef de groupe. C'est toujours comme ça le premier jour ; alors on partagera ta ration. Demain, tu mangeras comme tout le monde.

Il est préférable de ne pas protester. Il vaut mieux chercher à s'intégrer. Observer ce qui sera, pendant des jours et des jours, l'horizon quotidien.

Les murs, les murs gris, sales, rayés, tachés et qui servent souvent de calendrier (un trait ajouté à chaque aube nouvelle), qui servent d'aide-mémoire, qui remplacent l'ardoise de la vespasienne pour le dessin obscène, qui remplacent l'arbre où l'on grave et le cœur et la flèche ; « A ma Lucienne, A. F. » ; « Adieu ma bichette adorée » ; « Boisson Roger, 26-3-44, marié depuis deux mois et être là. »

Les murs qui témoignent de l'état civil de ceux qui se

sont succédé : « André, instituteur, 21 ans 9 mois, entré le 9-11-43 à 24 heures » ; « Franz Fewerlich, fusillé le 18-8-44 comme Autrichien » ; « M. Serge arrêté pour une plaque de chocolat, entré le 25-9-42 ». Les murs qui portent, comme les cœurs, la faucille et le marteau, la croix de Lorraine et le crucifix « In hoc signo vinces ».

Les murs sur lesquels avec une pointe ou, comme Huguette Prunier, avec le manche d'une cuiller ébréchée, des mélancoliques, des obstinés tiennent un véritable journal de leurs rêves, de leurs souffrances, de leurs espoirs.

Appliqué comme un moine florentin, Louis Jaconelli, né à Aubervilliers, enfermé à Fresnes, raconte sa vie tout au long des murs de la cellule 35. Nous savons qu'il aime Rolande, voici le cœur percé d'une flèche avec les initiales R. L. et nous savons que ses camarades F. T. P. l'appellent « le valeureux ». Le jour de son anniversaire, il écrit :

« Aujourd'hui 14-5-44, j'ai 18 ans.

« J'ai passé mes 17 ans auprès de ma famille.

« Mes 18 ans en prison.

« Où passerai-je mes 19 ans ? »

et, pour évoquer les jours heureux à venir, il trace le plan de son futur appartement. Le garage est là, avec l'auto prête pour le week-end. Le salon a été dessiné avec une précision touchante : bibliothèque, fleurs dans les vases, tapis, horloge qui ne marquera que les heures du bonheur, crucifix au mur, rideaux aux fenêtres et les fenêtres ouvertes.

Ouvertes, dans cet univers sans fenêtres, ouvertes, les fenêtres de Louis Jaconelli sur le plus beau et le plus naïf des jardins. Quelle revanche sur la réalité ! Et puis voici des personnages. Devant la fenêtre, assis dans un fauteuil, Jaconelli fume la pipe. En face de lui, Rolande, son amour. Entre eux, deux tasses à café. Que se disent-ils dans les rêves de Louis Jaconelli, que se disent-ils prisonniers du mur, silhouettes dérisoires et réelles, que se disent-ils qu'ils ne se diront jamais (1) ?

Faire connaissance avec les murs épais, mal éclairés par une lucarne grillagée et inaccessible, les murs qui, cependant, ne sont pas assez puissants pour arrêter la transmission des nouvelles et des saluts amicaux — une longue, trois brèves, une longue, deux brèves — que ceux qui

---

(1) Louis Jaconelli a été déporté. D'après Henri Calet : « *Les Murs de Fresnes* » : on a retrouvé « sa trace » à Dora.

connaissent le morse pianotent d'une cellule à l'autre. Il faut 170 coups aux autres pour égrener les lettres qui forment la phrase rituelle « Quoi de nouveau ? » Il suffit de coller un quart en émail contre la paroi pour amplifier le son ou le recevoir à peu près convenablement. Ailleurs, c'est un tuyau fêlé qui permet de « téléphoner ». On converse aussi de porte à porte lorsque les gardiens se sont éloignés et qu'étendus à plat ventre sur le sol, le nez dans la poussière, contre la lourde porte, sous laquelle il y a toujours un interstice, des « bavards horizontaux », pour reprendre le mot de Fabre-Luce, s'interpellent.

Les bobards vont bon train. Ils passent sous les portes, s'amplifient, gonflés de cellule en cellule, de captif en captif, comme un torrent de mai.

La paix sera toujours signée pour Noël, il y a toujours une intervention du pape en préparation, Hitler est assassiné quatre fois l'an et les Russes avancent prodigieusement. Il suffit qu'un détenu crie : « Laval est parti » pour qu'aussitôt toute la prison remodèle la politique française. Or, il ne s'agit que d'un condamné transféré de Fresnes dans une autre prison !...

★

On guette les nouveaux, non seulement par curiosité légitime (ne va-t-on pas reconnaître un membre de son réseau ?) mais aussi dans l'espoir d'en obtenir des nouvelles. Les détenus, observant ce qui se passe dans la cour, ont parfois des surprises. Imagine-t-on celle des captifs de la prison militaire de Toulouse, à peine rentrés dans leur cellule, et voyant s'avancer dans la courette qu'ils viennent de quitter, le général de Lattre et trois officiers ? (1).

De Lattre, pour cette première « sortie », a revêtu son uniforme, il est ganté, botté de manière impeccable et porte sur la poitrine la plaque de grand officier de la Légion d'honneur. Il a veillé sur la tenue de ses officiers. Comme il fait froid, en novembre 42, l'un d'eux a disposé sa méchante couverture en burnous.

— Jetez cette guenille, dit de Lattre, d'un ton cassant ; je ne veux pas avoir à mes côtés un milicien espagnol...

Le général n'a pas plus tôt commencé son tour de cour

(1) Arrêtés à la suite de leur tentative de résistance lors de l'entrée des Allemands en zone libre, le 11 novembre 1942.

que toutes les têtes se montrent aux fenêtres. Les bavardages vont bon train, les imaginations galopent.

Un général de corps d'armée, on n'a encore jamais vu ça !

De Lattre a l'air de ne pas prêter attention à ces mille curiosités.

Son heure de « sortie » achevée, il regagne la cellule 26, où il a placé, dès son arrivée, une photo de sa femme en robe de mariée, un fanion du 151e et un sabre familial.

Ses officiers, le colonel Morel, le commandant Constans, le lieutenant Perpère, réintègrent la cellule 25 dont la porte est d'ailleurs déverrouillée pendant la journée, ce qui facilite, on s'en doute, les rencontres entre le général et ses subordonnés.

Dans la journée, comme chaque jour, on refait le monde, la guerre, on revit surtout cette décevante équipée du 11 novembre où ces hommes avaient cru pouvoir faire rentrer l'armée française dans la guerre.

Le lendemain, l'heure de la « sortie » ramène le général et ses officiers dans la cour.

Maintenant, la prison ne se pose plus de questions.

Dès que les quatre hommes paraissent, les prisonniers se taisent un instant puis, d'une seule voix, entonnent la *Marseillaise*. De Lattre s'est arrêté, a fait face et, immobile, le visage tendu d'émotion, salue longuement.

Dans les escaliers, cependant, on entend une galopade de gardiens effrayés. Ils pénètrent dans la cour et ne sachant que faire, gagnés par la grandeur de l'instant, maîtrisés par l'immobilité du général, se découvrent et saluent...

De Lattre et ses officiers communiquèrent-ils des « nouvelles fraîches » aux prisonniers ? Sans doute. Mais, de mur en mur, les informations sont vite déformées ; ce qu'ils apportent de plus sûr, c'est un immense espoir. De romantiques et précises raisons de confiance.

Du dehors, par contre, parviennent des renseignements moins imprécis. Avec le linge sale que les gardiens remettent périodiquement aux familles, partent des messages écrits sur des feuilles de papier à cigarettes. Avec le linge propre arrivent les réponses que l'on glisse aussi, parfois, dans un double fond pratiqué aux pots de confiture ou aux pots de rillettes (1).

(1) Pierre Nord raconte (*Mes camarades sont morts*) comment Marchand put, grâce à un pot de rillettes, faire parvenir quatre messages à ses camarades et en sauver ainsi une trentaine de l'arrestation. Jean Nocher réussit également, bien qu'emprisonné, à alerter tout son réseau.

★

Il faut s'habituer à l'ouverture étroite par laquelle on aperçoit, en levant les yeux, un coin de ciel, s'habituer aux punaises (sept détenus de la prison Saint-Paul, à Lyon, en écrasent 476 le 6 octobre 1942), aux puces et aux poux, à l'entassement, à la saleté révoltante.

Se laver dans la cour, du bout des doigts et sous un robinet collectif, est un privilège qui n'est pas accordé à tout le monde. Les « terroristes » en sont généralement privés. Comme ils sont assez souvent privés des « promenades » au cours desquelles les détenus tournent en rond — gauche ! gauche ! — au pas accéléré, pas assez vite, pas assez surveillés, cependant, pour être empêchés de se parler en hâte. Des mots qu'une grimace du visage déforme, que le vent emporte.

Il faut s'habituer à la maigre ration quotidienne.

Lorsque, dans le couloir, un tintamarre métallique annonce l'arrivée de la soupe, tous les prisonniers disposent leur gamelle au bord de la porte, sur la pierre usée par les pas et le temps. Puis ils se tournent face au mur. La porte s'ouvre. Encadrés de deux soldats, deux prisonniers en treillis gris, le crâne rasé, portent un grand bidon d'où monte un fumet aigre et peu appétissant : la soupe.

— Du fond, plonge au fond, murmure entre ses dents un prisonnier.

Mais, dans toutes les cellules, c'est la même comédie et les serveurs (les « Kalfactors »), qui ne sont plus accessibles à la pitié, à défaut de « rab de soupe », glissent parfois une information.

D'ailleurs, tous les prisonniers souffrent de la faim. En zone non occupée aussi bien qu'en zone occupée. Alors, de temps à autre, la prison est comme secouée par une crise de rage. Les détenus frappent en cadence sur les portes en scandant :

— Du pain, du pain !

Ceux qui ont la chance de recevoir des colis partagent, le plus souvent, avec leurs codétenus, la part que les gardiens veulent bien leur laisser.

Les paquets sont, en effet, inspectés avec minutie. Les parents et amis des détenus n'usent-ils pas de toutes les ruses pour correspondre ? Les noix sont interdites, le chocolat brisé, les gâteaux coupés en morceaux par une garde vigilante. Et le pain, où l'on trouva (à Marseille) une lettre de douze pages, sondé, morcelé.

Aussi, après l'inspection, les moindres épluchures sont-elles appréciées. A Nice, Roger Stéphane distribue les écorces d'orange et, dans la cour, lors des promenades, quelques détenus ramassent les noyaux des cerises pour les croquer !

On « échange » furieusement. Une alliance en or contre un paquet de tabac. Dix morceaux de sucre contre une cigarette.

Et il vaut mieux ne pas conserver trop longtemps ses provisions. Jean Nocher, qui a reçu une boîte de sardines, envoyée par le restaurateur Fernand Point, réussit à la sauver des fouilles les plus sévères. Il crève de faim, mais il la garde comme l'unique réserve, la chance des jours difficiles. Enfin, il se décide, le 18 mars 1943, à l'ouvrir. Mais ouvrir une boîte de sardines, lorsque l'on est en prison, constitue un tour de force. Il faut trois heures de travail à Jean Nocher, qui se sert, en guise d'ouvre-boîte, d'un vieux débourre-pipe. Il a réussi, il va goûter aux sardines dorées, ruisselantes d'huile, grasses, lorsque le gardien en chef ouvre la porte.

Jean Nocher ne peut esquisser aucun geste.

Le gardien fait :

— Ho, ho...

et emporte les sardines.

Nocher retourne à ses hallucinations : il a faim, il a soif et voit des jambons sur les murs.

L'élaboration de menus imaginaires et l'évocation des festins passés occupe une large place dans les discussions et dans les rêves.

— Chaque semaine, on bouffait un poulet. Et pas un petit ; moi, ce que je préfère, c'est l'aile.

— Un poulet, oui, je dis pas, mais c'est un peu fade.

— Fade ? Fade ? Vous entendez les gars. Sans charrier, t'en mangerais pas du poulet ?

— J'dis pas, moi ce que je préfère c'est une belle entrecôte, tu sais bien saignante, une comme ça, comme les deux mains, avec un bordeaux...

— Et les anguilles ?...

Et les petits pois, et les asperges, et les frites, ah ! les frites, et le pot-au-feu qui tient au corps et un Pernod pour Arthur !

A Fresnes, Boris Vildé, qui appartient au Musée de l'Homme, rédige son Journal et, sachant que son exécution est proche, il imagine un dialogue « entre les deux moi, authentiques tous les deux », entre l'idéaliste et l'homme ordinaire, celui qui aime la vie, les bons repas, celui qui se souvient : « *Dis, cela ne te fait pas plaisir un bon dîner, par exemple ? Penses-y un peu ; pour commencer, une douzaine de marennes avec un Pouilly bien glacé, admirablement sec et âpre, un vin de précision, si je peux m'exprimer ainsi. Ensuite, une truite au bleu, à la chair tellement tendre qu'on est obligé, malgré soi, de penser à la loi de détournement des mineurs... Ensuite, Monsieur, que commandez-vous ? Une viande saignante, morceau de chair, cru, fort rouge, raffiné dans sa grossièreté ? Ou un honnête et bourgeois lapin à la moutarde. Peut-être un poulet demi-deuil, spécialité lyonnaise qu'on mange chez la mère Filloux, tu te rappelles. Et, pour arroser cela, nous demandons de nous bien chauffer un vieux Chambertin* 1916 (*celui qu'on peut encore avoir chez Hueter, à Carcassonne*), *et un Nuits-Caille, ou enfin un classique Pommard* 1926 — *bref un de ces vins faits avec du soleil, qui vous chauffent, vous soulèvent peu à peu dans la zone solaire du bien-être, de la sécurité, de la bienveillance, qui vous remplissent de reconnaissance envers la vie et le monde. Nous boirons le reste avec quelques fromages merveilleusement fins et pourris comme la prose d'Oscar Wilde* (*pardon de cette image*). *Pas de dessert ? Soit, mais un vrai café fort et amer, avec cet arôme exotique qui fait penser aux caravanes bédouines, aux vers de Goumileff, et à ta jeunesse à Berlin.* »

Comment n'évoqueraient-ils pas les plaisirs de la table ces hommes qui doivent se contenter souvent d'un peu moins de 600 calories par jour !

Ces hommes qui (c'est arrivé à Lyon) gardent un mort cinq jours avec eux dans leur cellule, afin de toucher sa ration de pain !

C'est la faim et la misère qui inspirent à la petite juive Françoise Franck, internée à Poitiers, cette lamentable chanson qu'il faut fredonner sur l'air de *Bel-Ami :*

Près de Poitiers dans les baraquements
les puces sautent, les rats grattent tout le temps
Toute la nuit on en a plein la tête
des rats grossiers, des souris qui font fête ;
Enfin le matin on se lève de bonne heure
pour l'appel qui fait tellement peur ;
un coup de sifflet résonne dans l'air.
c'est le « flic » qui s'énerve.

Refrain :

Les carottes, les navets et les choux
ça commence à nous rendre tous fous

pas de viande ni de gâteaux
on s'en passe bien quand il faut
les carottes, les navets et les choux (1).

Aussi le marché noir règne-t-il dans tous les camps où les détenus ont pu conserver un peu d'argent.

Dans le camp de Drancy où circulent « Légume » et « Rabiot », deux chiens dont les surnoms disent assez les préoccupations des internés, une carotte vaut 20 francs en 1943, et un oignon 80 francs.

Dans cet univers de la faim, les caractères sont quotidiennement mis à nu. A Drancy, une jeune juive nord-africaine propose à un vieillard, sur le point de partir en déportation, de faire cuire quelques œufs qu'il emporte pour le voyage. Il acquiesce. Elle ne revient pas et revend les œufs, quelques minutes plus tard, 50 francs pièce !

Par contre, avant de partir pour l'Allemagne, le rabbin Elie Bloch partage une dernière fois, avec plus malheureux que lui, sa part de soupe et son pain.

Le marché noir est d'ailleurs bien souvent organisé par les gardiens... du moins lorsqu'il s'agit de gardiens français. A Drancy, à Gurs, à Argelès, dans les autres camps encore, des gendarmes améliorent sensiblement leur solde en vendant aux internés cigarettes (100 francs le paquet), vivres, livres, et en transportant le courrier...

★

Il faut s'habituer à l'argot des prisons. Tout un vocabulaire nouveau que vous « refilent » les « droit commun ». La porte s'appelle « la lourde », il y a « le doublard » (surveillant chef) et le « sous-mac » (directeur). La soupe, « la jaffe », est servie dans la « gauffe » (gamelle), par une « machinette » (voleur à la tire) escorté d'un « gaffe » (gardien).

Il faut s'habituer aux fouilles, à la douche froide que l'on partage à trois. Des gardiens sadiques battent le dernier déshabillé, puis le dernier rhabillé — il arrive que ce soit le même !

Il faut s'habituer à la promiscuité, aux mauvaises odeurs, aux bavardages, à la solitude impossible. Il faut s'habituer

(1) Françoise Franck mourut en déportation.
Le Père Fleury, aumônier d'un camp de gitans, voisin du camp juif, réussit parfois à améliorer le ravitaillement des internés et son action, morale aussi bien que matérielle, fut tout au long de la guerre, admirable.

à vivre avec, derrière soi, le judas par lequel le surveillant épie ses captifs. Cette permanente possibilité d'espionnage, source de punitions nombreuses, dérange les nerfs, irrite le caractère.

Il faut s'habituer à la nuit.

Les punaises se laissent tomber du plafond, parfois dans la bouche, et les confondant avec une mie de pain, d'abord, on les roule sous la langue avant de les recracher avec horreur (1) ; les puces redoublent d'activité, le corps démange, on voudrait le gratter au sang. Personne ne dort. C'est l'heure où l'on songe plus encore aux femmes, aux enfants, à la vie qui continue, à la liberté des autres et à la douceur de la nuit.

Les coups reçus pendant les interrogatoires leur font paillasses. Les hommes simulent le sommeil dans l'espoir de l'atteindre enfin.

Les coups reçus pendant les interrogatoires leur font mal à nouveau. Coups de poing, de nerfs de bœuf, de chaînes de bicyclette, étouffement de la baignoire. Et les hurlements.

— Veux-tu parler ?

Les séductions. Les menaces.

— Bon, vous ne voulez pas chanter ? Préparez donc une électrode, non, deux électrodes pour Monsieur. Ce soir vous parlerez, vous parlerez et on ne pourra même pas vous arrêter.

— On prendra ta femme et tu sais ce qu'on lui fera...

Comment tiendront-ils la prochaine fois ? Ils gémissent à demi. Ils songent aux camarades arrêtés, aux dénonciateurs, à ces hommes que l'on jette sanglants dans leur cellule et qui trouvent la force de dire :

— Allô ! Allô ! Ici Claude Lerude. J'ai été torturé aujourd'hui. Je suis à bout de forces. S'ils recommencent demain, je ne sais pas si je ne parlerai pas. Je m'en excuse auprès de vous, mes amis, et je vous en demande pardon. Pourtant, je vous promets de faire tout mon possible.

— Allô ! Allô ! Ici Claude Lerude. J'ai été torturé, mais rassurez-vous, je n'ai rien dit (2).

Longue nuit.

★

(1) André Frossard : *La Maison des otages*.
(2) Cité par Paul Guillaume, *Temps de l'héroïsme et de la trahison*.

Prisons ! Prisons dont les différences sont moins sensibles que les ressemblances. En zone libre, pendant deux ans, la nourriture est sans doute encore plus mauvaise qu'en zone occupée, mais l'absence des Allemands rend moins sévère le sort des internés. Ils peuvent recevoir avocats, aumôniers, assistantes sociales. Les évasions sont plus faciles. Plus faciles les complicités qui permettent l'acheminement de lettres et de colis. Mais ces « adoucissements » ne constituent pas la règle générale. D'ailleurs, les traditions du système pénitentiaire veulent que le détenu, quel que soit son crime et même s'il est emprisonné pour motif politique, ne soit plus un homme ; qu'il relève de l'aboiement et des injures.

Lorsque Roger Stéphane est conduit, en mai 1942, à la prison de Nice, le gardien chef, mécontent de la curiosité de son « client », hurle :

— T'as pas fini de regarder, non ! Tu verras si t'es ici pour ça.

On lui fait remettre ses bijoux et, comme il déclare n'en pas avoir :

— T'as pas de stylo, non ?

— Si, mais j'en ai besoin.

— T'auras besoin de ce qu'on te laissera !...

★

L'existence des « camps » se déroule en marge des prisons. Ils constituent une réserve où l'on puisera pour déporter et fusiller.

C'est la masse de manœuvre de l'univers concentrationnaire.

On y mange mal. On y dort mal. A Argelès, les amputés doivent, comme les autres, coucher à même le sol, naturellement sans se déshabiller. Il n'y a pas assez de galoches et de sabots pour les internés qui doivent piétiner dans la boue où ils pataugent et s'enfoncent.

A Gurs, aller aux cabinets, en hiver, constitue un véritable tour de force. Il est préférable de rester dans les baraques.

Il n'y a pas assez de serviettes hygiéniques pour les femmes enfermées.

Pas assez de paille. Pas assez... Les camps ne sont pas faits pour la satisfaction des internés, n'est-ce pas ?

A Compiègne, antichambre de la déportation, les détenus ont des couchettes, des couvertures, des repas à peu près suffisants ; ils peuvent recevoir des colis, organiser des conférences. A Poitiers, 52 jeunes gitans, dont certains vont être déportés, peuvent recevoir la confirmation, mais tous ces adoucissements ressemblent au dernier verre de rhum du condamné.

De tous les camps, Drancy reste le plus célèbre.

De loin, on dirait des maisons, de ces maisons où il fait bon vivre, aimer. Et ce sont des maisons transformées en prison, après avoir servi de caserne, parce que l'on ne sait plus où enfermer ces hommes, ces femmes, ces enfants qui sont nés avec le nez crochu, la lèvre pendante, les cheveux frisés.

Chaque bâtiment est donc habité de prisonniers ou de prisonnières regroupés par affinités nationales et sociales. Dans cet univers étrange, et qui a lui aussi son argot, on distingue donc les « escaliers » des Français d'origine, l' « escalier » des docteurs, celui des vieilles dames, l' « escalier zazou » où l'on danse souvent le soir, l' « escalier » des fortes têtes.

Les escaliers débouchent sur des chambres — il faudrait écrire des chambrées — dans lesquelles les lits s'entassent sur le sol de ciment.

Des lits en planches et à double étage, des lits pressés les uns contre les autres, qu'il faut, en hiver, littéralement disputer aux voleurs de bois, soucieux d'alimenter leurs feux clandestins, des lits entourés de cordes sur lesquelles sèchent des lessives multicolores, encombrés de valises, de paquets de linge. Dans chaque chambre, cinquante à soixante personnes — hommes ou femmes — vivent sans rien faire, sans aucune discipline. Cherche-t-on à faire travailler le bétail avant l'abattoir ? Et véritablement, il ne s'agit, à Drancy, que de constituer un réservoir humain où les Allemands puiseront pour les « besoins » de la déportation.

Presque rien à manger : deux louches de soupe par jour, 250 grammes de pain et parfois quelques topinambours ; le dimanche, une tranche de viande ; ordinaire que les plus fortunés et les plus heureux peuvent améliorer grâce aux colis familiaux et au marché noir, ordinaire dont sont obligés de se satisfaire la plupart des internés.

Après le réveil, après la première visite au « château rouge » (ce sont les waters), après l'appel, après les tâches ménagères, rien d'autre à faire qu'à attendre, attendre... rien d'autre à faire pour cette masse humaine qui n'a pas obtenu le divertissement et la cachette d'un travail dans les bureaux des persécuteurs.

Attendre, guetter. Quoi ?

La distribution des colis.

La distribution de la soupe.

La distribution des nouvelles qu'apportent les arrivants qui, encadrés de S. S., débarquent chaque après-midi d'un autobus appelé *Paris-Soir*.

La distribution de la mort.

Pour échapper aux déportations, on se cache comme on peut. On se cache dans la foule. On se cache en devenant une autorité puisque, à partir de ce jour de juillet 1943 où les Allemands dirigés par le S. S. Haupststurmführer Loys Brunner, qui a une longue expérience derrière lui (c'est son 19e camp !), accaparent la direction de Drancy, tous les services intérieurs, y compris le service d'ordre, seront occupés par des juifs.

C'est la tactique appliquée dans les ghettos polonais, comme dans les camps d'Allemagne.

A l'intérieur de leur prison, les juifs sont à la fois gardiens et prisonniers. Les gardiens-prisonniers, pour se croire des hommes libres, n'ont d'autre possibilité que de brutaliser une chair juive !

Il y a ainsi un chef de camp juif, un service d'ordre commandé par un préfet juif et toute une hiérarchie subtile de brigadiers-chefs, brigadiers et membres du service d'ordre au beau brassard générateur de puissance.

Les infirmiers, les pharmaciens, coiffeurs, cordonniers sont juifs également et ils se croient protégés. Ils ne le sont pas. Dans l'univers concentrationnaire, les cadavres sont indispensables. Pas les pharmaciens.

★

On peut chercher à s'évader. Le moral ne s'en porte que mieux. Réussir est une autre affaire. Combien se sont évadés des camps de concentration et des prisons allemandes ? Bien peu en vérité. Il semble que le mauvais destin intervienne toujours à l'instant où les captifs touchent au but. Et pourtant que de ruses, que d'efforts !

Sous le bureau du commandant juif du camp de Drancy, près de l'escalier 22, des détenus ont entrepris la construction d'un tunnel. Un tunnel qui doit passer sous les barbelés et aboutir dans un abri contre les bombardements. Trois équipes se relaient pour creuser. 70 hommes au total. 70 hommes, protégés par la police juive et qui grattent la terre, découpent des lits pour en faire des poteaux de mine, transportent l'électricité dans leur sape de 1 m. 20 de haut sur 60 centimètres de large.

Après quinze mètres de tunnel, les hommes étouffent. Ils travaillent à genoux, l'homme de tête muni d'une pioche pour creuser, d'une petite pelle pour remplir des seaux que des camarades se passent de main en main. Il fait trop chaud, l'air est irrespirable. Pour pouvoir continuer, « l'inventeur » du tunnel fait installer des ventilateurs électriques. Plus que cinq mètres avant la liberté, plus que quatre, plus que trois...

Comment, sur plus de cent personnes au courant, ne se trouverait-il pas un traître ? Les Allemands découvrent le tunnel alors que trois mètres à peine séparent le travailleur de tête de l'air libre.

Sans aucun souci de se priver de cadres, d'ailleurs infidèles, ils déportent immédiatement le commandant du camp, l'interprète, 65 brigadiers, sans compter le menu fretin des mineurs.

★

L'évasion d'une prison est rarement affaire collective. Il faut agir seul, ou avec quelque complicité du dehors, profiter des premiers jours lorsque les forces physiques ne sont pas encore atteintes, détourner l'attention d'une sentinelle comme fait Gatard à Limoges, qui pointe son doigt vers le ciel pour montrer un avion, et profite du moment d'inattention du garde pour l'étrangler à demi, faire le mur et s'enfuir (1)...

Il faut profiter, comme le fit notamment le lieutenant Devigny, qui venait cependant d'être torturé, d'un transport de la prison au siège de la Gestapo, pour sauter brusquement de la voiture, courir comme un fou vers un couloir, une maison inconnue, hostile, amie, on ne sait, vers la liberté ou la captivité et les coups (2).

Les évasions collectives ont lieu le plus souvent dans les trains, véritables prisons roulantes qui conduisent les captifs en Allemagne.

Evasions difficiles : les prisonniers ont réussi à cacher une scie à métaux ou une scie à bois ou bien ils en reçoi-

---

(1) Malheureusement pour peu de mètres. Une sentinelle allemande avait, en effet, donné l'alerte et Gatard fut rejoint après s'être cassé la cheville droite et foulé la cheville gauche en sautant d'une hauteur de 8 mètres.

(2) Au cours de cette première tentative d'évasion, Devigny, blessé par deux officiers allemands qui passaient par hasard, sera repris et affreusement torturé par ses gardiens furieux de l'avoir laissé échapper. Cependant, sans se décourager, il reprendra ses tentatives d'évasion et, condamné à mort, réussira à s'échapper de la prison de Montluc. Un livre et un film ont illustré cet exploit hors du commun.

vent des cheminots qui les dissimulent dans des pains.

Dans le wagon où ils sont entassés debout, accroupis, à 80, à 100, où ils se haïssent, où ils crèvent de chaleur ou de froid, dans le wagon empuanti par le tonneau dans lequel ils doivent vider leurs excréments, les détenus sont partagés entre l'espoir et la crainte. Ceux que leur faiblesse physique empêche de s'évader voudraient retenir ceux qui découpent le bois des wagons et s'apprêtent à sauter.

— Lâcheurs, disent-ils au commandant Philippe et à ses camarades. Et puis vous avez pas entendu ce qu'ils ont dit au départ ? Dix fusillés pour chaque évadé !

— Vos gueules, hein, qui vous empêche de nous suivre ?... Trouillards !... Flanelles ! En tout cas, fermez ça, nous sommes tous Français ici !

Philippe, sans entendre les réponses, fait un paquet de ses vêtements : la chemise, les chaussettes, les deux slips et le morceau de savon dans une des chaussettes. Paquet qui est un dérisoire bouclier, un pare-choc pour l'homme qui plonge, tête la première, les mains devant le visage, entre les rails, en pleine aventure.

Trains de captifs, de femmes, d'enfants, le dernier train parti de Drancy, le 31 juillet 1944, comprendra uniquement des gosses, trains d'août 1944, bombardés, mitraillés, errant de gare en gare, cherchant par des voies détournées à rejoindre l'Allemagne, trains fantômes habités par des fantômes. Longue agonie.

★

Le 2 juillet 1944, les détenus politiques de la section française de la prison Saint-Michel de Toulouse sont livrés aux Allemands. Conduits à la gare, ils y restent près de deux jours, dans des wagons presque hermétiquement clos depuis que les Allemands ont bouché toutes les ouvertures à l'aide de planches.

Des hommes défaillent.

Michel Bouzinac, un paralytique, âgé de 70 ans, s'effondre. Un gosse de 16 ans, tuberculeux, tousse et crache. Rien à manger, à l'exception des vivres distribués par les quakers : un pain et une boîte de sardines pour deux hommes, un pain d'épice pour sept.

Les prisonniers ne peuvent voir ce qui se passe à l'extérieur. Lorsque le train s'ébranle le 3 au soir, d'autres wagons fermés sont venus s'ajouter aux wagons fermés et puants. Cinq cents hommes environ entament un voyage de cauchemar.

La ligne Toulouse-Brive a été coupée par le maquis, le train est dirigé vers Bordeaux, puis vers les Landes. Impasse. Il doit revenir à Bordeaux. En Gironde, le convoi est mitraillé par des Mosquitos. Les détenus fabriquent avec des chiffons un ersatz de drapeau français qu'ils réussissent à glisser à l'extérieur.

Comme la mitraille s'arrête, ils reportent le bénéfice de ce hasard sur leur emblème.

Les Allemands enterrent leurs deux morts ; puis on repart. A l'aventure des voies.

5 juillet. 6 juillet. Les gardiens ouvrent les portes une fois par jour. Pas plus d'un quart d'heure. Les prisonniers ont le droit de sortir pour aller faire leurs besoins entre les roues.

Et pour se débarrasser des morts.

Pour rejoindre Dachau, peut-on passer par Angoulême ? Le train atteint du moins la gare et les détenus reçoivent de la Croix-Rouge un accueil inoubliable : du pain, des fruits, de l'eau.

L'un d'entre eux, qui a cassé ses lunettes, demande à la sentinelle l'autorisation de les faire réparer.

— Sale terroriste, tu n'as pas besoin de voir. Ta gueule sera bientôt cassée.

A quoi servent les lunettes, en effet, dans le monde concentrationnaire ? A quoi servent les lunettes dans ce wagon où il n'est pas besoin de voir, où chaque cahot du train remue des odeurs et précipite les corps les uns sur les autres.

Il y a les mouches. Les mouches sur les vivants qui sont déjà à demi morts. Les mouches qui se plantent aux coins des lèvres.

Le train siffle.

— Tu sais, toi, pour où on part ?

Comment sauraient-ils ?

Le train avance lentement. Il fait chaud. Les poux et les puces bouffent la peau que les ongles arrachent.

— J'en ai tué quarante.

— Et moi soixante ; on se demande comment ils ont le temps d'se reproduire.

Les poux.

Décidément, le train ne peut remonter vers le Nord. Alors, Bordeaux. Les prisonniers font des comparaisons entre les Croix-Rouges.

— A Angoulême, on avait mieux mangé.

9 juillet, 10 juillet, 11 juillet. Trois jours à Bordeaux avec, dans le ventre, la tasse de vermicelle et la tranche de pain de la Croix-Rouge.

Le 12 juillet, à 2 heures du matin, on les fait tous (moins les morts) sortir des wagons.

— Schnell, schnell, rauss.

Par les rues douces et désertes, par les rues sans noctambules, à travers la ville noire où nul ne viole le couvre-feu, le pitoyable convoi s'achemine vers la synagogue de la rue Labirat qui, depuis plusieurs mois, a été pillée, souillée, dévalisée.

Trois semaines de synagogue. Le dimanche, la Croix-Rouge fait parvenir aux internés du sucre, du beurre et des biscuits. Mais, ce jour-là, les Allemands suppriment la distribution de soupe quotidienne.

Le 10 août, tout le monde est ramené à la gare de Bordeaux. Aux wagons anciens, on ajoute des wagons nouveaux et c'est un convoi renforcé qui s'éloigne en direction de Nîmes.

Comme Auschwitz est loin. Comme Dachau est loin.

Un quart d'heure de « liberté » chaque jour.

— Dis donc, il y a des femmes avec nous.

C'est vrai, deux wagons de femmes, attelés à Bordeaux. Des femmes presque aussi sales, aussi pouilleuses que les hommes, et qui ne cherchent même plus à se cacher lorsqu'il faut aller sous les wagons, et que l'air n'est plus qu'une énorme puanteur immobile.

Deux jours à Nîmes.

— Il fait bien 70 dans ces putains de wagons.

Patton est au Mans. Patton est à Chartres. Comment le sauraient-ils ? Ils savent seulement qu'il fait chaud, chaud à crever, qu'ils doivent manger du pain moisi, emporté de Bordeaux, et que, chaque soir, vingt à trente hommes par wagon tombent en syncope.

13 août, 14 août, 15 août, débarquement en Provence.

Comment le sauraient-ils ? Ah ! si, tout de même, les gardiens sont plus nerveux, les chasseurs alliés plus nombreux. Les trains tournent en rond comme des bêtes prises au piège.

Les chasseurs passent dans un rugissement de moteurs. Les hommes, qui ne peuvent sortir des wagons, se serrent les uns contre les autres. Les balles s'enfoncent dans un matelas humain. Si les Allemands voyaient le spectacle, ils entasseraient encore deux douzaines d'hommes par wagon. Comme la chair est compressible lorsqu'elle a peur ! Mais les Allemands ne voient rien, ils sont terrés dans les fossés et les tranchées, le dos rond sous la mitraille américaine.

Décidément, les trains n'avancent pas. Les terroristes et les bombardiers sont partout. Un peu de marche à pied pour la troupe.

Sans boire, ni manger, dans l'admirable vallée du Rhône, sans écouter les oiseaux, ni les enfants, avec, seulement, dans les oreilles, le cri des soldats, le choc des crosses sur le crâne de Jean Marty, sur les dents de Jean Marty. Des dents de vingt ans, ce n'est pas si facile à démolir.

19 août. De nouveau les wagons. C'est la grande fuite vers l'Allemagne. Les soldats passent avant les déportés. On les emporte tout de même, comme un bagage de viande faisandée. Les avions américains rôdaillent et attaquent. Trois morts et seize blessés dans un seul wagon. Fou de douleur, énergie décuplée, un détenu arrive à forcer la porte. Les Allemands tirent. Trois morts de plus.

Montélimar. Montélimar. Nom qui évoque la bonne odeur des foires de jadis, une odeur de sucre et de poussière, de parfum pour boniches, une odeur de poudre aussi.

Montélimar. Dans toutes les fêtes, les baraques de nougat sont placées à côté des tirs forains et jamais on n'aurait imaginé que le lent découpage de l'œil rouge des pigeons de carton et le mitraillage acharné des avions, ce pouvait être également de la poudre et des balles.

Montélimar. Rien à boire. Le sang des blessés sur les mains. Et les morts que l'on pousse dans les coins en attendant que les Allemands donnent l'autorisation de s'en débarrasser.

Montélimar, alerte. Valence, alerte. Les voies sont coupées. Les hommes doivent changer de train, « opérer des transbordements » comme s'ils étaient pressés de rentrer chez eux. Les Allemands leur font porter leurs bagages. Claude et Raymond Lévi sont chargés d'une caisse de bouteilles de vin. Défense de boire. Contre les tentations, une baïonnette.

21 août, Lyon. Puis Chalon. 2.400 grammes de pain pour 70 hommes.

Faites la division.

Un seau d'eau pour le wagon.

Le 24 août, chaque détenu reçoit dix biscuits, la population de Beaune apporte du vin, mais les soldats s'en emparent et s'enivrent.

Le train continue. Avec sa charge d'hommes. Et de haines. Ils sont trop malheureux, les prisonniers, pour s'estimer et s'entraider encore.

De temps à autre, il y a des évasions. A Valence, un

cheminot a fait fuir onze détenus déguisés, malgré leurs haillons, en ouvriers de la voie. Dans certains wagons, à l'aide de pointes et de canifs, on travaille longuement, fébrilement, à faire un trou dans le plancher. Il faut des heures et des heures.

Le train continue.

A 22 heures, le 24 août, onze déportés sautent entre les rails.

Le douzième a une jambe coupée par le convoi qui roule à vingt kilomètres-heure.

Le treizième aussi.

Le train continue.

Les chars de Leclerc sont à la porte d'Italie.

★

Mourir le dernier jour lorsque la délivrance n'est plus qu'une question de minutes.

Dans leur cellule de la prison de Troyes, Jean Vernier, dit Bob, Claude Boucher, Roger Bruge, Louis Valli font la chasse aux puces.

Depuis quarante-cinq jours, ils sont ensemble. Ils connaissent par cœur les inscriptions sur les murs. « Ma petite Jane, je te donne tout. » « Demain, nous ne serons plus là. Adieu à tous et pensez à nous. »

Messages dans le vide, que les destinataires ne connaîtront jamais. Calendriers interrompus, traits de crayon, dont le dernier ouvre sur les grandes vacances de la mort.

Cheveux sur le front, chemises étalées devant eux, têtes baissées, les trois garçons s'efforcent de faire tomber les poux sur le tissu. De temps à autre, le craquement gras d'un parasite écrasé entre deux ongles.

— Combien Bob ?

— Douze.

— Ah ! décidément, t'es champion !

Après les poux, on tue les puces dans le pantalon et la chemise.

Puis, on tue le temps.

Ce n'est pas le plus facile.

Le temps ne s'attrape pas comme les puces, ne s'écrase pas comme les puces. C'est une mer, une angoisse dans laquelle on se noie.

Midi, le 22 août 1944. Comme tous les jours, c'est l'heure de la soupe. Après la soupe, rêverie sur la paillasse.

Soudain, Valli quitte son chalit et, prenant sa cuiller,

colle son oreille à la cloison qui les sépare de la cellule numéro 2.

— Ils appellent, demande Bob.

— Je crois que oui.

Par trois fois, la main de Valli projette avec force la queue de la cuiller contre le mur. Le contact est établi. Il faut faire silence. Etouffée, comme si elle traversait des épaisseurs de murs, une voix parvient :

— Les chars américains sont aux portes de Paris.

Dans toutes les prisons de France, malgré les rondes, les miradors et malgré les gardes, la même nouvelle passe les murs.

Ballon d'oxygène pour des milliers de prisonniers.

— Alors, ça y est, la libération est proche. Cette fois, les Allemands sont cuits.

A Troyes, l'émotion est d'autant plus grande que l'on entend soudain le canon.

— Nous sommes sauvés, crie Valli, v'là les Américains !

Contre la porte, collés contre la porte comme contre le corps d'une femme amoureuse, contre la porte pour mieux en sentir les tressaillements, et pour être plus proches de cette liberté qui vient, les garçons écoutent le bruit charmant du canon.

Le bruit cesse.

— Y a plus rien. On se demande ce qu'ils attendent.

Bob, soudain, secoue la main de Bruge.

— Ecoute un peu, on dirait qu'ils évacuent les femmes !

Valli fait la courte échelle à Boucher qui jette un coup d'œil entre les barreaux de la lucarne.

— On voit rien dans la cour, du côté du greffe y a un S.S. On voit rien, mais on entend crier les femmes.

— Qu'est-ce qu'ils peuvent bien foutre.

— Ils vont peut-être faire sauter la prison ou balancer des grenades dans les cellules, dit Bob.

— Non, mais t'es pas dingue.

On entend maintenant du bruit dans le couloir.

Cellule numéro 1. Bruit des verrous, ordres gutturaux, piétinements. Mais comme tout cela est loin, imprécis. Est-ce que ça les concerne ? Rien qu'une angoisse au cœur comme chaque fois que la mort des autres vous frôle.

Cellule numéro 2. On entend distinctement. Les Allemands n'ont pas à prendre de précautions.

— Klein... Gobin... Bellet... Jean Vernier... Schnell.

Jean Vernier, dit Bob, est l'hôte de la cellule numéro 3. Il a compris. Il serre la main des copains. Peut-être, tant qu'ils sont seuls encore, songe-t-il à les embrasser. Il ne le fait pas. Il dit simplement :

— Ça y est les gars.

Qu'est-ce qu'y est ? Peut-on fusiller des hommes parce que les Américains approchent.

Qu'est-ce qu'y est ? La liberté ou la mort ?

La porte s'ouvre.

— Vernier, ici ?

— Oui, dit Bob qui s'avance, franchit la porte et disparaît.

— Louis Valli, schnell.

Valli se laisse glisser de son chalit, passe devant l'officier allemand, puis revient précipitamment pour s'emparer de ses chaussures. On ne peut ni être libéré, ni mourir en chaussettes.

La porte est fermée. Dans la cellule, il ne reste plus que Roger Bruge et Claude Boucher. De sa poche, Boucher a tiré un chapelet et, silencieusement, ses lèvres forment une prière : *Je vous salue Marie... Notre Père... notre Père... maintenant et à l'heure de notre mort.* Sur les lèvres de Boucher, Bruge peut suivre la marche de la prière.

Les minutes passent.

De quel côté du mur est le salut ? Peut-être Valli, Vernier et les autres, ont-ils déjà été libérés. Peut-être ?... Les pas des gardiens reviennent vers les cellules.

Encore le bruit des verrous.

— Boucher Claude ! Los ! Schnell !

Pour serrer la main de Bruge, Boucher n'a pas lâché son chapelet. Il ne dit pas un mot et s'en va vers son destin ; *Notre Père qui êtes aux Cieux...* Bruge reste seul.

Que se passe-t-il ? Comme le temps est long. Il fait chaud. Une chaleur étouffante ! Dans la cour, un robinet coule. Dans la cour... Et puis, de nouveau, un gardien dans le couloir. De nouveau une porte qui s'ouvre.

— Boucher Claude.

Bruge s'est relevé de sa paillasse. Pourra-t-il répondre ? Les mots viennent de très loin...

— Déjà... parti...

Le gardien fronce le sourcil. A quoi songe ce terroriste ? A-t-il la prétention de s'évader par un mensonge. Petit Français ! Petit Français qui veut jouer au chat et à la souris.

— Quel nom ?

— Bruge Roger.

Le soldat consulte sa liste. Il grommelle, mais, c'est l'évidence, il n'y a pas de Bruge Roger sur la liste. Les minutes n'en finissent pas. Et puis la porte se referme, poussée d'un grand coup de pied. Bruge Roger s'effondre sur la paillasse. L'angoisse lui ronge le ventre.

Soudain, dans le silence de la prison, se produit une chose extraordinaire, une chose folle : on entend le tintement de la cloche d'entrée. A-t-on idée de sonner à la porte d'une prison comme à la porte d'un couvent, d'un jardin de banlieue.

Mais la cloche continue, continue. Et les Allemands ne tirent pas. Le fou qui sonne, ce n'est pas le vent au moins, n'est pas encore mort. Il n'y a donc personne aux mitrailleuses, nul gardien dans la cour.

D'une cellule, on entend monter une voix.

— Ils sont partis ! Enfoncez les portes !

Roger Bruge se hisse sur son chalit, s'accroche à un barreau de la lucarne. Dans la cour, il aperçoit un pompier casqué d'argent et une fille blonde.

Ce n'est pas un mirage.

Le pompier hurle.

— Patience les gars, patience, nous cherchons les clés.

Or et argent, ils avancent dans la cour. Allons, ce doit être un mirage.

La porte du couloir s'ouvre brutalement. On dirait que la prison explose. Puis les portes des cellules s'ouvrent à leur tour. Une. Deux. Trois.

Un homme, au front couvert de sueur, se rue sur Roger Bruge.

— Valli, où est Valli ? Je suis son frère.

— Valli ? Ils l'ont emmené il y a une heure.

La jeune fille blonde presse Bruge.

— Allons, dépêchez-vous.

— Pourquoi, « ils » ne sont pas partis ?

— Mais non, ils vont sans doute revenir, filez vite.

Ah ! oui, vite, vite la liberté.

Le dernier prisonnier à peine enfui, les S.S. reviennent à la prison pour chercher une nouvelle provision de cadavres.

Ils ne trouveront personne.

Mais quarante-neuf hommes ont été fusillés dans les champs de Creney : Valli, Bob, Boucher, les autres.

Les Américains sont aux portes de Paris.

Il fait beau.

CHAPITRE X

L'ARMÉE DE L'ARMISTICE

Il circule des mots atroces.

« Neuf mois de belote ; six semaines de course à pied ». « Croix de guerre ? Non. Croix du Sud ». « L'armée Ladoumègue ». « L'armée de la Dordogne ».

Oui, il circule des mots atroces sur cette armée battue, effondrée, volatilisée, ridiculisée et qui accepte la défaite comme un jugement de Dieu, sans même savoir, dans ses cantonnements hâtivement aménagés dans des départements depuis des siècles déshabitués de la guerre, sans même savoir qu'elle a largement payé le prix du sang et que ses pertes au combat devraient la protéger des injures.

En soixante jours, 92.000 morts, 120.000 blessés, c'est une « cadence » qui rappelle celle des grandes tragédies de la guerre victorieuse : l'autre (1).

Les troupes qui ont supporté le choc en Belgique, celles qui ont résisté autour de Lille, celles qui ont essayé de dresser une ligne de défense sur la Somme, celles qui ont tenu dans les blockhaus de la ligne Maginot ont été cruellement éprouvées.

Ce sont des régiments exsangues, chaque jour diminués, qui retraitent vers le Sud en se frayant un chemin à travers les mailles du filet allemand.

Lorsque le 71e R. I. A., qui a perdu 195 tués en un jour sur le plateau d'Acy, arrive le 22 juin à Eymoutiers, dans la Haute-Vienne, il ne dispose plus que de deux chefs de bataillon, 18 officiers, 443 sous-officiers et soldats sur un effectif initial de plus de 3.000 hommes.

Il y a pire encore.

A la VIIe Armée, qui a conservé quelque cohésion, la 19e Division — la plus forte — compte moins de

(1) Du 16 au 30 avril 1917, lors de l'offensive Nivelle, l'armée française perdit un peu plus de 30.000 morts.

1.000 hommes, 23 mitrailleuses, 3 canons de 25, un canon de 47, un canon de 75.

La 4e Division d'infanterie coloniale et la 24e Division d'infanterie regroupent quelques centaines de fantassins dépourvus d'artillerie.

Quant à la 5e D. I. C., après de très durs combats contre les chars allemands, elle ne dispose plus que de 300 hommes en état de porter les armes.

Le 7 juin, il reste 199 chevaux sur 1.561 aux hommes du 58e R. A. D. Le 10, un régiment de la 7e Division nord-africaine a, pour seules armes, 7 fusils mitrailleurs et une mitrailleuse ; le 17, les hommes de la 3e Division cuirassée détruisent leur dernier char B.

★

Des hommes sont morts héroïquement, mais le désastre annule l'héroïsme.

Un peuple entier ne garde que le souvenir de sa peur et de sa honte.

Et les soldats eux-mêmes remâchent leur défaite.

La défaite est une herbe amère.

Personne cependant ne plaide coupable.

Généraux qui se plaignent des officiers de réserve :

— Trop d'instituteurs ; une sale mentalité ; en 1914, les instituteurs montaient les premiers à l'assaut, maintenant ils ne pensent qu'à se planquer (1).

Officiers qui se plaignent des généraux :

— Tous des vieilles culottes de peau. C'est à qui ne prendra pas de responsabilités.

Officiers qui se plaignent des hommes qui se sont débandés, qu'un bruit de moteur d'avion jette dans les fossés... Des hommes qu'ils dépeignent gangrenés par le communisme, qui se plaignent des affectés spéciaux, des ivrognes, du sabotage dans les usines, des blockhaus sans canons, des canons sans munitions.

Hommes qui méprisent leurs officiers :

— Ils ont foutu le camp avec des poules. Nous, on se serait bien battus. Mais on nous disait de reculer, à pattes,

---

(1) « J'attire spécialement l'attention sur la très forte proportion d'instituteurs dans l'encadrement des corps de troupe d'infanterie de la 16e Région ; à titre d'exemple, je citerai le 143e Régiment d'Infanterie pour lequel cette proportion atteint exactement la moitié ; étant donné l'état d'esprit du corps enseignant primaire... il est nécessaire que cette situation... soit connue du Haut-Commandement. » Général Mithelhauser, rapport sur l'état de l'armée française au 7 mars 1936.

bandes de vaches, alors quoi... D'ailleurs, on a été trahis. Le 9 mai, tout l'état-major de la IIe armée, il était au Théâtre (1). C'est bien fait pour leur gueule !

Aucune cohésion parmi les troupes qui refluent. Les armes collectives ont depuis longtemps été abandonnées devant les ponts coupés... ou pour accélérer la marche. Pas de cantonnements préparés. Pas de ravitaillement. Il faut « se débrouiller ». Se débrouiller pour vivre. Et pour mourir aussi.

Ceux qui veulent résister encore, ceux qui rêvent de défendre les berges paisibles de la Dordogne, ceux qui mettent un mauvais F. M. en batterie contre les avions doivent d'abord convaincre leurs camarades de fuite, personnages de hasard, soldats d'unités également débandées et avec qui on constitue des associations que la nuit et la peur nouent et dénouent sans cesse.

— Pour quoi faire ? Puisqu'on a perdu la guerre ? Se faire caner le dernier jour, ce serait trop bête !

Ils s'enfoncent vers le Sud comme vers une Terre Promise sur laquelle luirait enfin l'étoile de la paix.

L'annonce de l'armistice les saisit dans d'humbles villages ensoleillés, à peine touchés par le désastre.

Dans un bistrot, les hommes, chez le curé ou le châtelain, les officiers, tous écoutent la radio. Voilà c'est fini. Ils ont échappé à la mort, échappé à la captivité.

Ils vont pouvoir se raser, se laver, s'asseoir, écrire, boire, manger, regarder le ciel autrement que pour y chercher les avions ennemis. Ils vont pouvoir se déchausser enfin.

Nombreux sont les officiers qui notent que « *la signature de l'armistice a bien été plutôt appréciée avec bonheur et gaieté par tous* (2). »

A Vauxains, près de Ribérac, lorsque les colonnes allemandes, refluant de zone libre, remontent vers le Nord, vers la toute neuve ligne de démarcation, elles passent entre une double haie de soldats français mal réveillés, à peine habillés, les mains dans les poches, la cigarette aux lèvres, curieux, indifférents ou ironiques devant le visage fatigué des vainqueurs.

Mais la première joie ne dure pas longtemps.

Il y a trop de morts, trop de prisonniers, trop de soldats déguenillés, il y a ces civils qui vous regardent d'un drôle d'air, ces monuments aux morts de l'autre guerre et la France abattue, la France oubliée dans le bonheur, mais à

(1) Au Théâtre aux Armées, à Vouziers (Commission d'enquête parlementaire, T. II, p. 519).

(2) Tony de Vibraye : *Avec mon groupe de reconnaissance.*

laquelle on se prend à songer comme à une pauvre femme douloureuse.

A côté de ceux qui soupirent de soulagement, il en est, en effet, qui pleurent, qui prennent le deuil, qui ont mal à l'âme et jurent de poursuivre le combat.

Le capitaine Noutary, qui commande le 1er bataillon du 7e R. I. C., demande à tous ses commandants de compagnie de faire des causeries aux hommes sur la « *partie qui continue et peut tourner à l'avantage de l'Angleterre* ».

A Brax, en Haute-Garonne, dans la vieille salle à manger de la maison familiale des Coligny, le colonel Malraison réunit ses officiers :

D'ici quelques jours, vous serez démobilisés, tout au moins provisoirement. Pendant que je suis encore votre chef, laissez-moi vous fixer votre mission future : Dès demain, être prêts pour la revanche ! Tel est le but, à vous le choix des moyens !

Une nouvelle armée va naître, faible en effectifs et en moyens, elle devra préparer l'avenir et son rôle sera capital.

★

Une nouvelle armée va naître ? En attendant, conformément à l'article 4 de la convention d'armistice, la France licencie les restes de ses régiments.

Non sans avoir tenté de les reprendre en main par des prises d'armes, des remises de décorations, parfois abusives (le commandant d'un groupe d'armée ne décide-t-il pas de faire citer tous les soldats encore en possession de leur fusil ? (1), des discours qui ont pour but de recréer un moral, de faire oublier certaines veuleries, d'affirmer que la France et l'armée continuent. Les officiers qui prennent la parole paraphrasent, à peu près tous, les premiers discours du maréchal Pétain : « *Les peuples, comme les individus, ne font de grandes choses que s'ils ont un idéal. Depuis cinquante ans, une vague de matérialisme a submergé la France en ruinant petit à petit les croyances les plus sacrées et en apportant un appétit de jouissance. Il n'y avait plus de devoirs, chacun ne parlait que de ses droits* (2). »

(1) Ces citations seront supprimées quelques semaines plus tard par le général Weygand, ainsi que beaucoup des citations des états-majors.

(2) Discours du colonel Laborderie, cité par Paul Ribers : « Flèches ouvrantes. »

Le 26 juin a été journée de deuil national.

A quelques jours de la défaite totale, l'armée, qui va se disperser, « célèbre » le 14 juillet. Pour la plupart des soldats, c'est la dernière cérémonie militaire à laquelle ils participent. Selon l'humeur des chefs, ce 14 juillet, où il faut écouter la *Marseillaise* sans songer aux paroles, prend une allure plus ou moins martiale, plus ou moins bonhomme.

Faire sonner le pavé, jouer le *Chant du Départ,* évoquer « cette victoire en chantant » qui « ouvre les barrières », n'est-ce pas un affreux témoignage d'inconscience ? Mais, d'autre part, ne faut-il pas profiter des circonstances (et des sonneries de clairons et des musiques) pour, une dernière fois, remuer les âmes ?...

Dans l'attente de la démobilisation qui, en quelques semaines, va toucher 1.600.000 hommes, le farniente est total. La quête des nouvelles reste la plus importante occupation des hommes. Réinstallés déjà dans la vie civile, ils s'inquiètent de leur famille et de leur travail (1).

Puis on leur verse une prime de démobilisation de 1.000 francs « pour faciliter leur réadaptation » et les voici redevenus plombiers, maçons, instituteurs, architectes, médecins, laboureurs. Les régiments qu'ils abandonnent, de vieux régiments nés sous la Royauté, ayant connu les batailles de l'Empire, se dégonflent, réduits à une poignée de sous-officiers de carrière et aux jeunes des classes 38 et 39, avant d'être définitivement dissous.

★

La vengeance est un plat qui se mange froid.

Lorsque le général Huntziger sort du wagon de Rethondes et téléphone au général Weygand les conditions de l'armistice, il précise que Keitel a fixé à 100.000 hommes l'effectif que la France pourra conserver sous les armes.

— C'est l'effectif de l'armée que le traité de Versailles accordait à l'Allemagne, ajoute-t-il.

Weygand a bien dû y songer !

De Rethondes 1918 à Rethondes 1940, de l'armée allemande imposée par le traité de Versailles à l'armée française dont les Allemands, siégeant à la Commission d'armistice de Wiesbaden, accepteront enfin, en août 1940, le projet d'organisation, il y a de volontaires similitudes.

Si le vainqueur cherche à garotter et à humilier le

(1) Certains, notamment ceux habitant la zone interdite, devront attendre plusieurs années avant de rejoindre leur domicile.

vaincu, le vaincu s'efforce, en 1940 comme en 1919, de se libérer discrètement.

Dès les premiers jours de juillet 1940, le général Colson, ministre de la guerre, adresse une lettre manuscrite à chacun des commandants des régions militaires pour les inviter à camoufler le matériel et les approvisionnements.

Mais, officiellement, l'armée de l'armistice comprendra seulement 100.000 militaires de carrière stationnés en métropole. Aucune motorisation, à l'exception d'un escadron de huit autos-mitrailleuses par régiment de cavalerie et d'une batterie par régiment d'artillerie. Pas d'artillerie lourde ni de blindés. Des chevaux, des 75, modèle 1897, des bicyclettes.

Peu de D. C. A. Une maigre aviation qui fut cependant autorisée, en juillet 1941, à fabriquer, en zone sud, 600 avions de guerre (1).

La marine est un peu moins maltraitée. Elle conserve 60.000 hommes et un certain nombre d'unités. Ses navires (désarmés ou non) sont tous restés ancrés dans les ports français. De tragédie en tragédie, de Mers-el-Kébir à Toulon, par la faute des alliés comme des ennemis de la France, elle perdra tout ce qu'elle avait pu sauver, mais, à la fin de juin 1940, elle représente toujours une force imposante et moderne.

La petite armée de terre compte huit divisions implantées autour de Bourg, Châteauroux, Limoges, Clermont-Ferrand, Lyon, Marseille, Montpellier, Toulouse, et cette armée dérisoire a toutes les peines du monde à recruter des volontaires.

Les vaincus n'attirent pas la jeunesse.

Aussi, l'armée de l'armistice s'efforce-t-elle, en donnant quelques coups de pouce à l'Histoire récente, en copiant quelquefois sur l'adversaire, en exaltant la fierté des siens, en exagérant la valeur de ses pauvres armes, d'offrir à ce morceau de France sur lequel elle stationne, l'image d'une troupe non seulement rajeunie, mais nouvelle et révolutionnaire.

Elle promet la gloire : « *Jeunes gens,* disent les brochures de propagande, *engagez-vous au 15e Régiment d'Artillerie pour continuer en zone libre les traditions de ces glorieux aînés.*

Que vous soyez à Montpellier, à Carcassonne ou à Castres, dans une unité hippomobile ou automobile, que

(1) En contrepartie, les usines de zone nord devaient construire 3.000 avions de transport ou d'école pour l'Allemagne.

vous conduisiez les pièces ou que vous les serviez, vous entreprendrez une carrière intéressante et vous concourrez activement au relèvement de la France. »

Elle insiste sur l'importance des soldes : « *La solde des caporaux, augmentée le cas échéant des indemnités diverses, s'élève de* 4.320 *à* 6.840 *francs, celle des soldats de* 1re *classe de* 3.960 *à* 6.210 *et celle des soldats de* 2e *classe de* 3.600 *à* 5.700. »

Enfin, dans une époque de ravitaillement difficile, les « sergents recruteurs » de l'armée nouvelle n'hésitent pas à souligner « *que le rationnement des militaires est calculé beaucoup plus largement que celui des civils.* »

Veut-on définir l'armée de l'armistice, il faut écrire qu'elle est généralement antiallemande et « pétainiste », cocardière et lunaire, prise entre le désir de se battre à nouveau, et la crainte de le faire illégalement.

Enviant les hommes de Bir-Hakeim, mais ne voulant pas d'une gloire qui débute par la désobéissance, elle est prisonnière de ce serment que le Maréchal exigera, serment qui sera un paravent commode pour quelques-uns, mais qui troublera et asservira les meilleurs, désespérés d'avoir à renier un jour leur parole pour servir comme il faut leur pays (1).

Armée attachée à ses traditions... mais à ses avantages aussi.

La possibilité de résister sans espoir aux Allemands, en novembre 1942, n'est pas accueillie avec enthousiasme dans tous les quartiers et un colonel a ce mot affreux mais révélateur, ce mot de mauvais fonctionnaire :

— J'ai maintenant trois ans de grade et je compte bien figurer au prochain tableau, dit-il à ceux qui le pressent de rejoindre le général de Lattre. Il ne peut être question pour moi de songer à autre chose et de faire des fantaisies !

Tenant un rôle important dans le royaume de Vichy, l'armée n'en a aucun dans le monde en guerre. Forte de son expérience victorieuse de 1918, aigrie par son expérience manquée de 1940, elle en vient à méjuger ceux qui se battent à travers le monde et tout particulièrement les Anglais « mauvais fantassins », les Américains « sans expérience », les Russes « tous des sauvages ».

Sa force peut faire peur un moment aux parlementaires

(1) Réclamé par l'acte constitutionnel n° 8, en date du 14 août 1941, le serment était le suivant : « Je jure fidélité à la personne du chef de l'Etat, promettant de lui obéir en tout ce qu'il me commandera pour le bien du service et le succès des armes de la France. »

rassemblés à Vichy ; elle ne représente rien face aux géants qui continuent le combat.

Ses actes ne seront jamais à la hauteur de ses rêves. On le verra notamment le 11 novembre 1942. L'armée de l'armistice ne prouvera son efficacité, ne trouvera sa justification qu'après sa destruction : comme noyau d'une partie de la résistance armée et des troupes qui libéreront l'Italie et la France.

★

Revues. Fêtes. 100.000 personnes acclament le général de Saint-Vincent, gouverneur militaire de Lyon, lorsqu'une jeune Lorraine lui remet des fleurs au nom de ses compatriotes. On crie « Vive l'armée » avec émotion devant les voitures rouges des sapeurs-pompiers, comme devant le 135ᵉ régiment d'infanterie, les deux bataillons d'alpins gantés de blanc, les cyclistes qui ferment la marche.

100.000 Lyonnais, à qui les vélos français font oublier les chars et les avions allemands, ont, pour une heure, l'illusion de la grandeur retrouvée.

Nîmes. La fête du 4 mai 1941 est donnée au profit des Soupes d'Entr'aide, mais, dans les arènes où se pressent 25.000 Nîmois, c'est, avant tout, une fête militaire.

La foule s'immobilise pendant l'envoi des couleurs tandis que, salué par les fanfares du 7ᵉ régiment de chasseurs à cheval et du 10ᵉ régiment d'artillerie coloniale, le drapeau monte lentement dans le ciel.

Concours hippique, jeux d'adresse à cheval, match de horse-ball, rétrospective historique de la cavalerie à travers les âges.

On a déguisé des hommes du 10ᵉ R. A. C. en soldats romains ; lancés à pleine vitesse sur leurs chars, ils soulèvent une épaisse poussière, pressent leurs bêtes, se laissent griser par les acclamations d'une foule qui se prend au jeu. Puis les cavaliers de l'Ecole militaire d'artillerie présentent une reconstitution du jeu de la quintaine. Défilent ensuite les cavaliers de Louis XIII, les sabreurs du Premier Empire, les dragons de 1914. L'émotion patriotique monte et éclate lorsque les étendards des unités qui ont participé à la fête hippique font leur entrée sur la piste.

Dans leur poche, bien des adolescents emportent les prospectus que des soldats leur ont distribués.

Jeunes gens...
Qui assistez à cette Fête hippique
Engagez-vous

dans les armes montées
de l'armée nouvelle
Cavalerie (7e Régiment de Chasseurs à cheval à Nîmes)
Artillerie (10e Régiment d'Artillerie coloniale, Nîmes), Marseille, Draguignan).
Vive la France
Vive Pétain.

★

De l'humiliation, cette minuscule armée de piétons passe aisément à l'orgueil.

Des chefs essaient de ranimer les sentiments de fierté.

Le colonel Schlesser, commandant le 2e Dragons, en garnison à Auch, dit à ses hommes : *Il faut être contre les résignés, contre les désespérés, contre les impuissants. Ne soyons pas de ceux qui doutent du soleil quand le temps est sombre, de ceux qui doutent de l'amour pour avoir connu la haine.*

Soyons nets, impeccables, élégants. L'élégance n'est pas seulement dans un pli bien fait du pantalon, elle est aussi dans l'allure, dans la démarche. Soyez contre tous les relâchements, haïssez le débraillé.

Il veut une unité impeccable et hausse les épaules lorsqu'on lui répète que des esprits malicieux chansonnent ces dragons « qui se promènent avec des pompons aux chaussettes et des plumets sur leur calot ».

La caserne, souillée par des milliers de démobilisés, a été nettoyée, les chambrées repeintes, un foyer créé de toutes pièces, l'instruction militaire intensifiée.

Chaque dimanche soir, le salut aux couleurs prend l'allure d'une manifestation à laquelle toute la ville est associée.

Cette armée, qui n'a pas pu protéger la France de l'invasion, vient souvent au secours des Français malheureux. Les prisonniers font défaut pour la moisson et les vendanges. On s'efforcera de les remplacer par des démobilisés de zone occupée ou de zone interdite et qui ne peuvent, encore, rejoindre leurs foyers.

Au début de juillet 1940, 1.139 soldats encadrés de 129 sous-officiers, commandés par 34 officiers, sont mis à la disposition des cultivateurs de l'Indre, de l'Indre-et-Loire, de la Vienne et du Cher.

En 1941, cette action est intensifiée. Les détachements envoyés dans les villages ne se contentent pas de participer aux travaux des champs. A Levroux, dans l'Indre, les hommes de la 3e batterie du 72e R. A. et de la 1re section du 1er bataillon du 1er R. I., qui ont aidé à rentrer d'imposantes moissons, assistent le 3 août à une grande manifestation patriotique et, le 31 août, à la fête de la Légion.

La population se montre satisfaite du travail de ces garçons où il ne se trouve pourtant qu'un tiers de paysans. Les maires écrivent. Le maire d'Osmery signale qu'il a vu « *un petit aspirant... avec les mains toutes mutilées par les ampoules, alors on ne peut pas dire qu'il n'a pas travaillé* ». Celui de Poitieux remarque que tous les soldats « *se sont conduits d'une manière irréprochable, s'adaptant aux différents travaux que dictaient les intempéries. Tout cela est un honneur pour ceux qui les commandent et rentre dans le cadre des ordres donnés par notre chef, le maréchal Pétain* ».

★

Avant les hommes : les chefs.

Opme. Un village du plateau de Gergovie à demi abandonné depuis près d'un siècle. De la pierraille et des tuiles brûlées de soleil. De vieux paysans encagnardés dans des demeures fatiguées. Le vent. L'hiver, le grand froid. Pas de cafés, pas de cinémas, pas de filles.

Ce dénuement a tenté le général de Lattre de Tassigny qui commande la 13e division militaire. Il a le goût du faste et de l'effort. Quelques siècles plus tôt, il aurait été maître d'œuvre d'une cathédrale. 300 jeunes hommes — officiers et sous-officiers — se mettent au travail pour bâtir leur école militaire des cadres. Piscine, ateliers, maisons construites pour chaque groupe. De Lattre mène son monde rudement, imposant aux terrassiers-soldats des « pointes d'effort » allant jusqu'à quinze et même dix-huit heures de travail continu.

Opme possède sa section de maquettisme, sa section de décoration, de jardinage, son imprimerie d'où sortent les directives du général, coulées dans le moule de la Révolution nationale.

Le pays tout entier avait perdu le sens de l'effort ; réduction des heures de travail, préoccupation constante des loisirs traduisaient cet état d'esprit. La discipline disparaissait. Les chefs étaient critiqués, discutés, désobéis... Donner à nos jeunes cadres un esprit nouveau, leur donner une doctrine, des méthodes, en faire des chefs, tel est le but que se propose l'école d'Opme.

Sortant sans hésitation des sentiers battus, ne se laissant influencer par aucun esprit de routine, elle rénovera notre armée en lui donnant des cadres jeunes, non seulement par le cœur et l'esprit, des cadres ardents, durs mais compréhensifs (1).

Cette volonté de jeunesse totale — l'armée, prolongement du scoutisme, préfiguration parfois du maquis — les Saint-Cyriens, repliés à Aix-en-Provence, l'ont également (2).

Les 15, 16, 17 août 1941, les voici courant la campagne provençale. La 1re Compagnie gagne Lourmarin, la 2e Jonques, la 3e Rognes. Excursions, compétitions sportives, enquêtes auprès des paysans, feux de camp illuminant les façades des vieux châteaux, chant de la *Marche Lorraine* et les vieux réfugiés messins pleurent. Certes. Mais l'armée ne saurait oublier qu'elle est au service, sinon d'une politique, au moins d'un homme.

Généralement antiallemande, mais captive d'une discipline, dont elle cherche à renforcer plus qu'à atténuer les rigueurs, ayant foi en son imprécise mission, elle demeure l'un des refuges du pétainisme actif. Pour beaucoup d'officiers, qui ont médité les leçons du redressement prussien de 1813 et du redressement allemand après 1918, la temporisation, la collaboration politique doivent permettre de mieux « rouler » l'occupant en préparant une armée qui, l'heure venue, rentrera dans la guerre et sera peut-être même en mesure — fol espoir mais espoir entretenu dans bien des popotes — d'arbitrer la situation.

Rares sont ceux qui, à l'exemple d'Henri Frenay, pensent que l'armée d'armistice n'est, en somme, qu'une grande illusion.

— Mon général, réplique-t-il au sous-chef d'état-major qui le presse de ne pas démissionner, je ne resterai pas, car je suis dans la situation d'un prêtre qui a perdu la foi et à qui son évêque propose de changer de paroisse !

Ses camarades n'ont pas perdu la foi.

Passionnés par le flux et le reflux des armées en Libye, discutant des chances soviétiques sans en donner bien cher, camouflant du matériel autant par jeu et par fronde que par volonté de s'en servir un jour, les officiers de l'armée de l'armistice entretiennent dans les villes où ils campent, dans les villages qu'ils parcourent, la flamme patriotique

(1) Directive N° 5.

(2) Trois promotions sortiront d'Aix-en-Provence. La promotion « Maréchal Pétain », 1940-1942, forte de 202 élèves ; la promotion « Charles de Foucauld », 213 élèves, et la promotion « Croix-de-Provence », 355 élèves.

et la mystique du Maréchal. Associée à la Légion des combattants pour les cérémonies devant les drapeaux et les monuments, l'armée l'est aussi, bien souvent, aux curés des paroisses.

« *A l'église*, dit un récit sur l'excursion des Saint-Cyriens en Provence, *à l'église, la présence de nombreux aspirants a été d'un exemple salutaire pour certains Provençaux qui, d'ailleurs, religieux par tradition et par sentiment, n'osent pas prendre parti hardiment.* »

Les commandants d'unités n'hésitent pas à s'aventurer sur des chemins nouveaux et certaines initiatives, certaines allocutions témoignent d'autant de candeur que de foi patriotique.

★

Toute cette agitation déplaît d'ailleurs à la presse parisienne qui en dénonce la naïveté et les périls. Au cours de l'été 1942, Marcel Déat consacre un article aux « *militaires camouflés en instructeurs et en moniteurs, voire en éducateurs, qui déversent sur* (des) *crânes adolescents un intarissable flot de balivernes.* »

Mais il s'inquiète également « *des propos funambulesques tenus par tel porteur d'étoiles, qui évoque ouvertement devant des officiers la reprise, à terme indéterminé mais proche, d'on ne sait quelles opérations offensives* ».

Car l'armée ne saurait se contenter de jouer les marieuses, de chanter *Là-haut sur la montagne l'était un beau chalet*... d'acheter des fermes, d'engraisser des cochons, d'élever des pigeons et des lapins, de fabriquer du charbon de bois (1)...

Son rôle est de préparer la rentrée dans la guerre (2). Dans la plupart des garnisons, les officiers ne se privent pas d'exalter chez leurs hommes de furieux sentiments de revanche. Tous les moyens sont bons.

En octobre 1940, le colonel Malraison décide que son papier à lettre officiel sera marqué de la cathédrale de Strasbourg et de la devise : *Quand même*. Les hommes de sa demi-brigade de chasseurs chantent :

---

(1) A Saint-Paul-lès-Durance, la 15e Région militaire avait créé, pour les démobilisés restant à sa charge, un centre rural dont le clapier et le pigeonnier pouvaient fournir de 500 à 1.000 kilos de viande mensuellement ; un jardin potager de 5 hectares ; des champs de 83 hectares fournissaient, d'autre part, légumes et pommes de terre.

(2) Bouthillier, qui fut ministre des Finances, souligne que les crédits militaires de 1942 représentaient plus de 80 % des crédits du budget de 1939.

Vous n'aurez pas l'Alsace et la Lorraine
Et malgré vous nous resterons Français.

Aux autorités, qui protestent... parfois pour la forme, Malraison réplique :

1. — *Il est exact que les deux fanfares de ma demi-brigade présentes à Annecy ont, parmi 20 autres, sonné et chanté* Alsace-Lorraine.

2. — *Il s'agit d'une marche écrite il y a soixante-dix ans et qui, depuis lors, n'a cessé d'être sonnée par toutes les fanfares de Chasseurs.*

3. — *Cette marche ne saurait être « manifestement hostile aux puissances de l'Axe » puisque sa partition et ses paroles furent écrites trois quarts de siècle presque avant que l'Axe ne voie le jour.*

Lorsque le colonel Malraison apprend que des communistes ont été fusillés à Châteaubriant, il réunit sa troupe, fait sonner aux morts et réclame de ses officiers et de ses soldats un serment de vengeance.

Ces manifestations patriotiques, qui se répètent en de nombreuses villes, enflamment aisément une partie de l'opinion. Des incidents éclatent entre civils et soldats allemands des commissions de contrôle. Incidents mineurs, mais significatifs. Le 30 janvier 1941, à Montpellier, un civil arrache son calot à un soldat qui se rendait à l'hôtel du Midi. Le 8 février, à Mâcon, deux chauffeurs allemands, qui dînent à l'hôtel Bellevue, ont la surprise de retrouver leurs voitures sans roues de secours. Le chef d'état-major de la subdivision de Carcassonne refuse « dans une forme des plus inconvenantes », affirme la note de protestation allemande, des renseignements à l'officier de contrôle allemand.

A Montpellier encore, des manifestations antiallemandes ont lieu devant les hôtels d'Hagurlone et d'Angleterre occupés par les militaires de la Commission de contrôle. Une quinzaine de soldats allemands se sont mis au balcon au moment où une unité française du service d'honneur traversait la rue ; la foule qui les voit rire et prendre des photographies réagit immédiatement avec violence, crie, proteste et menace...

★

Cette armée sans importance intéresse cependant les Allemands. Comment pourraient-ils oublier que leur

Wehrmacht, plus moderne et plus jeune que toutes les armées concurrentes, a surgi du désastre de Versailles ?

Aussi, leurs agents sont-ils nombreux en zone libre (1). En 1941, la seule brigade de surveillance du territoire de Marseille en arrêtera plus de 150 ; une trentaine d'entre eux, dévoilés par le 2e Bureau, qui n'a jamais cessé de fonctionner malgré les prescriptions de l'armistice, seront jugés et exécutés, beaucoup d'autres verront leur peine commuée lorsque les Allemands interviendront brutalement. Que cherchent ces espions ? La preuve que l'armée de l'armistice camoufle des armes.

Et c'est vrai. Sur une assez vaste échelle, la nouvelle armée s'emploie à sauver tout ce qui peut être sauvé de ce matériel épars en pleine campagne — il y a 7.000 voitures à Picquecailloux en Dordogne — et dont les Allemands réclament le contrôle et la cession.

Dans les châteaux, les chantiers de jeunesse, les carrières, les brigades de gendarmerie, on dissimule des armes. Munitions dans les barriques, fusils mitrailleurs dans la paille des greniers, autos-mitrailleuses protégées par une ou deux charrettes dans les granges.

Les chiffres ne sont pas aussi dérisoires que pourraient le laisser croire ces modes enfantins de dissimulation. Pendant l'hiver 1940-1941, 65.000 fusils, 9.500 mitrailleuses et fusils mitrailleurs, 200 mortiers, 55 canons de 75, des canons antichars et antiaériens sont ainsi « récupérés ». A la fin de l'année 1941, le général Picquendar évaluera à 15 ou 18 milliards la valeur des armes et munitions ainsi soustraites à l'ennemi. La nuit venue, des sous-officiers camouflés, eux aussi, sous le veston élimé du paysan ou le bleu du garagiste, vont surveiller et entretenir leur matériel (2).

Le Service de conservation du matériel (C. D. M.), créé par le commandant Mollard, fait fabriquer des tourelles d'autos-mitrailleuses pour armer 250 châssis de camions américains radicalement modifiés. Mieux encore. Pour faciliter une future mobilisation, il dissimule « au grand jour » des milliers de camions militaires échoués, depuis la défaite, dans tous les ports de Méditerranée.

Le colonel du Tertre crée 18 sociétés de transport

---

(1) « Il nous faut plus de 30.000 agents », répétait fréquemment le chef du contre-espionnage allemand en France. Cité par Pierre Nord : *Mes camarades sont morts.*

(2) Sur la position officielle de l'armée et du gouvernement en face du camouflage, on lira avec intérêt la déposition faite au procès du maréchal Pétain par le général Picquendar qui avait pris, le 20 octobre 1940, la direction du C. D. M.

— la première s'appellera *Les Rapides du Littoral* — à qui l'on prêtera les camions de l'armée. Les sociétés doivent entretenir le matériel et le mettre à la disposition de l'autorité militaire sur simple préavis de six heures. Plus de 3.500 de ces camions et autocars sont ainsi provisoirement absorbés par des sociétés, dont le parc est parfois brutalement multiplié par 100. C'est le cas pour la Société Eclair qui passe de 5 véhicules à 687.

★

Il faut connaître, recenser, organiser les hommes que ces véhicules transporteront un jour. Le travail que le C. D. M. réalise pour les armes, le Bureau des Statistiques va, sous la direction du contrôleur général Carmille, le réaliser pour le « matériel humain ».

Sous couvert de démographie, on prépare la mobilisation par dédoublement des unités existantes. Mais les hommes sont rentrés dans leurs foyers et il ne saurait être question d'une mobilisation par affiches blanches sur les murs. Qu'à cela ne tienne. On exploitera le goût de tous les anciens combattants pour les amicales régimentaires. Les œuvres d'entraide aux prisonniers fournissent également des noms, des grades, des adresses.

On a choisi, pour le rassemblement général des réservistes, des zones d'accès difficile : Jura, Massif Central, Montagne Noire, Pyrénées. Là, ils rejoindront l'armée échappée des villes et prête à reprendre le combat.

Quel combat ? Etant donné l'extrême disproportion des forces, la lutte sera sans doute de courte durée. Pour qu'elle soit efficace, il faudrait que les alliés débarquent sur les côtes méditerranéennes.

L'armée de l'armistice a-t-elle reçu l'assurance que ce débarquement aura lieu ou bien, prenant ses désirs pour des réalités, espère-t-elle retenir assez longtemps les Allemands pour donner aux Anglo-Saxons la possibilité de venir à son secours ? Recherche-t-elle un succès, une revanche ou seulement un baroud d'honneur ? En contradiction formelle avec la politique officielle de Vichy, contrariée par les événements qui, en Afrique et au Levant, opposent constamment troupes françaises et anglaises, l'armée n'engrange-t-elle pas des armes, ne prépare-t-elle pas clandestinement la mobilisation par instinct et tradition, beaucoup plus que par vocation résistante (1) ?

(1) « Cette tentative, à la fois méthodique et naïve, écrit le lieutenant-colonel Le Ray, relevait, elle aussi, de l'équivoque Vichy. Convain-

Autant de questions auxquelles il est difficile de répondre.

Le 11 novembre 1942, les plans, les recensements, les cachettes variées où l'on a entreposé des milliers d'armes, ne serviront de rien.

L'Allemagne soufflera sur l'armée de l'armistice.

Elle l'écartera immédiatement de son chemin, mais en dispersera la semence dans le maquis.

★

Le 6 novembre, la police de Marseille arrête, sous l'inculpation de « gaullisme », le commandant Faye. Faye ne peut nier. Il a été pris à l'instant où il transmettait un message à Londres. Interrogé, il parle du prochain débarquement en Afrique du Nord ; c'est pour en prendre la tête que le général Giraud vient de quitter la France. Il ne semble pas que cette information — recoupée par les télégrammes d'agents, de même que par les dépêches de presse, annonçant la présence d'une flotte considérable à Gibraltar — émeuve René Bousquet, secrétaire général de la Police, qui a été immédiatement prévenu. Il n'alerte les militaires que le 7 en fin d'après-midi. Le 8, à 7 h. 54, 18 appareils américains partis du porte-avions *Ranger* commencent à bombarder la base navale de Casablanca, tandis que les obus du *Massachusetts* tombent sur le cuirassé *Jean-Bart*, incendient les paquebots *Porthos* et *Lipari*, les contre-torpilleurs *Malin, Simoun, Tempête,* d'autres navires encore...

Pour la marine française, une nouvelle tragédie commence.

Mal préparé sur place, organisé avec l'aide d'hommes qui n'étaient maîtres ni de l'Afrique ni de l'armée, faisant inutilement couler le sang français, le débarquement en Afrique du Nord n'en constitue pas moins, pour l'armée de l'armistice, le signal d'alarme attendu depuis plusieurs mois, la preuve que le « vent » a définitivement tourné.

Va-t-elle enfin pouvoir rentrer dans la guerre ?

Les plus intrépides, les plus imaginatifs, ceux qui ont mis au point des plans chimériques prévoyant une action

---

cus d'interpréter la pensée secrète du Maréchal (ou affectant une telle conviction), le groupe résistant de l'état-major transmettait ses directives sous cette caution et pensait neutraliser, de ce fait, une opposition conformiste toute prête à se manifester. Malheureusement, cette construction, qui reposait sur une garantie trompe-l'œil, avait la fragilité d'un château de cartes. Cadres pressentis pour le commandement des unités, personnes privées ayant assumé la responsabilité du recel des matériels étaient susceptibles de se retraiter si Vichy venait à leur retirer sa couverture. Et c'est ce qui survint en novembre 1942. » Actes du 70e Congrès des Sociétés Savantes, Grenoble 1952.

en direction des ports de l'Atlantique, ou même en direc-
expédie, par le seul code inconnu des Allemands, un télé-
tion de Metz (1), oui, tous ceux-là le croient...

Dans la nuit du 8 au 9 novembre, alors que Laval est en route pour Munich où il doit rencontrer Hitler, alors que nul ne sait encore quels seront les développements militaires du débarquement en Afrique, le général Verneau gramme chiffré à tous les commandants de divisions militaires. Il n'y a pas à s'y tromper : c'est l'ordre d'entrer en campagne :

« *Dans le but éviter rencontre entre troupes françaises et étrangères, les commandants de Divisions Militaires devront se mettre en mesure, au cas où les troupes allemandes franchiraient la ligne de démarcation, de déplacer troupes et états-majors en dehors des casernements et des grands axes routiers. Toutes les munitions seront emportées.* »

Le message précise encore que les transmissions seront assurées par des voitures radio sorties de leurs cachettes. Réveillés, les généraux et leurs chefs d'état-major, qui peuvent seuls déchiffrer le télégramme 128 E. M. A. 3 B, alertent tout leur monde. La journée du 9 novembre est, pour presque toutes les unités, une journée de préparation et d'exaltation.

Le colonel Schlesser, commandant le 2e Dragons à Auch, partage le Gers en plusieurs zones de dispersion et hâte le départ de ses hommes. A Grenoble, le général Laffargue met sur pied un plan de repli sur l'Oisans. A Montpellier, le général de Lattre étudie avec le colonel Morel, le lieutenant-colonel Albord, les commandants Constans, de Camias, Tabouis, le repli de ses troupes dans le massif des Corbières. La nuit venue, devant tous les généraux et chefs de corps de la 16e Division, il annonce une reprise de la lutte, une lutte dont il sait, dont il dit, qu'elle est sans espoir.

— En nous sacrifiant, ajoute-t-il, nous justifierons notre existence, nous sauvegarderons l'avenir parce que la portée de notre témoignage sera immense. Les martyrs de

(1) Le 2e groupe de division dont le siège était à Royat avait établi, dans le courant de l'année 1941, un plan prévoyant, à l'aide de 48.000 hommes, une action visant à reconquérir les ports de l'Atlantique et, notamment, les ports en eau profonde de La Pallice. Cette action devait naturellement être combinée avec un débarquement allié. Quant à l'action immédiate vers Metz, la Lorraine et l'Alsace, elle était prévue dans un plan pour la libération du territoire dont le général Giraud, avant de quitter la France, avait remis un exemplaire au général de Lattre de Tassigny.

Rome ont eu, contre eux, toute la puissance de l'Empire, qui donc oserait dire, aujourd'hui, qu'ils ne sont pas les vainqueurs ?

Les officiers, dont beaucoup n'aiment pas de Lattre, dont beaucoup rêvent à leurs pantoufles, sont empoignés par l'enthousiasme de leur général. Aucune objection. Aucune réticence. De Lattre donne verbalement toutes ses instructions.

Lorsque la réunion est achevée, à une heure du matin, Mme de Lattre et le commandant Constans brûlent les papiers secrets et les autres.

Sur le manteau de la cheminée, une grande photo non encadrée de l'amiral Estèva semble contempler la scène ; lentement, sous l'action de la chaleur, elle se roule sur elle-même.

A l'aube, la photo de l'amiral rejoindra le brasier...

Cependant, l'état-major de l'armée a quitté Vichy de nuit pour se réfugier à une trentaine de kilomètres de là dans les bâtiments de la ferme de La Rapine. Pourquoi La Rapine ? Parce que, dans cette ancienne ferme modèle, fonctionne officiellement, depuis juillet 1940, le service radio de sécurité du territoire. Près d'une écrémeuse abandonnée, le capitaine Leschi a placé ses postes d'écoute ; il « prend » les radios étrangères, rédige un bulletin d'information que des motards portent, chaque matin, à Vichy et à Clermont-Ferrand.

Mais, à côté de cette activité officielle, Leschi camoufle essence et matériel, entraîne des opérateurs-radio qui serviront surtout à la résistance, organise enfin, sur instruction secrète du ministère de la Guerre, une station-radio sur véhicule dans chaque région militaire, ainsi qu'à La Rapine.

Lorsque les généraux Verneau, Picquendart, Paquin arrivent, avec une quarantaine d'officiers, chez Leschi, le 9 au soir, ils sont à la recherche de moyens de communication rapides. Ils s'installent pour la nuit dans le bureau de Leschi. Etalent leurs cartes, sortent des crayons bleus, fument, fument jusqu'à rendre l'atmosphère irrespirable.

Nuit émouvante au cours de laquelle des officiers téléphonent sans arrêt à tous les postes de la ligne de démarcation.

— Si les Allemands bougent, prévenez le 162 à Thiers.

Le général Verneau est prêt à lancer l'ordre de résistance. Les plus optimistes attendent l'arrivée du maréchal Pétain qui fera ainsi rentrer la légalité dans la résistance.

Les heures passent. Calmes et troublées.

A l'aube, Leschi entraîne tout son monde à la vacherie, offre à chaque officier un bol de lait chaud. Le général Verneau, avant de le quitter, lui dit :

— Leschi, tenez-vous prêt. Nous reviendrons ce soir (1).

Ils ne reviendront pas.

En retardant de quelques heures leur entrée en zone libre, les Allemands ont obligé l'armée de l'armistice à dévoiler ses intentions.

★

Sous le coup de la surprise et de l'émotion, un baroud d'honneur eût été possible, ici et là, le 9 ou le 10 novembre. Le 11, il s'agirait d'une action concertée, mais parfaitement inutile, sur laquelle, au fond, presque personne n'est plus d'accord.

On sait maintenant que les Américains ne débarqueront pas en Provence leurs troupes sans expérience.

On sait que le maréchal Pétain ne rejoindra ni l'Algérie ni le maquis, que tous les bruits de départ qui ont couru sont faux. Oui, le Maréchal a bien reçu le général Weygand. Il a écouté les conseils de l'ancien généralissime : rallier Alger, y signer la paix avec les Américains, déclarer la guerre à l'Allemagne qui vient de proposer à Laval une alliance « pour le meilleur et pour le pire ». Il a écouté Hering, Bouthillier, Trochu, Gibrat, Serrigny, son chef d'état-major de Verdun qui accourt, valise bouclée.

Passant par des alternatives de somnolence et d'excitation, ravi à la pensée de cet avion qui l'attend, mais prisonnier de son rôle de défenseur de la patrie, de ce « don » qu'il a fait de sa personne, le maréchal Pétain renonce à un départ dont il sait qu'il lui apporterait une gloire nouvelle ainsi qu'un regain d'affection, mais dont il redoute les conséquences pour les Français.

— Je ne peux pas partir parce que j'ai promis aux Français de rester avec eux quoi qu'il arrive, réplique-t-il à Serrigny.

Et à d'autres :

— Un pilote doit rester à la barre pendant la tempête. Il n'abandonne pas la barre. Si j'étais parti, c'eût été pour la France le régime de la Pologne... Vous ne savez pas ce que c'est que le régime de la Pologne. La France en serait morte.

Que Pétain reste, en voilà assez pour immobiliser

(1) Témoignage inédit du général Leschi.

l'armée qui ne comprend rien à ces démentis, à ces menaces, à ces démissions, à ces excommunications, une maille à l'endroit, une maille à l'envers, qui se croisent entre Alger et Vichy.

Ouvertement répudié, très secrètement approuvé, si secrètement que nul, à l'exception de deux ou trois initiés, n'en saura rien, l'amiral Darlan, qui continue à parler au nom de Maréchal, faute de pouvoir parler au nom de l'Amiral, n'a aucune audience auprès de l'armée.

La parole est maintenant à ceux qui sont opposés à toute résistance, la parole est à Pierre Laval qui, depuis Berchtesgaden, a téléphoné pour supplier qu'on l'attende avant de décider « quelque chose », la parole est au général Bridoux, dont la nomination au poste de secrétaire d'Etat à la guerre a été appuyée par Abetz.

Le 11 au matin, à 8 h. 30, deux heures après que les unités allemandes aient franchi les postes frontières qui séparent la zone libre de la zone occupée, Bridoux annule téléphoniquement les ordres du général Verneau.

Il n'est plus question de quitter les casernes, plus question de prendre la campagne, plus question surtout de résister. Tous les mouvements commencés sont annulés, les troupes sont consignées dans leurs bâtiments. On lance des estafettes à la poursuite de ceux qui sont déjà partis sur le sentier de la guerre.

— Qu'est-ce qu'on va leur mettre aux Boches !

Allons donc, il faut regagner les cantonnements.

L'adjudant Grattard rattrape un escadron motorisé du 2e Dragons qui est déjà à 20 kilomètres d'Auch. Le général Laffargue et le général Mer s'empoignent téléphoniquement. Laffargue désobéit et lance ses unités vers l'Oisans, mais, suspendu de son commandement, solitaire, il finit par s'incliner.

A Montpellier, de Lattre, qui vient de recevoir l'ordre du général Bridoux, dit au commandant Constans, en froissant le papier sur lequel la communication a été recopiée :

— Eh bien ! il n'y a plus qu'une solution, ne pas exécuter. Je n'exécute pas. Je désobéis au ministre. C'est nous qui maintiendrons l'armée française en agissant ainsi. Les ordres sont donnés, le coup joué, il faut partir.

L'idée de désobéissance est une idée neuve encore dans l'armée française !

Enthousiastes et décidés à l'action dans la nuit du 9 au 10 novembre, la plupart des colonels de de Lattre ont sensiblement changé d'avis lorsqu'il les réunit, une dernière fois, dans la soirée du 10 novembre. Le 11, coupés de leur chef, loin de son regard, de son magnétisme, de ses insolences, ils s'effondreront, trahiront, invoqueront mille et une raisons de commodité et de loyauté.

Oui, le geste qu'on leur demande est beau. Mais pourquoi le maréchal Pétain n'a-t-il pas rallié Alger, ce qui résoudrait bien des crises de conscience ? Pourquoi faut-il s'enfoncer en pleine campagne puisque les Allemands n'ont pas bougé un seul motocycliste ? Pourquoi, lorsqu'ils franchissent enfin la ligne de démarcation, aller chercher querelle à la plus forte armée du monde ? C'est la lutte du pot de fer et du pot de terre. Ne vaut-il pas mieux, suivant les ordres de Bridoux, qui n'a pas le sens du ridicule, essayer « de maintenir l'armée française ».

De Lattre lui-même est touché par ces scrupules. Pendant la matinée du 11, alors que les avant-gardes allemandes s'avancent déjà vers Carcassonne, il visite les différents quartiers, inspecte, se confesse, perd du temps, revient embrasser sa femme et ne peut s'empêcher de la questionner sur la valeur de son choix.

— Tu crois vraiment que je suis dans le vrai ?

— C'est ton devoir... réplique Mme de Lattre qui a mis ses deux mains sur les épaules de son mari... Pars... Mais pars donc !

Il part avec quelques officiers, mais, à peine a-t-il quitté Montpellier, que le général Langlois, commandant le 2e groupe de divisions militaires, fait son entrée dans la ville.

Entre les deux hommes, l'opposition était ancienne. Langlois croit trouver dans les événements extérieurs une occasion de revanche personnelle. Servi par des officiers que la « folie » de leur chef inquiète et qui ne veulent à aucun prix « entrer en dissidence », Langlois annule en quelques minutes les ordres du général de Lattre. On ferme les grilles des casernes, on dételle les locomotives qui devaient entraîner les wagons du 8e d'infanterie ; plus tard, à Perpignan, on arrête brutalement le colonel Morel, le commandant Constans et le lieutenant Perpère, qui refusent de trahir de Lattre.

Cent cinquante hommes de l'école des cadres de Carnon et une section d'artillerie ont cependant pris le large sous le commandement du capitaine Quinche. Ils sont arrêtés à Saint-Pons par quelques gendarmes. Une fois de plus, la loi et la raison l'emportent sur l'intransigeance patriotique et l'esprit d'aventure.

De Lattre est arrivé à son P. C. clandestin de Saint-Paul-de-Fenouillet à la nuit tombée. Jugeant le village trop exposé, sur une route de grande communication, il part pour Cucugnan et soupe chez un paysan tout éberlué de recevoir à sa table un général de corps d'armée en si maigre équipage. Nul ne rejoint de Lattre dans la nuit.

L'un de ses officiers envoyé en reconnaissance se heurte à un barrage de gendarmerie. Au lever du jour, de Lattre, qui, plus rudement que l'échec militaire, éprouve l'amertume d'avoir été abandonné, reprend la route de Montpellier, mais se heurte, à Saint-Pons, à un colonel de gendarmerie qui lui notifie les ordres de Vichy.

Quarante-huit heures après l'arrestation du général, les journaux et la radio publient un communiqué du ministère de l'Information qui s'efforce de ridiculiser de Lattre, mais a je ne sais quelle ressemblance intime avec ces bulletins dont le gouvernement de Louis XVIII saluait le retour de Napoléon (1).

Comme devait le dire ironiquement M. Hontebeyrie, préfet régional de Montpellier :

— En cette journée du 11 novembre, on m'a beaucoup parlé d'arrêter le général de Lattre et pas du tout d'arrêter les Allemands !

★

Sans tirer un seul coup de fusil, ne se souciant ni de l'armée de l'armistice, qui est revenue dans ses casernes, ni de la protestation du maréchal Pétain, dont la diffusion est d'ailleurs rapidement arrêtée, les Allemands, des Allemands différents de ceux de 1940, marqués par la campagne de Russie, entrent en zone libre.

Précédés d'une voiture dont l'avant est recouvert d'un drapeau à croix gammée, ils traversent vivement Montauban. Ils défilent à Lyon, place Bellecour. Ils arrivent à Marseille, où le couvre-feu a été établi à partir de 8 heures du soir.

Le 12 au matin, tous les journaux de Z. N. O. annoncent l'événement sous le titre suivant : « *Les troupes allemandes traversent la zone libre pour rejoindre des positions de défense sur les côtes de la Méditerranée.* » La consigne 960 est responsable de cette pitoyable hypocrisie !

Saisie au nid, mais toujours incertaine de son sort, l'armée de l'armistice demeure enfermée dans ses casernes.

---

(1) « ...Après avoir erré dans la campagne, inquiet des mesures qui avaient été prises pour assurer l'ordre, il s'est rendu au premier officier de gendarmerie qu'il a rencontré. Ses partisans se sont dispersés. Il a été arrêté. La personnalité du général n'est pas inconnue. Son ambition était de devenir le chef d'état-major des forces rebelles. Sa carrière de factieux aura été courte. Il appartient maintenant à la justice militaire. »

Des optimistes, qui n'ont pas bougé le 10 novembre, persistent à croire qu'ils pourront encore engager le combat. D'autres esquissent les modalités d'une cohabitation.

Le 27 novembre prouvera aux uns et aux autres qu'en dehors de la clandestinité, rien, désormais, n'est plus possible.

Pour le Français moyen, le 27 novembre est un jour comme les autres, avec son lot de batailles en Afrique, de batailles en Russie, de restrictions.

Les quotidiens annoncent que le gouvernement vient de renoncer à éditer la plaque cartonnée qui servait à encaisser « l'impôt sur les vélocipèdes ». Economie de papier.

Les femmes de prisonniers apprennent qu'elles pourront rejoindre leur mari en Allemagne, à condition de souscrire un contrat de travail. Le numéro 005.407 gagne 50.000 francs au tirage de la 21e tranche de la Loterie Nationale. Pour décembre, les Français toucheront moins de matières grasses et moins de chocolat.

La Luftwaffe a attaqué les navires de ravitaillement dans le port d'Alger.

Destremeau est classé premier tennisman français.

On se bat furieusement au nord de Stalingrad. Dans le camp retranché de Toulon, seule partie du territoire qui n'ait pas été occupée par les troupes de l'Axe, « *le vice-amiral, préfet maritime, gouverneur de Toulon, invite toutes les personnes qui n'ont rien à faire dans cette ville et qui peuvent avoir ou trouver ailleurs les moyens de vivre à quitter la place* ».

Un jour comme les autres. Mais, depuis l'aube, la France n'a plus ni marine ni armée.

Les autorités de Vichy ont été prévenues en pleine nuit. Il est 3 heures du matin, en effet, lorsque Rochat, secrétaire général aux Affaires Etrangères, est réveillé par un coup de téléphone de Krug von Nidda.

Le représentant du Führer exige d'être reçu immédiatement.

Lorsqu'il arrive à l'hôtel du Parc, c'est pour demander à Rochat de le conduire auprès de Pierre Laval. Le Français cherche à gagner du temps. Ne pourrait-on pas attendre jusqu'à l'aube ? D'ailleurs, Laval couche, comme chaque nuit, dans sa propriété de Châteldon, à une vingtaine de kilomètres de Vichy. Qu'à cela ne tienne, réplique Krug von Nidda, les voitures allemandes sont là et ce qu'il a à dire ne saurait attendre le matin.

Il sait, lui, que les troupes allemandes sont déjà en marche.

Les deux hommes prennent place dans une voiture. A 4 h. 25, les voilà à Châteldon. Dans le froid de ce matin de novembre, Krug von Nidda retient quelques minutes encore Rochat qui veut entrer immédiatement. Le message ne doit pas être délivré avant 4 h. 30.

Le message, c'est une longue lettre au cours de laquelle Hitler revient sur les origines de la guerre, rappelle sa magnanimité à l'égard du peuple français vaincu, promet de nous aider à reconquérir nos colonies, dénonce les « trahisons » répétées des généraux et amiraux français, trahisons commises non seulement vis-à-vis de l'Allemagne, mais également du maréchal Pétain.

En conclusion de tant de promesses d'amitié pour l'avenir et de tant de méfiance pour le présent, Hitler annonce qu'il a donné l'ordre d'occuper immédiatement Toulon, d'empêcher le départ des navires ou de les détruire et de démobiliser « *toutes les unités de l'armée française qui, à l'encontre des ordres de leur propre Gouvernement, sont excitées par les officiers à une résistance active contre l'Allemagne* ».

Laval proteste. A quoi bon ? Les Allemands sont déjà en action.

La réunion qui a lieu trois quarts d'heure plus tard, à Vichy, dans le bureau du Président du Conseil, ressemble, en plus bavard, en plus agité, à ces assemblées de médecins qui se tiennent auprès d'un mourant célèbre.

Déjà, le malade est mort. On discute encore pour savoir quel remède choisir.

Alors que le sabordage de la flotte est en cours, que l'armée allemande saisit les casernes, Laval songe à une négociation avec les Allemands, à une ultime confrontation qui laisserait à Vichy quelques mètres carrés de souveraineté.

Peine perdue. Déjà, la France n'a plus de marine.

Dans quelques heures, elle n'aura plus d'armée (1).

★

A Auch, vers 15 heures, une trentaine de camions allemands stoppent près du Gers. Les soldats bondissent l'arme

(1) Dans le bureau de Pierre Laval, se trouvaient réunis, à partir de 5 h. 20, les amiraux Abrial, Le Duc et Platon, les généraux Bridoux, ministre de la Guerre, Jannekein, ministre de l'Air, Campet, MM. Rochat et Jardel.

Sur cette matinée tragique, comme sur le sabordage de la flotte, on lira avec profit le livre de Pierre Varillon : *Le Sabordage de la flotte*, et celui d'Henri Noguères : *Le Suicide de la flotte française à Toulon*.

au poing, ils encerclent la caserne du 2e Dragons, fracturent une porte des cuisines, désarment la sentinelle, envahissent la cour d'honneur, se présentent devant le bureau du chef de corps qui refuse de les recevoir, mais obtient quarante-huit heures de sursis pour son unité.

Le colonel Schlesser met à profit ce délai pour proposer à ses officiers et à ses hommes de se camoufler dans la région : ils deviendront forestiers, agriculteurs, fonctionnaires auxiliaires.

Puis, dans la nuit du 29 au 30 novembre, il organise la cérémonie des adieux à l'étendard ; une cérémonie qui tient de la veillée funèbre et de la veillée d'armes (1). Les hommes vont se séparer. Déjà, les voici en civils. Encore rangés par escadrons, ils se raidissent lorsque les trompettes sonnent à l'étendard. Un projecteur illumine le drapeau auprès duquel, dans la galerie du premier étage, se tient le colonel Schlesser.

Officiers, sous-officiers,
Et vous tous mes amis...

Amplifiée par le silence, la voix roule dans la nuit :

Nous communions aujourd'hui dans la même indicible souffrance. Notre régiment, que j'ai eu l'honneur de reformer, ce régiment que j'avais ressuscité, à qui j'avais donné la vie, vient d'être lâchement assassiné. Vous, mes petits, dont j'étais si fier, vous qui étiez ma raison de vivre, vous n'avez plus d'uniforme — on vous l'a arraché — vous n'avez plus d'armes — on les a brisées.

Malgré ma volonté de résister, je suis, à cette heure, contraint d'exécuter l'ordre qui m'est imposé et qui nous oblige à nous séparer. Des larmes dans les yeux, le cœur plein d'amertume, j'obéis !

Mais rien n'est fini...

Dans un élan de voix et d'imagination, Schlesser propose à tous ses hommes de venir embrasser l'étendard.

— En le faisant, je veux que vous juriez de vous regrouper autour de lui, demain, à l'appel de la Patrie. Je veux que vous répétiez le serment de donner votre vie pour que vive la France.

Les hommes montent les marches. Un à un, bouleversés, les yeux souvent pleins de larmes, ils s'agenouillent et se penchent sur l'étoffe tricolore qui ne sera jamais abandonnée.

---

(1) Le chef d'escadron Sauzey a raconté cette cérémonie dans sa plaquette : « L'Epopée d'un régiment ». Cf. également Daniel Devilliers : « L'Etandard évadé ».

Un an plus tard, en effet, le capitaine de Neuchèze, qui s'est évadé de Compiègne, prend le train à Lyon. Il porte une canadienne, de grosses chaussures, un sac sur le dos. Il a l'air mal à l'aise dans des vêtements trop étroits. Il souffle à son compagnon de voyage d'une minute (le colonel Zeller, alias M. Martin) :

— J'ai eu le temps, avant de partir pour Alger, de passer chez moi pour y prendre l'étendard du 2e Dragons. Le colonel Schlesser m'a donné l'ordre de le transporter en Afrique. J'ai cet étendard roulé autour de mon corps, la cravate et le fer de lance se trouvent dans mon sac...

Ainsi « porté » par de Neuchèze, qui en fait son armure et qui s'en fait le chevalier, l'étendard rejoindra l'Algérie où le régiment se reforme.

★

Un peu partout, dans ce qui fut la France non occupée, des cérémonies, identiques à celles d'Auch, ont lieu.

A Grenoble, le capitaine Ferres, qui commande le 14e groupe de transmissions, réunit ses télégraphistes dans la cour de la caserne, autour du mât du drapeau. La chorale du groupe chante *Flotte petit drapeau* (!), puis un couplet de la *Marseillaise*.

— Vive la France ! crie un sous-officier.

Le cri est repris trois fois par les hommes tandis que descendent lentement, très lentement les couleurs. Dans les plis du drapeau, quatre soldats font une quête. On recueille 1.900 francs, puis le mât des couleurs est scié, abattu.

C'est fini.

A Saint-Amand, le 3e bataillon du 1er régiment d'infanterie entend l'ordre du jour n° 85 du colonel Bertrand :

Pour la première fois, après quatre siècles d'existence, sous le coup d'un sort injuste et indépendant de la fortune de ses armes, le Premier de ligne doit cesser d'exister.

Officiers, sous-officiers, caporaux et soldats qui aviez juré de servir jusqu'au bout sous un drapeau entre tous chargé de gloire, le colonel partage votre émotion et votre amertume. Il s'incline devant ses plis. Autour de lui, nous nous rallierons tous au jour de la résurrection que nous savons certain.

Dernière *Marseillaise*. C'est fini.

A Hyères, où les troupes italiennes se présentent aux grilles du quartier du 24e bataillon de chasseurs alpins, le commandant peut faire évacuer quelques armes, tandis que les percuteurs des fusils 1936 sont détruits, les pistolets jetés dans les W.-C., les mitrailleuses sabotées.

La *Sidi-Brahim* jaillit de toutes les poitrines. Le drapeau descend. C'est fini.

A Grenoble, l'abbé Pierre, à l'annonce de la démobilisation, se précipite vers la caserne. Avec lui, quelques jeunes tirant des charrettes, des remorques. Par les fenêtres, voltigent couvertures, lainages, chaussures.

— C'est pitié, a dit l'abbé Pierre, d'abandonner toutes ces richesses à l'ennemi, alors que, dans le quartier, tant de pauvres gens souffrent de froid.

L'armée de l'armistice a vécu.

« Pas d'incident », annonce le ministère de l'Information, le 28 novembre.

★

En liquidant l'armée de l'armistice, Hitler avait cependant exprimé son intention de rendre à l'Etat français une force militaire « aveuglément dévouée au Maréchal ».

Ce sera — après que les Allemands auront repoussé l'idée d'une armée de 47.000 hommes — le premier régiment de France.

82 officiers, 2.657 sous-officiers et hommes de troupe. Trois bataillons qui stationnent à Saint-Amand, Le Blanc, Dun-sur-Auron. « *Indépendamment du prestige moral dont jouiront les recrues du premier régiment de France,* écrivent les journaux, *de substantiels avantages matériels leur seront acquis.* » Ces promesses n'aident guère au recrutement. Et les comptes rendus du premier défilé qui a lieu au Blanc : « *Venaient en tête les motocyclistes, leurs mitrailleuses pointées, le chef debout dans le side-car, puis les cyclistes. La musique suivait, jouant « Sambre-et-Meuse »,* », rendent un son pitoyable.

De l'armée de Verdun au premier régiment de France, quelle déchéance (1) !

★

Le 1er décembre 1942, Vichy ne dispose plus d'aucune force militaire. Les armes qui, avec mille précautions, avaient été camouflées sont, un peu partout, tirées de leurs cachettes par les Allemands.

---

(1) En février 1943, l'Allemagne autorisa la formation de groupes de défense contre avions comprenant 44 batteries lourdes de 4 canons de 75 et 2 de 25, 12 batteries légères à 12 canons de 25. L'instruction devait être faite par la Luftwaffe. A partir de juillet 1943, quelques batteries furent dirigées sur la Normandie et la Bretagne d'où les Allemands les renvoyèrent sur le centre d'Issoudun où elles furent d'ailleurs dissoutes en novembre.

Les dépositaires de matériel militaire, pris de panique, téléphonent à la Préfecture ou à la Subdivision militaire pour supplier qu'on les débarrasse de ces armes compromettantes. Lorsqu'un fusil caché peut conduire au poteau d'exécution, que dire d'un canon antichar ou d'un mortier ?

Il faut compter également avec les délations, les vengeances citadines ou paysannes, cette fureur de mettre l'étranger dans le jeu français, qui saisit parfois nos compatriotes.

Un bon résistant, Bergeret, qui voulait armer ses troupes avec les dépouilles de Vichy, note que le 6 juin 1944, il ne subsistait, dans son secteur, que 15 mitrailleuses, 25 mitraillettes et quelques armes individuelles, alors qu'il y avait eu 200.000 fusils à la Poudrerie de Bergerac.

Les Allemands, que la campagne de Russie épuise, réquisitionnent ou prennent tout le matériel qui leur tombe sous la main : celui qu'ils déterrent, celui qu'ils trouvent dans les casernes.

Nul ne les en empêche. Au contraire. Le 15 janvier 1943, le général Bridoux interdit à ses services tout détournement des biens des forces armées qui vont être recensés par les Allemands !

32 Morane, 50 Potez, déjà vendus à la Finlande et à la Roumanie, sont purement et simplement saisis, 5.000 camions sont prélevés en janvier 1943 et le général Mohr informe enfin le gouvernement français, à la fin de l'année 1943, que son gouvernement a décidé de faire prendre en charge par la Wehrmacht « *l'ensemble des armes et des engins de guerre, la totalité de l'équipement, ainsi que les installations immobilières des forces armées françaises, en vue de leur contribution à la défense de l'Europe* ».

Ce faire-part hypocrite met un point final à l'aventure de l'armée de l'armistice.

Car il faut compter pour rien ces tristes épisodes de guerre civile où l'on remet 3.000 francs à l'adjudant-chef Raymond P..., appartenant à la garde, pour avoir arrêté et désarmé trois guetteurs du maquis ; 1.000 francs à l'adjudant Régis P... qui a permis l'arrestation de treize réfractaires au S. T. O. !

Pour se battre désormais sur le sol métropolitain, il faudra renoncer à l'uniforme, aux gants blancs, aux traditions, à la hiérarchie solide et consolante, il faudra accepter les risques matériels et les périls moraux de la clandestinité et de la politique...

CHAPITRE XI

CLASSE 40 : DES CHANTIERS DE JEUNESSE AU S. T. O.

Le 4 juillet 1940, le général de la Porte du Theil est convoqué à Royat, où le ministère de la Guerre a provisoirement trouvé refuge.

De la Porte du Theil quitte Bourganeuf où il a regroupé les éléments de son 7e corps d'armée, qui s'est courageusement battu, pour s'entendre dire que le ministre lui confie le commandement des 100.000 garçons de 20 ans, convoqués les 9 et 10 juin, mais que personne n'a eu le temps d'instruire, d'armer, d'encadrer et qui errent sur les routes, moins à la recherche d'un fusil que d'un morceau de pain.

— Que faudra-t-il en faire ?

— Le ministre vous le dira demain.

Le 5 juillet, de la Porte du Theil pose la question au général Colson.

— Ces garçons, en nombre indéterminé, répartis sur des points indéterminés, que vais-je en faire... puisque l'armistice nous interdit de les mobiliser ?

— Ce que vous voudrez, je vous fais confiance !

— Où prendrai-je les cadres ?

— Vous choisirez qui vous voudrez, où vous voudrez. Les écoles d'aspirants sont à votre disposition. Dépêchez-vous. La tâche est urgente.

Cette étrange mission ne prend pas de court le général. En 1928, à 44 ans, cet officier au visage de guerrier gaulois est devenu chef scout et, depuis cette époque, il fait alterner son professorat à l'Ecole de Guerre et la charge des jeunes troupes de Paris-Centre. Il a toujours rêvé de donner une mystique patriotique ou religieuse aux jeunes. Comment refuserait-il ce poste où tout est à inventer, alors que les jeunes réfugiés déracinés, dans l'impossibilité de trouver du travail, puisque 800.000 ouvriers au moins sont en chômage, errent au milieu des armées défaites ?

De la Porte du Theil téléphone immédiatement à

Bourganeuf. Il convoque à Clermont-Ferrand quatre officiers et 116 hommes du 9e groupe de reconnaissance, quelques soldats des transmissions, un détachement du quartier général.

Le général explique aux officiers que l'œuvre dans laquelle ils se lancent n'a rien de commun avec le service militaire aux strictes disciplines, rien de commun avec le scoutisme, dont les membres sont uniquement recrutés parmi des volontaires.

C'est un compromis en somme. A la mesure de toutes les difficultés de l'époque.

Le 7 juillet, de la Porte du Theil présente son plan au ministre.

— Pas d'unités comprenant plus de 2.000 hommes. Je les ferai camper loin des villes, en pleine nature, au milieu des bois, loin de toute cause de trouble ou d'agitation. Ils travailleront pour le pays et s'instruiront.

Le ministre accepte le projet que le maréchal Pétain fait triompher en Conseil des ministres. Le général de la Porte du Theil part à la recherche de ses premiers chefs et, le 10 août, les jeunes gens incorporés en juin apprennent qu'ils sont relevés de leurs obligations militaires mais versés, pour une durée de six mois, dans des groupements de jeunesse constitués sous l'autorité du ministère de la Famille et de la Jeunesse.

★

Satisfaits ? Ah ! certes non, ils ne sont pas satisfaits ceux qui rejoignent les premiers camps.

Tout leur déplaît dans le programme des chantiers. L'éloignement des villes, des bistrots, des cinémas, des casernes où l'armée cuve sa défaite.

Les perspectives de travail manuel.

Les feux de camp et les chansons idiotes dont ils prévoient qu'on les régalera.

Le désastre de juin a brisé tous les ressorts, souillé toutes les âmes. Pourquoi s'habiller correctement, enrouler des bandes molletières, saluer les officiers ? Les jeunes ne croient plus au vocabulaire de leurs aînés. Qu'iraient-ils faire dans les camps de jeunesse ces garçons qu'un mois de fuite, de peur et parfois d'héroïsme a terriblement mûris.

Ils prennent cependant le train. Mais ils ne se font pas faute de gueuler des chansons obscènes, de briser des vitres, de boire sec. Lorsqu'ils arrivent au lieu du rendez-vous, leur colère, loin de s'apaiser, redouble. Rien n'est en place pour les accueillir.

Les Eaux et Forêts ont été chargés de désigner les emplacements des camps, mais ont choisi plus souvent en fonction des arbres à abattre que des nécessités du ravitaillement et du logement. Les transports sont assurés par des chevaux ou des mulets rescapés d'une défaite dont, autant que les soldats, ils portent les traces. Pas de pelles ni de haches pour défricher, assainir, construire des huttes. Peu de vivres, et les voleurs ne manquent pas. Peu de matériel, il faut écraser le grain à l'aide d'une bouteille, peu de vêtements de rechange.

Les hommes mangent à des heures saugrenues, s'habillent comme ils peuvent : culottes de cheval et pantalons de golf, calots, chéchias et chapeaux mous.

Ils dorment mal, à même le sol ; on a voulu les éloigner des villes, ils n'ont pour s'abriter que des granges pourries, des maisons noires et dégradées comme des chicots. Ils se révèlent malhabiles à construire des cabanes pour lesquelles ils manquent d'ailleurs de bois et d'outils.

Pas de camions, bien sûr, mais une « araba » dont les roues enfoncent dans la boue des chemins de terre.

Pas d'électricité. Ici et là, des lampes à huile, mais, le plus souvent, des bougies.

Les plus dynamiques des garçons se débrouillent comme ils se sont débrouillés pendant l'exode. Ils volent et certains d'entre eux partent en permission avec trois chemises, envoient chez eux chaussures et chandails.

Ils sabotent. Dans certains groupements, les pneus sont tailladés à coups de couteaux. Ailleurs, on coupe au chalumeau la barre de direction de l'ambulance, on attaque les chefs...

Exagération ? Faisant le bilan d'un an de commandement des chantiers, le général de la Porte du Theil devait écrire : « *Il n'est pas exagéré de dire que la plupart de nos hommes sont arrivés à peu près complètement démoralisés... Rassemblés dans les centres de regroupement, ils y ont attendu plus d'un mois sans rien faire et n'ont pu être répartis dans les camps qu'entre le* 15 *août et le* 10 *octobre, fort mal équipés et à peine vêtus. Il est vrai que quelques-uns avaient tout vendu à des receleurs ou, plus simplement, envoyé à leurs parents. Le pillage du matériel appartenant à l'Etat a été malheureusement généralisé, le pillage tout court trop fréquent.* »

★

Avec le temps, tout s'arrange cependant.

Certains chefs, qui ont compris que la discipline était

surtout nécessaire au cœur du désastre, accueillent les garçons sèchement :

— Ici, pas de casquettes sur le coin de l'œil, ni de pattes à la maquereau. Et pas de tire-au-flanc. Vous êtes venus pour travailler !

Les nombreux porteurs de colliers de barbe sont invités à se présenter d'urgence chez le coiffeur. Pas de journaux, au moins dans les premiers mois, pas de T. S. F., pas de cinéma.

Les fortes têtes sont expédiées au chantier disciplinaire 40, établi près de Murat, et, sous la direction du chef Le Fouest, répartis en trois groupes de travail (1).

Le 31 août 1940, 5 groupements, de 2.500 hommes chacun, sont définitivement constitués ; le 2 septembre, 9 ; le 14 septembre, 24... Petit à petit, avec bien des grincements, la machine se met en marche. L'enthousiasme de la jeunesse aide à vaincre les difficultés.

★

On a dit aux garçons qu'ils étaient là pour travailler. Quel travail ?

Le plus simple, le plus rude, le plus sain. Fils d'un inspecteur général des Eaux et Forêts, le général de la Porte du Theil les a installés dans toutes les forêts de zone libre, au flanc des montagnes, sur les crêtes d'où l'on domine les villages abandonnés.

Eveillés à 6 heures, les garçons, après la toilette et le salut aux couleurs, passent la matinée au camp dans des travaux d'aménagement et partent dès le début de l'après-midi abattre les arbres marqués.

Que vaut leur travail effectué parfois dans des conditions acrobatiques, le plus souvent sans aucun souci de rentabilité ?

Tout dépend des groupements, donc des chefs. En septembre 1941, un groupement a 79 équipes (soit 948 garçons sur 2.000) employées aux travaux de forestage, d'autres n'en comptent que de 15 à 20. Au mois de janvier 1942, les chantiers produisent 882.527 kilos de charbon de bois, 84.094 stères de bois de chauffage, et le général de la Porte du Theil met à l'honneur les trois provinces d'Auvergne, des Alpes et de Provence.

Tous les garçons ne travaillent pas dans les forêts. Cer-

(1) Premier groupe, celui des durs : meurtriers, voleurs, souteneurs ; second groupe : les mous, antimilitaristes, communistes, indisciplinés ; troisième groupe : les fautifs occasionnels.

tains sont employés dans des fermes et 18.000 d'entre eux participent ainsi aux vendanges de 1940. D'autres campent, au-dessus de Banyuls, dans une métairie abandonnée.

Dirigés par un ancien lieutenant de vaisseau, dormant dans des hamacs, se réveillant au cri de « Branlebas, là-dedans », disant « aller à terre » pour aller au village, ils ouvrent leur « hublot » sur la mer dont ils s'efforcent de vivre.

★

Le travail, ce travail payé 1 fr. 50 par jour au jeune équipier, n'est certes pas la raison essentielle des chantiers.

Les chefs, du commissaire général de la Porte du Theil installé à Châtelguyon, au chef d'équipe qui commande 13 garçons, en passant par les commissaires régionaux, les chefs de groupement et de groupe, les chefs se préoccupent davantage des résultats moraux que de la « récolte » du charbon de bois (1).

Ils veulent, depuis le début, que les chantiers soient une école où les corps se durcissent, où se transforment les âmes.

Le général de la Porte du Theil sait bien que huit mois de vie en montagne constituent pour tous un profitable entraînement physique. Aux parents sensibles qui plaignent leurs rejetons, leur envoient de la nourriture et de trop nombreux mandats (2), de la Porte fait connaître ses statistiques : le taux de mortalité ne dépasse pas 0,69 pour 1.000 ; 72 % des jeunes accusent une augmentation de poids dépassant souvent 5 kilos ; 10 % seulement ont maigri.

Il sait que les jeunes se piqueront très vite au jeu du bûcheronnage, au jeu des cabanes construites par les plus habiles, des couchettes faites de morceaux de bois recouverts de branchages sur lesquels reposent les paillasses, au jeu de l'équipe, aux chants, aux feux de camp, qui renouvellent les plaisirs et l'émulation du scoutisme, moins vite au jeu de la douche froide ou de la toilette faite, le torse nu, au ruisseau voisin.

---

(1) Il y a 5 commissariats régionaux pour la zone libre et 1 pour l'Afrique du Nord. Les groupements rassemblent en général 10 à 12 groupes, soit 1.500 à 2.000 hommes, puisque chaque groupe est fort d'une dizaine d'équipes de 14 hommes chacune. Le groupe a son P. C., sa cuisine, ses transports, son infirmerie. A l'échelon du groupement, se situent les différents services : de Santé, des Travaux, des Transports, de l'Assistance Sociale, des Cultes, des Foyers, de la Bibliothèque, de la Presse, le Service postal et le Service vétérinaire.

(2) Le montant des mandats reçus par un seul groupement entre le 1er octobre et le 1er janvier atteint 1 million pour 1.000 bénéficiaires,

Il sait aussi que les jeunes seront très vite pris au jeu d'une revanche dont les chefs ne précisent ni la date ni les modalités, mais pour laquelle ils préparent les corps et les âmes.

Le 11 novembre 1940, par un temps détestable de grand vent et de neige tourbillonnante, plusieurs équipes font l'ascension du massif de la Chartreuse. Les garçons ont emporté bottes de paille et fagots qu'ils allument au sommet pour bien marquer que la France continue et que les défaites sont le plus sûr moyen de ranimer le souvenir des anciennes victoires.

Que dit encore de la Porte du Theil aux jeunes qui s'en vont le 16 janvier 1941 ?

« Bénissez la souffrance qui vous a menés là, vous en recueillerez les fruits... Au milieu des ruines du pays, ce que vous avez fait est grand... On vous a souvent parlé de redressement ; mais, ce qui est mieux, on vous l'a fait vivre par le travail et par l'effort ; ne vous abandonnez jamais plus. Rappelez-vous ce que vous avez fait parce que vous étiez en équipes, et la joie de la réussite, et l'intimité des soirs, et comment, à certaines heures, vos poitrines se sont soulevées, peut-être aussi comment des larmes vous sont venues aux paupières. N'en rougissez pas, ces émotions sont saines... Il faut que votre vie entière réponde à ce commencement et monte plus haut encore. Entrez-y hardiment... Attachez-vous à tout ce qui est beau et grand, ne regardez jamais à vos intérêts personnels. »

La leçon est dant la droite ligne des *Messages* du maréchal Pétain.

Ce pétainisme viril s'exprime par des raids en forêt effectués par des garçons en short, chemise kaki et béret vert ; par des manifestations publiques face à d'immenses francisques de carton peint ; par des chants :

O Drapeau de notre patrie
Tu représentes tout pour nous
Nos valeurs, notre joie, notre vie,
L'honneur d'être français surtout.

Il s'exprime sous la plume de tous ces journalistes d'occasion qui éditent *Le Mistral, Pourquoi Pas, Le Téméraire, La Cognée,* minces feuilles dans lesquelles on parle de « l'an I du renouveau français », dans lesquelles on apprend à méditer les paroles du Maréchal, mais aussi dans lesquelles on peut lire les textes de Karl von Clausewitz qui constituent, depuis 1812, la profession de foi de tous les vaincus n'acceptant pas leur défaite.

Tous les huit mois, 90.000 garçons sortent des Chantiers de jeunesse. Ils sont entrés mécontents et frondeurs, craignant les vaccinations obligatoires, l'effort manuel, la mauvaise nourriture, le froid, le temps perdu. Au fil des jours, ils ont découvert l'amitié, la nature, la joie de l'effort, le plaisir du bricolage, la fierté du drapeau, le goût de la revanche possible. Les Chantiers ne sont pas un service militaire camouflé, mais cependant presque tous les groupements sont dirigés par de jeunes et anciens soldats décorés, héroïques et dont beaucoup encadreront, dans quelques mois, des maquis recrutés parmi leurs anciens équipiers.

★

Dès les premières semaines de son existence, le gouvernement du maréchal Pétain cherche donc à prendre appui sur la jeunesse.

Cette jeunesse d'après la défaite donne parfois d'elle-même une définition trop sommaire pour être exacte. Transformée en quelques jours, du moins elle le croit, elle se veut pure, loyale, charitable, dévouée et oppose son nouveau visage au visage d'hier.

« *Avant* 1940 : *le jeune cherche à se défiler, le jeune brutalise les animaux, le jeune n'obéit qu'à ses instincts, etc... Après* 1940 : *le jeune n'a qu'une parole, le jeune aime tous les Français, le jeune a confiance dans ses chefs, le jeune est propre dans ses pensées, ses paroles, ses actions* (1). »

Cette jeunesse, le maréchal Pétain aime la recevoir et la flatter ; en elle il place volontiers l'essentiel de sa confiance et, si l'on en croit l'écho des manifestations populaires de zone libre, les adolescents, autant que les anciens combattants, l'accueillent avec émotion et cordialité.

Les jeunes acceptent donc, assez aisément, les disciplines du service civique rural qui les conduit pour quelques jours, avec plus de bonne volonté que de science, à biner les betteraves, rentrer la moisson, décharger des tourteaux, sulfater le vignoble (2).

(1) Numéro 3 de *France-Montjoie* organe du 22e groupement des Chantiers de jeunesse.

(2) Il faut d'ailleurs noter qu'Albert Sarraut, ministre de l'Education nationale, avait, le 2 juin 1940, lancé un appel pour que les jeunes gens donnent « leurs vacances pour la patrie » et pour que les jeunes filles « qui, depuis quelques années, dans le dessein de se créer une carrière indépendante, se donnent une éducation trop exclusivement intellectuelle, remettent à leur vraie place l'éducation ménagère et les travaux de la maison ».

Mis en goût par le désir de renouveau, le plaisir de grandes vacances originales et bien ravitaillées, l'esprit d'entraide aussi, beaucoup plus que par les tracts qui invitent à revenir pour quelques semaines aux travaux des champs : « *Etudiant qui clos tes livres, les champs réclament le secours de tes bras ; à la ville à ton retour, si la misère décroît, si l'attente est moins longue aux portes des boutiques, pendant que tu te penches sur tes livres, tu pourras dire que c'est un peu grâce à toi* », ils sont assez nombreux à jouer, pendant l'été, de la fourche et du râteau.

Pendant quelques mois, les jeunes, surtout en zone non occupée, qu'ils appartiennent ou non aux Chantiers, sont sensibles à un climat moral nouveau, en partie élaboré par les jeunes hommes de l'école des cadres d'Uriage.

Au fil des veillées d'Uriage, dans ce château où la Renaissance corrige les rigueurs du XIIe siècle, Dunoyer de Segonzac et les siens, en discutant des conférences de la journée, rêvent d'une révolution éloignée des mollesses et des maladresses de Vichy, éloignée de toute influence nazie comme des excès du communisme, une révolution idéale basée sur la fraternité des classes, fraternité qu'ils découvrent à l'occasion de stages où bourgeois, ouvriers et paysans font mutuellement, profondément et superficiellement connaissance.

★

Jeunes du Centre d'Uriage, du Centre du Mayet de la Montagne, du Mouvement Compagnon, dirigé par Guillaume de Tournemire qui fut le plus jeune capitaine de France (1), des Equipes et Cadres de la France Nouvelle, plus ou moins ralliés à la politique du Secrétariat général

(1) Voici les formules que le Compagnonnage propose aux jeunes :
« Compagnon, au service de la France,
« Uni à tes compagnons,
« Loyal à tes chefs,
« Tenace au travail,
« Entraîne chaque jour ton corps,
« Entreprends hardiment, achève la tâche commencée,
« Prête la main à tous,
« Sache que l'argent est corrupteur,
« Parle franc, tiens parole,
« Sois gai, sobre et propre, chevaleresque à l'égard des femmes,
« Respectueux envers ta famille,
« Approfondis ta foi, éclaire ta conviction,
« Ecoute, cherche à comprendre,
« Sans pitié pour la mollesse ou la lâcheté,
« Combats pour être un homme. »
Après avoir inspecté les Compagnons à Randan, le 1er septembre 1941, le Maréchal leur adresse un message de confiance.

à la jeunesse, tous sont fidèles à la personne morale et à l'image du maréchal Pétain, et constituent, pendant une année ou deux, les cadres plus ou moins désintéressés d'une Révolution dont l'avenir est suspendu au déroulement des hostilités.

A l'image des jeunes officiers des Chantiers, ces garçons animent une tentative de rénovation paysanne et morale. Georges Lamirand, secrétaire d'Etat à la Jeunesse, parcourant ces hameaux abandonnés, en Corrèze ou ailleurs, que des jeunes réveillent, dont ils redressent les vieilles pierres et réchauffent les cheminées centenaires, assiste à leurs fêtes, écoute leurs chansons et ce chœur « Confiance », « *visiblement inspiré,* dit le chroniqueur, *de l'esprit des messages du maréchal Pétain et du style des appels de l'amiral Darlan à la Marine française et du général Huntziger à l'armée* ».

Des fêtes ont lieu dont la plus importante est cette journée des jeunes du 12 juillet 1942. Pourquoi une journée des jeunes, demande le rédacteur de la brochure de 64 pages qui indique des thèmes de jeux mimés et de discours ? « *Parce que le Maréchal aime les jeunes et qu'il compte sur eux. Parce qu'ils représentent, en puissance toutes les possibilités de l'avenir* (1). »

★

Peut-on, cependant, parler de réussite, à propos de ces mouvements de jeunesse, à qui le temps sera étroitement mesuré ?

La presse de zone occupée va dénoncer rapidement le « conformisme » de ces équipes dont les chefs, à Vichy, se battent pour les places, tandis que les doctrinaires se refusent à toute précision sur les problèmes brûlants de l'heure : question juive, lutte contre le capitalisme, contre le communisme et, pour ne pas se prononcer sur l'essentiel, se perdent dans des généralités, préfèrent le verbe à l'action (2) ?

---

(1) Les grands jeux proposés sont consacrés, l'un à « 300 ans de gloire de la Marine française », l'autre à la vie de Jeanne d'Arc. Les textes, très modérés, discrètement antianglais (le sujet même invite à l'anglophobie) s'achèvent toujours par une allusion au maréchal Pétain. Voici, par exemple, comment s'achève le texte sur la vie de Jeanne : « Pourvu que chacun de nous comprenne le sacrifice de Jeanne, comprenne l'exemple du Maréchal. Pourvu qu'il les imite de son mieux. Pour la France. Vive la France. »

(2) Cf. l'enquête de Marcel Glass dans *Je suis Partout* (janvier 1943) : « La jeunesse depuis trois ans. Espérances et faillites en zone sud. » Parlant des « Compagnons de France », Marcel Glass écrit : « Par

A son tour, la presse de la résistance dénoncera les jeunes des Chantiers, les Compagnons de France, ceux qui poursuivent des études et des rêves d'avant-guerre, alors que, partout, la guerre s'étend.

Dès le mois de novembre 1940, à la jeunesse de zone libre, en général sensible à la mystique du Maréchal, s'opposera donc, par-delà la ligne de démarcation, celle de zone occupée, celle qui trouve sur les bancs des facultés des tracts invitant à manifester activement contre les Allemands :

Etudiant de France,
Le 11 *novembre est resté pour toi jour de*
Fête Nationale.
Malgré l'ordre des autorités opprimantes, il sera
Jour de recueillement.
Tu n'assisteras à aucun cours,
Tu iras honorer le Soldat Inconnu 17 *h.* 30.
Le 11 *novembre* 1918 *fut le jour d'une grande victoire.*
Le 11 *novembre* 1940 *sera le signal d'une plus grande encore.*
Tous les étudiants sont solidaires pour que
Vive la France.

Bientôt, les dépôts d'uniformes verts, d'outils, de chaussures, de vivres constitués pour les Chantiers de Jeunesse serviront aux maquisards démunis.

Ainsi, dans bien des villes, la Libération sera l'œuvre de garçons habillés aux couleurs de la Révolution Nationale.

Il restera au moins à ceux qui sont passés par Uriage, par Mayet de la Montagne, par Randan, la mélancolie des rêves irréalisables, un certain goût d'absolu (n'ont-ils pas été les apôtres d'une France idéale et chimérique ?), beaucoup de passion pour les veillées, les feux de bois, les chorales, les longues discussions, les camaraderies inattendues, ainsi que le tenace souvenir de cette vie rude où les intellectuels se donnaient l'illusion de bâtir leur maison et de pétrir leur pain.

★

Les Allemands ne laissent pas, en effet, bien longtemps, au gouvernement de Vichy, la disposition de la jeunesse française.

---

quel miracle espère-t-on transformer en un organisme révolutionnaire un mouvement qui comprend 90 pour 100 d'attentistes, de revanchards et de gaullistes purs. »

En France, dès le mois d'août, l'Allemagne recrute quelques milliers de volontaires, c'est-à-dire essentiellement des chômeurs. De grandes affiches font leur apparition sur les murs : « *L'Allemagne vous offre du travail* », des offices de placement ouvrent leurs portes, de petits convois quittent la France et, au milieu de travailleurs de vingt nations différentes, Français et Françaises vont prendre place dans les usines de guerre allemandes (1).

Combien de Français volontaires ? Nul n'arrive à se mettre d'accord sur des chiffres qui, pour l'année 1941, oscillent entre 40.000 et 72.000 personnes.

C'est peu alors qu'un million et demi d'étrangers travaillent déjà en Allemagne.

C'est assez tant que la guerre se limite à la bataille aérienne contre l'Angleterre ; mais, dès les premiers mois du conflit contre l'Union Soviétique, dès les premiers jours de cette campagne d'hiver qui met fin aux espoirs de guerre éclair, l'Allemagne a besoin d'hommes en grand nombre pour ses usines, ses aérodromes, ses bases sous-marines.

Un homme : métal précieux. La même Allemagne, qui fera mourir tant de millions de juifs dans les camps de concentration, n'hésite pas à réclamer la libération d'André G..., condamné à cinq ans de prison pour complicité d'infanticide et détenu à Clairvaux !

N'a-t-il pas manifesté le désir de s'engager pour le travail en Allemagne (2) ?

Les hommes que le volontariat ne lui procure pas, elle les obtiendra par n'importe quel moyen : par le chantage, la réquisition, les menaces, la violence.

Très vite, le Service du Travail obligatoire deviendra l'ennemi numéro un des Français de 18 à 50 ans.

Très vite, le S. T. O. deviendra le principal pourvoyeur du maquis.

Parce qu'ils se sentent menacés, parce qu'ils sont ce gibier que l'on traque à la sortie des cinémas, à la sortie de l'usine, qu'il leur faut se camoufler et ruser, beaucoup de Français engagés, un peu malgré eux, dans l'action antiallemande, prennent parti et contribuent à miner de l'intérieur, à saper de l'extérieur la gigantesque et fragile forteresse allemande.

---

(1) 115 chômeurs partent de Bordeaux en novembre 1940.

(2) Dans les Ardennes, en novembre 1942, 84 travailleurs sont fournis par la prison. En février 1943, les Allemands signalent qu'ils reçoivent couramment des pétitions de prisonniers de droits commun demandant à s'enrôler pour l'Allemagne.

★

Les Français ne veulent pas travailler en Allemagne.

Et cependant la propagande multiplie brochures, affiches, émissions, dans l'espoir de vaincre leurs préjugés.

On fait appel à la solidarité. Les ouvriers qui partent permettront à des prisonniers de rentrer. Un prisonnier pour un ouvrier ? Non, un pour trois spécialistes. C'est la Relève, source de discours ministériels, d'articles délirants, de louanges pour l'Allemagne, mais de peu d'enthousiasme dans le pays. La Relève n'a pas la vie longue. L'Allemagne, bientôt, ne fournira même plus de contrepartie.

Dès le 2 octobre 1942, commence le recensement de tous les Français de 18 à 50 ans, de toutes les Françaises célibataires de 21 à 35 ans (1). A ces hommes inquiets de leur sort, bien décidés à repousser sans cesse leur départ, on s'efforce de présenter la vie en Allemagne sous le jour le plus favorable.

Les ouvriers français sont mal payés en France, d'autant plus mal payés que l'Allemagne bloque les salaires et organise le chômage de nos usines (2); eh bien, en Allemagne, ils gagneront des sommes appréciables.

Les brochures de propagande affirment qu'un « *spécialiste de la grosse industrie qui fait beaucoup d'heures supplémentaires, travaille la nuit de temps à autre et est sérieux, peut envoyer jusqu'à 3.000 francs chez lui... Un manœuvre simple qui fait des heures supplémentaires et dépense peu d'argent de poche, peut faire en moyenne 500 francs d'économie* » (3)

---

(1) Il est tenu compte des compagnes militaires pour les hommes; chaque trimestre aux armées majore d'un an l'âge réel. Les anciens prisonniers de guerre ne sont pas recensés, non plus que les pères de famille ayant 3 enfants à charge au moins.

(2) Dès le mois de juin 1942, le gouvernement français, sous la pression du gouvernement allemand, envisage la fermeture de 1.400 entreprises et procède à la concentration des entreprises. Le personnel ainsi licencié devrait être mis alors à la disposition de l'Allemagne. De nombreuses circulaires émanant des différents comités d'organisation invitent les directeurs d'usine à solliciter immédiatement des volontaires pour le départ en Allemagne, dans l'espoir que ces volontaires, en nombre suffisant, satisferont les exigences allemandes et permettront de repousser les mesures de débauchage massif.

(3) 3.000 francs 1942 représentent nettement plus que le salaire moyen d'un ouvrier français. Les travailleurs avaient droit, à titre d'indemnité d'éloignement, au maintien de la moitié du salaire qu'ils percevaient en France; les versements étaient effectués par l'ancien employeur, soit à la famille, soit à un compte ouvert au nom de l'intéressé, et étaient ensuite remboursés par un fonds de compensation.

Les ouvriers français mangent mal... On leur explique que les rations allemandes sont supérieures aux leurs. Ils toucheront hebdomadairement 3.250 grammes de pain contre 2.450, 750 grammes de viande contre 180, 125 grammes de beurre contre 70, 62 grammes de fromage contre 50.

Dans leurs camps, des cuisiniers français prépareront à leur intention d'appétissantes fricassées de veau, de la sauce au raifort et de la semoule à la cannelle !

Les ouvriers français craignent de s'éloigner trop longtemps des leurs ? Leur correspondance ne sera nullement limitée et, tous les dix mois, les hommes mariés auront droit à une quinzaine de jours de congé payé en France.

Sont-ils victimes des bombardements ? Les assurances allemandes verseront une rente à leur veuve, une indemnité à leurs orphelins...

Les journaux publient obligatoirement déclarations (vraies ou fausses), lettres de travailleurs (vraies ou fausses) qui, toutes, rendent le même son trop enthousiaste.

Le millième travailleur envoyé en Allemagne par l'office de placement de Grenoble est un chauffeur de camion, père de six enfants.

— En raison de mes charges de famille, je n'ai pas fait la guerre, déclare Jacques G... au journaliste qui l'interroge. Aussi, je considère de mon devoir de participer à la grande Relève et de contribuer ainsi au retour des prisonniers dans leurs foyers. Je quitte ma famille et je lui viendrai en aide, grâce au salaire qui m'est assuré pour la durée de mon séjour en Allemagne.

En peu de mots, voilà un bon reflet des brochures de propagande.

« *Monsieur le Commandant,* écrit un travailleur, le 29 octobre 1942, *je vous envoie cette lettre pour vous dire que nous sommes bien arrivé et nous avont une bonne vie car ici la vie va mieux quand France car nous avons toucher les cartes d'allimentation et tabac. La Firme est très bonne car nous avons une très bonne camaraderie entre allemand et français* (1)... »

Une femme affirme qu'à son retour on ne la reconnaîtra plus « tellement elle aura grossi » !

Un homme qui signe Alphonse V..., et qui a été envoyé à Kiel, évoque la « nourriture de rêve », les chambres spa-

(1) Publié par une brochure de propagande : *Travailler en Allemagne, c'est gagner sa vie dans de bonnes conditions, voyez par vous-même.*

cieuses, la cuisine-bijou et les cabinets de toilette étincelants.

Chambres, cuisines, cabinets de toilette que neuf journalistes parisiens et deux photographes, accompagnant pour quelques jours des convois d'ouvriers, partageant leur vie, leur nourriture et leurs baraquements, sont chargés de visiter, de dépeindre et de photographier.

Leur reportage (1) est trop séduisant pour convaincre ceux qui restent en France et qui ne sont pas davantage sensibles à ce « concours de la plus belle lettre de Noël » organisé par l'Association nationale des amis des travailleurs français en Allemagne.

Plus de 100.000 lettres d'enfants sont reçues au siège de l'Association, 149, rue de Grenelle. Le premier prix (5.000 francs) est décerné à Ginette Davin, 8 ans 1/2, qui écrit à son oncle, travailleur en Allemagne, la lettre suivante, bon document sur une époque difficile :

Gérard y demande à papa Noël un canon de D. C. A. avec des petits bouchons y fera pan-pan sur les avions. Y veut aussi un siffié pour joué au chef dilo et crié : Lumière... *On fétera Noël quand papa et tous les tontons seront revenus. On achetera un poulet au marché noir. Maman sait pas ou qu'il est le marché noir et elle dit « on se débrouillera ». Y a deux bouteilles Nicolas cachés sous le buffet pour le retour de papa et des tontons. Cette année maman fera un jus national...*

Le deuxième prix est pour Jacques Robin, 7 ans, précoce chroniqueur politique :

Je trouv qui oré pas du avoir la guère si le Maréchal avé ét la plus vit il seré mit bien avé hitlère.

Le 20 décembre 1943, une fête réunit, au Grand-Palais, plusieurs centaines d'enfants et quelques pères de famille qui ont bénéficié, pour la circonstance, d'une permission exceptionnelle. Discours, toasts, distribution de jouets, lecture, encore, de missives optimistes : « *Je continue à gagner beaucoup d'argent. J'ai une chambre avec un lit épatant et une grande armoire et une espèce d'antichambre avec bureau, bibliothèque, divan, table, eau courante...* » Le paradis, quoi ?...

Mais il est bien possible que, parmi les permissionnaires du Grand-Palais, les hommes, après avoir comparé leurs salaires et leurs rations, racontent une de ces histoires dont on ignorera toujours l'origine, mais qui circulent de

(1) Publié sous le titre : *Images de la vie de ceux qui sont partis.*

France en Allemagne, d'Allemagne en France, à la vitesse des express.

— Tu la connais, toi, celle-là ? Voilà, y a Hitler qui fait avec le gros Gœring une tournée dans les usines. Il prend quelques ouvriers pour les interroger. Au premier, il demande :

— Tu aimes ton Führer ?

— Ja mein Führer, qu'il dit le gars.

— Tu ferais n'importe quoi pour lui ? Tout ce qu'il te demanderait ?

— Ja, ja, mein Führer.

— C'est bien. Alors tiens, voici une mitraillette, tire sur tes camarades.

L'homme hésite, fait la grimace, refuse poliment. On peut tout de même pas lui demander ça.

Hitler passe à un autre. Même réponse. A un autre encore. Il n'a pas davantage de succès.

Enfin, il arrive devant un grand gaillard déluré, la casquette sur l'œil.

— Tu aimes ton Führer.

— Ja mein Führer.

— Tu ferais n'importe quoi pour lui. Alors, prends cette mitraillette...

Le gars, il attend même pas qu'Hitler ait fini d'causer. Il prend la mitraillette, il descend tous les types.

— Voilà, dit Hitler à Gœring, voilà un bon Allemand. Comment t'appelles-tu ?

Alors, le gars, il se redresse et il dit :

— Bébert d'Ménilmontant.

★

Que se cache-t-il, en effet, derrière la satisfaction officielle, derrière ces titres de journaux qui annoncent tous, sous une forme ou une autre, que « le rythme des départs s'accélère » ?

« *Dans un des centres les plus importants de Paris, on enregistre sur les chiffres de la semaine dernière une augmentation de 55 % dans la métallurgie et de 50 % dans le bâtiment*, annonce le *Petit Parisien* du 25 juillet 1942. »

« *De toute la France, des trains spéciaux de volontaires partent pour les usines allemandes, les demandes d'emplois affluent chaque jour dans les bureaux d'embauche* », déclare le 9 août la radio de Vichy.

Vérité ? Mensonge ? Mensonge pour l'essentiel, et les Allemands ne sont nullement satisfaits.

Avec les mois qui passent, la guerre devient plus coûteuse en hommes, plus exigeante en machines. Les pressions sur le gouvernement français s'intensifient.

Les volontaires n'ont pas été assez nombreux, la Relève a pratiquement échoué, les journaux parisiens, sous influence allemande, dénoncent donc les « réticences », les « bobards malfaisants », les « sabotages sournois » qui contrarient les départs, et Marcel Déat laisse prévoir de nouvelles et plus sévères mesures.

Entre le gauleiter Sauckel, grand maître allemand de la main-d'œuvre, et le peuple français s'engage alors une dramatique partie de cache-cache.

Au début — et sans doute parce que la victoire alliée paraît lointaine encore — les réquisitions se déroulent suivant les plans prévus.

Sauckel réclame 250.000 hommes pour le dernier trimestre de 1942. Il en partira 240.000.

Mêmes exigences pour le premier trimestre 1943. Même chiffre de partants.

La machine commence à se détraquer au printemps de 1943.

Les Allemands ne reçoivent que 189.000 hommes, alors qu'ils en réclamaient 220.000. Dans les mois qui viennent, à l'instigation de l'administration et du gouvernement français, mais aussi de l'organisation Todt qui a besoin d'hommes pour ses chantiers du littoral atlantique, ils ralentissent sensiblement leurs demandes.

En 1944, appels massifs. De janvier à juin, époque à laquelle Laval prévient ses préfets qu'en raison « des bombardements anglo-saxons et des destructions provoquées notamment par la tentative d'invasion », les autorités d'occupation ont décidé de suspendre les réquisitions de travailleurs pour l'Allemagne (1), les Allemands exigent 855.000 hommes.

Malgré recensements, chômage, chasse aux oisifs, « commissions de peignage » dans les usines, gendarmes, ils n'en obtiendront que 36.000.

La défaite de l'Allemagne est une certitude qui encourage les timides, fortifie les courageux.

De 1940 à 1944, l'Allemagne a réclamé ainsi 1.575.000 travailleurs. Elle en a reçu 785.000. Un sur deux.

---

(1) Communication en date du 23 juin que les préfets ne pouvaient faire imprimer, mais dont ils pouvaient faire usage dans la conversation.

Un homme sur deux prend le train en direction du Reich, de ses usines et de ses villes bombardées.

Un homme sur deux refuse...

★

Les ouvriers savent par les permissionnaires (qui le plus souvent ne repartent pas, ce qui entraîne notamment la suspension des permissions du 12 septembre au 15 octobre 1943), savent par les lettres, que les conditions de vie en Allemagne sont souvent difficiles, parfois tragiques.

Ils savent que les Allemands, dans l'usine, n'occupent plus que les postes de maîtrise. Que le travail est effectué par une véritable légion étrangère sans idéal ni langage commun. Ils savent que les Français côtoient Polonais, Belges, Hollandais, prisonniers russes, Tchèques, Yougoslaves et grosses Ukrainiennes affectées aux cuisines. Ils savent que la nourriture est mauvaise et strictement rationnée, que le marché noir règne en maître sur le petit peuple des camps.

— Avec une plaque de chocolat, mon vieux, tu as tout ce que tu veux. Même une fille ; devant le chocolat, elles peuvent pas résister.

Ils savent que les « chambres spacieuses » ne sont que des chambrées mal chauffées où l'on s'entasse à dix ou vingt autour d'un poêle où mijotent d'étranges cuisines.

Ils savent que, pendant le travail, les malins vont fumer aux « Abort » et que les cabinets collectifs servent non seulement de fumoir mais aussi de parloir et de salle de lecture.

Ils savent que le travail est distribué au petit bonheur la chance : l'agriculteur est placé devant un four Martin ; l'électricien devant une rectifieuse ; l'étudiant doit affûter les scies, le séminariste et le clerc de notaire décharger les wagons.

Ils apprennent — fût-ce en lisant *Je Suis Partout* — que les Français en Allemagne se plaignent du « manque de pinard », du « manque de gonzesses », des cigarettes à 120 francs le paquet, des choux rouges trop abondants, des « Kartoffels » de mauvaise qualité (1).

S'ils ignorent que le Commissariat général à la main-

(1) « Avec les ouvriers français dans les usines d'Allemagne », reportage de Pierre Villefte, *Je suis Partout,* 16 avril 1943. Pierre Villette signale également que les employeurs sont en général satisfaits des ouvriers français et que ceux-ci trouvent les cadences de travail assez lentes.

d'œuvre française en Allemagne a déjà envoyé, à la date du 2 septembre 1943, 30.000 couvertures, 48.000 costumes et 78.000 chemises pour les ouvriers français sinistrés, ils savent enfin que les villes allemandes sont bombardées chaque jour, chaque nuit, que les usines sont détruites, les camps de travail incendiés. Ils savent que, lorsque les armées anglo-saxonnes débarqueront en France, les travailleurs subiront le sort des prisonniers, qu'ils connaîtront, comme eux, l'absence de nouvelles, la privation de colis, les risques multipliés de guerre.

La radio anglaise et les journaux clandestins répètent les slogans qui renforcent leur décision :

« *Un homme qui part est un otage aux mains de l'ennemi.*
Un homme au maquis est un soldat contre l'ennemi.

Si vous ne voulez pas subir les brimades et mourir sous les bombes anglaises, ne partez pas en Allemagne. »

Les voilà décidés à ne pas partir. Ce n'est pas facile.

Ce n'est pas facile, en 1942, lorsque la Relève entoure les départs en Allemagne d'une auréole de solidarité.

Ce n'est pas facile lorsque les ouvriers subissent, sur les lieux mêmes du travail, la visite médicale d'incorporation (visite effectuée par un médecin français sous contrôle allemand) (1), lorsque l'Inspection du travail désigne, pour chaque entreprise, le nombre des « volontaires », lorsque le chantage s'exerce (« si tu ne pars pas, c'est ton camarade d'atelier, plus âgé, qui partira »), lorsque la police s'en mêle.

A Rouen, en mars 1943, le préfet régional Parmentier dit au secrétaire général à la Jeunesse qui lui rend visite :

— Monsieur le Secrétaire général, vous pouvez vous promener dans la ville de Rouen et rechercher les zazous, vous ne les trouverez pas pour la simple et bonne raison qu'avec l'aide de mes services de police j'en ai fait le recensement pour les envoyer travailler en Allemagne (2).

Le même Parmentier s'enorgueillit de voir la Seine-Inférieure et le Calvados fournir, grâce à ces méthodes de recrutement, plus d'hommes qu'il ne leur en a été réclamé. Observe-t-il que bon nombre de travailleurs répondent à la convocation, touchent une prime de 1.000 francs, mais

(1) Le médecin touche 20 francs par homme, 60 francs par femme.

(2) En mars 1944, ces méthodes sont généralisées. Le 24 mars 1944, le délégué en zone nord du secrétaire général au maintien de l'ordre recommande des rafles « dans les lieux publics et établissements de plaisir aux jours et heures de travail ». Les suspects doivent être immédiatement conduits devant une commission de vérification composée d'un représentant de l'Office allemand du travail, d'un représentant du Commissariat général à la main-d'œuvre et de deux médecins.

omettent de se présenter à la gare, il constitue un centre d'hébergement-souricière où les ouvriers sont logés, nourris, où ils peuvent acheter bleus de travail et galoches, mais, aussi, d'où ils partent directement, sans reprendre contact avec leur famille, en direction de l'Allemagne.

La police arrête les jeunes hommes dans la rue, organise des rafles dans les cinémas et les cafés, comme à la sortie des usines et des gares. A la carte d'identité, à la carte de ravitaillement, il faut joindre, à partir du 16 mars 1943, un certificat de travail et bientôt une carte de travail.

★

— La convocation est arrivée !

La convocation suit de quelques jours la visite médicale. C'est une circulaire sur papier de mauvaise qualité. Une circulaire à en-tête de l'Inspection du travail.

Objet : Affectation au Service du Travail obligatoire.

J'ai l'honneur de vous faire connaître que la commission mixte franco-allemande, prévue pour prononcer les affectations des jeunes gens recensés au titre du Service du Travail obligatoire, vous a désigné pour aller travailler à l'organisation Todt (ou en Allemagne).

En conséquence, suivant les instructions de la Feldkommandantur, j'ai l'honneur de vous inviter à bien vouloir vous présenter au bureau de Placement allemand, rue..., le mardi 23 *mars* 1943, *à* 9 *h.* 30, *pour y prendre connaissance des conditions de travail ainsi que des dates et heures de départ.*

Je vous précise que la non-exécution de votre part de cet ordre d'affectation est susceptible des peines prévues par la loi du 15 *février* 1943.

L'homme tourne et retourne le papier entre ses doigts.

— Qu'est-ce qu'il faut faire ?

— Ben, tu pourrais écrire. Si tu pars, comment la boulangerie va-t-elle marcher ?

La boulangerie, ou l'épicerie, ou la ferme, ou...

Ecrire, c'est d'abord gagner du temps. En 1943 et 1944, alors qu'augmentent les prétentions allemandes, les préfectures sont submergées de lettres inquiètes.

La commune de Vrigny (Loiret) et les communes voisines manqueront de pain si le seul boulanger de la localité abandonne le fournil.

Le village de Dommarie-sur-Loing va perdre son maréchal-ferrant, celui de Courtenay son boulanger, celui de

Châtillon-sur-Loire son charcutier. Lettres à la direction du Service du travail. Lettres à la préfecture. Dans toute la France, les mêmes mesures engendrent les mêmes réactions d'autodéfense.

Roger B..., qui possède une petite ferme, s'efforce d'apitoyer les autorités. Son frère, lui-même et ses ouvriers agricoles appartiennent tous à ces classes 40, 41, 42 entièrement mobilisées pour le S. T. O. Le père est mort en novembre. La mère toujours malade. Doit-il semer cette année, alors qu'il n'est pas assuré de récolter la moisson? « *Nous sommes prêts,* écrit-il aux autorités, *à donner à la terre les semences nécessaires pour les emblavements de cette année, mais, avant, je voudrais savoir ce que l'on va faire de moi d'abord et de nos ouvriers ensuite ; nous ne pouvons point confier à la terre de pareilles sommes en semences et supporter les frais élevés des ensemencements si après il ne reste plus personne pour donner à ces récoltes les soins culturaux qu'elles demandent...* »

★

Les autorités administratives françaises s'efforcent généralement d'entraver les exigences allemandes qui désorganisent toute la vie sociale, ruinent la production, menacent l'agriculture.

Les médecins qui font passer les visites d'incorporation se montrent sensibles à tous les certificats médicaux et exemptent grand nombre de jeunes. Les délégués de l'Office du travail, qui assistent aux séances de ces « commissions de peignage » au cours desquelles les employeurs sont convoqués avec leur personnel, s'efforcent d'obtenir des sursis pour les partants, expliquent la situation critique des boulangers (à Orléans, 23 ouvriers boulangers sur 64 sont prélevés), des patrons d'usines, des petits cultivateurs, signent parfois de faux certificats de travail, falsifient des cartes d'identité, versent à l'organisation Todt celui qui devait partir pour l'Allemagne, se montrent, surtout à partir de 1944, sensibles aux influences, à la pitié, à la raison, à la peur du lendemain, au patriotisme.

★

On a écrit, ce n'est pas assez, car il faut de trop fortes raisons pour qu'une lettre soit efficace. Du moins, le temps gagné, le sursis parfois accordé, permet-il de changer de profession, de découvrir un de ces métiers-refuges qui offrent une protection plus ou moins efficace contre le départ en Allemagne.

La police, par exemple. La police tellement sollicitée qu'elle est bientôt mise dans l'impossibilité d'accepter les ouvriers spécialisés (1).

Les sapeurs-pompiers. La Défense passive (2). La S.N.C.F.

Fonctionnaires, étudiants, cultivateurs bénéficient assez longtemps d'exemptions. On s'inscrit à la Faculté, on s'embauche dans une ferme amie. On sollicite un emploi dans une mine...

Plutôt que de partir pour l'Allemagne, les Français préfèrent encore provoquer les sollicitations de ce service de surveillance des voies que l'activité du maquis rend nécessaire, que la passivité des requis rend inutile.

Porteurs d'un brassard blanc à bande bleue, munis d'un gourdin ou d'un fusil de chasse, munis également d'une lampe de poche, d'un sifflet, d'une note de service bilingue qu'ils doivent présenter à toute réquisition, touchant un salaire de 31 fr. 50 pour une garde de nuit, 28 francs pour une garde de jour (3), ayant droit à des tickets supplémentaires de pâtes alimentaires et de charcuterie, les requis montent, deux par deux, tous les kilomètres, une garde débonnaire.

Certes, ils doivent patrouiller, veiller à ce qu'aucune personne étrangère ne circule sur les voies, ne stationne ou ne se dissimule sous les ponts et dans les fossés, mais incapables, la plupart du temps, de tenir tête aux garçons du maquis, ils préfèrent s'éloigner discrètement ou, pour détourner les soupçons, se laisser étroitement ligoter.

Dans chaque département, des centaines d'hommes (400 pour le seul groupe de Limoges) requis pour la garde des communications évitent ainsi — ou retardent — leur départ pour l'Allemagne et préparent leur passage au maquis.

---

(1) A Orléans, le 5 février 1943, sur l'ordre de la Feldkommandantur.
(2) Pierre Taittinger, président du Conseil municipal de Paris, intervient à plusieurs reprises pour mettre à l'abri de toute réquisition les 7 ou 8.000 membres de la Défense passive parisienne. Sont également exemptés de tout départ, les Alsaciens et Lorrains, les anciens prisonniers de guerre, les anciens combattants de la L.V.F.
(3) Il s'agit, à la date du 15 avril 1944, du salaire des gardes dans les localités de moins de 5.000 habitants. Pour les villes de plus de 5.000 habitants, la rétribution passe à 37 fr. 95 et 33 fr. 75; pour les villes de plus de 20.000 habitants, 43 fr. 55 et 38 fr. 85. La garde des communications sera créée le 23 janvier 1942. Naturellement les gardes-voies n'étaient pas employés à temps complet car leur salaire aurait été très insuffisant.

★

O.T. Organisation Todt.

L'occupant est rapidement devenu, en France, le principal employeur. A son service, pour construire les bases sous-marines de la côte atlantique, pour agrandir les pistes d'aviation, pour édifier les blockhaus destinés à stopper l'invasion, des centaines de milliers de Français, volontaires ou non.

En août 1941, 217.000 ; en avril de la même année, 450.000 ; 558.000 en 1944. Beaucoup d'étudiants, de cultivateurs, de pères de famille échappent ainsi au départ pour l'Allemagne. On leur fait démolir les villas de la Côte d'Azur, poser ces « asperges de Rommel » chargées de faire culbuter les planeurs anglo-saxons, creuser des tranchées, barrer des routes, couper des arbres.

Vivant dans des baraquements installés en pleine campagne, mêlés à des ouvriers étrangers, réquisitionnés en grand nombre, réduits le plus souvent, par leur incompétence et leur paresse volontaire, au rôle de manœuvres, espionnant parfois pour le compte des réseaux de résistance ce mur de l'Atlantique dont ils sont les terrassiers, profitant des rivalités qui existent entre les différents services allemands, les travailleurs de l'organisation Todt occupent une situation particulière : à mi-chemin entre France et Allemagne, à mi-chemin entre liberté et captivité (1).

★

Ceux qui restent.

Ceux qui partent.

« *Gare de l'Est, une heure de l'après-midi, des flèches, des écriteaux. Une foule dense et agitée, chargée de paquets.*

(1) L'organisation Todt était appelée ainsi du nom de son inventeur (mort en 1942), l'ingénieur Fritz Todt, qui eut l'idée, pour combattre le chômage, d'entreprendre en Allemagne, à partir de 1933, la construction d'un vaste réseau d'autostrades. L'organisation Todt entreprit ensuite l'édification de la ligne Siegfried, qui exigea jusqu'à 342.000 hommes, puis la création, en Europe occupée, de nombreuses lignes de défense (murs de l'Atlantique et de la Méditerranée; en Italie, ligne Gustav, Hitler, Gothique).

Lors de ses plus grands travaux, l'organisation Todt groupa jusqu'à 2.000.000 de travailleurs, dont à peine un cinquième d'Allemands.

Les Français travaillant en France sous contrôle allemand ne connaissaient guère que l'organisation Todt... Cependant, la Kriegsmarine, la Luftwaffe, l'armée employaient également bon nombre d'ouvriers requis au titre du S.T.O.

divers, hommes en blousons, ceinturés de musettes... Un petit wagonnet passe devant chaque compartiment distribuant à chacun les provisions du départ : deux saucissons et un grand pain.

« Les portières se referment une à une. Et le long convoi doucement s'ébranle, hérissé de visages, de mains tendues, de mouchoirs agités. »

La description est incomplète. Ce que ne dit pas le journaliste de 1942, ce sont les réflexions et parfois les manifestations qui accompagnent le départ du train, les chants (*Internationale* et *Marseillaise*), les larmes des familles, les provisions déballées dans les wagons, les bouteilles brandies, les poings levés, les inscriptions à la craie, sur les portières : « Laval assassin, Laval au poteau, Vive de Gaulle », les ouvriers qui descendent de wagon — comme à Montluçon — et s'enfuient, protégés par la foule et par les cheminots, qui ont retardé le départ du train. A Lyon, en mars 1943, les manifestations, au départ des trains pour l'Allemagne, sont si violentes que la police interdit l'approche de la gare aux familles. Mesure vite généralisée, sur ordre du ministère de l'Intérieur qui envoie à tous les préfets régionaux de zone occupée un télégramme prescrivant : « *Interdire accès gares et environs immédiats des gares à public et à familles moment départ ou passage train relève.* »

Les partants ont souvent été arrêtés le matin même. A Villeurbanne, la police allemande cerne ainsi, à l'aube, tout le quartier dont la place de l'Ancienne Mairie est le centre (1). De 6 heures du matin à 19 heures, les perquisitions se poursuivent. Les Allemands cherchent des armes. Ils cherchent également des hommes, ces réfractaires qui leur glissent entre les doigts, ces garçons en faveur desquels, dans toute la région, des grèves de solidarité éclatent (2). Trois cents d'entre eux sont finalement rassemblés, encadrés, conduits à la gare de la Part-Dieu, où on les enfourne dans les wagons qui partent immédiatement pour l'Allemagne.

Pour eux, ni discours, ni pain, ni saucisson, ni familles.

---

(1) D'après l'accord Bousquet-Oberg, la police française ne devait pas se faire l'auxiliaire de la police allemande dans la recherche des réfractaires. L'accord ne fut pas toujours respecté.

(2) Grève dans trois usines de Vénissieux, le 14 octobre 1942 ; chez Berliet, le 15 octobre ; dans une usine de Calluire et de La Croix-Rousse, le 16 octobre, etc...

★

Les réfractaires, qu'ils se dissimulent dans une administration française, dans les fermes, dans le maquis, dans les gardes des communications ou parmi les ouvriers de l'O.T., les réfractaires sont, à partir de janvier 1944, de plus en plus nombreux. Presque insaisissables, car protégés par la complicité de la population. Semblables à l'eau courante.

Les journaux clandestins donnent des chiffres incontrôlables, exagérés parfois, mais qui encouragent à la résistance.

On se passe ces feuilles qui annoncent 25 partants pour 850 appelés dans le Jura ; 31 pour 3.700 en Saône-et-Loire ; 34 pour 1.010 en Savoie...

A Vesoul, sur plus de 400 jeunes gens convoqués en juin 1943, il s'en présente trois.

— T'as entendu Londres ? Ils ont dit que la palme revenait au Loir-et-Cher. Pour 2.000 inscrits, il n'y a eu que 64 départs (1).

Dans les Ardennes, du 8 au 15 mars 1943, pour 53 garçons qui partent, on compte 430 défaillants. Les commissaires de police signalent un peu partout des hommes qui plantent des pommes de terre « afin de pouvoir se nourrir dans le cas où on ne leur donnerait plus de tickets d'alimentation ». Les femmes d'ouvriers préviennent leur mari dès qu'un gendarme tourne le coin de la rue, et l'homme gagne immédiatement les champs ou la forêt.

Est-il arrêté ? Il trouve souvent encore le moyen d'échapper.

Le 29 janvier 1944, à 20 heures, les gendarmes de Charleville remettent ainsi Omer Collignon, cafetier à Rocroi, à la garde d'un agent de police. Avec Collignon, un autre réfractaire. Les deux hommes doivent être embarqués à l'aube pour l'Allemagne. Les heures passent. A minuit, le compagnon de Collignon demande l'autorisation de se rendre aux cabinets.

Embarrassé, le gardien de la paix hésite quelques secondes, puis se résigne à accompagner le réfractaire. Collignon a l'air de dormir si profondément !

Lorsque les deux hommes reviennent, dix minutes plus tard, Collignon s'est enfui !

En route pour le maquis, comme des milliers d'autres.

---

(1) Le 14 octobre 1943. Pour le Loir-et-Cher, le chiffre des réfractaires des classes 40, 41, 42 s'éleva à 3.800.

CHAPITRE XII

LA VIE QUOTIDIENNE AU MAQUIS

Parfois l'on s'attriste
Le cœur se souvient
Le passé existe
Et vers nous il revient
Mais aussitôt nous le chassons
En fredonnant une chanson
Dans le groupe à Phiphi (bis).

Tous de joyeux drilles
Aimant s'amuser
Nous blaguons les filles
Nous regardant passer
Et nous savons que le chagrin
Se noie dans un bidon de vin
Dans le groupe à Phiphi (bis).

Chanson d'un maquis de Dordogne, chanson moins « officielle », moins noble, moins poétique que le *Chant des Partisans* ou que *La Maquisarde,* mais chanson dont l'on imagine très bien la naissance modeste, tout à la fois mélancolique et joyeuse, devant un feu de bois (interdits les feux, mais tout de même...).

Les garçons se sentent en sécurité, moins à cause des veilleurs lointains et de leurs pauvres armes qu'à cause de la profondeur des forêts périgourdines. Hier encore étudiants, apprentis, cultivateurs, ils évoquent le passé, les repas à la table familiale, la décision qu'ils ont prise le jour où ils ont reçu leur convocation pour le S. T. O.

Nous blaguons les filles
Nous regardant passer.

Y a-t-il vraiment des filles pour contempler ces guerriers imberbes, ces guerriers aux mains nues ? Non, mais ils imaginent les lendemains de libération... Espoirs. Souvenirs. Tout a commencé...

★

Tout a commencé difficilement (1).

Raymond Bredèche décide, en juin 1943, d'abandonner les sapeurs-pompiers de Paris, où il est cependant à l'abri du S. T. O., pour rejoindre le maquis. Il va embrasser ses parents, achète une boussole, garnit son sac à dos de lainages et de provisions, quitte la ville, enfin, en compagnie d'un camarade aussi décidé que lui.

Arrivée à Grenoble le 10 juin. Le chemin qui conduit au maquis, hier encore, était parcouru de touristes. Comment l'oublier ? Cartes postales aux parents. Halte près de Vizille. Les deux garçons montent leur tente. Une bonne femme leur promet un litre de lait. Et, pendant plusieurs semaines, l'aventure se poursuit de la même manière bucolique.

Il faut manger. Les maquisards achètent des pommes de terre et des œufs à des fermiers réticents. Le 13 juin, Bredèche tue une couleuvre qui, cuite, ma foi, se révèle succulente. Ils dorment dans les granges. Mangent dans les fermes ou bien sous les arbres, dévorant une marmotte prise au piège.

Pour ces garçons de bonne volonté, il n'est pas encore question de se battre, mais de vivre. Leur argent s'épuise, les voici embauchés par une vieille femme qui leur fait biner des pommes de terre, par le père Joubert qui, tout l'été, les emploie à la fenaison, à la moisson, aux labours.

Des armes ? Il n'est pas question d'autres armes que la fourche, la pelle et la pioche.

C'est seulement au mois de septembre 1943, quelques jours après la capitulation italienne, que Bredèche et son camarade, en suivant une colonne italienne en retraite qui se débarrasse de tout son armement pour franchir plus vite le col de la Muzelle, font main basse sur deux fusils, des grenades, trois caisses de munitions, quelques mouchoirs et plusieurs paires de chaussettes.

Les voilà armés. Il leur faudra attendre le 7 octobre pour rejoindre un camp de trente hommes installé dans la région de Bessey.

Ils ont quitté Paris le 9 juin.

(1) Il ne s'agit pas là d'un chapitre consacré aux batailles livrées par le maquis, batailles racontées à plusieurs reprises, mais d'un essai de reconstitution de ce que fut la vie quotidienne dans le maquis.

★

Toutes les aventures ne sont naturellement pas aussi complexes que celle de Raymond Bredèche. Mais, en 1943 du moins, la naissance d'un maquis ressemble beaucoup plus à la naissance d'une colonie agricole qu'à celle d'une petite armée.

Les premiers maquis datent du milieu de l'hiver 1942-1943. Ils n'ont pas encore de noms (1), ni de chefs, ni d'argent lorsqu'ils se constituent dans les Alpes, rassemblement de garçons de la région parisienne qui n'ont, pour l'instant, qu'un seul objectif : fuir le Service du travail obligatoire et l'envoi en Allemagne.

Réfractaires, ils ne sont pas encore combattants.

Il faudra bien du temps et des efforts avant que les mouvements de résistance, véritables responsables des maquis, ne réussissent à organiser ces hommes dont la plupart savent à peine se servir d'une arme.

A l'origine donc, un recrutement de citadins et de jeunes ouvriers : les garçons que les Allemands mobilisent les premiers pour leurs usines.

Un encadrement très divers. Des officiers, chassés de leurs casernes par l'armée allemande, le 27 novembre 1942, et qui ne se résignent pas à chausser leurs pantoufles, ni à commenter les opérations dans quelque *Café du Commerce*. Le commandant Vallette d'Osia, chef de la subdivision d'Annecy, le capitaine Romans, le capitaine Pommiès, le lieutenant Geyer, qui sort de sa caserne lyonnaise pour gagner en uniforme, et à cheval, le maquis, sont de ceux-là. Ils ont étudié les guerres de Vendée et d'Espagne, ils savent qu'ils ne peuvent heurter de front l'armée allemande, que leur action sera limitée, de peu d'importance stratégique, mais, qu'en attendant le débarquement allié, ils peuvent, dans l'ombre, jouer un rôle moral considérable auprès d'une population qu'il s'agit, de gré ou de force, de détourner des séductions de la puissance allemande.

Avant que le mot ne soit inventé, ils ont l'ambition de mener « la guerre psychologique ».

« *Sur* 550.000 *km² de territoire*, dit un projet de directives aux chefs de secteur, *les troupes allemandes n'occupent pratiquement pas plus de* 150.000 *km². Elles tiennent*

(1) C'est le comité directeur de *Combat* qui, dans l'hiver 1942-1943, appellera « maquis » ces groupements de réfractaires.

les 400.000 autres km² par leurs agents, par les miliciens et les fonctionnaires de Vichy.

Le premier but à atteindre par l'Armée secrète et le maquis n'est pas de chasser les Allemands des 150.000 km² qu'ils occupent réellement, cela est l'affaire des Anglo-Américains, mais de leur enlever le contrôle des 400.000 autres km². »

Tel est l'objectif : politique autant que militaire.

Les chefs du maquis veulent créer un climat d'insécurité, retirer à l'ennemi des collaborateurs, constituer, enfin, des centres de résistance que rallieront, à partir de juin 1944, des foules semblables par leur masse (8.000 hommes dans le maquis Saint-Marcel, de 3 à 4.000 dans celui du mont Mouchet), leur enthousiasme et leur impréparation, à celles qui ralliaient la Vendée victorieuse.

Dans les premiers mois, très peu d'armes, on le verra.

En Dordogne, l'un des chefs de la résistance occupe plusieurs réfractaires à mettre sous enveloppe les journaux clandestins qu'il reçoit de Lyon. Installés dans des granges, près de Château-Lévêque, du Bugue, de Bordas, munis d'annuaires téléphoniques et d'enveloppes, les garçons plient, toute la journée, des journaux de format réduit, collent des timbres volés à Condat-le-Lardin, recopient des adresses...

Ont-ils l'impression de combattre ? Ils combattent cependant.

Comme combattent ceux que le hasard ou la passion politique a conduits vers des maquis F. T. P. F. (1) à direction communiste, groupés autour d'anciens miliciens de la guerre d'Espagne, autour de militants communistes dont certains se cachent depuis 1939. Chefs qui n'ont souvent qu'une maigre formation militaire et intellectuelle, parmi lesquels les sous-officiers sont plus nombreux que les officiers, chefs qui font aisément de leur ignorance vertu, mais se montrent — de l'aveu même de l'Armée secrète — plus dynamiques, plus entreprenants... plus brutaux également. De tous leurs objectifs, on se demande, en effet, parfois, si la guerre civile et la prise du pouvoir au moment de la Libération ne sont pas les plus importants.

Ils impriment aux troupes qu'ils dirigent, et dont le dénuement est souvent immense, car les maquis F. T. P. F.

(1) *Francs-Tireurs et Partisans Français.*

ne bénéficient guère des parachutages alliés, une allure qui terrorise bien des villageois.

Il y aura donc, presque dès le début de l'aventure, un « bon » et un « mauvais » maquis. Division arbitraire, injuste peut-être, division qu'enregistrera cependant l'histoire et qui n'a pas fini de troubler, encore aujourd'hui, certaines de nos provinces. On verra donc les deux maquis, provisoirement unis, fondamentalement divisés, se disputer les armes parachutées, l'argent, les hommes et, bientôt, les postes et le pouvoir.

★

Les hommes d'abord.

Combien de « soldats » ?

Les chiffres varient avec les saisons. L'hiver, les camps diminuent d'importance. Dans les régions les plus rudes, celles que le maquis choisit naturellement, par souci de sécurité, les jeunes paysans regagnent souvent la ferme familiale, les citadins se dispersent par petits groupes dans quelques greniers amis.

Par contre, l'annonce du débarquement jette des milliers d'hommes vers ces camps sans adresse, mais dont les premiers arbres des forêts, les premières croupes des montagnes indiquent la frontière.

En juin 1943, on évalue le nombre des maquisards à 3.000 dans le Jura. Ils sont 350 dans l'Ain, 1.200 en Haute-Savoie, 1.000 en Savoie. En Corrèze, 3.000 hommes (y compris les F. T. P. F.) sont enregistrés le 7 décembre 1943. Beaucoup d'entre eux ont rejoint après la destruction du vieux port de Marseille.

Le 31 janvier 1944, il y a 145 maquisards des Mouvements Unis de la Résistance dans huit camps de la Creuse. Un mois plus tard, le chiffre est de 233 hommes. Un mois plus tard encore, de 503.

Le maquis de Maubourguet (Hautes-Pyrénées) compte 12 hommes en 1941, 190 en 1944, celui du Vercors de 300 à 400 hommes en mars 1944, 3.000 en juin, de 4 à 5.000 quelques semaines plus tard.

Les chiffres n'ont d'ailleurs qu'une signification relative puisque, presque jusqu'au débarquement, l'activité militaire sera, la plupart du temps, limitée par le manque d'armes et de munitions.

Parler de 30 à 40.000 maquisards en mars 1944 (malgré la pression du S. T. O. et le chiffre élevé des réfractaires), est-ce donner un chiffre trop faible ? Il ne le semble pas (1).

★

Le recrutement se fait, le plus souvent, de bouche a oreille. On « contacte » des jeunes menacés par le S. T. O, des sous-officiers et des officiers démobilisés, des paysans déjà compromis et à qui l'on propose de faire « davantage ».

Le recrutement s'opère aussi fortuitement.

Rapatrié sanitaire d'Allemagne en novembre 1943, Jules Rosier s'essaie à faire du ski, en compagnie de deux parentes, au-dessus de Saint-Jean-d'Aulph. Il photographie les jeunes femmes lorsque, venus de chalets voisins, quelques hommes le prient de leur remettre la pellicule.

Ce premier contact avec le groupement A. S. du secteur de Thonon portera fruit, puisque Jules Rosier rejoint, quelques jours plus tard, le maquis. La route qu'il aura eu à parcourir a été courte.

Il n'en est pas de même pour les garçons qui, par exemple, viennent de Paris. En possession de mots de passe, guidés de village en village, ils se rendent à Annecy, puis gagnent Annemasse et Thonon avant de rejoindre Saint-Jean-d'Aulph.

Les hommes pour le plateau des Glières « montent » en compagnie de Paccard, le fondeur de cloches, qui, même lorsque l'encerclement sera effectif, poursuit son travail de passeur, de ravitailleur et de facteur d'un maquis qu'il atteint après dix ou douze heures de marche dans la neige.

Ceux qui partent de Grenoble pour le Vercors prennent les cars Glénat qui vont à Pont-en-Royans et ils ont ordre de s'arrêter devant le *Café du Nord*, à Saint-Quentin-sur-Isère.

---

(1) Avec le temps, la confusion tend à s'établir entre les garçons des maquis, hommes des bois, par définition armés et encadrés sommairement, mais soumis à une discipline militaire, et les combattants des groupes de résistance, citadins voués à l'action clandestine, saboteurs, diffuseurs de tracts, agitateurs, agents de renseignements ou, plus simplement, antiallemands poursuivant leur tâche quotidienne.

D'après l'étude faite par Marie Granet et Henri Michel sur le mouvement « Combat », l'ensemble de l'Armée secrète, c'est-à-dire les grands mouvements de résistance plus le maquis, les Groupes Francs et les équipes de sabotage Fer auraient compris entre 130.000 (chiffre allemand sans doute excessif) et 75.000 hommes.

On le voit, l'incertitude est grande. Quoi qu'il en soit, d'après Guillain de Benouville, seuls, au cours de l'automne 1943, 10.000 hommes sont armés.

Chaque maquis a ainsi sa filière qui le met, en principe, à l'abri des mauvaises surprises.

En principe seulement. Louis Jourdan, qui a narré le drame du maquis des Glières, raconte que les maquisards stationnant près de Thones accueillirent un jour un jeune Belge, prodigue en détails sur l'assassinat de toute sa famille par la Gestapo.

Tant de malheurs, si ardemment racontés, mirent-ils les maquisards en éveil ? Quoi qu'il en soit, quelques jours plus tard, on trouva sur le Belge une carte de S. S.

L'homme ne voulant pas parler, on se décida à l'exécuter : « *Ses camarades se récusèrent l'un après l'autre. Il fallait pourtant un volontaire pour tuer l'espion. On en désigna un : « Toi, Blanc-Blanc, tu as déjà tué un Boche ; c'est à toi de le faire. » Blanc-Blanc dut céder. Il prit sa mitraillette et regarda son ancien camarade : « Tu me pardonnes ? lui demanda-t-il. — Bien sûr. » Et les deux hommes s'embrassèrent. « Alors, dit Blanc-Blanc, je ne puis pas le tuer. » Ils étaient tous là, désemparés. « Ce n'est tout de même pas à moi, dit le condamné, à vous donner du courage. Dépêchez-vous. » Le lieutenant intervint alors ; il tira, mais il manqua la poitrine et la balle atteignit l'épaule. Le blessé prit sur lui une pochette, demanda qu'on l'envoyât à sa mère, teintée de son sang. Une balle au cœur l'acheva.* »

Toutes les exécutions ne sont pas précédées de dialogues aussi dramatiques. Mais de nombreux agents de la Gestapo et de la police de Vichy tentent de s'infiltrer dans les maquis.

Découverts, ils sont abattus sans pitié — l'un d'eux, un résistant, nommé Aline, qui, après avoir été martyrisé, a trahi ses camarades, sera cousu dans un sac et jeté vivant dans la rivière — tandis que le jugement est inscrit sur le tableau d'affichage de chaque compagnie, l'original et les pièces du flagrant délit étant parfois mis à la disposition de tous les gradés des compagnies : « *Ceci*, ajoute un chef F. T. P. F., *pour leur montrer que nos jugements sont justes, mais implacables vis-à-vis des traîtres.* »

★

Quel spectacle attend le garçon qui rallie le maquis ? Il est intercepté par un premier guetteur, généralement sans armes, puis par un second guetteur casqué, armé et muni d'un brassard tricolore à large croix de Lorraine noire.

Devant lui, le camp, difficile à deviner, parmi les broussailles. Il s'agit, le plus souvent, de huttes semblables aux huttes de bûcherons et qui servent de dortoir, de cuisine, parfois même de prison. Le P. C. du chef est installé dans une hutte divisée en deux pièces : une chambre à coucher qui, le jour, se transforme en salle à manger et un « bureau » où un secrétaire règne sur les « archives » du maquis.

Ailleurs, sur le plateau des Glières, par exemple, les maquisards ont aménagé des chalets destinés à abriter les troupeaux pendant l'été. Ailleurs encore, des parachutes servent de toiles de tente, des grottes et des rochers d'abris.

Si le réfractaire rejoint le maquis pendant l'hiver, il se trouve en présence d'une organisation qui s'efforce de suivre les conseils qu'une petite brochure de huit pages prodigue aux maquisards : « *L'expérience de* 1914-1918 *prouve qu'on n'a pas froid dans un abri enterré où vivent une dizaine d'hommes.* » Donc, abri enterré, bien pourvu en litière, avec un escabeau par homme, un râtelier d'armes et même, si possible... des chaussures d'intérieur !

Dans les jours calmes, la vie quotidienne se développe suivant le même rythme.

Réveil à 6 h. 30, toilette, couleurs, saluées dans certains camps, faute de clairon, par un accordéon, mais qui sont toujours prétexte à cérémonies émouvantes, surtout en montagne, lorsque, dans la neige et la tempête, les hommes mettent une heure ou deux pour rejoindre le P. C. où a lieu la cérémonie, nettoyage et corvées générales, voilà pour les premières heures de la matinée.

Déjà, les cuisiniers s'affairent depuis l'aube. On leur a recommandé de bien faire attention à la fumée, de n'utiliser que du bois très sec, mais plusieurs maquis seront cependant dénoncés par la fumée des cuisines !

★

Comment nourrir tous ces hommes, qui ont rompu avec le monde des cartes de pain, de viande, de sucre, avec le monde du travail régulier et du gagne-pain quotidien ?

Les maquisards vont vivre sur le pays. Les fermes des environs et les épiceries de village constituent les premiers objectifs.

On s'y présente en amis ou en adversaires suivant les groupes, les besoins, l'époque, l'humeur du fermier et du boutiquier. Parfois, d'ailleurs, munis des tickets, car fausses ou vraies, capturées dans les mairies, fabriquées par la résistance, les cartes de ravitaillement ne manquent pas dans certains maquis où leur distribution est assurée mensuellement par l'intendant régional du maquis... presque aussi exactement que par le Ravitaillement général dans les villes !

Mais, en 1943, l'organisation est loin d'avoir atteint cette relative et tout de même très incertaine perfection. On n'est pas encore à l'époque où les responsables des maquis allouent aux chefs de groupe 30 francs par jour pour la nourriture de chaque homme, où tous les cars de Villard-de-Lans seront « mobilisés » pour porter du ravitaillement au maquis de Saint-Nizier.

Tous les chefs de maquis ne peuvent réussir des opérations de l'envergure de celles que mène le capitaine Romans. A Bourg, occupé par les Allemands, l'Intendance française possède un immense dépôt de vivres. Ce dépôt, Romans va le déménager en totalité, évitant, grâce à une reconnaissance minutieuse, grâce à une complicité intelligente, toute effusion de sang. En pleine nuit, neuf camions du maquis, que les Allemands n'arrêtent pas, car, ainsi que devait l'écrire Romans : « Neuf camions conduits par des hommes en armes, cela ne peut être qu'un convoi officiel », se présentent devant l'Intendance dont les gardes sont rapidement maîtrisés.

En vingt minutes, 200 hommes chargent 45 tonnes de nourriture ! Quelques jours plus tard, la même opération est répétée par les mêmes hommes sur l'Intendance d'Ambronay (1).

Sur le plateau des Glières, le ravitaillement est amené par des convois de traîneaux, puis, lorsque les résistants seront étroitement cernés par les forces de l'ordre, à dos d'homme, entreprise difficile et qu'il sera impossible de poursuivre jusqu'au bout.

Ce que des officiers comme le capitaine Romans, comme le lieutenant Bastian, aux Glières, réussissent sur une grande échelle, des chefs maquisards le tentent avec de plus faibles moyens.

Dans la nuit du 23 au 24 juillet 1944, le groupe F. T. P. F. Herreros, qui opère dans les Ardennes, réquisitionne, dans un camp de jeunesse, pâtes alimentaires, chaussures, vestes et chemises.

Le lendemain, les mêmes hommes s'emparent des titres d'alimentation à la poste de Levrezy, ils arrêtent ensuite

(1) Cité par Guillain de Benouville : *Le Sacrifice du Matin.*

le petit train départemental de la Semoy, prennent dans les sacs postaux les tickets de ravitaillement destinés aux communes de Thilay, Tournavaux et Haut-Riviers.

Le surlendemain, ils enlèvent 150 kilos de tabac dans une voiture des Contributions indirectes...

★

Mais bien des maquisards doivent se contenter de ce que les fermiers leur donnent, de plus ou moins bonne grâce. En Corrèze, par exemple, le menu du maquis de Roquecourbine est longtemps le suivant : pour le petit déjeuner, soupe de pommes de terre écrasées ; à midi, un plat de pommes de terre bouillies ; au dîner, une purée de pommes de terre.

Les menus sont souvent améliorés, il est vrai, grâce à des expéditions contre des paysans soupçonnés, à tort ou à raison, de marché noir et trafic clandestin.

Alors, il n'est plus question de payer le ravitaillement, plus question de donner des bons de réquisition payables après la libération. Les trois ou quatre hommes qui attaquent la ferme font main basse, non seulement sur la volaille, sur les conserves, les confitures, les jambons, mais, également, sur les bijoux et sur l'argent dissimulés par les paysans, et que les mitraillettes font surgir de leurs cachettes.

Devant ces raids et ces pillages — qui n'ont pas tous l'excuse du patriotisme — l'exaspération paysanne est telle que les responsables du maquis doivent réagir.

Decroix, qui dirige les maquis M. U. R. (1) de Haute-Vienne, insiste, au cours de l'hiver 1943, sur la nécessité d'un renforcement de la discipline sous peine de voir les jeunes transformés « *en révoltés ingouvernables et prêts à tout pour satisfaire leur besoin d'action et de vengeance. C'est une question de vie ou de mort* », ajoute-t-il dans son rapport.

Doublemètre, chef F. T. P. F., signale qu'il doit opérer ses « récupérations » en Charente et en Gironde, la partie de la Dordogne où il stationne « étant sucée jusqu'à la moelle ».

Et une note du 20 janvier 1944, adressée à tous les maquis du Centre, insiste longuement sur la discipline nécessaire : « *Notre région est trop fertile en incidents*

(1) Mouvements Unis de Résistance (*Combat, Libération, Franc-Tireur*).

graves pour que nous ne cherchions pas à remédier à cela. Il ne faut pas que des expéditions aient lieu sans l'assentiment du chef départemental maquis. Nous ne sommes pas des contrôleurs du marché noir, nous ne sommes pas des justiciers, ce rôle incombera au Comité d'épuration qui fonctionnera lors de la libération du pays. »

Le rédacteur de la note ajoute que la rafle des tickets devra avoir lieu chaque mois dans une seule mairie par département, que le tabac, pris au cours de trois ou quatre expéditions, devra être payé au débitant et que le produit en sera envoyé à l'intendant départemental pour distribution. Il recommande, enfin, de désigner « *pour les opérations habillement des éléments ayant du sang-froid et de la correction* ».

★

Opérations pommes de terre, opérations tabac menées chez les débitants campagnards, rafles de savon, de graisse à chaussures chez les épiciers, réquisitions de voitures et d'essence, à moins que les Allemands ou la police ne fassent les frais de l'opération.

Un peu avant le débarquement, autos et camions à gazogène ou à essence sont réquisitionnés dans tous les villages proches du maquis ; rapidement, les voilà transformés ; le pare-brise est enlevé pour laisser passage à un fusil mitrailleur, la carrosserie couverte d'inscriptions vengeresses ; sur chaque aile, un voltigeur armé d'une mitraillette est dangereusement installé.

Le carburant ne manque en général pas ; on se le procure dans les dépôts clandestins de l'armée, grâce aux bons subtilisés dans les mairies, aux faux déplacements d'entreprises ou d'agents de l'Etat, à des raids chez les pompistes, raids au cours desquels les maquisards se déguisent parfois en soldats allemands (1), ou bien encore à la suite de véritables opérations de guerre contre les dépôts de la Wehrmacht.

Quant aux vêtements, les maquisards mal habillés, coiffés de bérets, de chapeaux mous, chaussés légèrement, les obtiennent en pillant les magasins des Chantiers de jeunesse et, dans l'Ain, le capitaine Romans réussit une opération exemplaire. Lorsque son expédition est achevée,

(1) Par exemple, à Vic et à Condom, dans le Gers, où les faux agents de la Gestapo s'étaient munis de bons de réquisition allemands et avaient obtenu la complicité de la gendarmerie locale.

ses hommes ont récupéré un millier de tenues, autant de paires de chaussures, des sacs de montagne, des ustensiles de cuisine : bref, le chargement de cinq camions.

Pas une goutte de sang n'a coulé. Neutralisés dès le début de l'entreprise, parfois chloroformés, les gendarmes qui gardent le dépôt ne donnent l'alerte qu'avec un immense retard qui rend toute poursuite inutile (1).

★

On peut avoir une bonne idée de ce qui fait défaut au maquis, comme de la façon dont il s'en empare, en parcourant certains « rapports sur les sabotages » émanant de la S. N. C. F.

Voici, par exemple, des extraits d'un rapport sur la ligne Périgueux-Limoges-Pau pour le mois de juillet 1944, lorsque les gares ressemblent à des diligences immobiles et sans défense, arrêtées en pleine campagne.

« *Bugeat à Limoges. Gare à gare. Cette nuit, vers 3 h. 20, huit individus armés m'ont réveillé et sommé de remettre la caisse de la gare. Ils se sont emparés de la somme de 355 francs, un drapeau rouge, deux jaunes et deux blancs.* »

Dans la gare de La Celle, les maquisards prennent les coffrets à pansements ; dans celle de Mavaleix, 30.000 francs ; dans celle de La Meyze la recette est moins bonne : 500 francs seulement. A Saint-Sulpice, ils emportent, non seulement de l'argent, mais également une lessiveuse ; à Saint-Pardoux-la-Rivière, quatre sacs de pommes de terre ; à Uzerche, 940 francs, deux vélos, 70 litres d'alcool, 72 litres de pétrole, une lampe et deux verres de lampe ; à La Coquille, le 21 juillet, contre un bon de réquisition, une lanterne à carbure, ainsi qu'un drapeau tricolore...

★

L'argent fait naturellement défaut. L'abbé Pierre rapporte que les responsables des maquis de Savoie disposaient de 1.000 francs par mois et par homme.

Somme misérable sur laquelle il faut payer les soldes

(1) Souvent les sous-officiers, chargés de garder les stocks de vêtements de l'armée française, complètent volontairement l'habillement de la Résistance. A la Libération, on verra un régiment qui opère en Dordogne, le 50e R. I., compter un bataillon habillé en kaki, un autre en vert billard et le troisième en bleu chasseur.

des maquisards : 20 francs par jour pour les chefs de camp, 15 francs pour les sergents-chefs, 9 francs pour les sergents, 5 francs pour les hommes (1).

D'où vient l'argent ? Parfois des gares, des fermes, des bureaux de poste où, en juin 1944, dans le seul département du Lot-et-Garonne, 44 prélèvements rapportent près de deux millions.

Les maquis attaquent également les banques, et les F.F.I. de l'Ain lancent, contre la Banque de France de Saint-Claude, une attaque qui leur rapporte cent millions.

Plus « modestement », d'autres s'en prennent à des perceptions, à des employés chargés du transport des fonds. Le 10 juin 1944, le capitaine Roger Belligat s'empare ainsi, avec trois hommes, des 213.000 francs destinés aux ouvriers qui travaillent à l'aérodrome d'Aulnat.

Ces actions sont rendues indispensables par l'augmentation du nombre des maquisards, inflation qui n'entraîne pas une augmentation parallèle des fonds envoyés de Londres ou d'Alger.

D'ailleurs, cet argent parachuté, livré par avion (80 millions sont débarqués ainsi, près de Châteauroux, en mars 1944), ou rassemblé difficilement parmi des sympathisants, cet argent doit couvrir bien d'autres besoins que ceux des maquis.

Du 1er janvier au 31 mai 1943, Jean Moulin, à qui est confié le soin de subvenir aux besoins financiers de la Résistance, distribue 71 millions qui seront inégalement répartis entre *Combat, Libération, Franc-Tireur.* Somme (elle représenterait, en nouveaux francs 70, plus de quatorze millions) qui paraît importante, mais qui n'en est pas moins toujours inférieure aux besoins des mouvements.

Il faut de l'argent pour acheter le matériel des imprimeries clandestines, de l'argent pour se procurer le papier sur lequel seront imprimés par millions tracts et journaux, par milliers fausses cartes de travail, d'identité et d'alimentation, de l'argent pour les timbres, bien que la Résistance ait réussi à éditer de faux timbres à l'effigie du maréchal Pétain... (2).

---

(1) Naturellement, ces sommes variaient suivant l'époque et le département. Il s'agit ici des soldes payées en janvier 1944 dans les maquis A. S. de la Dordogne. Plus tard la solde fut portée à 10 francs pour les hommes, 20 francs pour les sous-officiers. Dans la plupart des maquis il n'existait évidemment pas de soldes régulièrement payées.

(2) Cf. « *Étude sur le timbre émis par la Résistance française 1,50 brun. Faux pour servir. Type Pétain* », par W. A. Biemans et B. E. de Pelenkine. Le but de ce timbre, utilisé du 25 janvier au 30 mai 1944, était d'assurer à moindre frais la distribution des journaux

Entièrement voués au service de la Résistance, des hommes ont dû abandonner leur gagne-pain, d'autres sont en prison et leur famille mérite quelque secours, il faut louer des appartements, acheter des voitures, parfois des complicités — l'évasion de Malraux coûtera quatre millions —, faire traverser la France à tous ceux (pilotes ou patriotes) qui cherchent à s'évader, payer les passeurs pyrénéens...

A parcourir la liste bien incomplète des besoins, on ne s'étonnera pas que les financiers de la Résistance soient toujours en déficit. Quant au maquis, il est longtemps le parent pauvre de l'organisation. En zone sud, on lui alloue 7 millions par mois à la fin de l'année 1943. Il lui en faudrait 25 (1). Il est vrai que cette période d'austérité est traversée de périodes d'abondance.

A Chamalières, près de Clermont-Ferrand, en février 1944, sept F.T.P. attaquent un wagon destiné à la Banque de France et enlèvent un milliard et demi. A Neuvic, cinq mois plus tard, 200 hommes s'emparent, le plus simplement du monde, de la somme de 2 milliards 280 millions... Somme énorme. Elle correspondrait, en 1989, à 1 milliard 600 millions !

★

Au mois de juillet 1944, Léonie est inquiet. Pour assurer le ravitaillement et la solde des 45 à 50.000 maquisards, épars dans les huit départements de la R. 5 (2), il n'a presque plus de capitaux.

— C'est embêtant, dit-il au délégué militaire régional Ellipse, les gars commencent à « piquer ».

— Eh bien, faisons fabriquer des billets.

— Vous n'y pensez pas, nous serions des faussaires.

Les deux hommes préparent le plan de l'attaque de la Trésorerie générale de Limoges, puis y renoncent, car l'opération entraînerait la mort de quatre ou cinq employés.

Léonie en est là lorsqu'il reçoit un message envoyé de

---

et tracts clandestins. Comme le gommage avait posé des problèmes compliqués, les réalisateurs de ces timbres décidèrent de ne pas les gommer.

(1) Marie Granet et Henri Michel. « *Histoire d'un mouvement de Résistance – Combat* ». Devant la modicité des sommes envoyées de Londres, Frenay accepta l'aide américaine. L'argent était transporté entre Lyon et Genève par Guillain de Benouville (Cf. *Le Sacrifice du Matin*).

(2) Haute-Vienne, Corrèze. Dordogne, Indre, Creuse, Cher, Charente, Vienne.

Thonon par Roux, « préfet clandestin » de la Dordogne.

En quelques mots, Roux lui indique que la Résistance vient de réussir une opération portant sur plus de deux milliards et lui demande de venir d'urgence.

Voici Léonie à bicyclette, pédalant sur les routes ensoleillées, à travers une région où maquisards, Allemands et miliciens se tendent les dernières embuscades. De commune en commune, il est renseigné par des hommes de la Résistance.

— Oui, la route est libre.

A Cendrieux, où se trouve la préfecture du maquis et où règne une agitation extraordinaire, Léonie est conduit devant une véritable meule de billets de banque. Il y a là, sous plusieurs bâches, 2 milliards 280 millions. Pas tout à fait d'ailleurs, il manque deux millions perdus pendant le trajet de retour...

Léonie écoute le récit de l'opération.

★

Pour les hommes du groupe Roland et du groupe Valmy, tout a commencé le 26 juillet lorsque le chef départemental explique l'étonnante mission qui va être la leur.

Un train blindé, sans doute, quitte Périgueux pour Bordeaux. Il emporte plus de deux milliards destinés aux Boches. Il ne faut pas que ce train dépasse Neuvic, où il sera à 6 heures du soir. Les groupes Roland et Valmy sont chargés de l'opération. Blindé ou non, le train sera certainement défendu. Si le coup réussit, il y aura une prime de 1.000 francs pour tous les participants.

Le lieutenant Gandoin, qui commande le groupe Valmy, bondit.

— Valmy n'accepte pas de prime. Nous sommes des combattants et non des pirates !

Une heure plus tard, les garçons du groupe Valmy, avec l'aide d'autres résistants, occupent Neuvic, neutralisent la poste, barrent les routes d'accès à la gare, disposent quelques mines et un mortier — avec trois obus — placent sous bonne garde la population curieuse, sympathisante et bavarde, accueillent le groupe Roland et s'installent dans les fossés.

Le train approche enfin. Train blindé ? Non, paisible convoi, transportant des voyageurs téméraires car, en ce mois de juillet 1944, où avions anglo-américains et maquisards se relaient pour mieux détruire les voies, prendre le train réclame du courage ou beaucoup d'inconscience.

— Nous sommes refaits, souffle Gandoin à l'oreille du docteur Denis. C'est un inoffensif train de voyageurs.

Tout de même, les hommes se dressent, s'avancent vers le train qui vient de stopper.

— Que personne ne descende, ordonne Roland qui pense, lui aussi, que les renseignements étaient faux. Deux milliards, cela vaut bien, tout de même, une escorte sérieuse.

Le chef de train s'est approché, avec un demi-sourire d'homme renseigné. Il murmure :

— Fourgon de tête.

Quelques hommes se précipitent, ouvrent brusquement la porte et découvrent quatre inspecteurs de la Banque de France, qui songent d'autant moins à faire usage de leurs armes que toute l'opération a été minutieusement préparée du côté F. F. I. par le lieutenant-colonel Gaucher (1), du côté officiel par le préfet Collard et par M. Latappy, trésorier-payeur général de la Dordogne. On convient avec eux d'une mise en scène : les maquisards simulent une attaque, les convoyeurs tirent en l'air et le fourgon est poussé sur une voie de garage. En moins d'une demi-heure, les sacs plombés vont du wagon aux camions à gazogène.

Il ne reste plus qu'à regagner le camp sous un violent orage, sous une pluie diluvienne qui trempe les garçons assis sur des sacs, qu'ils devront bientôt porter à dos d'homme pendant un kilomètre, car les camions patinent et ne peuvent avancer davantage.

La première partie de l'aventure est terminée. Les maquisards vont se coucher après avoir mangé deux sardines et une tranche de pain (2).

★

Vivres, tabac, argent. Et les armes ?

Les mitrailleuses, les fusils et les munitions amoureusement camouflés par l'armée de l'armistice, ont été découverts quelques jours après l'invasion de la zone libre.

Sauf exception, les maquis se constituent donc autour d'un armement ridicule. On voit des groupes munis de trois revolvers, de six grenades ou de trois fusils de chasse.

(1) Alias Martial. Chef F. F. I. de la Dordogne, Martial avait préparé de longue date toute l'opération. Une première fois cependant la résistance n'avait pu intercepter des fonds envoyés de Périgueux à Sarlat, les convoyeurs ayant pris peur et modifié un itinéraire qui les conduisait vers les F. F. I.

(2) Les sardines provenaient d'un wagon de sardines destiné à l'armée allemande et capturé à Vergt.

Le 31 janvier 1944, le maquis M. U. R. de la Dordogne-nord a, pour armement, trois mitraillettes disposant de quatre-vingt-douze coups, sept revolvers, vingt-trois fusils, un F.M. 1919 qui ne peut tirer par rafale, un F.M. 1929 à qui il manque la plaque de couche, la béquille et la tige-guide du ressort récupérateur.

A la même date, les 145 hommes des maquis M. U. R. de la Creuse sont armés de trois mitraillettes, six grenades, trente-cinq revolvers, treize fusils.

« *Ce tableau se passe de commentaires,* écrit le responsable. *Nous sommes incapables de nous défendre, même contre une poignée de boches. Or, nous avons maintenant* 400 *Géorgiens, encadrés par des Allemands, qui patrouillent sans cesse dans la nature.* »

Dans l'Eure, si le maquis « Surcouf » est honorablement armé, certains cantons sont presque totalement démunis : neuf fusils pour le canton d'Ecos, trois pour celui de Beaumesnil.

Ce dénuement explique d'ailleurs, en partie, la nature de beaucoup d'opérations du maquis. S'attaquer aux Allemands est une impossibilité physique, donc l'action militaire s'exercera d'abord au détriment des « collaborateurs ».

Tout change, cependant, à partir de février 1944.

Les grands parachutages d'armes effectués par les avions anglais ont été souvent racontés (1) : avion tournant bas au-dessus d'un terrain soigneusement repéré, dont l'indicatif « passé » par la radio anglaise, « on gave les oies sans les étouffer », « la poule n'a qu'un poussin », « aimez-vous le vieux kirsch », « le charcutier de Machonville est un rigolo », a rassemblé les résistants locaux. Feux allumés. Containers se balançant par centaines (540 entre Nantua et Oyonnax, 680 le 11 mars sur le plateau des Glières) au bout de ces parachutes dans lesquels on taillera fièrement des chemises de couleur. Camions ou charrettes de paysans rapidement chargés des colis compromettants (un container pèse de 200 à 250 kilos, mais peut se diviser en quatre charges individuelles). Emotions nombreuses. Il y a l'avion qui s'abat sur le terrain et les hommes d'équipage qu'il faut cacher, les attentes inutiles dans le mauvais temps, l'arrivée d'Allemands ou de miliciens...

Emotions, mais joie, après la réussite de l'opération, joie de fumer quelques cigarettes anglaises, de lire la

(1) Notamment par Bergeret, *Messages personnels.*

« notice d'emploi » qui accompagne toutes ces armes nouvelles : grenades Gammon, grenades Mills, plastic, crayons explosifs à retardement, fusils antichars qui transformeront, dans bien des endroits, les conditions de combat des maquisards.

Tandis que les parachutages s'intensifient, les raids contre les gendarmeries et les dépôts de ce qui fut l'armée de l'armistice se multiplient, grâce à mille complicités locales.

De Grenoble, occupé, et combien sévèrement, cinq hommes réussissent à sortir un plein camion d'armes (dont 100.000 cartouches et six mitrailleuses) ; le maquis Bir-Hakeim fait main basse sur toutes les armes de l'Intendance de police de Montpellier (1), dans la même nuit les F.T.P.F., commandés par le capitaine « Alain », F.T.P.F. qui réussissent d'ailleurs, de temps à autre, à s'emparer des parachutages destinés à l'Armée secrète, désarment six gendarmeries du Puy-de-Dôme, puis, en juin 1944, 150 G. M. R. stationnés dans le château de l'Oradou, à Clermont-Ferrand et ramènent 22 fusils mitrailleurs, 7 mitrailleuses, 60 fusils de chasse à canon coupé, 110 mousquetons dans les trois camionnettes également capturées.

L'efficacité de ces parachutages et de ces opérations de « récupération » est telle que le maquis de Dordogne-sud — misérable au début de l'année — possède, en juin 1944, 2.800 mitraillettes, 450 fusils, sans compter les fusils de chasse et les armes de 1914-1918, 500 revolvers, 8 fusils antichars, de 8 à 9.000 grenades, 15 mitrailleuses, 100 fusils mitrailleurs, plusieurs tonnes d'explosifs, bref de quoi armer plus de 4.000 hommes (2).

★

Ces armes, si difficiles à se procurer au début, les chefs de groupe en expliquent longuement le mécanisme aux jeunes soldats.

De 9 heures à 10 ou 11 heures, et encore l'après-midi, ils entraînent leurs hommes dans des clairières pour l'exercice et, lorsque la chose est possible, pour des concours de tir, leur apprennent à bondir, à monter à l'assaut, à se

---

(1) 400 revolvers, 150 mousquetons, 3.500 cartouches.

(2) Les fusils de chasse avaient été réquisitionnés, en zone libre, en 1942, après l'arrivée des Allemands. En Dordogne, 4.000 d'entre eux furent entreposés au château de Hautefort. Ils en sortirent naturellement le 6 juin 1944.

camoufler, à manœuvrer en utilisant au maximum le terrain, allié naturel du maquisard.

Des écoles de cadres « inventées » par Robert Soulage, situées naturellement loin des villes, dans l'Isère, le Forez, le Périgord, l'Indre, « sortent » tous les quinze jours de petites promotions de garçons — étudiants, anciens des Chantiers — qui connaissent l'armement anglais aussi bien que l'armement français, savent opérer des destructions à l'aide des explosifs parachutés, ont appris non seulement l'art de la guérilla, où la défensive joue un rôle plus important que l'offensive, mais encore tout ce qui concerne le mécanisme de la sizaine — unité tactique du maquis —, de la trentaine, chiffre que chaque camp ne devrait pas dépasser, toute inflation étant périlleuse...

Une fois repartis pour le maquis, les instructeurs insistent auprès des hommes sur l'absolue nécessité du camouflage, du silence, de la discrétion. Consignes difficiles à faire observer par un peuple qui croit n'avoir rien fait s'il ne peut faire connaître son action.

Les « hommes des bois » ont aisément, d'ailleurs, un complexe d'invulnérabilité. Difficilement repérables, protégés par les broussailles qui dissimulent leurs maisons de branchages ou leurs toits de parachutes, sans rapports avec l'extérieur — les maquisards n'ont pas la permission de sortir du camp — vivant à l'écoute de la radio anglaise et dans l'ambiance entretenue par les petits journaux clandestins, prêtant à leurs faibles armes une puissance exagérée, combien d'entre eux seront surpris et massacrés pour avoir fait preuve d'insouciance ou de témérité ?

Un responsable des maquis expédie, sous le titre : « S. O. S. Maquis », un récit de l'anéantissement, le 14 février 1944, du maquis de Beyssenac « *encerclé et massacré dans sa quasi-totalité en moins de six heures par des S. S. venus de Limoges, sans qu'un seul Allemand ait été blessé.* »

Les hommes, tous du pays, connaissant les bois, connaissant la rivière et les fermes, c'est-à-dire n'ayant aucune difficulté de ravitaillement, pèlent des pommes de terre, tandis que quatre autocars s'arrêtent à deux kilomètres de là. Autocars d'où surgissent une centaine de soldats allemands qui ont vite fait de s'avancer vers le moulin joli où les hommes vont laver leur linge, de « boucler » un camp que nulle sentinelle n'alerte, de saisir les hommes près des lebels inutiles, de tuer ceux qui font mine de résister ou de fuir — trente-quatre morts, trente-quatre gamins défigurés par les balles, le coude levé comme s'ils voulaient éviter une gifle — de brûler, dans un grand feu de joie et de tristesse, les armes, les papiers, les chers journaux de la Résistance et ces proclamations fièrement calligraphiées que l'on préparait pour le jour de la Libération.

A 18 heures, les Allemands se retirent, entraînant avec eux treize prisonniers chargés des vivres de réserve !

« *Ces trente-quatre morts — probablement ces quarante-sept morts — auraient pu être évités,* poursuit le chef responsable de ce S. O. S. *Comment ?*

— *Un maquis ne doit jamais avoir un effectif supérieur à 15 et inférieur à 10.*

— *Un maquis ne doit s'installer que dans un lieu d'où il peut voir sans être vu. Il ne doit jamais vivre, manger, dormir qu'entouré de guetteurs. Il ne doit pas pouvoir être surpris.*

— *Un maquis doit être mobile. Dès qu'un recensement, une incorporation lui amène de nouveaux éléments qu'il ne peut connaître, il doit déménager. Dès qu'un de ses membres l'a déserté, il doit s'en aller sur l'heure. C'était peut-être un traître.*

Réfractaires, votre devoir n'est pas de mourir inutilement... »

Si les maquisards pouvaient connaître les rapports allemands, ils verraient d'ailleurs que les précautions de silence, lorsqu'elles sont respectées, surprennent toujours l'adversaire qui tend à mettre son ignorance sur le compte de complicités locales.

Après avoir attaqué le maquis de Souesmes, les officiers allemands font une description au cours de laquelle éclate leur surprise :

« *Il y avait 20 à 30 cabanes, construites d'une double rangée de branchages. Un remplissage de feuilles assurait l'étanchéité. Les cabanes communiquaient entre elles par une tranchée de 1 m. 50 de profondeur. La cabane du chef était très bien installée. Le camp était protégé par une tranchée circulaire. Assez vaste pour abriter 500 à 600 hommes, ce camp disposait d'une grande cuisine et de provisions considérables (viande, vin, chocolat).*

Sur place, on a trouvé 60 à 70 bicyclettes, 5 à 6 motos, dont quelques-unes toutes neuves. Il n'y avait pas de voiture automobile...

Les tués sont âgés de 17 à 40 ans (le rapport note aussi qu'ils ne portent pas de papiers), *leur tenue négligée laisse supposer qu'il s'agit de bandits de la plus vulgaire espèce.*

Le Feldkommandant s'est rendu sur place, mais la nuit et l'incendie ont empêché une enquête approfondie. Il est surpris qu'il n'ait jamais été avisé de l'existence de ce camp, dont l'installation a dû demander un certain temps (1). *Il comprend que des terroristes isolés puissent passer inaperçus ; mais une activité, telle qu'elle résulte de l'existence d'un camp de cette importance, doit se faire remarquer... Il a dû y avoir des vols et des incidents. Rien n'a été signalé ; le moins que l'on puisse dire, c'est que les maires ont observé une attitude neutre.* »

★

Le soir vient. Les hommes se regroupent pour la « soupe », mangée avant la nuit, car aucune lumière ne doit paraître. Bavardages au cours desquels voltigent ces mots nouveaux, nés souvent avec le maquis et dont quelques-uns lui ont survécu.

On parle de « contacter », ce qui se comprend tout seul, de « boîtes à lettres », de « point de chute ». La mitraillette est pour les uns « sulfateuse », pour les autres « miquette » ; le plastic, pour les gars du Sud-Ouest devient du « foie d'oie » et il est fait grand usage de ce verbe « piquer », frère noble, en quelque sorte, du verbe « voler ». Piquer, c'est voler pour le bon motif.

— Léontine a piqué la lessiveuse de culs terreux.

Cela ne signifie nullement que le groupe héberge un représentant du sexe faible. Il faut comprendre, plus simplement, qu'un garçon du maquis a dérobé leurs économies à des paysans, à tort ou à raison jugés trop fidèles partisans du maréchal Pétain, ou à des profiteurs du marché noir.

Léontine, Léonie, Alberte, Annick, Christine, Hélène... Pour des raisons de sécurité, les prénoms féminins fleurissent au maquis et, dans ce domaine, les amateurs n'ont que l'embarras du choix.

Mais beaucoup d'autres s'appliquent à choisir un nom de guerre qui ait valeur de symbole. Que de Bayard dans toutes les régions de France ! Que de Carnot ! de Murat ! de d'Artagnan !

Ceux qui ont des lectures ou des souvenirs y font appel au moment de choisir un nom nouveau. Le général Bernard,

---

(1) L'abbé Paul Guillaume, qui fait mention de ce rapport allemand, signale que le camp, contrairement à ce qu'imaginaient les Allemands, a été installé en deux jours.

ancien officier colonial, s'appellera Brousse ; tel maquisard, qui vient de lire Giono, Regain, et l'écrivain André Malraux deviendra Berger... d'une nombreuse troupe.

Dans presque tous les groupes, enfin, on trouve des Doublemètre, Fil-de-Fer, Frisé et autres Lelong, Lebreton, Périgord, Loustic.

Il y a un Soleil. Un Boyaux-Rouges, l'ancien gardien-chef de la prison de Bergerac qui rêve de massacres. Et puis, au hasard des emplois occupés, des Toubib, des Archives, des Potard !

★

Lorsque la nuit est tombée, des patrouilles s'éloignent pour tendre des embuscades, aller chercher du ravitaillement, effectuer des sabotages, ou ce qu'il est convenu d'appeler des « attentats idéologiques » (1), inquiéter l'ennemi allemand et ses collaborateurs français.

L'accord est loin d'être fait d'ailleurs sur la tactique militaire à appliquer avant le débarquement.

Certains maquis sont résolument hostiles à « l'action qui coûte » : déraillement de trains de voyageurs par des coupures effectuées au petit bonheur, assassinat de soldats allemands qui entraînent d'atroces représailles, exécutions de personnalités locales dont le seul tort est d'avoir donné leur adhésion à la Légion des Combattants (2).

Le capitaine Romans, qui dirige les maquis de l'Ain, réussit sur les dépôts français les opérations de « récupération », à la fois les plus fructueuses et les moins sanglantes, ce qui ne l'empêche nullement de multiplier les opérations de harcèlement efficaces contre les troupes allemandes.

Le capitaine Parisot, qui commande le bataillon de l'Armagnac et sera tué au combat, interdit — au nom des principes mêmes de la Résistance — toute exécution sommaire de miliciens ou de collaborateurs.

---

(1) Les Mouvements Unis de Résistance signalent, au cours d'une synthèse trimestrielle, faite le 14 mars 1944, qu'il y a eu dans les trois mois (décembre, janvier, février), 352 attentats idéologiques, exécutions, avertissements, soit une moyenne de 20 par jour. Ce chiffre, qui représente le quart de l'activité des M. U. R., ne semble pas comprendre les attentats communistes. *Je suis Partout* signalait, en effet, pour février 1944, 1.200 attentats dans la Seine et 500 à Lyon.

(2) Note M. U. R. en date du 31 mars 1944 (C. M. à tous régionaux).

« *Il n'est pas dans nos attributions,* dit-il à ses hommes, *de rendre la justice, de punir les délits d'opinion antérieurs au 6 juin, qu'ils soient le fait de miliciens ou non, ni de réparer les injustices commises au cours de ces dernières années. Ce travail de justice indispensable sera le fait de tribunaux réguliers ou d'exception, qui seront habilités pour effectuer ce travail d'assainissement.* »

Et il a le courage d'ajouter :

« *Il ne peut être toléré que des groupes ou des individus sans responsabilité ni mandat s'érigent en justiciers. L'expérience prouve, chaque jour, que les esprits sont en état d'effervescence constante et qu'ils perdent fréquemment, de ce fait, tout esprit critique. La plupart des enquêtes, menées avec le maximum de conscience et dans un esprit d'équité française, aboutissent à des constatations effarantes sur la légèreté, l'imprécision et la fantaisie des rapports qui nous sont fournis. Ne l'oublions jamais.* »

★

Par contre, il existe des maquis dans lesquels le « règlement de comptes » politique occupe une place de choix.

Pour la période du 20 avril au 25 mai 1944, l'activité d'un bataillon F. T. P. F. opérant dans un département du Centre est la suivante : un franc-tireur fusillé, un prisonnier allemand tué, dix-neuf « miliciens ou collaborateurs » exécutés, six sabotages...

Il y a certes, parmi les hommes ou les femmes fusillés, des traîtres authentiques. Il y a des Françaises qui n'hésitent pas à écrire aux Allemands des lettres abominables, comme cette lettre adressée à la Kommandantur de Saint-Flour, le 2 juin 1944 :

Mon Commandant,

Je crois de mon devoir de vous prévenir que le maquis est en train de se réorganiser à Allanche, grâce au chef supérieur, Monsieur A..., dont vous avez entendu parler la première fois et d'autres chefs qui ont été parachutés près d'ici ; on dit que ce sont des Anglais, mais je n'en sais rien. Les uns disent qu'ils sont habillés en Anglais, et d'autres en civil. Toujours est-il qu'ils préparent une nouvelle mobilisation, mais cette fois en règle, classe par classe, en attendant la mobilisation générale...

Cela me révolte, aussi je préfère vous prévenir avant qu'il ne soit trop tard, afin que vous puissiez faire le nécessaire assez tôt. Il y a ici une équipe terrible contre les Allemands ; il serait bon de les mettre dans l'impossibilité de nuire, sans quoi ils vont recommencer de piller et qui sait encore.

Si vos troupes viennent, je pourrais vous donner les noms des plus terribles réfractaires ; mais (pour) cela, il faudrait que vos officiers soient habillés en Français, afin de ne pas donner l'éveil dans le quartier qui est entièrement gaulliste. Mme X... indique alors la situation de sa maison, la porte en chêne « avec deux vasistas et une sonnerie ». Elle achève en priant que l'on détruise sa lettre, puis se ravise et trace le post-scriptum suivant : *Après réflexion, je préfère que vous ne m'envoyiez personne, ce serait trop dangereux. J'espère que vous pourrez trouver les coupables sans moi. Il y a les nommés...* Et elle signale trente noms...

Il y a également les miliciens qui poursuivent contre les résistants une lutte acharnée, tuent, sont tués, fusillent, sont fusillés, sombres acteurs de cette guerre « franco-française » qui déchire et ruine le pays.

Plus activement certes que les G. M. R. (Groupes Mobiles de Réserve), presque aussi activement que les Allemands et avec plus de subtilité, d'intelligence et de haine — car les frères, admirablement, connaissent les points faibles des frères — les miliciens participent quotidiennement à la lutte contre les terroristes.

Car, pour la presse de Paris ou de Vichy, pour la radio officielle, les maquisards sont tous des « terroristes », « de sinistres bandits » vivant dans des « repaires » dont quelques journalistes — correspondants de guerre civile dépourvus d'objectivité — donnent une description peu séduisante. « *Par terre,* écrit Jacques Dauphin, en pénétrant après combat dans un des « repaires du terrorisme (1) », *par terre une simple couche de foin en guise de lit. Sur une étagère, une musette pleine de paquets de cigarettes. Ils proviennent certainement du cambriolage du bureau de tabac de S... A côté de la musette, une pile de papiers. Ce sont des feuillets d'alimentation portant le cachet de la mairie de V...*

Il n'y a pas de doute, ce sont bien là les individus que nous recherchons.

Contre le mur du fond, six sacs tyroliens, deux valises, deux havresacs sont là tout bouclés. Ces messieurs avaient vraisemblablement le projet de changer d'air. »

---

(1) C'est le titre donné à l'enquête publiée, à partir du 18 février 1944, dans *Je suis Partout*.

Mais les journalistes collaborationnistes insistent surtout sur les vols et les assassinats commis par les maquisards ; débitantes de tabac massacrées, récoltes incendiées, scieries et batteuses détruites, médecins P. P. F. ou francistes tués, alors qu'ils sont en route vers quelque malade imaginaire, prêtres fusillés, dénonciateurs, dont on ne dit naturellement pas s'il s'agit de dénonciateurs, exécutés...

Il circule, à travers le pays, des lettres racontant la mort de quelques notables, lettres polycopiées, transmises de main en main, qui tendent à confondre la Résistance véritable et ce qui ne peut en être que l'écume...

Voici, par exemple, en quels termes la fille du colonel de B... raconte l'assassinat de ses parents : « *Après avoir été sommairement jugés par quatre jeunes bandits français (qui ont reproché à Papa d'être « pour celui-là », en montrant le Maréchal), mes parents ont été condamnés à mort et menés à cinquante mètres de la maison sur la route. Là, sous les yeux de ma pauvre Maman agenouillée de l'autre côté de la route, on a tué Papa d'une rafale de mitraillette, puis, suivant la mode russe, on l'a achevé d'un coup de revolver dans la nuque. Maman a poussé un cri strident en voyant tuer l'être qu'elle aimait tant, puis ce fut à son tour de subir la rafale et le coup de revolver et tout fut fini pour nous. Pour eux, j'en suis sûre, ce fut la récompense accordée par le vrai justicier. Nos serviteurs ont vu mes Parents marcher au martyre. Papa était très pâle et méprisant, mais se tenait très droit, ses mains croisées tenaient un petit chapelet que j'ai recueilli le lendemain dans ses pauvres mains glacées. Je voudrais puiser en le récitant la force de ressembler à mes Parents ou, tout au moins, tout faire pour être digne d'eux.*

Deux jours après, les deux cercueils de nos héros, recouverts d'un même drapeau tricolore, étaient placés dans la terre de D... qu'ils n'avaient pas voulu quitter... »

Parfois (à Petit-Bornand, près du plateau des Glières par exemple), la police du maquis intervient pour mettre à la raison ceux qui terrorisent les villages et qui n'ont, comme ce « capitaine » Le Coz, presque analphabète, titulaire de trente-six condamnations avant son entrée au maquis, responsable de dix-neuf assassinats par la suite, que du sang de Français innocents sur les mains (1).

---

(1) Ancien Bat-d'Af qui avait appris à lire en prison, le « capitaine » Le Coz fonda le maquis de Valençay et « opéra » dans la région de Mareil. Cf. Paul Guillaume : *La Sologne, Héroïsme et trahison.*

Du 15 juin à la fin du mois de juillet 1944, il y eut, dans l'ancienne zone sud, 7.000 attentats contre les personnes, dont 6.000 contre des Français et 1.000 contre les Allemands. Comment oserait-on affirmer que seuls les coupables ont été frappés alors que des familles entières — et jusqu'aux enfants en bas âge — ont péri ?

★

Cet été de la liberté est celui des explosions, des femmes massacrées, des femmes tondues, des colonels à six galons, des hommes pendus aux acacias des promenades dominicales, des moissons incendiées, des héros sans uniforme, des drapeaux sur les ruines, de la joie délirante et des pleurs, de la joie plus forte que les pleurs, vague énorme qui, jusqu'à sa retraite, recouvre et fait oublier tout le reste...

Eté tricolore à dominante rouge.

Les Allemands se livrent à un affreux travail de « représailles ».

Dans le troupeau de ceux qu'ils maintiennent en prison, ils puisent des otages qu'ils rendent responsables de leur défaite, comme ils rendent responsables de l'hostilité de tout un peuple et des coups que le maquis leur porte, ces villages qu'ils bombardent et livrent aux flammes.

Horreurs sans nom. A Saint-Genis-Laval, petite localité près de Lyon, les Allemands massacrent cent dix prisonniers tirés de Montluc. Mains liées derrière le dos, on fait entrer les résistants six par six — parmi eux une jeune fille, Jeannine Sontag, un garçon de 18 ans, André Vedraine — dans une petite pièce où des soldats allemands les mitraillent. Puis ils arrosent les corps d'essence, jettent des plaquettes de phosphore dans la maison, fusillent les blessés qui se traînent jusqu'aux fenêtres.

Horreur de La Grée-de-Gallac (Morbihan), où M. Carelle est tué sous les yeux de sa jeune femme et de ses trois enfants, tandis que, dans le village, se poursuit une atroce tuerie.

Horreur de Tulle, d'Ascq, de Rouffignac, de Montignac, de Montauban. Horreur d'Oradour-sur-Glane où la barbarie humaine recule les limites de la barbarie. Drame encore présent à la mémoire de tous les Français au cours duquel de 1.100 à 1.200 personnes périrent dans les souffrances les plus atroces. Venues des hameaux voisins, pour guetter, comme chaque soir, la sortie de l'école, des mères de famille furent autorisées à percer le barrage S. S.... et accompagnèrent quelques minutes plus tard leurs enfants dans le brasier...

Pendant huit jours, des séminaristes allaient déblayer les ruines de l'église d'Oradour.

Dans trois tombereaux, ils évacuèrent les restes de 500 femmes et enfants calcinés, transformés en une masse gélatineuse, en un « monstrueux fromage de gruyère », dira Mgr Rastouil, évêque de Limoges.

★

Les Allemands donnent comme « excuse » à ces impardonnables massacres l'action militaire du maquis.

Action qui se fait chaque jour plus pressante.

Moyens de transport, wagons et locomotives sont les objectifs favoris de la résistance citadine autant que du maquis. De 1941, où l'on dénombre 41 sabotages par explosifs, 9 déraillements et 130 sabotages divers, à 1944, la progression est constante. L'année de la libération, 3.136 sabotages par explosifs, 834 déraillements et 972 sabotages divers atteignent les transports par fer, tandis que 1.855 locomotives et 5.833 wagons sont détruits ou immobilisés.

Certaines lignes sont complètement paralysées. De Chartres à Dreux, 17 coupures de la voie sont pratiquées en quatre jours. Entre Bourg et Dijon, toute circulation est impossible du 7 au 20 juin. Dans la seule nuit du 8 mars, on enregistre 23 actions de la Résistance contre les voies ferrées : 11 wagons déraillent entre Ussel et Aix-la-Marsalouse, 20 entre Malaveix et Thiviers, 4 près de Briançon, 12 entre Laroche et Saint-Julien-du-Sault, 7 entre La Souterraine et Fromental, 14 entre Grichenbourg et Fléchatel...

Mais le sabotage des voies ferrées n'est jamais une action de masse. Il reste le privilège de ceux qui savent utiliser les merveilleux explosifs anglais.

Par contre, le maquis triomphe dans l'embuscade : geste militaire où le plus faible surprend le plus fort et se retire rapidement.

Dans cette guerre, survivent ceux qui savent résister à la tentation du triomphe facile sur un petit poste allemand, à la tentation de l'occupation prématurée d'un village, à la tentation du rassemblement de grandes unités orgueilleuses, courageuses et si faibles, cependant, sous les bombes ou, lorsque ses garçons sont obligés de fuir avec, comme ceux des Glières, en mars 1944, toutes les polices allemandes aux trousses.

Objet : Recherche de terroristes en fuite.

Lors de l'opération contre le plateau des Glières, Haute-Savoie, environ 400 terroristes ont pris la fuite. Une grande partie tentera de rentrer dans les localités d'où ils sont originaires. Faire des recherches. Signes de reconnaissance : bruns foncés, brûlés par le soleil, vêtements civils en partie, gilets du maquis.

Le Chef de la Police de Sûreté
et du S. D. de Lyon, actuellement à Annecy,
Maleski, S. S. Sturmcharführer.

Ceux qui rejoignent le maquis savent que, s'ils tombent entre les mains des Allemands, ils seront traités en francs-tireurs, que, s'ils meurent au combat, ils seront enterrés sommairement par leurs camarades. On creuse une fosse commune ; entre les jambes de chaque mort, on place une bouteille cachetée qui contient, sur un papier, nom de guerre et matricule ; vite de la chaux sur les cadavres et, tandis qu'un camarade relève un plan exact des corps, dans l'ordre d'inhumation, une prise d'armes a lieu, suivie d'une minute de silence et d'un serment de vengeance.

C'est fini.

Il y a cependant des cérémonies plus émouvantes encore. Le 10 mars 1944, l'abbé Jean Truffy, curé du Petit-Bornand, reçoit la lettre suivante :

Cher Monsieur le Curé,

J'ai la grande peine de vous annoncer la mort de deux des nôtres survenue au cours d'une opération de la nuit dernière : notre chef vénéré, le lieutenant Tom (Morel) (1), et un des braves gradés, un père de famille de trois enfants.

Je vous demanderai de bien vouloir faire votre possible pour faire à ces deux héros des sépultures dignes d'eux.

En conséquence, auriez-vous l'obligeance de faire confectionner des cercueils et de nous dire le jour et l'heure où vous pourriez faire ici la cérémonie.

---

(1) La mort du lieutenant Morel (qui avait pris le pseudonyme de Tom, mort intervenant quelques jours avant l'attaque allemande) eut certainement pour résultat de perturber la résistance du maquis des Glières. Chevalier de la Légion d'Honneur à 24 ans pour avoir capturé une compagnie italienne en juin 1940, le lieutenant Morel était instructeur à Saint-Cyr en novembre 1942, lors de la dissolution de l'armée de l'armistice.

Comptant, Monsieur le Curé, sur votre religieux dévouement, veuillez croire à mes sentiments chrétiens et dévoués.

La lettre est signée du lieutenant Joubert qui commande par intérim le bataillon des Glières.

Les obsèques sont fixées au 13 mars. L'abbé Truffy a la surprise, le 12 au soir, de voir arriver à son presbytère le père et la mère de Tom. Avec un admirable entêtement paternel, ils ont forcé tous les barrages de G. M. R. et c'est dans la neige profonde qu'ils gravissent les dernières étapes de leur calvaire. Ils verront une dernière fois leur fils à l'infirmerie où il repose, entouré de drapeaux tricolores faits avec des lambeaux de parachutes. Ils suivront la messe dite par l'abbé Benoît et, devant le cercueil, la mère du lieutenant Morel jurera que le corps de son fils restera aux Glières jusqu'à la libération totale de la France...

L'infirmerie où Tom a été transporté après sa mort est le modèle de ces infirmeries de maquis qui se multiplieront au cours de l'année 1944, consacrant l'implantation de certains camps et faisant oublier ces débuts difficiles où toute l'infirmerie d'un maquis important tenait en quelques paniers de pansements (1). C'est un vaste chalet qui a été totalement remis en état, doté d'une cuisine-réfectoire, d'une salle d'opération, d'une chambre pour les malades chirurgicaux, d'un dortoir chauffé par un tube de parachutage transformé en poêle à sciure et même d'une baignoire. Un ancien médecin-chef de bataillon, un jeune étudiant en médecine, un infirmier assurent les soins aux malades et aux blessés, ainsi que les visites aux avant-postes.

Les évacuations, longues et pénibles, ont lieu sur un traîneau monté sur des skis que des cordes permettent de tirer, de retenir, d'empêcher de déraper latéralement...

Quant à l'hôpital du Vercors — mais on se trouve là dans une région-forteresse totalement délivrée des Allemands pendant une assez longue période — il est installé dans une maison de convalescence pour enfants de Saint-Martin-en-Vercors et possède 700 lits... A l'avant, chaque bataillon en ligne est pourvu d'une équipe de

(1) Au mois de juillet 1943, fut fondé le Service de santé national de la Résistance, sous la direction du professeur Vallery-Radot, qui groupa autour de lui Mme Bertrand Fontaine, les docteurs Merle d'Aubigné, Mayer et Millez. Le docteur Etienne Bernard fut le chef du service de santé F. F. I. du Vercors. Il faut signaler que, dans la plupart des cas, les maquisards blessés trouvèrent asile dans des cliniques amies.

deux médecins vivant avec les formations de combat.

Le Vercors est fier de montrer aux inspecteurs du Service de santé de la Résistance, qui se déplacent d'ailleurs en uniforme, tous les perfectionnements de la salle d'opération, toutes les richesses de la salle de chirurgie et l'école d'infirmières-brancardières créée à la suite des premiers combats.

Ces réalisations, si amoureusement poursuivies, vont s'écrouler et disparaître, l'une après l'autre, à partir du 14 juillet 1944.

Admirable 14 juillet où 120 avions anglo-américains effectuent sur le terrain d'atterrissage préparé à Vassieux, dans l'espoir d'un débarquement allié, leur plus important parachutage de matériel.

Epouvantable 14 juillet. Dans le ciel du Vercors, les avions allemands font leur apparition quelques minutes après le départ du dernier appareil ami. Pendant plusieurs heures, les villages sont systématiquement bombardés. Vassieux est détruit. Détruite La Chapelle-en-Vercors. Le ramassage des containers devient impossible sous la mitraille. Les médecins entreprennent alors leur premier déménagement en déplaçant les blessés les plus sérieusement atteints.

Le 20 juillet, les Allemands lancent à l'assaut du Vercors, où se battent de 3 à 4.000 hommes, des effectifs huit fois plus puissants. Sans doute seraient-ils repoussés, le terrain aidant, si vingt planeurs remorqués n'étaient lâchés sur le terrain de Vassieux. Les Français qui, depuis quelques jours, attendent avec impatience des renforts alliés sont victimes d'un instant de confusion. Ces deux cents Allemands, installés au cœur de leur système de défense, ils ne pourront jamais les réduire et, bientôt, le maquis doit reculer partout. Devant l'impossibilité de vaincre, l'état-major lance, le 23 juillet, un ordre de dispersion à tous les combattants qu'il s'agit de garder pour les batailles futures.

Que fera-t-on des blessés ? En juin 1940, pendant la rapide bataille de France, des médecins avaient abandonné leurs malades, des infirmières avaient fui leur hôpital. Il ne se passera, ici, rien de pareil. Blessés et médecins vont partager le même sort. Dans la nuit du 20 juillet, le médecin-capitaine Ganimède, le médecin Marcel Ulmann et le médecin-capitaine Ferrier tentent de faire échapper les blessés et de gagner un autre maquis. Peine perdue, les Allemands bloquent la route du Sud.

Alors, tout le monde se dirige vers une grotte naturelle

découverte la veille par le docteur Ferrier. Une quarantaine d'hommes valides brancardent ou soutiennent à travers les éboulis, sur des chemins difficiles, soixante blessés dont certains sont très sérieusement touchés. Enfin atteinte, la grotte de Luire n'offre, bien entendu, aucune commodité. Il faut déplacer des blocs, essayer d'aplanir (mais il n'y a pas d'outils) ce terrain d'où le caillou pointe, installer inconfortablement les brancards des grands blessés.

Attendre. Attendre sous l'illusoire protection de quelques arbres qui masquent encore la grotte aux convois. Mais comment imaginer que cette centaine d'hommes, pèlerinant douloureusement vers sa dernière retraite, n'a pas laissé de traces, comment imaginer que les Allemands ne se lanceront pas à la recherche de toutes les cachettes ? Et puis, comment se ravitailler ?

Les médecins décident tous les blessés valides à s'éloigner, accompagnés de plusieurs infirmiers. Ils tenteront leur chance, soit en se cachant dans des grottes haut situées et presque inaccessibles, soit en voyageant à travers la forêt. Ganimède, Ferrier, Ulmann, le père Yves Moreau, de la Compagnie de Jésus, et six infirmières partageront le sort des blessés (une trentaine) que l'on ne peut évacuer.

Les jours passent.

Il est impossible de ne pas entendre le bruit de la fusillade, de ces rafales de mitraillette qui mettent fin à l'existence de maquisards surpris dans des buissons ou capturés après la fin des combats.

Les blessés se plaignent. Les vivres manquent. L'eau fait défaut et l'on recueille, dans quelques cuvettes, l'eau de suintement.

Les heures passent ; les heures qui forment des jours, 25, 26 juillet.

Les Allemands cantonnent maintenant à deux cents mètres de la grotte, d'où il est naturellement impossible de sortir. Le 27, dans l'après-midi, des coups de feu sont tirés à quelques mètres de la grotte, puis des balles ricochent sur le rocher où le fanion de la Croix-Rouge s'avère dérisoirement inutile.

Les médecins français soignent depuis plusieurs jours trois prisonniers allemands ; ceux-ci s'avancent alors vers leurs camarades.

— Ne tirez pas, ne tirez pas.

Ils expliquent qu'il n'y a là que des blessés, des médecins, des femmes et qu'ils ont toujours été bien traités.

Qu'importe à l'adjudant-chef S. S. De sa mitraillette, il menace :

— Sortez tous, les mains en l'air.

On tire les brancards à l'air libre. Les blessés ont peur, certes, mais ils cèdent un instant à la douceur de cet après-midi de juillet.

Comment imagineraient-ils ce qui va se passer ?

Comment imagineraient-ils que ces Allemands, qui se penchent vers les brancards où des hommes couverts de pansements sont allongés, vont, dix-huit fois, décharger leur mitraillette ou leur revolver ?...

Comment imagineraient-ils que nul ne sera épargné parmi ceux qui ont commis le « crime » de se battre pour la France comme parmi ceux qui ont totalement rempli leur rôle de médecin des corps et des âmes (1) ?

★

La victoire du maquis, ce sera de voir l'armée allemande fuir sur les routes de France en un immense exode militaire, qui ressemble à l'exode militaire de juin 1940, et qui le venge.

L'armée orgueilleuse en est réduite à passer l'inspection des garages pour y dérober les autos du dimanche, depuis quatre ans immobiles, à stopper les cyclistes sur les routes pour leur arracher leur bicyclette, à s'emparer de voitures d'enfant et de brouettes, à piller les jardins et les caves, à trembler le jour sous l'ombre des avions anglo-américains seuls présents dans le ciel, la nuit sous la menace du maquis qui coupe les routes, les voies ferrées, attaque les convois, isole les garnisons.

L'armée orgueilleuse, maintenant en haillons, dépareillée, composée de trop jeunes ou de trop vieux, de blessés, d'hommes appuyés sur des bâtons, coule sur toutes les routes de France, suivie parfois de patients paysans landais qui attendent l'instant de récupérer leurs attelages silencieux.

Dispersées les divisions de Rommel, calcinés les Panzer rassemblés en Normandie, l'armée orgueilleuse, et qui cherche sa protection sous des bâches ou des casques

(1) Dix-huit blessés furent immédiatement exécutés. Douze autres le lendemain. Le docteur Ferrier et Marcel Ulmann furent fusillés à Grenoble, ainsi que le père Yves Moreau. Le capitaine Ganimède réussit à s'échapper après avoir été interrogé par la Gestapo. Les six infirmières furent déportées. Récit fait d'après le Mémorial du *Médecin français* et le texte de Mlle Chauvin, cheftaine d'éclaireuses à Die.

recouverts de feuillage, tremble devant les « terroristes » et doit finalement capituler, dans un tiers de la France, devant des hommes sans uniforme, ridiculement armés, commandés par des généraux de 25 ans, devant des hommes saoulés de bruit, de littérature héroïque et de soleil.

Triomphe que beaucoup des combattants de la première heure ne verront pas.

Triomphe payé cher en privations, arrestations, tortures, depuis le jour où les maquis sont nés dans les forêts alpines.

Triomphe qui est souvent celui des ouvriers de la onzième heure, d'une masse humaine qui emporte tout sur son passage, se barbouille d'héroïsme, de sang, de rouge à lèvres, couche sur du tricolore, collectionne, comme d'affreuses décorations, portraits d'Hitler et pancartes allemandes cernées de noir, pareilles à d'immenses faire-part, règne sur la rue et les mairies, dans un climat de grandes vacances et de guerre civile, rassemble en quelques jours, enfin, des souvenirs pour une vie entière ou des brevets pour une nouvelle carrière !

CHAPITRE XIII

DANS LES VILLES BOMBARDÉES

Le Conseil municipal du Havre n'est pas satisfait.

Désormais, les fonctionnaires municipaux ne toucheront plus de primes de bombardement.

Devant les conseillers qui battent la semelle (on est le 17 janvier 1944), le maire, Pierre Courant, fait le bilan de ses interventions auprès du ministère des Finances.

— C'est en vain que j'ai parlé de nos 90 bombardements, de nos 350 morts, des alertes presque quotidiennes, exaspérant les nerfs de nos concitoyens, de ces jours, comme le 16 août 1943, où les sirènes ont retenti sept et huit fois en vingt-quatre heures. Je n'ai pu leur faire entendre raison.

Plus de prime pour les Havrais (1).

Les conseillers municipaux évoquent avec amertume ce mois de juin 1941 où le bois manquait pour fabriquer des cercueils, ils évoquent le temps où la ville devait payer les obsèques des victimes des bombes anglaises, le temps où elle décidait de ne plus entreprendre de travaux au-dessus du sol, le temps où les édiles adressaient un émouvant appel au maréchal Pétain en faveur des femmes et des enfants qui « *d'abord sont allés se réfugier la nuit dans des grottes de la falaise ou sous un tunnel de tramway et qui, ensuite, aux approches de l'hiver, ont émigré dans les campagnes environnantes...* »

Sous la menace des bombardements, la population du Havre a diminué de 50.000 habitants de juin 1940 à juin 1941. Des usines sinistrées n'ont jamais rouvert leurs portes. Fermées Schneider, Bertrand, les Huileries Desmarais.

Chaque jour, les restaurants populaires servent

(1) Lors de la séance du Conseil municipal du 21 août 1944, le maire annoncera que la ville du Havre compte de nouveau parmi les bénéficiaires de cette prime.

4.000 rations à 2 fr. 50 aux familles nécessiteuses, aux chômeurs et aux sinistrés. Oui, ici, la guerre continue.

★

Pour plusieurs centaines de milliers de Français, en effet, la guerre n'a pas pris fin avec le mois de juin 40.

De Lorient à Dunkerque, tous ceux qui habitent un port sont de nouveau menacés. Dans le ciel, l'aviation anglaise a pris le relais de l'aviation allemande et, en neuf mois, de septembre 1940 à mai 1941, le seul port de Brest subit 78 bombardements.

Pour entraver la tentative d'invasion allemande, puis pour préparer le débarquement allié, les Anglais ne laissent aucun répit aux populations côtières prises sous des bombardements qui visent docks, navires, batteries d'artillerie, ponts, gares, mais sont forcément et fortement imprécis.

A Dunkerque, où 82 % des maisons ont été détruites pendant la bataille de mai, où, en novembre 1941, près de 60.000 personnes sur 100.000 couchent encore dans les caves (1), le calme ne règne pas longtemps sur les ruines fumantes.

Le 28 juillet 1940, un avion anglais lance trois torpilles sur le bastion Tixier. Dans la nuit du 8 août, un violent bombardement a lieu, suivi, quelques jours plus tard, de nouvelles attaques.

Dans les abris, l'armée allemande s'est réservé un droit de priorité (2), ce qui multiplie les risques de la population dunkerquoise.

Le 22 septembre, vingt-deux personnes sont écrasées sous les débris d'un grand immeuble de la rue Soubise. La famille Boussemaer compte huit tués. La famille Maës-Gouwy neuf blessés.

Victimes qui sont parmi les premières d'une très longue liste.

Lorsque la guerre sera terminée, les bombardements alliés auront fait au moins 60.000 morts et 75.000 blessés (3).

(1) Rapport de Mgr Couvreur, délégué du Secours National. La bataille de mai 1940 a fait 2.500 morts parmi la population civile.

(2) Le sous-préfet Le Gentil s'en plaindra au préfet régional.

(3) Il est difficile de donner un chiffre exact. Il semble que chaque auteur ait adopté le sien. D'après l'étude du médecin-commandant Monnery, qui s'arrête, il est vrai, à la fin du mois d'août 1944 et estime très rapidement les pertes de 1945, il y aurait eu 50.450 morts et 71.159 blessés. L'Institut National de la Statistique retient le chiffre de 60.000 morts, Robert Aron celui de 67.078.

★

La foule qui fuyait à l'approche des avions allemands, la voilà qui, d'abord, attend avec impatience les avions anglais. Les sirènes ne précipitent presque personne dans les tranchées et les abris qui, d'ailleurs, n'inspirent pas toujours confiance.

— S'il faut mourir, je préfère mourir dans mon lit.

— D'ailleurs, les Anglais font attention aux civils ; ils visent juste, eux.

Il circule d'incroyables histoires — toujours crues — de Kommandanturs seules atteintes au milieu du troupeau serré des maisons françaises. Le 15 septembre 1940, lorsque les Anglais bombardent Le Havre, on chuchote qu'ils ont été avertis de la grande fête qui se déroule au Casino en l'honneur d'un officier supérieur de la marine allemande. Les populations, que l'alerte tire de leur lit, ne veulent pas renoncer au spectacle des projecteurs, des fusées lumineuses, des éclatements d'obus de D. C. A.

Grâce à un étrange retournement psychologique, les fuyards de juin 1940 sont transformés en badauds.

Ignorant tout parfois des conditions d'un bombardement aérien, heureux d'applaudir des aviateurs qui travaillent à la défaite de l'Allemagne, heureux aussi de se moquer des soldats allemands qui, avec discipline, courent vers les abris, confondant la R. A. F. avec le doigt de Dieu, lui prêtant le pouvoir de choisir sans erreur entre bons et mauvais, sentant d'autant plus le prix et la douceur d'un foyer qu'ils ont cru tout perdre en juin 1940, les Français s'obstinent à rester sur le pas de leurs portes pour discuter du nombre des avions et de la précision des coups !

— Ils sont nombreux ce soir.

— C'est sûrement pour les docks. Qu'est-ce qu'ils vont déguster les Fridolins !

— Les docks ? Vous n'y pensez pas, plutôt le terrain d'aviation. Mon neveu m'a dit que des planeurs avaient atterri.

— Mon Dieu, en voilà un dans la lumière.

— Vous en faites pas, ils sont malins ces gars. Et puis, y a plein de nuages.

Pendant le jour, il est encore plus difficile, pour les agents de la Défense passive, de pousser les Français vers les abris.

Le 16 septembre 1943, alors que tant de bombardements meurtriers ont eu lieu déjà un peu partout en France, les paysans rassemblés place du Commerce à Nantes, les citadins encombrant les rues commerçantes ne daignent pas bouger lorsque l'alerte sonne à 15 h. 35.

C'est leur 321e alerte. Ils ont le calme des vieilles troupes, l'inconscience des ignorants, le fatalisme de gens qui se sont, trop souvent, « dérangés pour rien ».

16 heures. La D. C. A. tire très fort et, tout de suite, voici le grondement impressionnant de trois vagues d'avions qui convergent vers le port.

L'une d'entre elles survole le boulevard des Anglais.

Les curieux, maintenant angoissés, se serrent sous les porches, s'engouffrent dans les maisons ouvertes.

— Tout de même, hein ! Ils ne bombarderont pas le boulevard des Anglais !

Pourquoi pas ?

16 h. 8. Mille bombes s'abattent sur la ville. Les premiers incendies éclatent. Les maisons s'effondrent. A l'Hôtel-Dieu où, en quelques heures, on conduira plus de 600 blessés, il y a 36 morts parmi le personnel hospitalier. Sur la place de l'Hôtel-de-Ville, des hommes et des femmes mutilés appellent au secours.

1.150 morts, dont plus de 1.000 ont été tués au rez-de-chaussée ou dans la rue !

Les proportions sont à peu près les mêmes à Cannes en novembre 1943, à Biarritz, dans bien des villes de la banlieue parisienne...

Sous les bombes, la curiosité coûte cher !

Les Français ne courent aux abris qu'en 1944 dans ces villes où les morts de la veille font horreur aux survivants. Cambrai, bombardé onze fois en mai ; Douai, neuf fois ; Toulon, Saint-Lô, Caen (1).

★

Avant même le départ des bombardiers, les secours commencent. Médecins, pompiers, Défense passive s'élancent.

Les pompiers ont la rude tâche d'éteindre les incendies et de procéder aux premiers sauvetages. Le tragi-comique fait partie de leur vie quotidienne.

Au Havre, en 1941, l'adjudant Lacheray dresse l'échelle de trente mètres face à une maison de la rue de Paris, dont la cage d'escalier vient d'être fracassée par une bombe. Il

(1) En mai 1944, il y eut 1.284 bombardements frappant 793 localités ; en juin, 2.307 sur 1.572 localités. Le chiffre des morts fut inférieur en juin (9.517 contre 9.893). Pendant les huit premiers mois de 1944, 467.700 projectiles explosifs furent lancés, accompagnés de 35.317 bombes incendiaires.

n'a ni projecteur, ni lampe électrique, mais finit par apercevoir, blottis dans leur petit appartement, deux vieillards qui refusent de bouger.

— Mais enfin, bon Dieu, écoutez-moi, y a plus d'escalier.

— Ça ne fait rien, monsieur. D'ailleurs, nous avons attendu le déménageur toute la journée.

— Le déménageur !... Si vous croyez qu'il pourra déménager sans escalier. Allons, venez, il faut descendre par l'échelle. Vous ne risquez rien.

Descendre par l'échelle à leur âge ! Lacheray doit emporter le couple âgé de force. Arrivés au pied de leur maison, les deux vieux vont s'asseoir sur une marche. Brisés d'émotion, songeant à leurs serins, dont Lacheray n'a pas voulu s'encombrer, ils s'écroulent, incapables d'une parole et d'un geste.

Pudeur et terreur des femmes que les pompiers doivent se passer d'échelon en échelon.

Mots terribles des enfants.

Au Havre toujours, rue Louis-Philippe, les pompiers, après avoir dégagé un homme prisonnier des décombres (ils ont dû scier la jambe à l'aide d'une scie égoïne), ouvrent un lit-cage, qui s'est refermé sur deux gamins miraculeusement protégés.

L'un des gosses s'écrie alors :

— Ben, vous en avez mis du temps pour venir, les pompiers !

Spectacle atroce et répugnant : celui d'une femme tuée sur son seau hygiénique.

Egoïsme des survivants. Place Gambetta, au Havre, dans un abri noyé, une femme dit au caporal Le Bail, qui tente de dégager une autre victime :

— Oh ! Monsieur, laissez-la, elle est morte ; occupez-vous donc de moi.

Héroïsme des survivants qui s'attaquent aux ruines menaçantes et interviennent alors que les bombes tombent toujours.

Le soir du 5 septembre 1944, le lieutenant Le Guillantou tente, par différents chemins, d'atteindre l'hôtel de ville du Havre qui brûle. Partout, les décombres lui barrent le passage. Le Guillantou abandonne son véhicule, puis, suivi d'un caporal, approche de l'immense bâtiment en flammes. Il est là, sans lance d'incendie. D'ailleurs, à quoi servirait une lance dans cette ville qui n'est plus qu'un énorme brasier ?

— Bon, dit-il, y a rien à faire.

Rien à faire pour les pierres. Mais, partout, des hommes

appellent au secours. Dans une cave de café, deux fiancés, Claire Dujardin et Jean Lesucher demeurent prisonniers. Le Guillantou aide à dégager Claire, mais Jean, le pied enfoncé dans un casier à bouteilles, est pris au piège. Ses cheveux brûlent, ses vêtements brûlent. Il pleure et crie :

— Vous allez me laisser, vous allez me laisser, ne m'abandonnez pas !

Les sauveteurs se hâtent. Au-dessus d'eux, un mur de trois étages, déchiré par les bombes, rongé par le feu, vacille et hésite. Jean à peine sauvé, le mur s'effondre.

★

La lutte contre le feu est épuisante. Souvent, il faut changer trois ou quatre fois de bouche d'incendie, les tuyaux sont hachés, l'eau n'arrive plus ; il faut — à Rouen — puiser directement dans la Seine ou bien — un peu partout — dans les cratères creusés par les bombes et remplis par les canalisations rompues.

Les hommes sont épuisés. Ils travaillent parfois dix-neuf heures de suite, n'ayant, pendant qu'ils luttent, qu'un mauvais ravitaillement (un bout de pain et de fromage), devant se contenter d'un vieux matériel quelquefois tragiquement à bout de souffle (1).

Au Havre, où l'on sonne une fois de plus au feu (dans la nuit du 15 septembre 1941, il y aura 28 appels téléphoniques dont 15 de 22 h. 5 à 23 heures), le chauffeur dit à Lacheroy :

— Il n'y a plus qu'un demi-litre d'essence dans la bagnole.

Interrogé, le commandant Chefd'hôtel répond que, dans toute la caserne, il est impossible de trouver de l'essence.

— Et des bonshommes ? demande Lacheray.

— Des bonshommes, il n'y en a pas non plus, réplique Chefd'hôtel. Ils sont tous partis.

Lacheray se tourne alors vers quelques Allemands.

— J'ai plus de coco... Nicht benzine.

On le dépanne...

★

Pour lutter contre cet océan de flammes, les hommes ne sont qu'une poignée. Paradoxalement, ils sont bien sou-

(1) Les pompiers parisiens qui intervenaient souvent en province étaient généralement mieux ravitaillés que les provinciaux. Ceux de Seine-et-Oise disposaient de cuisines roulantes et, sur chaque voiture, il y avait toujours deux repas froids par homme.

vent *moins nombreux* qu'avant la guerre lorsque les bombes ne se mêlaient pas de compliquer leur tâche !

La même administration imbécile qui devait les lancer sur toutes les routes de l'exode, livrant ainsi à l'incendie des villes sacrifiées, les a, en effet, mobilisés en septembre 1939.

Sur les 87 pompiers du Havre, 35 ont été envoyés aux armées et, en septembre 1944, au plus fort de la tragédie, lorsque toute la ville flambe, si les pompiers sont au nombre de 89 (deux unités de plus que pendant la période de paix !) c'est parce que l'on a recruté, le 1er mai 1943, quelques sapeurs auxiliaires parmi les employés de l'octroi (1)...

Il n'est donc pas rare de voir cinq pompiers face à cinquante foyers d'incendie. On se prête main-forte de ville à ville. Les pompiers de Paris envoient un peu partout des détachements bien outillés. Ceux de Rouen vont au Havre et ceux du Havre leur rendent cette tragique politesse.

Il faut des heures pour éteindre le feu, des heures pour dégager les blessés, les morts et les survivants.

Le 16 septembre 1943, à Nantes, place de l'Ecluse, six hommes (dirigés par M. Primault, conducteur des travaux de la ville) soulèvent un plafond, l'étaient, scient des poutres, dégagent des gravats, avancent lentement, centimètre par centimètre, vers une jeune fille ensevelie sous les décombres. A 23 heures, il y a déjà cinq heures qu'ils travaillent ; ils ont dégagé la poitrine de la blessée. La poitrine seulement. Il faut continuer. Scier des poutres, des meubles, écarter doucement des débris de ferraille et de bois, avec, près de l'oreille, les gémissements de la femme, avec, sur le dos, la menace du toit. Neuf heures de ce travail à la lueur des lampes électriques ! A 8 heures du matin, enfin, une infirmière de la Croix-Rouge peut se glisser jusqu'à la blessée pour la chloroformer et permettre qu'on l'enlève enfin sans trop de souffrances.

Il y a de dérisoires découvertes. Pendant des heures, les sauveteurs, attirés par des gémissements, progressent sous la menace des éboulements pour atteindre enfin un chat ou un chien. Au Havre, le 19 septembre 1940, l'animal a été protégé par un sommier ; ses maîtres, l'homme, la femme et l'enfant, ont tous été tués.

(1) Voici, sur le même sujet, des éléments de comparaison entre la France et l'Angleterre. En France, les effectifs employés en permanence à la Défense passive (pompiers non compris) furent de 20.000 hommes constamment et, par intermittence, de 400.000 hommes. En Angleterre, respectivement de 178.000 et 1.115.000 hommes (en 1940).

La plupart des victimes que l'on dégage présentent des blessures multiples (1). Elles disparaissent presque toujours sous une poussière blanchâtre. Les paupières collées, les cils et les cheveux blanchis, ces Pierrots tragiques présentent un visage sur lequel il est impossible de lire un âge. Toutes les plaies sont souillées et les postes de secours réclament tous, pour nettoyer les blessés, une importante quantité d'eau, demande qu'il est souvent difficile de satisfaire lorsque les conduites sont rompues.

★

Le quartier bombardé a l'aspect pitoyable d'un énorme chantier de démolition fumant de poussière et de cendres.

Avec les pompiers s'affairent équipiers de la Défense passive, secouristes de la Croix-Rouge et du Secours National, scouts, équipiers nationaux, hommes de bonne volonté...

Lorsqu'ils travaillent la nuit, ils manquent le plus souvent de moyens d'éclairage. Aussi, une note de la Défense Passive préconise-t-elle la réalisation d'accords amiables avec tous les garagistes et propriétaires de véhicules à qui l'on demandera de prêter leurs batteries pour alimenter les phares d'autos.

Ils sont sensibles aussi à la fatigue, à l'émotion, à la peur. Lorsqu'ils savent que les leurs se trouvent sous les décombres, comment leurs moyens physiques ne seraient-ils pas diminués ? A Nantes, après les deux bombardements du 23 septembre 1943 (2), plus de 100.000 personnes apeurées fuient la ville et le chiffre du personnel des équipes de déblaiement tombe, en quelques heures, de 1.500 hommes à 400 (3).

Les villes menacées s'efforcent de prévoir du matériel de levage et des hommes capables de l'utiliser. C'est ainsi que les dirigeants de la Défense Passive du Havre ont cons-

---

(1) A Nantes, par exemple, d'après un rapport du médecin inspecteur de la Santé, le 16 septembre 1943, il y eut 1.854 blessés dont 665 ont nécessité des interventions chirurgicales sérieuses. Il y a eu 50 % de blessures de membres. Presque toujours, il s'est agi de fractures ouvertes et d'écrasement ayant nécessité des amputations. Nombreux traumatismes du crâne (15 %), peu de fractures de la colonne vertébrale. A Marseille, en décembre 1943, les blessés sont, le plus souvent, atteints aux membres inférieurs (35 %) et à l'extrémité céphalique (31 %).

(2) Les bombardements des 16 et 23 septembre 1943 ont fait à Nantes un total de 1.400 morts et 2.300 blessés.

(3) Il en va parfois autrement. A Rouen, le 19 avril 1944, jour du terrible bombardement, les équipes nationales comptent 700 membres ; 900 le 20 ; 1.000 le 21.

titué six équipes de travailleurs comprenant chacune deux maçons, deux ouvriers à bois, deux couvreurs, deux serruriers, deux terrassiers.

Mais le plus souvent, sans connaissances techniques, sans salaire, ou avec un modeste salaire (au Havre, en septembre 1941, les hommes de la Défense passive reçoivent 4 francs par heure), les sauveteurs réalisent un travail considérable.

Leur bonne volonté, leur charité et leur vaillance font oublier leur faible compétence.

Bien sûr, dans tel ou tel cas, des ouvriers mineurs auraient plus rapidement délivré les victimes. Mais, lorsque les mineurs arrivent du Nord dans les villes bombardées, ils ne dégagent le plus souvent que des cadavres.

Bien sûr, on peut reprocher aux sauveteurs bénévoles d'abuser des garrots, de s'affoler parfois, de courir des risques inutiles, mais, dans les jours de panique, dans les nuits de terreur, tenus debout par leur devoir comme par une armure, ils demeurent présents.

Garçons et filles vite oubliés après la Libération, rarement décorés, mais qui, eux, n'oublieront jamais leurs dramatiques contacts avec la mort.

Au numéro 157 de la rue du Vieux-Palais, à Rouen, ils recueillent, le 20 avril 1944, des débris calcinés qu'ils identifient comme ceux d'une femme : il s'agit, en réalité, d'un homme et de son fils. Méprise inverse, également tragique, quelques mètres plus loin : ils séparent en deux « tas » les restes d'un homme de 30 ans !

A Nantes, où une arche du pont de la Belle-Croix s'est effondrée sur cinquante personnes, la recherche des cadavres ou de ce qui en reste se poursuivra plus d'une semaine. Et l'on est au mois de juillet.

Casqués, pioche en main, traînant des brancards, consolant ceux qui rôdent autour des ruines dans l'espoir de retrouver un objet ou un être cher, distribuant des couvertures ou des boissons chaudes, les sauveteurs sont de tous les instants du drame.

A Nantes, trois jeunes filles, qui participent, sous la direction de M. Brisé, au déblaiement du poste de police de Pirmil, travaillent pendant quarante-huit heures avant de prendre un peu de sommeil.

A l'angle de la rue Boileau et de la rue du Chapeau-Rouge, Louis Heyte et Maxime Carrère luttent de vitesse contre le feu pour dégager une jeune fille coincée sous un escalier effondré et presque totalement recouvert par les décombres de la maison.

Quatre heures de travail à plat ventre.
Les hommes arrivent avant le feu.

★

Il ne suffit pas de sauver, il faut aller chercher les vieillards abandonnés par la population prise de panique (1). Il faut enterrer les morts.

Il faut soigner, nourrir, vêtir, reloger.

A Dunkerque, Mgr Couvreur préside une section particulièrement active du Secours National qui, en sept mois, distribue 1.600.000 rations de soupe et, dans cet enfer, il fait confiance à l'avenir en restaurant plus de 1.000 logements.

A Rouen, le 19 avril 1944, après un terrible bombardement, le Secours National ouvre une permanence à 3 heures du matin. Il distribue des couvertures, des chaussures, des vêtements, fait parvenir du bouillon chaud aux sauveteurs et aux sinistrés.

Au petit jour, cinq cuisines et trois restaurants sont ouverts, d'autres fonctionneront bientôt, qui serviront quotidiennement plus de 20.000 repas.

Un vestiaire type, sous la direction de Mme de Ménibus, habille des dizaines de milliers de sinistrés (2).

Vers les villes bombardées, des camions chargés de ravitaillement et de couvertures, en provenance des cités voisines, se dirigent immédiatement (3). En gare, un train du Service interministériel de protection contre les événements de guerre (S. I. P. E. G.) arrive quelques heures après la demande de secours.

Réalisés en juin 1943, ces trains comprennent une voiture de trente lits, un wagon chirurgical, une voiture pour les mères et les enfants avec sa biberonnerie, sa crèche, son dépôt de layette. Viennent ensuite une salle d'accouchement (elle n'est pas inutile : au Creusot, quatre bébés y verront le jour), une cuisine pouvant préparer 14.000 repas, une voiture-vestiaire. La direction des Réfugiés, chargée de distribuer des secours financiers (de 1.000 à 1.500 francs par sinistré), a également son wagon. Les services de Défense

(1) 300 vieillards furent ainsi évacués de Lorient par les assistantes sociales du Secours National.

(2) 30.000 personnes à la suite du bombardement d'avril et de ceux de mai-juin.

(3) A Rouen, le 19 avril 1944, trois camions partis de Paris à l'aube commenceront leur distribution de vivres, couvertures et chaussures à partir de 8 heures.

passive ont le leur. Dans les fourgons, des réserves de vivres, de bois, de charbon, d'eau, de vêtements, de vitres aussi. Sur une plate-forme, les voitures sanitaires de la Croix-Rouge et les motocyclettes de liaison (1).

Le train du S. I. P. E. G. est mis en service lors des grands bombardements qui dévastent jusqu'aux services locaux d'entraide et de secours.

Mais il est des villes où les bombardements de faible importance sont nombreux.

Presque chaque semaine et, dans les mauvaises semaines, presque chaque jour, des sinistrés se présentent donc devant les services de guerre.

★

Au Havre, dans le vaste hall de l'ancienne Caisse d'épargne, M. Barriaux dirige les services d'aide aux sinistrés qui emploient 118 personnes, presque toutes auxiliaires.

Douze guichets numérotés. Lorsque le sinistré arrive au guichet numéro 12, il est en instance de relogement ou relogé, il a reçu des tickets d'habillement, un bon de charbon, une indemnité de bombardement de 1.500 francs par personne à charge et son dossier de dommages de guerre est ouvert.

Désire-t-il quitter la ville, il est inscrit pour le premier train. Ses meubles encore intacts sont entreposés aux Magasins Généraux, rue Marceau ; sa clef, il la confie à Barriaux dont le bureau est orné de grands panneaux où sont accrochées toutes les clefs des maisons abandonnées.

Et lorsque, dans la ville, quelqu'un parle du « Sanctuaire de Saint-Pierre », tout le monde comprend qu'il s'agit du bureau de M. Barriaux (2) !

★

Enterrer les morts.

M. Cayeux regagne sa maison admirablement située à flanc de coteau.

M. Cayeux emprunte une longue allée qui serpente au milieu du gazon et des fleurs.

(1) Utilisé dans les cas les plus graves, le premier de ces trains se rendra au Creusot, vingt jours après son achèvement. Le second ira au Portel. le 9 septembre 1943, et à Nantes pour les bombardements de septembre.

(2) Le service Barriaux devait être détruit lors du grand bombardement du 5 septembre 1944.

M. Cayeux jette un coup d'œil amical aux arbres.

Il est ingénieur horticole, chargé des jardins de la ville du Havre.

Arrivé devant chez lui, Cayeux se déshabille, abandonne ses gants, ses chaussures, mais il a beau faire, l'odeur tenace persiste, elle est accrochée à sa peau, sa femme la respire lorsqu'elle l'embrasse, et lui-même a beau laver opiniâtrement mains, corps, visage, il sait qu'il ne peut se débarrasser de l'odeur de la mort.

Chargé des jardins, M. Cayeux a été également chargé des sépultures. Dans d'effroyables conditions, il a enterré 3.000 Havrais. Souvent, à l'endroit où ils ont été tués. Dans les jardins, sous les trottoirs bouleversés par les bombes. Naturellement, en septembre 1944, il n'est même plus question de cercueils. Tout son personnel le seconde.

Chaque cadavre est scrupuleusement fouillé. Dans une grande poche, prennent place les souvenirs découverts sur le mort : alliance, argent — au moment où sonne l'alerte, la plupart des gens emportent sur eux, ou avec eux, toute leur fortune (1) — papiers d'identité, photos, objets usuels (le docteur Grinaire sera identifié grâce à sa trousse médicale). Si l'on ne peut découvrir aucune pièce d'identité, sur des cadavres affreusement mutilés, on découpe des morceaux de chaque vêtement et sous-vêtement.

Ils serviront à une identification future.

Morts que l'on retrouve. Morts que l'on ne peut même pas séparer des pierres, de la ferraille, des poutres qui les écrasent. Morts mêlés aux morts par le feu et par l'eau. Affreuse bouillie d'hommes.

A Rouen, le 30 mai 1944, des sauveteurs ne peuvent arracher à l'inondation les personnes qui ont trouvé refuge dans les caves de la douane sur lesquelles les bâtiments viennent de s'effondrer. On a pourtant détourné de leur mission quelques-unes des vingt-quatre pompes qui combattent les incendies géants. Elles aspirent l'eau qui monte. En vain. L'eau est la plus forte.

Dix jours plus tard, seulement, des mineurs atteindront

---

(1) *Le Havre Libre*, du 7 novembre 1944, note qu'une équipe de la Défense Passive trouva, près du corps d'un cafetier, une valise contenant 290.000 francs en numéraire, 480.000 francs en bons du Trésor et des bijoux.

Naturellement, si les bombardements provoquent des dévouements, ils suscitent également des convoitises. Les pillages sont assez fréquents malgré la sévérité des condamnations. C'est ainsi que deux terrassiers de Rouen, Julien M... et Eugène B..., furent condamnés à six ans de travaux forcés chacun, en août 1944, pour avoir dérobé chez un quincaillier de la rue Lafayette, couteaux, ciseaux, chaussures et vêtements.

enfin la cave ; la pestilence les obligera à mettre des masques et ils devront recouvrir tous les corps de chaux vive.

★

En quelques minutes, les bombardements désorganisent toute vie quotidienne. Se succèdent-ils, ils ne laissent pas la possibilité de revenir à la normale. Il faut s'adapter.

Ceux-là mêmes dont les maisons n'ont pas été atteintes ont vu toutes leurs vitres voler en morceaux. On manque de verre. Il faut le remplacer soit par du papier huilé, soit par du papier ordinaire que le vent déchire, soit par des planches.

L'eau fait souvent défaut pour une ou deux semaines. Elle est distribuée par camions-citernes. Le charbon n'arrivant plus, car les voies ferrées sont attaquées, l'électricité est supprimée pendant la journée. Les ordures ménagères ne sont plus enlevées, puisque les camions sont affectés au transport du mobilier des sinistrés.

Le dimanche 1er mai 1944, les curés havrais, après leur sermon, annoncent une diminution immédiate de la distribution de gaz.

— Mes chers frères, le gaz sera désormais distribué de 7 heures à 7 h. 45, de 11 h. 15 à 12 h. 45. Le soir, il n'y aura pas de gaz. Les journaux ne paraissant pas demain, l'autorité nous a priés de faire cette annonce.

Les moyens de transport sont désorganisés. Il faut circuler parmi les gravats, éviter de vastes quartiers détruits. L'absence de sommeil augmente la nervosité d'une population que le mauvais ravitaillement affaiblit. On se quitte le soir en se disant :

— Alors, bonne nuit.

— Bonne nuit, bonne alerte.

Et en ignorant si l'on se retrouvera le lendemain.

Et, cependant, la vie continue.

On naît.

Le 24 août 1944, *Le Petit Havre* annonce que Mme Leprovost, sage-femme, 29, avenue Foch, à Montivilliers, continue à prendre des pensionnaires.

On travaille.

A Dunkerque, toute une population de dockers en chômage se change en « gratteurs de briques ». Ils déblayent les rues de la ville, nettoyent les caves, récupèrent les briques.

On travaille les uns sur les autres. A Dunkerque toujours, le tribunal sert tour à tour à rendre la justice, à célébrer la messe et à organiser des fêtes de bienfaisance. Les maîtres et les élèves de l'enseignement d'Etat sont abrités dans les locaux de l'enseignement libre.

Il y a peu de maisons intactes, peu de maisons sans lézardes, sans portes et fenêtres disjointes ; on couche tout habillé ou presque, une petite valise à portée de la main, on couche dans la pièce la plus habitable de la maison, chez des amis ou des voisins hospitaliers.

Au Havre, le curé Arson s'endort ainsi, chaque soir, soùs le maître-autel de l'église Saint-François.

On vit. On mange.

Mal, encore plus mal que dans les villes non bombardées.

A Rouen, après les bombardements de la « Semaine rouge », tous les services administratifs sont désorganisés et la ration de pain tombe à 180 grammes. Pour manger dans une agglomération où l'eau, le gaz et l'électricité manquent, il faut s'inscrire dans un restaurant communautaire ou chez un des charcutiers qui livrent des plats cuisinés.

Tous les soirs, enfin, des troupes de citadins qui se sentent menacés abandonnent leur domicile.

— Nous sommes trop près de la Seine.

— Nous habitons trop près des docks.

— Les casernes et la gare sont trop proches.

Ils partent par petits groupes.

Ils partent, portant des valises dans lesquelles ils ont réuni leurs objets les plus précieux, leurs vêtements les plus chauds.

Ils partent poussant des charrettes ou des voitures acquises non sans mal : « *Désire acheter petite remorque ou voiture enfant pouvant supporter deux valises et couvertures. Mme Villermin,* 31, *rue de Metz. Le Havre.* »

Au Havre, on appelle ce mouvement quotidien « l'exode de dix-huit heures ».

Beaucoup de réfugiés gagnent le tunnel de la côte Sainte-Marie où, en 1941, 3.000 personnes coucheront à même le sol. Les autres prennent « le train des trouillards » qui les conduit dans les campagnes proches. Chaque compartiment a ses habitués. L'un des plus recherchés est naturellement celui où le directeur de la Manufacture des tabacs s'installe chaque soir. Il a, en effet, pour coutume de distribuer une cigarette à chacun de ses compagnons de route. Des parties de cartes s'engagent. Des idylles naissent.

Pour la nuit, Montivilliers abrite plusieurs milliers de Havrais ; Bihorel et Boisguillaume, 17.000 Rouennais qui campent un peu partout : chez l'habitant, dans une cave, un cellier, un jardin.

A l'aube, les réfugiés d'une nuit reprennent le chemin de la ville, de leur maison, de leur bureau.

Dans le « train des trouillards », il n'est question que du bombardement de la nuit, du mauvais ravitaillement, des parents et amis laissés dans la ville.

— En quinze jours, ils n'ont pas trouvé le moyen de nous donner une seule pomme de terre. Tout juste 125 grammes de viande et 35 grammes de charcuterie. Quelle misère (1) !

— Savez-vous que deux figuiers sont en train de pousser dans la rue du Petit-Croissant ? Et qu'il y a de hautes herbes dans la rue Dauphine (2) ? Ah ! Cette guerre ne finira jamais.

— Avez-vous des nouvelles de vos enfants ?

— Ils sont dans un camp scolaire, dans l'Eure. Ils écrivent qu'ils mangent bien. Jamais d'alerte. Parfois, je me dis que j'ai tort de ne pas les rejoindre. Mais partir comme en 40, tout abandonner, retrouver le magasin pillé. A la grâce de Dieu.

— Comme vous dites, monsieur, à la grâce de Dieu. Ça me rappelle l'inscription sur le couvent des sœurs de la Compassion : « Entrez sans frapper. » C'est une bombe qui est entrée, il y a eu cinq religieuses tuées (3). Au jour d'aujourd'hui, on ne sait qui vit, qui meurt.

On ne sait qui vit, qui meurt. Il arrive que des réfugiés, retour de leur nuit dans un abri, soient tués au moment où revenant dans leur maison, ils font toilette, avant de se rendre à leur travail...

★

Ce nouvel exode prend des proportions colossales en Normandie au moment de la bataille de France.

Dans la région de Falaise, les citadins campent dans des ravins, protégés de toiles de tente. Les paysans ravitaillent ces malheureux. Il faut aller chercher le pain sans levain et l'épicerie malgré le risque des bombardements.

A Mortain, la ration quotidienne de pain tombe à 100 grammes en juillet 1944. Tous les magasins sont ruinés

(1) Au Havre, en février 1941.
(2) Ces rues faisaient partie, au Havre, du quartier Saint-François, évacué sur ordre des Allemands.
(3) Au Havre, le 22 novembre 1940.

ou abandonnés, tandis que les Allemands volent les autos, les vélos, les chevaux et mêlent, à leurs blindés, des équipages frères de ceux de notre défaite de 40.

A Saint-Lô, après le second bombardement du 6 juin 1944, la ville se vide. Un terrible bombardement de nuit chassera d'autres familles encore vers la campagne proche.

Les évadés ne se hasardent plus qu'en hâte vers leur ville détruite et dont les ruines sont presque quotidiennement retournées par les bombes. Ils en rapportent des images terribles et, vite, ils reviennent à leurs trous creusés dans les talus des chemins, à leurs cuisines en plein air où la soupe bout dans des lessiveuses.

Quelques audacieux vont, malgré le péril, chercher le blé en gare dans des wagons éventrés, les conserves dans les boutiques détruites.

Des fermes sont prises entre deux feux. Les Américains viennent demander où se trouvent les Allemands, les Allemands, en rampant, viennent chercher du cidre et du lait. Les morts piquent du nez parmi les salades.

Les enterrements se font à la hâte, sous le soleil qui décompose les corps déchiquetés, dans la terreur des avions alliés qui tournoient et mitraillent (1)...

★

Par humanité aussi bien que par nécessité, administrations françaises et allemandes avaient poussé cependant à l'évacuation des villes bombardées.

Pour les Allemands, la plupart des villes côtières sont, avant même le débarquement, des villes du front, où ils entretiennent de fortes garnisons dans des maisons et hôtels réquisitionnés (2). Ils cherchent donc à simplifier au maximum les problèmes de sécurité, de ravitaillement, de logement en ne conservant que les Français nécessaires aux travaux de l'organisation Todt, ou bien encore ces paysans mobilisés pour planter, sur les plages et dans les marais normands, ces pieux, de trois à quatre mètres de haut, que le populaire baptise « asperges de Rommel » (3).

A partir de mai 1944, ils pressent donc les départs en agitant la menace de l'évacuation totale. Ils se heurtent à

(1) Pendant l'année 1944, il y aura 770 tués et 2.249 blessés par suite d'attaques à la mitrailleuse.

(2) 900 maisons, 60 hôtels réquisitionnés au Havre en février 1943.

(3) Ces pieux étaient reliés entre eux par des barbelés et armés de mines ou d'obus. Dans l'esprit des Allemands, ils étaient destinés à empêcher l'atterrissage des planeurs alliés.

l'opposition de la population, de cette population qui s'est habituée aux bombardements, aux ruines, à la mort soudaine et qui pense qu'il est moins dangereux de rester sur place que de courir les routes mitraillées.

« *Au lieu de quitter leur maison, beaucoup s'y enfoncent* », écrit Fabre-Luce, en parlant des Dunkerquois.

Phrase qui pourrait servir pour des millions de pauvres gens, dans l'incapacité matérielle de rebâtir ailleurs, d'hommes et de femmes fidèles à une maison, à une rue, à une tombe comme cette Mme de Villehervé, veuve d'un poète havrais, qui, pour ne pas abandonner les malles contenant les œuvres de son mari, resta dans sa demeure et y mourut ensevelie...

Lorsque le général commandant le camp retranché du Havre exige du sous-préfet le départ de 25.000 personnes (sur 70.000), le chef du Service des renseignements généraux écrit, le 16 août 1944, à la Direction générale de la Sûreté nationale à Vichy : « *Comme il a été dit maintes fois dans des rapports précédents de mon service, l'évacuation ne sourit guère aux Havrais. Malgré les bombardements répétés* (109 *pour la ville du Havre*), *ils veulent rester à leur foyer, et j'en veux trouver une preuve matérielle dans le fait que la ville seule compte encore* 70.000 *habitants. Bien que la nouvelle soit toute fraîche, nouvelle qui n'est qu'officieuse, elle est déjà connue en ville et fait l'objet de commentaires peu amènes...* »

Mais les Allemands se soucient peu des réflexions de la population.

Le 18 août, le colonel Wildermuth fait placarder un « Avis à la population du Havre et de l'agglomération » qui présente la guerre sous son aspect le plus affreux. De violents combats auront lieu, écrit Wildermuth. « *A cause de cela, la population civile subira les pertes les plus terribles, par bombardements, manque de vivres et maladies, car l'alimentation de la population en eau, électricité, ravitaillement, sera fort réduite ou même entièrement impossible.* »

Et l'officier allemand d'ajouter qu'il mettra à la disposition de la population quelques moyens de transport pour l'évacuation des infirmes, malades, femmes enceintes et mères de famille avec leurs enfants.

Nouveau rapport du commissaire Camps :

« *La grande majorité du public ne veut pas évacuer... Chacun se demande, en effet, où aller et comment partir. Nul ne se soucie de risquer sa vie sur les routes, de coucher dans des centres d'accueil sales et d'abandonner, au pil-*

lage peut-être, ses biens... Quoi qu'il en soit, les autorités allemandes ont décidé de faire appliquer l'ordre donné. »

Fermeture des trois quarts des boulangeries, des cafés, des magasins de vivres et de confection. Décision de ne distribuer les cartes d'alimentation, à la fin du mois, qu'aux rares personnes reconnues indispensables par l'autorité allemande.

C'est un nouvel exode, pour lequel la sous-préfecture autorise, à titre exceptionnel, l'utilisation d'une voiture, débloque des vivres, prévoit des trains spéciaux à destination de Goderville et de Bolbec, alerte les maires campagnards en leur demandant de préparer des cantonnements dans tous les bâtiments disponibles, organise des itinéraires avec relais de la Croix-Rouge.

Dans l'espoir de faire pression sur ceux qui s'obstinent à rester, le journal local publie un tableau presque idyllique de l'existence des réfugiés : « *Tout le monde mange aux cantines qui sont abondamment pourvues de beurre, de laitage, de viande, etc... C'est un spectacle pittoresque de voir les longues tables où sont servis les repas :* 150 *à Goderville,* 60 *au Château de Saint-Sauveur,* 300 *aux deux cantines de Manneville.* »

Le journaliste ajoute que les équipes de jeunes, employées aux corvées, songent à organiser les loisirs et il réclame, à leur intention, comédies, recueils de chants et de monologues...

Ce n'est pas assez des menaces et des promesses pour forcer les Havrais à quitter leurs foyers. Au 30 août, sur 95.000 habitants que compte encore l'agglomération havraise, 35.332 seulement auront retiré leur fiche d'évacuation.

Cette obstination sera, quelques jours plus tard, responsable de bien des morts.

Ailleurs, les bombardements ont été si meurtriers, les ruines si nombreuses, la pression allemande si forte que la population, prise de panique et privée de logement, quitte définitivement, bien avant août 1944, une ville morte. Les services administratifs émigrent dans des villages voisins. La population où elle peut, au hasard des amitiés et des parentés.

★

Commune de Saint-Nazaire : 45.000 habitants en 1940. 36.000 en 1941, 2.000 en 1943... 52 bombardements aériens ont détruit tous les bâtiments publics ainsi que 85 % des maisons. Toute la voirie est bouleversée, les réseaux d'eau, de gaz, d'électricité ont pratiquement disparu, les rues sont éventrées, crevés les égouts.

Dans la journée, on trouve, errant parmi les rues mal tracées à travers les décombres, des ouvriers travaillant pour les Allemands et que des trains spéciaux amènent de La Baule. Ils achètent du vin à des hommes venus de Saint-Brevin et qui installent leurs bonbonnes de quinze litres sur quelque mur écroulé. Ils vont rue Villebois-Mareuil, à la mairie, où seuls Mlle Tahier et M. Mandin ont eu le courage de rester. Ils contemplent avec mélancolie les rideaux flottants au mur des ruines, les lits d'enfant suspendus dans le vide, les armoires ouvertes, les draps noirs de suie, le papier à fleurs brûlé, toute une intimité saccagée. Ils savent que les rats, les lapins, les renards se multiplient parmi toutes ces maisons effondrées qui constituent d'admirables retraites. Certains posent des collets.

La nuit tombe.

Les ouvriers reprennent leur train, abandonnant Saint-Nazaire à quelques douzaines de Français, aux renards, aux bêtes errantes, au vent qui hante les maisons mortes.

Dans cette ville saccagée et désertée, le seul restaurant ouvert s'appelle *Le Bon Accueil*. Jusqu'à la fin, MM. David et Lautran, ses propriétaires, réussiront à servir leurs clients (une soixantaine au repas de midi).

Il faut aller chercher le pain deux fois par semaine à Montoir (9 kilomètres), la viande à Savenay.

Il faut discuter avec les paysans :

— Combien donnez-vous des rutabagas ?

— Cinq francs.

— Ah ! non. Les Chleuhs les payent sept francs.

Parfois, se défendre contre les Allemands qui, en 1945 (1), mangent plus mal encore que les Français et disputent à Lautran le pain et les tomates qu'il rapporte de ces expéditions pour lesquelles il ne part jamais sans emporter, dans la sacoche de sa bicyclette, du fil et une aiguille, afin de recoudre un pneu trop souvent défaillant (2).

David, ancien rôtisseur, Lautran, ex-chef saucier du *Normandie*, sont obligés de cuisiner les lentilles, les pois cassés, les févettes du Secours National, les pommes de terre aqueuses et les rutabagas.

---

(1) Saint-Nazaire fut, avec Dunkerque, Lorient, La Rochelle, Rochefort, Royan-Pointe de Grave, Oléron, au nombre de ces camps retranchés que les Alliés délaissèrent dans leur marche en avant et qui ne furent libérés (Oléron, Royan) ou réoccupés qu'en avril-mai 1945.

(2) Un pneu de bicyclette usagé coûte jusqu'à 400 francs. Un pneu neuf a toutes chances d'être rapidement dérobé.

Plus d'électricité : on brûle de l'huile de vidange dans une betterave légèrement creusée. Des malins vendent de fausses pierres à briquet faites avec des rayons de vélo coupés. Dans l'hiver 1944, toutes les villas, toutes les maisons abandonnées sont systématiquement pillées. On va faire la corvée de bois dans les ruines (1).

★

Maintenant, ceux qui restent ne négligent plus les abris. Ils s'y installent, le plus souvent, dès la tombée de la nuit. Ils savent que l'alerte sonne souvent trop tard, alors que les bombes tombent déjà. Ils savent aussi que, dans bien des villes proches du champ de bataille, l'alerte n'est même plus donnée. Au Havre, le 6 juin, à 1 h. 35, toutes les sirènes hurlent. C'est la 325e alerte de l'année, la 1.060e depuis mai 1940. Puis les sirènes se taisent. Définitivement. Les avions anglais et américains peuvent passer et repasser, elles ne se feront jamais plus entendre.

A Evreux, c'est le tocsin de la Tour de l'Horloge qui donne l'alarme.

A Nantes, ce sont les pompiers.

Il est donc préférable de camper dans un abri.

Si l'on a la chance de posséder une cave assez solide, où l'on entreposait naguère charbon, vin vieux, meubles brisés, on y installe un sommier, un seau de toilette, une lampe électrique, quelques provisions, quelques outils.

Des sociétés de travaux routiers proposent d'étayer des caves. En Seine-et-Oise, le service des Ponts et Chaussées exécute en deux mois 2.700 mètres de tranchées. Le gouvernement organise des causeries radiophoniques au cours desquelles le commandant Gibrin propose de construire un abri familial dont le prix de revient ne dépasse pas 100 francs par personne protégée.

On cite le cas de ceux que des précautions élémentaires ont sauvés. Ce vieillard d'Athis-Mons retiré vivant de sa cave six jours après le bombardement ; ces quatre-vingts personnes rassemblées, à Gennevilliers, dans un abri de vingt places et qui n'ont pas souffert, malgré la chute de cinq bombes dans un rayon de deux mètres ; cette famille de Chartres que 1 m. 50 de béton a sauvé de la mort...

A l'entrée des maisons possédant une cave « classée »

(1) Les autres poches de l'Atlantique furent également évacuées. A La Rochelle, le 23 août, le colonel Klett donne un ordre d'évacuation à peu près dans les mêmes termes que le colonel Wildermuth au Havre.

par une commission, qui a opéré dans les premiers jours de la guerre, une pancarte annonce le nombre convenable d'occupants.

Les nuits sont longues à passer. Chaque abri a ses habitués qui s'installent « commodément » sur des bancs ; les « étrangers » doivent se contenter d'un coin de caisse, supporter les bavardages des uns, les ronflements des autres, les pleurs des enfants.

Lorsque la D. C. A. commence à se faire entendre, les visages deviennent anxieux, les paroles s'espacent, les mères se rapprochent de leurs enfants, des mains s'étreignent.

« *Les femmes prient à mi-voix*, raconte J. Guillemard (1). *Les hommes aussi prient, sans doute, mais secrètement. Ils disent sans conviction « n'ayez pas peur, cela ne changera rien à la situation », mais il est, en face de la mort, des élans de foi spontanés que rien ne peut arrêter. Sur un éclatement plus violent, une des dames, Mme D..., élève la voix, déclarant impérieusement : « Il faut prier tous ensemble à haute voix. Les hommes aussi. Il n'y a que cela qui puisse nous sauver. » Ce n'est pas une demande, c'est un ordre. La tête levée, les yeux brillants de fièvre mystique, transfigurée, hors d'elle véritablement, elle prie fortement... Et dix voix l'accompagnent dans le fracas infernal des sifflements affolants, des éclatements de la D. C. A... Déjà la porte de la rue est partie, arrachée... Soudain, les hurlements et éclatements des bombes sont si proches que je crie : « Tassez-vous au milieu. » Le mouvement est instinctif et salutaire. Dans un fracas indescriptible, une avalanche de décombres arrive dans notre escalier et l'obstrue... Nous pensons que la maison est tombée sur nous. Mais les bombes continuent de descendre. La prière reprend juste comme une autre bombe fracasse notre maison et la voisine.* »

Prière des laïcs. Prière des clercs.

Les religieuses de la Visitation d'Orléans sont prises, dans la nuit du 19 au 20 mai 1944, sous un affreux bombardement. A demi vêtues, elles se précipitent vers la crypte où un tabernacle encore vide a été préparé sur une petite table.

La Mère Supérieure apparaît, portant le ciboire qu'elle a retiré de la chapelle.

— Voilà le Bon Dieu ! murmurent les religieuses age-

(1) En parlant du bombardement qui eut lieu dans la soirée du 2 août 1944. J. Guillemard : *L'Enfer du Havre.*

nouillées qui prient pour les hommes qui sont en train de mourir, cependant que la Mère Supérieure promet de leur part au Ciel une vie religieuse intègre dans l'humilité et l'obéissance.

Quant aux religieuses du Carmel de Lisieux, alors que le feu dévaste la ville et ravage leur maison, elles ne songent qu'à s'émerveiller du miracle qui préserve les reliques de sainte Thérèse.

★

A peine sortis de l'abri où ils ont vécu des heures terribles, des rescapés trouvent le courage de tenir leur journal et de revivre l'enfer.

Ainsi Roland Lemesle, chef d'un poste de relais de la Défense passive à Rouen (1).

Le 31 mai 1944, il se rend à son poste de l'école Catherine-Graindor, rue Herbière, où il est immédiatement assailli par des sinistrés qui réclament des nouvelles de leur famille.

Le furieux bombardement de la veille a tout désorganisé dans la ville ; des gens errent, visitent les écoles où, sur les tableaux noirs, on donne maintenant des nouvelles des survivants, mangent une soupe ici, là un sandwich, reviennent vers leurs ruines, ramassent un cadre intact au milieu du désastre, traînent une valise vide et pleurent.

11 heures, alerte.

Lemesle dit à sa femme et à Mme Duléry :

— Partez, partez vite, nous sommes trop près du pont.

— Mais il n'y aura pas d'autre bombardement après l'orage de tout à l'heure...

— Le mauvais temps ne les gênera pas. Partez.

Bientôt, cinquante-huit personnes s'entassent dans l'abri de l'école. 11 h. 6 : le bruit des forteresses volantes est maintenant très perceptible. Lemesle gagne l'abri avec ses camarades du poste de secours : Dagoury, Mathieu, Deleau, Mayeux, avec Mlle Bourgeois qui a passé toute la nuit à veiller des blessés.

Le ronflement des avions augmente. Le bruit s'installe dans la cave. Dans les cœurs. Dans les ventres qu'il travaille.

11 h. 9, les premières bombes tombent. Il y a plusieurs

---

(1) Son journal a été publié dans l'excellent ouvrage de R. G. Nobécourt, *Rouen désolée*. Je l'ai suivi pour reconstituer le drame de l'école Catherine-Graindor.

prêtres dans l'abri et l'abbé Séron fait réciter des *Ave Maria*.

« Je vous salue Marie pleine de grâce... » Dix minutes de prières, dix minutes de bombardement. Accalmie. La première vague est passée. Lemesle, le brancardier Angrand, le chef d'îlot Fleury, quelques autres encore sortent de l'abri et descendent la rue Herbière à la recherche des victimes.

Le bruit de la seconde vague les ramène, trois minutes plus tard, dans leur abri qui tangue sous les bombes proches. « Priez pour nous pauvres pécheurs, maintenant et à l'heure de notre mort. » 11 h. 24. Une bombe d'une tonne tombe sur l'abri. L'abbé Séron est tué sur le coup. Avec lui, Fleury, Angrand, quarante-quatre personnes encore.

Le plafond de l'abri est à demi effondré au-dessus d'une quinzaine de rescapés, parfois affreusement blessés. La cave est envahie de poussière, de débris, cloisonnée presque hermétiquement par des étais, des poutres, qui séparent les vivants et les morts.

11 h. 37. Troisième vague de forteresses volantes. Des plâtras dégringolent, le plafond glisse encore, ceux qui vivent ne peuvent même pas lever la tête, ils sont plongés dans l'obscurité la plus totale.

Fin du bombardement. Ils savent tous qu'on va venir à leur secours. Ils imaginent leurs camarades en marche. Le bruit des pioches. Ils ont, eux-mêmes, tant de fois participé à des recherches. Par l'imagination, les voilà de l'autre côté de la barricade ; en réalité ils sont aux prises avec la nuit, les gémissements des blessés, la patience, la peur.

Lemesle dégage Dagoury qui a été presque totalement enterré à ses côtés. Dans la poche de Dagoury, une lampe électrique. La lumière permet de faire connaissance avec la prison, de voir le visage des blessés.

Midi. Des bruits lointains de pioches parviennent aux rescapés. Lemesle trouve un gros tuyau d'eau crevé qui lui sert de téléphone. Avec son sifflet, il alerte les sauveteurs qui travaillent à l'extérieur. On l'entend. Il entend. C'est une bouffée d'espoir qui pénètre dans ce tombeau. Lentement, il donne la position de l'abri qui tient encore.

— Sous la petite infirmerie du poste.

Lentement, il égrène les noms des survivants.

— Pelfrène, Mathieu, Mathieu qui a le bras démis et qui, pour ne pas crier, mord son mouchoir, Mlle Bourgeois, Dagoury, l'abbé Marzin, Mme Pelfrène, Deleau...

Il n'y a plus qu'à attendre. En silence. Combien d'heures

faudra-t-il prêter l'oreille au bruit des pioches ? Ils ont tous une trop grande expérience des difficultés, des dangers de l'entreprise, pour se bercer d'illusions.

Sur le tuyau d'eau, qui servait tout à l'heure à lancer leur appel au secours, ils s'assoient. Lemesle a éteint la lampe de poche. Les minutes passent. Ils songent aux femmes, aux gosses, au soleil qui doit briller maintenant. Isolés dans des compartiments créés par les éboulements, prisonniers de poutres et de briques, les emmurés se parlent. M. Pelfrène échange quelques mots avec sa femme captive derrière le mur. Mlle Bourgeois encourage deux pompiers blessés, qu'elle avait soignés la nuit précédente et qu'elle ne peut rejoindre, deux pompiers qu'on entend soudain crier :

— Y a de l'eau !

L'eau aussi dangereuse que le feu. Eau des conduites et des puisards crevés. Eau déversée par toutes les lances des pompiers et qui s'infiltre dans les caves.

— Sauvez-nous, sauvez-nous.

— Courage, les sauveteurs approchent, nous les entendons.

— Sauvez-nous. L'eau monte.

— Ils doivent être couchés, dit Mlle Bourgeois.

— Tenez bon. Nous allons prévenir.

Par le tuyau, Lemesle avertit les sauveteurs et leur demande de pomper l'eau qui continue à monter. Dix centimètres, quinze, vingt. Les rescapés entendent avec horreur les deux pompiers s'agiter, battre l'eau boueuse, la cracher, crier, cracher, remuer une dernière fois.

Agonie qui annonce la leur.

15 h. 30. Mlle Bourgeois rampe vers la sortie de secours dans le fol espoir de la trouver désencombrée. Un éboulement l'arrête sur sa route. Lemesle doit aller la dégager. Au-dehors, les sauveteurs travaillent fiévreusement. Ils entendent les cris des prisonniers.

A 16 h. 30, l'abbé Maurice Segrétain, ordonné prêtre depuis quinze jours, et qui travaille à l'extérieur, entend son ami, l'abbé Pierre Marzin, crier :

— Dépêche-toi, Maurice, l'eau monte...

Physiquement, Maurice Segrétain est impuissant à remuer toutes ces pierres. Il ne peut que donner, à celui qui va mourir noyé, sa première absolution.

Les heures passent. Pelfrène n'entend plus sa femme et il s'inquiète (1). Des voix s'éteignent comme des lampes

(1) Mme Pelfrène est morte. Malgré plus de trois semaines de recherches, son corps demeurera introuvable.

sans huile. Les survivants s'agitent. Maintenant, ils ont de l'eau jusqu'aux genoux puis, brusquement, jusqu'au ventre. Le tuyau grâce auquel ils communiquaient avec l'extérieur est totalement submergé.

Aussi bien que les paroles les silences sont angoissés. Pourquoi sont-ils vivants au milieu de tant de morts ? Le plafond cède. Ils le consolident avec des briques que les mains cherchent à tâtons sous l'eau.

18 heures. De l'extérieur, le chanoine Brismontier, directeur du Grand Séminaire de Rouen, leur a donné l'absolution. Ils n'en savent rien. L'eau menace. Entre le plafond dangereusement incliné, qui les oblige à baisser la tête et l'eau qui monte toujours, il ne reste plus que soixante centimètres.

Des rats glissent que l'on devine attirés par les morts.

19 heures, 20 heures. Mathieu, que son épaule fait horriblement souffrir, réclame son fils. 21 heures. L'eau ne monte plus.

Ils sont là, haletants, bloqués dans cinq mètres carrés de cave, tendant l'oreille aux bruits des pioches.

De temps à autre, l'un d'entre eux interroge :

— Quelle heure est-il ?

Depuis 11 heures du matin, ils sont plongés dans une nuit que troue seulement l'éclair de la lampe électrique de Lemesle.

A minuit enfin, Albert Amaury et Victor Bicony qui travaillent sans relâche depuis le matin, arrachent les derniers obstacles.

Sur les soixante-quatre personnes qui s'étaient réfugiées dans l'abri, sept sont retirées vivantes.

★

Aux abris souvent improvisés des maisons particulières, des écoles, des magasins, des cinémas, beaucoup préfèrent les énormes abris collectifs construits depuis le début de la guerre, les cavernes naturelles situées près de certaines villes, les tunnels routiers ou ferroviaires.

A Saint-Malo, pendant le siège, les caves voûtées de l'hôtel-Dieu abritent ainsi une soixantaine de malades, plusieurs grands blessés, des médecins, des infirmières, des religieuses, des hommes et des femmes chassés de chez eux par les bombardements et la bataille. Pour stériliser les instruments des chirurgiens, il faut aller à l'usine à gaz et le chemin n'est pas sans péril. Le docteur Nicolleau et le docteur Page opèrent, faute d'électricité, à la lueur de lampes-tempête.

Devant l'afflux des blessés, le personnel médical doit rapidement céder ses lits.

Au moment des bombardements aériens, comme des tirs d'artillerie, sur des objectifs voisins de cinquante à deux cents mètres environ, les prières des religieuses se mêlent aux plaintes des malades et aux réflexions volontairement cyniques des médecins.

Manque d'électricité, d'eau, promiscuité, difficultés de ravitaillement, la vie quotidienne dans les abris est partout la même. Sous-marins enfouis à dix ou douze mètres sous terre (vingt et un mètres à Brest à l'hôpital Ponchelet), les abris présentent presque tous les mêmes imperfections : conçus pour un séjour de courte durée, ils n'offrent aucune commodité.

Pas de waters, pas de planchers, presque pas de lits lorsque les médecins brestois et leurs malades occupent l'abri Ponchelet dans lequel 3.000 personnes trouveront refuge au plus fort d'un siège qui durera plus d'un mois.

Le sergent pompier Palud découvre un stock de lits superposés appartenant à la Wehrmacht et triple ainsi la capacité de couchage. On installe une pompe Japy pour pomper l'eau potable, qu'il fallait auparavant puiser avec un seau à travers une ouverture pratiquée dans le plancher de la salle d'opération ! Des waters sont installés derrière un paravent, waters insuffisants lors des grands bombardements qui empêchent les gens de sortir.

Femmes, enfants, vieillards, chassés de chez eux par les bombes, ils sont là, écroulés sur les escaliers, essayant de dormir, tremblants de fatigue et de peur.

Il faut les nourrir. M. Berthou, économe de l'hôpital, y pourvoit en récupérant les fruits et légumes des jardins abandonnés, le docteur Lafferre obtient d'un sous-officier allemand, frère d'un archevêque bavarois et directeur de l'abattoir, du lait et de la viande de boucherie.

Il faut soigner les blessés (260 dans l'abri de l'hôpital Ponchelet), enterrer les morts, calmer les survivants, écouter les récits des grandes catastrophes.

Car la vie dans les abris humides, sombres, secoués parfois par les bombes comme un sous-marin peut l'être par l'éclatement des grenades, est inséparable de ces bavardages anxieux qui tournent presque tous autour de la dernière attaque aérienne, du dernier bombardement...

Il y a toujours quelqu'un pour raconter qu'à Trappes des wagons de prisonniers russes ont brûlé avec toute leur cargaison humaine, qu'au Havre le chef des jardiniers débridait les plaies avec un greffoir ; qu'à Noisy-le-Sec les Allemands ont fait désamorcer les bombes non éclatées par des juifs internés à Drancy ; qu'en Normandie, sept membres de la même famille ont péri sous une même bombe ; qu'à Argenteuil une bombe a envoyé un passant dans la Seine avec son vélo, tandis qu'une autre bombe le rejetait quelques secondes plus tard sur la berge.

— Et il n'avait aucun mal ?

— Pas une égratignure.

Comme les phalènes courent à la flamme, les occupants d'un abri rôdent autour de l'horrible. Parfois, sanglant, couvert de plâtre et de poussière, quelque échappé d'une cave voisine apporte d'effroyables nouvelles.

★

Qui annonce dans les abris du Havre, où la population se terre (1), qui annonce qu'une partie du tunnel Jenner vient de s'effondrer sur plusieurs centaines de réfugiés ?

La construction du tunnel Jenner était projetée depuis plusieurs années, mais il avait fallu la guerre, l'occupation, les bombardements intensifs pour que l'on mît en chantier cet ouvrage destiné à relier les deux parties de la ville. A une époque de ciment difficile, le tunnel représentait plus qu'un moyen de passage : un gigantesque abri collectif.

En août 1944, une des sections est achevée. Chaque soir, des milliers de Havrais abandonnent leur maison pour venir camper sous le tunnel routier.

Chacun a ses habitudes, son coin favori, ses voisins de prédilection. Pas d'éclairage à l'exception de trois lampes à carbure pour 6 à 7.000 personnes (2). Quelques bougies également, mais qui n'empêchent pas de heurter des valises, de trébucher sur les paillasses ou de bousculer les chaises longues que les Havrais ont traînées jusqu'au tunnel, dans l'espoir de remédier à l'inconfort de leur installation.

A côté de la section terminée, une section en cours de creusement.

C'est là que se jouera la tragédie.

---

(1) Quinze jours après le bombardement du 15 septembre, on retrouvera, boulevard de Strasbourg, des Havrais qui n'avaient pas bougé de leur abri, vivant de l'eau des radiateurs et de quelques provisions.

(2) Le tunnel, dont la construction fut décidée au cours de la séance du Conseil municipal du 19 novembre 1941, était prévu pour abriter 16.000 personnes debout, ou 2.475 couchées.

L'entreprise responsable du chantier a fait poser une palissade, la municipalité a placé un écriteau interdisant l'entrée des chantiers.

Les Havrais savent qu'ils ne doivent pas occuper cette partie du tunnel mal étayée, sans aération. Un gardien est là d'ailleurs... Leroy, gérant des bains-douches municipaux, qui se trouvent à une soixantaine de mètres du tunnel, a bien souvent dit à sa femme et à sa fille Jeannette :

— Surtout n'allez jamais dans la partie non terminée. Une bombe et tout s'effondre.

Bien sûr, mais le 5 septembre 1944, à 18 heures, lorsque deux fusées éclatent au-dessus du café *Guillaume-Tell*, débute un bombardement d'une violente inouïe.

La ville est matraquée, bouleversée, ravagée par des explosions qui renversent les ruines sur les ruines, abattent tout ce qui était resté debout, soulèvent un énorme nuage de poussière, de papiers, de débris qui seront dispersés à vingt kilomètres à la ronde. Trois cents torpilles tombent sur le square Saint-Roch, grand d'un hectare à peine.

Le vent d'ouest qui souffle en tempête jette l'incendie à l'assaut de la ville. Le Grand-Théâtre brûle, le Palais de la Bourse brûle, l'Hôtel de Ville brûle, la moitié de la ville, au moins, n'est plus qu'un vaste brasier sous lequel rôtissent des milliers de morts.

Prise de panique, la population s'est réfugiée, dès le début du bombardement, dans tous les abris.

Plein le tunnel Jenner, elle a donc enfoncé la palissade qui défendait l'entrée des travaux voisins. Ce trou, profond de 100 mètres, haut de 3 m. 50, c'est le salut. D'un coup d'épaule, la foule balaie la barricade, l'écriteau, le gardien. Trois cent vingt-six personnes s'entassent dans le boyau, parmi les pelles, les pioches, les brouettes des ouvriers.

Accouru de ses bains-douches, Leroy est là. Il est venu voir si sa femme et sa fille ne lui ont pas désobéi, si, dans leur frayeur, elles ne se sont pas trompées d'entrée.

Il n'a pas le temps d'appeler, de questionner, de repartir. Une bombe tombe sur l'entrée du tunnel ; la terre friable, alourdie par les pluies, glisse, entraînant une benne municipale. Un rideau de scène se ferme brutalement. Les voilà prisonniers les trois cent vingt-six qui croyaient au salut.

C'est la nuit. Devant eux, masquant l'entrée par laquelle ils ont pénétré, des tonnes de terre ; au-dessus, des tonnes de terre, dans leur dos...

Quel salut peuvent-ils attendre alors que le bombardement continue, retenant la foule dans les abris, que les pompiers sont débordés partout par le feu, que les sauveteurs doivent dégager au couteau les vivants de l'étreinte des morts (1), que la ville tout entière est balayée par la catastrophe ?

On ne commence à déblayer le tunnel que le 6 septembre en fin d'après-midi, vingt-quatre heures après le drame, mais les sauveteurs attaquent l'éboulement de face. Ils travaillent sous la pluie et, dans le bruit de la canonnade qui se rapproche. Ils doivent remuer d'énormes masses de terre, étayer, n'avancer qu'avec précaution.

Lorsque l'adjudant Lacheray arrive, le 7 au matin, il estime préférable de faire le percement d'un trou d'homme partant du sommet du tunnel. Le trou achevé Lacheray descend pour une reconnaissance. Bouleversé par le drame dont il a une idée, sans en concevoir encore toute l'ampleur, il remonte à la surface et déclare au Commandant Dumont qu'il faut d'abord dégager l'entrée du trou des premiers cadavres entassés.

— Je ne désigne personne pour ce travail dit le Commandant. Je demande des volontaires.

Quelques mains se lèvent. Les sapeurs Lecordier et Pesson descendent en compagnie de l'adjudant Lacheray.

Lampes électriques en main les voilà engagés dans ce souterrain encombré de morts, tués par l'explosion de la bombe ou lentement asphyxiés. Certains, ceux-là n'ont pas souffert, ont été écrasés sur les brouettes des ouvriers, d'autres ont lutté longuement contre la mort. Lacheray éclaire des couples enlacés, des gens déshabillés, des hommes qui tiennent à la main une bouteille de vin, une boîte de sardines, des cigarettes, des femmes qui le regardent avec des yeux pleins d'une terreur désormais sans objet.

Il faut traîner ces morts jusqu'à l'entrée du puits, les prendre à bras le corps, les hisser...

Malgré le ventilateur des pompiers, qui envoie de l'air frais, l'atmosphère est irrespirable. Godard et Charles Hate prennent la place de Lecordier et de Pesson.

Ils traînent des corps et des corps. Ils passent l'inspection des cadavres.

Visage contre visage.

---

(1) Dans un abri situé place Gambetta, morts et vivants ne forment plus qu'un bloc cimenté par la boue. A l'aide de couteaux, les pompiers doivent dégager les jambes de deux femmes ; avant de mourir, une femme s'est cramponnée à elles et les tient toujours.

Un homme, une gamine, un vieillard, une femme assise avec son gosse dans les bras, près d'elle la voiture d'enfant. Lacheray place sa lampe sous le nez de la femme.

— Eh ! bon Dieu elle vit. Viens, elle vit. Ça alors, dis donc. Charlot, enlève l'enfant.

— Je peux pas répond Charles Hate qui a les yeux pleins de larmes et songe à ses gosses.

Lacheray prend l'enfant mort, puis ils s'occupent de la femme, l'emportent jusqu'au trou d'homme, l'attachent.

— Hissez, crie Lacheray.

On remonte aussi Lacheray qui n'en peut plus et suffoque. Revenu à l'air libre, il désigne deux pompiers pour prendre sa suite. Puis il fait conduire dans un café voisin le corps de celle qu'il a sauvée. Lentement, sous l'effort des appareils de respiration artificielle, la femme revient à elle. Il est 9 heures.

Epuisé, hébété, Lacheray rentre chez lui et, se souvenant du spectacle du tunnel Jenner, il ne peut que répéter à sa femme :

— Tu peux pas savoir ce que je viens de voir, tu peux pas savoir...

A l'intérieur du tunnel, les équipes de deux hommes se relaient pour traîner les cadavres sous le puits par lequel on les hisse au jour. Six fois, ils ont la chance de découvrir un vivant que la respiration artificielle arrachera à son sommeil.

Les autres, tous les autres sont conduits vers les bains-douches. C'est un petit bâtiment de briques rouges, à un étage. Le jardin qui précède la porte d'entrée est fermé par une grille. Les pompiers ouvrent les portes. Sur le carrelage, ils couchent les morts : vingt, trente, quarante, cinquante.

La foule des parents s'est rassemblée sous la pluie. De temps à autre, une femme s'effondre.

A 16 heures, les sauveteurs doivent interrompre leur travail, sous la menace des éboulements.

De petits groupes se séparent en baissant la tête... Il pleut toujours sur les ruines, sur les incendies, sur les morts que l'on a transportés sur le carrelage et dans le jardinet des bains-douches.

★

En compagnie de sa fille, Mme Leroy est sortie de l'abri où elle a vécu le bombardement du 5 septembre.

Pendant quarante-huit heures, elles n'ont rien mangé. Dans leur abri, une femme est devenue folle, une autre a accouché.

Sous le ciel, gris de nuages et de fumées, les gens avancent timidement. Ils sont couleur de terre. Leur ville, ils ne la reconnaissent pas. Les maisons comblent les rues, des moignons brûlent, des murs s'effondrent dans un bruit sourd, de partout on aperçoit la mer. Voilà ce qui les stupéfie. Plus rien n'arrête leur regard, ni magasins, ni églises, ni grands immeubles locatifs. Au bout des ruines, la mer...

Tous ceux qui ont été séparés à l'instant de l'alerte cherchent à se rejoindre. Mme Leroy et Jeannette courent à leur maison : les bains-douches de la rue Louis-Blanc.

— Papa doit nous attendre.

Elles arrivent, trouvent la grille fermée et, par-delà la grille, Mme Leroy aperçoit les brancards sur lesquels reposent les morts.

Des morts dans le hall d'entrée, dans les cabines, dans le bureau...

Comprenant soudain l'ampleur du drame, folle de douleur, s'adressant aux morts, s'adressant à Dieu, Mme Leroy secoue la grille et supplie qu'on la laisse entrer (1)...

---

(1) Pour le récit de la tragédie du tunnel Jenner, j'ai obtenu les témoignages de Mme Leroy et du lieutenant Lacheray puis, plus tardivement ce qui a entraîné une modification dans mon récit lors d'une réimpression, ceux du caporal Lecordier, de MM. Hate et Pesson. Le corps de M. Leroy fut retiré du tunnel dans la seconde quinzaine de septembre, lorsqu'une entreprise de travaux publics put ouvrir une sape. Munis de masques, les pompiers eurent alors la mission de ramener les corps de toutes les victimes abandonnées le 7 septembre.

A Brest où l'abri Sadi-Carnot sauta le 9 septembre 1944, il y eut 350 victimes françaises. La cause de l'explosion ne put jamais être déterminée avec exactitude. Les Allemands occupaient une partie de l'abri dans lequel ils avaient entreposé des munitions. On parla d'une rixe entre soldats allemands ; également de l'action d'obus de l'artillerie américaine frappant l'entrée de l'abri.

Le maire de Brest, M. Eusen, trois conseillers municipaux et six médecins périrent dans l'explosion.

CHAPITRE XIV

VIE ET MORT DES JUIFS

Il fait très chaud à Paris, le samedi 6 juin 1942. Alice Courouble et son amie Suzanne s'engagent rue Saint-Jacques pour rejoindre le métro. Un prêtre qu'elles ne connaissent pas les salue, en les croisant, d'un large coup de chapeau. Un peu plus loin, un jeune homme à lunettes traverse la chaussée et leur dit :

— Permettez-moi, mesdemoiselles, de vous serrer la main.

Les joues de Suzanne s'empourprent. Elle balbutie :

— Merci, monsieur. Merci de votre geste.

Les deux jeunes filles passent devant le *Dupont-Latin*, aux terrasses encombrées d'étudiants. Elles vont poursuivre leur route lorsque cinq policiers en civil leur barrent le passage.

— Police, vos papiers.

Elles présentent leur carte d'identité et leur carte d'alimentation.

Alors, l'un des policiers, fixant sur le boléro de soie noire d'Alice Courouble la toute neuve étoile jaune, s'écrie :

— Madame, vous n'êtes pas juive !

Alice Courouble ne répond pas. L'homme insiste :

— Allons, pourquoi avez-vous fait cela ?

Les autres la regardent curieusement.

— C'est mon amie, bredouille enfin Alice, je ne pouvais pas la laisser sortir seule.

— Venez avec nous au commissariat, vous vous expliquerez.

Devant le commissaire de la rue Dante, elle raconte que Suzanne est arrivée un jour, brandissant un journal et disant :

— Cette fois, ça y est. Je dois porter une étoile jaune.

Par sympathie pour Suzanne, Alice s'est écriée :

— Eh bien ! je t'accompagnerai et, moi aussi, je porterai une étoile.

Le commissaire a l'air bon enfant. Il hoche la tête en disant « oui, oui » et il fait rédiger à Alice une déposition dans laquelle il n'est plus du tout question de l'amitié d'Alice pour les juifs, ni de sa bravoure, ni de son ironie. L'étoile jaune sur sa poitrine s'explique tout simplement par une substitution de jaquette. Ayant dépouillé son geste d'intention agressive, on l'arrête. Car Alice Courouble n'est pas la seule à avoir nargué les Allemands.

Au Dépôt, 3, quai de l'Horloge et, plus tard, aux Tourelles, elle va rencontrer d'autres femmes arrêtées, elles aussi, pour avoir indûment porté l'étoile juive : Jenny, Paulette, Françoise avaient peint sur leur étoile la mention : *papou*. Mme L... avait brodé sur la sienne la croix du Christ. Josèphe s'était confectionné une ceinture faite de huit étoiles de carton jaune portant chacune une des lettres du mot : V. I. C. T. O. I. R. E. (1).

Quant à Marie Lang, marchande de journaux, boulevard des Italiens, elle a poussé l'audace plus loin encore. C'est au collier de son chien qu'elle a fixé une étoile juive ; interpellée par la police, elle a avalé la feuille de papier compromettante.

Les femmes ne sont naturellement pas les seules à manifester leur réprobation devant les mesures antijuives.

Le 5 juin, un agent allemand, qui a espionné la conversation de deux étudiants dans le métro, rapporte que l'un d'eux disait :

— Dimanche prochain, on s'amusera bien ; même les non-juifs parmi nous porteront l'étoile.

L'Obersturmführer Dannecker, chef de service juif du S. D., en zone occupée (2), alerté, envisage des contre-mesures et ordonne de diriger immédiatement tous les « amis des juifs » sur Drancy et d'annoncer leur arrestation par voie de presse et de radio.

Le boulanger Roland Borivant, le tourneur Nicolas Rebora, l'ouvrier Lazare Villeneuve, l'architecte Muratel qui, sur son étoile, avait peint l'inscription « Auvergnat », l'étudiant Michel Reyssat et quelques autres sont donc

(1) Tous ces noms sont cités par Alice Courouble dans son livre : *Amie des Juifs*.

(2) Chef du service juif du S. D. pour la France occupée, resta en fonctions de la fin de 1940 jusqu'au mois de juillet 1942. Il fut, à cette date, révoqué pour malversations et envoyé en Bulgarie.

expédiés à Drancy pour plusieurs mois. Avec eux, le normalien Henri Plard qui, le dimanche 7 juin, a accompagné un de ses camarades à la messe de Saint-Jacques-du-Haut-Pas. L'étoile jaune dont il s'était affublé a intrigué un agent de la Gestapo en surveillance dans le voisinage et Henri Plard, qui appartient d'ailleurs à la religion réformée, n'a pu assister à l'office.

On pourchasse les aryens qui se déguisent en juifs.

On pourchasse bien plus sévèrement les juifs qui, volontairement ou non, oublient leur déguisement. Arrêtées celles qui masquent l'étoile d'un sac à main tenu contre leur cœur. Arrêtée et déportée en Allemagne, Mme Couytigne, vieille dame de 72 ans, dont l'insigne était à moitié dissimulé par un revers de jaquette. Arrêtés ceux qui descendent en robe de chambre, vierge d'étoile, chercher le pain du matin. Ceux dont l'étoile est mal cousue. Ceux dont l'étoile est tenue par une épingle, ou par des boutons-pression.

La liste est très brève des juifs français officiellement dispensés de porter l'étoile.

On la connaît grâce à un rapport de Röthke, l'adjoint de Dannecker. Vingt-six personnes seulement ont, dans leur portefeuille, le certificat de dispense.

Voici celui de la plus célèbre des exemptées, Jeanne-Louise de Brinon, femme de l'ambassadeur du gouvernement de Vichy à Paris :

Le commandant de la S. I. P. O. et du S. D.
dans le secteur du Militaerbefehlshaber
en France

Paris, *le* 13 *juillet* 1942.

CERTIFICAT

Il est certifié par la présente que Mme de Brinon, née Frank, Jeanne-Louise, le 23 *avril* 1896, *à Paris, demeurant actuellement au château La Chassagne, près Felletin (Creuse), est dispensée, dès maintenant, jusqu'au* 31 *août* 1942 *inclus, des ordonnances prises par le huitième décret concernant des mesures antijuives du* 29 *mai* 1942 *sur le port de l'étoile juive, jusqu'à éclaircissement définitif de son origine.*

Avec Mme de Brinon sont également exemptées trois personnes (dont la comtesse d'Aramon et la marquise de

Chasseloup-Laubat), en faveur desquelles le maréchal Pétain est intervenu le 12 juin 1942. Puis huit courtiers juifs « travaillant » avec les bureaux allemands : intermédiaires de tout poil, indicateurs signalant marchandises, bijoux, tableaux ou meubles de prix appartenant à leurs coreligionnaires.

Les services de contre-espionnage et la police antijuive ont fourni treize certificats à leurs protégés. Enfin, une exemption est accordée sur la demande du bureau VI, n° 1 (service de renseignements du S. D.). Car les Allemands ne dédaignent pas d'utiliser parfois les services des juifs. C'est ainsi que le chef de la propagande allemande en Espagne, Hans Josef Lazar, est un israélite de Galata qui cache sa naissance à ceux qu'il intoxique, mais non pas à ses maîtres.

Si très peu de juifs français habitant la zone occupée (1) échappent officiellement à l'étoile, les juifs citoyens des pays ennemis : Angleterre, Etats-Unis, Etats de l'Amérique du Sud ou des pays neutres vivant en France ne seront jamais astreints au port du signe distinctif. Ce n'est pas l'un des moindres paradoxes de cette guerre. Les Allemands l'expliquèrent par leur volonté d'éviter l'intervention des pays neutres et des représailles contre leurs concitoyens retenus en Angleterre ou aux U. S. A.

★

La huitième ordonnance, en date du 29 mai 1942, définit avec une précision tatillonne l'étoile juive et la façon de la porter.

« *C'est une étoile à six pointes ayant les dimensions de la paume d'une main et les contours noirs. Elle est en tissu jaune et porte, en caractères noirs, l'inscription* « *juif* ». *Elle devra être portée — dès l'âge de 6 ans — bien visiblement sur le côté gauche de la poitrine, solidement cousue sur le vêtement.* »

Telle quelle, elle est le fruit d'expériences nombreuses déjà faites en Allemagne ou en Pologne occupée. Les Allemands, en effet, ne se sont pas arrêtés immédiatement à l'étoile. En Pologne, ils ont essayé du brassard, puis du carré d'étoffe cousu dans le dos.

C'est au cours de la conférence qui réunit à Paris, le 12 mars 1942, les représentants des services allemands

(1) Même après le 11 novembre 1942, l'étoile ne sera pas imposée aux juifs résidant dans l'ancienne zone libre.

de Paris, de Bruxelles et d'Amsterdam qu'il est décidé de faire porter l'étoile « telle qu'elle est employée en Allemagne » aux juifs de France occupée, de Belgique et de Hollande.

La mesure devait être annoncée à la même date dans les trois pays, mais le S. S. Sturmbannführer Lages, du service d'Amsterdam, imposa le port de l'étoile aux juifs hollandais à dater du 27 avril 1942, soit avec six semaines d'avance sur ses collègues de Paris qui se débattaient dans de nombreuses complications techniques et tentaient surtout de faire promulguer la mesure par le gouvernement de Vichy.

Enfin, tout fut prêt. Les 5.000 mètres de tissu, couleur « vieil or », achetés à raison de 21 fr. 70 le mètre à la maison Barbet-Massin, Popelin et Cie, furent imprimés par les soins de Wauters et Fils, rue de Montmorency. Dannecker, qui était pressé, sollicita même, pour les ouvriers imprimeurs, l'autorisation de travailler la nuit.

Puis, les 400.000 étoiles — tout un ciel — furent réparties dans les commissariats de quartier, chargés de les distribuer à la population juive à raison de trois étoiles par personne et contre remise d'un point détaché de la carte de textile.

Cette étoile, les uns la portent avec ostentation, les autres avec honte et terreur. Dans les jours qui suivent la mesure, tous les agents allemands sont chargés de « rapports psychologiques ».

L'agent 316 souligne ainsi que les combattants juifs de 1914-1918 arboraient toutes leurs décorations juste au-dessus de l'étoile juive et que les femmes, « *surtout dans les quartiers de la Goutte-d'Or, Barbès, La Chapelle, parlaient haut et faisaient entendre qu'elles étaient fières de porter l'insigne de leur race* ».

Mais les enfants ? Comment coudre sans trembler, sur leur petite robe ou sur leur veste, un insigne qui risque d'attirer les plaisanteries cruelles et les brimades de toute l'école. Certains d'entre eux refusent d'aller en classe. Il faut les accompagner, presque les traîner de force. Mais, alors, parfois, le miracle se produit. Des camarades se ruent vers eux, éloignent les pères, entraînent les petits juifs qui ont bien vite oublié l'objet de leur terreur.

Ces petites scènes, où les gosses sont acteurs, ont des témoins. Une femme raconte que, dans la classe de sa petite fille de huit ans, « *les enfants chrétiennes* (*en majeure partie enfants de gardes républicains*) *ont décidé de se tenir comme si rien ne s'était passé et de continuer à jouer avec leurs camarades juives, comme d'ordinaire. Les enfants juives, gagnées par la contagion de l'esprit angoissé de leur famille, n'étaient pas tranquilles. Ce qui les intriguait surtout c'était que les enfants chrétiennes délibéraient entre elles plus souvent que d'ordinaire.*

Elles ont donc décidé de tenir une petite réunion dans un coin et, après discussion, résolument de s'adresser collectivement aux camarades chrétiennes en leur demandant de ne pas leur en vouloir quand elles viendront à l'école avec l'étoile. Elles ont donc mis leur résolution à exécution. Elles ont rassemblé toutes les élèves de leur classe et une des fillettes (9 ans) a remis la demande des enfants juives. Leurs camarades chrétiennes se sont ruées vers elles, en les embrassant et en assurant que, toutes, elles avaient déjà décidé auparavant de traiter leurs collègues juives comme d'ordinaire.

Pouvez-vous imaginer mes sentiments quand mon petit ange m'a transmis cette nouvelle... »

Petits et grands, les Français sont ainsi, brutalement, en juin 1942, mis en face de la question juive. Du jour au lendemain, les juifs deviennent *visibles*. Ainsi, le voisin de palier « en est ». Et le médecin. Et le petit cordonnier. Et l'employé de banque. Et le prêtre aussi, qu'aucun texte ne dispense de faire sa déclaration (1).

L'étoile juive n'est certes pas la première mesure antisémite, mais elle oblige les aryens à prendre des attitudes envers leurs anciens amis, leurs fournisseurs, les inconnus rencontrés dans la rue.

Dans la hiérarchie punitive allemande, le port de l'étoile suit un certain nombre de décisions restreignant la capacité des juifs. Elle précède les mesures collectives d'arrestations et de déportation. Lorsque le troupeau a été privé de moyens de défense, on le marque avant de le massacrer.

---

(1) Dans l'abondante littérature antijuive, voici un document symptomatique émanant de la direction régionale de Toulouse du Commissariat général aux questions juives. Le Préfet régional de Toulouse ayant demandé un avis, le directeur régional du C. G. Q. J. répond, le 12 août 1941 :

« 1. — Aucun texte ne dispense un prêtre catholique ou un pasteur protestant de faire sa déclaration, s'il est juridiquement juif de par l'article premier du statut du 2 juin 1940 (*sic*).

« 2. — Il n'en serait même pas dispensé s'il bénéficiait de la dérogation prévue à l'article 8 (services exceptionnels individuels ou familiaux).

« 3. — Si Ponce Pilate avait ordonné un recensement des juifs, Jésus-Christ lui-même s'y serait conformé ; le plus humble de ses représentants sur la terre doit donc se soumettre aux obligations de la loi, surtout quand ces obligations n'ont aucun caractère vexatoire, et aussi parce que l'humilité est une vertu chrétienne. »

★

Les Allemands n'avaient naturellement pas attendu le mois de juin 1942 pour manifester leurs sentiments antisémites.

Deux mois après l'armistice, le 29 août 1940, l'ambassadeur Abetz avise les autorités françaises que le Führer interdit définitivement, et sans exception, l'entrée des juifs en zone occupée. Ceux qui résident dans cette zone doivent immédiatement être recensés et leurs magasins signalés par des affiches jaunes en attendant que des gérants aryens soient nommés pour les affaires dont les propriétaires juifs sont absents ou en fuite.

Recensement. Les juifs se présentent dans les commissariats. Et il n'y manque pas même Bergson qui, ne voulant se prévaloir ni de son génie, ni de sa conversion intérieure, s'étant démis de toutes ses fonctions universitaires et honorifiques, qui lui étaient une sauvegarde, se traîne, en pantoufles et robe de chambre, le corps noué par de terribles rhumatismes, devant le commissaire de police de Passy (1).

Combien de juifs ? Les Français n'en savent rien. Leur eût-on posé la question, les réponses auraient oscillé entre 400.000 et 1.000.000.

Qui est juif et quelle est la définition de la race juive ? Les Français n'en savent rien non plus. Allemands et gouvernement de Vichy vont tenter de résoudre ces deux problèmes.

Combien de juifs ? 350.000 environ, dont 300.000 vivaient en 1939 dans la région parisienne (2). Leur répartition géographique sera très différente au lendemain de la victoire allemande. Roulés par l'exode, poussés aux épaules par la peur des persécutions, les juifs vivant en France ont fui en zone encore libre, gagné Nice, Bordeaux, l'Afrique du Nord avec le *Massilia* qui emporte une forte proportion de parlementaires juifs suivis de leur famille. Plusieurs milliers d'entre eux parmi les plus fortunés — 5.080 d'après un rapport des services antijuifs — sont même passés en Espagne entre le 10 et le 25 juin 1940,

(1) Le grand philosophe mourra le 25 janvier 1941. Dans son testament, tout en se solidarisant avec les juifs menacés, il réclamait les prières d'un prêtre catholique. Seules les persécutions avaient retardé l'annonce de sa conversion.

(2) Certains tracts antijuifs, obligatoirement encartés en juin 1942 dans les journaux de zone occupée, donneront le chiffre de 1.200.000 ! Une brochure de propagande antijuive intitulée : *Je vous hais*, publiée en 1944, parle de 800.000 juifs en 1939.

se pressant, se poussant, abandonnant au poste frontière d'Hendaye une partie de leur or et de leurs bagages. Abandonnant des otages ; malchanceux que la police française arrête, comme ce Léon Blum que les Allemands réclameront dès le 27 juin (1), malchanceux que les Espagnols refoulent, comme Me Henry Torrès contre lequel les Allemands sont intervenus auprès du gouvernement espagnol, et à qui ils reprochent d'avoir défendu Grynspan.

L'armistice signé, les Allemands établis en France, et qui d'abord ne menacent ouvertement personne, certains des fuyards regagnent Paris en fraude. Il y a la boutique ou le bureau, c'est-à-dire le gagne-pain, que l'on ne peut abandonner. Il y a aussi, au cœur des juifs français, ce terrible complexe de supériorité qui les pousse à venir se jeter dans la gueule du loup et provoquera tant de drames. « Les Allemands n'en veulent qu'aux juifs étrangers. Ils ne toucheront jamais aux anciens combattants. D'ailleurs, Vichy nous protégera. » Ainsi, c'est comme une race à l'intérieur de la race, et dont l'orgueil fera des ravages jusque dans les camps.

Si bien que, lorsque les Allemands en ont fini avec le recensement, ils trouvent dans leur zone d'occupation, notamment grâce au « fichier modèle » de la préfecture de police (par ordre alphabétique, par rues, par profession, par nationalité) un chiffre de 160.000 juifs déclarés.

★

En zone libre, il y aurait donc de 170.000 à 200.000 juifs, car il faut compter ceux qui sont arrivés récemment de Belgique et de Hollande par les routes de l'exode. D'Allemagne même la France vaincue en a reçu puisque, en octobre 1940, les Allemands décident d'évacuer *tous* les juifs encore présents dans le pays de Bade et le Palatinat. Quatre trains spéciaux traversent donc la France pour décharger à Oloron (Basses-Pyrénées) 7.500 juifs allemands apeurés et ignorants du sort qui les attend. Conduits au camp de Gurs, ces Allemands feront un jour le voyage de retour pour gagner Dachau ou Auschwitz.

La main droite ignore ce que fait la main gauche.

Tous ces juifs étrangers compliquent encore le problème du judaïsme en France. Car 50 % des juifs vivant en France sont arrivés depuis moins de vingt ans d'Europe

(1) Il ne s'agissait que d'un homonyme qui sera, comme tous les détenus pour infraction à la législation douanière, libéré quarante-huit heures avant l'arrivée des Allemands.

centrale et orientale. Sur les 175.000 qui ont la nationalité française, la moitié ne sont pas nés de parents français (1).

Lorsque, le 6 mars 1943, Röthke annoncera que 49.000 juifs vivant en zone occupée ont déjà été déportés, il lui faudra énumérer dix-sept nationalités différentes (Belges, Hollandais, Norvégiens, Roumains, Grecs, Russes, Tchécoslovaques, Yougoslaves, etc.) avant d'arriver aux « 3.000 criminels juifs français » dont le destin a été confondu avec celui de tous ces étrangers et apatrides.

Le judaïsme en France est donc très loin d'être un bloc homogène. C'est une Babel. De langue, de culture, de tradition, de religion même. Comprenant ses pauvres et ses riches. Ses bien et ses mal nés.

Premiers touchés, les juifs étrangers contribuent longtemps à masquer aux yeux des Français, aryens ou non, le but d'extermination totale poursuivi par les Allemands. Même à Drancy, sur le chemin de cette déportation d'où l'on ne revient pas, certains juifs français « assimilés » continueront à se tenir à l'écart des autres juifs. Selon le mot cruel d'un autre captif « les étrangers étaient pour eux des internés de bas étage ».

Des organisations de résistance juive ont recueilli les témoignages de quelques libérés de Drancy. Ils jettent d'étranges lueurs sur le cœur humain.

Un ancien combattant, le témoin n° 7, raconte : « *On vivait par nationalités, par groupes, par compatriotes. Chacun ne voyait que ses propres intérêts et non ceux du voisin. Il y avait parmi nous des gens pauvres, mais aussi des gens très riches qui disposaient de* 400.000 *à* 500.000 *francs. Le pauvre diable, ébloui par l'argent, cédait une partie de sa ration.* »

Et le témoin n° 8 a ce cri déchirant : « *Les juifs français n'étaient pas solidaires de nous. Ils nous ont considérés comme des juifs inférieurs et ils disaient à qui voulait les entendre que nous étions cause de leurs malheurs.*

Et Denise Aimé, dans son *Relais des Errants*, a ce mot terrible : « *J'ai vu des gens xénophobes dans tous les pays... mais la xénophobie pure, à l'état de passion et n'admettant aucune exclusion, je ne l'ai trouvée que là-bas.* » A Drancy !

Il faudra atteindre au dernier stade du malheur, il faudra que les Allemands dissipent eux-mêmes toutes les illusions pour que la solidarité règne enfin entre des

(1) J'emprunte ces chiffres à un auteur juif, Bilig : *L'Œuvre du commissariat aux questions juives.*

hommes qui, faute d'avoir la même patrie, ont du moins le même ennemi.

★

Qui est juif ?

Le 3 octobre 1940, Alibert, ministre de la Justice du gouvernement de Vichy, promulgue le statut des juifs, qui s'ouvre naturellement par une définition raciale : « Est regardé comme juif... toute personne issue de trois grands-parents de race juive, de deux grands-parents de la même race, si son conjoint lui-même est juif. »

Plus tard, les juifs appartenant à l'administration devront répondre, en vue de l'application de la loi du 2 juin 1941, à trente-deux questions portant sur la race et la religion de leurs grands-parents et de ceux de leur conjoint.

On leur demande également s'ils ont adhéré à une autre religion que la religion juive « avant le 25 juin 1940 », car toutes les conversions postérieures à l'armistice sont considérées comme suspectes et nulles (1).

Alors, c'est la chasse aux certificats de baptême. Un grand-père baptisé vaut son pesant de liberté ! Les curés ne se comptent plus qui falsifient, plus ou moins adroitement, les registres de baptême. Ils sont si nombreux que les policiers, non contents de se présenter dans les sacristies d'où on les chasse parfois, interviennent auprès des évêques dans l'espoir de faire cesser des manœuvres que, pour la plupart, les prélats connaissent et approuvent.

Pendant les premiers mois de l'occupation, ordonnances allemandes et lois de Vichy vont donc se succéder, ces dernières moins sévères et d'application moins stricte, mais plus nombreuses, plus tatillonnes, et cruelles dans leur désordre même (2).

Les juifs étrangers sont, avec ou sans texte de loi, arrêtés par les Allemands, et Vichy, en vertu de la loi du 4 octobre 1940, les enferme dans des camps où l'on ne meurt certes pas sous les coups et dans les crématoires, mais où l'on succombe tout de même de maladie, de faim, de froid, de misère, physiologique et morale.

(1) Dans une déclaration du 17 juin 1941, la Faculté de théologie catholique de Lyon protestera contre cette restriction jugée par l'Eglise inadmissible.

(2) Au 15 décembre 1941, seize lois et une dizaine de décrets anti-juifs auront été ainsi promulgués en zone libre. La plupart de ces lois ne faisaient que reprendre avec un peu de retard les textes allemands du 27 septembre et du 18 octobre 1940, ainsi que celui du 26 avril 1941.

Recensés, les juifs français vont être peu à peu chassés de tous les emplois, des magasins, des bureaux, des administrations.

Interdiction aux juifs d'exercer certaines activités économiques (pratiquement presque toutes), dit l'ordonnance allemande du 26 avril 1941.

Interdiction d'avoir le téléphone. Interdiction de fréquenter les établissements de spectacle ou autres établissements ouverts au public : restaurants, piscines, cafés, bibliothèques, squares, champs de courses, etc...

La liste publiée par Oberg, chef supérieur des S. S. et de la police, le 15 juin 1942, est d'une étonnante variété. De la cabine téléphonique au château fort, du stade au terrain de camping, tout y passe. On verra ainsi de vieux universitaires errer autour des bibliothèques où ils ne peuvent plus étudier et des hommes risquer l'arrestation pour avoir acheté un timbre dans un café.

Comme il faut tout de même laisser aux juifs la possibilité de se ravitailler, l'article 2 de l'ordonnance du 8 juillet 1942 leur donne le droit « *d'entrer dans les grands magasins, les magasins de détail et artisanaux, pour y faire leurs achats ou les faire faire par d'autres personnes, de* 15 *heures à* 16 *heures.* » L'heure à laquelle la plupart des boutiques sont fermées ! Ou vides déjà !

En zone non occupée, les juifs sont également exclus de la plupart des activités commerciales ou industrielles, leurs entreprises sont placées sous la coupe d'administrateurs provisoires, mais un grand nombre d'entre eux arrivent cependant à survivre en abandonnant leur métier pour devenir occasionnellement livreur, cyclo-taxi, manœuvre, ouvrier agricole, mineur, gardien de fous, voire paysan, comme cet ancien élève de l'Ecole des Chartes, ce médecin et ce diplômé d'études supérieures de philosophie devenus laboureurs dans le domaine de Lautrec (Tarn). Plusieurs jouent la difficile comédie de la folie et se retrouvent pour quelques mois à Sainte-Anne (1), provisoirement à l'abri des arrestations.

Les juifs s'abaissent.

L'administration aussi.

Le 25 juillet 1942, le préfet de la Haute-Vienne rappelle à ses subordonnés que « *M. le chef du Gouvernement, ministre-secrétaire d'Etat à l'Intérieur, estime qu'il y a lieu d'assurer l'éviction immédiate des juifs du domaine commercial de la Loterie Nationale.*

---

(1) Cf. Denise Aimé : *Relais des errants*, p. 194-195.

Je vous prie, en conséquence, de vouloir bien faire vérifier qu'aucun émetteur ou vendeur de billets de la Loterie Nationale n'est juif au terme de la loi du 2 juin précitée (1). »

Les juifs n'ont pas le droit de proposer la chance et la fortune aux passants, qui ont pourtant bien besoin de fortune et de chance en cet été 1942.

Les juives n'ont pas le droit de se prostituer et le commissaire spécial de Chartres fait interdiction à la tenancière d'une maison de tolérance de Châteaudun de recevoir « une femme majeure de confession israélite ».

Les juifs n'ont pas le droit... Quels droits ont-ils ?

Le plus extraordinaire de ces documents où le ridicule côtoie l'affreux est, sans doute, cette lettre du 9 janvier 1943 par laquelle M. le Préfet de l'Yonne rappelle à l'attention de M. le Commissaire aux questions juives « *la lettre du* 4 *décembre* 1942 *vous priant de bien vouloir me faire connaître s'il n'y avait pas d'inconvénient à ce que M. le docteur Javal, israélite résidant à Courgenay* (*Yonne*) *fasse partie de la commission syndicale de l'Association syndicale pour le curage du ruisseau « l'Alain ».* »

On regrette de n'avoir pas trouvé la réponse à ce chef-d'œuvre de littérature grotesque.

★

Quels sont les droits des juifs ?

Vichy, du moins, s'efforce de déterminer des catégories parmi les réprouvés.

Pour être admis à exercer certains emplois et fonctions (pas toutes : la fonction publique demeure, en principe, rigoureusement interdite), il faut :

— soit être titulaire de la carte de combattant ;

— soit avoir fait l'objet, au cours de la campagne 1939-40, d'une citation donnant droit au port de la croix de guerre (ces citations, l'Institut des questions juives interviendra d'ailleurs plus tard, mais sans succès, auprès du ministère de la Guerre pour qu'elles soient attribuées parcimonieusement aux anciens soldats juifs) ;

— soit être décoré de la Légion d'honneur ou de la Médaille militaire pour faits de guerre ;

— soit être pupille de la nation ou ascendant, veuve ou orphelin de militaire mort pour la France.

En zone occupée, puis, avec le temps qui passe, en zone

(1) Date à laquelle Vallat a modifié le statut du 3 octobre.

non occupée, ces médailles, ces blessures ne sont qu'un rempart illusoire. Du moins prolongent-elles l'espérance et, dans les relations avec l'administration vichyssoise, permettent-elles à quelques privilégiés de conserver leur ancien métier ou de se « recaser » convenablement.

Xavier Vallat, commissaire aux questions juives, écrit, le 24 mars 1942, dans un texte destiné au Service interministériel d'information : « 3.000 *fonctionnaires juifs ont été éliminés des administrations de l'Etat ; dans la presse, dans le cinéma, à la radio, dans tous les domaines où leurs fonctions leur donnaient un pouvoir de contrôle et d'orientation des esprits, les mêmes mesures ont été appliquées avec la même fermeté...* »

Malgré ce cocorico antisémite, il reste toujours, le 3 juin 1942, plus de 215 fonctionnaires juifs en *zone occupée*, dont 65 pour le seul secrétariat d'Etat à l'Intérieur et 91 aux Communications.

Mais, pour toutes les professions, on a fixé à 2 % le pourcentage des juifs admissible. Pourcentage tantôt trop faible : c'est le cas des médecins et des avocats dans les rangs desquels on fera des coupes sombres, tantôt trop fort : c'est le cas des sages-femmes. Vingt-deux auraient le droit d'exercer dans le département de la Seine, on n'en découvre que dix-huit qui soient de race juive. Et, tout de même, six seront radiées !...

Par contre, seuls, 108 médecins juifs auraient le droit d'exercer dans la Seine. Or, 203 sont toujours en fonctions en mars 1943, ce qui porte le *numerus clausus* de 2 à 4 % (il y a 5.410 médecins non juifs).

Antignac, commissaire aux questions juives de l'époque, explique que tous ces médecins ont été maintenus à cause de leurs titres de guerre. Explication qui n'arrêtera pas les Allemands.

Pour les étudiants, le *numerus clausus* est porté à 3 % des étudiants non juifs inscrits pour l'année.

A l'intérieur de ces 3 %, le législateur français a, d'ailleurs, imaginé tout un système de priorités accordées aux orphelins de guerre, aux décorés, aux enfants de familles nombreuses, aux brillants sujets...

Donner aux juifs français un complexe d'étrangers en France, les marquer de l'étoile et, sur leur carte d'alimentation, apposer en lettres grasses la mention « juif », envoyer les juifs étrangers dans les camps de Compiègne ou Drancy, puis en Allemagne, lorsqu'il faudra vider les camps pour faire un peu de place aux juifs français, toutes ces opérations politiques, et si l'on ose écrire « philosophiques », se doublent d'opérations « commerciales ».

Avant de prendre la vie des juifs dans les camps et leurs os pour faire de l'engrais, et leurs dents en or, et leurs cheveux, on leur prend leur argent, et leurs meubles, et leurs biens.

★

La spoliation commence quinze jours à peine après l'armistice, lorsque Keitel annonce au général von Vollard-Boeckelberg, commandant militaire de Paris, que le Führer a donné ordre de mettre en sûreté, « *outre les objets d'art appartenant à l'Etat français, les objets d'art et documents historiques appartenant à des particuliers, notamment à des juifs* ».

« Cette mesure ne doit pas constituer une expropriation », ajoute Keitel, et il est bien vrai qu'il s'agit d'abord d'un recensement de tout ce qui (statue ou tableau) atteint une valeur de 100.000 francs (1). Mais, quelques jours après la note de Keitel, Hitler nomme Alfred Rosenberg chef d'un état-major spécial chargé de récupérer et d'acheminer vers l'Allemagne toutes les œuvres d'art « intéressantes ».

Les Allemands se font la main avec la collection Rothschild abritée, près de Bordeaux, dans les domaines de Château-Lafite et Château-Mouton-Rothschild. Cette collection très importante (on l'estimera à plus de 2 milliards 1940) est dénoncée par un nommé Jurschewitz qui reçoit « en guise de denier de Judas (2) » une somme de 65.000 francs. Alertés, les Allemands envoient donc à Château-Lafite, à la fin du mois d'octobre 1940, plusieurs camions chargés de caisses vides, puis deux civils qui exigent l'ouverture des portes et prétendent recenser les œuvres d'art avant de les transporter au musée du Louvre.

Le régisseur refuse de laisser opérer ces visiteurs d'un genre spécial qui, après avoir apposé les scellés, promettent de revenir et d'avoir, cette fois, gain de cause.

Une scène à peu près identique se déroule au domaine de Château-Mouton-Rothschild. En l'absence des propriétaires — qui ont quitté la France et sont, de ce fait, déchus de la nationalité française — les régisseurs préviennent les séquestres de la famille Rothschild, MM. Valat

(1) Recensement ordonné par l'ordonnance du 15 juillet 1940, ordonnance qui découle de la note de Keitel.

(2) Ce sont les mots mêmes dont se sert Zeitschel, agent d'Abetz pour toutes ces affaires, dans une lettre en date du 24 novembre 1941.

et Lizon, receveurs principaux de l'Enregistrement, l'un à Lesparre, l'autre à Pauillac. Ceux-ci écrivent au préfet de la Gironde qui fait immédiatement des démarches auprès des autorités allemandes. N'a-t-il pas été convenu que le produit de la vente des biens séquestrés irait garnir les caisses du Secours National (1) ?...

Un bureau et un général rassurent le préfet. D'autres bureaux et d'autres généraux ordonnent le déménagement. Le 8 novembre, dans les salons de Château-Lafite, certains tableaux sont emballés et, dès les premiers jours de décembre, de nombreuses caisses, pleines cette fois (21 Picasso, 20 Braque, 6 Matisse, 3 Renoir, etc...), prennent la direction du musée du Louvre ou du Jeu de Paume, première étape vers l'Allemagne.

« L'affaire de Bordeaux » est la plus importante des affaires de ce genre « traitées » par les Allemands. Ce n'est pas la seule. A partir de l'automne 1940, les services d'Abetz et ceux de Rosenberg, qui se font d'ailleurs concurrence, rassemblent au Louvre, puis au Jeu de Paume, lorsque les salles prêtées se révéleront trop petites, 79 collections juives dont les plus fameuses ont nom : Alphonse Kahn, David Weill, Levy Benzion, Seligmann, Arthur Veil-Picard.

Ils ne se contentent pas de forcer les portes des châteaux de province où les juifs en fuite ont caché leurs richesses.

Dans les coffres de la Banque de France, les « collectionneurs » de Rosenberg saisissent 75 tableaux que leur propriétaire, Mlle Wesserman, avait cependant légués à l'Etat Français !

Ce n'est pas tout... Ce n'est jamais tout.

Lorsque, le 15 juillet 1944, Robert Scholz, bereichsleiter, chef du groupe spécial pour la peinture, rendra compte de la façon dont le décret du Führer du 17 septembre 1940

(1) La loi du 23 juillet 1940 prévoyait, en effet, dans un délai de six mois, la liquidation au bénéfice du Secours National des biens séquestrés. Par lettre du 14 décembre 1940 et notes des 28 février et 25 juillet 1941, le gouvernement français (ministère des Finances) protesta vainement contre le détournement des biens juifs.

Les Allemands, lorsqu'ils daignèrent répondre, notamment le 3 novembre 1941, eurent ces mots d'un cynisme cruel. Ces mots du chef de bande à ses complices :

« Le gouvernement français invoque à tort la disposition selon laquelle les biens de ces juifs ont été, pour la plus grande part, après le retrait de la nationalité française, saisis et mis à la disposition du Secours National. Cette possibilité de disposer des biens juifs, l'Etat Français ne l'a pas acquise de son propre pouvoir, il ne l'a obtenue que par la victoire des armées allemandes... C'est pourquoi il n'a aucun droit de protester contre les mesures que le Reich, en sa qualité de vainqueur, applique contre les juifs. »

« concernant la saisie d'œuvres d'art abandonnées, anciennement propriétés juives » a été exécuté, il dressera un stupéfiant bilan qui comprend, notamment, 5.821 peintures, 2.477 meubles de valeur historique, 583 Gobelins. Au total 21.903 œuvres d'art !

Encore ce recensement n'est-il pas complet, précise Scholz, à la veille de la débâcle allemande en Normandie, car « les saisies à l'Ouest ne sont pas achevées ». Elles n'étaient même pas terminées lorsque les premiers éléments de la division Leclerc arrivèrent en gare d'Aulnay-sous-Bois, assez tôt pour arrêter 31 wagons chargés d'œuvres d'art !

Pour transporter ces milliers de tableaux, où se trouvent des Rubens et des Watteau, des Rembrandt et des Fragonard, des Van Dyck et des Renoir, des milliers de statues, de faïences, de majoliques, de céramiques, il a fallu 137 wagons.

Pour les déballer en Allemagne, six abris.

Pour les entreposer, quatre châteaux.

★

Tous les juifs n'ont pas un Renoir dans leur salle à manger, mais tous possèdent des meubles. Et certains, des bijoux, des fourrures, des montres en or, des appareils photos. Avec les mois qui passent, du Matisse et du Picasso, la rafle descend à l'infiniment petit : chaussures, vaisselle, couvertures, pull-overs et cache-nez...

On commence par emporter le mobilier des juifs absents de Paris. En mars 1942, l'entreprise de déménagement Bedel reçoit l'ordre de mettre un certain nombre de camions à la disposition des autorités d'occupation. Les meubles seront entreposées à Boulogne-Billancourt ou chez Lévitan. De là, on les évacuera sur l'Allemagne (40.000 tonnes de meubles transportées au 3 octobre 1942) pour les mettre, partiellement, à la disposition des sinistrés.

C'est ce que Rosenberg et ses services appellent « l'action M ».

Lorsque ces déménagements ont lieu, il y a bien longtemps déjà que les juifs ont été dépouillés de leurs entreprises et magasins et qu'ont surgi ces affiches jaunes « Judisches Geschaeft », « Entreprise Juive », qui, dans certaines rues commerçantes, surprennent les Parisiens par leur nombre. La maroquinerie, la confection pour dames (sur 232 adhérents au Syndicat, 30 seulement seraient aryens), le commerce de tissus sont en grande partie aux mains de juifs (1).

Prétexte à étonnement, puis bien souvent à jalousie, ces « Judisches Geschaeft », que des boutiquiers anciens combattants entourent parfois de leurs décorations et citations, seront également prétexte à histoires drôles.

Elle est née, sans doute, entre deux boutiques juives, l'histoire de ce magnifique aviateur allemand qui, suivant une belle Parisienne, l'aborde enfin et tente de lui murmurer un « Promenade Mademoiselle... » déjà plein de tendresse. La belle se retourne et lance pour toute réponse un vengeur « Judisches Geschaeft »...

Recensées, les entreprises juives sont ensuite dotées d'administrateurs provisoires. Mais l'aryanisation est complexe à réaliser. Favorisée par les Allemands et par certaines autorités de Vichy, encouragée par quelques aigrefins qui voient, dans ces nouveaux biens nationaux, matière à s'enrichir, elle est retardée par les mille et une astuces juridiques qui naissent de l'esprit inventif des propriétaires. Ne désespérant pas de l'avenir, ils font traîner les choses en longueur et, grâce à des complaisances aryennes, effectuent bien souvent des ventes fictives. De son côté, l'administration ferme parfois les yeux, ce qui est une manière comme une autre d'aider à la dissimulation des biens juifs.

Au début de 1942, 50 % des 3.000 affaires juives existant en zone libre ont été pourvues d'administrateurs provisoires. En zone occupée, le pourcentage est moins élevé encore. Sur 26.570 entreprises juives, le sort de 22.030 d'entre elles n'est pas encore réglé...

Ces affaires — quelques-unes géantes — ont fait lever d'immenses appétits. Et, chaque matin, le commissaire aux questions juives, ses adjoints régionaux et. plus encore peut-être, le redoutable et ridicule capitaine Sezille, secrétaire général de l'Institut des questions juives de la rue de La Boétie, dépouillent un énorme courrier de délations à peine anonymes (2).

(1) Si l'on en croit une statistique du Commissariat général aux questions juives, les juifs possédaient 37 % du commerce des meubles ; 39 % de la ganterie ; 45 % de la bijouterie ; 60 % du commerce de tissus ; 67 % du commerce de chiffons ; 68 % des magasins de chaussures, 70 % des magasins de maroquinerie et 81 % de la confection.

(2) Le commissariat aux questions juives a été créé en 1941 par Vichy (loi du 29 mars 1941), à l'instigation de l'Ambassade d'Allemagne. Le commissaire général voyait sa mission ainsi définie dans l'article 2 de la loi :

« 1°) Préparer et proposer au chef de l'Etat toutes mesures légis-

★

Qui dénoncer ? Tous ceux dont on est jaloux, dont on veut la place ou la boutique, l'appartement ou la maîtresse, le bout de terre ou le poste de radio, l'usine ou le jambon. On entre dans une ronde affreuse où les danseurs piétinent dans la boue (1).

M. R. C..., qui habite boulevard Diderot, veut-il acheter, à bon prix, un magasin de meubles situé boulevard Barbès, magasin qui lui est disputé par un concurrent mieux en cour auprès du propriétaire juif ? Il exprime ses craintes au commissaire aux questions juives.

« *M. F... est l'amant d'une juive autrichienne expulsée d'Allemagne avec laquelle il vit depuis plus de six ans.* »

Que voilà une bonne raison, n'est-ce pas ?

Lettres de commerçants jaloux. Lettres de paysans.

Fontenay-en-Parisis, le 16 *janvier* 1943.

Monsieur,

Je vous préviens que je cultive deux petites pièces de terre sur le territoire de Ch... (S.-et-O.) appartenant à M. D..., que je pense qu'il fait partie des sujets juifs, je crois que vous ferez le nécessaire.

Simple billet envoyé anonymement : « *Trois juifs russes se cachent dans une villa :* 238, *avenue des Grands-Ports, à Aix-les-Bains (Savoie). Les trois frères.* »

Que veut-on obtenir de ceux-là ? La peau ? La villa ? Quelque argent ? Car les dénonciateurs, lorsqu'ils se font connaître, touchent de petites sommes (Roethke propose,

---

latives relatives à l'état des juifs, à leur capacité politique, à leur aptitude juridique à exercer des fonctions, des emplois, des professions.

2°) Fixer, en tenant compte des besoins de l'économie nationale, la date de la liquidation des biens juifs dans les cas où cette liquidation est prescrite par la loi.

3°) Désigner les administrateurs séquestres et contrôler leur activité. »

Au début, le C. G. Q. J. était rattaché à la vice-présidence du Conseil (Darlan) ; puis Laval le plaça directement sous son autorité (loi du 6 mai 1942) dans l'espoir, Vallat étant parti, d'en modérer les excès.

En mars 1941, Abetz avait dressé une liste de candidats possibles au poste de commissaire (Léon de Poncins, Bernard Fay, Darquier de Pellepoix, Montandon, Bucard, Céline, etc.) ; puis, le gouvernement allemand laissant Vichy libre de son choix, Xavier Vallat fut nommé.

Vallat, manquant de souplesse, fut remplacé assez vite par Darquier de Pellepoix auquel succéda Antignac.

(1) C'est volontairement que je ne donne pas les références des lettres de dénonciation qui suivent ; mais elles sont, malheureusement, toutes exactes, et il aurait été facile d'en citer d'autres encore.

en 1943, de donner 100 francs par juif dénoncé, 100 francs, le prix de deux paquets de cigarettes au marché noir), mais un dénonciateur de Nice touche 4.700 francs pour avoir « donné » cinq enfants.

On ne connaît pas toujours les mobiles qui animent le dénonciateur.

Le milieu, la sottise, la soif de vengeance, le passé antisémite, l'échec commercial, la lâcheté, le désespoir parfois, étranges raisons d'étranges démarches.

Elles ne sont pas belles toutes ces âmes entrevues à travers des lettres anonymes.

18 *janvier* 1943.

Monsieur le commissaire,

Je demeure dans une maison habitée par des juifs qui avaient été prévenus deux heures avant la rafle qui avait bien eu lieu sans résultats. Ils étaient partis mais avant ils avaient eu le temps de remettre toutes leurs fortunes, bijoux, argent, étoffes, marchandises de toute sorte à la concierge, cette concierge n'a pas su le garder pour elle, elle s'en est vanté peut-être parce qu'elle savait que l'on avait vu de nouvelles choses dans sa loge (exemple : deux beaux dessus de lit de soie et duvets...).

Mme S..., rue des Tournelles.

Lettre des Amis antijuifs, qui réclament du capitaine Dannecker la séparation totale, dans les écoles et lycées, des enfants juifs et non juifs, l'interdiction pour les juifs de se servir des vélos-taxis dont les conducteurs sont aryens et de se faire cirer les chaussures par des aryens.

Lettre de Fernand F..., rue Saint-Luc, à Paris, suggérant que les juifs, hommes, femmes, enfants, soient expédiés en Italie, entre les troupes de Kesselring et celles de Montgomery !

Lettre d'un habitant d'Epinal, P. B., qui, le 27 avril 1941, dénonce un juif examinateur des permis de conduire : « *Il ne semble pourtant pas admissible que les aryens soient soumis au bon vouloir d'un israélite.* » Vengeance de recalé ou cri du cœur d'un vieil antisémite ? Qui dira jamais ?

Lorsqu'un fossoyeur du Père-Lachaise dénonce un autre fossoyeur ; lorsqu'un médecin de Goult-Lumière, dans le Vaucluse, dénonce un autre médecin ; lorsqu'un commerçant de Neuilly dénonce deux boutiquiers concurrents et ajoute : *L'histoire des* 5.000 *juifs envoyés dans des camps de concentration, c'est une rigolade. C'est* 100, 200, *c'est*

500.000 *qu'il faut envoyer là pour qu'ils y crèvent tous ;* lorsque *Au Pilori* ou *L'Appel* donnent l'adresse de « créatures dont la place est à Drancy » ; lorsque *Je suis Partout* regrette que l'on n'ait pas encore fusillé Mandel, alors, du moins, les choses sont claires et les sentiments aussi.

Mais quel aiguillon terrible a poussé ce juif de la rue Bréguet, dans le 11ᵉ, à dénoncer d'autres juifs ? Il avait été interné à Drancy. Providentiellement libéré, revenu chez lui, il tremblait à la pensée que les persécutions de nouveau, pourraient s'abattre sur ses faibles épaules et, pour les détourner, n'hésitait pas à réclamer un régime qui, faisant régner la vertu, ne frapperait que les méchants.

« *Débarrassez-vous,* écrit-il, après avoir signalé quelques juifs spécialistes du marché noir, *débarrassez-vous de ces gens qui contaminent les autres familles juives honnêtes qu'on emmène à Drancy.* »

Il y a plus affreux encore.

★

Amoureux de la jeune Annette Z..., née à Nancy, le 6 octobre 1921, Jean J..., étudiant parisien en philosophie, a l'intention de l'épouser. Mais les parents de Jean s'opposent à cette union. De toutes leurs forces de parents sages, prudents, bourgeois, ils veulent l'éviter. Pour le bien et pour l'avenir de leur fils. Car Annette a commis le péché mortel. Annette est juive. Les deux adolescents s'entêtent.

On imagine les interminables discussions familiales.

— Mais, papa, puisque je l'aime, c'est sans importance qu'elle soit juive.

— Alors, tu te promèneras avec une juive, une femme qu'on pourra marquer d'une étoile.

— Je le fais bien déjà.

— Ce n'est pas mieux. Tout le quartier est au courant naturellement. Crois-tu échapper si facilement à l'arrestation ? Ah ! nous mourrons de douleur. Et ma clientèle, y as-tu songé (le père de Jean est médecin) ? Si vous avez des enfants, que se passera-t-il ? Des petits-enfants demi-juifs... le déshonneur de la famille !

— Tu sais, papa, l'Allemagne n'a pas gagné la guerre, bientôt...

— Regarde donc où ils sont, en Russie. Ce ne sont pas tes Anglais qui nous délivreront.

— Ecoute, papa, c'est tout réfléchi. J'épouserai Annette pour la Pentecôte.

Que se passe-t-il alors ? Il semble bien que l'autorité allemande ait été mise au courant puisque, dans une lettre du 23 mai 1942, Dannecker signale à Darquier de Pellepoix les embarras de cette malheureuse famille aryenne. N'écoutant que son bon cœur, Dannecker est intervenu.

Par conséquent, j'ai ordonné, comme mesure préventive, l'arrestation de la juive Z... et son internement dans le camp de la caserne des Tourelles.

Il s'agit là d'un cas entre beaucoup d'autres. Je pense bien que, surtout à l'heure actuelle, les juifs s'efforcent d'entrer dans des milieux non juifs, parce qu'ils croient, de cette manière, pouvoir obtenir un traitement plus clément.

Mais la sûreté politique de la zone occupée exige d'empêcher également ces tentatives juives de camouflage.

En conséquence, je vous suggère de mettre fin, le plus tôt possible, à toutes ces tentatives par une loi française.

Je vous prie de me faire connaître votre manière de voir (1).

Annette ne va pas immédiatement aux Tourelles comme Dannecker en a donné l'ordre. Elle reste quelques jours (du 23 mai au 10 juin) au dépôt de la préfecture de police. Jean, bouleversé, s'est précipité au commissariat, a supplié son père, promis de renoncer à Annette, qu'il accepte de perdre pour mieux la sauver.

« *Les deux futurs*, ajoute la note de la police française, que j'ai retrouvée, *ont déclaré par écrit renoncer à tout projet d'union, conformément au désir du docteur J... qui avait souhaité qu'ils en fussent dissuadés et que la jeune Z... fût simplement remise à sa famille, sans être aucunement inquiétée.* »

Mais l'on ne dérange pas Dannecker pour rien ! Protecteur d'une famille aryenne désespérée par l'éventualité d'une mésalliance, il est, avant tout, protecteur de la race. Du dépôt, Annette est conduite aux Tourelles où elle ne reste que onze jours. Et le 22 juin, elle est transférée dans un camp de concentration allemand.

Ainsi s'achève l'histoire de Roméo et Juliette en 1942.

---

(1) Le 3 juin 1942, Galien, chef de cabinet de Darquier, répond à Dannecker qu'un nouveau projet de loi est à l'étude au commissariat aux questions juives, projet de loi interdisant notamment tout mariage entre aryens et juifs. Mais Darquier de Pellepoix ne se fait pas d'illusions sur les résistances qu'un tel projet va rencontrer à Vichy.

Dans l'histoire d'Annette Z..., c'est volontairement encore que j'omets de citer les références.

★

Les Tourelles, Drancy, Compiègne, Pithiviers, Beaune-la-Rolande, Poitiers, Gurs, Rivesaltes, Vernet, Noé, Recebedou, Ecrouves, les Milles, autant de noms qui, pour les juifs étrangers et français, sont des stations sur le chemin de l'Allemagne, autant de noms dont nous avons parlé au chapitre de « la vie dans les prisons ».

Camps où l'on reste plus ou moins longtemps, où l'on est plus ou moins bien traité, où le marché noir sévit toujours, camps où les vieillards et les enfants meurent de faim, mais où l'on organise tout de même des fêtes qui débutent par la *Marseillaise* et au cours desquelles la courageuse Mlle Oettinger chante, devant un parterre de futurs déportés, *Tout va très bien, Madame la Marquise*, puis *L'amour a passé près de vous* (1).

Camps de zone occupée, assez rapidement transférés sous contrôle allemand, camps de zone libre où la discipline est moins sévère, mais la faim aussi grande. Les Allemands ont là, d'ailleurs, une réserve toute prête où ils savent pouvoir puiser à l'occasion et qu'ils vont visiter de temps à autre.

Ainsi Dannecker et son adjoint Heinricsohn, accompagnés de Schweblin, directeur de la police antijuive en zone occupée, font-ils, du 11 au 19 juillet 1942, un voyage d'inspection en zone libre. Ils se montrent très satisfaits de leur visite aux futurs déportés. Seul incident notable : à Périgueux, un Alsacien, du nom de Spitzer, a crié, à deux reprises sur leur passage : « Sales Boches ». Schweblin a arrêté Spitzer et le préfet de la Dordogne a présenté ses excuses !

Dans les camps de Vichy, la population est presque tout entière composée de juifs étrangers, juifs de seconde zone envers lesquels presque personne ne se croit de devoirs. Un juif étranger, c'est deux fois moins qu'un juif et on verra, en février 1943, un préfet de police français s'opposer à la déportation de juifs français, arrêtés pour infraction au port de l'étoile, et proposer, *à leur place*, 1.300 juifs de nationalité étrangère que ses services rassemblent au cours d'une rafle.

Les Allemands ont le mot de la fin : « *Il va sans dire que*

---

(1) Cet exemple est emprunté au camp de Recebedou où une matinée artistique eut lieu le 11 janvier 1942.

les deux catégories de juifs, dans ce cas, vont être déportées (1). »

En 1943, l'époque des « distinguo » est, pour eux, révolue.

Mais, en attendant qu'étrangers et Français soient entraînés dans les mêmes wagons, vers les mêmes camps, ce sont les juifs étrangers qui, par Vichy ou la police allemande, souffrent les premiers des rigueurs du régime concentrationnaire (2).

★

En zone occupée, la première rafle organisée a lieu le 20 août 1941 (3). Vers quatre heures du matin, policiers français et allemands cernent le XIe arrondissement, montent les escaliers, frappent aux portes, réveillent les dormeurs, écoutent les doléances des hommes, les pleurs des femmes et des enfants, pressent le mouvement, parce que ça ne va jamais assez vite : « Allons, pressons, pressons », et que beaucoup veulent se débarrasser au plus vite d'une tâche honteuse. Gestes qui se répéteront bien des fois dans les années qui viennent.

Plus tard, devant la mauvaise volonté de ces agents, qui se laissent parfois aller jusqu'à avertir leurs victimes, la veille de l'arrestation, la préfecture de police établira un petit manuel « *à l'usage des équipes chargées de l'arrestation* (4). »

Silence. Discrétion. Amour des bêtes et crainte des fuites de gaz.

Tout est indiqué en quelques lignes.

1°) *Gardiens et inspecteurs, après vérification d'identité des juifs qu'ils ont pour mission d'arrêter, n'ont pas à discuter les différentes observations qui peuvent être formulées par eux...*

2°) *Ils n'ont pas à discuter non plus de l'état de santé.*

---

(1) Rapport du 12 février 1943 envoyé à l'Office Central de Sûreté du Reich.

(2) En septembre 1940, déjà, 50.000 juifs étrangers sont enfermés en Z. N. O. dans des camps, cependant que 35.000 sont enrégimentés dans les compagnies de Travailleurs Etrangers où ils formeront les Compagnies Palestiniennes de rendement médiocre.

(3) Le 14 mai 1941, 1.061 juifs étrangers (apatrides pour la plupart) avaient été convoqués au gymnase Japy. Ils s'y rendirent croyant qu'il s'agissait de quelque nouvelle mesure de recensement et furent envoyés au camp de Beaune-la-Rolande.

(4) Un rapport de police estime qu'au moment des grandes rafles de juillet 1942, 2.000 juifs — rien que dans le XVIIIe arrondissement — purent s'enfuir après avoir été prévenus de l'action imminente.

Tout juif à arrêter doit être conduit au centre primaire.

3°) *Les agents chargés de l'arrestation s'assureront, lorsque tous les occupants du logement sont à amener, que les compteurs à gaz, de l'électricité et de l'eau sont bien fermés. Les animaux sont confiés à la concierge...*

5°) *Tout juif arrêté devra se munir :*

a) *De sa carte d'identité et de tous autres papiers d'identité et de famille jugés utiles ;*

b) *De ses cartes d'alimentation, feuilles de tickets et cartes de textile.*

Mais, lorsque ce petit manuel paraîtra — dans les derniers jours de 1943 — policiers français et allemands auront déjà un rude entraînement.

Après les juifs étrangers, les juifs français.

Le 12 décembre 1941, au petit matin, des feldgendarmes, suivis de gardiens de la paix, font irruption au domicile de plusieurs centaines d'israélites choisis parmi les plus connus ou les plus riches : universitaires, financiers, médecins, commerçants, que l'on va prendre comme otages. Le feldgendarme agit en vertu d'un ordre tapé à la machine. Le gardien de la paix explique à l'israélite qu'il dispose de quinze minutes pour s'habiller et qu'on lui recommande de prendre avec lui un peu de nourriture, un peu de linge, une couverture, ses pièces d'identité et, naturellement, ses cartes d'alimentation. Avec sincérité — car il ignore la suite — l'agent ajoute qu'il s'agit sans doute d'une vérification d'identité.

— Alors, pourquoi prendre des provisions ?

— Il vaut mieux prévoir, n'est-ce pas ? On ne sait jamais, avec « eux ».

C'est ainsi que l'on arrête René Blum, le frère cadet de Léon Blum. Directeur des Ballets de Monte-Carlo, René Blum, en juin 40, donnait des représentations aux Etats-Unis. Il crut de son devoir de regagner la France et trouva la mort en Allemagne.

C'est ainsi que l'on arrête le docteur Jacques-Charles Bloch. Depuis la veille, il hébergeait son confrère, le docteur Chauvenet, qui venait d'échapper miraculeusement aux poursuites de la Gestapo.

A 5 heures du matin, coup de sonnette qui réveille Chauvenet. Il n'a pas besoin de s'habiller : comme il fait très froid, il a dormi avec son pardessus et, déjà, il songe aux ennuis que sa présence va causer aux Bloch.

Mme Bloch, qui ouvre précipitamment la porte et lui dit :

« Chauvenet, on vient vous arrêter », le confirme dans ses craintes.

Mais, quelques secondes plus tard, elle reparaît :

— Ce n'est pas pour vous, c'est pour Jacques-Charles.

Chauvenet se précipite et trouve Jacques-Charles Bloch aux prises avec un soldat allemand.

— Je vais m'occuper de lui, souffle Chauvenet ; pendant ce temps, vous pourrez fuir.

— Ce n'est pas la peine, répond Bloch, je viens de m'empoisonner.

Et paisiblement, pour ne pas inquiéter davantage sa femme, il rassemble couverture, nourriture, linge de corps, papiers d'identité, bref tout ce qu'il faut pour un long voyage, et s'éloigne en compagnie du soldat allemand. Mais à peine l'ascenseur a-t-il touché le rez-de-chaussée, Jacques-Charles Bloch s'affaise dans les bras de Chauvenet.

Et c'est ainsi que l'on arrête le chanteur Ritch. Dans la nuit, les Allemands n'avaient pu saisir les 750 otages désirés. Ils poursuivent donc leurs recherches au cours de la journée. Ritch et son frère avaient rendez-vous place de l'Etoile avec un israélite français. A l'heure convenue, ils cherchent vainement leur ami, puis l'aperçoivent enfin dans un autobus à moitié vide. Intrigués, ne devinant pas la signification de ses gestes mystérieux, ils s'approchent, atteignent l'autobus, en gravissent les marches et ne comprennent que trop tard, lorsqu'un Allemand en civil, après leur avoir courtoisement demandé leurs papiers, les invite à prendre place.

Ritch, son frère et les prisonniers de l'autobus sont conduits à l'Ecole militaire où les victimes de la nuit terrible se trouvent déjà, bavardant, se lamentant, songeant à toutes les affaires qu'ils n'ont pas réglées, soupesant les démarches nécessaires à leur libération et se demandant, sans trop d'inquiétude encore, si tous ces amis aryens, collectionnés au cours d'une existence souvent parfaitement « assimilée », vont pouvoir intervenir à temps pour les sauver.

Mais le soir vient sans apporter la libération tant espérée. Il fait froid. Lorsque les portes s'ouvrent, c'est pour laisser passer de nouveau les autobus. Direction la gare du Nord. Là, encadrés de policiers, réduits déjà à la condition de bétail humain, ayant peur, ayant faim, les vêtements déchirés, la barbe salie, les souliers poussiéreux, humiliés, ces hommes sont entassés dans des wagons où se trouvent déjà 300 juifs retirés de Drancy. En leur compagnie, ils sont conduits à Compiègne où ils pourriront tout l'hiver. Au printemps, plus de la moitié d'entre eux partiront pour l'Allemagne.

★

En décembre 1941, les juifs ne portaient pas encore l'étoile. Il leur était donc relativement facile d'échapper. Mais, un mois après la publication de la huitième ordonnance, on découvre que l'étoile n'est pas faite uniquement pour attirer l'attention, les sarcasmes ou la sympathie des badauds.

Les terribles rafles des 16 et 17 juillet 1942 ravagent la colonie juive étrangère de Paris.

Voici la lettre d'un témoin (1).

Cher Ami,

Je profite d'une occasion pour vous mettre au courant de ce qui s'est passé chez nous pendant les derniers huit jours. Dans la nuit de mercredi à jeudi — une véritable Saint-Barthélemy — 15.000 juifs environ, hommes, femmes et enfants de nationalité polonaise, réfugiés, russes et indéterminés ont été arrêtés. De 6 à 7.000 hommes et femmes sans enfants ont été dirigés à Drancy, le reste, 8.000 environ, au Vélodrome d'Hiver. Des scènes déchirantes ont eu lieu un peu partout. Dans les maisons où j'ai passé cette nuit, la police a enfoncé les portes de deux appartements : l'un était vide ; dans l'autre, on a découvert une femme avec trois enfants qui ont été enlevés.

On emmenait des enfants malades de rougeole... et ils ont été entassés pêle-mêle avec d'autres enfants dans les autobus (2).

---

(1) D'après la circulaire 173-42 de la préfecture de police (13 juillet 1942), les mesures d'arrestation concernaient les juifs allemands, autrichiens, polonais, tchécoslovaques, russes et apatrides.

La circulaire prévoit que les permissions seront suspendues dans la police du 15 juillet à 21 h. 30 au 17 à 21 h. 30 ; elle prévoit également le nombre total d'équipes d'arrestation à constituer pour chaque arrondissement.

Il y en a 152 dans le Xe, 246 dans le XIe et 255 dans le XXe où l'on prévoit respectivement 2.594, 4.235 et 4.378 arrestations.

Pour le transport des personnes arrêtées, la circulaire annonce que la Compagnie du Métropolitain enverra un certain nombre d'autobus : 3 pour le Xe arrondissement, 7 pour le XIe, 7 pour le XXe.

(2) Je cite une action, celle des 16 et 17 juillet 1942. On pourrait en raconter bien d'autres, notamment celle du vendredi 22 janvier 1943 qui eut Marseille pour théâtre.

Arrêtés dans la nuit, des centaines de juifs, dont bon nombre de femmes et d'anciens combattants, furent conduits à la prison des

15.000 juifs arrêtés, dit l'auteur de la lettre, et c'est bien le chiffre qui court Paris. Il approche la vérité, puisque 12.884 personnes ont été emprisonnées ce jour-là.

Mais les Allemands réclamaient 32.000 israélites, et Darquier de Pellepoix, commissaire aux questions juives, se fait aussitôt l'écho de leur déconvenue dans une lettre adressée à Laval.

Si les Allemands ont manqué la moitié du troupeau, les conditions d'existence au Vel'd'Hiv dépassent bien tout ce qu'il est possible d'imaginer. 10.000 juifs sont confondus dans cette Babel de la douleur ; les hommes et les femmes ne parlent pas la même langue, ne se connaissent pas, traînent de pauvres hardes, ne savent où aller pour échapper aux coups, pour faire leurs besoins, pour satisfaire leur faim.

On reste assis sur les gradins et l'on garde près de soi la valise de la dernière minute ; mais des tourbillons se forment dans cette masse humaine, un pied bouscule la valise dont le contenu s'échappe et glisse de marche en marche.

Il fait chaud et l'eau est tout de suite rationnée.

L'espoir aussi. Les juifs qui sont ici savent qu'on ne les libérera pas. Ce sont pour la plupart de pauvres gens : tailleurs en chambre, petits commerçants, fripiers. Quelques dames de la Croix-Rouge, que les hurlements de cette foule apeurée alertent bien avant l'entrée, circulent à travers cette masse humaine. Elles versent un peu de café ersatz et reçoivent des messages.

Il y a six W.C. dans tout l'édifice.

Les heures passent monotones, lamentables, exaspérantes.

Jour, nuit, un jour encore et une nuit.

Des juives appellent à grands cris la mort.

La mort viendra.

D'autres se pelotonnent sur la piste. D'autres dorment sur l'épaule de leur voisin.

La mort viendra aussi.

Les enfants eux-mêmes ne seront pas épargnés. Séparés un jour de leurs parents, on les mêlera *dans des proportions officiellement déterminées* (de 300 à 500 enfants juifs pour 700 adultes) à des juifs inconnus qui viennent de zone libre et passent quelques jours ou quelques heures

---

Baumettes. On ne leur laissa même pas le temps de se vêtir convenablement. Après avoir passé la journée du samedi en cellule, les prisonniers furent conduits le dimanche matin à la gare, entassés à soixante par wagon de marchandises et, de là, dirigés sur Drancy, puis sur l'Allemagne.

à Drancy, avant de reprendre leur élan vers l'Allemagne.

On les pourchassera. On livrera assaut aux maisons qui les abritent. Et l'on emploiera le langage militaire pour narrer ces exploits « *Ce matin, maison d'enfants juifs, colonie d'enfants à Izieu* (*Ain*) *a été enlevée.* 41 *enfants au total, âgés de* 3 *à* 13 *ans, ont été capturés... Le transport à Drancy aura lieu le* 7 *avril* 1944 ».

Après trois ou quatre jours (c'est le cas des enfants du Vel'd'Hiv), on les arrache à leurs parents. Rassemblés à Drancy, enfermés à cent par chambrée, vivant d'une soupe aux choux qui leur donne de terribles coliques, ils souillent leurs vêtements et leur paillasse. Comme le savon fait défaut, quelques femmes de bonne volonté doivent laver à l'eau froide ce linge sale et puant. En attendant qu'il sèche, les gosses, presque nus, grelottent et pleurent.

Les enfants qu'ils ont arrêtés dans les bras des parents ne suffisent pas aux Allemands. Ils veulent tous les autres.

Ceux qui viennent de naître — et on les verra se lancer à la poursuite d'un bébé de huit mois — comme ceux qui ont été confiés à des œuvres catholiques ou protestantes.

Ils vont plus loin encore. Ils proposent que, lors de l'arrestation d'un juif, tous les membres de sa famille soient invités par l'Union générale des israélites de France à se livrer volontairement (1).

Le S. S. Hauptsturmführer Brunner, très fier de son idée,

(1) L'Union générale des israélites de France (U. G. I. F.), dont nous n'avons pas encore parlé, fut instituée par Vichy à l'instigation des Allemands — mais non dans la forme qu'ils désiraient — par la loi du 29 novembre 1941.

L'Union avait pour objet « d'assurer la représentation des juifs auprès des pouvoirs publics, notamment pour les questions d'assistance, de prévoyance et de reclassement social ».

Dans la pratique, les Allemands tentèrent très vite de faire collaborer l'U. G. I. F. (comme ils l'avaient fait en Pologne, avec d'autres organisations) à la lutte contre les juifs.

A leurs yeux, l'U. G. I. F. était l'administration du futur ghetto français, elle avait, pour eux, l'avantage de soutenir les illusions des juifs français, de recenser de nombreux juifs et de semer le trouble à l'intérieur même du judaïsme.

En effet, le rôle de l'U. G. I. F., dont la plupart des membres se cantonnaient dans le service social et avaient à leur actif beaucoup d'actes charitables, voire héroïques, fut vivement critiqué, avant et après la Libération, par certains juifs qui regrettaient amèrement que des juifs (même avec les meilleures intentions du monde) aient pu, sinon collaborer, du moins *assister, autrement qu'en prisonniers,* à la déportation de leurs frères.

C'est ainsi que *Notre Voix,* journal juif clandestin s'élève dans son numéro du 15 février 1944, contre « l'U. G. I. F., danger public pour la population juive ». Nous savons, certes, écrit l'auteur de l'article, qu'il n'y a pas que des traîtres dans les milieux dirigeants de l'U. G. I. F. [Mais]... la politique du « moindre mal », la politique soi-disant réaliste est, dans les conditions actuelles de la vie juive, une monstruosité historique. »

ajoute que les internés volontaires pourront, contrairement aux autres, emporter toutes leurs affaires, leur linge et leurs vêtements sans limitation de poids.

Comme l'idée n'a guère de succès, on verra bientôt des internés à brassard jaune du service d'ordre juif quitter *librement* Drancy pour aller chercher dans Paris et ramener au camp ceux dont les parents ont eu l'imprudence de livrer les noms. Il y a même d'odieux marchés. Une femme est libérée après avoir « donné » sept noms. Sept personnes de sa famille.

Dénonciations, arrestations, déportations. Sur les 350.000 juifs — français ou étrangers — qui vivaient en France en 1939, 150.000, dont 20.000 enfants, ont été déportés. Cinq ou six gosses .reviendront. Et 3.000 adultes.

★

Comment les juifs réagissent-ils devant ce chapelet de malheurs ? Ouvrent-ils un journal, ils se voient dénoncés par d'odieuses caricatures ou de graves articles « de fond », des expositions et des films leur sont consacrés et des affiches leur rappellent sans cesse que toute vie publique leur est interdite.

On les imagine aux aguets, immense famille de Levy, de Bloch, de Braun, de Weil, aux écoutes d'un tam-tam annonciateur de mauvaises nouvelles. Ils écrivent ou se téléphonent à mots couverts. Ils ressuscitent le vocabulaire des plus enfantins romans d'espionnage. « Cécile est tombée malade avec son fils. Ils sont dans la même clinique que Paul. »

Ils fuient ; mais, en fuyant Paris, ils prennent bien garde de rester dans le dernier wagon du métro, le seul auquel ils aient droit. Ils se cachent. Ils se mêlent à la population des campagnes dans un furieux espoir de mimétisme. Ils changent de nom et le collectionneur David Weil s'appelle Martin comme des milliers de Français. Ils voudraient changer de nez et de passé. Ils écrivent, écrivent, écrivent.

Avec une constance digne d'un meilleur sort, ils s'acharnent à écrire, comme si tant de raisons humaines, exposées dans un français parfois vacillant, pouvaient l'emporter sur l'inhumaine raison d'Etat. Et, parfois, cependant, leurs efforts sont récompensés.

Ils écrivent au maréchal Pétain, avec une confiance qui est réelle pendant les deux premières années du drame. Ils écrivent à de Brinon, au commandant du camp de Drancy, aux autorités allemandes.

On connaît la lettre de l'avocat Pierre Masse :

Monsieur le Maréchal,

J'ai lu le décret qui déclare que tous les israélites ne peuvent plus être officiers, même ceux d'ascendance strictement française.

Je vous serais obligé de me faire dire si je dois aller retirer leurs galons : à mon frère, sous-lieutenant au 36e régiment d'infanterie, tué à Douaumont, en avril 1916 *; à mon gendre, sous-lieutenant au* 14e *régiment de dragons portés, tué en Belgique en mai* 1940 *; à mon neveu, J.-F. Masse, lieutenant au* 23e *colonial, tué à Rethel, en mai* 1940.

Puis-je laisser à mon frère la médaille militaire gagnée à Neuville-Saint-Vaast, avec laquelle je l'ai enseveli ? Mon fils Jacques, sous-lieutenant au 62e *bataillon de chasseurs alpins, blessé à Soupir, en juin* 1940, *peut-il conserver son galon ?*

Suis-je enfin assuré qu'on ne retirera pas rétrospectivement la médaille de Sainte-Hélène à mon arrière-grand-père ?

Lettre cinglante autant qu'émouvante, comme écrite déjà pour la postérité, mais qu'éclipsent cependant, il me semble, toutes ces lettres de très pauvres gens sans défense devant le malheur et, certes, bien incapables de manier l'ironie.

Voici, par exemple, dans sa pauvre orthographe, la très belle lettre de Mme Wolff, 15, rue Keller, à Paris, dont on est venu arrêter le mari aveugle.

Paris, le 16 *décembre* 1941.

Monsieur le Maréchal,

Excuser moi de la liberté que je prend de vous écrire : car on nais venu me prendre mon mari qui est aveugle le 12 *vendredi. Esse notre faute si nous sommes juifs. Notre pay ces la France. Nous na vont pas dautre pays et prendre un homme inoffensif comme ils le font ces un crime. Ils nom qua se prendre à se qu'ils font du mal, mais se prendre a un aveugle sont des laches. Car nous sommes venu comme sa au monde et pour nous il y a que selle Dieu. Mais enfants sont mariés avec des crétiens et ils sont pas pour se la plus que nous car le Dieu des crétiens et se lui des juifs ces le même. Mais notre pays ces la France...*

Interné à Compiègne, le mari de Mme Wolff fut d'ailleurs, à la suite des démarches du cabinet du Maréchal, remis en liberté au début de mars 1942.

D'autres, beaucoup d'autres, ont moins de chance.

Voici un vieux juif, réfugié à Jarnac, qui expose le cas de ses deux fils qui « *ont étaient arrêtés au travail à des travaux très sales pour la ville et ils portaient des costumes très vieux, sans étoile de David, car nous sommes juifs français. Leurs femmes sont là chacune avec trois petits enfants. Car leurs deux fils ont étaient arrêtés également, l'un de 18 et l'autre de 25 ans. Aussi, je m'adresse à vous, monsieur le Maréchal, pour que vous leur faîtes grâce, car jamais de la vie ils avaient une heure de prison. Et tous mes deux fils étaient soldats français, mobilisés dans cette guerre. Aussi, monsieur le Maréchal, je vous prie moi comme vieillard de 83 ans mon seul désir est de revoir mes enfants ainsi que mes petits enfants.*

Antignac, commissaire général aux questions juives, envoie au vieillard la réponse-circulaire, effroyable de sécheresse, que reçoivent le plus souvent les quémandeurs.

Monsieur S. Koetzler
JARNAC, près COGNAC
(Charente)

Monsieur,

La délégation générale du gouvernement français dans les Territoires Occupés me communique, le 22 avril courant, votre lettre en date du 4 avril, par laquelle vous attirez l'attention de Monsieur le Maréchal de France, chef de l'Etat Français, sur le cas de vos deux fils internés comme juifs.

J'ai l'honneur de vous informer que les autorités d'occupation nous ayant invités à ne plus leur soumettre des interventions de cet ordre, il ne m'est pas possible de donner une suite favorable à votre requête.

On pourrait publier des milliers de ces lettres pitoyables et de ces réponses impitoyables. En voilà une encore. L'immensité de l'espoir humain vient, une nouvelle fois, se briser contre la cruauté.

Lettre adressée, le 17 septembre 1942, au commandant du camp de Drancy, par Mme Zajac :

Monsieur le Commandant,

Je compte sur votre extrême bonté pour dire à mon mari que je viens d'accoucher de mon sixième enfant, et c'est un garçon que j'ai appelé Robert, après un accouchement très long et douloureux.

Avec mes remerciements, recevez, monsieur le Commandant du Camp, mes salutations très distinguées.

Pauvre Mme Zajac. Elle écrit le 17 septembre. Son mari a été déporté de Drancy trois jours plus tôt. Il roule vers l'Allemagne lorsque naît le petit Robert.

★

Les lettres ne suffisent pas : il faut fuir. Ceux qui habitent la zone côtière interdite sont expulsés d'ailleurs dans l'hiver 1940 et, depuis la gare de Bordeaux, conduits au camp de Monts, près de Tours.

Ceux qui sont en zone occupée gagnent la zone libre. Ils encombrent tous les villages frontières où des organisations juives ont loué pour eux des chambres et pris des accords avec des hôteliers. Les plus pauvres ont dépensé leur dernier argent pour payer le passeur et restent tapis près de la ligne, au milieu de populations paysannes qui les regardent vivre avec étonnement, surprise et quelquefois hostilité. Les autres descendent vers la frontière suisse (1), vers Marseille, vers Cannes que Jean-Gabriel Domergue propose d'appeler Kahn (2), vers toutes les villes de la Côte d'Azur, ce qui permet au vieux Tristan Bernard, réfugié à Cannes, de faire encore un mot :

— Comment appelez-vous les habitants de Cahors, demande-t-il de sa voix nasillarde et paisible ?

— Les Cadurciens.

— Les habitants de Pont-à-Mousson ?

— Les Mussipontains.

— Les habitants de Juan-les-Pins ?

— ...

— Vous ne savez pas ? Eh bien, on les appelle les Is-ra-é-li-tes (3).

Avec moins d'esprit, les Allemands soulignent que « le

(1) En mars 1942, il y a dans la seule ville d'Annemasse 654 juifs recensés. Mais tous ceux qui passent ne vont plus à l'hôtel, s'abritent chez des coreligionnaires et restent inconnus pour la police.

(2) *Candide*, 24 juillet 1940.

(3) A la date du 15 mars 1942, il y a 12.717 juifs déclarés dont 7.554 étrangers dans le seul département des Alpes-Maritimes.

danger juif sur la Côte d'Azur est très grand ». Et le chef des questions juives en Z. N. O. écrit en mars 1942 : « *Toutes les affaires importantes de contrebande d'or, de capitaux, de diamants, de perles constatées par le service des douanes ont leurs tenants et aboutissants chez des juifs à Lyon, Marseille, Nice...* », tandis que son collègue de Marseille dresse, dans un rapport du 17 juillet 1942, la carte de la présence juive en zone libre :

« *Marseille est la plaque tournante du judaïsme... le centre de l'activité politique et commerciale des juifs de la zone non occupée. De Marseille, ils rayonnent sur Lyon, Vichy, Montpellier, Toulouse, l'Afrique du Nord. Il y a même dans un faubourg (Saint-Barnabé) un organisme chargé de la dispersion des juifs en Z. N. O. Leur influence se fait sentir à Aix, siège des Facultés, ensuite à Nîmes, puis Avignon. Sur la côte, depuis Cassis jusqu'à Saint-Raphaël, nombreux sont leurs postes d'observation, d'affût ; là, ils attendent l'occasion favorable, préparent leurs combines et vivent dans un confort qui fait scandale.* »

Aussi, lorsque, le 11 novembre 1942, les troupes allemandes envahissent la zone libre, c'est un nouveau remue-ménage dans la colonie juive en quête d'un autre abri. Où aller cette fois ?

L'Afrique du Nord ? Il n'en est pas question. L'Espagne est difficile à atteindre et l'occupation des rives de la Méditerranée met fin à l'activité de la H. I. C. E. M., cette société française d'émigration dont les fonds arrivaient des U. S. A., dont le siège social était, depuis juin 1940, fixé à Lisbonne et dont le bureau de Marseille avait réussi à faire partir près de 6.500 personnes en plus de deux ans vers des terres hospitalières. Toutes les portes paraissent fermées, sauf celles qui conduisent à plus ou moins longue échéance vers l'Allemagne, lorsque, soudain, le miracle se produit.

En juin 1940, l'Italie n'a occupé que les territoires conquis par les armes (rien : 800 km²). En novembre 1942, elle imite l'Allemagne et envahit à son tour l'ex-zone libre. Son domaine d'occupation s'étendra sur huit départements : Alpes-Maritimes, Var, Hautes-Alpes, Basses-Alpes, Isère, Drôme, Savoie, Haute-Savoie et, là, jusqu'à l'armistice signé par le maréchal Badoglio, les juifs persécutés trouveront leur meilleur refuge.

Menaces allemandes et prétentions vichyssoises s'avèrent également impuissantes à vaincre la charité italienne.

Comment expliquer pareille trêve dans la barbarie ? Par l'inexistence de la question juive en Italie, la pression de l'Eglise, le caractère bon enfant du peuple italien, l'absence de sympathie des militaires et fonctionnaires italiens pour leurs collègues allemands, sans doute, mais aussi, et avant tout, par la volonté de Mussolini.

Irrité par l'attitude philosémite des Italiens — attitude dont se prévalaient certaines autorités françaises —, ému par les nombreux « cas révoltants » ... de charité qu'on lui signalait, Hitler chargea Ribbentrop d'expliquer au Duce qu'il fallait « dans ces questions créer une situation claire », c'est-à-dire ajuster la position italienne sur la barbarie nazie.

L'entretien eut lieu le 25 février 1943. Il se termina sans conclusion et Ribbentrop dut se contenter des bonnes paroles du Duce.

Au ministre allemand qui lui affirmait que des mesures antijuives, prises par les autorités françaises, avaient été annulées dans la zone d'occupation italienne, Mussolini répondit, en haussant les épaules, que l'information était sans doute inexacte et qu'il devait s'agir d'une tactique française pour engendrer de regrettables incidents entre les Italiens et leurs alliés allemands.

Cependant, Ribbentrop était bien informé. Lorsque le préfet des Alpes-Maritimes avait décrété l'envoi en résidence forcée dans l'Ardèche (c'est-à-dire en zone occupée par les Allemands) des juifs étrangers résidant dans son département, les autorités militaires italiennes, prévenues par le consul général d'Italie à Nice (1), avaient averti le préfet qu'elles s'opposeraient, fût-ce par la force, à l'exécution de cette mesure.

Et, lorsque la police française de Nice voulut opérer des rafles devant le centre d'accueil du boulevard Dubouchage et devant les temples israélites, le colonel Mario Brodo posta des carabinieri devant ces endroits stratégiques avec l'ordre d'arrêter les policiers vichyssois qui inquiéteraient les juifs.

Les Italiens s'étant, dès leur arrivée en ex-zone libre, arrogé le droit de fixer seuls la politique à l'égard des juifs, cette politique allait être des plus libérales. En mars 1943, ils insistent même auprès du gouvernement français « *pour que les arrestations et internements effec-*

(1) Lui-même alerté par M. Angelo Donati, israélite de nationalité italienne qui rendit de tels services à ses coreligionnaires que les Allemands pouvaient écrire : « On peut dire que pratiquement la solution de la question juive dans la zone d'occupation italienne est assurée par les directives d'un juif, avec toutes les conséquences qui en résultent. »

tués par les préfets dans les départements [que l'armée italienne occupe] *soient annulés et que les personnes arrêtées et déportées soient libérées.* »

Non content de protéger les juifs italiens, puis les juifs étrangers, le gouvernement italien étendra même ses faveurs aux ressortissants juifs français, ce qui irrite les plus antisémites des fonctionnaires vichyssois, réjouit les autres et sert d'arme antiallemande à presque tous, puisque Laval lui-même en fait état pour s'excuser de ne pouvoir satisfaire à toutes les demandes allemandes.

Et s'il manquait à cette extraordinaire histoire des relations entre Italiens et juifs, le cri du cœur, le voici.

Un juif, réfugié à Grenoble, écrit, le 3 mai 1943 à M. Hans B..., passage du Jeu-de-Boules à Paris. La lettre a été interceptée par la police qui adresse le passage suivant au ministère de l'Intérieur.

« *Je suis à Grenoble ; parce qu'à Lyon ce sont les Allemands qui sont là et on ne sait ce qui peut nous arriver, tandis qu'ici ce sont les Italiens qui règnent et sont vraiment très chics avec nous.*

... Tu m'écris que tu voudrais venir ici, je le crois, car ici c'est la vraie Palestine, et on peut s'amuser comme dans le vieux temps. »

La vraie Palestine !

Les Allemands estiment qu'en juillet 1943, le cinquième des 270.000 juifs vivant encore en France sont concentrés dans les huit départements-refuges occupés par les Italiens. Les filières d'évasion vers l'Espagne ou la Suisse sont délaissées au profit de celles qui permettent de trouver un abri plus ou moins confortable à Cannes, à Nice, à Juan-les-Pins...

Mais tout s'effondre de nouveau.

Accueillie comme un signe avant-coureur de la défaite allemande, la capitulation de l'Italie a de graves répercussions sur le territoire occupé par l'armée Badoglio.

Les Allemands chassent et pourchassent leurs anciens alliés et, dès le 4 septembre 1943 — alors que l'armistice n'interviendra que le 8 — prévoyant le proche avenir, la Gestapo met sur pied ses préparatifs pour l'application des mesures antijuives en zone d'occupation italienne.

On murmure cependant que Nice restera sous domination italienne.

Alors, vers Nice, c'est la ruée. Ayant loué des camions, des autocars, des taxis, plus de 2.000 juifs qui vivaient à Megève et à Saint-Gervais se précipitent, chargés de bagages et d'espoir, vers Nice où ils rencontrent autour du Centre d'accueil du boulevard Dubouchage d'autres juifs, venus d'autres villes, avec la même folle espérance...

Les uns descendent vers Nice.

Et ceux de Nice, mis en route par d'autres bruits, frètent des taxis pour atteindre Saint-Martin-de-Vésubie où des centaines de juifs ont décidé de se joindre aux colonnes italiennes en retraite. Vers midi, le 8 septembre 1943, vieillards de 80 ans, femmes enceintes, parents traînant leurs enfants et traînant leurs valises, jeunes gens portant des sacs à dos commencent l'ascension de la montagne. La marche dure deux jours et deux nuits et ce n'est qu'à la fin de la seconde journée que les juifs errants abordent le village italien d'Entrelequa où les gendarmes les conduisent, et les portent parfois, vers des baraquements dont le sol a été jonché de paille fraîche.

Les plus solides, les plus jeunes sont arrivés vers 2 heures de l'après-midi, le 11 septembre. Les autres affluent encore par petits paquets jusqu'à minuit. A 6 heures du matin, alerte. Les Allemands approchent. Vite réveillés, à peine reposés, les pieds gonflés, le ventre creux, les huit ou neuf cents juifs reprennent la marche et s'abattent, comme un nuage de sauterelles, sur le petit village de Valdieri où, affamés, ils envahissent les magasins et, suivant le mot d'un témoin, « dévorent tout ce qui leur tombe sous la main ». Comme, à la fin du jour, les Allemands ne sont pas annoncés, ils s'installent dans ce bonheur précaire : les uns ont déniché une chambre, les autres un coin de grange, une place chaude près des bêtes à l'étable. Deux jours passent.

Ils recommencent à s'organiser. Valdieri, c'est peut-être le paradis retrouvé. Mais non ! Des S. S. envahissent le village et capturent 500 juifs pour qui, dans les camps d'Allemagne et jusqu'au crématoire, le souvenir de Valdieri restera comme celui de la dernière oasis terrestre.

Les autres ont fui dans la montagne. Juifs errants retrouvant le mouvement, la grande peur qui, à travers les siècles, a mis en marche leurs ancêtres.

Fuir, fuir.

Se fuir.

Cacher son nom.

Beaucoup ont de fausses cartes d'identité payées plus ou moins cher suivant l'authenticité des cachets et l'habileté des faussaires.

Quelques-uns possèdent de faux certificats de baptême. D'autres des vrais. Comme ce Marc Zamansky, brillant normalien, membre, avant la guerre, du Groupe catholique des étudiants en sciences, fiancé deux ans plus tard à une jeune fille dont le frère est dominicain, mais que la sincérité de son baptême protégera d'autant moins de la déportation qu'il joint, à ses qualités de chrétien et de juif, celle de chef de mission au B. C. R. A.

Dans tous les camps, il y a d'ailleurs des convertis dont on ne sait qu'au dernier moment, à l'heure de vérité, si le catholicisme est, ou non, une feinte.

A Drancy, on célèbre, le 25 décembre 1943, une messe, qui n'est pas de minuit, dans une chapelle où tous les fidèles portent l'étoile jaune sur la poitrine.

Dans le camp d'Ecrouves, près de Toul, l'abbé Rousselot rencontre plusieurs garçons et filles qui lui demandent la communion pour le lendemain.

— Mais vous êtes israélites ?

— Nous sommes catholiques. Nous avons été baptisés et confirmés par Mgr Blanchet, évêque de Saint-Dié.

— Prouvez-le-moi.

— Interrogez-nous.

L'abbé Rousselot les interroge sur les effets de la confirmation, puis, l'épreuve étant concluante, s'écrie :

— Entendu, communion demain à la chapelle.

— Pourriez-vous plutôt nous communier ici, dans un coin des lavabos, en cachette de nos parents, car ils ignorent notre conversion. Si elle était connue, peut-être serions-nous gardés en France et nous tenons à les accompagner dans leur malheur.

Le surlendemain, ils partaient pour l'Allemagne.

★

Fuir ? Et si, par quelque procédé magique, les savants pouvaient *prouver* que les juifs ne sont pas juifs ? Les périodes tragiques engendrent de folles histoires.

Quelques juifs sépharades (juifs dont les ancêtres viennent d'Espagne et du Portugal) ont découvert un article d'un professeur à l'Institut Pasteur d'après lequel la formule de sang ne serait pas la même chez les Sépharades que chez les Aschkenazes. Conclusion : les Sépharades peuvent être considérés comme aryens.

En 1942, c'est une conclusion qui vaut très cher.

Les juifs sépharades se mettent avec fébrilité en quête de preuves nouvelles. Moyennant un million, un professeur de l'Institut anthropologique de Paris compose une dissertation démontrant que l'angle facial chez les Sépharades est droit, ce qui corrobore l'opinion du professeur de l'Institut Pasteur. On trouve également un texte réconfortant chez l'anthropologue allemand Chamberlain et chez Rosenberg, le théoricien nazi.

Munis de ces attestations, les juifs sépharades de Paris demandent à la Kommandantur une exemption globale des mesures antijuives.

La Kommandantur, qui ne retient que le côté scientifique de l'affaire, interroge le Q. G. qui s'adresse à l'Institut racial de Munich.

Stupéfaction ! Les savants de Munich donnent *avis favorable* et le dossier, gonflé de tous ces témoignages, aboutit enfin à la section juridique de l'Ambassade allemande à Paris.

Il ne reste plus qu'une seule personne à convertir à ce miraculeux changement de juifs en aryens. Mais Pierre Laval consulté, car c'est de lui qu'il s'agit, hésite à donner son accord.

Pendant que les quelques Sépharades qui sont à l'origine de la trouvaille, qui ont réuni l'argent, mis en branle professeurs sur professeurs et ont vogué d'incrédulité en émerveillement, cherchent quelle personnalité politique intéresser à leur sort et faire agir auprès de Laval, les hésitations du vice-président du Conseil rejoignent paradoxalement celles du docteur Modiano, chef du judaïsme sépharade en France.

Une véritable crise de conscience ravage cet homme lucide, obligé de choisir, soudain, entre le salut et l'honneur de sa race. La conclusion arrive enfin.

— Ce serait manquer de dignité que de poursuivre ces démarches.

Les Sépharades resteront juifs.

★

Il y a ceux qui se défendent lorsqu'on vient les arrêter et qui meurent, du moins, en se battant, comme ce Pierre Chimènes et son fils dont le rapport du maréchal des logis-chef Rouanet, gendarme à la résidence de Labessonie (Tarn), raconte en style administratif la dramatique histoire.

« *Le mardi* 4 *janvier* 1944, *à* 3 *h.* 45, *étant à notre caserne, avons été prévenus par Maurel Marcel,* 36 *ans, hôtelier à Labessonie (Tarn), que trois individus se disant policiers allemands, arrivés dans une camionnette, immatriculée sous le n°* 3.404 *FS* 6, *s'étaient présentés chez lui et l'avaient avisé qu'ils venaient procéder au contrôle des juifs se trouvant dans son établissement.* »

Les visites domiciliaires de ce genre sont fréquentes la nuit et, dans les petits hôtels de campagne encombrés de familles juives, elles sont toujours tragiquement fructueuses. Il y a quinze juifs cette nuit-là dans l'hôtel de Marcel Maurel.

Les policiers montent donc au premier étage et frappent à la chambre n° 6, celle qu'occupent Pierre Chimènes et son fils Jacques, âgé de 19 ans. Dans une autre chambre, dorment les deux autres enfants de Pierre Chimènes : Jacqueline (20 ans), Gérard (14 ans). Au coup de poing des Allemands, les deux hommes ont bondi. Pierre Chimènes, qui a toujours dit à ses compagnons : « Si les Allemands arrivent, je ferai le nécessaire pour les tenir en haleine », se précipite sur une hachette et, dès que la porte est ouverte, se rue sur un policier qu'il blesse à la tête. Mais les autres se sont très vite ressaisis. L'hôtelier entend une dizaine de coups de feu, des cris, deux corps qui s'écroulent. Il voit descendre l'Allemand, blessé, qui lui demande d'aller chercher un médecin.

Quelques minutes plus tard, les policiers allemands entraînent, pressés les uns contre les autres, dans la camionnette, les treize juifs survivants. Jacqueline et Gérard Chimènes pleurent... (1).

★

Il y a ceux qui combattent avec le maquis, et ils sont nombreux dans la région de Grenoble et dans le Vercors. Là, du moins, s'ils arborent l'étoile jaune, c'est librement et comme un signe de ralliement qui préfigure Israël.

Il y a ceux qui se suicident pour en finir plus vite avec les horreurs qu'ils devinent ou qu'ils savent. La femme de la rue de Poitou qui, lors des grandes rafles de juillet 1942, précipite ses deux enfants dans la rue avant de se jeter elle-même par la fenêtre.

Les femmes ou les hommes qui, au bord des wagons de déportation, avalent du poison ou se tranchent la gorge avec un bout de verre. On leur sauve parfois la vie. On les retire du convoi. Ils seront seulement du prochain départ.

Il y a ceux qui se cachent dans les fermes, qui restent pendant des années tapis dans des appartements muets,

---

(1) Jacqueline et Gérard sont morts en déportation.

sombres et silencieux. Il y a ceux qui ont beaucoup d'amis fidèles et peuvent, de mois en mois, changer de maison.

Ceux qui ont « réalisé leur fortune » et dissimulent des diamants dans leur blague à tabac (1).

Ceux qui vendent leurs vêtements pour vivre.

Ceux qui font du marché noir pour vivre.

Ceux qui récitent la prière composée pour ces jours de malheur par le grand rabbin de France : « *Seigneur... avec sincérité nous reconnaissons que nous avons péché devant Toi... Grisés par le bonheur, des enfants d'Israël ont déserté ton Temple, renoncé à invoquer ton nom.* »

Il y a ceux qui ont une femme (ou un mari) aryen et qui ne seront parfois qu'à « demi déportés ». On les conduit à l'île d'Aurigny ou bien encore dans les anciens magasins généraux de la gare d'Austerlitz, 43, quai de la Gare.

Là, dans un vaste bâtiment en bois donnant sur l'arrivée des grandes lignes, 200 à 250 juifs trient, emmagasinent, chargent le produit des pillages allemands. Chaque matin, des camions apportent des caisses contenant tout ce qui a été raflé dans les appartements juifs.

Les hommes déballent. Les femmes arrangent les « rayons » où les officiers allemands (et parfois les miliciens, après les bombardements de la région parisienne) viennent choisir suivant leur grade : meubles, bijoux, montres, livres, fourrures. On se croirait dans un grand magasin.

Ce qui reste est envoyé, deux fois par mois environ, en Allemagne. Les expéditions se font avec une désinvolture voisine du « sabotage ». Si bien qu'un jour, les juifs expédient plusieurs wagons de portemanteaux à destination d'une ville bombardée !

Les détenus, gardés par des Russes que commande un vieil adjudant, amateur de cognac, sont enfermés pour la nuit. Alors, pour « le quai de la Gare », commence une vie extraordinaire. Tous ces juifs, pour la vie desquels bien des familles tremblent, ont droit de prendre dans les « magasins » ce dont ils ont besoin.

Ils mangent dans la vaisselle la plus fine, qu'ils brisent le repas terminé.

— Encore une que les Boches n'auront pas !

Ils boivent dans le cristal le plus pur, couchent dans les draps les plus fins, changent de linge presque tous les jours.

---

(1) Un rapport sur les juifs en Tarn-et-Garonne signale que l'un d'eux a pour plusieurs millions de diamants dans sa blague à tabac.

Ceux qui aiment la lecture ont à leur disposition les bibliothèques d'André Maurois et de Bergson.

On cause, on fume, on joue aux cartes.

Des ombres changent de dortoir...

Episode effarant et burlesque au milieu du drame.

Mais il arrive que la Gestapo vienne puiser parmi les juifs heureux du quai de la Gare...

★

Il y a ceux qui se font examiner par le très redoutable et très farfelu professeur Montandon en priant qu'il veuille bien ranger leur circoncision au nombre des circoncisions médicales (1). Il y a Robert Grenate qui, avant chaque interrogatoire, passe de longues heures à aplatir sa chevelure à grand renfort de matières grasses, prises tantôt dans un colis, tantôt dans plusieurs fonds de gamelle.

Il y a celles qui, croyant avoir un certificat de vie, serrent dans leur sac le papier de leur concierge : « *Je, soussignée, Mme V. Lefranc, concierge,* 46, *rue Trousseau, certifie que Mme Goldstein Clara habite chez moi depuis le* 15 *janvier* 1939, *qu'elle a toujours travaillé honnêtement pour faire vivre sa petite famille et que jamais elle ne s'est occupée de politique, et que je n'ai rien à lui reprocher.* »

Il y a ceux qui ont un ausweis pour juif : « *Cette personne travaille dans la fourrure pour l'armée allemande. Elle et les personnes de sa famille désignées ci-dessous ne peuvent être arrêtées sans autorisation spéciale, sauf en cas de délit. Dès que l'ouvrier quitte le travail, cette carte est à rendre au service intéressé.* »

Mon Dieu, faites que le travail dure toujours.

Il y a ceux qui vivent, qui échappent à Drancy, à Compiègne, aux wagons, mais pas à la peur, ni aux terribles questions.

— Que fait-il ? Mon Dieu, ne l'a-t-on pas torturé ? Il a certainement froid, il n'a pas pris son chandail. Et sa chemise qui était sale. Comme il doit avoir faim. A quoi pense-t-il ? La dernière image que je lui ai donnée était celle d'une femme en larmes, bouleversée de détresse.

---

(1) C'est le Ministerialrat Schneider qui avait demandé que l'on adjoignît, pour les cas épineux d'appartenance à la race juive, à l'avis juridique du directeur du statut des Personnes du C. G. Q. J., l'avis physiologique d'un ethnologue. Vallat proposa à Schneider, le 16 décembre 1941, le nom de Montandon.

Ceux qui ont vécu, aussi nombreux que ceux qui sont morts.

« *Pourtant on vit, bien sûr,* écrit l'une de ces rescapées, Mme Jacqueline Mesnil Amar. *On vit et nous avons vécu. Rien n'est continu, pas même le malheur. Sans cesse nous avons déménagé, bougé, pris des trains, des trains, des trains, nous déplaçant pour des raisons obscures et secondaires, pour tromper notre attente, combler notre vide, croire à notre activité, dans cette nasse de la zone libre qui se rétrécissait comme une peau de chagrin. Et nous allions à Marseille, à Nice, à Grenoble, à Toulouse, à Aix-les-Bains... même à Paris, fébriles passagers, pauvres voyageurs du danger et de la mort.* »

*

Et puis, il y a les enfants.

Durant l'hiver 1940-1941, Mme Pean-Pagès dirigeait une maison de vieillards à Montauban, lorsqu'elle reçut, un soir, la visite d'un israélite qui la supplie de l'héberger. Par crainte de son administration, Mme Pean-Pagès refusa, mais lui indiqua qu'il pourrait certainement se reposer dans la salle d'attente de la gare, ouverte toute la nuit. Le lendemain, elle apprit qu'un israélite s'était jeté dans le Tarn.

« *Je pensai immédiatement que ce devait être M. S...,* écrivit plus tard Mme Pean-Pagès. *Il s'était donc suicidé par ma faute. Toute la journée, le remords me torturait. Je me promis de faire tout mon possible pour les israélites persécutés.*

Grand fut mon soulagement lorsque M. S... revint me voir le soir. »

Mais Mme Pean-Pagès ne devait pas oublier la promesse qu'elle s'était faite. Devenue directrice de la Maison de l'Union Chrétienne de Jeunes Filles de La Tronche, près de Grenoble, elle allait, au fil des ans, héberger et sauver 93 jeunes filles juives.

Ce n'est là qu'un exemple de la longue lutte collective et à peine clandestine menée par beaucoup de catholiques et de protestants pour sauver les enfants juifs recueillis d'abord par les soins de l'organisation juive O. S. E., puis, au début de 1943, lorsque celle-ci fut débordée ou impuissante, par une véritable organisation de camouflage que présidait Mgr Saliège, archevêque de Toulouse, et que dirigeait M. Garel.

Muni d'une lettre d'introduction de Mgr Saliège, M. Garel

rendit visite à vingt évêques de départements situés dans l'ancienne zone libre.

Il avait choisi de préférence des départements de montagne (Hautes et Basses-Pyrénées, Hautes et Basses-Alpes, Cantal, Puy-de-Dôme, Lot) où les petits villages dispersés étaient d'accès difficile. Il sollicitait le concours de l'évêque pour mettre rapidement sur pied une œuvre d'assistance aux enfants. Une œuvre non juive. Ce dernier point était essentiel. Il fallait que le camouflage fût parfait et que les hommes et les femmes qui acceptaient de s'occuper de l'œuvre fussent physiquement insoupçonnables.

Lorsque l'organisation était mise sur pied, on lui envoyait son contingent d'enfants juifs — vingt ici, vingt-cinq là — d'enfants juifs, rigoureusement, farouchement coupés alors de leurs parents.

Le secret devait, en effet, demeurer absolu. Les parents ignoraient l'adresse de leurs enfants. Mais ils pouvaient écrire. Des assistantes transmettaient les lettres et maintenaient ainsi le contact entre ces parents et ces enfants aux destins séparés. C'est grâce à cette rigueur (qui ne fut trompée qu'à deux ou trois reprises) que le « circuit Garel » réussit à sauver plus de 1.500 enfants.

A Paris, les enfants juifs furent disséminés dans plus de 200 écoles ; les prêtres de Sion en hébergèrent 443. A Nice, l'évêque organisa, jusque dans ses appartements, des bureaux chargés de mettre à l'abri, et de faire vivre ensuite, des centaines d'enfants envoyés peu à peu dans des orphelinats, des couvents, des pensions ou plus simplement chez des familles chrétiennes ou des curés de montagne.

De leur côté, les protestants — qui à de nombreuses reprises, par la bouche du pasteur Boegner, avaient violemment protesté contre les persécutions raciales — se portent également au secours des enfants (1). C'est ainsi qu'au Chambon-sur-Lignon, où 95 % des habitants sont protestants, sept œuvres vont être organisées à l'appel du pasteur Trocmé, véritable chef spirituel du pays.

La « Maison des Roches », l' « Abri », le « Guespy », le « Coteau-Fleuri » recueillent de nombreux enfants juifs et le pays tout entier se montre hostile aux mesures antisémites. Cependant, lorsque l'aumônerie générale israélite

(1) Il ne s'agit naturellement pas de recenser toutes les organisations religieuses ou de bienfaisance qui ont pu porter secours aux juifs persécutés. Mais il serait injuste de ne pas mentionner au moins les Quakers. Feuilletant le dossier des déportations, à de nombreux moments nous avons trouvé trace de leur présence charitable.

envoie une délégation visiter ces maisons, catholiques ou protestants, elle conclut tristement et assez injustement : « *En résumé, ces œuvres, si méritoires soient-elles, ne sont qu'un moyen ; le but est la propagande religieuse et le prosélytisme.* »

La même délégation inspectant la « Maison d'accueil chrétienne pour enfants », où sont hébergés une quarantaine de jeunes israélites, s'émeut des croix et des nombreuses inscriptions religieuses sur les murs, alors que rien (et pour cause, le danger serait trop grand) ne rappelle le judaïsme aux petits juifs retranchés de leur milieu social.

Tant de périls courus en commun n'empêchent pas catholiques, protestants et juifs de se disputer des âmes, et c'est dans les couvents, les écoles, les familles charitables de 1943 que mûrissent les quelques « affaires Finaly » qui éclateront plus tard.

★

Il y a les enfants que l'on sauve au prix d'arrachements atroces. Dans les camps de concentration de l'ancienne zone sud, on doit, parfois, les enlever de force à leurs parents qui s'éloignent vers l'Est. Leur salut est à ce prix.

Dans un camp du Loiret, il faut trouver 1.000 femmes pour le premier convoi, puis en préparer immédiatement un second.

Quelles sont celles qui partiront ? Quelles sont celles qui resteront ? Le choix, opéré par les autorités françaises, est l'objet d'autant d'intrigues que de débats de conscience. Les Français obtiennent de conserver une femme pour six enfants, puis les Allemands reviennent sur ce chiffre, et il faut refaire hâtivement toutes les listes. Seules seront épargnées les mères qui allaitent : la proportion tombe à une femme pour quinze enfants.

Le dernier geste des femmes qui s'en vont consiste à coudre au bras des enfants un calicot portant nom, prénom, date de naissance. Mais il demeure toujours des petits oubliés, des errants que les « assistantes » (juives ou non) interrogent.

— Comment t'appelles-tu ?

— Lulu.

— Lulu comment ?

— Non, pas Lulu comment : Lulu.

— Comment s'appelle ta maman.

— Maman.

— Et ton papa ?
— Papa.
— Comment ton papa appelait-il ta maman ?
— Ma chérie.
— Comment la concierge appelait-elle ton papa ?
— Monsieur Paul.

« *Nous avons assisté lundi,* écrit un membre de l'U. G. I. F. (1), *au départ des enfants. Pendant qu'on les faisait monter dans des cars avec leur mince bagage, des scènes déchirantes se sont produites. Les enfants jeunes, qui ne pouvaient comprendre les raisons de cette séparation, s'accrochaient à leurs parents et pleuraient. Les aînés, qui savaient combien la douleur de leurs parents était grande, tentaient de dominer leur peine et serraient les dents. Les femmes s'accrochaient aux portières des cars qui partaient. Les gardes et les policiers eux-mêmes dominaient mal leur émotion. Une résignation pesante et amère se lisait sur les visages. Il semblait qu'après tant d'épreuves les internés n'avaient plus la force de se rebeller contre leur destin.* »

Ces enfants, ils les voient pour la dernière fois. Les enfants éloignés, les parents s'en vont. On enfourne hommes et femmes dans des wagons de marchandises, recouverts d'un peu de paille. Ils ont traîné avec eux leurs bagages et le petit colis individuel (500 grammes de dattes, cinq croque-fruits, quelques morceaux de sucre, six bouillons Kub, 300 grammes d'olives, quelques dragées, de l'aspirine, du savon dentifrice, du savon de toilette, du coton hygiénique ou des lames à raser) que les organisations juives ont confectionné en hâte pour chacun des partants.

Dans un coin, un seau hygiénique.

Les portes se ferment.

Les déportés entrent dans la grande nuit.

Cependant, leur supplice n'est pas fini. Parfois, le garde-mobile qui se tient devant la porte l'ouvre avec fracas. Dehors, des juifs apportent quelques vivres. On appelle le responsable du wagon qui, seul, a le droit de sortir pour en prendre possession.

Il y a pire.

Voici la fin du rapport cité plus haut :

(1) C. D. J. C. dossier CCXIII, pièce 60. La scène se passe au camp des Milles, près de Marseille.

Au camp, les interventions de dernière heure se multipliaient pour arracher encore quelques-uns au départ. Chaque fois qu'un résultat était obtenu, on se précipitait vers le train. A moitié assoupis, les occupants des wagons se réveillaient, entendaient appeler un nom qui n'était pas le leur et se résignaient une fois de plus, sans cris, ni larmes. Celui qui était miraculeusement (et provisoirement) sauvé, sautait du train, ramassait ses bagages. C'était le plus souvent un malade qui criait, s'évanouissait de joie et qu'il fallait porter jusqu'au camp.

Au petit jour, un homme encore, dans un wagon, tente de s'échapper par la mort en avalant du poison... Malgré les cris de ses compagnons, le chef de train refusait d'intervenir, prétendant qu'il s'agissait d'un simulateur. Il fallut une démarche de l'aumônier pour que cet homme soit transporté à l'infirmerie.

Au matin, pendant que les équipes sociales, juives et non, faisaient la haie sur le talus, le train prit lentement le départ. On agitait des mouchoirs, comme pour de dérisoires vacances, mais les larmes remplissaient tous les yeux. Pas un cri, pas une protestation ne vinrent des wagons où les visages se pressaient derrière les croisillons des fenêtres. Et ce silence, ce courage paisible jusqu'au dernier instant étaient plus déchirants que des larmes...

CHAPITRE XV

LE ROYAUME DE VICHY

Le 1er juillet 1940... une voiture tombe en panne au débouché du pont de Bellerive, tout juste à l'entrée de Vichy. Quelque chose vient de céder dans l'embrayage.

— Rien à faire, lance le chauffeur, on est bloqué. Faudrait changer la pièce.

Lors, deux hommes descendent de la voiture et, à pied, se dirigent vers le centre de la ville. L'un porte une valise. L'autre porte une cravate blanche (1)...

La foule, encore mal remise de la défaite, une foule de réfugiés pas tout à fait comme les autres, mâtinée de curistes, de politiciens et de « célébrités » ne reconnaît pas immédiatement Pierre Laval.

Cependant, parmi ceux qui se protègent du soleil, dans les allées couvertes — la couverture date de 1900 comme presque tout Vichy d'ailleurs —, parmi ceux qui guettent déjà l'arrivée des officiels, amusés, intrigués par ces automobiles qui n'arrêtent pas de déverser leur cargaison d'excellences, on reconnaît l'allure, le geste, la cigarette allumée au mégot.

— C'est Laval... Pierre Laval.

On applaudit.

Avec deux doigts, Laval touche le bord de son chapeau. Il gravit les quelques marches de l'Hôtel du Parc.

Demain, il ne pourra plus sortir de la chambre n° 5 sans être entouré de cent visages à demi inconnus sur lesquels, hâtivement, il doit mettre un nom.

— Pierre ! Comment vas-tu... Deux mots seulement.

— Tout à l'heure... J'ai une course urgente.

Le bruit de sa présence, ici ou là, se répand, affirme plaisamment un journaliste « *comme si un coup de gong annonçait l'entrée du pacha dans la salle des odalisques* ».

(1) Saint-Bonnet : *Vichy capitale*.

Débordant ce vaste quadrilatère du Parc que cernent les hôtels blancs, le Tout-Paris du Parlement, du Théâtre, de la Radio, de la Finance, qui s'efforce, avec plus ou moins de bonheur, de rester dans le sillage du gouvernement, bouillonne, s'agglutine, se fragmente, traversé de courants multiples, de cris de reconnaissance, de conspirations naissantes.

Des députés, qui ont couché sur la paille dans un dortoir improvisé au Casino des Fleurs, cherchent fébrilement une chambre, à défaut d'une chambre, un lit ; des ministres songent à installer leurs services géants dans le tiers d'un hôtel de province. Il y a partout un immense mouvement de plantons, d'officiers, de secrétaires, de femmes qui courent dans les bureaux pour arracher au sourire dix litres d'essence. Parisiens qui réquisitionnent. Vichyssois scandalisés par une réquisition qui les gêne dans leurs aises.

Les cafés sont pleins, transformés en buvettes parlementaires. On serre des mains.

Des milliers de mains. Vichy ressemble à un îlot sur lequel auraient abordé les nombreux rescapés d'une catastrophe maritime.

Les arrivants du jour, ou de la veille, s'habituent au paysage falot, à l'Allier médiocre, aux rues trop étroites entre les hôtels carrés, à la coupole dorée et faussement orientale des bains de première classe, au minaret des bains de deuxième classe, au Casino dont l'entrée fait songer au décor d'une pièce de Giraudoux.

Déjà, chacun a découvert un P.C., retrouvé des amis et a, dans un cadre nouveau, tenté de recréer les habitudes d'hier.

Les émigrés des *Deux magots* s'installent à *La Restauration*, les officiels au grill de l'*Hôtel du Parc*, les vedettes du cinéma ou du théâtre aux *Ambassadeurs*. Les repas se prennent à la chaîne. De l'œil, le nouveau venu guette les tables de ceux qui « en sont au dessert ».

Les conversations constituent un pot pourri de souvenirs sur la défaite, d'adresses de logeuses ou de gargotiers, de spéculations sur le régime futur. Que vont devenir les députés invités à voter un texte permettant de donner à la France « la constitution nouvelle qu'imposent les circonstances » ?

Maurice Martin du Gard inscrit sur un carnet les mille bêtises qui fusent à longueur de journée. Privés d'agir, mais non point de parler, les réfugiés refont le monde qui vient de s'ouvrir sous leurs pieds.

— C'est étonnant ! Ils n'ont pas violé une seule femme et pas coupé une main d'enfant ! Je trouve tout de même abject qu'on leur ait offert des fleurs à Clermont ; un de leurs officiers les a piétinées ; c'est une leçon !

— Agir sans penser, penser sans agir... c'est agir en pensant qui est le plus difficile.

— Un Etat sain ne dépend pas plus de la victoire que de la défaite.

Cocteau écrit à un ami : « *Moi, tu le sais, j'aime les grandes crises, mais je redoute le bûcher purificateur. On y brûle pêle-mêle Léonard et les croûtes* », et le mot fait le tour du Parc.

C'est la plus tragique, mais c'est aussi la plus belle de toutes les saisons de Vichy.

★

Au hasard de la promenade, on croise les vedettes d'hier, dont beaucoup tentent de s'installer dans le présent : Déat, Lafaye, Chasseigne, Bergery, Piétri, Monnet, Léon Bérard, Georges Bonnet, Montigny, Tixier-Vignancour, Paul-Boncour, Henry Haye, Blum et Marx Dormoy dont le passage est salué de rumeurs ; le général Serrigny qui tempête contre les officiers d'administration qui continuent à « transporter des poules », alors que l'essence est si rare, des sociétaires de la Comédie-Française, des ambassadeurs, des escrocs, des banquiers, les hommes de la « Cagoule » regroupés autour de Deloncle, de nombreux journalistes de tous les pays pour lesquels on construit, à la poste, treize cabines téléphoniques, des généraux, des amiraux, des généraux encore...

Tout le monde est dans la rue quinze heures sur vingt-quatre. Où peut-on être mieux d'ailleurs que dans la rue ? Il fait chaud, il fait beau. Dans un climat de grandes vacances retrouvées, la rue permet de papoter, d'échapper aux chambres trop petites, aux bureaux encombrés, d'échanger contre un bobard ancien un bobard nouveau.

— Le gouvernement part pour Paris demain ! affirment trois fois par semaine les hommes « bien informés ». On s'arrache *l'Avenir du Plateau Central* dont la feuille unique commente, pour les bonnes âmes, le drame des trois cents vaches hollandaises abandonnées à Clermont-Ferrand et consacre deux colonnes de petites annonces à ceux qui se cherchent toujours.

Les journaux « parisiens » repliés publient de nombreux reportages sur les débris d'armée que nous a laissés la défaite et il n'est presque pas de jour où, pour la plus grande inquiétude de certains députés, qui rêvent de Brumaire, quelque reporter n'évoque la « Division des As » (celle de de Lattre) en manœuvre dans les champs du voisinage !

Au Casino, où le ministère de l'Intérieur s'est immédiatement installé dans les salles de jeux (le bureau de Peyrouton est immense, mais on dresse partout ailleurs de multiples cloisons), des machinistes préparent les accessoires qui serviront à cette séance historique du 10 juillet au cours de laquelle l'Assemblée Nationale, approuvée d'ailleurs par la plus grande partie de l'opinion, donnera tous « *pouvoirs au gouvernement de la République, sous l'autorité et la signature du maréchal Pétain, à l'effet de promulguer, par un ou plusieurs actes, une nouvelle constitution de l'État Français* ».

— Avez-vous une sonnette ? demande le président Herriot.

— Une sonnette ?

— Oui, pour la séance. On en avait emporté une, mais on l'a égarée à Tours.

— Oui, oui... Est-ce qu'une petite cloche ne ferait pas votre affaire ? Ou un gong ?...

★

Dérangés dans leurs habitudes, chassés de leurs cantonnements, les curistes, qui ont vu, au début, avec assez de plaisir, les réfugiés poussiéreux de juin remplacés par 40.000 officiels et presque autant d'officieux, se demandent très vite pourquoi le gouvernement ne s'est pas installé ailleurs que dans la sage capitale des hépatiques.

— A Lyon, à Marseille, à Clermont-Ferrand, n'importe où, ce n'est pas la place qui manque.

Pourquoi ? Lorsque le gouvernement du maréchal Pétain a quitté Bordeaux, où les Allemands entrent sur ses talons, il a d'abord rejoint Clermont-Ferrand, essaimé à La Bourboule, Royat, Châtelguyon, tandis que tous les cabinets ministériels s'entassaient dans les bureaux de la préfecture du Puy-de-Dôme.

Comment ne pas voir immédiatement que le gouvernement sera paralysé par la dispersion des services, l'incommodité (ou l'absence totale) des transmissions.

Vichy s'offre toute proche. Vichy et non Marseille ou Lyon, surencombrées, et qui ne bénéficient pas du privilège des villes d'eaux : des locaux vacants la moitié de l'année.

L'hiver, Vichy flotte, en effet, dans un immense vêtement d'hôtels et d'appartements vides. L'été, les curistes viennent occuper la place, remplir les chambres, animer les allées si mornes en novembre. Autour des sources — raison et prétexte — tous les hôtels sont au garde-à-vous. Il suffit de chasser les curistes de juin pour obtenir des chambres dont on fera des bureaux et réaliser cette centralisation souhaitée depuis bien longtemps, assez hypocritement, par l'administration parisienne.

A Vichy, du moins, tous les ministères vont se côtoyer, se coudoyer. On pourra s'interpeller de ministère à ministère, dire bonjour d'un signe de main à son camarade de la Marine de l'autre côté de la rue... Ah ! oui, chassons les curistes — Elvire Popesco en tête — puisque Vichy offre de telles commodités.

Voilà incontestablement la première et la plus importante raison du choix de Vichy pour capitale provisoire. On en trouvera d'autres.

On mettra en avant les désirs de Raphaël Alibert, garde des sceaux du nouveau gouvernement qui, chaque année, vient faire sa cure à Vichy, et de Pierre Laval, enfant du pays, qui possède, à quelques kilomètres de là, le château de Châteldon où il aime passer la nuit.

Certains fabricants de littérature officielle n'hésitent pas à écrire enfin que Vichy, porte de l'Auvergne, de l'Auvergne où les contraires s'unissent, a été choisie par goût du symbole : « *Est-ce pour rien que l'eau de la source des Célestins, de toutes les eaux minérales du globe est la seule qui possède ce goût un peu salé des larmes.* » Passons...

★

Le maréchal Pétain, lui, n'a pas eu de panne de voiture. Il est arrivé le 1er juillet et s'est installé au troisième étage de l'Hôtel du Parc où il occupe la chambre 35. Il travaille dans un bureau de dimensions assez modestes auquel trois fenêtres, dont deux ouvrent sur le parc, donnent l'illusion de la grandeur.

Au mur, une cheminée mesquine, de ces cheminées d'hôtel où aucune bûche ne flambera jamais, une mauvaise glace, l'ameublement ordinaire : bureau étroit qui sera remplacé par un meuble de style Empire, chaises qui seront plus tard recouvertes, comme tous les murs au-dessus de la boiserie, de damas rouge portant francisque et gerbe de blé.

Un balcon, de peu de profondeur, d'où le Maréchal apparaîtra parfois.

Collées sur toutes les portes, des étiquettes que nul ne se soucie d'enlever (elles y sont encore) (1) : « Fermez votre porte à clé. Please lock your door », semblent donner au régime un permanent conseil de prudence.

La chambre, suivie d'une salle de bains, contient un lit de cuivre sous lequel le Maréchal glissera sa cantine militaire. Sur la table de chevet, un réveille-matin, une boîte d'iodoformine, un album de photos de Villeneuve-Loubet et, dans les premiers jours de Vichy, un livre consacré au redressement de la Prusse après Iéna.

Dans le bureau du Maréchal, se tient également le général Campet. A deux mètres de lui, dans une petite pièce, le capitaine Bonhomme dont le docteur Ménétrel prendra bientôt la place.

C'est tout.

Le maréchal Pétain prend ses repas (viande matin et soir, peu de vin) à l'Hôtel du Parc « *d'où ses regards,* écrit du Moulin de Labarthète, *peuvent se poser, à l'heure du café, sur la foule des quémandeurs, des ruffians, des escrocs, des femmes de tout âge et de toute beauté, qui sont comme le bourbier mouvant de ces époques de transition* ».

Lorsqu'il quitte la table pour regagner son bureau, ou le Pavillon Sévigné qu'il occupera également après le départ du président Lebrun, que la défaite apporte et emporte dans la même vague, la foule des dîneurs se lève respectueusement, mais dans un brouhaha de chaises, de conversations interrompues...

Hommes et femmes, indifférents et partisans, sont saisis d'admiration devant ce grand vieillard — Philippe Pétain a 84 ans — qui a conservé l'allure de ses 60 ans. Il passe : l'œil clair, l'œil bleu, d'un bleu très pur, qui fera longtemps l'admiration des flatteurs comme des fidèles, la taille droite, la démarche assurée par une canne qui est, chez lui, coquetterie plus que nécessité.

Ses familiers — il en a peu par goût et, comme il ignore le personnel de la IIIe République, il va s'entourer

(1) Aujourd'hui l'Hôtel du Parc a été vendu par appartements. La chambre et le bureau du maréchal Pétain, totalement saccagés à la Libération, ont été achetés par l'A. D. M. P. (Association de défense de la Mémoire du Maréchal Pétain) qui a l'intention de remettre ces pièces en état.

avant tout d'hommes qu'il a connus lors de son ambassade espagnole ou d'amis de la guerre précédente — ses familiers racontent ses « exploits », que toute la ville répète avec une maternelle jubilation.

— Le Maréchal soulève de sa canne, à l'horizontale, une petite fille de six ans (cet événement sera photographié). Il peut faire six kilomètres à pied. Avec cela, jamais malade. Un cœur de 30 ans, 9-13 de tension, pas besoin de lunettes.

Sur le plan physique, ces qualités surprendront, jusqu'à la fin, les visiteurs. Voici le portrait que trace, au début de l'année 1944, un voyageur qui débarque d'une lointaine province : « *Le Maréchal est arrivé très exactement à l'heure prévue. Il était en costume de ville et tenait son chapeau mou, gris, à la main... Ce qui frappe en lui, d'abord, c'est la majesté. Cet homme, dont les ans n'ont point courbé les épaules, avance d'un pas vif et assuré... Le masque semble sculpté dans le marbre dont il a la blancheur et l'immobilité... Chacun de ses gestes un peu lents est empreint d'une dignité naturelle surprenante. Ce chef d'un pays vaincu, quand il paraît, suscite la fierté et non le découragement humilié.* »

★

Sur le plan intellectuel, en juillet 1940, aucune fatigue apparente, une grande facilité devant les dossiers qu'il dépouille rapidement, mais comment oublier que le chef de l'Etat a eu 40 ans en 1896, c'est-à-dire qu'il appartient essentiellement (par les études, les habitudes acquises, les réactions profondes, la morale) au XIXe siècle ?...

Comment ne pas prévoir aussi que cet extraordinaire prolongement sera bientôt ruiné par l'addition de l'âge et des soucis quotidiens ?

Le flegme deviendra engourdissement, paralysie de la volonté ; la lucidité et l'agilité d'esprit ne seront plus présentes à tous les rendez-vous ; la mémoire fera défaut, non la mémoire lointaine, cette mémoire qui enchante à peu de frais les anciens combattants, mais celle des événements proches, les plus importants. Méfiant envers son entourage (il accueille du Moulin de Labarthète par ce mot : « Je n'ai pas plus confiance en vous qu'en d'autres »), il ne se gêne nullement pour envoyer, comme dans un bon vaudeville, son chef de cabinet écouter à la porte de Pierre Laval (1). Méfiant donc, Philippe Pétain cède cepen-

(1) Lorsque, après les événements du 13 décembre 1940, qui ont conduit à l'arrestation momentanée de Pierre Laval, celui-ci reçoit à Vichy Abetz, son « libérateur », et le conseiller d'ambassade Achenbach.

dant moins à ceux qui le servent qu'à ceux qui l'obsèdent, l'assiègent, habiles à choisir l'heure et le lieu de l'attaque.

Car il a, de plus en plus souvent, de « bons » et de « mauvais » jours. L'amiral Leahy, qui remet ses lettres de créance au Maréchal, le 8 janvier 1941, est frappé par « l'énergie et la force de caractère » de son interlocuteur. Le lendemain, en fin d'après-midi, il n'a plus devant lui qu'un vieillard « las et découragé ».

Comme beaucoup de vieillards d'ailleurs, le Maréchal est assez naturellement indifférent aux malheurs de ses proches et d'avoir toute sa vie vécu dans l'armée lui a appris à quitter aisément un aide de camp pour un autre, un collaborateur pour un autre, assuré que l'homme compte moins que la fonction.

Mais ce chef d'Etat, qui gardera longtemps encore le goût de la taquinerie, du sarcasme, de la « phrase slogan », qui fait mouche et parfois fait illusion, est profondément sensible aux deuils d'un peuple dont il s'affirme sentimentalement très proche.

Il viendra un temps où ce « paternalisme », dépassé par les angoisses, les malheurs et les espoirs de l'époque, ne sera plus efficace. Il viendra un temps où les applaudissements et les ovations n'auront plus qu'une valeur d'hommage et non d'adhésion.

De nombreux amis mettront alors en garde le Maréchal et lui signaleront la désaffection rapide de la zone occupée, la désaffection plus lente de la zone libre. Il les croira difficilement, trompé par des manifestations plus ou moins organisées, par un aveuglement naturel, aussi, sur son prestige et par une ignorance politique du cours des événements qui lui fit longtemps espérer que cette guerre révolutionnaire pourrait être, un jour, arbitrée par les vaincus.

★

Les membres de son cabinet aimaient à dire qu'il avait reçu et cultivé trois qualités, « les trois S : simplicité, sérénité, souveraineté », vertus profondes certes, mais aussi vertus de façade qui rejettent la complexité, l'originalité, l'audace.

Vertus de parade, lentes à disparaître, qui font oublier que l'âme et l'esprit peuvent avoir vieilli plus rapidement, beaucoup plus rapidement, que le corps.

★

En juillet 1940, cependant, la foule désœuvrée qui stationne patiemment devant l'Hôtel du Parc dans l'espoir d'applaudir le maréchal Pétain — image d'Epinal descendue de son cadre — ne manque pas de distractions.

Partout on emménage. Les ministères se partagent les hôtels. La Guerre va au *Thermal Palace*, les Finances et la Production Industrielle au *Carlton*, la Marine au *Helder* où les planchers seront quotidiennement lavés à grande eau, comme un pont de navire, les Colonies à l'*Hôtel d'Angleterre*, ce qui donne naissance, on le conçoit, à de faciles plaisanteries. A l'*Hôtel du Parc*, si le maréchal Pétain occupe le troisième étage, on trouve Baudouin et les services des Affaires Etrangères au premier ; Pierre Laval au second en compagnie de l'Information ; à l'*Hôtel des Ambassadeurs*... les ambassadeurs.

On s'installe. Pour combien de mois ? Nul n'en sait rien. L'article 3 de la convention d'armistice avait laissé entrevoir la possibilité d'un rapide retour des ministres à Paris, l'installation même, dans une enclave affranchie de l'occupation militaire, du gouvernement français tout entier. A Wiesbaden, délégués allemands et français, membres de la commission d'armistice, étudient sérieusement, pendant des mois, le problème, mais déjà Berlin utilise la ligne de démarcation comme un efficace moyen de répression.

On parle toujours cependant de Versailles. On trace des plans, on délimite des « couloirs » démilitarisés. Le Maréchal souhaite franchir la ligne de démarcation avant le 14 août, il évoque la possibilité de contrôler la presse parisienne qui critique déjà le gouvernement ; Montoire redonne de l'actualité à tous ces projets, de l'espoir à tous ceux qui, maintenant exilés à Vichy, rêvent à la vie de Paris, plus difficile certes, mais moins austère et combien plus « excitante » que la vie de cette capitale provisoire dont on a très vite fait le tour ; à Versailles, le préfet Chevalier fait repeindre en bleu la chambre destinée au chef de l'Etat, 9, avenue de la Reine... Les orages du 13 décembre bousculent tout l'échafaudage. Pendant des semaines, plus un seul ministre français ne sera autorisé à franchir la ligne de démarcation.

Malgré les criailleries de Marcel Déat qui, dans l'*Œuvre*, ne cesse de réclamer le retour à Paris d'un gouvernement que la presse et les partis collaborationnistes auraient vite fait d'investir, le pouvoir demeurera donc à Vichy. Naturellement, le gros des services a peu à peu rejoint Paris, ce qui oblige les ministres — lorsqu'ils ont en poche la permission allemande — à faire, par l'autorail gouvernemental, qui part le samedi soir de Vichy et repart de Paris le jeudi matin, un voyage de 600 kilomètres pour inspecter leurs bureaux et prendre le pouls de l'opinion parisienne, la mesure de la force allemande.

Etonnant autorail ministériel chargé d'excellences, de directeurs de ministères, de chefs de cabinet, de chargés de mission, également lourds de projets et gonflés de papotages, dont l'importance décroît à mesure qu'ils s'éloignent de la capitale des songes.

★

Puisque l'on passera l'hiver à Vichy, il faut chauffer la ville. Fatou, maître des requêtes au Conseil d'Etat, chargé du secrétariat aux Colonies, y a songé l'un des premiers, alors que les jours étaient beaux encore, mais on lui a ri au nez.

— Du charbon, vous n'y pensez pas. Cet hiver, nous serons installés à Paris. Et, d'ailleurs, la guerre sera finie.

La guerre n'est pas finie. Le vent souffle. Il gèle dans les allées du Parc. Rien n'a été prévu pour le chauffage de tous ces hôtels, habituellement fermés pendant l'hiver.

Les fonctionnaires, qui campent dans les chambres et travaillent en pardessus, installent donc, partout où ils le peuvent, des poêles à charbon dont les tuyaux, pointant par des carreaux cassés, donnent à la ville un aspect sordide et comique à la fois.

Tandis que la population sédentaire se réfugie à la poste, honorablement chauffée, partout, dans les hôtels, on obture portes et fenêtres de bourrelets d'étoffe et de papier.

Pauvres hôtels. Ils subissent mille et une transformations au gré des occupants, au désespoir des directions.

Sans doute, l'anarchie des premiers jours a-t-elle à peu près pris fin. La revue de presse radiophonique ne se fait plus sur le lit du rédacteur en chef occupé par trois journalistes, par des montagnes de journaux et de feuilles d'écoute, mais presque toutes les pièces sont chambres la nuit, bureaux le jour.

Le courrier est placé sur le lit, le coffre-fort dans la table de nuit. La secrétaire de Xavier Vallat, ministre des Anciens Combattants, s'assied sur le bidet et, partout, les dossiers disputent l'armoire aux caleçons de Monsieur comme aux jupes de Madame.

On ouvre les portes sur des spectacles de famille; Madame se réfugie dans la salle de bains pendant que Monsieur reprend son rôle de fonctionnaire consciencieux, tout en surveillant les pommes de terre qui mijotent sur le poêle.

Hommes et femmes, civils et militaires manifestent, dans les hôtels réquisitionnés, une activité de termites.

Les tapis, souillés par les souliers boueux des visiteurs, déchirés par les enfants, découpés par les amateurs de pantoufles d'intérieur, seront presque tous à remplacer à la Libération. Les draps et les serviettes sont déchirés, volés, irremplaçables d'ailleurs. L'hôtel *Queen's*, à qui il faut 1.200 draps pour « tourner », n'en recense plus que 34 en août 1944. Dix mille serviettes de toilette ont disparu.

La vaisselle succombe. Les meubles s'effondrent. Les paravents prennent feu. Le parquet au point de Hongrie du restaurant est lavé à grande eau, tous les matins, par un popotier expéditif, qui a fait carrière dans la marine. Le directeur a la surprise de reconnaître ses doubles rideaux en velours sur les épaules de quelques-uns de ses « pensionnaires ».

Qu'un haut fonctionnaire soit appelé en consultation à Vichy, il reçoit un bon de logement dans l'une des chambres de passage du *Parc*, du *Majestic*, du *Queen's* ou d'un hôtel de moindre importance. En hiver, il doit parfois coucher tout habillé après avoir entassé, sur le lit, tout ce qui peut servir de couverture, y compris la descente de lit.

Des popotes ont surgi partout, qui bénéficient pour leur ravitaillement d'autos ministérielles et de véhicules militaires, que les Vichyssois moins favorisés voient passer avec colère.

Les restaurants pratiquent d'ailleurs le respect du rationnement officiel avec un soin vertueux. Volonté « de donner l'exemple », car Vichy se veut austère, ou crainte d'une nombreuse police ? : on y mange mal avec ostentation. Tel haut personnage, qui refait en pensée le monde, veille avec un soin jaloux sur ses vingt-cinq grammes de pain et ses matières grasses.

Le général Serrigny — le même qui reprochait aux officiers de transporter « des poules » — lorsqu'il fait le voyage de Paris à Vichy, s'arrête dans des fermes où son chauffeur a des relations et glane ainsi des provisions dont la moins intéressante n'est pas ce cochon de 220 kilos acheté 7.200 francs.

Le dimanche, à pied ou à bicyclette, tout le monde va battre la campagne dans l'espoir d'assurer le ravitaillement de la semaine.

Quant au corps diplomatique — qui a mal supporté

l'hiver dans le glacial *Hôtel des Ambassadeurs* — il a réussi à louer quelques villas.

Seuls les bureaux demeurent à l'hôtel dont on chasse les lits et les coiffeuses qui, dans les premiers jours, servaient d'écritoire, tandis que des pyramides de caisses et de valises encombrent toujours les couloirs. Qui bénéficie de l'amitié d'un ministre ou d'un secrétaire d'ambassade est assuré de faire de temps à autre bonne chère.

« *A l'instar des bandes qui, dans les films policiers américains, se partagent la souveraineté de certains quartiers* » (1), chaque mission diplomatique a « sa » ferme sur laquelle elle veille jalousement et vers laquelle elle délègue presque quotidiennement un chauffeur maître coq.

★

Peu de distractions : cinq ou six cinémas où le Tout-Vichy se retrouve devant de vieux films américains, d'interminables séances de bridge, les spectacles du Casino qui reprennent en 1942, puis émigrent un · an plus tard au Théâtre des Fleurs.

De nombreux galas, généralement au profit des prisonniers de guerre, permettent d'applaudir la *Charlotte Corday* de Drieu La Rochelle, *Cyrano de Bergerac, Léopold le Bien-Aimé* avec Bertin, Balpétré, Jean Meyer, Germaine Rouer; *Le Cid* avec Maurice Escande; *Tartuffe, L'Ecole des cocottes, Trois Valses, La Reine morte, Carmen* avec José Luccioni ; *Faust, Manon, Orphée...*

Tout le monde paye sa place, y compris le Maréchal qui, d'habitude, va s'asseoir au premier rang des fauteuils d'orchestre.

★

Ce monde étrange, replié sur lui-même, coupé de la plupart des réalités, occupé de grands projets mais aussi de petites querelles qui ont pour objet le déplacement d'une cloison, ce monde où les ministres qui passent d'un hôtel obscur à l'*Hôtel du Parc* sont transformés de « paria en brahmane » (2), où les titulaires de cartes roses, donnant accès au siège du gouvernement, se croient déjà dans les secrets de la paix et de la guerre, ce monde où les bruits

(1) Acevedo : *A notre corps défendant.*

(2) Le mot est de Jérôme Carcopino qui, ministre de l'Instruction publique, proteste vigoureusement contre l'exil hôtelier dans lequel on le tient et se voit attribuer alors une chambre à l'Hôtel du Parc.

les plus invraisemblables trouvent créance, a été décrit avec finesse par Abetz : « *Pour comprendre les événements du* 13 *décembre* (qui ont conduit au renvoi de Laval), écrit-il dans son télégramme du 18 décembre, *il faut tenir compte de l'ambiance de Vichy, où quelques centaines d'hommes d'Etat, de politiciens, de militaires, de journalistes et de diplomates étrangers vivent depuis des mois, serrés, en partie avec leurs femmes, dans quelques hôtels et y font des intrigues.*

Ces mêmes personnes voient toujours les mêmes gens et bâtissent facilement, à leur usage, un monde factice qui trouble leur faculté d'apprécier les véritables rapports des forces et ce qui se passe effectivement dans l'ensemble du monde. »

Un diplomate a écrit que le bridge et les bobards constituaient les deux principales distractions de Vichy. Le mot va loin malgré son exagération.

Sachant que leur édifice est provisoire, regardant sans cesse vers les tentations et les satisfactions intellectuelles de Paris, tous ceux qui travaillent à Vichy voudraient accélérer le cours de la guerre, s'insérer à nouveau dans l'histoire, n'être pas simplement les serviteurs modestes d'un royaume menacé dans cette capitale ancrée sur un fleuve sans histoire.

D'où l'extraordinaire floraison de bobards qui répond à un véritable appétit d'espoir. Histoires semblables à celles que les prisonniers forgent dans leur cellule, histoires colportées d'un hôtel à l'autre, amplifiées, dénaturées, appuyées de confirmations aussi inexactes que retentissantes : « L'Amiral a dit que la chose était vraie... Le Général n'a pas démenti..., je le tiens de la secrétaire du ministre. »

Dès le 19 juillet 1940, le bruit court de la formation à Paris d'un gouvernement dissident ayant Pierre Taittinger à sa tête ; le 12 août, le bruit de la mort du Maréchal circule un moment ; en décembre, le 21, on annonce que la flotte de la Méditerranée a appareillé et que Laval a formé un ministère à Paris avec Marcel Déat.

Le 31 janvier 1941, les augures affirment que le cardinal Gerlier sera le prochain ministre des Affaires étrangères ; à partir d'août 1942, le bruit d'une paix générale, ayant pour artisans le Vatican et les évêques européens, ou encore d'un compromis germano-soviétique, commence à circuler avec insistance. La nouvelle est lancée périodiquement — cinq fois du 18 au 31 juillet 1944 — et elle a des influences certaines sur la Bourse qui, en février 1943, par exemple, s'effondre devant la perspective d'un renversement des alliances qui mettrait fin, cette fois, au conflit germano-anglo-américain.

Vichy se passionne aussi pour le cancer de Mussolini (!), pour un prétendu débarquement américain en Espagne, pour l'amputation d'Hitler qui aurait eu les deux jambes arrachées à la suite d'un attentat !

Rumeurs dont se repaissent un moment ceux que leur grandeur ou leur obscurité attache encore aux « hôtels nationaux » de Vichy.

★

Peu à peu, cependant, tous ceux qui en ont eu la possibilité ont regagné Paris où Laval, lorsqu'il gouverne, passe le plus clair de son temps. Vichy, agitée, effervescente, imaginative, brillante, cocardière, optimiste, oui optimiste, de juillet et août 1940, ronronne, s'ennuie, bat la semelle, travaille et se glorifie d'une austérité officielle qui a pour emblèmes le manteau râpé du Maréchal et les mauvaises chaussures des membres de son cabinet.

Les ministres les plus clairvoyants savent bien qu'ils broient le vide, qu'ils ne sont plus obéis, que leurs ordres n'arrivent même pas aux extrémités d'un pays découpé par l'occupant en zones de législations différentes, qu'au surplus leurs lois les plus parfaites seront inapplicables en cas de victoire allemande, comme en cas de victoire anglaise.

Les acteurs de ce « monde où l'on s'ennuie » — ministres, fonctionnaires, peu estimés du petit peuple de Vichy qui se scandalise de voir un ministre convoquer une voiture pour parcourir les cent mètres qui le séparent de l'*Hôtel du Parc* (1) et s'irrite des réquisitions — les acteurs vivent et s'agitent dans l'ombre du maréchal Pétain. Vainqueur de Verdun, chef de l'Etat Français, mage dont on attend la guérison, sage dont les discours constituent un catéchisme civique, Philippe Pétain est pendant longtemps tout cela, aux yeux de nombreux Français de zone non occupée.

Mais il est aussi, pour les Vichyssois, ce vieux monsieur que l'on peut applaudir dans les allées du Parc, apercevoir à l'église Saint-Louis, qui aime les enfants (il recevra deux millions de lettres d'enfants en décembre 1940, dont certaines sont adressées à « Monsieur le Maréchal dans l'hôtel de Madame de Sévigné ») et achète un couteau de trois francs à la fête de la Légion.

---

(1) Cité par Jérôme Carcopino : *Souvenirs de sept ans.*

Le héros d'une image d'Epinal au milieu des difficultés de la vie quotidienne.

★

On sait tout de l'existence du maréchal Pétain à Vichy. A défaut de biographes, les hagiographes ne manquent pas. Amis, ennemis, serviteurs, journalistes, écrivains de profession (René Benjamin sera le porte-drapeau grandiloquent et ridicule de cette cohorte), témoins occasionnels qui, sitôt regagnée leur chambre au papier fané, couchent sur un carnet les circonstances de la rencontre, les mots prononcés et s'efforcent d'analyser jusqu'aux silences...

Le Maréchal se réveille à 7 h. 30, jette un coup d'œil aux journaux régionaux, déjeune avec la Maréchale (café au lait, tartine de pain). A 9 heures, le général Laure, secrétaire général du chef de l'Etat, fait son apparition suivi, peu après, par du Moulin de Labarthète qui dirige le cabinet civil. Discussion des demandes d'audience (dix ou douze par jour), signature des décrets d'ordre militaire, lecture des notes d'état-major, commentaire des opérations en cours.

Du Moulin présente ensuite à la signature quelques lois et décrets qui n'ont pas été contresignés, dans le bruit des chaises, la fumée des cigarettes, à la fin du dernier conseil des ministres.

Après la signature, le Maréchal reçoit plusieurs ministres, préside, à 11 heures, le conseil restreint — le général Weygand, Pierre Laval, Baudouin, Bouthillier — qui se tient dans son bureau, conseil où l'on règle d'abord les questions soulevées aux commissions d'armistice de Wiesbaden et de Turin, où l'on évoque les problèmes posés par l'administration dans les deux zones, l'état des relations avec les occupants.

Vers 12 h. 30, le Maréchal sort pour une promenade dans les allées du Parc, promenade qu'il accomplit le plus souvent en compagnie de Ménétrel, son médecin, du capitaine Bonhomme, son officier d'ordonnance. Quatre policiers suivent à quelques pas.

Le public attend cet instant. Public de petites gens, de boutiquiers, de légionnaires, d'enfants, de visiteurs appartenant à l'une ou à l'autre de ces corporations assurées d'une audience collective. Le Maréchal parle peu, mais rend leur salut à de très nombreux passants.

Les repas ont lieu à l'*Hôtel du Parc* d'où l'on a fini par

chasser — au bout d'un an — tous les convives importuns qui s'y succédaient : quémandeurs, politiciens de la nouvelle vague, observateurs de l'un et l'autre bord, pour installer un salon et une salle à manger à l'usage exclusif du Maréchal.

A table, jamais moins de dix convives.

— Je reçois de l'argent pour cela, dit le Maréchal, je n'ai pas le droit de le détourner de cet usage.

Les familiers — du Moulin, Ménétrel et Mme Ménétrel, l'amiral Fernet — rencontrent des généraux de l'une ou l'autre guerre, des ministres, des évêques qu'accompagne alors l'abbé Côte, curé de Saint-Louis, paroisse du Maréchal, des hauts fonctionnaires, des personnalités arrivant de zone occupée.

Dans le salon et la salle à manger, la francisque triomphe : en stuc, en bois, en bronze, sur les couverts, les rideaux rouges, les fauteuils bleus, les cigarettes. Né, dans l'esprit d'un capitaine soucieux de flatterie plus que d'héraldique, du mariage de la francisque gallique et du bâton de maréchal, ce curieux emblème s'étale partout et, notamment, dans les vitrines où sont exposés quelques-uns des innombrables présents apportés en hommage par les délégations qui se succèdent.

Les menus sont simples. Voici, par exemple, celui du déjeuner du 4 août 1943 :

Colin froid sauce tartare.
Petit salé aux choux.
Salade.
Fromages.
Poires Condé.

Le texte en est tapé sur un bristol de format réduit (12 × 9). Le maréchal Pétain mange de bon appétit, heureux lorsque l'absence du docteur Ménétrel lui permet quelques légères incartades au régime.

— Vous voyez ce serveur, dit-il à l'abbé Côte, eh bien, si Ménétrel était là, il ferait comme ça (le Maréchal secoue la tête) et tout maréchal que je suis, je n'aurais pas de boudin.

★

Il existe de nombreux récits des repas à la table du Maréchal. Le meilleur, je veux dire le plus naturel, sans doute, est resté jusqu'à ce jour inédit. Il s'agit d'un texte écrit par une jeune fille de 18 ans, Mlle Marie-Benoîte

Feuillade, fille du lieutenant de vaisseau Feuillade, héros des deux guerres et l'un des trois vice-présidents de la Légion. Le Maréchal a invité Mlle Feuillade pour son anniversaire et, la soirée achevée, la jeune fille s'empresse de noter les événements de cette journée — 11 mars 1943 — pour elle, historique.

Avec beaucoup de fraîcheur et de vivacité de plume, d'invention dans le choix des mots, Mlle Feuillade raconte son émotion lorsque la nouvelle de l'invitation lui est confirmée.

Vite, vite, elle abandonne l'allegro de la *Pathétique* qu'elle répétait alors ; vite, vite, elle se précipite chez sa coiffeuse à qui elle confie son chignon et sa joie. Après avoir annoncé la nouvelle à plusieurs amies, elle rentre chez elle pour se changer : robe bleu-mauve, manteau rose. Résolutions de calme, mais comme les minutes passent lentement!

L'heure du départ pour l'*Hôtel du Parc* arrive enfin. Les gardes saluent les visiteurs que Mme Ménétrel accueille et accompagne jusqu'au salon : « *Quelle émotion en apercevant le Maréchal et la Maréchale assis l'un près de l'autre, chacun dans un fauteuil, à la façon des souverains.*

Quelle impression de paix, de calme, de sérénité, sur le visage de notre Maréchal, et toujours cette jeunesse qui m'avait frappée la première fois. Il ne semblait pas fatigué, un peu triste, préoccupé... Le Maréchal me tendit la main et me fit asseoir. A ce moment, entrèrent le docteur Ménétrel par la baie de la salle à manger et le ministre de la Police, M. Bousquet, venant par le même chemin que nous, il me présenta ses hommages.

Chaque minute où je respirais cet air, j'en jouissais profondément, car je pensais bien que cela ne reviendrait jamais. Le Maréchal me fit asseoir dans un fauteuil à sa gauche, maman à sa droite, la Maréchale tournant le dos à une fenêtre, le général Philipot à sa droite ; puis papa, le ministre, le docteur, sa femme et moi. Nous étions disposés en cercle. Puis le maître d'hôtel vint annoncer d'une voix retentissante : « Madame la Maréchale est servie. »

Nous passâmes à table dans une salle à manger immense, très lumineuse, presque toute blanche, sauf les rideaux rouges avec les francisques. Il y avait beaucoup de glaces et une bataille qu'avait sans doute dû livrer le Maréchal qui était reconstituée dans une petite boîte de verre, éclairée. Nous nous mîmes à table. »

Le Maréchal place ses convives et la conversation aborde les sujets les plus divers. On parle de la Relève,

Mme Ménétrel rapporte une conversation politique entendue dans un train, mais le Maréchal s'inquiète poliment de sa jeune invitée et lui demande si elle va à cheval.

Au dessert, comme on verse du champagne, il la regarde et lui dit :

— C'est pour vous. Je bois à votre avenir.

« *Comme j'étais touchée, et tout cela à cause de mon anniversaire. Quelle gentille attention, digne d'un bon papa. J'étais rouge de confusion, de bonheur. Comme il avait su me rendre heureuse, le Maréchal... Puis on sortit de table, on passa dans le salon pour prendre le café. Le Maréchal prit de l'infusion, pas d'alcool, ne fume pas. Le Maréchal me mit de nouveau à sa gauche sur le fauteuil bleu à francisques. Je vivais chaque minute avec amour.*

J'avais emporté mon menu de table, le Maréchal m'avait offert de me le signer, puis ce fut une longue dédicace avec le stylo de M. Ménétrel cherché par lui. Je n'avais rien demandé au Maréchal et je n'y avais même pas pensé. J'étais tellement comblée déjà, que je n'en demandais pas plus.

Le Maréchal écrivit sur ses genoux, sans aucun support, sans lunettes. Pour cette dernière chose, maman le lui fit remarquer. Il répondit : « Comment, vous en mettez ? » « Comme votre écriture reste semblable ou parallèle à elle-même », dit maman au Maréchal, lorsqu'il écrivit sur ses genoux mon autographe. « Il le faut », répondit-il.

Le Maréchal et le général Philipot échangent ensuite quelques souvenirs sur la guerre de 1914-1918 et, poussé par une histoire de Philipot, le Maréchal fredonne même un air du premier acte de *Faust*.

Les minutes passent, trop vite certes au gré de Mlle Feuillade. Il est 22 h. 30. La Maréchale (tailleur noir en satin, tour de cou en velours rouge) et Mme Ménétrel se retirent. Le Maréchal raccompagne ses hôtes dans le salon d'entrée où il tient absolument à leur montrer les cadeaux reçus dans la journée. Le docteur Ménétrel bougonne :

— S'il commence à vous montrer tout, il n'en finira plus. Il a besoin de se reposer, il est fatigué.

Mlle Feuillade ose un compliment qui risque de faire rebondir la conversation : « *Papa me pinça le bras, je compris que c'était sans rémission. Je ne sais alors si mes yeux ont assez brillé pour dire au Maréchal tout ce que je ressentais. J'ai tâché de faire passer dans mes yeux une flamme d'ardeur, de bonheur, de joie. Le Maréchal que j'ai remercié de tout mon cœur, j'étais tellement émue que j'ai pensé un moment pleurer, me dit, en me mettant la main sur une épaule : « Au revoir, mon enfant. »*

C'était vraiment fini. Papa, le général Philipot, maman et moi ressortîmes et nous nous sommes retrouvés de nouveau tous les quatre très simplement devant la cheminée du salon, comme si rien ne s'était passé. Mais mon cœur garde toutes ces choses intactes et c'est une force que d'avoir un si beau souvenir. » (1)

★

Le conseil des ministres se tient, deux ou trois fois par semaine, dans le grand salon du rez-de-chaussée du Pavillon Sévigné. Le Maréchal préside, selon le mot de Du Moulin « sans fatigue apparente, mais sans activité réelle ». A sa droite (au début de 1941), Huntziger, ministre de la guerre ; à sa gauche, Barthélemy, le garde des sceaux. En face de lui, Darlan.

Parmi les ministres, lorsque Laval n'est pas au gouvernement, il en est assez peu qui possèdent une formation politique. Ce sont des militaires, des hauts fonctionnaires, des industriels, des juristes, quelques sénateurs, parlant peu, se réfugiant dans leurs compétences, préférant — Darlan donne l'exemple — la note écrite à l'exposé oral qui invite à la discussion.

Au cours des mois qui suivent la débâcle, ces ministres, dont l'honnêteté et la conscience civique sont évidentes, ont l'épuisante tâche de remettre la France en état de marche. Il faut rapatrier les réfugiés, démobiliser l'armée, organiser la jeunesse, relancer les usines, recenser et protéger les maigres stocks, lutter contre le marché noir, arracher quelques milliers de prisonniers aux Allemands, négocier secrètement avec l'Angleterre, vivre enfin, alors que l'ennemi occupe les deux tiers du pays.

Capitaine d'un navire dont il doit disputer la barre, le gouvernement poursuit une route difficile.

Les conseils des ministres ne manquent pas pendant lesquels le Maréchal ne prononce pas une parole. Tous les observateurs, et notamment Paul Schmidt, interprète d'Hitler à Montoire, notent ses silences qui correspondent d'ailleurs à son goût du secret (2). Il est cependant attentif aux querelles de préséance, aux conspirations qui se nouent

(1) Témoignage écrit le 12 mars 1943 par Mlle Feuillade, aujourd'hui Mme Delmas. Elle a appelé son récit : *Journal d'un soir.*

(2) Le général Weygand : « Vous ne pouvez pas vous imaginer à quel point le Maréchal est un homme secret. »

et se dénouent, aux plaintes des ministres qui affirment *mezza voce* que trop de choses se décident au conseil restreint et qu'ils sont tenus au courant de l'activité intérieure ou extérieure par la lecture de ces pauvres feuilles mal renseignées qui s'appellent *Progrès de l'Allier, Avenir du Plateau Central* ou *Moniteur du Puy-de-Dôme* (1). C'est à la fin des conseils que le Maréchal contresigne, trop rapidement parfois, les textes les plus importants.

Lorsqu'il sort d'une séance particulièrement chargée, il a, raconte Jean Tracou, un geste familier, toujours le même : lentement, il passe sa main droite sur le front, de gauche à droite, comme pour effacer les soucis quotidiens.

— Allons, dit-il, n'y pensons plus... A chaque jour suffit sa peine.

★

Auréolé de la victoire remportée à Verdun et plus encore peut-être de la victoire de 1917 sur les mutins et les désespérés, le maréchal Pétain croit toujours au contact physique, au prestige et au rayonnement du chef, à la propagande sommaire, grossière, mais efficace des voyageurs dans les trains, des concierges, des boutiquiers, des ménagères.

Il n'a pas agi différemment en 1917, visitant les troupes, se montrant, goûtant la soupe, ordonnant des permissions plus nombreuses, réprimandant quelques chefs, exigeant, et le faisant savoir, que l'on dépense moins d'hommes et milieu d'une époque folle, homme d'avant les « relations davantage d'obus, prodiguant des paroles de bon sens au publiques », mais en inventant naturellement les techniques.

Pour lui, 1940 c'est 1917 qui aurait mal tourné.

En 1940, il met immédiatement (et avec un évident plaisir) sa popularité au service d'un pouvoir qui sera de plus en plus discuté, d'un gouvernement bientôt désobéi par les uns, dépassé par les autres.

Sans doute donne-t-il le brouillon de ses messages à écrire à quelques-uns de ses collaborateurs : René Gillouin, Bergery, Massis, du Moulin de Labarthète, le général Laure, l'amiral Fernet, mais, tout en prenant son bien où il le trouve, il corrige, taille à grands coups de ciseaux, simplifie, car il est ennemi de l'emphase et, par-delà les intel-

(1) Jérôme Carcopino, qui fut ministre de l'Instruction publique, écrit même : « Le plus souvent, c'est par les journaux que j'étais mis au courant d'événements dans lesquels le gouvernement m'avait engagé. »

lectuels, souhaite atteindre l'immense armée des deuxième classe, des paysans pour lesquels il a toujours éprouvé une vive sympathie et qu'il veut conquérir à quelques idées simples : l'amour du travail bien fait, le respect de la vie familiale, l'obéissance, la patience, le sens de la responsabilité, toutes vertus fort peu praticables en un temps troublé, dans un pays aux deux tiers occupé !

Son rôle, essentiel sur le plan de la propagande, il le joue et le joue seul face à ces nombreuses délégations qui affluent à Vichy, devenu le Lourdes politique de l'Etat Français.

Au cours de ces cérémonies, qui empruntent à la France de la monarchie son goût des présents, des révérences et du sacré, il aime parcourir les rangs des visiteurs et interroger. Sans espérer que la réponse lui apporte l'écho véritable de l'opinion publique, peut-être attend-il de ce dialogue facile, où il a aisément le dernier mot, un repos de l'esprit, la preuve aussi que le peuple — résumé en quelques notables, quelques prisonniers libérés, quelques jeunes hommes, quelques anciens de Verdun — est toujours derrière lui.

— Que voulez-vous faire dans la vie ? demande-t-il à une jeune fille.

Trouble... Hésitations... Rougeur.

— Me marier, monsieur le Maréchal.

— Ça, c'est bien ! C'est normal... Mais il faudra prendre un bon mari. Avez-vous une recette pour le découvrir ?

— Non, monsieur le Maréchal...

— Moi non plus, hélas ! Sinon, je vous l'aurais révélée.

Et, à une autre, qui habite la campagne :

— Alors, vous serez cultivatrice ?

— Oui, monsieur le Maréchal.

— Et pour le moment, que faites-vous ?

— Je suis étudiante, monsieur le Maréchal.

— Etudiante ! Mais, pour être cultivatrice, il n'y a pas besoin de faire tant d'études... Il vaut mieux apprendre à traire les vaches.

— Oh ! Je sais faire, monsieur le Maréchal... J'ai un petit cousin qui m'a initiée.

Et, comme cette réponse provoque quelques rires, le Maréchal de dire en se retournant :

— Messieurs, je vous en prie, soyez sérieux (1).

(1) Témoignage Georges Planes.

Les cérémonies ont lieu dans le salon de l'*Hôtel du Parc* où sont exposés quelques-uns des cadeaux offerts par les délégations précédentes. Rangés en demi-cercle autour de la vaste table qui supporte leurs présents, face à un portrait romantique du maréchal Pétain, œuvre du peintre espagnol Benito, les délégués attendent le Maréchal qui, annoncé par Brochier, le chef des huissiers, paraît soudain, aussi peu romantique que possible, tandis que les gardes, en grande tenue, rendent les honneurs. Le voici, prêt à effectuer ce que ses familiers appellent irrévérencieusement son « tour de piste ».

Remerciements pour tous les cadeaux qui offrent un échantillon de la production française, sinon toujours du goût français. Il y a là, au hasard de ces réceptions où la courtisanerie joue un rôle autant que la sincérité, des fruits, des bouteilles vénérables, des fromages, des oies, des galettes, des agneaux frisés, enrubannés, qui vont rejoindre la propriété de Charmeil que le Maréchal a louée pour l'été, des théières, d'innombrables francisques, des cannes, des dizaines de cannes qui seront plus tard vendues aux enchères, des parapluies, des couteaux, des pièces de broderie, toute une flotte en réduction, des soldats de plomb apportés par Sacha Guitry, des gravures sur bois, sur cuivre, sur cuir, sur dentelle, une forge miniature, un « *lion de Belfort* » que le Maréchal songe à faire installer dans son jardin de Villeneuve-Loubet, une magnifique épée de cristal venue de Baccarat.

Le Maréchal va de l'un à l'autre, causant familièrement, écoutant les doléances des maires, des industriels, des paysans, égrenant des souvenirs de sa jeunesse, souvenirs qui sont en lui, comme chez beaucoup de vieillards, à fleur de mémoire.

On lui présente un président de Légion qui vient de l'Ardèche.

— L'Ardèche ? Je sortais de Saint-Cyr et j'ai parcouru toute l'Ardèche à pied pour faire la révision de la carte d'état-major. C'était en 1879 ou 80. Mettons 80, c'est plus facile à compter. Cela fait soixante-trois ans... J'ai fait mon premier déjeuner à Saint-Peray avec du vin excellent de Saint-Peray, c'est du champagne doux.

Il bavarde avec les paysans, et se montre fier des résultats de son jardin de Villeneuve-Loubet.

— La Coopérative de Villeneuve-Loubet envoie chaque semaine deux tonnes de légumes au marché de Nice.

Lui signale-t-on que ses photos disparaissent des vitrines, il se contente de remarquer avec philosophie :

— Elles vieillissent.

Qu'un préfet est médiocre :

— Il faut en trouver, le stock commence à s'épuiser.

Il aime à s'informer des états de service.

— Quelles campagnes ?

— L'Alsace, la Somme, le Chemin des Dames, monsieur le Maréchal. J'étais aussi à Verdun avec vous.

— Rappelez-moi donc votre nom. Vous étiez si nombreux... Mais je vous retiens comme témoin, les mauvaises langues prétendent que je n'y ai jamais mis les pieds.

Bien des maires, des chefs d'entreprises se plaignent de la Relève. Alors, le maréchal Pétain défend sa politique, justifie son refus de quitter le sol métropolitain en novembre 1942.

— Si les Allemands occupaient, ils régleraient ces questions de relève eux-mêmes et de façon brutale, avec des exécutions. Ils ont déjà menacé de le faire et ce serait le gauleiter. Avec le gauleiter, tous ceux qui n'obéissent pas sont exécutés.

On le voit, rien de très original, ni même d'exactement informé. Mais des phrases faciles à retenir, des pensées simples et d'un apparent bon sens, la glorification de ce que le Maréchal croit être le moindre mal, une aisance et une simplicité naturelles qui le mettent « à la portée » de tous les auditoires, une vision limitée par l'âge, comme aussi lorsque les voyages se raréfient (1), par l'ignorance du détail des affaires, de la complexité des problèmes, de l'évolution sentimentale des Français, une vision limitée aux étroites frontières du royaume de Vichy, puis à l'horizon que l'on voit du balcon de l'*Hôtel du Parc*, lorsque montent les couleurs.

★

Chaque dimanche matin, la cérémonie se déroule en présence d'une petite foule émue. La garde montante, accompagnée par la musique personnelle du chef de l'Etat, vient remplacer la garde descendante. Soldats qui manœuvrent impeccablement mais n'ont guère plus d'importance militaire que des figurants du Châtelet.

Le Maréchal apparaît sur le seuil de l'*Hôtel du Parc*, au moment où le grand drapeau aux trois couleurs monte lentement le long de sa hampe... La foule peut croire un ins-

---

(1) Sur les voyages du maréchal Pétain, cf. le chapitre « Le mystique du Maréchal. »

tant, et peut-être le croit-elle, qu'il existe une force derrière ce décor, une armée derrière ces gardes solitaires, un gouvernement uni derrière ce vieillard.

Le dimanche, après l'hommage à la patrie, le maréchal Pétain se rend à l'église Saint-Louis qui se trouve à quelques centaines de mètres de l'*Hôtel du Parc*.

Les sentiments religieux de cet homme, que l'on a accusé de « cléricalisme », étaient sans doute assez tièdes, plus proches de la religiosité que de la religion véritable, mais il range la religion au nombre des grandes forces morales capables de provoquer la renaissance du pays et, à ce titre, rend scrupuleusement à Dieu ce qui est à Dieu.

A 11 h. 15, le dimanche, la voiture du Maréchal arrive donc par la rue Sainte-Cécile. Le chef de l'Etat descend face à la sacristie devant laquelle il est accueilli par l'abbé Côte. Lorsqu'il est en retard pour l'office, il a, devant le prêtre, de légères et amicales disputes avec la Maréchale. Le couple s'éloigne ensuite vers les fauteuils placés dans la petite nef d'où le Maréchal peut voir, comme il le souhaite, à la fois l'autel et le prédicateur.

A la sortie de la messe — l'église est toujours pleine, car la paroisse Saint-Louis compte maintenant 52.000 fidèles — les assistants font naturellement une ovation discrète au Maréchal, victime satisfaite de toutes les jeunes quêteuses qui papillonnent sur la place.

★

C'est dans cette atmosphère provinciale, qui a le calme apparent et les soudaines turbulences des grands fonds, que s'écoulent les jours du nouvel Etat.

Périodiquement, en effet, la ville est secouée de « coups de tabac », de moins en moins nombreux il est vrai, ou, plus exactement, de moins en moins conséquents, à mesure que, perdant ses colonies, sa flotte, son armée, sa liberté, Vichy perd également toute son importance.

Cette atmosphere provinciale est troublée par les lendemains de Montoire qui introduisent le mot « collaboration » dans le vocabulaire officiel ; elle est troublée, dans la nuit du 13 décembre, par la galopade des motocyclistes montant, dans les escaliers de l'*Hôtel du Parc*, à l'assaut des chambres où se déshabillent les amis de Pierre Laval, par l'arrivée d'Abetz et d'une douzaine de S. S. venus « délivrer » le ministre français, par le renvoi de Weygand, par le débarquement américain en Afrique, par l'entrée des Allemands en zone libre, par le survol des avions qui méprisent la capitale provisoire et vont ravager des villes industrielles de la vallée du Rhône, par la disparition de fonctionnaires, de militaires enfermés dans les prisons allemandes ou déjà sur les chemins qui mènent à Londres.

Pendant la première année de Vichy, tout un petit monde, bruyant et nerveux, s'agite autour de quelques personnages importants : Pétain, Laval, Darlan, Weygand.

Weygand disparaîtra le premier de l'horizon politique, puis ce François Darlan que l'opinion publique n'estime guère car, malgré ses qualités d'organisateur, il manque de prestige, de « présence » et calque finalement son personnage sur celui des « traîtres » de mélodrame, sans que la mort lui laisse une chance de s'expliquer un jour.

A partir de l'année 1943, le maréchal Pétain sera déserté par les habiles, les ambitieux, par tous ceux qui devinent aisément qui détient le pouvoir, c'est-à-dire les faveurs et les places.

En 1944, Pierre Laval, à son tour, se verra menacé ; Déat, Darnand, Doriot, Henriot, soutenus par les Allemands qu'ils soutiennent, le jugeront trop timide et trop libéral et, dans l'exil de Sigmaringen, ils imposeront aux Français qui les ont suivis jusqu'au bout par peur du châtiment légitime, espoir d'une vengeance ou fidélité à un idéal fasciste, une intégration presque totale à l'Allemagne en agonie.

Cette fin démentielle était cependant dans la logique involontaire de Vichy. Il était prévisible que seraient chassés, les uns après les autres, tous ceux qui tenteraient de freiner légalement la mainmise allemande, fût-ce en prêchant le respect étroit des clauses de l'armistice ; il était prévisible que des ambitieux aveugles se mettraient, avec toutes leurs passions et leurs exigences, au service des Allemands ; il était prévisible, enfin, que l'Allemagne menacée, luttant pour sa vie, serait, de jour en jour, moins soucieuse de respecter les formes et les hommes.

★

Russes et Anglo-Saxons partout poussent leurs armées.

Où elle est présente encore, sur des conquêtes qui lui échappent, et dont elle sent la haine, l'Allemagne pèse de tout le poids de sa police et de ses troupes. Comment pourrait-elle tenir compte des volontés d'un vieux maréchal de France sans marine, sans armée et qui n'a derrière lui que des quinquagénaires aux glorieux rubans fanés ?

La présence du Maréchal n'empêchera donc ni les massacres, ni les représailles, ni les pendaisons, ni les fusillades, ni les incendies d'hommes, vivants encore !

Ainsi, dans le royaume de Vichy, le pouvoir appartient toujours plus étroitement, toujours plus visiblement à l'occupant libre d'interdire au chef de l'Etat l'usage de la radio, comme de lui « suggérer » le renvoi de ses collaborateurs les plus fidèles et les moins souples et, finalement, de lui imposer ses ministres, sa politique, ses lois (1).

En octobre 1941, les Allemands ont envoyé à Vichy le consul général Krug von Nidda et une quinzaine d'observateurs, mais leur présence demeure, somme toute, relativement discrète. Après l'occupation de la zone libre, lorsque la souveraineté de la France n'est plus qu'une fiction, la Gestapo s'installe dans une villa du boulevard des Etats-Unis et procède immédiatement à des arrestations. Les Allemands envahissent la légation du Mexique et l'ambassade du Brésil qu'ils fouillent de fond en comble. Des troupes massées près de Vichy constituent par leur présence un « argument » politique d'importance. Plus tard, M. de Renthe-Fink exigera d'occuper une chambre voisine de celle du Maréchal et, faute de réussir à coucher à l'*Hôtel du Parc,* y placera du moins ses bureaux et ceux de son adjoint le S. S. Böhland.

★

Ainsi, au fil des jours tristes, le rôle de Vichy va s'amenuisant et le côté « provisoire » de la capitale apparaît davantage dans sa cruelle nudité.

Les visiteurs qui viennent encore rendre hommage au vieux soldat — dont la presse de Paris attaque sans cesse violemment les collaborateurs directs — espèrent qu'il pourra s'opposer un jour à Laval, qu'il n'aime pas, on le sait, mais auquel, par lassitude, il finit par céder, qu'il pourra atténuer les exigences allemandes, impressionner ses interlocuteurs, qu'il pourra ruser, gagner du temps, finasser, dire « oui » en pensant « non ». Mais, à partir du 17 novembre 1942, lorsque Laval reçoit le pouvoir de promulguer les lois et décrets, le Maréchal n'est plus qu'un figurant de grande envergure et de belle prestance.

(1) Le 4 décembre 1943, l'ambassadeur Abetz remet au maréchal Pétain un véritable ultimatum aux termes duquel toutes les modifications de lois projetées doivent être soumises à l'acceptation du gouvernement du Reich, et M. Laval est « chargé de remanier sans délai le cabinet français dans un sens acceptable pour le gouvernement allemand ».

Lorsqu'il résiste, lorsqu'il boude la cérémonie des couleurs, lorsqu'il se révolte même, écrivant à Laval, en décembre 1943, qu'il méprise Déat, et que Darnand et Henriot sont dangereux, lorsqu'il menace de partir, les Allemands lui font comprendre qu'on ne le retiendra pas. Et il reste.

Il entre enfin dans sa zone d'ombre. Ses paroles sont contradictoires, elles changent avec l'heure et l'interlocuteur. On lui arrache par la contrainte morale, qui s'appelle ici simplement insistance, des textes contre les alliés, on « refait » ses allocutions — celle qu'il prononce de l'Hôtel de Ville de Paris notamment — lorsqu'elles déplaisent aux Allemands.

La confiance s'effrite. Le laisser-aller au sein de l'administration qui, par prudence ou conviction, donne des gages à la Résistance, va en grandissant. Vichy perd ses habitants provisoires.

Rappelés par leurs gouvernements, la plupart des diplomates sud-américains s'en sont allés. A l'exception du nonce et du Suisse Stucki, il ne reste plus guère de neutres à Vichy. Les étrangers qui partagent encore l'existence vichyssoise appartiennent presque tous à des pays alliés à l'Allemagne, mais, déjà, dans l'ombre de la Russie.

Beaucoup de ces officiers, qui paradaient en juillet 1940 dans les rues de Vichy, se battent maintenant en Italie ou entraînent les garçons du maquis.

Le ministère des Affaires Etrangères n'est qu'un grand hôtel vide d'où l'on ne tire aucun fil. Le ministère de la Guerre également. Celui de la Marine est veuf de bateaux. Celui des Colonies a vu rapidement l'empire entier passer sous le double contrôle anglo-saxon et gaulliste. Tout est dérisoire dans cette capitale provisoire où l'on avait, un temps, espéré fournir au monde en guerre le salut d'une voie moyenne.

Tout est illusoire. Sauf la peur.

Les Allemands ont peur que le maquis « blanc » n'enlève le Maréchal ou bien qu'à l'annonce du débarquement il ne tente de rejoindre les armées alliées. Ils promènent donc celui qui est déjà leur captif de résidence en résidence.

Tristes voyages qui ressemblent plus à ceux d'un prisonnier qu'à ceux d'un chef d'Etat. En mai 1944, pour accompagner le Maréchal au château de Voisins, il y a, dans le cortège de dix-neuf voitures, douze voitures de policiers allemands ! Rien n'est prêt au château. Il faut faire venir en hâte des draps de l'hôpital de Versailles, emprunter le poste de T. S. F. du gardien pour le chef de l'Etat Français ! La première lettre que le Maréchal reçoit dans son exil provisoire souligne toute la distance parcourue en quatre ans :

Vénérable octogénaire,

Philippe Henriot nous apprend que tu n'es pas du tout prisonnier, ni en pénitence dans le château princier du Comte de Fels. Ton ami, Adolphe, n'aurait pas voulu faire ça. On nous raconte que tu es venu t'y établir pour partager nos malheurs. Ne prends pas les Parisiens pour des imbéciles. Pour nous : la misère, les bombardements, les tickets ; mais pour toi qui es responsable des bombardements, des ruines, des morts, une villégiature dorée à l'abri de tous les risques.

Quelle sinistre comédie. Tu as permis que l'Allemand s'installe en France comme chez lui et c'est pour cela que nous sommes bombardés. Tu as livré la France, son territoire, ses hommes, ses richesses. L'heure de la justice viendra. Les Français te jugeront et confisqueront les biens immenses que tu as acquis sur notre détresse.

Le 26 mai, le Maréchal quitte Voisins pour Nancy, Epinal, Dijon, Lyon, Saint-Etienne, où il arrive le lendemain du débarquement et reçoit de la population — qui déteste la politique de collaboration — un chaleureux accueil qui va à l'homme, plus qu'au chef d'un « Etat » en voie de disparition.

De retour à Vichy, les Allemands exigent qu'il se rende chaque soir au château du Lonzat, vaste demeure de style gothique anglais, facile à protéger et à surveiller, sur une hauteur d'où le regard domine la vallée de l'Allier.

Chaque soir, lorsqu'il parcourt les dix-sept kilomètres qui le séparent du Lonzat, le Maréchal croise des patrouilles allemandes, qui ne représentent qu'une faible partie des forces d'intervention immédiate stationnées près de sa résidence. Le parc du château est occupé par les deux cents hommes de sa garde personnelle, le château par la police française.

Le Maréchal se couche à 10 heures, non sans avoir somnolé sur la terrasse embaumée des odeurs de l'été. Il se lève à 5 heures, lit et travaille jusqu'à 9 heures. Après une conversation avec Tracou et le colonel de Longueau-Saint-Michel, qui pointe sur les cartes l'avance alliée, il part pour Vichy et descend vingt minutes plus tard devant l'*Hôtel du Parc,* déserté, protégé par de nombreux policiers, séparé en tranches par des grilles qui ont été posées en août 1942.

« *Ils sont loin,* remarque Jean Tracou, *ces jours de* 1940-1941 *où la rue se prolongeait librement dans les salons et les couloirs, où les vedettes de tout poil et de tout plumage se rencontraient dans le hall. Aujourd'hui, c'est le vide... La fidélité au Maréchal fond comme neige au soleil... La onzième heure approche.* »

Sous la porte des chambres occupées par des fonctionnaires compromis, on glisse des menaces de mort, des cercueils dessinés de manière plus ou moins réaliste. Les lettres de fusillés circulent, accompagnées de tracts injurieux.

Le 6 juin 1944, jour du débarquement, les principaux ministères sont entourés de barbelés ridicules et la foule se rue sur les boulangeries.

En juillet, les communications téléphoniques sont coupées avec la France entière, à l'exception de Lyon et de Clermont.

Le 8 juillet, le train Paris-Vichy met vingt-quatre heures pour relier les deux villes, vingt-cinq heures le 14 juillet, cinquante et une heures le 3 août. Les miliciens, avant de s'enfuir vers l'Est, campent dans l'établissement thermal avec leur ravitaillement vivant : poules, agneaux, cochons.

Quand le monde entier a les yeux tournés vers Paris, Vichy recule chaque jour un peu plus à l'horizon des Français.

★

Ce soir-là, au Casino des Fleurs, on joue *Liberté provisoire.* Rencontre symbolique de la comédie et de l'histoire. Ce soir-là, précisément, le 19 août 1944, les Allemands s'apprêtent à mettre fin à la liberté provisoire du maréchal Pétain.

Depuis plusieurs jours déjà, le bruit courait à Vichy d'une prochaine arrestation du Maréchal. En se promenant longuement, sans escorte supplémentaire, dans les allées du Parc, en assistant à la messe du 15 août, le Maréchal s'efforce bien de rassurer la population, mais, dans le même temps, il prie M. Stucki, ministre de Suisse, de bien vouloir « répondre à son appel à toute heure du jour ou de la nuit pour assister à tout ce qui se passera ». Il étudie avec le général Barré, directeur général de la Garde, une marche chimérique de 3 ou 4.000 hommes mal armés en direction des Américains. Lorsque Renthe-Fink notifie officiellement les ordres allemands : rejoindre Nancy où Laval vient d'arriver volontairement, affirme Renthe-Fink (ce qui est faux), il cherche à gagner du temps en envoyant un messager auprès de Laval, dont il désire connaître la position.

Mais il sait bien qu'il finira par céder aux menaces allemandes, ne fût-ce que pour protéger la population vichyssoise.

— Je n'ai pas le droit de laisser bombarder Vichy pour entrer dans l'histoire avec plus de gloire, dit-il à Stucki.

Ainsi, jusqu'à la fin, le maréchal Pétain demeure fidèle au geste et à la logique de juin 1940.

S'il a demandé l'armistice, s'il a traité avec l'adversaire, c'est pour mettre fin aux combats comme au supplice des Français sur les routes. Le 11 novembre 1942, s'il a refusé de quitter Vichy pour Alger, alors que son départ pouvait, sans doute, préserver l'unité nationale, c'est pour éviter à la France les exigences d'un gauleiter.

S'il a abdiqué, dit « oui » trop souvent à Laval, encouragé la collaboration, signé des messages à la L. V. F., tenu secrètes ses nombreuses protestations, accepté Darnand, Henriot, Déat, s'il a boudé — se privant de la cérémonie des couleurs — sans se décider à la retraite, c'est parce qu'il n'a pas pleine conscience de l'évolution rapide des événements et croit pouvoir s'interposer toujours.

— J'irai trouver le Führer comme je suis allé trouver les mutins de 1917, dit-il à Charles Roux avant Montoire.

Mot prodigieusement irréel et qui marque les limites d'un caractère et les limites d'une information.

Le 19 août, Renthe-Fink et le général von Neubronn insistent : les exigences allemandes ne sauraient être repoussées plus longtemps. Bien qu'il sache maintenant que Laval n'a pas quitté Paris de son plein gré, bien qu'il lutte encore pour demeurer à Vichy, le Maréchal finit par s'inquiéter de l'heure du départ. Renthe-Fink voudrait qu'il ait lieu dans deux heures à peine : vers 22 heures.

Le Maréchal et ceux qui l'entourent — les amiraux Bléhaut et Fernet, les généraux Bridoux et Debeney — protestent. Entre Renthe-Fink, Neubronn et Pétain a lieu alors un rapide marchandage. 5 h. 30 ? Non, c'est trop tôt. 6 heures ? 7 heures ?

C'est alors que Mgr Valerio Valeri et Stucki sont introduits dans le bureau. Pour l'histoire, ils viennent enregistrer la violence qui est faite au Maréchal.

★

Dans la dernière nuit qu'il passe à Vichy, le Maréchal repousse une proposition de Ménétrel de fuir déguisé en ouvrier ou de se cacher à la légation de Suisse.

— Cette escapade n'est ni de mon âge, ni de ma dignité, murmure-t-il et il rédige paisiblement un appel aux Français qui sera affiché dans la matinée sur les murs de Vichy, puis publié par l'*Avenir du Puy-de-Dôme.*

Il relit le « testament politique » qu'il a écrit l'avant-veille, « testament » dans lequel il a sereinement évoqué l'œuvre accomplie : institution de la province, charte du Travail, corporations, Code de la Famille, et qui s'achève sur ces mots irréels à l'heure où la France soulevée oublie et répudie tout le passé : « *En attendant, je suis là, prêt à compléter l'exécution du mandat qui m'a été confié en juillet* 1940 *et à discuter les problèmes qui se poseront pour l'achèvement de la Constitution.* »

Il relit également un message aux Français, composé depuis plusieurs jours déjà : « *Ceux qui vous tiendront un langage propre à vous conduire vers la réconciliation et la rénovation de la France par le pardon réciproque des injures et l'amour de tous les nôtres, ceux-là sont des chefs français... C'est avec joie que j'accepte mon sacrifice, s'il vous fait retrouver la voie de l'union sacrée pour la renaissance de la Patrie.* »

Ensuite, il va se coucher.

Il est une heure du matin.

★

On a raconté bien des fois « l'enlèvement » du Maréchal : enlèvement réglé comme un scénario que le ministre de Suisse négocie « *pour que la violence faite soit assez apparente pour figurer dans l'histoire, et assez inoffensive pour ne pas entraîner de mort d'homme* (1) ».

Face à face, dans la nuit, deux troupes se groupent. D'un côté, les gardes, massés à l'intérieur de l'*Hôtel du Parc* avec des armes dont ils savent qu'ils ne se serviront pas (2)... et deux chaises pour bloquer le tambour de la porte d'entrée.

---

(1) Robert Aron : *Histoire de Vichy.*

(2) M. Stucki a suggéré, en effet, que, dans les deux camps, fusils et mitrailleuses ne soient pas chargés.

De l'autre, une centaine d'hommes de la Feldgendarmerie et de la Police de Sécurité S. D. rangés autour de l'*Hôtel du Parc* et du *Majestic.*

A 6 h. 45, Detering, officier de la Gestapo, se présente devant la porte de l'*Hôtel du Parc,* fait arracher une des portes du tambour, passe devant la garde impassible, fracture les grilles de l'escalier, arrive devant la porte du Maréchal et renonce à entrer par effraction.

Une vingtaine de Français sont présents : hommes de la Légion rassemblés par Lachal à 2 heures du matin autour du docteur Dillenseger, familiers dont l'émotion est perceptible : l'amiral Fernet, Henri Massis, l'amiral Bléhaut, les généraux Bridoux, Caldairon et Perré, le général Barré qui commande la Garde.

Il y a également, témoin pour l'histoire, le ministre de Suisse Stucki.

Dans le bureau du général Barré, Detering rend compte au général von Neubronn. Quelques minutes plus tard, le général arrive, fait écarter poliment les spectateurs, tente d'ouvrir la porte fermée et, comme elle résiste, laisse la place à un sous-officier allemand qui brise une vitre. Quelques pas plus loin, von Neubronn se trouve devant la porte de la chambre du Maréchal ; elle résiste à une tentative de crochetage, on la sortira de ses gonds et von Neubronn arrive enfin devant Philippe Pétain qui, vêtu seulement d'une chemise et d'un pantalon, noue paisiblement ses lacets de chaussures...

Il est 7 h. 30. A 8 h. 15, après avoir fini de s'habiller, pris son petit déjeuner, reçu le nonce qui vient d'arriver et M. Stucki, salué les personnes présentes et une dernière fois parcouru le front du détachement qui, dans le hall de l'Hôtel, présente les armes, le Maréchal descend les marches de l'*Hôtel du Parc,* tandis qu'une *Marseillaise* crispée monte de la petite foule rassemblée.

★

Combien sont-ils ceux qui, dans la rue, ont assisté et participé à cette scène ? A cette cène, peut-on écrire sans mauvais jeu de mots, car les hommes qui sont là portent tous témoignage d'une fidélité au malheur. Un peu plus d'une centaine sans doute, réunis sous la pluie.

Voici le témoignage de l'un d'entre eux, le lieutenant de vaisseau Feuillade, qui a été éveillé à 6 h. 45 par la pétarade des motocyclistes allemands. Il quitte rapidement son appartement pour rejoindre quelques amis, près de la Rotonde : « *Le petit jour est lugubre, gris et sale sous la pluie battante. Le cordon clairsemé des S. S. est tragique d'allure et d'immobilité. Le général von Neubronn, en culotte à bandes rouges, se promène sur le trottoir avec un civil : chef de la Gestapo. Peu de mouvements... A 8 h. 5, remous à l'entrée de l'Hôtel. Les voitures se mettent en marche et on apporte des valises. Le Maréchal paraît... Notre groupe s'est rapproché jusqu'à la galerie depuis quelques instants déjà. Des cris s'élèvent : « Vive le Maréchal! » répétés et déchirants, presque comme de grandes plaintes. Le Maréchal salue avant de descendre les marches et monte en voiture... La Maréchale près du Maréchal et le docteur Ménétrel, sur le strapontin Longueau. Encore un instant. Le Maréchal salue de la main les personnes sur les marches du Parc, cabinet et fonctionnaires. Parmi nous, la* Marseillaise *éclate, cependant que Decroux est emmené avec son appareil photo par un S. S. qui a surpris sa dernière tentative...* »

★

Le Maréchal est parti. Dans la matinée, le docteur Dillenseger, chef de la Légion des Combattants de l'Allier, fait apposer sur les arbres et les murs de la ville cet appel dactylographié que la milice lacérera :

Pour les légionnaires,

Le Maréchal est prisonnier des Allemands. De ce fait, l'armistice est rompu. Nous sommes en guerre avec l'Allemagne.

Quel est notre devoir ? Il est impératif. Le Maréchal nous le dicte dans son message.

Groupez-vous autour de ceux qui vous donneront la garantie de vous conduire dans le chemin de l'honneur et la voie de l'ordre.

C'est la mobilisation générale de toutes les volontés que le Maréchal a décrétée par ces paroles. Ralliez donc sans arrière-pensée ceux qui, dans le mouvement de Résistance, n'ont qu'un seul amour : la France.

Sage conseil, mais dont on peut dire, comme de bien des choses à Vichy, qu'il arrive très tard.

CHAPITRE XVI

POUR OUBLIER LE TROP TRISTE AUJOURD'HUI

Les bombes sont tombées. Les bombes ont traversé le ciel bleu de cet après-midi d'avril. Les bombes ont écrasé des maisons ouvrières de Billancourt. Les bombes ont mordu dans cette foule qui avait frété, pour assister à la réouverture de Longchamp, chars à bancs et vélos-taxis. Au bout du champ de courses, une batterie allemande crache quelques obus retardataires. Sirènes. Hurlements. Ambulances. Il y a des morts et des blessés parmi les parieurs qui n'attendaient que la fortune (1).

Rien ne va plus.

Tout va bien. Le service d'ordre, qui craint d'être débordé si le public se disperse, demande aux commissaires de reprendre les opérations. Alors, avec une heure et demie de retard, une heure et demie cruelle, pendant laquelle on ramasse les blessés mais pendant laquelle, aussi, à cause des trous de bombes, on modifie le parcours, les courses commencent.

La foule se rue de nouveau vers les guichets du P. M. U., désorganisés par l'absence de courant qui bloque les totalisateurs.

Elle discute des chances de « Vigilance » et de « Tornado » pour le *Prix des Sablons*, qui débute à 17 h. 7. Elle crie. Elle souffre. Elle gesticule lorsque, dans la ligne droite, « Arcot » et « Tornado », ayant passé « Vigilance », « Tifiner », « Flamingo » et « Lazare » luttent sans réussir à se distancer et finissent dans la même foulée.

Elle triomphe. Elle touche son argent, la foule. Et plus tard, s'écoulant, elle s'attarde et s'agglutine autour des innombrables camelots qui sont à leur poste, comme d'habitude : vendeurs de sandwiches de faux pâté, de crêpes

(1) Quatorze bombes tombèrent sur le champ de courses et, fort heureusement, sur la partie la moins fréquentée par le public. Il y eut sept victimes.

sans œufs, d'ail, d'oignons, de tabac, de chaussures, de chemises, de tout ce qui fait défaut aux Parisiens : du hareng à la volaille.

Lorsque les « habitués de Longchamp », parmi lesquels il se trouve bon nombre d'officiers allemands qui ont, comme naguère les officiers français, l'entrée gratuite au pesage, apprennent le lendemain, 5 avril 1943, le bilan du bombardement (plus de 300 morts) ont-ils quelque remords d'avoir continué à s'intéresser à la race chevaline ? Il faut bien vivre. Et vivre, pendant l'occupation, cela signifie aller à la conquête des haricots, mais aussi à la poursuite du bonheur.

Pour oublier le trop triste aujourd'hui, pour oublier, pendant quelques heures, l'occupation, le marché noir, les incertitudes de la guerre, les Français, qui n'ont plus d'essence pour leurs voitures et réservent les pneus de vélos aux raids de ravitaillement, les Français disposent du théâtre, des cinémas, des champs de courses, des bibliothèques, des stades.

Ils en profitent, s'entassent dans le métro pour aller à Vincennes, assiègent les théâtres, font la queue sans rechigner aux portes des cinémas, dévalisent les librairies de tous leurs invendus, investissent leur argent, bien ou mal gagné, en tableaux et livres de prix. Rarement époque aura connu un tel engouement pour l'art. Faute de pain, on dévore des livres.

Tandis que la France traverse le plus grand drame de son histoire, des faiseurs d'opérettes affûtent des couplets qui seront applaudis par des milliers d'amateurs...

Et puis, il y a les chansonniers. Comme ils se moquent gentiment du malheur ! Des tickets, du tabac sans tabac, du sucre qui ne sucre pas, des jours sans viande. On se transmet leurs histoires.

— Vous connaissez celle-là ? C'est Ded Rysel qui la raconte. Un client entre dans une brasserie près de la gare de Lyon. Il commande un demi. On lui apporte le demi posé sur une soucoupe de feutre marron. Il boit un peu de bière, regarde sa soucoupe, la prend entre les doigts, la retourne en tous les sens, mord dedans, en mange un petit bout, boit un peu de bière et dévore le rond de feutre avec une satisfaction évidente. Ensuite, il vide son verre et appelle le garçon :

— Garçon, donnez-moi un autre demi, mais cette fois, sans gâteau.

On admire l'audace de Martini qui entre en scène, en faisant le salut hitlérien et, gardant le bras tendu, annonce :

— Jusque-là ! Jusque-là ! Nous sommes dans la merde jusque-là.

Le même chansonnier lance à un soldat allemand qui n'arrive pas à enfiler la manche de sa capote :

— Hein ! C'est difficile à passer, la Manche.

Petites histoires qui sont le plaisir et la revanche des vaincus, des affamés, des occupés.

Les chansons à la mode sont, elles aussi, bien souvent inspirées par les malheurs de l'époque : les prisonniers, les restrictions, la défaite. Léo Marjane chante *Te revoir, Je suis seule ce soir ;* Maurice Chevalier *La chanson du maçon* et *Ça sent si bon la France.*

Les nostalgiques de Paris fredonnent *Si tu vas à Paris, dis bonjour aux amis ;* ceux des bistrots d'avant-guerre *Chez Bébert, on n'y danse plus la java.* Si un air comme *Elle avait des semelles de bois* ne peut être qu'un air de circonstance, Johny Hess, en lançant *Je suis swing,* crée un style, un type d'adolescent, « le zazou » aux cheveux longs, au veston long, aux pantalons très courts, qui appartient à l'histoire de ces années d'occupation, mais leur survivra.

★

Pour les dessinateurs qui ne veulent pas se brûler les doigts à la politique, qui refusent de caricaturer de Gaulle et les hommes de Londres, il reste la ressource du marché noir. Mine inépuisable. Aldebert représente un couple attendri et rondouillard attablé devant un énorme plat de purée. Et le garçon, complice, de souffler :

— Dans la purée, vous trouverez l'oie qui contient les biftecks qui enrobent les grives farcies aux champignons.

André François dessine un immeuble en construction. Les ouvriers n'ont pas terminé le rez-de-chaussée, mais déjà une queue se forme et la première cliente arrivée souffle à sa voisine :

— Paraît qu'il va y avoir une charcuterie dans la maison.

M. Max Bonnafous, ministre du Ravitaillement, qui connaît l'adage latin *Castigat ridendo mores,* imaginera même de lutter par le rire contre le marché noir. C'est sous son patronage que l'on publiera, en 1943, un recueil de quelques-uns des meilleurs dessins humoristiques inspirés par le ravitaillement, ses insuffisances et toutes les parades imaginées par les Français.

Il est difficile de croire que cette œuvre ait eu quelque effet moralisateur. Du moins fit-elle sourire des hommes et des femmes qui, malgré rutabagas, topinambours, mauvais plats cuisinés et bolsang gardaient le courage de plaisanter de leurs malheurs.

Ce courage, ou cette inconscience, l'ont-ils d'ailleurs jamais perdu ?

★

Le 10 juin, quelques jours avant l'occupation allemande, l'*Œuvre,* dernier théâtre parisien encore ouvert, remboursera le seul spectateur présent dans la salle, mais l'interruption des spectacles sera de très courte durée et, dès le 20 juin, le théâtre *George-VI* lance un appel aux artistes encore à Paris.

Si, en juillet 1940 — période traditionnelle de relâche — les théâtres parisiens ne font que 55.000 francs de recettes et 523.000 en août contre plus de 2 millions et demi en août 1939, les cinémas et music-halls ne manquent pas de clientèle.

Clientèle mêlée d'ailleurs. Vainqueurs dans une guerre facile, ayant conquis une capitale sans ruines, les soldats allemands font du *Gay Paris* un but d'excursion et, dès la seconde semaine de juillet, prennent le chemin du *Lido,* du *Casino de Paris,* des *Folies-Bergère,* du *Concert Mayol,* de toutes ces salles qui, par la plume et la cuisse, prouvent abondamment que « Paris reste toujours Paris »... A leur intention, le *Pariser Zeitung* a d'ailleurs publié une « carte spéciale » des établissements et boîtes de nuit recommandés.

Pour les grandes manœuvres galantes, Paris est divisé en trois secteurs : Montmartre, Montparnasse, Champs-Elysées. De même, pour leurs achats, on remettra aux soldats le *Guide aryen,* brochure de 128 pages rédigée en français et en allemand.

Un mois après l'entrée des Allemands à Paris, une rédactrice de *La Gerbe* recense les cabarets où l'on s'écrase : « *A* La Roseraie, *pas une place libre... Au* Paradis, *nous nous retrouvons juchés sur de hauts tabourets, au bout d'un couloir étroit de jambes et de bras... Beaucoup d'uniformes, maintien très digne, tenue impeccable.* »

Et pendant toute la durée de l'occupation, certains journaux parisiens continueront à vanter (contre argent comptant) le « chaud décor de tentures rouges » de telle boîte, la « bonne chère et jolie chair » de telle autre. Lorsque tant de Français ont faim et froid, dans ce cruel hiver 1941, par exemple, ils évoqueront sans dignité ce club où « les murs, rose et or, enclosent précieusement une atmosphère tiède », où « le rayon du projecteur sent l'orange cependant que le tintement de la glace dans les seaux meuble les brefs silences de l'orchestre »...

★

Dernier théâtre à avoir clos ses portes, l'*Œuvre* sera le premier à les ouvrir en reprenant, le 11 juillet, *Juliette* de Jean Bassans. Bientôt, tout le monde suivra.

Tout le monde ? Non, il y a les morts, les prisonniers, les juifs, ceux qui préfèrent le climat de la zone sud ; mais enfin, pendant quatre ans, les scènes ne manqueront ni de directeurs (anciens ou nouveaux), ni d'auteurs, ni d'acteurs, ni de public.

La Comédie-Française, qui avait terminé sa saison le 9 juin 1940 sur *On ne saurait penser à tout*, titre d'un humour noir à l'instant où la France succombait pour n'avoir pensé ni aux blindés, ni aux avions, affiche le 8 septembre, en matinée, *Un Caprice* et *Le Misanthrope*.

Déjà, l'Opéra avait rouvert ses portes, « à la demande des Allemands », précisait le préfet de police Roger Langeron. *La Damnation de Faust* venait donc combler les amateurs de grande musique. Et quelques semaines plus tard, Sacha Guitry remontait sur les planches du théâtre de *La Madeleine* devant une salle comble où les chroniqueurs notaient, au hasard des loges, le général de la Laurencie, représentant du gouvernement français à Paris ; le préfet Langeron, Mme Lanvin, l'actrice Danielle Darrieux...

Les trois coups sont frappés. En scène pour le un.

On joue *Pasteur*, de Guitry, dont le public applaudit follement quelques phrases. On joue *les Mouches*, de Jean-Paul Sartre ; *la Reine morte*, de Montherlant ; *Sodome et Gomorrhe*, de Giraudoux ; *Jeanne avec nous*, de Vermorel ; *Antigone*, d'Anouilh. Pièces qui sont, pour un public hypersensible, prétexte à manifestations contradictoires (1).

Lorsque le Créon d'Anouilh évoque les difficultés du métier de roi : « *Mon rôle n'est pas bon, mais c'est mon rôle et je vais te faire tuer* », comment une partie des spectateurs ne songeraient-ils pas au réaliste Pierre Laval ? Lorsque les gardes, vêtus de cuir, coiffés de feutres trop penchés, bousculent la petite Antigone, comment la salle ne songerait-elle pas à d'autres argousins et à d'autres victimes ?

Mais comme rien n'est simple, dans ce monde étrange du

(1) Dans *la Reine morte* ces deux répliques sont applaudies chaque soir : « Il est rare qu'un homme de valeur ne finisse pas par être arrêté » ; « En prison, se trouve la fleur du royaume. »

théâtre où les mots, chaque soir, changent de sens, au gré des intonations des acteurs et de l'humeur des spectateurs, cette Antigone que les résistants adoptent, les rédacteurs de *Je suis Partout* l'applaudissent également.

Que dans un vaudeville de Labiche, un personnage s'appelle Adolphe, et une partie de la salle éclate de rire. Et là tout est limpide.

Au nom de la morale, *la Parisienne* rebaptisée devient *Clotilde du Mesnil* et *Tartuffe* est déconseillé.

Au nom du racisme, on ne joue plus les auteurs juifs, on interdit *les Parents terribles* de Cocteau et Charles Dullin vient habiter l'immense théâtre de la *Cité... ex-Sarah-Bernhardt*.

Au nom de la collaboration artistique, le Schiller Theater donne, sur la scène du Français, *Cabale et Amour* (13.087 fr. 50 de recette le 25 février 1941), et l'ambassade d'Allemagne reçoit ensuite plusieurs artistes français qui auront la (mauvaise) surprise de retrouver leur nom et leur photo dans l'hebdomadaire allemand *Signal*.

Présents en coulisses, les Allemands le sont aussi, chaque soir, dans la salle, et à la fin de l'occupation, ils auront réquisitionné à l'Opéra des places pour un total correspondant à 6 millions et demi de francs 1944 !

La politique, la guerre, le couvre-feu, les restrictions, l'heure trop avancée des spectacles, tout devrait ligoter, tout devrait étouffer le théâtre et, cependant, le public, indifférent aux alertes, aux difficultés de transport, aux décors rudimentaires, faute de partir en week-end, continue de courir les salles de spectacle.

Public nombreux. Dans beaucoup de villes de province, naissent alors de « jeunes » ou de « nouvelles » compagnies.

Tout est difficile, mais l'enthousiasme supplée à tout.

Les costumes et les décors sont souvent faits par les acteurs amateurs qui, pour se procurer de la toile de jute, des maquillages, de la peinture, n'hésitent pas à faire appel aux ressources du marché noir.

Devant un public privé des tournées et qui a perdu soudain le goût et le souvenir des « vedettes », ces compagnies d'amateurs payent d'audace et, aux yeux de la province du moins, font un théâtre d'avant-garde en jouant, c'est à Bordeaux, *Chacun sa vérité, l'Otage, Don Juan, Eurydice* (1).

(1) Pièces jouées à Bordeaux par la « Nouvelle Compagnie » qui, représentant plus tard, à Toulouse, l'*Electre* de Giraudoux, dut accepter 400 personnes debout.

Public patient. Sur le livre de bord de la Comédie-Française, Pierre Bertin note, le 16 juillet 1943 :

« *L'Ecole des femmes* commence à 7 h. 50, alerte à 8 h. 2, fin de l'alerte à 8 h. 52, la pièce reprend à 9 heures et se termine à 10 h. 40, sans entracte.

La représentation de *Feu la Mère de Madame* est annulée. M. Pierre Bertin fait une annonce au public, qui ne manifeste pas. »

Plus tard, cependant, la patience s'usera. Edmond Dubois raconte qu'en juin 1944, il voulut assister à une représentation de *Cyrano :*

« *Théâtre d'Etat, la Comédie-Francaise bénéficiait du droit de lever son rideau à 19 heures. Il était donc 5 heures au soleil* (1). *Et du soleil, il y en avait, inondant cette place du Théâtre-Français où les spectateurs tournaient en rond en attendant la sonnette d'appel.*

L'attrait du panache des vers de Rostand offrait une agréable diversion à l'inquiétude des esprits. Agréable, mais fugitive... car le rideau venait à peine de se lever sur le décor de l'Hôtel de Bourgogne. Cyrano venait à peine de prononcer la tirade des nez que le régisseur vint annoncer la sixième alerte de la journée.

Le théâtre se vida selon l'inexorable décret de la Défense Passive... La fin d'alerte devait permettre d'enchaîner l'œuvre de Rostand avec le deuxième tableau, celui de la Rôtisserie. Toutefois, le rideau ne se leva pas. Le semainier — en l'occurrence Pierre Bertin — annonça au public, sur le ton de la confidence : « Il faut que je vous dise qu'une autre alerte vient de sonner et que nous ne pouvons pas encore reprendre le spectacle. »

Nouvelle sortie des spectateurs, nouvelle flânerie au Palais-Royal. Fin de l'alerte. Le rideau se lève sur les saucissons, jambons et tartelettes amandines de Ragueneau. Mais la scène est vide et Pierre Bertin fait une troisième apparition : « J'ose à peine vous dire qu'une autre alerte est annoncée. La situation se complique, car l'heure avance. Que devons-nous faire ? »

La salle était houleuse. Diverses propositions jaillissaient... Pierre Bertin fit semblant de résumer l'opinion générale en concluant :

« — C'est entendu, le spectacle est annulé; la presse et la radio vous feront connaître quel jour nous pourrons à nouveau vous l'offrir. »

Promesse imprudente ! Pour *Cyrano de Bergerac,* la

(1) Les Français avaient dû, rappelons-le, mettre, en zone occupée, leurs montres et pendules à l'heure allemande.

représentation ne devait pas avoir lieu avant plusieurs mois (1)...

★

On peut jouer *Sylvie et le Fantôme ; les J* 3 qui mettent en scène une jeunesse qui trafique des cigarettes et élève un porc dans un réduit de la classe de philosophie ; *Vingt-cinq ans de bonheur ; Renaud et Armide,* dont Cocteau donne une lecture chez Mme Boudot-Lamotte ; *Hyménée,* de Bourdet; *Mademoiselle de Panama,* d'Achard; *Une grande fille toute simple,* de Roussin ; *N'écoutez pas Mesdames,* de Guitry, pièces de circonstance ou œuvres solides, la grande affaire de cette « saison d'occupation », c'est, après l'apparition de Raimu au *Français* dans *le Bourgeois gentilhomme,* la création du *Soulier de satin.* Œuvre terrible, démesurée et dont la mise en scène paraîtrait peu convenable en ces temps de restrictions si le Théâtre-Français ne multipliait, comme à plaisir, les pièces à costumes et les décors fastueux.

La réalisation du *Soulier* est précédée d'un long et difficile échange de cartes interzones entre Paul Claudel, qui vit dans son château de Brangues, en zone libre, et Jean-Louis Vaudoyer, administrateur de la Comédie-Française.

Lettres grinçantes parfois. Face à l'immensité de l'œuvre, Jean-Louis Vaudoyer tente d'obtenir d'importantes coupures. Furieux de ce qui lui paraît une dérobade, Claudel réplique ainsi le 17 décembre 1942 :

Monsieur l'Administrateur général,

Les deux cartes postales du 10 *courant que je reçois à l'instant ajoutent une péripétie de plus à l'histoire assez mouvementée de mes rapports avec la Comédie-Française. Après m'avoir proposé une représentation semi-intégrale du* Soulier de satin, *puis suggéré une révision radicale de cette pièce, j'ai dû me résigner, non sans une vive répugnance ; vous me demandez maintenant d'envisager l'ajournement jusqu'au mois de novembre prochain de vos promesses... Je crois, dans ces conditions, préférable de remettre la représentation de la pièce à un moment où les circonstances permettront plus de suite dans les desseins.*

Est-ce la rupture ? Non. Simplement une péripétie.

(1) *Paris sans lumière.* A plusieurs reprises également (8 décembre 1941, 4 janvier 1942, 19 et 20 septembre, 19 mars 1944), les théâtres durent faire relâche sur l'ordre des autorités allemandes et dans le cadre de mesures de représailles.

Vaudoyer informe, le 24 décembre, son correspondant que le *Soulier de satin* a franchi les barrages de la censure allemande et Jean-Louis Barrault se rend à Brangues pour mettre au courant Claudel et lui parler de la distribution. Mission réussie. Le 16 janvier 1943, Barrault envoie à Vaudoyer cette carte interzone qui est un cri de victoire :

Monsieur,

Mes deux jours passés chez l'ambassadeur peuvent nous rassurer. Claudel est ravi. La distribution lui plaît d'autant plus qu'il connaît à peine les comédiens dont je lui parle. Il s'en remet à nous... Je lui ai fait ressortir les perturbations administratives et financières qu'une telle représentation apportait. Il était ému comme un ange...

Les « perturbations » seront nombreuses en effet. Claudel avait initialement prévu que sa pièce serait jouée en deux représentations. Des modifications et coupures permettront de la donner en une seule fois ; mais, à cause du couvre-feu, les représentations devront commencer à 17 h. 30 pour finir à 22 h. 30.

L'administration prévoyante établit, sous la signature de M. Bourdet-Pléville, une liste des dépenses supplémentaires et Jean-Louis Vaudoyer sollicite le droit d'augmenter le prix des places. Le parterre sera à 100 francs au lieu de 70 francs.

Dans le même temps, on s'affaire sur le plateau et dans les ateliers. Tandis que Jean-Louis Barrault fait répéter, tandis que les journalistes prévoient que Mlle Blondeau, la concessionnaire du bar, devra songer aux sandwiches pour spectateurs affamés et pourvus de tickets, Mme Lalique qui dirige les ateliers de costumes (il en faudra 50) fait ses achats. Au Louvre, elle acquiert pour 2.645 francs de gants ; chez Milon, elle achète les bas de Mlles Marie Bell et Marquet, le maillot et le slip de Mlle Deudon ; chez Galvin, 21 paires de souliers d'hommes et pour 34.370 francs de fausses barbes...

Les frais de montage du *Soulier* atteignent finalement 1.130.200 francs, y compris une gratification de 100.000 francs accordée à Jean-Louis Barrault ; les dates prévues pour la représentation sont repoussées, Paul Claudel, qui est venu à Paris assister aux dernières répétitions de novembre, refait « comme dans une illumination » la dernière scène de la troisième journée.

Sur le pied de guerre, « Mesdames et Messieurs les Sociétaires » sont privés de congé jusqu'au jour de la dernière représentation de travail publique qui a lieu, enfin, le vendredi 26 novembre 1943, à 13 h. 15.

La représentation commence devant des fauteuils vides... Une alerte aérienne a dispersé, en effet, tous les spectateurs. Mais, bientôt, académiciens, hommes de lettres, jolies femmes, généraux allemands, reprennent leur place pour ne l'abandonner qu'à 18 h. 40, fatigués, scandalisés, enthousiasmés, partagés entre la crainte de passer pour des imbéciles ou pour des esthètes.

Car, déjà, la politique s'empare du *Soulier de satin.* « *Depuis plusieurs mois,* lit-on dans *Je suis Partout,* bien ignorant des impatiences claudéliennes, *depuis plusieurs mois la représentation aurait pu avoir lieu. Mais on attendait... quoi ?... Vous ne devinez pas ?... Mais oui ! bien entendu !... L'arrivée des Américains.* »

Cependant, le public ne se mêle pas de ces querelles. Attiré par tout ce que le *Soulier de satin* représente de hors-saison, de non-conformisme, il fait queue devant les bureaux de la Comédie-Française. Quant au poète, négligeant les critiques pour ne retenir que les approbations, il note sur son journal : « 25, matinée ; 27, soirée ; 29, soirée. Représentations triomphales, acclamations. On me fait venir sur la scène. La Presse id. »

Il a raison. Jean-Louis Vaudoyer, qui tient enfin son Austerlitz, lui envoie quelques semaines plus tard une moisson de bonnes nouvelles :

Paris, le 10 *décembre* 1943.

Monsieur l'ambassadeur,

Je suis heureux — mais nullement surpris — de vous dire que le succès du Soulier *prend « des proportions triomphales » ; les bureaux de location sont assiégés par une foule si avide et si démonstrative que, certains matins, « la force publique » a été contrainte d'intervenir pour rétablir l'ordre ! Toutes les représentations se donnent à bureaux fermés.*

Et, sur sa lancée, Jean-Louis Vaudoyer annonce à son correspondant qu'il ne touchera pas de droits d'auteur sur l'augmentation du prix des places...

★

Le public se presse aux guichets des théâtres. Il se presse également devant les portes des cinémas, de ceux du moins qui ne sont pas réservés aux soldats allemands (1).

(1) Pour la France entière, 79 établissements de spectacles ont été, au total, réquisitionnés par l'armée.

Dans un monde écorché vif où la guerre fait rage, dans ce monde où, chaque nuit, de Coventry à Hambourg, des milliers d'innocents périssent dans le feu, dans ce monde de la propagande et de la haine, le cinéma français fleurit les ruines d'extraordinaires fleurs bleues.

Par obligation et prudence, le cinéma des années 1940-44 demeure généralement étranger au drame qui se joue sur tous les continents. Il offre aux spectateurs affamés et inquiets des images dépaysantes et satisfaisantes.

Habituée aux murs patinés, aux fossés pleins de boîtes de conserve rouillées et d'étrons, la France entière se passionne pour ce château des *Visiteurs du soir,* que Marcel Carné a voulu d'une éblouissante blancheur.

Et la France qui a faim ne voit pas sans émotion défiler, pour le repas de fiançailles d'Anne et de Renaud, ces onze serviteurs qui portent, sur d'immenses plats d'argent, cochons de lait, chevreuils, paons, cygnes « et toutes sortes d'oiseaux de rivière ».

Et la France qui rêve fredonne la chanson de Gilles :

Démons et merveilles
Vents et marées
Au loin déjà la mer s'est retirée
Et toi
Comme une algue doucement caressée par le vent
Dans les sables du lit tu remues en rêvant...

Ce film, qui a demandé douze mois de travail, coûté 20 millions et qui rassemble Arletty, Alain Cuny, Jules Berry, Marie Déa, Ledoux, a, pour le cinéma, l'importance du *Soulier de satin* pour le théâtre.

Dans son ombre, quelques œuvres fortes : *Le Corbeau,* de Clouzot, que l'on présentera, hélas ! à Berlin sous le titre *Une petite ville française ; La Nuit fantastique,* de Marcel L'Herbier, qui, au concours organisé en 1942 par *Ciné-Mondial,* obtiendra, d'un jury de critiques, le prix du « meilleur film de l'année » ; *les Enfants du paradis, les Inconnus dans la maison.* Beaucoup d'œuvres charmantes aussi évoquant les heureux avant-guerres : *Douce, les Dames du bois de Boulogne, le Mariage de Chiffon, Premier rendez-vous, la Duchesse de Langeais...*

Cependant, le cinéma français, s'il n'en reflète presque jamais l'image, souffre des réalités de notre défaite.

Les 220 films de long métrage produits pendant l'occupation l'ont été le plus souvent au milieu des plus grandes difficultés.

Il faut un mois au réalisateur de *L'Aventure est au coin*

de la rue pour obtenir l'autorisation d'avoir un browning pour un acteur. Lorsque l'on tourne *Le Ciel est à vous*, qui retrace l'aventure de cette petite garagiste landaise devenue pilote et recordwoman, le metteur en scène a les plus grandes difficultés à obtenir qu'un avion français décolle et se pose au Bourget.

Les vedettes, qui possèdent une carte de textile spéciale, se rendent au studio à bicyclette et, à mesure que les années passent, sont de plus en plus souvent immobilisées par des pannes d'électricité. C'est ainsi que Raymond Rouleau qui, sous la direction de Jacques Becker, tourne *Falbalas*, doit garder quatre heures durant la pose dans un escalier postiche avant de pouvoir reprendre la scène, dès le retour de la lumière (1)...

Les Allemands savent que le cinéma, au même titre que la radio et la presse, constitue un puissant moyen de propagande. Aussi s'empressent-ils de retirer de zone occupée (ordonnance du 21 mai 1941) tous les films sortis antérieurement au 1er octobre 1937, de proscrire les productions anglo-saxonnes, de soumettre les films français à leur censure et d'inonder les salles (dont, grâce à la Société S. O. G. E., ils possèdent un bon nombre) de films produits à Berlin et à Vienne. Les Français, à qui les distractions font défaut, auront droit à des films qui iront du *Juif Süss* à *la Fille du Vautour*, de *la Campagne de Pologne* à *Effeuillons la marguerite*, de la propagande la plus grossière au plagiat des comédies américaines.

Mais aller au cinéma constitue encore le meilleur moyen de lutter contre les soucis quotidiens, parfois contre le froid et, lorsque les restrictions d'électricité obligeront les salles à réduire le nombre de leurs séances, l'amateur déçu regrettera le temps où, après avoir attendu longtemps sous la pluie, il assistait à un film délicieusement anachronique, tout en tremblant pour son vélo parqué, parmi trois cents autres, dans un garage proche et gardé par un chômeur...

★

Il y a peu à dire sur l'activité des cirques pendant l'occupation.

A la vérité, la plupart des cirques sont cloués au sol par les difficultés de transport. Pinder, retiré près de Tours, dans l'ancien château d'Eve Lavalière, a loué ses éléphants,

(1) Il y a plus grave : ce sont les bombardements. Au début de l'année 1944, les anciens studios Jacques Haïk à Courbevoie sont complètement détruits. Une bombe tombant sur une tranchée-abri fait 35 morts.

ses tigres et ses camions. Bureau, qui « tourne » en zone libre, ne voyage plus, et lentement, que par chemin de fer. Amar reste en sommeil pendant quatre ans et se contente d'exploiter Bordeaux et Paris. Bouglione, qui a perdu ses fauves, abattus par les Anglais pendant la campagne de Belgique, ne quitte pas le Cirque d'Hiver.

Le Cirque ne transporte plus, d'une ville à l'autre, son odeur et son mystère. Il n'est plus ce rêve matérialisé et détruit d'un aube à l'autre. Faute d'essence, il s'installe, prend racine ou sommeille, vaste empire de la belle écuyère au bois dormant.

Les Allemands cependant sont pleins d'attentions pour le cirque. Amateurs et connaisseurs, ils fournissent du fourrage à la cavalerie, de la viande aux bêtes, des engagements et de l'argent aux artistes « sollicités » pour des tournées dans les villes de province allemandes, à l'arrière des fronts et jusqu'au Wintergarten où Hitler se rendit deux fois pour applaudir les Alizées et ces extraordinaires jongleurs sur fil de fer, les Revehros (1)...

★

Le Tout-Paris ne va plus à Deauville, mais il est présent dans les salles de ventes où, des meubles aux autographes, des réfrigérateurs aux tableaux de maîtres, tout s'arrache de plus en plus cher, puisque l'argent facile (pour certains) et les restrictions contribuent à la hausse permanente des cours (2). Sages encore en fin 1940, ils bondissent en 1941, s'élancent vertigineusement en 1942. Les Allemands, peu nombreux parmi le public, ont partout des observateurs et des acheteurs. Ils influencent les cotes ; leur choix se porte surtout sur les tableaux de haute époque, ils négligent Dufy, Soutine, Modigliani, Pissaro, les peintres juifs et les abstraits.

Des commerçants, qui ont gagné beaucoup d'argent avec des haricots ou du faux pastis, sont présents à la vente de la bibliothèque de Louis Brun, ancien directeur de Grasset. Ils assistent à la vente Viau, qui se déroule le 11 décembre 1942 et le 24 février 1943, et au cours de laquelle sont dispersés, pour un total de 53 millions, des

(1) Lorsque le cirque-music-hall de Berlin fut détruit par les bombardements aériens, les Alizées perdirent tout leur matériel et notamment leur filet, qui avait appartenu aux Codonas.

(2) Une circulaire d'avril 1941 interdisait pour les objets usuels tout dépassement des prix fixés à l'avance. Lorsque ces prix, ceux de la taxe, étaient atteints, le commissaire-priseur annonçait : prix limite. Les enchères continuaient bien, mais le produit du dépassement était alors intégralement versé à l'Etat.

Degas, des Corot, des Manet, un Cézanne qui « fait » plus de cinq millions et qu'un Allemand s'est adjugé, sans doute pour la collection du maréchal Gœring.

Les spécialistes notent que les 43 œuvres de Degas vendues alors ont atteint 10.000 pour 100 de hausse par rapport à 1918 !... Et, dans le véritable vent de folie qui souffle alors, les toiles les plus banales cotent des prix stupéfiants.

On adjuge un Corot très ordinaire pour 1.210.000 francs. Six mois plus tôt (en juillet 1942) une toile plus importante, du même maître, n'avait pas dépassé... 28.000 francs !...

Sacha Guitry continue à enrichir sa collection. En juillet 1941, il achète, pour 60.000 francs, la fade romance que le roi Henri IV composa à l'intention de la belle Gabrielle :

Charmante Gabrielle
Percé de mille dards
Quand la gloire m'appelle
Dans les sentiers de Mars,
Cruelle départie
Malheureux jour,
Que ne suis-je sans vie
Ou sans amour.

Les prix sont fous. L'ignorance et la spéculation, la nécessité et la crainte du fisc, la dévaluation permanente et le snobisme contribuent au dérèglement de l'esprit public.

Tandis qu'en 1942 les tapis tissés à la mécanique valent quinze fois le prix de 1939, et que les dessins de Degas et les livres du XVIIIe ont décuplé, les objets de Chine et les monnaies ont à peine doublé... Une seule erreur d'impression à la page 132 du tome IV des Œuvres complètes de Molière (édition de 1730) fait monter les volumes jusqu'à 160.000 francs. Une semaine plus tard, la même édition, mais du deuxième tirage, donc sans faute, ne se vendra plus que 13.000 francs... Curieuse époque où il est au moins aussi difficile de se retrouver dans les prix des tableaux et des livres d'art que dans ceux de la saccharine et du jambon.

★

Tout le monde ne peut pas courir l'Hôtel Drouot, chasse gardée des esthètes et des nouveaux riches.

Pour ce peuple immense — et qui s'ennuie — il y a,

outre les cinémas et les champs de courses, la distraction des bals, le plus souvent clandestins.

Afin que la France comprenne mieux l'ampleur de sa défaite, le gouvernement a interdit les bals et le préfet de police réglemente les cours de danse : pas plus de quinze couples par séance et nul orchestre. Dans les caves parisiennes, dans les bois qui entourent les villages, une jeunesse avide de s'amuser quand même tourne aisément le règlement. Les braves pandores entendent parfois de mystérieuses musiques. C'est ainsi que ceux de Saint-Pardoux-la-Rivière, au son de ces airs qui ne venaient pas du ciel, se dirigent, en avril 1942, vers un bois proche « *et découvrent, au milieu d'un taillis, une cabane fort bien camouflée avec des genêts et des branchages. De nombreux couples du voisinage y dansaient au son de l'accordéon* ».

Les parents traînent les gosses au Musée Grévin, dont le roi et la reine d'Angleterre ont été chassés dès l'automne 1940, mais où *Je suis Partout* se scandalise que l'on trouve encore, en 1943, « *parmi les très parisiennes figures de cire Tristan Bernard et Mireille, sans étoiles naturellement. Et aussi Jean Borotra qui fut sans doute un grand champion de tennis, mais qui est actuellement sous les verrous pour gaullisme et qu'on ne peut décemment pas offrir en exemple aux jeunes Français* ».

Privés de bals et de longues sorties dominicales, les jeunes — et les moins jeunes — se précipitent vers les stades qui, pour l'athlétisme du moins, n'ont jamais connu pareille affluence. Un peu partout, en France, on court, on saute, on joue au football. Sevrés d'alcool, les Français découvrent les joies du sport. Vaincus par une armée allemande en short, et que n'arrêtaient pas les rivières, ils découvrent que les chemins de la renaissance passent par les cendrées.

Au collège national d'Antibes, fondé par le Haut-Commissariat aux sports pour former des cadres, se succèdent les plus grands champions français : Cerdan, Lucien Roup, Pierre Louis, Pierre Montanet pour la boxe ; Max Rouzié, Trescazes, Marens, Barthès pour le rugby ; Valmy, Pujazon, Lapointe, Brisson, Prouteau, Cros pour l'athlétisme ; Allais, James Coutet, Rebuffat pour le ski... Les athlètes qui travaillent sous la pointilleuse direction du colonel Beaupuy ont, en ces temps difficiles, l'avantage d'ignorer les difficultés de ravitaillement (1). Mais sortis d'Antibes, les sportifs français pratiquent « la course au bifteck ».

(1) Du moins jusqu'en février 1943 où le C. N. M. A. d'Antibes fut dispersé.

Les « enveloppes » sont négligées au profit de jambons ou de lapins. Les organisateurs périgourdins, charentais ou vendéens, qui ont l'astuce de doter leurs épreuves de prix en nature sont assurés de ne jamais connaître de forfaits.

Et la fortune du « Lyon O. U. » vint en partie des assurances alimentaires que Tola Vologe donnait à ses camarades pour qui il était, aussi, un merveilleux ami (1).

Il ne faut pas seulement se défendre contre la pénurie alimentaire. Le sport, pour qui l'on défriche des terrains, manque de ballons, de chaussures, de maillots. L'équipement, comme le reste, est bien souvent affaire de marché noir.

Et la politique n'épargne pas plus le sport que le cinéma ou le théâtre. Tandis que les athlètes israélites (le nageur Nakache par exemple) sont privés de compétition, à travers toute la France non occupée, on produit les athlètes d'Antibes dans des fêtes mi-folkloriques, mi-patriotiques où les autorités officielles sont au premier rang. C'est ainsi qu'un beau jour de juillet 1941, les garçons du C. N. M. A. effectuèrent une démonstration sur le stade de Vichy en présence du maréchal Pétain et de la plupart de ses ministres.

Pour les besoins de la propagande, les mensurations des performances étaient, dans ces manifestations, assez souples. Ce jour-là, lorsque Paul Bourron, le meilleur lanceur de poids de l'époque, eut terminé ses jets, on lui demanda un lancer supplémentaire « pour le Maréchal ». Le mulâtre ne se fit pas prier. Après l'annonce faite au micro, dans le grand silence du stade, décontracté, rapide, puissant, il expédia le poids, presque sans effort, par-delà le petit drapeau du record. Ovations. Que la présence du Maréchal puisse donner aux lanceurs une vigueur supplémentaire ne devait étonner ni les badauds... ni les initiés qui savaient que Bourron venait, pour son dernier jet, de remplacer le poids réglementaire de 7 kg. 257 par un engin de 5 kilos...

★

« Nous regrettons de n'avoir pu joindre à notre envoi la brochure Larousse l'Escargot *et* la Pêche Moderne, *ces titres étant épuisés.*

Mais, en remplacement de la Pêche Moderne, *nous vous*

(1) Tola Vologe, athlète et international de hockey, était aussi agent de l'I. S. Arrêté en mai 1944, il fut abattu à Lyon par un S. S. allemand qui avait été son rival dans un match international de hockey.

proposons Pour devenir un bon pêcheur, *par R. Guinot. Ce volume qui contient tous les éléments qui éliminent les risques d'insuccès donnerait certainement satisfaction à votre clientèle ; son prix est de* 26 *francs.* »

Cette lettre, envoyée par la Librairie Larousse à un libraire de province, porte témoignage d'une époque où les livres font rapidement défaut en librairie, où tous les stocks, tous les invendus, les romans édités à compte d'auteur, les plaquettes de poésie, s'arrachent aussi rapidement que ces brochures de circonstance qui apprennent « comment rouler sans essence..., comment fumer sans tabac..., comment obtenir un laissez-passer..., comment détruire le lapin de garenne sans fusil ».

Pendant les quatre années d'occupation, le libraire (qui fera moins souvent fortune) est presque considéré à l'égal de l'épicier. C'est que, dans bien des cas, le livre est presque aussi rare que le beurre.

Les Allemands ont commencé, dès octobre 1940, par interdire plusieurs centaines de titres. Livres antinazis, livres d'auteurs anglais, polonais, juifs, biographies consacrées à des juifs. Dans la fameuse liste Otto, dont chaque libraire reçoit copie, on trouve côte à côte l'œuvre de Léon Blum *Du Mariage* et celle de Léon Daudet, *le Drame franco-allemand*. Hansi n'a plus droit de cité. Le général de Gaulle non plus et l'on doit retirer des librairies *Vers l'armée de métier*.

René Bazin est censuré. Hitler également. Les Français ne pourront plus lire *Mein Kampf*. Ni le livre de Charles Maurras *Devant l'Allemagne éternelle*. Pêle-mêle, Vicki Baum, Pierre Gaxotte, Myriam Harry, le cardinal Baudrillart, Duhamel, Benda, Claudel, Emil Ludwig, Malraux, Freud, Carco voient leur œuvre partiellement ou totalement interdite.

Sont proscrits non seulement les livres qui attaquent la politique hitlérienne, mais aussi les reportages, les romans d'espionnage, les récits de la guerre 1914-1918 qui pourraient rappeler aux Français qu'ils furent, il n'y a guère, vainqueurs.

Par ailleurs, il arrive que la censure interdise de parler de certains livres nouvellement parus. C'est le cas de *Pilote de guerre*, de Saint-Exupéry, qui, bien vite, n'aura plus droit ni à un compte rendu, ni à une publicité. Pouvait-il en aller autrement sous l'occupation allemande ? L'un des héros du livre ne s'appelle-t-il pas Israël ? Cousteau, dans *Je suis Partout*, n'a-t-il pas écrit que ce livre était « *l'apothéose du judéo-bellicisme, l'illustration de toutes les âneries et de toutes les saloperies dont nous sommes en train de crever ?* » L'œuvre, tout entière consacrée au récit d'une défaite, ne s'achève-t-elle pas sur cette phrase lourde de sève : « Les vaincus doivent se taire ; comme les graines » ?... Alors ?...

Cette saignée (2.242 tonnes de livres seront saisies) coïncide avec les restrictions de papier. D'année en année, les éditeurs informent leurs clients des diminutions prochaines.

« *D'accord avec tous nos confrères, nous avons décidé d'appliquer un plan de rationnement qui nous assurera une assez longue survie... Nous avons donc fixé pour nos clients un plan de rationnement, en prenant pour base le chiffre des commandes expédiées par nous pendant les trois derniers mois de* 1941 *et en appliquant un coefficient à chacune de nos collections, selon l'état actuel de nos stocks... Nous pourrons livrer, par mois, par rapport au mois moyen de ce dernier trimestre* 1941 :

50 % *du Livre de Demain,*
50 % *des Grandes Etudes Historiques,*
25 % *du Livre Populaire.* »

Cette circulaire Fayard du début de l'année 1942 est suivie, le 15 septembre de la même année, d'une autre circulaire précisant que « *la pénurie presque totale du papier... oblige à diminuer d'un tiers le contingent* (*alloué aux libraires*) *par notre dernière circulaire pour les collections...* ».

L'édition française, qui consommait 32.000 tonnes de papier en 1938, n'en a à sa disposition que 16.000 en 1941 et 2.933 en 1943.

Miracle de la pénurie. Il paraît cependant 2.600 titres de plus en 1943 qu'en 1940 !... Là où on comptait 377 ouvrages sur la religion, on en publie 529. Cette multiplication des titres n'a rien d'inexplicable. Avec ses pauvres 3.000 tonnes de 1943, l'édition française fait paraître près de 8.000 ouvrages dont aucun, ou presque aucun, ne connaîtra de gros tirages (1). Finis les succès de librairie. Sitôt édité, un livre est épuisé. Les « amateurs » achètent les volumes de la Pléiade six ou sept fois leur prix et *la Mousson* ou *Autant en emporte le vent* valent exactement le prix d'un kilo de jambon ou d'un litre d'huile au marché noir.

Les lecteurs se passionnent pour *Travelingue*, de Marcel

(1) L'histoire, la littérature, la poésie sont d'autant plus défavorisées qu'en 1942 87 % du papier va aux éditeurs de livres scolaires.

Aymé ; pour *Premier de cordée,* de Frison-Roche ; pour *l'Ancre de Miséricorde,* de Pierre Mac-Orlan ; *Quand le temps travaillait pour nous,* de Paul Mousset ; *l'Etranger,* d'Albert Camus ; *Le Pain des rêves,* de Guilloux ; *Lunegarde,* de Benoit ; *La mort saisit le vif,* de Troyat ; *Corps et Ames,* de Maxence Van der Meersch ; *la Grande Meute,* de Vialar ; *les Amitiés particulières,* de Peyrefitte.

Ils se passionnent également pour tous ces essais qui s'efforcent de découvrir les causes lointaines ou immédiates de notre défaite. Un si grand désastre libère un flot d'encre. La France détruite est une France à refaire. Des centaines de littérateurs s'y emploient. Les uns au grand jour, les autres dans la clandestinité. C'est l'époque de *Solstice de juin,* de Montherlant ; d'*Au-delà du nationalisme,* de Maulnier ; des *Décombres,* de Rebatet ; des *Notes pour comprendre le siècle,* de Drieu La Rochelle ; du *Journal de la France,* de Fabre-Luce ; des *Beaux Draps,* de Céline. Mais c'est l'époque où fleurit aussi l'essai philosophique et littéraire. Entre *le Mythe de Sisyphe,* de Camus et *Variétés V,* de Valéry, il y a place pour cent ouvrages, dignes de retenir l'intérêt et l'attention de ces Français qui bénéficient de longues soirées... lorsque l'électricité ne fait pas défaut.

Laissant à d'autres le soin d'écrire l'histoire immédiate, celle de la guerre qui continue, les hommes des années 1940-44 se plongent avec volupté dans tous ces livres d'histoire qui paraissent chaque jour et semblent avoir pour but de consoler des malheurs présents en évoquant toutes les gloires passées.

Henri IV, Jeanne d'Arc, Napoléon réconfortent la France vaincue et l'historiographe ne manque jamais de trouver à son héros quelques traits de ressemblance avec le maréchal Pétain...

★

Dans ce monde partisan où les radios se battent, où les hommes se battent et où il ne fait pas bon montrer à visage découvert son hostilité au régime, beaucoup d'opposants, beaucoup de timides aussi, se réfugient dans la poésie qui permet l'évasion intellectuelle et dont le lyrisme et les mystères sont assez vastes pour enfermer toutes les allusions.

Auprès des éditeurs comme auprès du public, la poésie trouve généreusement audience. Dans cette rencontre, bien des poètes ont fait d'ailleurs le premier pas. De formelle et difficile, la poésie, qui pousse partout des bourgeons (mille petites revues parisiennes et provinciales) (1) se transforme au contact d'un public nouveau et des réalités de l'occupation.

Sous la direction d'Aragon et d'Eluard, cessant d'être un scalpel au service des esthètes, elle devient arme et drapeau. En alexandrins, la provocation n'a plus les allures d'une provocation, c'est presque un chant religieux. Il faut savoir lire entre les mots. Mais il est presque aussi troublant (quoique moins dangereux) de décrypter un poème qu'un message secret. Ce *Nymphée*, par exemple, qu'Aragon publia dans *Confluences* après Stalingrad et qui signifiait aux initiés que la victoire avait changé de camp.

★

Prisonnier en Alsace, Robert Brasillach remarque combien la religion fleurit sur la défaite de l'été : « *L'Eglise, il faut le dire, ne désemplit pas. Quand l'homme est seul et malheureux, il pense à Dieu. On prêche deux fois, trois fois, le dimanche, aux messes où il est difficile de trouver une place. Les autorités allemandes nous laissent la plus entière liberté et ont facilité les choses aux prêtres pour les hosties et le vin de messe. Et même, quelques dominicains ou jésuites ont organisé de petits cours de théologie, dans la sacristie... Sur les bancs du catéchisme, bien sagement, une vingtaine d'officiers et de soldats écoutent, lèvent la main et se nourrissent avec étonnement de ce symbolisme magnifique. Puis, rentrés dans leurs chambres, ils discutent.* »

... Il n'existe pas de recensement des confessions, des communions, ni surtout de recensement des sentiments. Tour à tour dispersés aux quatre vents puis repliés sur eux-mêmes, persécutés, ayant, plus que par le passé et grâce aux douleurs du présent, des occasions de réflexion, les Français ont certainement, pendant les années d'occupation, amorcé un retour vers la religion dont on trouve mille signes divers. Il y a les conversions qui interviennent dans les camps, les baptêmes d'adultes, les confirmations d'officiers prisonniers (45, en 1943, à l'oflag VI A). Il y a le succès de ce recueil d'invocations à « 322 *saints différents selon la nature de la demande à faire à Dieu* » que l'on propose en septembre 1940. Il y a également, on l'a vu, le

(1) *Fontaine*, *Poésie* 40, *Confluences*, *Poètes*, *Profil littéraire de la France* qui paraissait à Nice, *Méridien* à Rodez, *Les Cahiers du Sud*, *L'Ecole de Rochefort*.

texte de certaines lettres écrites de la main de condamnés à mort : « *Tous les samedis, vers* 10 *ou* 11 *heures, j'ai la visite de l'aumônier qui m'apporte la Sainte-Communion. Pourriez-vous ce jour-là, en union avec moi, réciter à la chapelle une dizaine de chapelet avec invocation des saints de France* (1). »

Mais le témoignage le plus émouvant de la piété populaire restera le Grand Retour, pèlerinage monstre qui, en pleine occupation, lance sur les routes des foules immenses à la suite d'une statue. Foules et statue que n'arrêtent ni les lignes de démarcation, ni les batailles...

C'est en 1938 que l'Eglise décida de renouveler le vœu de Louis XIII qui, trois cents ans plus tôt, avait mis sa personne et son royaume sous la protection de Notre-Dame. Quatre statues, parties d'Arras pour Boulogne, « visitent » alors plusieurs centaines de paroisses du Nord et du Centre de la France. La guerre arrive. Les statues sont mises à l'abri. Les pèlerins sont mobilisés.

En pleine défaite, au moment où le destin hésite, le R. P. Ranson, qui devait devenir plus tard l'aumônier national et l'animateur du Grand Retour, décide d'aller reprendre, en compagnie de quelques scouts, la statue de Notre-Dame de Boulogne qui a été déposée dans un monastère de Seine-et-Oise. On la conduira au congrès marial qui doit s'ouvrir le 15 août 1942 au Puy-en-Velay. Cette décision se heurte à mille complications. Le Puy est en zone libre et il faut faire « passer » la Vierge clandestinement. Comme un agent secret, comme un juif, comme un pourchassé, on l'embarque dans un camion de légumes et c'es tainsi, après avoir visité Domrémy, qu'elle franchit la ligne.

A la fin du congrès marial du Puy, qui réunit 60.000 pèlerins, répétant : « Notre-Dame-des-Douleurs, priez pour la France qui souffre, Notre-Dame-des-Douleurs, priez pour la France qui a péché », la statue gagne Lourdes. Ce n'est pas un voyage rapide. Il faut marcher à pied, en égrenant des chapelets, sur les routes chaudes et à travers les villages surpris du Midi. Tout un cérémonial s'élabore avec les jours. Aux scouts se sont joints des missionnaires et c'est bientôt, de paroisse en paroisse, de foule en foule, que l'on se transmet la statue de la Vierge assise dans sa barque de pêcheur, comme sur un trône.

Dans les villages, les soldats de cette nouvelle croisade, sans armes, sans souliers, les bras en croix, pénètrent en

(1) Lettre d'Estienne d'Orves, 29 mai 1941.

récitant le chapelet et les cérémonies se poursuivent, tard dans la nuit, par une veillée de prières qui s'achève généralement vers minuit, tandis que dans la barque s'accumulent les formules de consécration...

Aux missionnaires qui sont chargés d'escorter la Vierge, à ces Pierre l'Ermite 1942, les organisateurs du pèlerinage donnent des conseils de modération, d'autocritique et de ferveur : « Ordinairement, les missionnaires parlent beaucoup trop. Ne pas oublier que la conversion d'une âme est une affaire divine qui ne peut se mériter que par un effort surnaturel que donne une prière collective bien faite, plutôt que par des paroles. »

Cette procession qui déferle sur la France, car de Lourdes elle repartira le 28 mars 1943 pour ne s'arrêter qu'à Paris le 29 juin 1946, ébranle croyants et incroyants.

Elle a ses miracles. Ses statistiques : 10 millions de consécrations à la Vierge (1), 5 millions d'images et plus d'un million et demi de chapelets distribués. Ses aventures naïves et terribles que l'on colporte de village en village et qui lui font un halo mystique et romanesque.

L'histoire du paysan, installé sur sa faucheuse, et qui maugrée au passage du cortège :

— S'il ne tenait qu'à moi, j'lui couperais la tête.

Et, le jour même, tombant de sa machine, il a la tête coupée.

L'histoire de ce maire qui meurt mystérieusement après avoir refusé de prêter ses cantonniers pour nettoyer les abords de l'église.

L'histoire de ce cycliste ariégeois qui proclame :

— S'il faut la mettre en morceaux, je m'en charge... et qui lui-même, le lendemain, est déchiqueté par une auto.

Si la justice divine se montre implacable pour quelques oposants (qui son tplutôt des « fortes têtes »), les missionnaires ne cessent de cueillir ce qu'ils appellent, par allusion à saint François d'Assise, des « fioretti ».

On dirait que, sur les routes de Charente, de Dordogne, des Bouches-du-Rhône, de l'Hérault, se sont mises en

---

(1) Voici le texte de la Consécration : « Pour bien montrer ma volonté d'être de plus en plus fidèle à mon Dieu et à ma Patrie, je me suis consacré au Cœur Immaculé de Marie, comme l'ont demandé la Très Sainte Vierge Elle-même, Sa Sainteté le Pape Pie XII et nos Cardinaux, Archevêques et Evêques de France.

« Je m'efforcerai de vivre conformément à ce qu'exige cette consécration.

« Je m'emploierai même à décider tous mes compatriotes à la faire également et à la mettre en pratique dans leur conduite, afin de hâter le retour, sur la terre, de la Paix dans la vérité, dans la justice, dans la charité du Christ.

« En foi de quoi j'ai signé. »

marche, sans aucun souci de respect humain, les foules de Lourdes.

Ici, c'est un enfant déchaux sur un mauvais chemin de l'Aude qui prie pour « son papa qui a dû travailler tout l'hiver en Allemagne, dans la boue et la neige, avec des souliers qui laissaient passer l'eau ». Là, c'est une jeune fille qui, la messe de minuit terminée, poursuit sa veillée et que le missionnaire retrouve le lendemain à l'aube, toujours agenouillée.

— Allez vous reposer, vous n'en pouvez plus !

— Il y a quatre ans mon Père que je suis séparée de mon fiancé prisonnier. J'allais manquer au serment que j'avais fait de lui rester fidèle...

En 1944, le Grand Retour connaît des heures tragiques. Mais la statue poursuit sa route avec une tranquille opiniâtreté. Sous les fleurs, parmi les ruines de Saint-Nazaire, sous la dangereuse surveillance des avions de chasse. Le 6 août, à la Roche-Bernard qui vient d'être mitraillé, les guirlandes sont accrochées par des hommes qui, quelques heures plus tôt fuyaient dans les champs.

— Alors, mon Père, nous continuons à décorer ?

— Continuez, Notre-Dame passera quand même, le Grand Retour ne s'arrête jamais.

Et Notre-Dame passe en effet. Elle passe sans trop se soucier de la bataille qui tourbillonne sans arrêt. « Prisonnière » dans la presqu'île guérandaise, délaissée par les Américains, elle ne peut obtenir un laissez-passer des Allemands et c'est transportée et protégée par des maquisards qu'elle va franchir la Vilaine le 11 août, sur une des barques épargnées par les belligérants.

Accompagné presque jusqu'à la rive par tout le village de Saint-Dolay, le char de Notre-Dame de Boulogne, tiré par plusieurs jeunes paysans, suivi du père Tanguy, du père Boisson, du père Clairet et de quelques scouts routiers, fonce vers les bateaux. Après un embarquement délicat, la Vierge et sa garde s'éloignent enfin en direction de l'autre rive. Alors, la joie éclate au cœur des garçons qui ont réussi cette opération, où le religieux, si étroitement, est mêlé au militaire.

A tue-tête, sans se soucier des Allemands proches, ils entonnent leur cantique favori :

Vierge, notre espérance
Etends sur nous ton bras
Sauve, sauve la France
Ne l'abandonne pas...

CHAPITRE XVII

LA MYSTIQUE DU MARÉCHAL

Français, suivons le Maréchal
Unis dans une foi nouvelle.
Par lui notre France immortelle
Ira vers son pur idéal.

Ce quatrain n'a, certes, rien de remarquable sur le plan poétique. Sur le plan politique non plus.

Car dans les années 1940-1941, des centaines de rimeurs professionnels ou occasionnels vont composer des hymnes au Maréchal.

La célébrité de l'un d'eux, ce *Maréchal nous voilà*, qui deviendra le *Chant du Départ* de l'Etat Français :

Maréchal, nous voilà !
Devant toi, le sauveur de la France,
Nous jurons, nous, tes gars,
De servir et de suivre tes pas.

ne doit pas faire oublier la multitude de chansons politico-patriotiques qui fleurissent à l'ombre de la défaite.

A Villefranche-de-Rouergue, c'est un ménage (le mari parolier, la femme musicienne) qui proclame :

Pour nous guider, nous avons un Pilote.
Obéissons toujours à son signal.
Nous savons bien qu'il n'est pas un despote.
Avec amour, suivons le Maréchal.

Le chef Imbert, de l'école des Chantiers de Jeunesse, harmonise un texte du chef Bellec et, en décembre 1941, les garçons des Chantiers de Jeunesse, comme les écoliers de zone libre, promettent au Maréchal

De ne plus tricher désormais
D'être toujours loyaux, de haïr la paresse
Et de ne plus mentir jamais.

Ces poésies de circonstance partent presque toujours de zone libre... et, le plus souvent, d'un cœur sincère.

Elles vont de pair avec d'autres manifestations d'enthousiasme, de reconnaissance, d'affection, de servilité aussi : « *Monsieur le Maréchal, Je crois fermement toutes les vérités que vous enseignez, parce que vous ne pouvez ni vous tromper, ni tromper le peuple* (1) », manifestations qui paraîtront inexplicables et parfois inexpiables aux Français d'août 1944.

Met-on aux enchères la canne du maréchal Pétain, elle atteint la somme considérable de 144.000 francs au cours d'un gala qui a lieu en septembre 1941 au Casino de Vichy ! Au mois de janvier 1941, des portraits du Maréchal sont mis en vente en zone libre, comme en zone occupée.

Voici les réflexions qu'un bourgeois bordelais, M. B..., confie à son journal intime lorsque paraît cette imagerie :

« 14 *février : On a eu la bonne idée de faire distribuer des portraits du Maréchal par le postier. On a le choix entre cinq portraits et ça coûte cinq francs.*

28 *février : Vais chez l'encadreur pour faire faire un cadre au portrait du maréchal Pétain... Il y a un élan extraordinaire ; de toute part, on fait encadrer, mais le verre manque. Ils ont un travail fou à cet égard.*

13 *mars : Questionné facteur au sujet distribution portrait Maréchal. Ce qu'on prend le plus c'est le n°* 2 (*profil à gauche, nu tête*) *et le n°* 5 (*profil à droite coiffé*). *Très gros mouvement; beaucoup de gens achètent les cinq portraits pour* 25 *francs. D'après la Radio, c'est le n°* 3 (*Maréchal en pied*) *qui est le plus demandé.*

29 *juillet : La vente des portraits du Maréchal dans la zone occupée, par les facteurs, a rapporté* 12 *millions. Le département de la Gironde s'est distingué avec* 173.220 *portraits. C'est lui qui vient en tête après Paris* (2). »

Ces portraits trônent dans les administrations, dans les mairies où, parfois, bien que le cabinet du Maréchal s'en défende, le buste dû au sculpteur François Cogné remplacera celui de Marianne. Ils trônent aussi, pour quelques mois du moins, dans beaucoup de salles à manger françaises et dans de très nombreux magasins, surtout de zone libre. « *A Lyon*, écrit le docteur Vourc'h, qui avait dû fuir la Bretagne en 1942, *c'en était une profusion ridi-*

---

(1) *Le Franciste*, 19 avril 1942. L'Amiral Esteva, farouchement anti-allemand, mais qui avait voué au maréchal Pétain un culte aveugle, usait d'une formule à peu près semblable. « Le Maréchal ne peut ni se tromper, ni nous tromper », disait-il souvent.

(2) Le 9 mars 1941, la presse de zone non occupée annonçait qu'il avait été vendu, à Paris, 1.368.420 portraits par les seuls facteurs. Le renseignement donné par M. B..., sur la Gironde qui viendrait « en tête, après Paris pour l'achat des portraits du Maréchal », ne paraît pas exact. Rouen en achète en effet 175.000, soit trois pour cinq habitants.

cule dans toutes les vitrines. » Et c'est sous l'œil du Maréchal que l'on écoute, en 1940, la radio anglaise dont beaucoup d'auditeurs fidèles regretteront longtemps qu'elle ne ménage pas davantage le chef de l'Etat.

Avec cérémonie, on installe la photo du maréchal Pétain dans toutes les écoles (1). Voici, sous la plume du correspondant local, le récit de cette manifestation dans le petit village béarnais de Verdets :

« *Surpris, les élèves admirent la photo qui vient d'être fixée au-dessus du bureau de la maîtresse, entre deux bouquets de fleurs ; leur émotion est visible, le doux regard paternel du Maréchal les impressionne fortement* (2). »

Puis, c'est le dialogue de la maîtresse et des enfants :

— Qui vive ?

— France.

— Qui êtes-vous ?

— France.

— Quelles sont les consignes de notre Chef ?

— Travail, Famille, Patrie.

— Serez-vous fidèles à ces consignes ?

— Oui, toujours...

★

D'autres manifestations collectives ont lieu sur tout le territoire non occupé.

La ville de Bourganeuf (Creuse) ouvre un livre d'or sur lequel un très grand nombre d'habitants viennent signer. Des unités de l'armée de l'armistice campent dans les villages et, après le salut aux couleurs, crient trois fois : « Vive le Maréchal ». D'autres débaptisent l'aiguille de Chamonix (3.507 mètres) pour l'appeler « aiguille Maréchal-Pétain ». Plus de deux millions de dessins d'enfants (c'est du moins le chiffre officiel) arrivent à Vichy pour les fêtes de Noël 1940, accompagnés de lettres plus ou moins inspirées par les instituteurs qui ont reçu des consignes précises.

Quant à la presse, à l'exception d'une partie de la presse parisienne, déjà fortement pro-allemande, elle multiplie, dans le troisième trimestre de 1940, les assurances de fidélité personnelle et de reconnaissance.

Des hommes, dont quelques-uns reviennent des batailles

(1) Il y a parfois des incidents. Un instituteur d'Ille-et-Vilaine sera arrêté pour avoir brûlé le portrait du Maréchal destiné à sa classe.

(2) La cérémonie eut lieu le 20 mai 1941. Au début de l'année 1941, le gouvernement institua, dans toutes les écoles de zone libre, le salut aux couleurs.

de juin, et qui pourraient pratiquer l'opposition du silence, parlent ou écrivent avec l'impression de se faire les interprètes du sentiment populaire.

Après la Libération, Paul Reynaud reconnaîtra qu'aux yeux des Français « Pétain était, parmi les vivants, la gloire nationale de la France ». Cette gloire grandira encore, si possible, au cours des semaines tragiques.

Alors que tout s'effondre, les Français se raccrochent au plus âgé d'entre eux et cette adhésion n'est nullement le fruit d'un complot, mais celui d'une grande peur.

En demandant l'armistice, l'arrêt d'une guerre à laquelle le peuple français n'avait jamais rien compris, Philippe Pétain restera dans sa tradition de chef : « ménager du sang de ses soldats », et les images d'Epinal, dont René Benjamin sera le plus talentueux et le plus naïf coloriste, auront, pendant quelques mois, partout droit de cité.

La France voit Pétain avec des yeux de femme amoureuse. Elle le magnifie, le rajeunit et confond en lui père, époux, sauveur. « *A 85 ans*, écrit René Benjamin, *il est droit, non comme un jeune homme, mais comme sa conscience. Il marche d'un pas net. Sa moustache a l'impeccable blancheur de la vertu. Le visage est clair ; rien ne l'a terni ; il reste lisse...* »

C'est ce portrait amélioré qui trônera dans les vitrines et dans beaucoup de cœurs.

On pourrait composer une anthologie dans laquelle se retrouveraient bien des noms d'hommes qui, déçus, aigris, révoltés, ou mieux renseignés, se détacheront avant longtemps, mais dont l'adhésion de l'été, de l'automne... et de l'hiver 1940 est indiscutable, même lorsqu'ils se sont efforcés, par la suite, de la faire oublier.

Rivière et Albert Sérol, deux socialistes, ne siègent pour quelques jours au gouvernement Pétain qu'avec l'accord de Léon Blum ; dans une affiche apposée le 26 juin, Vincent Auriol demande à ses compatriotes de Muret de « n'écouter que les ordres du Gouvernement et du Préfet » et de leur faire confiance ; Paul Reynaud affirme au Maréchal, le 8 juillet 1940, « avoir gardé de notre travail en commun un tel souvenir qu'il me serait odieux qu'il pût être terni par un soupçon » ; Herriot et Jeanneney emploieront le même mot : « vénération » ; Claudel et Mauriac apportent l'hommage des intellectuels ; le général de Lattre évoque « l'image sereine et magnifique du maréchal Pétain » ; Vincent Badie, André Philip, Ramadier, Noguères, d'autres encore, sont d'accord pour réclamer, en juillet 40, « tous les pouvoirs » pour le Maréchal qui,

« en ces heures graves, incarne si parfaitement les vertus traditionnelles françaises » (1).

Oui, ils sont nombreux et sincères ceux qui, en Pétain, voient d'abord un sauveur avant de voir bientôt en lui un vieillard, un naïf, un velléitaire, un orgueilleux ou un traître.

La presse de la Résistance, elle-même, établit, pendant longtemps, une distinction fondamentale entre le Maréchal et ceux qui l'entourent.

« *Le Maréchal agit avec toute son honnêteté de soldat de France et ses sentiments personnels d'estime et d'affection ne vont pas aux collaborateurs.* » (Liberté, 10 juillet 1941.)

« *Il faut savoir gré à Pétain d'avoir limité la collaboration à Montoire et d'avoir arrêté Laval le* 13 *décembre* », écrivent les *Petites Ailes,* le 17 août 1941, et *Vérités,* le 25 août 1941 : « *Monsieur le Maréchal, des milliers de Français respectent votre personne, mais n'ont nulle confiance dans vos collaborateurs.* »

Enfin, avant de mourir, fusillé par les Allemands, Honoré d'Estienne d'Orves, l'un des premiers compagnons de De Gaulle, écrit dans sa prison un testament qui s'achève par ces lignes : « *Je n'ai jamais fait de politique autre que celle qui tendait à la libération intégrale de mon pays. Comme mes camarades, j'ai toujours respecté le Maréchal et tenu à maintenir l'intégralité de l'Empire Français.* »

Cette volonté de conciliation entre « l'épée et le bouclier », cet espoir de découvrir un jour que Charles de Gaulle et Philippe Pétain avaient été secrètement d'accord, et que ceux qui ont servi l'un ont également servi l'autre, ne résistera pas plus aux événements de novembre 1942 qu'à l'entrée massive des communistes dans la Résistance.

Mais prenant ses désirs pour la réalité, le peuple a longtemps répété la fable selon laquelle le rebelle de Londres était le fils naturel du monarque de Vichy.

★

On trouverait également des témoignages valables de l'adhésion populaire dans le volumineux courrier qui parvient quotidiennement à Vichy.

---

(1) Ces vingt-sept députés appartiennent aux quatre-vingts qui voteront le 10 juillet 1940 contre le projet de résolution tendant à modifier les lois constitutionnelles, hostilité dirigée, semble-t-il, plus contre Laval que contre le Maréchal. « La vérité, dira en 1949 l'ancien ministre Marcel Héraud, c'est que nous nous méfions de Laval, mais que nous ne nous méfiions pas de Pétain. »

Le général Campet, qui en a la charge, doit, certains jours, affronter plus de 2.000 lettres.

Lettres d'enfants dont Pétain dira, un jour d'amertume : « Eux m'ont compris. »

« *Monsieur le Maréchal, je travaille très bien, je vous aimerai très bien je cerai bien sage en classe j'ai couterai a ma métraisse j'ai écouté votre discours,* Colette C..., à Meaux. »

« *Monsieur le Maréchal, le* 13 *octobre* (1941), *nous avons entendu le message que vous nous avez adressé. Avec mes camarades, nous avons monté une ligue de loyauté et de vérité. Comme vous avez demandé d'être loyaux, francs et travailleurs. Depuis le commencement de l'école, je m'applique à bien travailler et à bien m'appliquer, à ne pas voler, à ne pas tricher aux compositions, à ne pas mentir, ne pas copier sur les camarades. Alors, Monsieur le Maréchal, je m'appliquerai à être comme vous le demandez. Je veux vous faire plaisir : vous en faites tant pour nous.* Arlette M..., Langon. »

Lettres de femmes de prisonniers, de condamnés politiques, d'anciens de 1916, de juifs inquiets, de Français de tous les âges et de tous les milieux, dont beaucoup se retrouveront, avant 1944, du côté de la Résistance, mais qui, dans les jours amers, demandent aide au Maréchal... ou lui soumettent leur plan de redressement.

Lettres émanant de ces « Amis du Maréchal » qui, nombreux, se regroupent en zone occupée comme en zone libre, à l'appel emphatique de Pierre Boutang et Henri Dubreuil : « *Ce qu'il nous faut c'est une chevalerie, il faut que la fidélité nous fasse retrouver le merveilleux dans le quotidien... C'est une chose étrange et belle, cette rencontre du Maréchal avec les principes tutélaires de la France, une espèce de mystère national de l'Incarnation.* »

Les prisonniers écrivent également, sur du papier qui porte parfois la francisque ou la mention : « Tous dévoués au Maréchal » (Stalag XVII A), « Au service du Maréchal » (Stalag IX C). Capturés au plus fort de la bataille, ou dans le désarroi d'une défaite totale, ils ont eu d'autant moins l'occasion d'évoluer politiquement qu'ils sont soumis, la plupart du temps, dans les camps, à une intense propagande « pétainiste ».

« *Ce que je dois faire,* déclare le général Didelet, aux aspirants du stalag I A, *c'est vous fondre en un bloc, faire de vous une cohorte massée derrière le Maréchal Pétain, prête à le suivre, tant sur le plan extérieur que sur le plan intérieur...* »

Aussi, même rapatriés — et leur libération ne la doivent-ils pas à l'action du gouvernement ? — demeurent-ils longtemps partisans du Maréchal. Du Maréchal dont les discours sur l'impuissance du régime, sur la responsabilité des partis résument assez bien les conversations habituelles des captifs.

A la longue, les correspondants découvriront, cependant, que le Maréchal est de plus en plus impuissant à faire cesser des malheurs dont certains ne sont d'ailleurs que la conséquence de ses décisions politiques.

Mais, du moins, son cabinet, au contraire de quelques autres, intervient-il presque toujours... même lorsqu'il est sans illusions.

★

Cette confiance, presque physique, envers un homme, beaucoup plus qu'envers une politique, revêt toute sa signification au moment des « voyages » officiels, tous organisés suivant le même modèle, avec le même cérémonial et les mêmes mots.

Ils rassemblent les foules. A Lyon, en deux jours (18 et 19 novembre 1940), il y a 150.000 personnes pour acclamer Pétain. Des drapeaux ornent tous les immeubles de la place des Terreaux, balcons et fenêtres sont chargés de peuple et bien peu, alors, trouvent à redire au cri lancé par le cardinal Gerlier, du haut de la chaire de Saint-Jean : « car Pétain c'est la France et la France aujourd'hui c'est Pétain ».

A Vienne, au printemps 1941, sous un soleil que l'on appelle « le soleil du Maréchal », la population a triplé pour accueillir le chef de l'Etat ; au Puy, une foule énorme voit le Maréchal recevoir, à la porte de la cathédrale, le goupillon de la main de Mgr Martin ; renouant avec une tradition interrompue depuis quatre cents ans, il suit le pèlerinage de Notre-Dame, ce qui permet au *Nouvelliste* d'écrire : « *Monsieur le Maréchal, après le pèlerinage, la France ne vous considère plus seulement comme son chef, mais comme l'envoyé de Dieu et l'instrument de la Providence.* »

En Savoie, l'ancien préfet de Seine-et-Oise, M. Billecart, note que toute la région se vide lorsque le Maréchal passe par Chambéry.

Des villes que l'on pouvait croire *a priori* hostiles — Toulouse, Toulon, Marseille — s'abandonnent également à l'enthousiasme.

Le Maréchal arrive à Toulouse, le 5 novembre 1940, dans

l'ancien wagon-salon du président Lebrun, que les Allemands ont expédié de zone occupée. La population, assez réservée au début de la matinée, est vite « dégelée ». Elle fait une ovation au Maréchal lorsqu'il tend un drapeau vers elle, puis le presse sur son cœur. Ce geste, il le répétera quelques heures plus tard à Montauban et il obtiendra le même triomphe.

A Marseille, un observateur, peut-être complaisant, note que l'on trouve dans des ruelles du Vieux Port, « là où nulle voiture ne passe », une image du Maréchal, entourée de fleurs ou de banderoles de papier argenté et devant laquelle une bougie brûle en guise de cierge. Même observation dans le petit village savoyard de Rumilly où le Maréchal ne s'attarde que quelques minutes mais où, dans les rues les plus éloignées, presque toutes les maisons sont ornées.

A Pau, la visite, qui a lieu le 20 avril 1941, est précédée d'un « concours tricolore » de vitrines, de fenêtres et d'immeubles. Un arrêté préfectoral a autorisé spécialement la circulation automobile pour le dimanche 20 avril, retardé l'heure de la fermeture des cafés et, un peu partout, dans la région, les autorités ont organisé des collectes au bénéfice du Secours National.

La Chambre de métiers des Basses-Pyrénées verse 27.000 francs, qui seront offerts dans une bourse de soie brodée aux sept étoiles d'or ; les commerçants et industriels de Pau, 300.000 francs ; les 10.000 habitants d'Oloron, 500.000 francs.

Une foule immense, venue par autobus et voitures particulières des vallées d'Aspe, d'Ossau, du Pays Basque, va se mêler aux Palois pour faire, place de la République, une ovation au Maréchal devant qui défilent délégations de Jacistes et de Jocistes, scouts, jeunes filles en costumes régionaux, garçons des patronages, légionnaires.

On s'attendrit aussi, en ces temps de restriction, sur le saumon offert par les pêcheurs de Navarrenx ! C'est une magnifique bête de onze kilos, qui paraîtra sur la table officielle ornée d'un côté d'un bâton de maréchal en beurre manié, de l'autre d'une médaille militaire en jaunes d'œufs durs et épinards hachés. La médaille elle-même est faite de filets d'anchois argentés en torsades.

Quant au filet de bœuf béarnais, il est paré en forme de pic du Midi d'Ossau !

Ces merveilles gastronomiques et régionales ne peuvent laisser les cœurs insensibles ! D'ailleurs, les paysans, qui, suivant les conseils du Ravitaillement général, ont apporté avec eux de solides nourritures terrestres, banquettent à leur tour, envahissant les cafés palois, dans une ville tout entière décorée, joyeuse et bien loin de la guerre comme des soucis de la zone occupée !

Sous le titre « Une belle journée », un habitant du petit village d'Escos raconte, dans le journal local, cette manifestation du 20 avril :

« *Ce fut tout d'abord le plaisir de voir notre bon vieux Pétain, que l'on traite si familièrement, vu sa proverbiale bonhomie, mais aussi avec quel respect... Puis pouvoir l'acclamer, lui jurer notre foi en lui et notre résolution de le seconder dans sa tâche de rénovation de notre chère France.*

Mais même les plus grandes cérémonies ont une fin. Le Maréchal était attendu ailleurs. Il dut nous quitter.

C'est alors qu'une trentaine de légionnaires de notre section communale se donnèrent rendez-vous chez un enfant de la commune établi restaurateur à Gelos. Là, un succulent repas les attendait, arrosé des meilleurs crus régionaux qui eurent tôt fait de délier la langue aux moins expansifs. Le thème de la conversation au cours du repas fut, on le devine sans peine, la visite du Maréchal. »

★

Ces voyages se déroulent toujours suivant la même ordonnance.

Présentation des corps constitués. Banalités que les témoins recueillent comme autant de mots historiques.

— Messieurs les Pères de famille nombreuse, annonce le préfet.

— Ah, ah, fait le Maréchal.

— Huit enfants, dix enfants, douze enfants.

— Où sont les enfants ? demande le Maréchal en serrant la main du dernier.

— Dame, un peu partout... répond le bonhomme (1).

Il y a les membres du Tribunal qui bredouillent et ne savent plus s'ils doivent se montrer indulgents aux grands délits et sévères pour les petits trafics, ou le contraire ; les membres de la Chambre de commerce, le directeur de l'hôpital, les anciens syndicalistes qui boudent parfois et refusent un instant leur main, le directeur du Conservatoire de musique.

Le Maréchal donne aux uns et aux autres, d'une voix dont les chevrotements touchent les cœurs, de paternels conseils.

(1) D'après René Benjamin, *Le Maréchal et son peuple.*

Il ne se prive pas de petites remarques ironiques, de « pointes » contre les occupants qui sont de l'autre côté de la ligne, de phrases sans grande importance mais auxquelles leur concision donne du poids.

— Monsieur le Maréchal, pouvons-nous vous chanter la *Marseillaise ?*

— Le quatrième couplet seulement. C'est le plus beau, on n'y égorge personne. Il met la concorde dans les esprits et ne chante pas la haine.

C'est très approximatif puisqu'il y est question de « bras vengeurs » ; mais qu'importe, et tous les assistants, qui ignorent d'ailleurs les paroles du quatrième couplet, affichent une admiration béate.

La prestation de serment des Légionnaires couronne la journée (1).

— Devant vous, au nom de tous mes camarades présents, au nom des absents dont la place est marquée dans nos rangs et qui attendent, dans la douleur de l'exil, de se joindre à nous, je jure, sur ce drapeau déployé, sur la mémoire sacrée de ceux qui ont tout donné, je jure de continuer à servir la France avec honneur dans la paix, comme je l'ai servie sous les armes.

— Nous le jurons !

Alors, la foule des légionnaires, hommes de 40 à 60 ans pour la plupart, coiffés du béret, abondamment décorés, héroïquement mutilés, d'entamer le dialogue avec le président de la Légion.

— Je jure de consacrer toutes mes forces à la Patrie, à la Famille, au Travail.

— Nous le jurons.

— Je m'engage à pratiquer l'amitié et l'entraide vis-à-vis de mes camarades des deux guerres, à rester fidèle à la mémoire de ceux qui sont tombés au champ d'honneur.

— Nous nous engageons.

— J'accepte librement la discipline de la Légion pour tout ce qui me sera commandé en vue de cet idéal.

— Nous l'acceptons librement.

L'enthousiasme tourne parfois à l'idolâtrie.

René Benjamin rapporte qu'un tambourinaire ayant demandé au Maréchal la permission de l'embrasser, une jeune Arlésienne déclare :

— Si ç'avait été moi... je ne me serais plus jamais lavé les lèvres de ma vie !

A Lyon, un aveugle murmure : « Ah ! si je pouvais voir...

(1) A Lyon, 25.000 légionnaires, d'après X. Vallat prêtèrent le serment, quelques jours plus tard, ils étaient 30.000 à Marseille.

y voir pendant cinq minutes seulement, ce serait la plus grande joie de ma vie », et le canut dont le Maréchal visite l'atelier, rue Richan, arrête la pendule de la maison sur 11 h. 2.

Des enfants à qui l'on demande d'abord : « Où est Papa ? Et Maman ? » puis : « Où est le Maréchal » ? mettent le doigt sur leur cœur en répondant « là » (1).

Décorant l'église Notre-Dame, le curé d'Annonay fait figurer le maréchal Pétain dans la foule qui se presse devant la Vierge...

Il y a des porte-plume, des baromètres, des presse-papiers, des protège-cahiers, des timbres, des mouchoirs, des cendriers, des assiettes, à l'effigie du Maréchal, et l'empressement, plus ou moins adroit, est tel qu'une loi soumet toute reproduction des traits du chef de l'Etat à l'autorisation préalable de la censure. Quant au préfet de Lyon, il va, dans son zèle, jusqu'à proposer un jour aux écoliers « de suivre le Maréchal comme les Hébreux suivaient la colonne lumineuse dans le désert » !

Toutes ces manifestations trouvent en zone libre un climat longtemps favorable. La plupart des Français font la distinction entre le Maréchal et son gouvernement, les Allemands ne sont pas là pour rappeler les réalités de l'occupation et les deux morceaux de la France voguent, bientôt séparés, comme ces îles de glace qui se divisent et dont le courant écarte les débris.

*

Certes, l'antiparlementarisme, l'anglophobie et le soulagement provoqué par l'armistice sont des sentiments communs à la majorité des Français en juin et juillet 1940.

Mais, tandis qu'ils s'estompent assez rapidement en zone occupée, ils persisteront longtemps en zone libre, alimentant le grand feu du pétainisme.

Aux parlementaires, la nation vaincue reproche tout... et d'abord sa défaite. Elle les rend responsables de notre impréparation militaire, de l'absence d'avions, de l'absence de divisions blindées, de l'absence de moral (2).

Elle les rend responsables de nos alliances imparfaites, de l'entrée en guerre, des drames de l'exode. Furieuse

---

(1) Noté par Christian Pineau.

(2) « Je n'ai pas trouvé un seul Français pour me parler en bien du gouvernement d'avant la guerre, qui est universellement rendu responsable de la défaite » note l'amiral Leahy, ambassadeur des U. S. A., le 26 août 1941.

contre les « messieurs à cocarde », elle se venge soudain d'avoir eu peur, et d'avoir marché à pied.

Le nouveau régime orchestre et nourrit cette indignation. Que dit-on aux soldats rapatriés d'Allemagne ? Que la France a été menée à la défaite par « des Français ratés qui, ne pouvant réussir dans aucun autre métier, avaient pris celui de politicien ».

Qu'apprend-on aux jeunes ? Que ceux qui avaient en main « les destinées du pays étaient médiocres ou criminels ».

Encore ne s'agit-il là que de critiques exprimées sur un ton « mesuré ». Les journalistes d'hebdomadaires ou de quotidiens parisiens adoptent, pour évoquer le Parlement, un tout autre ton.

Alors, le peuple réinvente sans effort les slogans de *Je suis Partout*, et le procureur Mornet, songeant aux menaces adressées à certains parlementaires en juillet 40, pourra écrire : « *Si, dès les premiers mois, on eût déféré à un grand jury, jugeant d'impression, par oui ou par non, ceux sur qui, dans son malheur, un pays cherche toujours à faire peser la responsabilité de ses désastres, une condamnation immédiate eût sans doute été une triste satisfaction donnée à une opinion irritée.* »

Avant lui le maréchal Pétain avait dit à Maurice Martin du Gard, lors du quatrième anniversaire de l'armistice : « *M. Paul Reynaud ne s'est adressé à moi que lorsque la catastrophe était déjà là. Et c'est encore moi qui devais sauver ces messieurs. Ils ne s'en souviennent peut-être plus maintenant. Je reçus, à ce moment-là, de toute la France, des fonctionnaires — de leurs propres fonctionnaires — de la bourgeoisie, des ouvriers, des invitations — et en quels termes — à mettre au mur M. Reynaud et, en premier, M. Blum. Tous les Français me pressaient de les fusiller.* »

Antiparlementaire, le peuple français se réveille également antianglais.

— Les Anglais nous ont lâchés !

Le cri est sur presque toutes les lèvres.

— A Dunkerque, on sauvait trois Anglais pour un Français. Nous nous sommes fait tuer pour l'Angleterre. Maintenant, ils vont comprendre.

De vieilles et historiques rancœurs remontent à la mémoire.

La propagande les exploitera.

Jeanne d'Arc ? Jeanne d'Arc, bien sûr. Et Napoléon.

On verra, sur des affiches allemandes intitulées « Notre

chemin de croix », Napoléon contempler le soleil couchant de Sainte-Hélène, Jeanne d'Arc prier dans les flammes de Rouen, tandis, qu'au centre de l'image, un « poilu » traîne une lourde croix.

Tony Révillon raconte avoir entendu le 29 juillet 1940, dans un restaurant de Marseille, un commandant dire à deux de ses amis :

— Nos ennemis héréditaires sont les Anglais. Si les Anglais étaient vainqueurs, la république démocratique serait rétablie en France avec le suffrage universel. Nous reverrions les juifs et les francs-maçons diriger notre pays. Il ne faut pas souhaiter la victoire de l'Angleterre.

Cette anglophobie latente, chez un peuple dont l'histoire a presque tout entière été occupée par la lutte contre l'Angleterre, paraît justifiée par les événements de mai-juin 1940, par la faible participation des Anglais au combat commun, par les erreurs politiques de l'Angleterre.

« L'odieuse tragédie » de Mers-el-Kébir, le mot est de Charles de Gaulle, va d'ailleurs fournir de nouveaux et solides arguments à tous les anglophobes.

Elle raidira non seulement la marine dans une attitude farouchement hostile à l'Angleterre, mais déconcertera ou paralysera bon nombre de Français, qui n'ont pas encore pris position et que ce massacre révolte.

Guillain de Bénouville a raconté qu'il avait tout préparé pour fuir la Corse, avec la presque totalité d'un bataillon, lorsque fut connu le drame. Le commandant du croiseur auxiliaire *Saint-Brieuc*, qui s'était mis au service des conjurés, ne vint pas les embarquer...

Il ne s'agit pas d'un cas isolé. Des hommes, qui tomberont au service de la Résistance, refuseront de partir pour Londres en 1940 sans autre raison (mais elle est suffisante) que la tragédie de Mers-el-Kébir, crime autant que faute politique dont les Allemands exploiteront à la fois largement et maladroitement tous les aspects (1).

★

Pour un régime, comme pour un homme, il existe plusieurs manières de se définir. En procédant par affirmation ou par négation. Vichy se contente d'abord de prendre le contre-pied du régime défunt.

La note que le général Weygand remet, le 28 juin 1940,

(1) Que se serait-il passé en effet si, saisissant le prétexte de Mers-el-Kébir, Hitler avait renvoyé chez eux tous les prisonniers français

au maréchal Pétain, alors que le gouvernement est encore à Bordeaux, débute d'ailleurs ainsi :

« *L'ancien ordre des choses, c'est-à-dire un régime politique de compromissions maçonniques, capitalistes et internationales, nous a conduits où nous sommes. La France n'en veut plus.* »

Antiparlementaire, antianglais, antimaçon, antisyndicaliste, antilaïque, l'Etat Français se voudra donc autoritaire, « national », familial, paternaliste, corporatiste, moralisateur et chrétien.

« *La famille doit être mise à l'honneur... Il faut,* écrit encore Weygand, *revenir au culte et à la pratique d'un idéal résumé en ces quelques mots : Dieu, Patrie, Famille et Travail.* »

Aussi lorsque l'on interroge, en 1942, les Français de zone libre sur les causes de la dénatalité, il se trouvera 223.123 personnes sur 500.000 concurrents pour affirmer que « l'insuffisance ou l'absence de religion » est la cause première du malthusianisme français (1).

Avec une extraordinaire légèreté, et pas mal d'inconséquence (car les Allemands nous ont-ils battus pour avoir mieux pratiqué le christianisme ?), de nombreux laudateurs de l'Etat Français font également de l'absence de religion la cause de nos malheurs militaires.

En chaire, des prêtres, dans les journaux, des laïcs, rendent exclusivement et abusivement responsables de la défaite « l'esprit de jouissance » des classes populaires et la déchristianisation du pays.

Ces sermons du dimanche, écoutés par une foule avide de trouver des raisons morales au subit effondrement français, rendent tous le même son. On y dénonce l'abandon des vertus chrétiennes, le reniement de Dieu, le divorce trop facile, l'enseignement de l'école laïque.

---

et partiellement évacué la zone occupée en échange d'une alliance politico-militaire ?...

Pendant quelques jours cette possibilité fut envisagée par quelques cercles franco-allemands.

Déposant devant la Haute Cour, M. de Saint-Hardouin signala que le général Huntziger lui avait exposé qu'il n'envisagerait pas avec défaveur un renversement des alliances.

M. de Saint-Hardouin a répété son accusation devant la Commission d'enquête sur les événements survenus de 1939 à 1945 et a précisé que plusieurs membres français (des marins notamment) de la délégation française auprès de la Commission d'armistice examinaient favorablement une nouvelle politique. On peut trouver ainsi, dans les archives de Wiesbaden, des notes françaises demandant l'autorisation de finir la construction du porte-avions « Joffre » au nom de la « contribution de la France à la future flotte européenne ».

(1) Cf. p. 185.

L'aumônier d'une unité de chars n'hésite pas à déclarer devant des soldats à la veille d'être démobilisés :

« *Imaginons-nous ce qui serait arrivé si la justice divine ne nous avait pas frappés. Encouragés par le succès de nos armes, nous aurions été confirmés dans notre orgueil, nous aurions oublié que ce triomphe demandé à Dieu aurait été autorisé par lui. Notre victoire eût été alors l'apothéose d'une nation pratiquement devenue athée. Messieurs, cette leçon nous était nécessaire !* »

La « justice », et presque la « sainteté » de la défaite, sont des dogmes que toute une littérature propage.

« *Vingt ans de banquets et de discours ; de poisons patiemment accumulés ; de songes et de mensonges... Plus de films proposant des illusions étincelantes... plus de Totor le déboutonné et de Titine l'amoureuse se trémoussant au son de la java... La France a besoin du fouet* (1). »

Quant aux anciens combattants de Lourdios (Basses-Pyrénées), lorsque, le 11 novembre 1940, ils se rendent en cortège au monument aux morts, ils ajoutent à leurs gerbes une plaque où sont gravés ces mots :

Pour vous avoir oubliés
Nous avons été châtiés.
Pardon et merci.

★

Par crainte, ou par conviction, ce nouveau climat moral rallie la majorité de l'opinion.

Le besoin de se dédouaner entraîne à des actes ridicules. Le *Journal Officiel* du 11 septembre 1940 annonce ainsi que « l'Etoile Rouge prend le nom d'Etoile-Sport du Capitole ». Plus d'Etoile Rouge à Toulouse, plus de « Boule Rouge » non plus. Elle devient (*J. O.* du 16 décembre) la « Boule Rêvée du Pech », modifie ses statuts et renouvelle son bureau.

De même, la Fédération des Œuvres laïques d'Indre-et-Loire s'appellera désormais « Association des Œuvres scolaires et postscolaires de l'enseignement public d'Indre-et-Loire ». Plus tard, la commune de Lévy-Saint-Nom (Seine-et-Oise) changera son nom en Lévis-Saint-Nom !

La fête de Jeanne d'Arc donne lieu, dans la France entière, à d'importantes manifestations patriotiques. Pour les Français de zone occupée, l'hommage à la sainte équivaut à un acte de résistance, Jeanne représentant, non

(1) René Roques : *Le Sang de nos fautes.*

plus l'ennemie des Anglais, mais celle de l'envahisseur quel qu'il soit. Il en va autrement en zone libre.

Le ministère de l'Information règle le déroulement de la fête d'une manière très précise prévoyant, non seulement les théories de jeunes filles qui apporteront vers la statue de Jeanne des fleurs blanches, le cortège de garçons chargés de fleurs bleues et de fleurs rouges, mais aussi le texte (bien médiocre) que des récitants doivent prononcer.

Premier récitant :

Je crois en la France
Millénaire et impérissable
Accrue par ses gloires, sanctifiée par ses revers
. . . .
Je crois à la générosité traditionnelle de ses initiatives
Evangélisatrices du monde.

Deuxième récitant :

Je crois en le chef aux yeux de ciel
Qui pour la rédemption lente et sûre
Ayant attaché son nom à la victoire
Accepta de le voir
Iniquement
Enchaîné au désastre.

Tandis que l'on rétablit le crucifix dans certaines écoles publiques, que la Cour d'assises de Limoges condamne à 2.400 francs d'amende un juré qui a refusé de prêter serment devant Dieu, que l'on abolit la loi du 7 juillet 1904 portant suppression de l'enseignement congréganiste, que les Chartreux reviennent dans le monastère dont ils avaient été chassés en 1903, que la grotte et la basilique de Lourdes sont rendues à l'Association diocésaine, le clergé français a bien du mal à se défendre contre ces transformations dont beaucoup répondent à ses vœux, mais que les circonstances rendent inquiétantes.

Comblé, trop comblé parfois, comment ne se laisserait-il pas entraîner à soutenir un régime qui l'associe si généreusement à ses actes ?

Sur la légitimité du gouvernement du Maréchal, l'accord est total dans l'Eglise de 1940.

Il ne saurait d'ailleurs en aller autrement.

A ceux qui éprouvent des doutes, le directeur du Séminaire des Carmes répond : « *Puis-je mieux faire que de me ranger aux côtés du Souverain Pontife ? Qu'a fait le Pape Pie XII ? Quel gouvernement a-t-il reconnu pour le gouvernement légitime de la France ? Auprès de qui a-t-il envoyé le Nonce, son représentant officiel ?* »

A ceux qui critiquent le Maréchal, plusieurs prélats opposent la thèse de « *l'homme providentiel tenu en réserve par Dieu pour empêcher la France de sombrer* » (Mgr l'Evêque de Grenoble).

Le R. P. Coulet donne, en zone libre, sous le titre « Les Catholiques et la Révolution Nationale », une série de conférences qui ne sortent certes pas de l'orthodoxie vichyssoise et conseillent le « loyalisme envers le Pouvoir établi et la collaboration avec lui ».

Enfin, pendant quelques mois, la hiérarchie attend certainement du gouvernement le renouveau « moral, familial, social et religieux » hors duquel, à ses yeux, il n'est point de salut (1).

Mais assez vite, sous la pression des événements comme sous le poids des injustices, le clergé français se divisera comme vont se diviser toutes les classes de la société française : il aura ses collaborateurs, ses attentistes, ses résistants.

On verra un prélat de Sa Sainteté à la L. V. F., des aumôniers au maquis, de nombreux prêtres dans les camps de concentration.

★

Le Maréchal aura, d'ailleurs, pendant plus de deux ans, un allié beaucoup plus puissant, beaucoup plus résolu que le clergé français : la Légion des Combattants, véritable pilier du régime pétainiste, pilier cimenté par tous les souvenirs de Verdun.

Car, pour des millions de Français, le maréchal Pétain s'identifie à Verdun.

Les résistants comprennent si bien la force que représente cette « confusion » qu'ils diffusent des extraits des *Mémoires* de Joffre, de Foch et de Poincaré, peu flatteurs pour Pétain, dépouillé de son auréole de Verdun (pour Joffre c'est Nivelle le Sauveur), accusé de pessimisme excessif et presque de défaitisme. Ils diffuseront aussi cette préface que le Maréchal donna, en 1939, au livre

(1) Cf. la déclaration, en date du 1er février 1941, des Cardinaux et Archevêques faisant état du « loyalisme complet » de l'Eglise, ainsi que la lettre du cardinal Suhard en date du 10 août 1940. Cf. également la déclaration de Mgr Villevelet, évêque de Nantes « Travail, Famille, Patrie. Nous aurions mauvaise grâce à proposer d'autres consignes » ((11 février 1941).

imprudent et anachronique du général Chauvineau : « Une invasion est-elle encore possible ? » (1).

Mais ces textes ne peuvent convaincre que des intellectuels déjà à demi convaincus.

Pour des millions d'anciens combattants de 1914-18, ils ne changent rien.

Ils ne changent rien pour la majorité des soldats. « *Si nous avons accepté de cesser le feu,* dit le commandant du Kersaint, *c'est parce que cet acte nous était ordonné, non par un politicien, mais par le vainqueur de Verdun.* »

Ils ne changent rien pour les paysans qui « demeurèrent le plus longtemps fidèles au Maréchal ». Il est abusif, en effet, de fonder cette fidélité, comme on l'a fait parfois, sur « la promotion sociale (2) » que vont leur valoir les restrictions et leurs conséquences.

Plutôt que d'expliquer l'attachement sentimental au Maréchal par le marché noir — conséquence inévitable de la défaite et des restrictions — ou par la renaissance d'un folklore paysan qui mettra à l'honneur, à l'occasion de fêtes des moissons, fruits, légumes, blé et vin, il faut en chercher les causes dans le rétablissement d'un ordre moral (le mot d'ordre Travail, Famille, Patrie a une plus grande résonance qu'on ne l'a dit), dans les flatteries sincères que le Maréchal prodigue à la paysannerie, ainsi que dans le souvenir des grandes heures de 1914-1918.

Après avoir été l'infanterie de la République, les paysans vont devenir celle de l'Etat Français.

★

C'est le 29 août 1940 que la Légion des Combattants commence son existence officielle.

Présidée par Xavier Vallat, ayant pour secrétaire général Loustaunau-Lacau, qui avait fait partie de l'état-major du maréchal Pétain, comptant parmi ses premiers dirigeants Heurteaux, Péricard, l'homme du *Debout les morts,* Valentin, le commandant Lapébie, Pierre Héricourt, elle réunit pour quelques mois, dans un même amour de la patrie, un même mépris des parlementaires, une même

(1) Dans cet ouvrage, le général niait notamment l'importance des blindés : « Il paraît difficile de croire que, handicapé par une mobilité nécessaire et l'extrême complication mécanique qui en résulte, le char parvienne à dominer ses deux redoutables ennemis : le prix de revient et le canon. »

(2) Marie Granet et Henri Michel, *Combat.* Les auteurs ajoutent : « Certes pas par conviction de la bienfaisance du « retour à la terre », mais parce que la défaite et l'occupation, en raréfiant les denrées, donnaient à ceux qui les produisaient des moyens d'action et des facilités de gain, et leur valaient une promotion sociale. »

fraternité régimentaire, une même vénération pour le Maréchal, des hommes que les événements ne tarderont pas à séparer brutalement.

On y rencontre, au début, des militants venus de tous les partis politiques. Dans le Puy-de-Dôme, la présidence est assurée par le docteur Grasset, conseiller général radical-socialiste, à Toulouse par un socialiste franc-maçon, dans les Pyrénées-Orientales par un directeur d'école publique. Il s'y trouve même de nombreux juifs. Dix-huit d'entre eux, totalisant 25 blessures et 56 citations, sont reçus par Xavier Vallat, le 11 août 1941. Ces anciens combattants protestent contre la propagande antijuive qui sévit déjà à la Légion et ils ont ce mot qui illustre bien la situation morale dont jouit le maréchal Pétain : « *A ceux d'entre nous qui, en grand nombre, obéissant par discipline à la voix de notre chef, sont entrés à la Légion, devons-nous conseiller de se retirer ?* »

Après un essai d'installation en zone occupée (on ira même jusqu'à nommer les présidents des départements alsaciens), la Légion des Combattants opère seulement en zone libre et, dès le début, elle englobe systématiquement tous les anciens combattants de 1914-18 (ils constituent les neuf dixièmes des effectifs), en petit nombre ceux de 1939-40 sur qui la défaite a mis comme une tache morale... et dont près de deux millions, d'ailleurs, sont prisonniers.

On réduirait singulièrement son rôle si l'on ne voyait dans la Légion qu'une vaste association d'anciens soldats se contentant d'évoquer des souvenirs et de faire œuvre d'autoglorification.

La Légion vise, en réalité, à se substituer activement (sans les remplacer) aux partis volatilisés par la défaite. « *Du jour où le Parlement ne siégeait plus,* dira Vallat (*une*) *abondante source de renseignements, indispensable... au pouvoir central, allait faire défaut.* » La Légion est donc chargée, dans l'esprit de ses inventeurs, « de capter tous les bruits de la terre de France ».

Et lorsque, le 28 août 1940, Xavier Vallat va exposer au Maréchal les raisons qui militent en faveur d'une association unique d'anciens combattants, il s'entend répondre :

— Je souhaitais justement avoir dans chaque commune de France un homme respecté et de bon jugement qui aurait été mon homme de confiance.

— Eh bien, Monsieur le Maréchal, avec la Légion, c'est un groupe d'hommes de confiance que vous aurez dans chaque village !

Pour tenir cette promesse, la Légion aura donc sa presse (1), sa propagande, ses bureaux d'action sociale qui s'intéressent aux prisonniers, aux familles, aux chômeurs, aux sportifs. Elle aura également sa morale, ses tribunaux et ses serments.

« *Je jure de servir la France avec honneur.*

Je jure de consacrer toutes mes forces à la Patrie, à la Famille, au Travail.

Je m'engage à pratiquer l'amitié et l'entraide à l'égard de tous les Français et particulièrement à l'égard des victimes de la guerre.

J'accepte librement la discipline de la Légion pour tout ce qui me sera commandé en vue de cet idéal et pour le succès de la Révolution Nationale (2). »

★

On peut être chassé de la Légion — à qui le décret du 7 mars 1942 donnera le droit de se faire délivrer le bulletin n° 2 du casier judiciaire — pour les causes les plus diverses.

Au cours de l'année 1941, 38 % des légionnaires radiés seront des juifs non combattants ou des francs-maçons, 23 % des personnes condamnées à des titres divers, 23 % des ivrognes, 8 % des gaullistes ou des communistes.

Un légionnaire sera exclu pour avoir « défilé en tenue d'officier à la tête des manifestations Front Populaire », un autre pour avoir propagé « de fausses nouvelles d'origine gaulliste et manqué sans motif aux cérémonies et rassemblements légionnaires ». Par contre, la peine d'un légionnaire condamné, avant son admission, à une amende « pour constitution de stocks et hausses illicites » sera atténuée (3).

La Légion des Combattants est chargée de diffuser l'iconographie du maréchal Pétain.

---

(1) Les deux premiers numéros du *Légionnaire* distribués gratuitement sont tirés respectivement à 780.000 et 830.000 exemplaires. Le troisième à 600.000.

(2) Formule de serment des légionnaires volontaires de la Révolution Nationale. La formule de serment de la Légion se trouve page 491 C'est en novembre 1941 que la Légion Française des Combattants deviendra « Légion Française des Combattants et des Volontaires de la Révolution Nationale », s'ouvrant ainsi à « tous Français et Françaises non combattants... qui prêtent le serment des légionnaires volontaires ». Les veuves de guerre, ascendants, orphelins de guerre sont admis sans parrainage. Les juifs titulaires de la carte du combattant 1914-1918 ou décorés de la Légion d'honneur ou de la Croix de guerre peuvent être admis comme légionnaires combattants.

(3) Bulletin de la Cour Nationale d'honneur et des Tribunaux d'honneur, 1er mai 1942.

Dans ses bureaux, on peut se procurer des cartes postales du Maréchal, dont le prix varie de 0 fr. 60 à 2 fr. 50, des bustes, avec ou sans képi, quatorze sortes de photos en tirage direct (de 15 à 325 francs), des affiches et affichettes représentant le Maréchal en noir, en couleurs, avec biographie, sans biographie, ainsi qu'une quinzaine de brochures expliquant, et les secrets de notre défaite, et ceux de notre redressement.

C'est la Légion qui organise, en 1941, le transport de la Flamme de Paris à Vichy. De Vichy, la Flamme passant, tous les quatre cents mètres, de coureur en coureur (ils sont plus de cinq cents dans le Puy-de-Dôme), ira jusqu'aux plus petites bourgades de la zone libre. Chaque changement de main est naturellement prétexte à manifestation politico-religieuse.

C'est elle qui, en 1942, met sur pied ce Rassemblement de Gergovie où chaque commune envoie une poignée de terre.

Sous un ciel gris, inattendu en ce mois d'août 1942, sur un sol encore détrempé par les fortes pluies de la veille, sur ce plateau de Gergovie qui domine toute l'Auvergne, près du monument qui se dresse à l'extrémité du promontoire, les délégués viennent renverser l'urne qui contient la terre de leur département.

Terre recueillie près du bûcher de Jeanne d'Arc, près du tombeau du père de Foucauld, à la tranchée des baïonnettes, au Pavillon Sévigné, résidence du Maréchal de France, dans des milliers de villages sans histoire...

Le Maréchal, qu'accompagne le général Gouraud, remue cette terre symbolique, comme pour refaire une unité française qui n'existe plus depuis la fin de 1940, puis scelle une dalle à l'aide d'une truelle d'argent portant les sept étoiles.

« *Ce que nous rejetons et répudions par ce rite de la terre qui exprime et enclôt un serment,* écrira Henri Pichot, soldat de la Grande Guerre, *c'est le fourvoiement de l'esprit, le dérèglement du cœur, le cosmopolitisme de la pensée.* »

★

Exerçant leur action « *civique, sociale et morale par une collaboration intime... avec les représentants du Pouvoir Central, seuls dépositaires responsables de l'autorité constitutionnelle,* les légionnaires sont *la lumière et l'aide (du Pouvoir Central) pour tout ce qui concerne l'application des principes de* « *Révolution Nationale* » *et ils peuvent être qualifiés, à la requête de ces représentants, pour constituer des « cadres » d'instruction, d'animation et, le cas échéant, de contrôle.* »

Cette citation, extraite de l'*Almanach de la Légion* pour 1942, laisse prévoir toutes les transformations que l'on fera subir à la Légion.

Aux côtés du curé, le président de la Légion avait voulu devenir l'autorité morale du village. Bientôt, c'est aux côtés du gendarme que certains se retrouveront.

Peu à peu, la Légion, cette Légion qui, hors d'un mythe, n'a aucune unité, cette armée aux tempes grises, va devenir la « chose » des plus entreprenants.

Lors de son procès, Darnand a raconté comment, chargé d'organiser la Légion dans les Alpes-Maritimes, il avait recueilli 80.000 adhésions, groupé 100.000 personnes à Nice, en 1941, pour la fête de Jeanne d'Arc, soufflé partout un enthousiasme sans véritable objet.

Comment, en effet, des manifestations folkloriques et des discours forcément imprécis pouvaient-ils satisfaire les plus « durs » des légionnaires ?

— Cette Légion, dira Darnand, n'était pas commandée, n'était pas dirigée. Chacun faisait ce qu'il voulait. Dans certains départements, elle était réactionnaire. Dans d'autres, très « maréchaliste », très « révolution nationale ». Dans certains coins du Midi, les francs-maçons avaient conservé tous les leviers de commande...

On va donc, en recrutant parmi les jeunes, créer le Service d'ordre légionnaire.

Pour être l'élite de la Légion,
Afin de vous aider dans votre tâche,
En vous guidant et en vous conseillant,
Pour détruire définitivement et, s'il le faut, par la violence,
Quand nos chefs l'ordonneront,
L'ANCIEN REGIME... (1).

On va prêcher la violence : « *Vous tous, S. O. L. qui êtes impatients et qui appelez l'action parce que vous vivez dans un département* (les Alpes-Maritimes) *où la pourriture juive s'étale plus que partout ailleurs... Sachez que pour nous l'action est un devoir sacré, sachez qu'elle engendrera souvent la violence.* »

Les membres du Service d'ordre auront pour mission

(1) Extrait de *La Trique*, organe de combat du S. O. L. des Alpes-Maritimes, n. 1, 1er avril 1942.
En janvier 1943 le S. O. L., qui groupait alors 25.000 membres environ, fut dissous et remplacé par la Milice, qu'assez peu de membres du S. O. L. rejoignirent.

de « repérer » les auditeurs de la radio anglaise, de répondre, grâce à un petit catéchisme gouvernemental distribué ici et là, aux « bobards » des résistants ou des tièdes.

Le Service d'ordre légionnaire a également pour tâche de réduire à néant les « voyantes et fakirs », de ridiculiser toutes ces prophéties qui courent le pays et que l'on se transmet par lettre, à charge de les recopier trois fois...

Il y a la prophétie de sainte Odile, écrite dans un style biblique et suivant laquelle « *le conquérant aura atteint l'apogée de ses triomphes vers le milieu du sixième mois de la deuxième année des hostilités. La deuxième partie de la guerre égalera en longueur la moitié de la première. La troisième période sera de courte durée...* »

Et les bonnes gens de compter sur leurs doigts, de copier avec ferveur ces mots qui promettent le salut à Paris. « *La région de Lutèce sera sauvée elle-même, à cause de ses montagnes bénies et de ses femmes dévotes.* » Conclusion bien inattendue d'un drame épouvantable !

Il y a la prophétie de Don Bosco, qui court dès septembre 1940 et fixe à 285 jours seulement la période d'occupation.

Il y a la prédiction de saint Godefroy « parue, précisent ses propagateurs, à l'intention des sceptiques, dans le *Moniteur* d'avril 1878 et dans la *Revue mondiale* de 1919 ».

Etonnante prophétie de saint Godefroy, où il est annoncé, pêle-mêle, que Rome brûlera et que le Pape retournera en Avignon, que les Anglais seront « les maîtres de la Germanie » qui déposera les armes et demandera alors secours à la France, que « la royauté reviendra avec le onzième mois vers le pays de France pour apporter la paix et la prospérité (1) » !

Etranges prophéties pleines de bonnes nouvelles pour une France vaincue, étranges prophéties sur lesquelles se repose mollement toute une partie de l'opinion que tant de garanties célestes retiennent d'agir, étranges prophéties qui prennent place, dans les boîtes des facteurs, auprès de ces messages du pape Pie XII parfaitement apocryphes et que leur style seul dénoncerait (2).

---

(1) En 1942 des optimistes remarquent qu'il y a deux pleines lunes en avril, le 1er et le 30, le même fait s'étant produit deux mois avant la fin de la guerre de 1870 et pareillement pour celle de 1914-1918, ils concluent que la guerre sera finie deux mois plus tard...

(2) « Ne craignez rien, le salut viendra aussi immanquablement que chaque matin le soleil remonte à l'horizon pour chasser les ténèbres odieuses..., etc. », tract répandu en octobre 1940 sous le titre « Message de N. S. P. le Pape Pie XII à ses bien chers enfants de France ».

Il y eut bien un message de Pie XII à la France, le 29 juin 1940, mais de ton assez neutre.

Oui, les membres du Service d'ordre légionnaire auront bien du mal à endiguer toutes ces manifestations de mauvaise humeur, d'ironie et d'espoir qui se développent d'autant plus vite que les maladresses du régime multiplient ses adversaires !

★

Le 10 juillet 1941, le commandant Paillole, l'un des chefs du contre-espionnage français, adresse, par la voie hiérarchique, un rapport sur l'état d'esprit de la zone occupée : « *L'essentiel de l'évolution est... une désaffection profonde du chef de l'Etat. Les mêmes populations qui lui avaient voué un véritable culte, fait de confiance dans son action et de vénération pour son passé, ont renoncé à l'un et à l'autre de ces sentiments* (1). »

Le 10 août 1941, un Bordelais note sur son agenda : « *Un comité des Amis du Maréchal s'est constitué à Bordeaux... il faut encourager leurs efforts, car l'étoile du Maréchal baisse en présence de la gabegie qui s'installe partout.* »

Sans doute, la dégradation du pétainisme est-elle moins apparente, moins brutale en zone libre qu'en zone occupée. Mais le Maréchal y est cependant assez sensible pour s'en plaindre devant René Benjamin : « Le peuple français m'a lâché », et pour s'écrier, le 13 août 1941 : « *Dans plusieurs régions de France, je sens lever, depuis quelques semaines, un vent mauvais. L'inquiétude gagne les esprits, le désordre s'empare des âmes, l'autorité de mon gouvernement est discutée, les ordres sont mal exécutés...* »

Dans l'espoir de rétablir la confiance, le Maréchal décide de suspendre l'activité des partis politiques, qui n'en ont plus aucune d'ailleurs depuis l'armistice, de publier au *Journal Officiel* le nom des fonctionnaires maçons qui ont omis de se déclarer, et de réclamer des hauts fonctionnaires, des magistrats et des militaires, un serment que beaucoup prêteront avec cynisme... puisqu'on a la faiblesse de le leur demander (2).

Treize mois se sont écoulés depuis ces jours de juillet où le maréchal Pétain apparaissait à presque tous comme l'homme providentiel et le Sauveur. Le voici aujourd'hui qui se plaint de n'être plus suivi.

---

(1) Cité par Pierre Nord : *Mes camarades sont morts*, tome III.

(2) La formule du serment était, pour les fonctionnaires, la suivante : « Je jure fidélité à la personne du chef de l'Etat et je m'engage à exercer mes fonctions pour le bien de l'Etat et selon les lois de l'honneur et de la probité. » Un seul magistrat, M. Didier, refusa de prêter serment.

Que s'est-il donc passé ?

★

A l'intérieur de ce chapitre, il faut sans cesse franchir en esprit la ligne de démarcation.

Ce qui est vrai en zone libre ne l'est pas en zone occupée.

Et réciproquement.

Là où l'enthousiasme aura été le plus vif, les désillusions seront les plus longues à venir. Là où l'ennemi administre, réquisitionne, fusille, l'hostilité aux Allemands prend le pas sur l'hostilité à Vichy.

Vu de la zone libre, Vichy existe, dirige, et son roi est longtemps acclamé dans toutes ses « bonnes villes » par des foules, d'ailleurs, traditionnellement à gauche.

Ce n'est pas l'un des moindres paradoxes du pétainisme conservateur et clérical d'avoir été, en effet, dès le début de son existence, privé des deux bastions de la Bretagne et de l'Alsace !

Vu de la zone occupée, par contre, Vichy ressemble à ces astres éteints depuis des siècles, mais dont la lumière en voyage nous parvient encore.

C'est qu'en zone occupée, on le sait déjà, on le verra encore plus loin, l'essentiel change de nom.

L'important, ce n'est pas ce qui se passe sur le théâtre d'ombres de Vichy, ce ne sont pas ces querelles entre hôtels, ces promotions ministérielles à l'échelle d'un pays croupion, ces rêves d'une France du sud, « née le 17 juin (1) », autoritaire, désuète, folklorique et miraculeusement épargnée au milieu d'une Europe détruite.

En zone occupée, on épingle sur le mur de la salle à manger les cartes d'Afrique, d'Allemagne et de Russie. Jamais celle du département de l'Allier.

Mais franchit-on un rang de vigne, un pré, un misérable ruisseau, un sillon qui sert de ligne de démarcation, la fiction reprend alors tout son pouvoir.

Le cœur bat plus vite en pénétrant dans cet étrange pays où flotte le drapeau français, où les jeunes soldats, à qui l'on a appris à chanter, mais qu'il est interdit d'armer convenablement, rêvent tout de même de revanche, où, comme si nous étions vainqueurs, des *Marseillaises* éclatent chaque dimanche, pour saluer des ministres qui célèbrent parfois les vertus de la défaite.

Les bruits de la guerre dérangent à peine de leurs

(1) « La France nouvelle est née, le 17 juin 1940, de l'acte révolutionnaire que constitue la décision du maréchal Pétain de rester en France », déclarent certaines publications officielles.

travaux les théoriciens de la Révolution nationale. Satisfaite d'avoir évité le pire, ne subissant pas le poids, de jour en jour physiquement et moralement plus insupportable, de la présence allemande, toute une population vit ainsi un rêve éveillé.

Entre les habitants de la « zone nono » et ceux de la zone occupée, existe, pour tout dire, l'opposition classique entre arrière et avant.

D'un côté à l'autre de la ligne de démarcation, la faim reste le seul dénominateur commun.

★

En juin 1940, presque tout un peuple attend du nouveau gouvernement la fin immédiate des hostilités.

Ces soldats qui pensent que « les Boches vont remettre de l'ordre dans la baraque » et qui abandonnent dans les fossés capotes, fusils et canons.

Ces officiers pour qui le salut de la famille, ou des archives, passe avant le salut de la patrie.

Ces civils qui fuient depuis tant de jours et qui, chaque jour, se retrouvent plus pauvres, plus fatigués, plus affamés.

Ces hommes et ces femmes qui composent la France de juin 1940, et que rien n'a préparés à une guerre nouvelle et difficile, n'aspirent qu'à se déchausser et à dormir.

Ils espèrent que le Maréchal — magnifique image d'Epinal — obtiendra d'Hitler une paix de compromis.

Ils admettent de légers sacrifices de liberté imposés par une autorité paternelle. Puisque le drame militaire s'est dénoué en un mois, pourquoi le drame politique ne serait-il pas aussi rapidement réglé ?

Pendant quelques mois, le trouble de la majorité des Français est total. Au début de l'année 1941 encore, les préfets de certains départements, particulièrement touchés par la bataille, notent « l'indifférence amorphe » d'une grande partie de la population.

L'avocat Weil-Curiel, qui est rentré de Londres pour faire de la propagande gaulliste, croise un jour dans son escalier une de ses clientes, infirmière dans un hôpital parisien.

— Comment allez-vous, Madame Duplat ?

— Moi, ça va, mais je trouve, maître, que mon affaire n'avance pas.

— Eh ! sans doute, chère Madame, mais, depuis que je ne vous ai vue, il s'est produit un événement de nature à retarder les choses.

— Un événement ? Quel événement ?

— Quel événement ! La guerre, Madame !

Il y a, en France, des milliers de Mme Duplat qui ne savent que penser des événements, sinon qu'ils contrarient trop souvent leurs intérêts particuliers.

Toujours à la recherche de futurs militants gaullistes, Weil-Curiel s'entend déclarer, à Toulouse, par ses anciens amis socialistes :

— La France a perdu une guerre néfaste ; il faut se serrer autour du Maréchal.

Lorsqu'il dit qu'il arrive tout droit de chez nos alliés britanniques, on l'interrompt :

— Ah ! nos alliés ! En effet, nos alliés ! qui nous ont trahis à Dunkerque, qui nous ont précipités dans la guerre, qui assassinent nos marins et qui veulent affamer nos enfants !

Vox populi.

★

Assommé par la défaite, tout un peuple est ainsi disponible.

Ses guides traditionnels, les prêtres, la presse et la radio répètent à l'envi, on l'a vu, que tant de malheurs sont bénéfiques, qu'il faut les accepter avec résignation et accueillir avec joie un ordre moral, un ordre qui n'épargnera personne, « *ni le gamin qui est laissé sans surveillance courant les rues... ni le mauvais serviteur de l'Etat, fonctionnaire prévaricateur, douanier voleur, agent de police trafiquant de son autorité* (1). »

Par ailleurs, les occupants allemands, à qui l'on a donné des consignes sévères, « *défense d'exhiber sur les voitures des poupées ou des mascottes, défense de fumer en public, défense de montrer des objets de butin* », sont, en général, « corrects ».

Charitables, par pitié ou par politique, en bien des endroits, obséquieux parfois. Les préfets des départements les plus sévèrement occupés signalent encore en novembre 1940 qui n'est pas douteux que « *s'est manifesté chez les autorités occupantes le désir d'établir entre elles et les populations civiles des liens de cordialité. Il est certain que des ordres ont été donnés pour que les troupes ne se départent pas d'une certaine correction... d'une amabilité propre à servir cette propagande de rapprochement* ».

(1) Rapport fait devant les membres de la Xᵉ Région économique par M. Domerc, le 23 juillet 1940, sur « le redressement français ».

Mais après la stupeur et l'engourdissement qui suivent le choc opératoire, voici que les Français, plus ou moins lentement, suivant qu'ils sont, ou non, en zone occupée, se réveillent. Dans l'esprit de beaucoup d'entre eux, Vichy ne représente qu'un expédient, une cure, un cierge devant les dieux allemands de la Victoire. Un régime aussi provisoire que la capitale qu'il a choisie.

Pour Vichy, par contre, pour les hommes qui sont au gouvernement ou à l'ombre du gouvernement, il va s'agir beaucoup moins de passer que de durer. Cette volonté de stabilité, cette volonté de bâtir sur les sables de la défaite aura les plus graves conséquences.

★

Le régime avait été accueilli, en effet, sans défaveur par tout le personnel de la IIIe République. Les politiciens n'opposent, d'abord, aucun obstacle au régime nouveau ; au contraire, ils facilitent sa tâche. Les maires font partout voter des témoignages de respect, des ordres du jour de confiance. Juillet 1940 est le grand mois de l'unanimité française.

C'est à peine si quelques garçons volent des bateaux sur les côtes bretonnes, quelques soldats des avions. Leur départ ne dérange personne.

Le 8 août 1940, il y a, à Londres, « chez de Gaulle », 98 officiers, 113 sous-officiers, 716 hommes de troupe et 1.188 civils en instance d'incorporation ! Pas un homme politique important. Pas un chef militaire connu.

Ceux qui rentrent de Londres, diplomates, membres des missions économiques ou militaires, soldats repliés de Cherbourg et de Brest, sont, certes, beaucoup plus nombreux que ceux qui partent vers la capitale menacée (1). Et comment oublier que, même après les combats de Syrie, 90 % des soldats, 85 % des officiers, rejoindront la France en compagnie du général Dentz ?

Mais un régime neuf peut-il conserver tous les serviteurs du régime précédent ? N'a-t-il pas vocation de satisfaire des ambitions d'autant plus fortes qu'elles auront été longtemps contrariées ? N'a-t-il pas le devoir de récompenser les fidélités à l'aide desquelles il a triomphé ? Darlan, par télégramme signé « Xavier 377 », n'a-t-il pas, notamment, promis aux marins, à qui il annonçait l'ar-

(1) L'amiral Auphan indique que, jusqu'à la fin du mois de décembre 1940, 21.000 hommes de la marine militaire, 2.000 marins du Commerce, 7 à 8.000 hommes de troupe et 200 civils furent rapatriés d'Angleterre.

mistice, que le gouvernement « reconnaissant admirables services rendus par Marine a intention utiliser nombreux personnel à réorganiser pays » ?

Vichy cédera donc aux pressions de ceux qui se disent ses amis. Et ces amis ne représentent qu'une minorité politique dans le pays. Peu à peu, seront évincés des hommes que l'on n'avait, au début, même pas eu besoin de rallier pour les trouver aux côtés du Maréchal.

Or, à travers un homme, c'est toujours une famille que l'on atteint. C'est aussi un groupe social. Une « clientèle » parfois.

En ajoutant maladroitement à l'inévitable (restrictions, pressions allemandes) les fautes provoquées par son sectarisme et par un réalisme à courte vue, en multipliant les coups portés à des Français qui, initialement, n'étaient pas ses adversaires, le gouvernement de Vichy sera l'artisan, non de sa perte qui, ainsi que son salut, dépendait des seuls événements militaires, mais de son rapide déclin politique.

★

Le *Journal Officiel* entreprend, dès l'automne 1940, de publier une longue liste de maires révoqués et des conseils municipaux suspendus (1).

On entre dans la ronde des vengeances de village.

Révoqué, le docteur Lacroix, maire de Narbonne. Roger Stéphane va le voir et il note à la date du 4 octobre 1941 : « *L'amertume le pousse dans mes bras. Pourquoi, diable, le gouvernement s'est-il fait des ennemis d'hommes qui, sinon, l'eussent servi avec toute leur mesquine suffisance ?* » Ce n'est guère aimable, mais c'est bien vu.

Révoqué ce maire lot-et-garonnais que l'on accuse « d'avoir fait preuve de partialité dans la répartition du contingent communal d'essence ». Révoqué le maire de Saint-Georges (Cantal) pour avoir « manifesté de l'hostilité à l'œuvre de redressement national », dissous pour les mêmes raisons les conseils municipaux des Baux (Bouches-du-Rhône) et de Vinça (Pyrénées-Orientales).

A l'*Officiel* du 3 décembre 1940, 30 conseils municipaux sont suspendus, 18 à celui du 24, 19 à celui du 27. Conseils de petites villes (Thuir, Draguignan, La Roche-la-Molière, Brive, Aigues-Mortes) ou de villages, car « l'opération » pour Lyon, Marseille, Toulouse a été faite dès le 20 septembre.

(1) Les deux tiers des maires seront révoqués dans les villes de plus de 10.000 habitants.

La loi du 16 novembre a d'ailleurs placé les conseils municipaux entièrement dans la main des préfets et du ministre de l'Intérieur. Plus d'élection ; le conseil municipal est désigné sur une « liste de présentation », le maire et ses adjoints sont choisis par l'autorité de tutelle (1).

Or, les maires en fonctions n'avaient généralement pas démérité. Dans la partie du territoire envahi, ils avaient même, bien souvent, reconstitué, autour de leur mairie, un embryon d'administration, assuré le ravitaillement, veillé aux prix, fait face aux Allemands. Personnages modestes hissés, par suite des circonstances et du grand vide administratif, au premier plan des responsabilités, ils avaient efficacement rempli une tâche à laquelle ils n'étaient nullement préparés.

Les remplacer pouvait sembler de bonne guerre puisque beaucoup appartenaient à des formations de Front Populaire. C'était cependant une faute psychologique et politique. Et les nouveaux magistrats municipaux paieront lourdement (et bien souvent injustement), à la Libération, le fait d'avoir été placés par le pouvoir seul à la tête des communes françaises.

Entre le peuple et eux, plus aucun lien électif n'existait.

A l'heure des règlements de compte, celui des services rendus devait s'avérer insuffisant.

★

Les syndicats comptent également parmi les premières victimes du nouveau régime.

Au début, la C. G. T. s'efforce, elle aussi, de se mettre « au goût du jour ». Sa commission exécutive, réunie à Toulouse, se hâte de réviser sa charte constitutive.

Mais la Charte du Travail, promulguée le 4 juin 1941, ne ralliera jamais qu'un certain nombre de transfuges, séduits peut-être par ces brochures qui prévoyaient l'organisation du 1er mai 1942 de façon toute militaire (H — 45 m, entrée des assistants dans la salle ; H — 30 m, allocution par le patron ; H audition, debout, du message du Maréchal).

Les syndicats dissous, remplacés par le syndicat unique et obligatoire, Vichy s'attaque à cette autre puissance : la franc-maçonnerie. Puissance occulte et dont on ignore les bornes. Les thuriféraires du régime ont tendance à la rendre responsable, non seulement des maux du passé,

(1) Cette règle est valable pour toutes les communes à l'exception des communes de moins de 2.000 habitants.

mais également des difficultés présentes. Communisme et gaullisme ne sont, affirme-t-on, que les paravents de la maçonnerie. L'abattre, c'est les abattre.

Et, cependant, la franc-maçonnerie a, elle aussi, fait sa soumission. Le 7 août 1940, quelques jours avant la signature du décret de dissolution du Grand Orient, le président Arthur Groussier écrit au maréchal Pétain pour lui signaler que le Grand Orient a décidé d'interrompre ses activités.

Cette preuve de bonne volonté ne suffit pas.

Les occupants, d'ailleurs, à leur tour, entrent dans le jeu.

La première grande « exposition » allemande a la prétention de dévoiler « les secrets de la franc-maçonnerie » et d'illustrer « la fin de Carnaval ». Les Parisiens, qui la visitent, en octobre 1940, sont frappés du peu de notoriété de la plupart des noms cités. Même surprise lorsque paraît, à l'*Officiel*, une liste de fonctionnaires maçons. On trouve, sur les rangs, beaucoup plus de facteurs et de douaniers que de chefs de service de ministère. Il est vrai que les propagandistes se rattrapent en publiant la liste de tous les parlementaires maçons depuis les débuts de la IIIe République !

Cette chasse aux francs-maçons (ils sont 100.000 environ, dont 46.000 cotisants), où l'on cloue au pilori ceux qui ont fait une fausse déclaration, où l'on révoque ceux qui ont été sincères, ne va naturellement pas sans incidents douloureux, sans reniements, sans tragi-comédie.

★

La lutte contre la franc-maçonnerie avait cependant laissé l'opinion généralement indifférente... quand elle ne la satisfaisait pas. La suppression des écoles normales primaires, celles que Pucheu appelait « l'antiséminaire », l'interdiction de certains livres scolaires (1), l'ardente campagne menée contre les instituteurs, jugés responsables directs de l'abaissement du sens moral et patriotique et responsables indirects de la défaite, les révocations de membres de l'enseignement compromis politiquement, n'avaient, en général, ému que les intéressés.

Mais ils souffraient cruellement de se voir dénoncés par les hommes politiques, par Laval :

---

(1) Le *J. O.* du 25 février 1941 publie un décret interdisant notamment *Jean Christophe* de Romain Rolland (cours moyen supérieur) et l'*Histoire de France* de Brossolette (cours moyen). La suppression des écoles normales primaires est du 6 octobre 1940.

— Dans nos écoles, eh oui, dans nos écoles, je le dis sans vouloir passionner le débat, il y a un mot qui était proscrit du vocabulaire : le mot Patrie.

Dénoncés par les militaires qui viennent témoigner à Riom et se plaignent du trop grand nombre d'instituteurs (48 % dans certains corps d'armée) parmi les officiers de réserve.

Dénoncés par certains journalistes, « *la jeunesse de France a été pourrie jusqu'aux moelles par* [*l'*] *enseignement... Il faut de toute urgence porter le fer rouge dans le ministère de l'éducation nationale.* »

Dénoncés par le chef de l'Etat.

— L'Université, dont la mission est d'éclairer les esprits, a pour premier devoir de préserver la foi chez ceux qui l'ont, et d'indiquer à ceux qui ne l'ont pas le prix qu'elle a dans la vie. Si elle ne le fait pas, elle manque à sa tâche.

Ces accusations devaient, certes, contribuer à rassembler beaucoup d'éducateurs dans la lutte contre Vichy, mais les mesures antijuives, dont on a vu plus haut les terribles conséquences, allaient avoir une plus grande répercussion encore. Oubliant qu'il existe de profondes différences entre la police de Vichy et la Gestapo, l'opinion publique devait bientôt confondre dans une même réprobation les deux polices et les deux politiques.

★

Avant la guerre, les Français avaient accueilli de nombreux réfugiés d'Europe centrale.

Avec libéralité, ils leur avaient permis de vivre et de travailler sur leur sol.

Avec sympathie, ils avaient suivi les meetings organisés par les hommes politiques les plus divers (Déat avait participé à l'un d'eux) pour protester « contre les atteintes portées en Allemagne à la dignité de la personne humaine ».

Mais beaucoup de milieux sociaux (armée, commerce, professions libérales) demeuraient, soit par tradition, soit par naturelle réaction de défense, sensibles aux propagandes antisémites.

La lutte antijuive ne recueillit donc pas, au début, toute l'hostilité populaire. Limitée à des mesures mesquines (affiches sur les magasins, interdiction de commercer, brimades contre les juifs étrangers), elle provoqua même, parfois, des commentaires égoïstement favorables... Ils devaient décroître avec le temps et les persécutions.

Certes, au fond même de leur malheur collectif, quelques Juifs provoquent toujours l'envie des nantis et la haine des malheureux. N'ayant rien appris et rien oublié, ceux qui ont pu se regrouper en quelques cantons privilégiés de zone libre suscitent parfois, lorsqu'ils mènent grand train, de regrettables et explicables réactions populaires.

A Megève, où le mousseux coûte 500 francs la bouteille (1), le chef communal de la Légion, le président de l'Association des familles nombreuses, des moniteurs de ski et des hôteliers écrivent, le 14 janvier 1942, à Xavier Vallat pour lui signaler que « *toute une colonie interlope s'est abattue sur Megève, occupant les chalets, accaparant tout : hôtels, terrains et produits agricoles, éblouissant et corrompant la population laborieuse. Juifs, étrangers de toute provenance et de tout acabit, patrons antisociaux, parlementaires en retraite, représentants des trusts hôteliers se disputent la proie et rivalisent dans cette ignoble surenchère.... Sur 30 prisonniers rapatriés et évadés qui se trouvent à Megève actuellement, les trois quarts ne croient plus ni à la Révolution Nationale, ni à la Légion.* »

Les dénonciations ne manquent pas, on l'a vu dans un chapitre précédent, dénonciations de confrères jaloux, de concierges malhonnêtes, de maris trompés. Et avec les dénonciations, plus ou moins anonymes, des particuliers, celles des journaux (*Au Pilori, Je suis Partout*) spécialisés dans l'antisémitisme. Dénonciations de la Légion des Combattants également qui n'hésite pas à faire poser, en octobre 1942, une affiche sur les murs de Luchon, dans laquelle elle demande aux « *ouvriers, paysans, intellectuels, fonctionnaires, rentiers, commerçants* de jeter à la porte les Juifs. *Pensez qu'ils sont 2.500.000 en France non occupée* (2) *venus de tous les points de l'Europe et que, sans eux, vos rations de toute nature seraient plus abondantes et les prix plus abordables pour tous.* »

Mais, de jour en jour, les réprobations que soulèvent les mesures antijuives sont plus puissantes, beaucoup plus puissantes que les approbations.

Beaucoup de Français pourraient reprendre, en effet, à leur compte cette lettre que reçut, le 18 janvier 1943, Darquier de Pellepoix, commissaire général aux questions juives.

(1) Soit en 1990 l'équivalent de 550-570 francs.
(2) En réalité il y a officiellement, à la date du 15 mars 1942, 109.983 Juifs en zone non occupée, dont 50.639 étrangers. Plus de 10 % d'entre eux (12.717) résident dans les Alpes-Maritimes. Ces chiffres qui proviennent du recensement des israélites sont, sans doute aucun, légèrement inférieurs à la réalité.

« Par préjugé, qui n'est qu'une opinion sans jugement, je détestais les juifs sans savoir exactement pourquoi, mais, depuis qu'ils sont lâchement persécutés, je dois vous dire que le mépris a fait place à la plus grande sympathie et que je suis prêt à payer de ma personne pour les défendre, parce que je suis chrétien... »

Le maître mot est prononcé : « Parce que je suis chrétien ». Les chrétiens avaient pu, par intérêt, goût de l'ordre et des traditions, par anticommunisme aussi, soutenir le gouvernement du Maréchal, ils vont s'en séparer brutalement à l'instant des persécutions antisémites.

C'est dans le silence de nos églises de campagne qu'éclatent les lettres « à lire sans commentaires » de l'évêque de Montauban, de l'archevêque de Toulouse, de l'évêque de Marseille, de bien d'autres encore.

« Les juifs sont des hommes, les juives sont des femmes. Tout n'est pas permis contre ces hommes, tout n'est pas permis contre ces femmes, contre ces mères et ces pères de famille. Ils font partie du genre humain. Ils sont nos frères comme tant d'autres. Un chrétien ne peut l'oublier.

Les mesures antisémitiques actuelles sont un mépris de la dignité humaine, une violation des droits les plus sacrés de la personne et de la famille. »

Paroles qui portent loin, qui troublent le modeste auditoire provincial où se pressent tant de légionnaires, mais le dépassent aussi pour atteindre Vichy, et Paris, et Berlin.

A l'intérieur de l'Eglise, la vigilance n'est pas moins vive. Un journal catholique des Basses-Pyrénées publie-t-il un article antijuif, le directeur reçoit de l'archiprêtre de Pau, en septembre 1942, cette vive semonce : *« Il est inadmissible qu'un journal dirigé par des prêtres fasse si bon marché de la conscience chrétienne et de l'honneur de l'Eglise. Vous ne vous étonnerez pas que je soumette pareil scandale à l'appréciation de Monseigneur... »*

★

Lorsqu'ils ne les précèdent pas, les protestants rejoignent les catholiques.

Le 3 août 1942, le pasteur Bertrand a un entretien avec Mgr Beaussart. Des lèvres de l'évêque, il apprend que le cardinal archevêque de Paris a fait faire trois démarches en faveur des juifs auprès des autorités d'occupation. L'intermédiaire, qui a échoué trois fois, a été invité à s'abstenir désormais de toute intervention.

Ces échecs ne découragent que les âmes de peu de foi.

Le 20 août 1942, Marc Boegner, président du Conseil de la Fédération Protestante de France, adresse une lettre bouleversante au maréchal Pétain. Il lui montre les juifs étrangers livrés aux Allemands comme du bétail, les hommes et les enfants privés de ravitaillement, il évoque l'émotion des Eglises de Suisse, de Suède, des Etats-Unis et termine par ce cri, hélas, sans écho : « *Je vous supplie, Monsieur le Maréchal, d'imposer des mesures indispensables pour que la France ne s'inflige pas à elle-même une défaite morale dont le poids serait incalculable* (1). »

★

Mécontents les fonctionnaires révoqués et que ne protège plus aucun statut, les fonctionnaires contre lesquels, devant les parlementaires, Pierre-Etienne Flandin sonne la charge, en juillet 1940 : « *Si la France est tombée si bas, elle le doit peut-être moins à la carence des Assemblées ou aux faiblesses des gouvernements qu'à la corruption totale d'une bureaucratie qui, au fond, ne connaissait plus ses devoirs, qui ne revendiquait plus que ses droits, qui ne servait plus l'État, mais qui se servait elle-même.* »

Mécontents les préfets et les hauts fonctionnaires remplacés par des amiraux, ce qui fera dire plaisamment que Vichy est devenu « la société protectrice des amiraux ».

Mécontents les francs-maçons ; mécontents les instituteurs ; mécontents les juifs.

Mécontents les Alsaciens et les Lorrains : ceux qui, après être revenus dans leurs villes et leurs villages, en juillet 1940, ont été chassés de chez eux par les

(1) Au début, tout au moins, le Maréchal a réagi contre certaines mesures odieuses et mesquines prises par des fonctionnaires trop zélés. Il a également réussi à faire libérer plusieurs juifs anciens combattants arrêtés par les Allemands, mais, bien vite, il s'est trouvé dans l'impuissance d'agir, les Allemands opposant une fin de non recevoir aux requêtes de son cabinet et la législation de Vichy contribuant, de son côté, à la persécution.

En janvier 1941, la tante de l'aspirant Jacques Cohen, chef du cabinet de la Préfecture de la Côte d'Or, écrivit au Maréchal pour protester contre la révocation de son neveu, en application de la loi du 3 décembre 1940 : « M. Peyrouton aurait dû se renseigner avant de prendre cette mesure ; il aurait appris que l'aspirant Jacques Cohen a été tué le 20 mai et inhumé à Abbeville. »

Le Maréchal fit répondre en disant toute son émotion.

Vichy n'aura pas le monopole de cette chasse aux morts. C'est ainsi que la notification adressée au capitaine Carré, à qui Alger reprochait son adhésion au service d'ordre légionnaire, de rejoindre Naples puis l'Afrique pour « démobilisation éventuelle », ne put l'atteindre. Le capitaine Carré venait, en effet, d'être tué en Italie le 30 janvier 1944 à la tête de son unité. Le général de Monsebert rédigea une très belle citation en sa faveur et renvoya aux « épurateurs » le texte de leur notification.

Allemands pour cause de francophilie, jetés dans des wagons avec un léger bagage et dirigés vers la zone libre où nul ne les attend.

Mécontents également ceux qui sont restés en zone non occupée, hésitants, refaisant deux fois, trois fois leurs valises, puis remettant tout en place, ne se décidant pas à repartir vers une Alsace chargée de chaînes, préférant les difficultés de la vie en Dordogne ou en Haute-Garonne, le logement médiocre, la séparation des familles, les querelles d'accent, et parfois de religion, aux certitudes de l'asservissement.

Mécontents beaucoup d'intellectuels, même lorsqu'ils ont déjà changé leur plume de sens et chantent les louanges du nouveau régime.

L'ordre moral, cet ordre moral qui fait interdire la représentation de « Tartuffe », les inquiète. La lettre que la Légion des Alpes-Maritimes adresse à Gide en mai 1941 pour le prier de renoncer à faire une conférence provoque de vives réactions. « *Il est difficilement admissible,* écrit en effet M. de Tissot au nom de la Légion, *à l'heure où le maréchal Pétain veut développer chez la Jeunesse Française l'esprit de sacrifice, de voir monter à la tribune un des hommes qui s'est fait le champion de l'esprit de jouissance.* »

Autour de Gide, Malraux, Roger Martin du Gard, Marcel Achard, Marc Allégret, Stéphane, rassemblés à l'hôtel Ruhl de Nice, élaborent une riposte. Ils rédigent un texte court et, vu de loin, assez plat (1), mais qui n'en soulève pas moins, lorsqu'il est lu publiquement par Gide, des cris de « vive la liberté », « à bas la Légion » (il y aura, paraît-il, 165 démissions le lendemain et le surlendemain) ou encore « que M. Darnand vienne parler sur Henri Michaux à la place de Gide » !

★

Les parlementaires, eux-mêmes, réussissent à retourner en leur faveur une partie de l'opinion.

Ceux qui ont été arrêtés — Reynaud, Mandel, Blum, Daladier, etc. — l'ont été de manière fort peu régulière. Certains d'entre eux sont condamnés avant d'être jugés et cette entorse à toutes les lois ne satisfait nullement une

(1) Dans ces quelques lignes, Gide expliquait en effet que « ceux de la Légion » se méprenaient sur sa personne, son œuvre et son action. Par ailleurs, bien que sa conférence eût été autorisée par la censure, les autorités civiles et militaires, il préférait se taire plutôt que de susciter des querelles entre Français.

opinion publique moins sévère pour les vaincus de 1940 à mesure que la guerre se prolonge.

Les juge-t-on enfin, dans la vieille ville de Riom, l'accusation vole en morceaux sous les coups de boutoir d'un Daladier qui connaît admirablement son dossier, bénéficie de toutes les ressources d'une longue expérience parlementaire et terrorise des généraux qui, face à leur ministre d'hier et peut-être de demain, perdent presque tous la mémoire.

Mitelhauser ne se souvient ni du chiffre des crédits militaires, ni du chiffre des chars, ni du chiffre des canons de D. C. A. !

Besson, membre du Conseil supérieur de la guerre, fait preuve de la même amnésie.

Daladier peut même se permettre le luxe d'une double prophétie. A l'audience du 25 mars 1942, il annonce « certain ultimatum d'un gouvernement étranger dont on parle et qui aurait pour conséquence la suspension du procès (1) ».

Mais, surtout, il lance au général Keller, qui sourit ironiquement à l'évocation des blindés britanniques :

— Vous pouvez vous moquer des Anglais ! Nous verrons, dans dix ou quinze mois, qui rira. On verra si ce sont les mêmes.

Moins de quinze mois plus tard, toute l'Afrique sera évacuée par les Allemands !

Enfin, Daladier ne laisse pas passer une occasion d'attaquer le maréchal Pétain, ministre de la guerre en 1934 et, comme tel, responsable d'importantes réductions de crédits.

Aussi les consignes de censure submergent-elles quotidiennement les rédactions. Cet étrange procès, destiné à l'édification des Français, on s'emploie à en camoufler et à en dénaturer les débats !

Huit consignes générales avant le procès. *Quatre-vingt-neuf* consignes pendant les audiences. Les journaux doivent faire ressortir que les accusés sont responsables « d'avoir manqué aux devoirs de leur charge », ils doivent montrer que « ce procès ne saurait être celui de l'armée », couper toutes les phrases mettant en cause « la gestion du maréchal Pétain en 1934 », ne pas citer le nom du général de Gaulle, « supprimer toute critique du matériel allemand », etc., etc., etc.

(1) Le procès sera suspendu en effet le 14 avril 1942 à la suite des pressions répétées du gouvernement allemand et sans doute au grand soulagement du gouvernement français.

Diffusés par les avocats de la défense, les procès-verbaux intégraux font rapidement leur tour de France et, lorsque le procès sera interrompu, aussi irrégulièrement qu'il avait été entamé, les accusés auront moralement gagné la partie !

★

D'abord vivre. D'abord manger.

Et parce que les Français mangent mal, ils rendent le gouvernement responsable des restrictions, du marché noir, des gaspillages, des prélèvements allemands.

Vichy tente de se défendre en publiant un tract tricolore :

Français !

Ce n'est pas la faute du Maréchal
Si tu souffres
Si tu fais la queue au ravitaillement
Si tu envoies des colis à ton fils prisonnier...

Peine perdue. Il est de plus en plus difficile de rejeter les responsabilités des restrictions sur « les chefs communistes, les chefs socialistes, capitalistes et juifs internationaux ».

Chaque jour la radio anglaise, chaque jour la presse clandestine, chaque jour le chœur des ménagères dénoncent Vichy qui décide des rations et distribue les tickets, les Allemands qui réquisitionnent et expédient vers le Reich le produit de leurs achats comme de leurs pillages.

Avec les mois, le rationnement devient de plus en plus sévère. Quelle arme puissante aux mains des adversaires politiques du régime ! Il est aisé d'exciter les femmes qui stationnent les pieds dans la neige, aisé d'évoquer les enfants malades et sous-alimentés, les ripailles des seigneurs du marché noir, les privilèges des fonctionnaires que les journaux clandestins communistes ne se privent pas de dénoncer.

Dans son numéro d'août 1943, *La Femme Comtoise* appelle ainsi à manifester contre les préfets de Besançon, Vesoul et Belfort qui touchent chacun mensuellement trente jeux de cartes d'alimentation. « *Franc-Comtoises, formez la grande armée des Mères décidées à donner à manger à leurs enfants. En masse, manifestez aux mairies et aux préfectures pour obtenir le pain que réclament vos familles.* »

Le Parti communiste se meut avec virtuosité dans cette lutte pour le ravitaillement. Ne reculant devant aucun

« artifice de style », il édite des tracts annonçant que l'U. R. S. S., pays de l'abondance, peut fournir à la France tout ce qui lui fait défaut : blé, sucre, riz, charbon !...

Enfin, le Parti organise, ou exploite, lorsqu'elles naissent spontanément, les manifestations qui se produisent devant les boutiques vides et dont le déroulement relève de la stratégie de la guerre civile.

★

Rue de Ménilmontant. Il ne fait pas chaud en mars 1941. Dans les voitures des quatre-saisons, vierges de légumes, on trouve quelques petits paquets de bois à 4 fr. 50 le kilo.

Un homme marche. Il se fraie un passage parmi les femmes qui attendent la réouverture des magasins. Il doit descendre souvent de trottoir, contourner les files de vieux et de vieilles qui stationnent, cabas en main, ou font la causette assis sur des pliants. Le voici qui tourne rue des Amandiers. Une rue tout en boutiques. Il note le numéro d'une charcuterie : 121. Il happe des morceaux de conversation où il est question de nouilles, de rutabagas, de privations, de la mine des gosses, de la fatigue des femmes. « Si c'est pas malheureux... malheureux... malheureux. » Allons, celles-là sont disponibles.

Il descend toujours la rue des Amandiers, songeant aux détails de la manifestation proche.

Le voici près de la station de métro *Ménilmontant*. Un homme lui emboîte le pas.

— Alors, tu as les gars ? demande Jean Laffitte.

— Oui, réplique Dumont, le nouveau venu. Mes deux cyclistes seront à 4 heures, avec les tracts, au *Clairon de Ménilmontant* derrière l'église. Quant aux types du service de protection, j'ai pu en avoir neuf. Que faut-il faire ?

— Voilà. Il faut qu'à 4 h. 30 précises, il y ait un lancer de tracts dans la rue des Amandiers. Les gars doivent commencer à jeter de chaque côté du trottoir, juste à la hauteur de la rue de Tlemcen, et continuer ainsi pendant une centaine de mètres en allant vers le Père-Lachaise. Ils devront venir par la rue de Ménilmontant.

Laffitte et Dumont se mettent d'accord sur le rôle de l'équipe de protection qui devra neutraliser pendant dix minutes l'avertisseur de Police-Secours de la rue de Tlemcen. Dumont s'éloigne. Laffitte poursuit sa marche à la rencontre de Marcelle, la responsable des comités féminins pour la région parisienne.

Elle lui prend le bras.

Un couple comme les autres.

Ils chuchotent.

Ils parlent d'avertisseurs, de tracts, des cars de la police qui arriveront difficilement par la rue de Ménilmontant, de femmes qui doivent se rassembler.

— Celles du Nord, murmure Marcelle, débarqueront au métro *Pyrénées*, elles viendront de la rue de la Mare. Celles de l'Ouest, au métro *Belleville* ; elles arriveront par le boulevard. Celles de l'Est, au métro *Nadaud* ; elles viendront par la rue Sorbier. Celles de Paris, au métro *Père-Lachaise* et celles de la région Sud aux deux métros *Couronnes* et *Ménilmontant*. Elles arriveront toutes par les deux extrémités de la rue des Amandiers.

Elles arrivent.

Trois cent cinquante environ, qui se dispersent dans la rue des Amandiers, où deux cyclistes viennent de lancer des tracts. Elles crient : « A manger aux Français... A manger aux Français... A bas le fascisme... A bas Hitler. »

Les clients disent :

— Vous allez vous faire arrêter, vous vous rendez pas compte. Mais cependant, ils ramassent peureusement les tracts.

Sept minutes, dix minutes, douze minutes. Impunie, la manifestation prend de l'importance.

Le premier car de police débouche enfin. Sans beaucoup de vigueur, les agents empoignent quelques femmes qui n'ont guère de peine à redescendre des cars de police. Leurs compagnons hurlent :

— Vous n'avez pas honte d'arrêter une mère de famille qui demande à manger pour ses enfants.

— Si c'est pas malheureux ! Lâchez-la ! Alors, on peut plus dire qu'on a faim.

La manifestation a duré plus de quinze minutes. On en parlera ce soir dans tout le quartier (1).

★

Dans les départements du Nord, c'est sur une grande échelle que les communistes organisent ces manifestations

(1) J'ai emprunté les détails sur la manifestation de la rue des Amandiers au livre de Jean Laffitte : *Ceux qui vivent*.

D'autres manifestations eurent des conclusions tragiques, notamment celle de la rue de Buci au cours de laquelle des agents de police furent tués. Le Tribunal d'Etat prononça plusieurs condamnations à mort contre des manifestants.

où les nombreuses protestations contre le mauvais ravitaillement servent de prétexte à des opérations politiques qui auront leur couronnement en juin 1941.

Les meneurs ne se montrent généralement pas : ce sont les femmes qui se rassemblent devant les mairies, ce sont elles qui, dans le Pas-de-Calais, le 4 juin 1941, forment les piquets de grève, ce sont elles que les Allemands consignent à domicile jusqu'à l'heure du travail, dans le vain espoir de tarir ainsi le recrutement des manifestants.

Car, si les Allemands ont d'abord promis des suppléments de nourriture et de salaires, ils sont vite effrayés par l'ampleur du mouvement de grève qui, après la Belgique, touche la France et fait tache d'huile, gagnant de puits en puits, à Courrière, à Ostricourt, à Carvin, à Liévin, à Bruay. La grève, qui a débuté le mardi 27 mai 1941 dans une fosse des mines de Dourges où, suivant leur cahier de revendications, les ouvriers sont mécontents « des nouvelles méthodes d'exploitation et du manque de ravitaillement », est générale, le 7 juin, c'est-à-dire quarante-huit heures avant la reprise du travail qui s'accomplit sous la pression contradictoire des arrestations (1.800) et des augmentations de salaires (18 francs par jour), ainsi que de rations (1).

★

Autre sujet de sérieux mécontentement : le Service obligatoire du Travail. Il précipite, on l'a vu, les jeunes vers les maquis, mais il décide aussi bien des tièdes et des attentistes à prendre parti.

Les propagandes allemandes et gouvernementales se montrent d'autant plus impuissantes à persuader les Français qu'il est de leur devoir d'aller travailler dans les villes allemandes dévastées par l'aviation anglaise, que l'Eglise prend assez rapidement parti contre le S. T. O.

A Roubaix, à Lille, à Tourcoing, devant des centaines

(1) A. Rossi dans son livre *Psychologie du parti communiste français*, affirme que cette grève des mineurs « n'a pris à aucun moment le caractère d'une lutte contre l'occupant » et que « le fond et le cadre de la grève sont essentiellement économiques » (p. 411). Affirmation excessive. Un extrait d'un rapport du préfet du Nord, en date du 7 juin 1941, extrait publié par la Délégation Française auprès de la Commission d'armistice de Wiesbaden, signale en effet : « De nombreux tracts communistes distribués un peu partout au cours de la nuit (du 4 au 5 juin) incitaient les travailleurs à la grève générale. Ces tracts, comme toujours, invoquaient aussi bien les difficultés de ravitaillement, l'insuffisance des salaires, que la nécessité de se révolter contre le gouvernement de Vichy et l'esclavage allemand. »

de jeunes gens et de jeunes filles, le cardinal Liénart évoque « avec douleur » les absents, « contraints de quitter leur foyer pour aller travailler en Allemagne, sur les côtes ou ailleurs ». Il dénonce le « joug du travail que les autorités occupantes nous imposent, au mépris de la liberté de la personne humaine ». Il délie les jeunes du devoir d'obéissance : « On peut se dérober sans péché au Service obligatoire du Travail. »

Paroles qui valent bien des actes, qui ébranlent tout l'édifice de la propagande allemande et poussent certains collaborateurs à réclamer l'envoi du cardinal Liénart derrière des barbelés !

....

A toutes ces raisons de mécontentement, il s'en ajoute enfin une, capitale : la présence sur notre sol de l'armée et de la police allemandes.

A partir de novembre 1942, lorsque les Allemands occupent toute la zone libre, Vichy n'est plus qu'une petite principauté, semblable à celles que les grandes nations conservent parfois sur leur territoire, pour la seule joie des philatélistes.

Presque plus personne ne se réclame d'un attentisme sans arguments depuis que la flotte est au fond de l'eau, l'Empire aux mains des gaullistes.

Les passions s'exaspèrent. La vérité, pour 40 millions de Français, est une plante qui pousse partout ailleurs que sur le sol de la patrie.

Les familles se déchirent et, par procuration, c'est Londres, Moscou et Berlin, dont les pères et les enfants se font les champions.

Entre les deux camps il n'y a plus ni estime, ni politesse.

Les jours de juillet quarante sont enfuis.

Egalement ceux de l'été quarante et un, lorsque l'on pouvait caresser le rêve d'une France arbitre entre des combattants épuisés.

Chacun va à l'extrême de l'engagement. Les compagnons d'armes de juin 40, ceux qui fuyaient ensemble, dans le même trou, les bombes allemandes, se séparent pour se haïr.

Maquis. Milice.

Les tièdes, les prudents, qui constituent l'immense troupe des indécis, se mettent en mouvement, aspirés, inspirés par l'approche du dénouement.

Voici revenu le temps de la guerre civile.

CHAPITRE XVIII

RÉSISTANCE ET COLLABORATION

La guerre de 1940 n'a pas été seulement la guerre des chars et des avions, mais aussi celle des propagandes.

Il est donc impossible d'étudier l'évolution de l'opinion publique en ignorant la presse chargée de l'informer... même si, rationnés de nouvelles, soupçonnant partout le mensonge, l'hypocrisie, l'omission, les Français doivent chercher ailleurs les informations qui leur font défaut...

★

La presse de zone occupée est presque entièrement sous la coupe des Allemands qui disposent du papier, de l'encre et du plomb, diffusent et supervisent les informations et les photos, distribuent des subventions et finissent par contrôler totalement 49 journaux et périodiques, parmi lesquels on trouve aussi bien des quotidiens politiques (*La France socialiste, Aujourd'hui*) que des hebdomadaires (*Au Pilori*), des journaux de mode (*Le dimanche de la femme*), de cinéma et de bricolage.

Le 27 novembre 1940, le préfet de police Langeron, qui examine les tirages des journaux revenus à Paris quelques jours après l'occupation de la ville et des feuilles nouvelles, nées de la défaite, a cette réflexion justifiée : « *Je jette les yeux sur le relevé mensuel des tirages de la presse. Il reflète un peu les préférences du public et beaucoup le degré de protection des autorités occupantes* (1). »

La pression allemande s'exerce par le truchement des officiers de la Propaganda-Staffel qui ne se cantonnent nullement dans la censure des opérations militaires, mais, en convoquant quotidiennement les représentants des jour-

(1) Voici les principaux tirages parisiens à cette date. *Paris-Soir* (qui a reparu, sous direction allemande le 23 juin, le *Paris-Soir* de Prouvost restant à Lyon), 970.000 exemplaires ; *Le Matin* (qui reparaît le 17 juin), 532.000 ; *L'Œuvre*, 196.000 ; *Aujourd'hui*, 110.000 ; *La France au Travail*, 92.000 ; *Le Cri du Peuple*, 35.000. On le voit, les « anciens » conservent aisément la tête, bien qu'ayant perdu sur les tirages de 1939.

naux, imposent le corps des caractères typographiques dans lequel on imprimera les discours du Führer, l'importance des titres, signalent les livres et les films dont il faut parler et dictent, dans tous les domaines, la vérité officielle : celle de Berlin (1).

★

Penchons-nous maintenant sur la table des officiers de la Propaganda, feuilletons leurs consignes journalières, qui constituent un copieux et fort instructif dictionnaire d'interdictions.

Dans la liste des *quarante-six* consignes alemandes du 18 février 1943, notons, pêle-mêle, qu'il est défendu de parler de l'Alliance Française, de l'Alsace-Lorraine, des Anglo-Saxons (« employer le terme anglo-américains »), des automobiles de la Croix-Rouge Française, des frais d'occupation, de la Jeunesse ouvrière chrétienne, des divergences de vues entre Laval et Doriot, du beau et du mauvais temps.

Il est également interdit (consigne 17) de mentionner, dans les convois funèbres, que le défunt est mort en captivité et « recommandé » « *de ne pas mettre en vedette les jugements et condamnations pour adultères, lorsque la victime est un prisonnier de guerre* ».

Enfin, il y a cette affreuse consigne n° 7, véritable avis de décès de quatre grands pays : « *Ne plus employer les termes Autriche, Pologne, Yougoslavie et Tchécoslovaquie. L'Autriche fait partie de l'Allemagne. Il n'y a plus de Tchécoslovaquie, mais une marche de l'Est. Il n'y a plus de Pologne, mais un gouvernement général. Il n'y a plus de Yougoslavie, mais la Serbie et la Croatie.* »

Le bureau de presse allemand censure les discours du maréchal Pétain (discours du 9 octobre 1940), impose la place des communiqués allemands et italiens, ordonne enfin, dans l'espoir de mieux prendre les Français au piège, de « ne pas grouper les nouvelles de guerre, mais de les mélanger à d'autres nouvelles, de façon à inciter les lecteurs à les lire ».

Plus que toute autre chose au monde, la propagande allemande craint le sous-entendu... dont s'emparerait l'esprit malin des Français.

---

(1) L'organisation de la Propaganda-Staffel est calquée sur celle de l'armée d'occupation. Il existe à Paris une « Oberpropaganda », 52, avenue des Champs-Elysées, les autres régions sont dirigées depuis Saint-Germain-en-Laye, Angers et Dijon. Dans chaque ville importante, on trouve enfin un service de la Propagande.

Le chef de la Propaganda-Staffel d'Orléans, qui lit sur une morasse que « de jeunes vandales ont brisé des lampes électriques », s'écrie :

— Ach non, Monsieur, pas vandales ! Vandales, ce sont nos grands-parents.

Et, le 27 avril 1943, la consigne devient officielle : « Ne plus employer le terme « vandalisme » en parlant des destructions, afin d'éviter de rappeler les Vandales, ancêtres des Germains ».

Même méfiance, au moment de la campagne pour la livraison des métaux non ferreux. Le lieutenant Dornemann, qui dirige la Propaganda-Staffel de Bordeaux, signale « qu'il faut éviter les slogans qui prêtent à confusion, tels que : « Donnez des métaux afin de préparer des produits utiles à l'agriculture, comme l'arséniate de plomb qui tue le doryphore... car le doryphore dévore les pommes de terre » (1).

★

Et en face ? Que se passe-t-il en face, dans cette zone que les Allemands défendent (consigne du 7 décembre 1940) d'appeler « zone libre » parce qu'à leurs yeux elle n'est que « la zone non occupée » ?

Certes, les journaux de « la zone non occupée » ont le droit de publier les communiqués anglais (2), le devoir de reproduire *in extenso* les discours du Maréchal, ils peuvent louvoyer, garder leurs distances vis-à-vis du vainqueur, jouer un jeu tout en demi-teintes, en phrases à double ou triple sens, publier des pages littéraires et des chroniques médicales à la place d'éditoriaux, il n'en reste pas moins qu'ils sont étroitement surveillés par des censeurs français que leur passé n'a presque jamais préparés à cette tâche subtile.

Recrutés parmi d'anciens officiers, ou des marins frais débarqués, ces hommes, parfois courageux dans la guerre, sont toujours timorés dans la paix.

Et les bandelettes qui garottent la presse de zone libre, pour être françaises, n'en sont pas moins insupportables.

(1) On sait que les soldats allemands, à cause de leur appétit et notamment de leur amour des pommes de terre, étaient communément comparés à des doryphores.

(2) Quelques mois après l'occupation de la zone libre, cette publication sera interdite et des tartuffes fabriqueront la consigne suivante : « Les commentaires des opérations sont autorisés, mais ils devront être d'une stricte objectivité et ne jamais présenter un caractère hostile aux puissances occupantes et à leurs alliés »

★

Le but premier de la censure est d'empêcher que la presse ne gêne les bons rapports franco-allemands. On impose donc silence sur les difficultés qui se multiplient entre Berlin et Vichy. Silence sur l'Alsace et sur la Lorraine : « *Interdire toute information de quelque nature que ce soit à propos des mesures prises par les autorités occupantes à l'égard des Alsaciens-Lorrains* (1). »

Silence sur les péripéties de la guerre lorsqu'elles sont en faveur des alliés : « *Les chefs de censure veilleront à ce que les journaux n'insinuent pas que le temps travaille pour les Anglo-Saxons et qu'ils évitent les considérations trop nettes sur la durée éventuelle de la guerre.* »

Comme en zone occupée, les journaux devront reproduire certaines dépêches, mettre en valeur certaines phrases favorables à la collaboration. C'est ainsi qu'après une conférence du professeur Grim « *les journaux devront citer obligatoirement les paroles suivantes prononcées par le président Laval lorsque le chef du gouvernement a reçu le professeur Grim :*

« *J'aime la France et j'aime la paix. Vous aimez l'Allemagne et vous voulez que la paix règne entre nous. Si nous réussissons — et nous réussirons —, la jeunesse de nos deux pays, plus tard, nous sera reconnaissante et les mères nous béniront.* »

Le membre de phrase « les mères nous béniront » devra figurer obligatoirement dans le titre. »

Enfin, les censeurs s'instituent gardiens de « l'ordre moral », vestales du culte Pétain. Lorsque l'amiral Darlan reçoit les préfets à Vichy, la censure interdit d'employer le mot « banquet » et prie les journaux de signaler que « les tickets réglementaires ont été réclamés » !...

Lorsqu'un scandale éclate, elle l'étouffe. Les journaux ne devront rien dire « de l'affaire du Secours National d'Auch » où, hélas ! cigarettes, biscuits, chocolat et sucre destinés aux prisonniers ne quittaient pas la ville...

Malheur à qui n'observe pas scrupuleusement les consignes écrites et ces « consignes d'intention » aussi mouvantes, imprécises et subtiles que la politique qui les inspire.

---

(1) Consigne du 5 janvier 1942. Mais il est vrai que la consigne 26, en date du 1er juin 1943, indique que « les cartes de France et de l'Empire ne doivent, en aucun cas, être amputées des territoires qu'elles comportaient en 1939 ».

Henry Bordeaux, malgré son conformisme, attire sur *Le Petit Journal* les foudres de la censure pour avoir fait, à contretemps, l'éloge du général Giraud et du capitaine de Bournazel. Maurras, parlant de Lucien Rebatet, est obligé de remplacer le mot « fripouille » par « gribouille ». *Paris-Soir* est condamné à imprimer en aussi gros caractères articles imposés et articles non politiques.

Chaque jour, entre Vichy et Lyon, où la plupart des journaux se sont regroupés dans de pitoyables conditions matérielles, il y a ainsi des tragédies de poche, des drames dans un verre d'eau, d'interminables discussions téléphoniques au cours desquelles la rouerie des uns cherche à vaincre l'entêtement et la pusillanimité des autres.

Cette censure à la tâche impossible permet tout de même à la presse de zone libre d'être assez différente de la presse de zone occupée pour que les Allemands en interdisent le passage à la ligne de démarcation.

★

Puisque le temps supprime creux et bosses de l'histoire, on pourrait croire à une sorte d'uniformité de la presse française pendant l'occupation.

Malgré les informations interdites et les informations imposées, le contrôle permanent de la censure, la partialité des agences de presse, il n'en est rien.

Face à la collaboration, à la guerre germano-russe, le ton, d'un journal à l'autre, passe de l'enthousiasme et de la frénésie (*l'Œuvre, Aujourd'hui, Je suis Partout*), à l'assentiment plus ou moins guindé, à la réticence plus ou moins avouée. Pour certain rédacteur en chef du *Petit Parisien,* dont *Je suis Partout* écrira fort sérieusement « qu'il possède un assez joli titre de gloire, celui d'être le premier journaliste français qui se soit fait traiter d' « hitlérien », combien d'autres luttent, rusent, minimisent !

Cela est vrai dans beaucoup de journaux des provinces occupées qui reproduiraient, s'ils l'osaient, le texte par lequel *Le Petit Havre* rend compte, en 1941, de l'anniversaire d'Hitler.

Ces quelques lignes définissent assez exactement la position attentiste de beaucoup de journalistes de province, non seulement sur cet événement en particulier, mais sur les événements en général. « *Pour nous, qui nous sommes imposé une obligation de n'être actuellement qu'un organe d'information et n'entendons nous mêler, dans l'état pré-*

sent des choses, à aucune politique intérieure et extérieure, nous laissons à chacun sa liberté de juger et nous voulons, en toute objectivité, ne retenir actuellement qu'un fait : Adolphe Hitler est né en 1889 *à Braunau, en Basse-Autriche, et c'est aujourd'hui son anniversaire* (1). »

★

Les différences sont encore plus sensibles si l'on compare attentivement presse de Paris et presse de Vichy.

M. Dupont, de Paris, achète *Paris-Soir* le 25 juin 1942. Il paye son journal (une seule feuille) un franc. La première page est, à 80 %, consacrée aux événements militaires ou à l'Allemagne. Sur deux colonnes en tête, le journal annonce « *le désastre de Libye. En vingt-six jours de combat, les Anglais ont perdu plus de* 100.000 *hommes* ». D'autres titres célèbrent les succès des sous-marins allemands et la fin de la résistance soviétique dans le secteur nord de Sébastopol. Un « pavé » incite les lecteurs à composer « la chanson de route de la Légion Tricolore » et à envoyer leurs œuvres à *Paris-Soir.* Rudy Cantel commence un reportage sur les ouvriers français travaillant en Allemagne ; l'éditorial consacré au deuxième anniversaire de la signature de l'armistice évoque « les deux années perdues » par la faute de Vichy.

M. Dupont, de Paris, lit la seconde page. Encore des opérations militaires, un billet de René Martel sur les volontaires de la Légion, quelques petites nouvelles sportives, la liste des spectacles, le feuilleton, le tableau de la Bourse, trois douzaines de petites annonces et « le carnet de la ménagère ». Un seul fait divers.

M. Dupont, de Lyon, achète le même jour *Paris-Soir,* édition de Lyon. Un franc. Une feuille. Le journal (qui est, lui, le véritable *Paris-Soir,* replié en juin 1940) s'efforce de ruser, d'éviter les affirmations excessives. La rédaction des titres fournit des indices intéressants. M. Dupont, de Lyon, apprend ainsi qu' « au sud de Sébastopol, la pression germano-roumaine croît d'heure en heure ». Le « désastre anglais » en Libye, annoncé à grands cris à Paris, est camouflé sous le titre suivant : « Les troupes de l'axe vont-elles attaquer l'oasis de Djaraboub ? » Les commentaires militaires d'Henry Bidou sont réticents et mesurés. M. Dupont, de Lyon, est choqué cependant par l'importance donnée à la réception du professeur Grim par le prési-

(1) D'ordre des Allemands, l'auteur de ce courageux billet fut immédiatement licencié.

dent Laval. Mais il ne sait pas que l'article et son titre ont été imposés — on l'a vu — par la censure.

Deuxième page. M. Dupont, de Lyon, lit avec satisfaction une colonne d'échos politico-militaires où le rédacteur laisse prévoir toute l'importance future de l'intervention américaine. Il hausse les épaules en voyant que « les pêcheurs du Rhône ramènent des esturgeons dans leurs filets ». Ce n'est pas pour moi, songe-t-il. Et il a raison. Comme dans le *Paris-Soir* pro-allemand, cinémas, feuilletons, annonces classées, bourse. Un seul fait divers.

Dans la presse de Vichy, comme dans celle de Paris crimes passionnels et hold-up n'ont plus droit de cité.

★

Les restrictions de papier, dont les attributions sont entre les mains allemandes, l'occupation de la zone libre où les deux censures se superposent désormais, les défaites nazies, qui entraînent un raidissement de la censure, la mise en place, un peu partout, de journalistes dévoués à la collaboration ou l'élimination de ceux qui prétendent briser le flot de la propagande par des astuces de mise en page ou par la multiplication des chroniques historiques entraînent cependant, d'année en année, un amaigrissement et un alignement de la presse.

Même en juillet 1944, l'alignement sur les ultras de la collaboration sera cependant loin d'être achevé partout, mais existe-t-il beaucoup de Français pour s'intéresser encore à cette presse monotone, plate et rationnée ?

A l'exception de certains hebdomadaires — pâture de convaincus — et notamment de *Je suis Partout*, feuille techniquement bien faite, dont les collaborateurs ne manquent certes pas de talent, mais sont entraînés souvent par anticommuniste, antigaullisme, antisémitisme aux plus viles délations, à l'exception de quelques quotidiens où écrivent des éditorialistes passionnés et traqués, les journaux ne sont plus lus que par habitude et leur tirage s'effondre au cours des années (1).

On ne croit plus « ce qui est écrit dans le journal » et d'ailleurs beaucoup de bonnes gens ont pris l'habitude de dire à leur marchand :

« Donnez-moi le menteur », ce qui est une façon comme

(1) Le contingentement contribua d'ailleurs à cette diminution de tirage. Mais *Paris-Soir*, par exemple, passe de 970.000 exemplaires en novembre 1940 à 700.000 en juillet 1941, puis à 300.000 (contingentement) en juillet 1942.

une autre de montrer que personne n'est dupe de ces feuilles aux nouvelles périmées, fausses ou dirigées (1).

Alors que se déroule la plus grande guerre de l'histoire, la rubrique la plus lue n'est pas celle des opérations militaires, car tous les Français en savent, sur ce point, bien davantage que leur journal, mais celle du ravitaillement.

Apprendre que l'on obtiendra 250 grammes de pâtes alimentaires contre remise du ticket-lettre DO de la feuille de denrées diverses d'avril, que les conserves de volailles sont débloquées, que le ticket GA donne droit à 25 grammes d'huile, voilà qui importe davantage que les élucubrations des stratèges en chambre qui veulent, en juillet 1944, prouver l'invincibilité de l'armée allemande, comme ils avaient prouvé, en juin 1940, l'invincibilité de l'armée française.

Si l'on veut connaître la vérité, on peut toujours tenter de se procurer, au marché noir, quelque exemplaire du *Journal de Genève,* qui se vendra jusqu'à 100 francs en 1943.

Si l'on souhaite vibrer patriotiquement, il faut lire ces journaux clandestins qui circulent mystérieusement, ces tracts jetés par des cyclistes pressés ou par des avions.

★

Ephémère, ce qui est normal lorsque l'on songe à tous les périls qui la menacent, localisée surtout à la zone non occupée (2), enfantée par de toutes petites équipes qui écrivent, éditent, transportent, se dispersent ou sont dispersées, et dont les tentatives journalistiques ont parfois un côté estudiantin, la presse clandestine n'en jouera pas moins un rôle considérable dans l'évolution de l'opinion publique.

De ces milliers de graines jetées, quelques-unes germent, quelques autres grandissent. Mais le départ est toujours parfaitement humble : polycopie ou machine à écrire.

---

(1) Un rapport adressé à Vichy, en 1943, signalait que la propagande par voie de presse se révélait le plus souvent comme inefficace :

« 1. Parce que la majorité du public estime que la presse est tendancieuse, jugulée et orientée par l'occupant et que, par conséquent, elle doit être considérée comme nulle et non avenue.

« 2. — Parce que beaucoup de gens, déjà dressés contre le gouvernement, voient en elle un organe gouvernemental. »

(2) Où le danger est moindre, ce qui facilite bien des choses par exemple lorsqu'il s'agit de se procurer du plomb, de l'encre, parfois du papier. D'autre part, certains journaux de zone libre *Le Progrès de Lyon,* par exemple, « fournissent » à la presse clandestine beaucoup de ses rédacteurs.

L'arrivée (l'arrivée en 1944 sur les presses des anciens journaux) dépendra de la chance beaucoup plus que du talent.

L'important, dans cette affaire-là, ce n'est pas de bien écrire, mais de passer à travers les filets policiers. C'est si vrai qu'en janvier 1942 *Franc-Tireur* porte, en sous-titre, « Mensuel dans la mesure du possible et par la grâce de la police du Maréchal ».

Au début, pas d'argent. *Franc-Tireur* est « fondé » à Lyon avec 10.000 francs en caisse. Frenay dispose de moins encore lorsqu'il crée les *Petites Ailes*. Et ce n'est pas la seule difficulté. Bertie Albrecht, la secrétaire de Frenay, veut-elle passer du stade de la machine à écrire à celui de la ronéo, il lui faut acheter pour 2.000 francs une machine d'occasion car, pour s'en procurer une neuve, une déclaration à la police serait obligatoire.

De quelques dizaines d'exemplaires, les *Petites Ailes* passent alors à 500. Si l'on découvre un imprimeur, on a franchi une importante étape et le tirage bondit de 500 à 5.000 ; mais les risques sont immenses.

Des journaux meurent. D'autres grandissent, ont presque de véritables équipes rédactionnelles, des services de diffusion, des problèmes à la fois comparables à ceux de tous les journaux et autrement ardus. Lorsque les *Petites Ailes* ont pris le titre *Combat* (novembre 1941), le journal comprend un directeur, Frenay ; deux éditorialistes, Georges Bidault et Claude Bourdet ; un rédacteur en chef, Cerf-Ferrière, puis Pascal Pia ; une secrétaire de rédaction, Jacqueline Bernard ; des services d'impression et de diffusion qui n'ont plus à s'occuper des deux cents ou trois cents exemplaires du début, mais, en 1943, au cinquantième numéro, de 50.000, en 1944 de 100.000. Par mois, bien entendu (1).

★

Le journal clandestin ne propose pas des informations, mais des mots d'ordre, des slogans, il donne à tout un immense public — car on se le passe de main en main sans le détruire — des piqûres d'orgueil, de haine, de patriotisme.

Entre les diffuseurs comme entre les lecteurs, s'établit une confusion admirable. Le catholique reçoit l'*Humanité* et le communiste diffuse les *Cahiers du Témoignage Chré-*

(1) *Combat* aura cinquante-huit numéros de décembre 1941 à la Libération. D'autres clandestins, dont le tirage a été évalué à 300.000, sortiront mensuellement sur les presses de *Combat*.

tien ; on recopie et on médite les slogans que répandent des feuilles dont on ne connaît ni les rédacteurs ni les imprimeurs, mais seulement la volonté de résistance.

« *Vivre dans la défaite, c'est mourir tous les jours* », la phrase de Napoléon se trouve en épigraphe des *Petites Ailes.* « *Un peuple n'est vaincu que lorsqu'il a accepté de l'être.* » *Foch,* en épigraphe de *Liberté.* « *Dans la guerre comme dans la paix, le dernier mot est à ceux qui ne se rendent jamais. Clemenceau* », en épigraphe de *Combat.*

★

A côté des journaux clandestins, plus faciles à fabriquer et à diffuser, les tracts, de typographie médiocre, de toute origine, mais que l'on découvre partout en zone occupée, sur les bancs du métro, dans les jardins de banlieue, collés sur les murs des maisons où concierges, propriétaires et locataires sont invités par la police à les faire disparaître immédiatement.

Un collaborateur de *Je suis Partout* a imaginé de suivre, une nuit, à la trace, un diffuseur gaulliste. Voici le reportage du journaliste-policier Henry de Brillouet :

« *Il est 22 h. 30. Les rues de cette ville de grande banlieue, dans laquelle j'enquête, sont calmes et sombres. Parfois, passe à toute allure une voiture ou un side-car de la Wehrmacht.*

L'homme que je file se promène tranquillement, les mains dans les poches, longeant les maisons avec l'air le plus innocent du monde. Mais, à chaque fois qu'il arrive devant une porte, il s'arrête, regarde rapidement à droite, puis à gauche, et tire rapidement de sa poche un morceau de papier, qu'il glisse dans la boîte aux lettres. Puis il reprend sa promenade innocente, tandis que je le suis, me glissant de porte en porte, d'arbre en arbre...

L'idéal assurément, ce serait de pouvoir m'emparer d'un de ces tracts — car ce sont des tracts que l'homme que je file met dans des boîtes aux lettres et l'homme est un militant gaulliste — afin d'en connaître le texte. Et l'idéal serait d'accoster l'homme sous un prétexte quelconque (et même sans prétexte du tout) et de le faire parler...

Continuons notre filature... Ah ! le voici qui tourne dans une rue, de sorte que j'échappe à sa vue comme il échappe à la mienne. Profitons-en. Je m'approche d'une porte. Ce qu'il faut, c'est que le tract soit mal enfoncé dans la boîte afin que je puisse le saisir. Ici rien. Ah ! voici... Je prends rapidement le tract, le déplie et le parcours, à la lueur de ma lampe de poche. C'est naturellement un appel qui voudrait être vibrant à la révolte contre les troupes d'occupation et contre le gouvernement du Maréchal.

Reprenons la poursuite. En quelques pas, je parviens au coin de la rue dans laquelle mon homme a disparu et je l'aperçois qui continue son travail à une centaine de mètres de moi. Il m'entend et prend un air dégagé, l'air du promeneur solitaire qui prend le frais en attendant d'aller savourer un repos bien gagné...

Je m'approche et, lorsque je suis tout près de lui, je murmure :

— Verdun.

C'est le mot de passe des gaullistes pour cette semaine.

Le visage de l'homme s'éclaire. Il a 25 ans environ et l'air d'un bureaucrate, d'un fonctionnaire. Il me dit :

— C'est vous, le nouveau, qui êtes envoyé par Audoux.

— Oui.

— Alors, voici des tracts et de la craie. Faites la rue Gambetta et la rue des Marchés et n'oubliez pas les V et les croix de Lorraine sur les murs partout où vous pourrez.

— Entendu.

— Et attention aux patrouilles. Ne tombez pas dans les pattes des Fridolins.

— Vous pensez... Je vais faire attention.

Nous nous séparons avec la poignée de mains des conjurés... Bien entendu, je profite du plus proche égout pour y précipiter les tracts et même l'innocente craie. »

★

En vérité, journaux et tracts clandestins seraient, au début, impuissants à lutter seuls contre la propagande des Allemands, de la presse de collaboration, de Vichy.

A cette propagande quotidienne s'oppose la contre-propagande quotidienne de la radio anglaise dont se nourrit, dont s'abreuve jusqu'à l'ivresse, jusqu'à l'abandon de tout sens critique, une foule considérable.

Les heures des émissions françaises de la B. B. C. (12 h. 30 et 21 h. 15 notamment) provoquent presque partout rassemblement familial et amical. Malgré les défaillances des moyens de transport, on se hâte pour être à l'heure de Londres. Une « histoire drôle » le prouve :

« *Vous savez ce qui s'est passé l'autre soir, près du Luxembourg ?* demande un des interlocuteurs. *Il était* 21 *h.* 20. *Un juif a tué un soldat allemand, l'a éventré et lui a mangé le cœur.*

— Impossible ! Triplement impossible ! Un Allemand n'a pas de cœur. Un juif ne mange pas de porc. Et, à 21 h. 20, tout le monde écoute la radio anglaise. »

C'est vrai. Tout le monde écoute la radio anglaise. Alors, toutes conversations arrêtées, cœurs battants, penchés autour du poste, tendus vers cette voix lointaine que les brouillages allemands rendent presque inaudible, mais qui émerge cependant de l'insupportable bruit de fond, à portée de la main une carte des batailles, les Français se livrent aux joies sincères de la stratégie en chambre et aux espoirs fous de libération.

C'est un hebdomadaire collaborationniste, *La Gerbe*, qui a le mieux décrit peut-être la fièvre qui, à l'heure des *Français parlent aux Français* saisit presque toute la population.

« *— La radio anglaise !*

Tout le monde aussitôt se tait. Nous sommes dix à table mais toutes les conversations s'arrêtent. Seul un jeune homme qui n'a pas entendu continue à parler, penché vers sa voisine. Le maître de la maison, qui s'est levé pour tourner les boutons de son poste, le rappelle fermement à l'ordre :

— Voyons, mon cher, c'est l'heure de la radio anglaise.

Le jeune homme rougit, baisse le nez dans son assiette. Plus un bruit. Le maître d'hôtel se tient au garde-à-vous. Tournés tous vers le cadre lumineux de l'appareil, nous attendons la voix de Londres.

Je regarde les convives autour de moi. Tous, l'an passé, se sont enfuis. Concours de vitesse et concours d'égoïsmes... Mais, aujourd'hui, il n'y a pas plus braves que mes compagnons. Bien attablés, sirotant leur calvados, digérant un excellent gigot du marché noir, ils n'ont plus peur de rien : ils sont des héros, pensez donc, ils écoutent Londres. »

Changement de décor :

« *Dans un petit café de Ménilmontant, des hommes discutent autour du comptoir... Soudain, l'un d'eux jette un coup d'œil à la pendule et s'approche de l'appareil de T. S. F.*

— Vous permettez, patron ? C'est pour avoir Londres.

Autour de lui, on s'esclaffe, on se congratule.

— Ah ! il n'a pas froid aux yeux, celui-là ! »

Le journaliste a tort de se moquer des « braves auditeurs ».

Tous les Français qui « prennent » Londres ne sont pas des fuyards de juin 1940. Et certains deviendront des héros

Il n'y a certes guère d'héroïsme à écouter la B. B. C. — encore que les Allemands punissent sévèrement les auditeurs pris sur le fait (1) — mais l'écoute quotidienne transforme l'auditeur passif en partisan actif.

On répète les slogans, on suit les consignes lancées par le général de Gaulle et ses porte-parole, on cherche à percer le mystère des « messages personnels » et, peu à peu, on se retrouve plongé dans l'action directe.

Ayant retourné contre les Allemands l'arme de la guerre psychologique, les Anglais s'en servent avec maîtrise. Pendant deux ans, c'est sur le front de la propagande qu'ils remportent leurs seules victoires. Persuadés de l'importance de la radio, ils lancent sur la France occupée un tract qui donne, non seulement toutes les heures des émissions en langue française (il y en a douze par jour), mais également des conseils de prudence aux sans-filistes, invités à remplacer l'antenne extérieure par un branchement sur un tuyau de gaz ou d'eau et à conserver soigneusement camouflé un poste non déclaré à la police.

Ce tract prend place dans la masse des tracts et « papillons » de toute origine, diffusés pendant des années et qui permettent de mieux connaître encore les soucis de la vie quotidienne, puisque les rédacteurs de tracts se doivent d'être psychologues.

★

Tracts gaullistes — le premier apparaît le 3 octobre 1940 (2) — d'abord sommaires mais qui prennent bientôt, sur le mode ironique, le contre-pied de la propagande vichyssoise.

Philippe Henriot fait-il un discours public à Lyon, les mouvements de résistance diffusent immédiatement ce tract moqueur : « *En exclusivité, les tournées Laval présentent le grand fantaisiste de la Radio Nationale, Philippe Henriot, dans un numéro étourdissant de fou rire. Une seule représentation.* »

La profession de foi de Clausewitz en 1812 : « *Je me refuse... à espérer puérilement conjurer la colère du tyran*

(1) Les Allemands punissent. Les Français aussi. En novembre 1941, la Cour d'appel d'Aix-en-Provence condamne quatre auditeurs de radio anglaise à des peines de quinze jours à trois mois de prison ; à Bordeaux, le P. P. F. distribue des tracts de menace dans les boîtes aux lettres dans l'espoir d'inquiéter les auditeurs de Londres.

(2) Tout au moins d'après le préfet de police Roger Langeron que l'on imagine bien renseigné. Collé sur les murs de Paris, il était ainsi rédigé : « Français, ralliez-vous au mouvement de la France Libre. Vive de Gaulle ! ».

en désarmant volontairement... Je crois et je confesse qu'un peuple n'a rien de plus haut à respecter que la dignité et la liberté de son existence », est polycopiée à des milliers d'exemplaires.

Les victoires de l'armée grecque font fleurir des petits papillons vengeurs : « Si vous voulez visiter l'Italie, engagez-vous dans l'armée grecque. »

Enfin, le slogan de Vichy est ainsi dénaturé : « Travail : Introuvable. Famille : Dispersée. Patrie : Humiliée. » Le même slogan interprété par les communistes devient : « Travail : Forcé. Patrie : Vendue. 200 Familles », et l'on pourrait, en comparant les deux formules, se livrer à une instructive étude sur le dynamisme respectif, le recrutement, le public, des gaullistes et des communistes au début de l'année 1941 (1).

Tracts communistes qui, d'abord, attaquent presque uniquement Vichy et ne critiqueront vigoureusement les Allemands qu'après l'entrée en guerre contre la Russie. Edités en série, d'après des modèles fournis aux cadres (2), ces tracts sont intelligemment orientés vers les problèmes les plus angoissants de l'heure : responsabilité de la défaite, chômage, ravitaillement, prisonniers.

Au peuple de Paris, mal remis de l'exode et de la défaite, les communistes affirment qu'ils n'ont été pour rien dans la guerre. Aux Français coupés de Vichy par la ligne de démarcation, le Parti propose : « Thorez au pouvoir : tel est le cri du peuple de France », ou encore : « Ni Londres, ni Berlin. La France aux Français ! Thorez au pouvoir. »

Sur les marchés vides, dans les queues qui se forment le long des boutiques, des femmes abandonnent des tracts dont le texte est stupéfiant pour qui conserve encore son sang-froid. Mais « ventre affamé n'a point d'oreilles ». Le parti communiste peut donc présenter aux ménagères l'U. R. S. S. comme « le seul pays en Europe où il n'y a ni manque de produits alimentaires ni cartes de rationnement ». Il peut lancer impunément, en octobre 1940, des tracts réclamant un pacte commercial avec la Russie « seul moyen d'éviter la diminution de la ration de pain ».

Dans un peuple qui n'a plus faim de vérité, mais de formules et d'espoir, nul ne s'inquiète de la vérité des formules.

Radio anglaise, journaux et tracts clandestins seront

(1) Le slogan gaulliste date de décembre 1940, le communiste de mai 1941.

(2) D'après Pierre Nicolle, *cent mille tracts quotidiens* seraient diffusés en zone occupée par les communistes en octobre 1940.

donc à l'origine de ces « manifestations silencieuses » par lesquelles, principalement en zone occupée, s'exprime tout d'abord l'esprit de résistance. Grâce à eux l'on connaît les consignes, les heures et les lieux de rendez-vous de ces journées qui ont pour prétexte un anniversaire glorieux : 14 juillet, 11 novembre ; une fête populaire : 1er janvier, 1er mai.

14 juillet 1941 où Françaises et Français, avec précision, avec patience, cherchent à composer une harmonie tricolore. Les hommes ont moins de moyens que les femmes. Ils arborent des pochettes, des rubans, de minuscules bouquets à la boutonnière. Mais leurs compagnes, qui se promènent lentement sous les yeux indulgents des gardiens de la paix, sous les regards irrités des Allemands, étalent, avec orgueil, leurs robes de patriotes : « *Jamais les gens ne s'étaient regardés avec tant de soin,* écrit Jean Guehenno, retour d'une promenade dans Paris. *Chacun travaillait à reconnaître les inventions des autres. Les souliers bleus, les bas blancs, la robe rouge de l'une, la veste rouge, le sac bleu, les gants blancs de l'autre. Que d'efforts dérisoires, mais non pas perdus après tout. Cette attention des uns aux autres finissait par créer la joie d'une communion.* »

A Gisors, une jeune fille est ceinte d'une écharpe tricolore, un jeune garçon a coiffé un chapeau de paille peint aux couleurs nationales. Exemple entre cent mille autres.

En juillet 1942, ces manifestations se renouvellent ; elles ont plus d'ampleur encore et iront croissant jusqu'en 1944 où, près de Paris, deux cents personnes chantant la *Marseillaise* vont se recueillir, dans le cimetière d'Ivry, sur le carré des fusillés, tandis qu'à Gentilly, à Vitry, à Chevreuse, à Aulnay-sous-Bois, à Meudon, dans vingt communes de banlieue encore, des fleurs sont déposées devant les monuments aux morts par des manifestants armés parfois de mitraillettes.

A Bourg-d'Oisans enfin et dans d'autres villages momentanément délivrés par le maquis, la fête nationale est célébrée librement, la cérémonie aux monuments aux morts s'accompagnant de défilés et de discours.

★

La première manifestation populaire antiallemande d'importance a lieu à Paris le 11 novembre 1940.

Manifestation d'étudiants, qui défilent sur les Champs-Elysées en criant : « Vive de Gaulle », et que les Allemands dispersent rapidement en tirant quelques coups de mitraillettes dirigés vers le sol et qui ne feront aucun mort (1).

Manifestation dont la propagande s'empare et dont le retentissement sera énorme. La radio anglaise annonce onze morts, chiffre qu'adopte immédiatement la France entière. Irrités, les Allemands adressent au préfet de police une note interdisant les cours dans toutes les facultés, ordonnant le retour en province des étudiants qui ne possèdent pas un domicile familial à Paris, exigeant que tous les étudiants se présentent quotidiennement aux commissariats de police.

Tandis que les étudiants parisiens font circuler des mots d'ordre de rassemblement pour le 11 novembre 1940, Christian de Mondragon et Michel Dabat, deux étudiants nantais, réussissent l'ascension de la cathédrale Saint-Pierre. De Mondragon attache au paratonnerre un drapeau tricolore dont il découpe un petit morceau d'étoffe rouge qu'une fois arrivé au sol il partagera avec Dabat (2).

Pour un autre 11 novembre, l'avocat Weil-Curiel dépose, dans la nuit, devant la statue de Clemenceau, une gerbe accompagnée d'une gigantesque carte de visite d'un mètre de long, en carton blanc, entourée d'un ruban tricolore et portant ces mots : « Le général de Gaulle. »

Dans la journée, Weil-Curiel effectue un pèlerinage devant la statue qu'il n'a pas eu, on s'en doute, le temps d'observer, lorsque, nerveux, pressé, guettant l'avenue silencieuse et la porte éclairée d'un commissariat voisin, il se hâtait de déposer les fleurs. La carte de visite a naturellement été enlevée (un photographe complice en a cependant pris l'image de bon matin), mais *sa* gerbe est toujours là, entourée de petits bouquets tricolores que les marchandes ambulantes, aussi astucieuses que ces musiciens qui jouent la *Marseillaise* dans le métro, ont préparés par milliers, comme si elles avaient été touchées, elles aussi, par les consignes de la Résistance.

Les Parisiens fleurissent également la statue de Strasbourg, la statue de Jeanne d'Arc, la dalle consacrée, à Notre-Dame, aux soldats britanniques tombés sur le sol français...

A Tulle, le jour même de l'entrée des Allemands en zone libre, le 11 novembre 1942, plusieurs milliers de mani-

(1) Malgré ce qu'affirmera en 1948 encore la propagande communiste.

(2) Le drapeau fut amené à 11 h. 30 par les pompiers. Arrêté pour une tout autre affaire, Michel Dabat sera fusillé en 1941 comme otage à Nantes.

festants vont en cortège au monument aux morts. Mme Edmond Michelet, son dernier-né dans les bras, ses autres enfants autour d'elle, marche en tête de la manifestation que les Allemands dispersent...

★

Les Français apprennent avec délices l'art de la manifestation. La B. B. C. tantôt les jette en foule autour d'un monument (celui de Jeanne d'Arc en mai), tantôt leur interdit de sortir. Le 1er janvier 1941, par exemple, à 14 h. 55, toutes les rues se vident et les soldats allemands se retrouvent presque seuls à déambuler dans des cités aux habitants soudain évanouis.

Les Français manifestent dans les cinémas pendant le passage des actualités allemandes, si bien qu'il faut laisser les lumières allumées et placer des agents dans la salle ; ils boycottent, avec succès parfois, les films de propagande nazie puisque, à Lyon, la municipalité doit suspendre les représentations du *Juif Süss ;* ils huent Pierre Laval lorsqu'il paraît sur l'écran. Un spectateur applaudit-il — c'est le cas de M. Jean-Marie Sancey à Lyon encore — il est pris à partie par la majorité de la salle qui l'oblige à battre en retraite tandis que le directeur du cinéma lui dit :

— Vous n'avez qu'à cesser vos réflexions et sortir.

Ce sont des foules enfin qui accompagnent jusqu'au cimetière certains résistants ou les aviateurs alliés abattus par la D. C. A. allemande.

Après que le Père Corentin Cloarec a été tué par la police allemande, 30.000 Parisiens défilent 6, rue Marie-Rose, devant son corps. Le jour de l'enterrement, 6.000 personnes sont présentes et iront du couvent Saint-François jusqu'à l'église.

A Toulouse, lorsque l'abbé Naudin enterre l'étudiant Edmond Guyaux, qui a été fusillé, ficelé à un arbre, car ses blessures l'empêchaient de tenir debout, il pavoise l'église avec des drapeaux tricolores et le convoi est suivi par une foule énorme. Quelques jours plus tard, un milicien toulousain est-il tué, nul de sa rue ni de son quartier ne se dérange pour le service funèbre.

Mêmes réactions à Tournus (Saône-et-Loire) où, le 28 mai 1944, l'enterrement de deux indicatrices de la Gestapo a lieu dans la plus totale solitude. Mais, lorsque le Canadien John Welmouth est descendu, le 3 mai 1942, au-dessus de Saint-Malo, c'est une sage-femme, Mlle Claudel, qui fait sa toilette mortuaire. Elle alerte quelques amis qui, eux-mêmes, en alertent d'autres et, finalement, plusieurs milliers de Français accompagnent, deux jours plus tard, le cercueil de la chapelle Saint-Sauveur jusqu'au cimetière (1).

Ainsi, les Français, souffrant de l'occupation allemande, ont-ils leurs manifestations, leurs cérémonies qui dépassent, sinon en importance, du moins en intensité patriotique les cérémonies organisées en zone libre par la Légion. Ces manifestations ont, de surcroît, le piment de l'illégalité et du danger. Tandis que les unes iront décroissant d'ampleur et de foi, à mesure que s'évanouit l'illusion de la zone libre, les autres seront de plus en plus nombreuses, prenant prétexte du plus mince incident pour se développer.

★

En dehors de toutes ces actions organisées, le sentiment de milliers d'anonymes s'exprime quotidiennement par des graffiti sur les murs. Croix de Lorraine, slogans « Patience, Confiance » en octobre 1940, lorsque l'Angleterre paraît à la veille du désastre, « rectifications » apportées aux affiches allemandes, croix gammées sur la porte ou la boutique des collaborateurs, inscriptions dans les urinoirs : « A bas les Boches », « Si vous voulez enlever le vert de gris, servez-vous du brillant de Gaulle », « A bas les cartes d'alimentation, vive Thorez ».

Enfin, au printemps 1941, on voit partout fleurir les V de la victoire anglaise. Victoire encore lointaine, peut-être hypothétique, à l'heure où les Allemands fêtent l'anniversaire de leur conquête de la France par la conquête de la Yougoslavie et de la Grèce, mais victoire tellement espérée que le peuple français de zone occupée croit en rapprocher le jour en multipliant les V tracés hâtivement à la craie, au crayon, au minium, sur les murs et les routes, les V découpés dans des tickets de métro.

Pour contre-attaquer, les Allemands adoptent eux aussi le V, dans la nuit du 20 au 21 juillet. En allemand, victoire se dit « Sieg ». Qu'importe, ils annexeront le mot latin « victoria » dont le V gigantesque, sans bavures, répondra ainsi, sur leurs camions, sur les murs des locaux réquisitionnés, sur la Chambre des députés et sur la Tour Eiffel, aux insolents, aux maladroits, aux innombrables petits « V » semés par les gaullistes.

(1) Mlle Claudel fut condamnée à dix mois de prison. Plusieurs de ses « complices » furent également punis de peines allant de six à dix mois de prison.

Plus tard, les deux chiffres 18 = 43, dessinés sur les murs, voudront être, pour tous les soldats allemands, le signe annonciateur des défaites prochaines.

★

Battus par les chars et les avions allemands, les Français prennent leur revanche dans le domaine de l'esprit.

Elles sont innombrables les histoires qui circulent et créent, immédiatement de l'un à l'autre, un climat de complicité, de pré-résistance, en somme.

Histoire de ce vieux petit monsieur distingué, installé dans un autobus complet. Dans un tournant un peu trop vif, tous les voyageurs de la plate-forme sont précipités les uns sur les autres. Dans le mouvement, un soldat allemand écrase de sa botte le pied d'un Français qui, surpris, a une réaction malheureuse et gifle l'Allemand. Tout le monde s'interpose. Le contrôleur accourt. Du fond de l'autobus, le vieux petit monsieur distingué se fraie un chemin et, parvenu difficilement jusqu'au soldat allemand, le gifle à son tour de toutes ses forces.

Stupeur. Amusement. Scandale. Les trois héros du drame sont conduits au commissariat de police. On interroge l'auteur de la première gifle.

— Enfin, Monsieur, pourquoi avez-vous giflé Monsieur ?

— J'ai les pieds très sensibles. Monsieur m'a fait mal ; surpris par la douleur, j'ai eu ce réflexe malheureux dont je m'excuse.

— Malgré cette réaction un peu vive, dit le soldat allemand, j'admets cette explication et je suis prêt à excuser Monsieur... Mais, l'autre gifle...

— Oui, dit le commissaire en se tournant vers le vieux petit monsieur distingué, personne ne vous avait marché sur les pieds, vous étiez assis dans le fond de l'autobus. Alors, pourquoi ce geste insolite ?

— Oh ! C'est bien simple, répond le vieux petit monsieur. Quand j'ai vu qu'on giflait l'Allemand, j'ai cru que les Anglais avaient débarqué.

Histoire drôle en 1941, histoire qui « collera » à la réalité en août 1944...

De l'un à l'autre, on se pose des devinettes :

— Savez-vous quel est le comble de la disette pendant l'occupation ?

— ...

— C'est de nourrir deux millions de vaches et de manquer de lait.

— Pourquoi le général de Gaulle est-il allé à Londres ?

— ...

— Il est allé chercher la clef anglaise pour déboulonner l'Axe.

— Comment appelle-t-on le maréchal Pétain ?

— ...

— Voyons, vous ne devinez pas ? Saint-Philippe qu'on roule.

On récite *Le Songe de Laval,* parodie du *Songe d'Athalie,* que le journal *France,* de Londres, publie le 13 janvier 1941 et que des résistants bretons recopient à de nombreux exemplaires :

C'était pendant l'horreur d'une profonde nuit,
L'ombre de Clemenceau devant moi s'est montrée
Comme au jour de sa mort tout de noir habillée
Tremble ! Tremble ! dit-il, monstre indigne de moi.
L'affreux Adolphe Hitler l'a emporté sur toi...

L'ordre nouveau — cet « ordre » que les Allemands appuient sur leur Gestapo — est le thème de cette histoire féroce où deux vagabonds tiennent les premiers rôles.

Ils s'interrogent, discutent à perdre haleine, tentent de donner une définition de l'ordre nouveau et, faute d'y réussir, interrogent un officier allemand :

— L'ordre nouveau, mon ami, répond l'officier au clochard le plus audacieux, eh bien, voilà : quand les capitalistes seuls ont une auto, c'est la ploutocratie ; quand les capitalistes et les petits bourgeois ont une auto, c'est la démocratie ; quand tout le monde aura une auto, ce sera l'ordre nouveau. Compris ?

— Bon, j'ai compris, dit à son copain l'un des vagabonds. Quand les capitalistes seuls font les poubelles, c'est la ploutocratie ; quand les capitalistes et les petits bourgeois font les poubelles, c'est la démocratie et, quand tout le monde fera les poubelles, ce sera l'ordre nouveau !

Et, lorsqu'il s'agit de collaboration, l'histoire est encore plus courte : « La collaboration ? Donne-moi ta montre, je te donnerai l'heure. »

Décembre ramène toujours ces curieuses prières de Noël qui se modifieront avec les années. Voici celle de l'an 1940 :

Noël n'aura pas lieu cette année
La Sainte Vierge et le petit Jésus sont évacués

Saint Joseph est en camp de concentration
L'étable est réquisitionnée
Les anges ont été descendus par la D. C. A.
Les Rois mages sont en Angleterre
La vache est à Berlin et l'âne à Rome
L'étoile a été repeinte en bleu par ordre du chef [d'îlot (1).

Même pendant les jours où la victoire allemande paraît le mieux assurée, les Français continuent à espérer contre toute espérance et colportent des bruits incontrôlables suivant lesquels les hôpitaux de Dieppe, d'Amiens et de Rouen regorgent de soldats allemands très grièvement brûlés. Pour les uns, les Anglais auraient fait échec à une tentative de débarquement en incendiant la mer préalablement recouverte de pétrole. Pour les autres, les Allemands ont été électrocutés par des fils à haute tension.

Le 6 décembre 1940, *Au Pilori* rapporte, pour s'en moquer, cette réflexion entendue dans une queue devant une maison d'alimentation de Neuilly :

— Moi, je ne mange plus de poisson depuis qu'une de mes amies a trouvé dans une dorade un pouce d'Allemand. Vous pensez ! Avec tous ces soldats tués lors des tentatives de débarquement en Angleterre, cela n'a rien d'étonnant (2).

★

On dit « ils sont corrects », parce que l'on attendait une armée de soudards s'acharnant sur des villes et des femmes conquises. On dit « ils sont corrects », en s'efforçant de ne pas regarder ces musiques bruyantes qui défilent sur les Champs-Elysées sous la conduite d'un tambour-major géant, de ne pas voir les drapeaux, les panneaux de signalisation, les roides sentinelles, les sapins qu'en décembre les Allemands romantiques plantent sur les places publiques.

Dans ses *Conseils à l'occupé,* diffusés en juillet 1940.

---

(1) A la fin de l'année 1942, circule, dans la Marne, la variante suivante : « Diocèse de Reims. Mes bien chers frères, En raison des circonstances actuelles, j'ai le regret de vous annoncer qu'il n'y aura pas de fête de Noël cette année :

Saint Joseph est dans un camp de concentration
Les moutons ont été envoyés en Allemagne
Pour le ravitaillement de la population
Les bergers sont réfractaires, etc...

(2) Toujours au cours de l'hiver 1940-41, circule la définition suivante du soldat allemand : « C'est un cochon maigre d'Allemagne, engraissé en France, salé dans la Manche et mis en boîte en Angleterre. »

Jean Texcier met d'ailleurs en garde les Parisiens contre la tentation de la politesse, du sourire, de la complaisance : « *Pas de précipitation, ignore leur langue, n'assiste pas à leurs concerts ni à leurs parades. Ils sont très « causants ». Ayant caressé les enfants, ils sourient à la mère et bientôt gémissent sur le sort de la France. Alors suit le boniment : « Pauvres Français, vous avez été entraînés dans une funeste guerre par un gouvernement de coquins à la solde de l'Angleterre...* » *Les camelots leur offrent des plans de Paris et des manuels de conversation ; les cars déversent leurs vagues incessantes devant Notre-Dame et le Panthéon ; pas un qui n'ait, vissé dans l'œil, son petit appareil photographique. Ne te fais pourtant aucune illusion : ce ne sont pas des touristes* (1). »

Oui, on dit « ils sont corrects », mais bientôt l'on ajoute « mais ils prennent tout » et c'est encore l'occasion d'une histoire, celle de deux agents de l'Intelligence Service qui, aux premiers jours de l'occupation, circulent dans Paris habillés en officiers de la Wehrmacht.

Des policiers allemands les arrêtent :

— Inutile de nier, vous êtes des espions anglais.

— Exact, avouent flegmatiquement les deux Britanniques. Comment nous avez-vous reconnus ?

— Facile, vous êtes les seuls à ne pas porter de paquets...

En deux mots, tout est dit sur la fureur brouillonne avec laquelle les Allemands dévalisent la France de 1940 et du bonheur de vivre. Et c'est vrai qu'ils ont abandonné le fusil pour les cornets de pêches juteuses, les raisins gras, les jouets, les colifichets, les parfums, les vêtements, pour tout ce qui se mange, tout ce qui s'emporte en permission, tout ce qui s'expédie.

« Vous êtes les seuls à ne pas porter de paquets », le trait va loin.

Car, en zone occupée, avec les jours qui passent, le poids de la présence allemande se fait brutalement sentir. Le soulagement avec lequel l'armistice a été accueilli se dissipe aussi rapidement que se précisent les exigences allemandes.

Sans doute, dans les départements les plus frappés par la guerre l'opinion apparaît-elle, en apparence du moins, quelque peu engourdie.

(1) Parmi ces trente-trois « Conseils à l'occupé », tous conseils de résistance, il en est un, cependant, qui fait exception, le conseil n° 6 : « S'il te demande du feu, tends ta cigarette. Jamais, depuis les temps les plus lointains, on n'a refusé du feu, pas même à son ennemi le plus immortel. »

« *Ce qui caractérise les rapports avec l'occupant*, signale le préfet des Ardennes le 13 janvier 1941, *c'est une sorte d'indifférence amorphe du côté français avec une tendance à l'empressement servile dès que se manifeste la moindre pression. Servilité née de la crainte, d'une crainte qui, dans les premiers jours de l'occupation, était le terrain le plus favorable à une collaboration sans réserve.* »

Sans doute, le préfet du Loiret, qui envoie chaque semaine un rapport au commandant de la Feldkommandantur d'Orléans, signale-t-il davantage de vols de bicyclettes (21 du 7 au 10 septembre 1941) et de volailles (34 du 10 au 14 octobre 1941) que d'incidents politiques, mais il ne faut pas se fier trop aveuglément à ces textes officiels qui, volontairement ou non, masquent souvent la vérité.

Sans doute encore est-il vrai que, partout, l'inscription « Man spricht deutsch » a remplacé « English spoken » et qu'en novembre 1941, à l'école Berlitz, 7.920 Parisiens suivent les cours d'allemand et 625 seulement les cours d'anglais, mais il ne faut prêter qu'une importance relative à cet empressement alimentaire.

Il y a d'autres indices, on l'a vu, qui montrent plus sûrement l'évolution de l'opinion publique en zone occupée.

★

Peut-il d'ailleurs en être autrement ?

En mars et avril 1941, avant l'attaque de la Russie, avant les représailles, le S. T. O., les maquis, les déportations, les préfets énumèrent longuement déjà, à l'intention du gouvernement, tout ce qui est susceptible d'irriter une population démunie et malheureuse.

La ligne de démarcation coupe la France en deux, l'Alsace et la Lorraine sont annexées, la Société Ostland occupe les terres des Ardennais, les départements du Nord sont toujours rattachés à la Belgique, dans la Manche les maires doivent organiser la garde des terrains d'aviation et, en Meurthe-et-Moselle, improviser un système de guet pour la D. C. A.

Les réquisitions de logements font rage. Elles sont estimées à 100 millions pour la Charente-Inférieure, plus de 50 millions pour le Morbihan et le Calvados. L'armée allemande fait payer à la France, non seulement les immeubles qu'elle occupe, mais aussi les bateaux réquisitionnés pour les exercices de débarquement, le matériel chirurgical des hôpitaux, la nourriture de ses soldats. le ravitaillement à destination de l'Allemagne, les frais de pilotage des bateaux de guerre et d'installation de maisons de tolérance.

S'il n'y a pas encore de soldats allemands tués, déjà des câbles téléphoniques sont coupés, des véhicules incendiés, des Français fusillés pour activité « d'espionnage » ou pour « insultes » à l'armée allemande.

Les villes sont frappées d'amendes, le couvre-feu avancé. « *A partir d'aujourd'hui et jusqu'à nouvel ordre,* écrit Jean Guehenno, *nous ne pourrons plus sortir entre* 5 *heures du soir et* 5 *heures du matin, les métros sont arrêtés à* 5 *h.* 30, *les restaurants fermés... Il est* 5 *h.* 30, *je regarde tomber le jour. Pas un bruit, pas un souffle. C'est Paris !*

Derrière les vitres (« *pendant toute la durée du couvre-feu, les fenêtres devront être fermées* » *commande l'autorité*), *les gens de la maison d'en face regardent comme moi la rue vide. Nous nous faisons des signes. Solidarité de prison.* »

Une étude sur « neuf mois d'occupation » adressée, le 5 mai 1941, par le général Doyen au général Huntziger, étude qui s'efforce de saisir sur le vif les réactions de l'opinion publique en zone occupée, souligne que « les progrès de la misère et ceux des propagandes anglaise et communiste » vont de pair et s'achève sur ces mots révélateurs : « *C'est enfin le « fait de l'occupation » qui infuse peu à peu aux Français la haine de l'Allemand, aussi bien de celui qui, très correctement, impose son intervention à l'administration et aux entreprises françaises et vide le pays de sa substance, que du militaire qui ne se gêne pas pour obtenir une douzaine d'œufs par la menace ou pour se chauffer avec les meubles qu'on a mis à sa disposition.* »

★

Entre une histoire que l'on colporte et une bombe que l'on pose, il y a bien du chemin.

Entre l'écoute vespérale et attentive de la radio anglaise que l'on décrypte derrière le brouillage : « Ici Londres ti-ti-ti-ti. Les Français ti-ti-ti parlent aux Français », et l'impression de tracts clandestins, il y a bien du chemin.

Entre une haine diffuse, impersonnelle (« les Français sont des bigorneaux rancuniers », dit un collaborateur), et une haine précise qui anime un bras, fait agir une arme, il y a bien du chemin.

Mais ne peut-on pas écrire qu'attentistes, auditeurs de la radio anglaise, mécontents, sont des opposants et, qu'à ce titre, ils gênent les développements de la politique allemande ?

A condition que l'on s'entende sur les mots, le général Weygand a raison lorsqu'il affirme : « *Permettez-moi de sourire quand on parle de quelques hommes qui ont fait de la résistance. Ce sont tous les Français qui ont fait de la résistance, sauf quelques traîtres, et les traîtres, les vrais collaborateurs, sont l'exception.* » Les Allemands n'ont cessé de le confirmer d'ailleurs tout au long de leurs rapports (1) ; l'immense majorité de la population française, surtout de zone occupée, est antiallemande, même lorsqu'elle « cause », commerce ou trafique avec l'ennemi.

Elle résiste donc, mais passivement, discrètement, protégeant avant tout sa situation, ses biens et ses intérêts, ce qui est réflexe naturel, se cantonnant, pour le reste, dans un « attentisme » prudent, justifié par l'incertitude d'une situation militaire très longtemps favorable à l'Allemagne.

Entre cette masse et son levain, il existe une immense différence.

Entre ceux qui « rouspètent », qui boudent, qui gémissent, qui pleurent, qui volent les Allemands et, par haine de l'ennemi, s'enrichissent un peu plus, entre ceux qui égarent ou ralentissent un dossier, faisant de leur négligence habituelle vertu, et ceux qui agissent, aucune comparaison numérique n'est possible (2).

★

La première résistance, celle de l'automne et de l'hiver 1940, est le fait de quelques centaines d'hommes sans liaisons.

S'ils sont bien peu nombreux ceux qui ont écouté l'appel

(1) Abetz, en décembre 1940, note que « de nombreux rapports ont été envoyés à Berlin qui indiquent le nombre standard de 80 % de gaullistes parmi la population française ».

Le 30 novembre 1942, le correspondant à Genève de la « National Zeitung » écrit, parlant du sabordage de la flotte française : « Cette trahison généralisée s'explique exclusivement par le fait qu'un très grand nombre de Français — qu'ils soient ou non au service de l'Etat — sont extrêmement douteux et dignes de la plus grande méfiance. Ces Français ne voient, dans la magnanimité, la courtoisie, l'amitié ou la politesse qu'on leur témoigne du côté allemand qu'un signe de faiblesse qui ne saurait modifier leur attitude. »

(2) « A entendre parler de la Résistance aujourd'hui — je veux dire de la résistance active — écrit Guillain de Benouville, on pourrait croire que la majorité de la population y est venue d'un coup et s'y est violemment engagée. Cela n'est pas la vérité. Ceux qui, depuis le début, se sont consacrés à la Résistance active... savent combien ils furent peu nombreux dans les temps des débuts comme dans ceux de la fin. »

du général de Gaulle (Claude Bourdet l'entend le 24 juin, Henri Frenay ne le connaît qu'à la mi-juillet, Tony Révillon note que personne ne lui parle du Général le 18 et le 19 juin et qu'il n'écrit son nom sur son carnet que le 25 (1), ils sont bien moins nombreux encore ceux qui, dans la métropole, répondront à cet appel dont nul ne sait qu'il est prophétique, si beaucoup le trouvent romantique, inutile et désespéré.

Tout commence, on l'a vu, par quelques tracts, par quelques journaux clandestins, par une aide apportée aux prisonniers évadés. En zone nord, comme en zone sud, la résistance est d'abord affaire d'intellectuels (professeurs, écrivains, prêtres, avocats) qui recrutent et organisent à l'intérieur même de leur profession, de leur faculté, de leur paroisse, et qui, lorsqu'ils poussent des antennes dans des villes voisines, recherchent naturellement des correspondants de même formation, de même situation sociale, de même vocabulaire.

Les premières réactions des Français « résistants » sont de colère et de stupeur, plus tard seulement elles seront d'action et de renseignement.

Pendant les premiers mois d'occupation, les Français, en somme, « refont connaissance ». On ne se divisera plus désormais en capitalistes et prolétaires, laïques et calotins, gauches et droites, mais en vichyssois et antivichyssois, mais en collaborateurs et résistants.

Des frères se séparent de leurs frères, des amis de leurs amis et toutes ces divisions familiales multipliées casseront le pays en deux parties inégales.

Par contre au hasard de réflexions échangées dans le métro, au restaurant, dans une file d'attente, des inconnus font alliance avec des inconnus. Ils n'ont souvent ni le même parti, ni la même foi, ni la même origine sociale. L'hostilité envers l'Allemagne constitue leur signe de ralliement. En voici un exemple symptomatique.

Son jeune fils, Guy, est parti rejoindre de Gaulle lorsque le docteur Vourc'h reçoit une circulaire de la Cité universitaire de Paris réclamant des précisions sur les intentions du jeune homme.

Le docteur répond à la place de son fils :

— Situation actuelle :

(1) Si bien que l'on peut dire que c'est le communiqué du gouvernement français du 21 juin 1940, signalant et condamnant le départ du général, quelques jours plus tôt encore secrétaire d'Etat à la guerre, qui avertit le mieux le peuple français de l'acte du général de Gaulle.

— Je l'ignore, écrit-il, sans doute s'efforce-t-il d'atténuer le déshonneur français si bien soigné à Vichy.

— Devez-vous revenir ?

— Oui, après la victoire.

La lettre postée, le docteur Vourc'h se demande, avec une pointe d'inquiétude, s'il n'a pas eu tort de céder à ce premier mouvement de fierté et d'orgueil.

Une semaine plus tard, le 5 novembre 1940, il est tranquillisé lorsqu'il ouvre la lettre suivante, en provenance de la Cité universitaire :

Monsieur,

Voulez-vous me permettre de vous dire, à titre personnel, mes félicitations. Votre fils est de ceux à qui nous devons de garder espoir et confiance, de ceux à qui nous devrons de retrouver un jour notre fierté d'être Français. J'ai tout lieu de penser qu'il retrouvera, là où tous nous souhaiterions être, quelques-uns de ses camarades de la Cité.

Croyez, je vous prie, Monsieur, à toute ma sympathie.

Jeanne Thomas,
Secrétaire de la Cité Universitaire.

En qualité de Française et de Bretonne, je m'associe aux sentiments exprimés par notre secrétaire pour la belle conduite de votre fils.

L. Valladon.

Bravo pour votre fils dont la place est enviable.

Simone Meillon.

J'associe pleinement mes félicitations à celles qui précèdent.

S. Flament.

Je me joins à mes collègues et suis pleinement heureux du geste heureux de votre fils.

G. Gatinet.

Etablissant la *Chronologie de la résistance française*, le Comité d'Histoire de la Deuxième Guerre mondiale dresse, pour les six mois qui terminent l'année 1940, le rapide bilan suivant :

19 *au* 26 *juin : Départ des hommes de l'île de Sein.*

Courant juillet : Groupe Musée de l'Homme, premières croix de Lorraine.

12 *août : Premier manifeste Frenay, création des premiers groupes Frenay, Chevance. Réorganisation du Deuxième bureau. Parution de* Quand même.

Septembre : Parution de tracts clandestins, début de trois réseaux.

20 *octobre : Fusillade du bûcheron Hérault pour sabotage (Oise).*

Octobre : Conseils à l'occupé, Pantagruel, Arc.

11 *novembre : Manifestation étudiants.*

25 *novembre : Premier numéro* Liberté.

Novembre : Libération, *premier numéro tapé par Pineau. Deux fusillés. Somme pour sabotage. Premier courrier de Rémy. Mourgues fusillé à Bordeaux pour sabotage.*

Décembre : Attaque soldat par Bonsergent. Parution Petites Ailes, Mouvement de Libération, Formation O. C. M.

1er *janvier : Heure de silence. Début action. Ceux de la résistance.*

Peu de choses et peu d'hommes on le voit. A peine une égratignure sur la cuirasse allemande. Assez cependant pour que toute la terre soit ensemencée, pour que germent ces mouvements qui deviendront, après des regroupements imposés par les Anglais, qui ne veulent disperser ni leurs armes ni leurs fonds, *Libération Nord,* l'*Organisation Civile et Militaire, Combat, Franc-Tireur, Front National* (1).

★

La première vague de la résistance est intellectuelle et militaire. La seconde sera ouvrière.

Pendant les mois qui ont suivi la défaite de la France, le parti communiste s'est généralement gardé de toute attaque contre l'Allemagne, alliée de la Russie soviétique. Il dirige ses tracts contre Vichy, clérical et militaire, contre Vichy qui maintient en prison les communistes arrêtés par Daladier en 1939, contre « les fauteurs de guerre » que l'on s'apprête à juger à Riom, et n'épargne ni de Gaulle, ni les émigrés de Londres.

Fidèle à la ligne politique des Soviets, il n'éprouve aucune admiration pour la lutte que mène l'Angleterre et ses vœux vont logiquement à l'anéantissement des deux adversaires, anéantissement qui accélérerait le triomphe du communisme.

Tout change le 22 juin 1941, lorsque l'Allemagne attaque l'U. R. S. S.

(1) Sur tous les mouvements de résistance, on lira avec profit les études publiées par le Comité d'Histoire de la Deuxième Guerre Mondiale.

Quelques jours plus tard, le commissaire spécial des Ardennes signale que l'on voit apparaître des « Vive Staline » sur les murs de l'annexe sedanaise des Aciéries de Longwy et qu'au fur et à mesure que se prolonge la résistance russe « les communistes reprennent contact avec la foule dont ils avaient été tenus éloignés depuis la dissolution de leur parti ».

La guerre russo-allemande accélère la crise de conscience française. Quel est l'ennemi le plus dangereux, l'Allemand ou le Soviétique ? Suivant la réponse qui sera donnée, réponse qui bouleverse toutes les anciennes prises de position, les uns se jetteront dans la collaboration, les autres dans la résistance et tous iront jusqu'au bout de leur engagement.

★

Un commissaire de police français note, le 5 juillet, que la satisfaction de voir les Allemands entrer en Russie provient de ce que « *la population considère qu'il s'agit là d'une nouvelle épreuve imposée aux troupes allemandes. C'est, là encore, un sentiment de germanophobie qui l'emporte sur l'antipathie nourrie par la majorité de la population à l'égard des Soviets.* »

Remarque particulièrement exacte.

Nourris d'histoire napoléonienne, les Français voient, dans les premiers triomphes allemands, l'annonce de la défaite future. Cette armée qui, de victoire en victoire, s'enfonce toujours plus loin dans les steppes, ils ne peuvent s'empêcher de la comparer à la Grande Armée de l'Empereur. La presse allemande, traduite en français, a beau expliquer longuement que « l'histoire ne se répète pas » et que « le sort de Napoléon n'attend pas Adolf Hitler » (1), ils changent d'autant moins facilement d'avis que les Allemands marquent le pas devant Moscou, lorsque débute l'hiver russe.

Alors, transmis par la B. B. C., mais aussi par les soldats allemands qui reviennent de l'Est, par les correspondants de guerre, par les volontaires français engagés, à partir de l'automne, dans la lutte contre le bolchevisme, parviennent d'affreux récits sur la sauvagerie de la nature et des combats.

---

(1) *Signal*, numéro de décembre 1941. « Depuis le 22 juin 1941, les adversaires de l'Allemagne ont trouvé, pour leurs soirs d'oisiveté, un excellent sujet de conversation : ils établissent un parallèle entre Adolf Hitler et Napoléon. L'un, disent-ils, finira comme l'autre a fini... »

« *La Légion*, écrit Marc Augier qui se bat en Russie, *la Légion* (1) *connaît les difficultés qui eurent raison des soldats de* 1812. *Les chevaux tombent et meurent bien avant les hommes. Le train de combat se disloque. Bêtes et choses sont bientôt happées par la neige et rendues à la grande paix des vaincus... Halte. Une vingtaine d'hommes, alignés au bord du fossé, se soulagent. Auprès de chacun, se tient un camarade qui garde ses moufles. C'est lui qui reculottera le copain dont les doigts sont raidis, parce qu'il a dû, tout à l'heure, déboutonner ses bretelles et dégrafer son pantalon, avec les mains nues.* »

Malgré de si rudes conditions de lutte, les Allemands progressent, se maintiennent devant Moscou, capturent des villes par dizaines, des chars par milliers, des hommes par millions. Leurs victoires sont clamées, sur les places des villes françaises, par des haut-parleurs installés au-dessus de panneaux où sont affichées les cartes du front.

Ce n'est pas assez d'exploiter le succès des premiers mois. Il faut exploiter aussi cette peur du communisme qui habite le cœur de tous les possédants. L'Allemagne organise donc, et promène à travers la France entière, l'exposition « Le Bolchevisme contre l'Europe ». Exposition chargée tout à la fois d'effrayer et de rassurer. La Russie menace, mais l'Allemagne veille et il faut l'aider.

Déception. La plupart de ceux dont on attendait le ralliement se réfugient dans l'abstention polie ou hostile. L'exposition se déplace-t-elle à Lille, en juin 1942, le secrétaire administratif du Comité d'Action antibolchevique doit faire savoir au Sonderführer Eggert « l'hostilité du clergé, l'hostilité de tout ce qui touche au gouvernement de Vichy, l'hostilité des gens désignés par ce même gouvernement pour occuper des postes importants, l'hostilité des anciens milieux syndicalistes ». Pour constituer un comité d'honneur, le préfet du Nord a pressenti douze personnes. Six ont refusé immédiatement. Les six autres se sont récusées quelques heures plus tard.

Entre l'ennemi inconnu et l'occupant haï, la bourgeoisie française n'aura presque aucune hésitation. Le travail communiste en sera facilité.

Habitués à la clandestinité, habitués à la discipline, ne refusant aucun sacrifice, ayant l'art de se faire partout des alliés, rejetant momentanément dans l'ombre leurs thèses révolutionnaires, annexant des mouvements qui étendront leur influence — le « Front National », par

(1) Il s'agit de la Légion des Volontaires Français contre le bolchevisme.

exemple, qui rassemblera, sous la discrète houlette communiste, des hommes aussi différents que Georges Bidault, Mgr Chevrot, Pascal Pia, Mauriac — ne reculant nullement devant les attentats dont ils savent qu'ils feront fusiller des innocents et lever des combattants, les communistes imposent à la résistance un rythme neuf.

Ils s'inquiètent beaucoup moins d'espionnage au profit des alliés que d'action directe et de propagande politique.

Alors, naissent et meurent, parfois très vite, de petites feuilles qui s'adressent à toutes les classes sociales de la population.

Le Coup de Pioche est destiné aux cellules de la rocade Lagny-Melun ; l'*Autobus* aux membres de la T. C. R. P. ; *Bibendum* aux ouvriers de chez Michelin ; l'*Echo des Aciéries* aux travailleurs de Gennevilliers ; *le Galibot* aux jeunes mineurs ; *la Marseillaise* aux gendarmes. L'*Observatoire du canton de Sèvres, le Réveil de Maisons-Laffite-Sartrouville, la Voix des femmes du* 18ᵉ, *l'Echo du canton de Boissy-Saint-Léger, le Travailleur de l'Oise, la Tribune du* 10ᵉ ont des parutions plus ou moins éphémères mais sont parfaitement localisés.

Ces quelques titres suffisent du moins à donner une idée de l'extrême diversité de la presse communiste (1), habile d'ailleurs, à se dissimuler lorsqu'il le faut. Le paysan reçoit-il une brochure sur les engrais et les désinfectants, il s'aperçoit bien vite qu'il s'agit d'une brochure truquée et remplie de conseils de résistance.

★

La deuxième vague de la résistance est communiste.

La troisième, qui déferle à partir du mois de décembre 1941 (lorsque les Etats-Unis entrent en guerre), mais surtout à partir du moment où ils débarquent en Afrique du Nord (novembre 1942), sera composée de millions d'« attentistes », « braves » gens qui n'ont jamais collaboré, ne se sont jamais engagés fortement ni dans un sens ni dans l'autre, mais qui savent que le vent a tourné et que le destin a maintenant désigné le vainqueur.

Nul ne s'y trompe.

Lorsque Weygand quitte Vichy, le 12 novembre 1942, il a un dernier entretien avec Pierre Laval (2).

---

(1) Cf. le catalogue des périodiques clandestins diffusés en France de 1939 à 1945 (Bibliothèque Nationale).

(2) Le général Weygand sera arrêté par les Allemands dans l'après-midi du 12 novembre.

— Monsieur, vous faites une politique déplorable ; vous avez contre vous 95 % des Français et vous avez joué le mauvais cheval, parce que l'Allemagne est battue.

Pierre Laval réplique immédiatement :

— 95 % des Français, mais vous plaisantez ! C'est 98 % des Français que j'ai contre moi, mais je veux faire leur bonheur malgré eux.

Phrase qui demeure secrète, mais les journalistes de la collaboration n'ont pas d'illusions et, en janvier 1943, *Je suis Partout* parle des « 90 % des Français qui croient à la victoire juive ». Encore douze mois et les rédacteurs du même journal donneront, salle Wagram, sous le titre : *Nous ne sommes pas des dégonflés*, une conférence qui sonne, en vérité, le glas des espoirs de victoire allemande.

Devant 10.000 auditeurs, qui ont le courage de leurs angoisses et de leur passion, Cousteau s'écrie :

— Les événements de l'année écoulée ont sans doute été fâcheux pour la France et pour l'Europe.

« Mais ils auront eu au moins un résultat utile. Ils auront provoqué dans les rangs des révolutionnaires nationaux une véritable épuration. Nous n'aurons pas eu besoin de perdre notre temps à dépister les tièdes, les timides et les mous. Nous n'aurons pas eu besoin de les chasser. Les fascistes en peau de lapin se sont éliminés d'eux-mêmes. Au rouge soleil des victoires soviétiques, on a vu fondre leurs cohortes tapageuses, on a vu les matamores en pantoufles de la révolution nationale, les Déroulède de l'Europe unie, les tranche-montagnes de l'ordre nouveau s'esbigner tout soudain aussi discrètement que possible, à pas feutrés, en rasant les murailles. »

Pour cette partie de la population, qui n'a jamais précédé mais suivi l'événement, la diatribe colorée de Cousteau est exacte.

★

Persuadés qu'ils ne rallieront pas les masses françaises, sachant que le plus gros de l'héritage de Vichy leur échappe, sachant aussi qu'ils sont moralement et physiquement condamnés (1), les partisans extrêmes de la

(1) Pierre Villette, grippé, mais qui a préparé un texte pour la réunion de la salle Wagram, écrit : « Aujourd'hui, vous avez devant vous une brochette de condamnés à mort. Tous ceux qui sont à cette tribune ont reçu soit leur petit cercueil, soit des lettres encadrées de noir leur annonçant qu'ils seraient fusillés dès l'arrivée des troupes d'invasion anglo-américaines. »

Le 1er avril 1944, un certain nombre de journalistes collaborateurs

collaboration s'efforcent du moins, avec l'aide et l'argent de l'Allemagne, d'exploiter les erreurs et les échecs des Alliés.

Ils dénoncent Katyn, mettent à la charge du communisme toutes les exactions qui se commettent en France, affichent des photos de « terroristes » juifs et étrangers, dans l'espoir d'établir une confusion nuisible à la résistance, enfin exploitent ces bombardements, trop souvent aveugles, qui ravagent la France. Malheureux, blessés, ruinés, les Français se détacheront-ils enfin de la cause alliée ?

Après chaque raid meurtrier, Philippe Henriot, que tant de Français, pris malgré eux au charme de son talent d'orateur, écoutent en le haïssant, Philippe Henriot, que son orgueil fait chavirer, dénonce « la conjuration du matérialisme anglo-saxon et de la barbarie asiatique ».

Aux mutilés d'hier, frénétiquement, il promet de nouvelles mutilations.

La guerre est devenue pour lui, comme pour cet Herold Paquis qui, chaque jour, annonce à Radio-Paris que « l'Angleterre comme Carthage sera détruite », qui déclare que « la France périra dans un hoquet de « chewing » et de sang », la guerre est devenue le combat du Bien et du Mal.

Et, pour ces hommes dévoyés et envoûtés, les armées allemandes, les S. S., Hitler, tous ces responsables de l'agonie de l'Europe et de la mort de millions d'hommes, incarnent le Bien.

Certes, les bilans des bombardements sont lourds. Rien que pour les journées des 26 et 27 mai 1944, il y a 600 morts à Lyon, 870 à Saint-Etienne, 1.976 à Marseille, 240 à Paris, 380 à Avignon, 300 à Chambéry et bien des chefs résistants protestent énergiquement auprès de Londres contre ce qu'ils qualifient parfois de « travail d'ivrogne » !

Mais l'irritation, et la colère des populations atteintes, sont en général de courte durée. Les Français souffrent les bombardements comme un mal nécessaire à leur libération et ne se laissent nullement entraîner par la propagande des collaborateurs et des Allemands.

Un informateur au service des Allemands, qui a rédigé, en mars 1942, un rapport sur le bombardement de la ban-

---

eurent l'idée d'organiser au Cercle Aryen « le banquet des condamnés à mort » ; « ce fut très gai, écrit Oltramare : nous avions tous ce ton de crânerie goguenarde qu'affectent les briscards promis au casse-pipe ».

lieue parisienne, conclut ainsi avec une pointe de mélancolie :

« Nombreux sont encore les Français qui ont, dans la nuit du 3 au 4 mars, « ergoté » sur le bombardement et sur les nécessités militaires de cette agression, sans toutefois s'élever contre cet acte de cruauté.

En général, si l'on tâte l'opinion publique, l'indignation n'est pas assez répandue.

D'autre part, il nous a été signalé que les juifs allaient de groupe en groupe parmi les sinistrés pour leur expliquer que cette agression, dont ils étaient victimes, était nécessaire. C'est, d'après ces juifs, le seul moyen d'obliger les Allemands à quitter Paris. Pas un de ces sinistrés ne corrigea les juifs comme ils l'auraient mérité. »

★

Si l'on tient pour exacts les chiffres de 90, 95 ou même 98 % de Français opposés, plus ou moins intensément, plus ou moins activement à la victoire allemande, combien va-t-il rester de collaborateurs véritables ?

A la Libération, les vengeances déferleront sur les villages, les syndicats, les professions, comme avaient déferlé, en 1942, les lettres de dénonciation (1). Vengeances qui troubleront l'opinion publique et conduiront à une fausse comptabilité du crime.

On additionnera injustement des hommes coupables de fidélité envers le maréchal Pétain et d'affreux dénonciateurs, des patrons, des maires, des professeurs dont on guette la place ou le domicile et des miliciens responsables des crimes les plus odieux. Les imprudents paieront au même titre que les coupables.

Des hommes, habiles à se dédouaner, possesseurs de certificats de résistance de complaisance, se sauveront au bénéfice du double jeu.

D'autres seront victimes de faux résistants, qui n'ont jamais souffert sous les Allemands, mais qui justifient par le sang un patriotisme tardif.

Il est donc impossible d'établir le nombre des collaborateurs d'après les chiffres d'une répression d'abord trop rapide, trop lente ensuite, presque toujours aveugle et passionnée.

---

(1) La justice française réagira parfois contre les dénonciations calomnieuses. Le 9 octobre 1941, la Cour d'appel d'Angers condamne ainsi George S..., à 50.000 francs de dommages-intérêts ; la Cour d'Appel de Paris, le 26 novembre 1941, condamne un dénonciateur à un an de prison et le Tribunal correctionnel de Clamecy inflige la même peine au nommé Paul S...

Plus de onze mille, moins de quatorze mille Français exécutés sommairement avant ou après la Libération (1), 57.954 jugés par les cours de justice, 69.797 par les chambres civiques; 120.000 fonctionnaires et officiers seront épurés, des dizaines de milliers de nos concitoyens seront arrêtés pour quelques semaines ou quelques mois puis libérés sans jugement, des dizaines de milliers encore, gênés dans leur profession, meurtris dans leur honneur.

Pour les uns, la sentence est méritée, pour les autres, le déni de justice est éclatant.

★

Il n'est guère plus valable, si l'on souhaite recenser les « collaborateurs », de se baser sur le chiffre des adhésions aux mouvements de collaboration.

L'adhésion est l'acte extrême, et ne compter, dans un camp comme dans l'autre, que ceux qui ont rallié un mouvement, une milice, un maquis, une armée, ne donnerait qu'une imparfaite idée des réactions de l'opinion publique.

Il n'y aura jamais grand monde, en effet, dans ces groupements collaborationnistes qui recrutent, en zone sud, parmi ceux que Vichy déçoit par son attentisme, sa timidité et son cléricalisme, en zone nord, parmi les amoureux de la force immédiate ou les tenants du fascisme.

20.000 adhérents environ pour le Rassemblement National Populaire que dirige Marcel Déat ; autant à la Milice et, parfois, ce sont les mêmes; un peu plus sans doute pour le P. P. F., parti constitué depuis 1936 par Jacques Doriot et dont les meetings groupent, jusqu'à la fin de 1943, des foules considérables au *Vel'd'Hiv*, dont les « bataillons d'assaut » défilent sur les Champs-Elysées...

Si, à Paris, ces mouvements, qui calquent leur vocabulaire sur le vocabulaire de la propagande allemande, réclament l'entrée en guerre aux côtés de l'Allemagne et souhaitent une Europe où la France vassale ne sera plus qu'un maigre rameau de l'arbre allemand, si, à Paris, ces mouvements recrutent quelques milliers d'adhérents, en province, leurs difficultés sont nombreuses.

Entre le début d'août et le début de novembre 1943, tous les préfets de l'ancienne zone nord signalent de nombreuses démissions parmi les membres du P. P. F. On boude les réunions de la collaboration. 120 personnes seulement

(1) Toutes les études existantes citant des chiffres précis et souvent contradictoires il est préférable, en la matière, de n'indiquer qu'un ordre de grandeur.

assistent, à Saint-Quentin, à une conférence sur la franc-maçonnerie. A Laon, le conférencier parle devant 25 auditeurs. A deux exceptions près, les réunions du P. P. F., qui ont lieu dans l'Eure, groupent de 12 à 35 personnes. La section d'Evreux compte 20 membres, celle de Verneuil 10.

Dans le Loir-et-Cher, le R. N. P. a, en tout et pour tout, 211 inscrits, la Milice 142 hommes.

A Reims, en octobre 1943, le P. P. F. veut-il faire distribuer des tracts et barbouiller la chaussée d'inscriptions « Doriot vaincra », il doit faire venir de Paris dix individus armés.

★

De ces mouvements de collaboration, naîtront deux formations militaires qui combattront directement aux côtés des Allemands ; l'une sur le front de l'Est : il s'agit de la Légion des Volontaires Français contre le Bolchevisme ; l'autre sur le front du maquis : il s'agit de la Milice.

Les Allemands affirment, en août 1941, que la L. V. F., dont le gouvernement de Vichy a, le 7 juillet, admis le principe, compte déjà 11.000 volontaires et 1.560 officiers, dont 600 aviateurs. Mais il s'agit là de chiffres manifestement gonflés, les effectifs de la L. V. F., qui combat en uniforme allemand, n'ayant jamais dépassé 5.000 hommes dont 1.500 environ, à partir de novembre 1941, luttent en permanence sur les arrières du front russe.

Ces hommes, parmi lesquels on ne trouve que quatre officiers d'active, ces hommes partis de leur caserne de Versailles dans des wagons couverts de graffiti : « Vive l'Europe. A bas Staline », appartiennent à tous les milieux de la collaboration, comme à tous les milieux sociaux.

On rencontre pêle-mêle à la L. V. F. des aventuriers amoureux de toutes les guerres, quelques chômeurs attirés par la solde relativement élevée et qui espèrent ne jamais dépasser Versailles, des fanatiques de l'anticommunisme, heureux de pouvoir mettre d'accord leurs pensées et leurs actes, des excités, des misérables, des malfaiteurs, des sincères, des héros de deux guerres, des soldats comme ce commandant Edgar Puaud, qui abandonne l'Indochine en mai 1940 pour rejoindre la France où il veut, à toute force, se battre contre l'Allemand et que l'on retrouve quelques années plus tard à la tête de la Légion Tricolore (1), comme le lieutenant Bassompierre qui, à l'armis-

(1) La L. V. F. prit, à partir du 16 juillet 1942, le titre de « Légion Tricolore » et il fut question de substituer l'uniforme français à l'uniforme allemand et de reconquérir les territoires coloniaux passés à la

tice, dit à ses hommes : « J'emploierai toute ma vie à préparer la revanche », des bourgeois comme Barbe, notaire à Tarbes, Boudet Gheusi, avocat à Nice, des naïfs qui s'engagent, enfin, dans l'espoir de faire libérer un parent...

Sur sa page de couverture, le journal allemand *Signal* expose la photo de Mgr Mayol de Lupe avec cette légende, qui est un fer rouge sur les plaies de tous les Français : « *De la Légion d'Honneur à la Croix de Fer... Sa poitrine est couverte de seize décorations françaises et étrangères, mais il est particulièrement fier de deux d'entre elles : la rosette d'officier de la Légion d'honneur obtenue en* 1938 *et la Croix de fer allemande gagnée sur le front de l'Est.* »

Les hommes de la L. V. F., dont l'ambassadeur de Brinon, qui en a le parrainage, brocardera les « qualités » militaires, sont haïs d'une population qui méprise ces mercenaires, à qui il faut cependant inconscience et courage pour braver, en France l'impopularité, en Russie la rigueur des combats. Du moins n'ont-ils généralement pas de sang français sur les mains.

On ne peut en dire autant des miliciens, dont l'action contribuera à attiser la guerre civile.

★

La Milice est née de la Légion des Combattants ou, plus exactement, elle s'en est « dégagée », d'abord sous le nom de Service d'ordre légionnaire, rejetant, on l'a vu, sous l'impulsion d'hommes d'action comme Darnand, la mollesse et l'attentisme de la Légion.

Bassompierre — auteur des 21 points de la Milice — Bassompierre, qui sera fusillé à la Libération, a raconté comment par fidélité à une parole donnée en 1940 au Maréchal, par haine du bolchevisme, volonté d'en préserver la France, il s'est laissé entraîner à prendre d'importantes responsabilités au S. O. L. d'abord, à la L. V. F. ensuite, à la Milice enfin. Milice qui n'est qu'une police supplétive destinée à venir en aide, sur le sol de France, à l'armée allemande en lutte contre les maquis.

Dans le château d'Uriage, les garçons qui, au temps où Vichy existait encore, venaient faire retraite sous la direction de Dunoyer de Segonzac, ont été remplacés par les miliciens qui font serment « de consacrer toutes leurs

---

dissidence. Ces projets ne furent jamais réalisés et les quelques volontaires qui avaient rejoint la Légion Tricolore furent envoyés combattre en Russie.

forces à faire triompher l'idéal révolutionnaire de la milice française ». Devant ces hommes Abel Bonnard, ministre de l'Éducation nationale, s'écrie : « L'opinion n'est qu'une énorme femelle. Je reconnais et salue en vous l'élément mâle de la nation »... et ils se lancent, avec une passion que les défaites allemandes excitent encore, à la chasse aux militants gaullistes, aux communistes, aux maquisards.

La guerre civile fait rage dans certaines régions de France, et *Combats* publie un appel aux miliciens « *Milicien, les représailles valent mieux que les plus beaux discours. Milicien, prends bien soin de tes armes. Il y va de la sécurité. Milicien, les camarades tombés n'ont que faire de vos regrets. Ils attendent des actes.* »

Un comité « antiterroriste », composé de miliciens, réplique, à Lyon, aux actions de la résistance. On trouve sur la route de Vienne, en octobre 1943, le corps du docteur Jean Long, exécuté en représailles comme gaulliste. Un mois plus tard, sur la route de Limonest, celui de M. Antonin Jutard ; en mars 1944, sur la route nationale n° 7, celui de M. Martin Chevillon sur lequel une pancarte explique : « Cet homme paye de sa vie l'assassinat d'un national. Le Comité national antiterroriste de la région lyonnaise. »

Les « antiterroristes » lyonnais lancent à deux reprises des bombes dans la brasserie de l'Etoile, massacrent Victor Basch et sa femme, tous deux âgés de 81 ans. Ailleurs, les miliciens assassinent le sénateur Paul Laffont, président du Conseil général de l'Ariège, et n'oublient pas de s'emparer des provisions familiales : jambon, saucissons, conserves, miel, haricots, vins fins.

Sur un juif tué, on épingle le texte suivant : « Terreur contre terreur. Un juif paye de sa vie l'assassinat d'un national. » « Terreur pour terreur », c'est aussi le titre d'un tract du Comité national antiterroriste distribué à Lyon en novembre 1943.

Puissamment « aidés » par les Allemands qui massacrent (30.000 fusillés) et déportent (6.500 déportés pour le seul département du Puy-de-Dôme sur lesquels 780 reviendront), les mouvements collaborationnistes sont pris dans l'engrenage d'une effroyable chasse à l'homme.

Les organisations de résistance se transmettent des listes de suspects. La *Voix du Nord* dénonce ainsi Mme D..., 23 ans. « Très élégante, genre masculin, portant des culottes l'hiver, elle voyage beaucoup. C'est dans le Nord, en particulier, qu'elle a opéré jusqu'ici. Son mari, capitaine, est prisonnier en Allemagne. Elle a un amant officier allemand. »

Les radios ennemies qui se querellent (Londres inaugure les « avertissements sans frais » et Radio-Paris réplique par les « Avertissements aux résistants ») annoncent les morts des représailles futures.

Le 11 janvier 1943, Radio-Londres diffuse le texte suivant : « Fougère, le gros restaurateur de la rue de Sèze (à Lyon), votre fiche est prête et vous serez appelé à rendre des comptes. » Le 26 avril, à 22 heures, une bombe explose contre les volets de l'établissement et, quelques minutes plus tard, Fougère, appelé au téléphone, entend : « Ici les chevaliers du coup de balai. Tenez-vous à carreau. On vous cassera la gueule. A bon entendeur, salut. » Un huissier, président du groupe « Collaboration » de Lyon, est tué dans son étude ; le directeur de l'Office allemand d'Annemasse, sa femme et sa mère sont massacrés par des jeunes gens qui ont revêtu l'uniforme de deux gardes mobiles arrêtés quelques heures plus tôt par le maquis ; aux pancartes « gaullistes », sur les cadavres des inconnus, répondent ainsi, un peu partout, les pancartes « collaborateurs ».

Les antisémites se plaignent de recevoir des appels téléphoniques menaçants.

Entre 8 heures et 9 h. 30 chaque matin, le docteur Fernand Q..., qui habite Saint-Ouen, est appelé ainsi par un mystérieux correspondant qui le traite de « vendu », de « boche » et lui signale que ses jours sont comptés ainsi que ceux de sa femme... et de la femme de chambre.

Les collaborateurs reçoivent, en guise d'avertissement, soit un petit cercueil, soit des allumettes ; leurs maisons s'ornent de croix gammées (quelques-uns, découvrant cet emblème lorsqu'ils rentrent chez eux, ont le triste courage de saluer à la mode hitlérienne), d'inscriptions « Mort au traître », « A bas les boches ».

Des femmes que la rumeur publique accuse d'entretenir des relations avec les Allemands sont abattues (1), les miliciens capturés sont immédiatement fusillés, des hauts fonctionnaires (tel le préfet régional Parmentier) sont condamnés à mort « à la requête du Comité d'action contre la déportation par la cour martiale de la résistance » et la sentence envoyée à tous les préfets de France.

(1) A la Libération, on estimera, dans le seul département de l'Eure, que mille femmes se sont ainsi compromises.

★

« *Le gaullisme est partout,* écrit Déat, *qu'il procède d'un conservatisme bourgeois ou d'une idéologie pseudo-révolutionnaire.* »

Et, de Brinon : « *Les hommes de la III*e *République restent dans les préfectures, dans les mairies, dans les administrations.* »

Convaincus que la France de Vichy, telle qu'ils l'avaient rêvée, anglophobe, mais américanophile, ne collaborant que pour mieux préparer sa revanche, est maintenant impossible, les fidèles du maréchal Pétain abandonnent discrètement la Légion des Combattants.

En août 1943, la chute des effectifs par rapport à 1942 est de 20 % dans le Tarn, 20 % dans l'Hérault, 40 % en Corrèze. Dans l'Indre-et-Loire, il y avait 1.200 légionnaires en 1941, il n'en reste plus que 130 en 1943... Les notes d'informations d'inspiration gouvernementale consacrées à « l'activité communiste en France » signalent une recrudescence de sabotages, de vols et d'attentats idéologiques.

En juin 1944, beaucoup de petites villes, que se disputent maquis d'un côté, troupes allemandes et miliciens de l'autre, offrent un aspect révolutionnaire et chaotique.

Voici, par exemple, racontée par Benjamin Valloton, la journée du 8 juin dans le petit village de Tournus (Saône-et-Loire) :

Vers 10 h. 45, plusieurs membres d'un groupe de la Résistance, armés de mitraillettes et de revolvers, pénètrent dans le bureau de poste et s'emparent de l'argent contenu dans le coffre-fort et les tiroirs des deux guichets (soit 6.495 francs). Puis ils se rendent à la Caisse d'Epargne, d'où ils emportent 7.800 francs.

A peu près à la même heure, un autre groupe cambriole le bureau de poste de Boyer et s'empare d'une somme de 5.815 francs.

*Dans la soirée, le bruit se répand en ville, sans que ces nouvelles soient confirmées, que la mairie et le bureau de poste de Saint-Gengoux-le-National sont occupés par les « maquisards » ; qu'une rencontre entre des Allemands et des jeunes gens de la Résistance a eu lieu à Cuisery, ainsi que des escarmouches à Pont-de-Vaux, où les troupes d'occupation auraient pris comme otages et fusillé le docteur Valdoire, le vétérinaire Tierry et M*e *Vialet, notaire; que la route de Mâcon est barrée à Fleurville par les Allemands ; qu'à Beaumont-sur-Grosne, la plupart des hommes se sont enrôlés dans les groupes de la Résistance.*

★

Traqués, prisonniers de leurs passions, de leurs discours ou de leurs crimes, obligés de suivre dans leur retraite les troupes allemandes qui entraînent avec elles, contre son gré, le gouvernement de Vichy, les collaborateurs les plus compromis vivent, en août 1944, des heures tragiques et lamentables.

Darnand a rassemblé dans l'Est, près de la frontière allemande, 6.000 hommes que suivent 4.000 femmes et enfants. Il faut de l'argent à cette troupe. A Belfort, la Milice s'empare — contre un bon de réquisition — de 300 millions qui assureront, plus tard, l'existence des exilés en Allemagne.

Car l'Allemagne, bombardée, chancelante, pressée de toutes parts, est devenue l'espoir de plusieurs milliers de collaborateurs.

L'actrice Corinne Luchaire, fille de Jean Luchaire, directeur du journal collaborationniste *Les Nouveaux Temps*, a raconté son départ de Paris en août 1944.

La famille Luchaire — trois filles : Florence, Monique, Corinne et son bébé Brigitte, la mère, et René Arrieu, fiancé de Florence — quitte l'avenue des Ternes pour la gare de l'Est.

A peine a-t-elle fui l'appartement qu'il est occupé par des F. F. I. armés de mitraillettes.

Gare de l'Est, les Luchaire sont dirigés vers un train, rempli de soldats allemands appartenant aux Hitlerjungend. Un demi-wagon a été réservé aux civils français (journalistes pour la plupart). Le commandant Constantini, de la L. V. F., « un homme qui a le génie de la désorganisation », affirme Corinne Luchaire, assure la direction du petit groupe de Français.

Les heures passent. Le train ne bouge pas. Il est gardé par des Feldgendarmes qui empêchent les voyageurs de sortir. La nuit arrive. Les Luchaire attaquent les provisions dont ils ont eu l'heureuse idée de charger une énorme valise. Corinne Luchaire, qui n'a pas assez de langes pour la petite Brigitte, demande aux policiers allemands la permission d'aller faire une lessive. Dans un seau, au buffet, elle lave quelques linges qu'elle revient étendre sur des ficelles dans le couloir du wagon.

La nuit s'écoule et le train ne bouge toujours pas. Au matin, les fuyards apprennent que toutes les voies ont été bombardées et que les chances de départ sont compromises. Ces Français pâlissent alors et tremblent de ne pouvoir, au plus tôt, gagner l'Allemagne.

Vingt-quatre heures encore. Enfin, le convoi s'ébranle ; à mesure qu'il s'éloigne, l'espoir renaît dans la petite troupe. Les plus compromis, les plus frénétiques, évoquent ces armes secrètes (qui toutes n'étaient pas illusoires) et dont ils attendent un prompt retour dans une France définitivement ruinée.

A trente kilomètres de Paris, le train stoppe brusquement. Des maquisards attaquent le convoi ; d'un côté et de l'autre, on échange des rafales de mitraillettes. Lorsque l'assaut a été repoussé et que le train peut repartir, c'est tous les deux ou trois kilomètres qu'il faut s'arrêter pour fuir et se mettre à l'abri des avions.

A 6 heures du matin, tout le monde fait toilette dans un ruisseau — Corinne et ses sœurs se déshabillent pour enfiler leur maillot de bain — puis l'avance continue cahin-caha, traversée d'inquiétudes, de joies puériles, de séances de reptation dans les fossés, de marche difficile sur les voies.

Enfin, les Luchaire et leurs compagnons arrivent à Strasbourg où ils pensent pouvoir attendre une victoire allemande, qu'ils espèrent d'autant plus follement qu'elle seule peut les sauver encore.

★

Etrange cortège que celui de cette troupe de collaborateurs fuyant à travers la France d'août 1944.

Exode combien différent de l'exode de 1940.

Oui, il y a des avions dans le ciel, des villes bombardées, des routes mitraillées, mais toute la France éclate en *Marseillaises,* les ruines sont décorées de tricolore, ce n'est pas un peuple maussade et angoissé qui coule sur les routes, mais quelques milliers d'hommes et de femmes à qui la patrie ferme ses portes.

Dans les villes où l'on prend d'assaut les bâtiments allemands, où l'on couvre de crachats les portraits d'Hitler, où des femmes tondues sont exhibées devant des hystériques, où l'on tiraille sur les toits contre des ombres, où l'on exhume les fusillés de leurs fosses communes, dans les villes et les villages des foules crient, chantent, boivent, pleurent de joie, jouent de la mitraillette et du brassard, affichent la photo du général de Gaulle, brandissent des drapeaux et des armes, mendient des cigarettes américaines, acclament la fin du cauchemar, des restrictions, de la peur, de la honte.

De l'abîme de la défaite, merveilleusement, a surgi la victoire.

Victoire pour laquelle bien peu de Français ont travaillé tout au début, lorsque l'Angleterre songeait à replier son roi et ses vaisseaux sur le Canada.

Victoire à laquelle tout un peuple adhère aujourd'hui intensément, oubliant qu'il a été ce peuple de juin 1940 écrasé sur les routes et qui exigeait l'armistice, ce peuple de 1941 qui acclamait le maréchal Pétain et se pressait aux fêtes de la Légion, pour ne se souvenir que de sa révolte devant les excès des Allemands, les abandons du gouvernement, les bassesses de la collaboration et faire preuve d'un courage désordonné, d'une passion révolutionnaire et d'une foi patriotique dont, connus ou inconnus, des milliers de martyrs portent, devant l'histoire, la paternité.

Octobre 1958-Mars 1961.

BIBLIOGRAPHIE

A l'instant d'établir la liste des principaux ouvrages consultés pour la réalisation de ce livre, je tiens à remercier vivement le Directeur et le personnel de la Bibliothèque de Documentation Contemporaine, 5, rue Auguste-Vacquerie (Paris). Tous ceux qui désirent étudier la Première et la Deuxième Guerre Mondiale passent nécessairement rue Auguste-Vacquerie où ils sont assurés de trouver un fort sympathique accueil.

Mes très vifs remerciements également au Centre de Documentation Juive Contemporaine, rue Geoffroy-L'Asnier (Paris), qui m'a très largement et très sympathiquement ouvert ses archives considérables. Grâce au C. D. J. C., j'ai été en mesure de consulter un grand nombre de documents inédits, extraits notamment des dossiers de l'Ambassade d'Allemagne à Paris, de la Délégation Générale du Gouvernement Français, de l'Institut d'Etudes des Questions Juives, du Commissariat général aux Questions Juives, etc...

A Paris, également, M. Pierre Henry, secrétaire général de l'Association pour défendre la mémoire du maréchal Pétain, comprenant l'intérêt de cet ouvrage, m'a très aimablement ouvert sa bibliothèque et ses archives.

Le Comité d'Histoire de la Deuxième Guerre Mondiale, que dirige M. Michel, a réalisé sur cette période de notre histoire un travail considérable dont on trouvera la synthèse dans « la Revue d'Histoire de la Deuxième Guerre Mondiale » et dans la collection « Esprit de la Résistance ».

Il ne m'est pas possible de donner ici la très longue liste de tous les documents manuscrits consultés, non plus que les noms des journaux publiés, soit à Paris, soit à Vichy, des journaux clandestins, des brochures de propagande et d'information du Gouvernement français, etc., qui ont été, à maintes reprises, utilisés pour ce travail. Malgré son importance, cette bibliographie reste donc incomplète.

TEMOIGNAGES ORAUX ET ECRITS

M. Robert Aron, dont on connait le travail remarquable et la grande probité, m'a très aimablement accueilli et guidé. Qu'il soit ici remercié, ainsi que toutes les personnes qui, grâce à leurs souvenirs et aux documents en leur possession, ont contribué à la documentation de cet ouvrage, et particulièrement :

A BORDEAUX. — Mme Claudie Planet ; MM. Arpin, Betge-Brezets, Brard, Catala, Chauvenet, Dartigues, Desgraves, Gil Dulout, Gaucher, Hirsch, F. Lattapy, A. Mollat, de Naurois, Paret, L-G. Planes, Thomas, Tourné, Védère.

A FOIX. — MM. Benazet, Goizé.

AU HAVRE. — Mmes Leroy, Tardif ; MM. Barriaux, Calet, Cayeux, Pierre Courant, Lacheray (lieutenant), Lagrange, Le Guillanton (capitaine), Reiniche (commandant), Lecordier (caporal), Hate, Pesson.

A LIMOGES. — MM. Hilaire, abbé Paul Manigaud, Villejoubert.

A METZ. — MM. Bruge, Fluckinger, Gamen, Henry, Kempnich, Kumpnich, Weydert.

A MONT-DE-MARSAN. — MM. Blochet, Dubos, Laporterie.

A MONTOIRE. — MM. Renard, Savoureux.

A NANCY. — Mgr Mansuy, M. l'abbé Rousselot, M. Worms.

A NANTES. — MM. Eve, Jean Merrien.

A ORLEANS. — MM. Germain Maure, Monnier, Secrétain, Thauvin, Trémorin.

A PARIS. — Mmes Jacqueline Amar, Claude Cézan, Chevallet, Renée Claudel, Y. Deletang-Tardif ; MM. Robert Aron, J. Bergier, Blavet, Pierre Claudel, Czertok, Desjacques, Estèbe, Gallet, Girard, Guignard, Pierre Henry, Laurent, Lavagne, général Leschi, Loupias, Mazor, colonel Merz, Modiano, général Mollard, S. A. I. le prince Napoléon, Pujol, Scapini, Schnerson, J.-J. Sempé, Pierre Taittinger, Vourc'h (G.), Zamanski.

A SAINT-NAZAIRE. — MM. Lautran, Marcillac, Mlle Tahier.

A L'ILE DE SEIN. — MM. Follic, M. et Mme Le Gall.

A TOULOUSE. — M. Fusil, Mme Gayral, abbé Naudin.

A VICHY. — MM. Brunet, Côte (chanoine), Dillenseger, Feuillade (commandant), Mazerol, Pougnié, Sauvanet, Tosello, ainsi que M. l'abbé Aoustin (Saint-Nicolas-de-Redon), M. l'abbé Auvray (Bermonville), Mme Baucheron (Argenton), M. Beaulieux (Saint-Martin-de-Lamps), Mgr Bejot (Reims), MM. Benharoche (Biarritz), Berthod (Aix-les-Bains), Cazalis (Dax), M. et Mme Callian (Dax), MM. Darqué (Hendaye), M. l'abbé Depierris (Saint-Lary), Dr Desse (Quimper), Ducom (Verdun), Dumas (Saint-Martin-d'Oyde), Farge (Thenon), Révérend Père Fleury (Poitiers), Fougerit (Saint-Denis-du-Pin), Gandilhon (Châlons-sur-Marne), Gaudin (Concarneau), Guillet (La Rochelle), Mme Krebs (Concarneau), Mlle Laget (Calais), M. l'abbé Lagrue, MM. Ledrich (Thionville), Mercier (Ambazac), Moreel (Dunkerque), Nobecourt (Rouen), M. l'abbé Pavin (Petit-Mars), MM. Picard (préfet du Haut-Rhin), Planchet (Libourne), M. le général Pommies (Arbus), Révérend Père Ranson (Bray), M. l'abbé Raymond (Noirmoutier), Révérend Père Richard (Saint-Brieuc), MM. Robinet (Mézières), Rohou (Caen), Rossier (Annecy), Soulié (Grenoble), Soublin (Fécamp), Schmitz (Gandrange), Vourc'h (Plomodiern), Weil (Montpellier).

★

ABETZ (Otto), *Histoire d'une politique franco-allemande* (Stock).
ABETZ (Otto), *Pétain et les Allemands. Memorandum d'Abetz sur les rapports franco-allemands* (Gaucher).
ACÉVÉDO (C. de), *A notre corps défendant* (Paul Dupont).
Activité des organisations juives en France sous l'occupation (Ed. du Centre).
ADREY (Georges), *Journal d'un replié.*
AIMÉ (Denise), *Relais des Errants* (Desclée de Brouwer).
ALEXANDRE (Maxime), *Présumé révolutionnaire* (Sagittaire).
Annuaire statistique de la Ville de Paris (Imprimerie Nationale).
ANTHÉRIEU (Etienne), *Le drame de l'armée de l'Armistice* (Ed. des Quatre-Vents).
ARBELLOT (Simon), *La Presse française sous la francisque* (L'Echo de la Presse et de la Publicité).
ARGENSON (Marquis d'), *Pétain et le pétinisme* (Ed. Créator).
ARMAND (Chanoine), *La dure épreuve du loyalisme français* (Ed. I. G. C. Saint-Etienne).
ARNOULT (Pierre), *Les Finances de la France et l'occupation allemande* (Presses Universitaires).
ARON (Robert), *Histoire de Vichy* 1940-1944 (A. Fayard).
ARON (Robert), *Histoire de la Libération* (A. Fayard).
ARON (Robert), *Le piège où nous a pris l'Histoire* (Albin Michel).
ASSAILY (Gisèle d'), *S. S. A. Journal d'une conductrice de la Section Sanitaire Automobile* (Julliard).
AUDIAT (Pierre), *Paris pendant la guerre* (Hachette).
AUGIER (Marc), *Les Partisans* (Denoël).
AUPHAN (amiral), *La lutte pour la vie* 1940-1942 (Les Iles d'or).
AUPHAN (amiral) et MORDAL (Jacques), *La Marine française pendant la seconde Guerre Mondiale* (Hachette).

BAISTON (Robert), *L'ombre des cocardes* (Sève, Lyon).
BARDOUX (Jacques), *La délivrance de Paris* (A. Fayard).
BARDOUX (Jacques), *Journal d'un témoin de la Troisième* (A. Fayard).
BASSOMPIERRE (Jean), *Frères ennemis. Le Sacrifice de Bassompierre par Charles Ambroise Colin* (Amiot-Dumont).
BAUDIN (Louis), *Esquisse de l'économie française sous l'Occupation* (Editions politiques économiques et sociales).
BAUDIN (Paulette et Louis), *La consommation dirigée en France en matière d'alimentation* (Librairie générale de Droit et de Jurisprudence).
BAUDOT (Marcel), *L'Opinion publique sous l'Occupation ; l'exemple d'un département français* (P. U. F.).
BEAU DE LOMÉNIE (Emmanuel), *La mort de la Troisième République* (édit. du Conquistador).

BEAUCLAIR (André), *Notre drame* (Ed. Internationales).
BEGUIER (lieut.-col.), *Les étapes d'un régiment breton. Le 71e R. I.* (Berger-Levrault).
BENJAMIN (René), *Le grand homme seul* (Plon).
BENJAMIN (René), *Le Maréchal et son peuple* (Plon).
BELLIGAT (Roger), *Naissance d'un bataillon de francs-tireurs et de partisans français.*
BENOIST-MÉCHIN, *La moisson de 40* (Albin Michel).
BENOIST-MÉCHIN, *Soixante jours qui ébranlèrent l'Occident*, 2 vol. (Albin Michel).
BERGÉ (François, dit DENFER), *Le pétinisme, étrange vertu* (Ed. du Livre Français).
BERGERET-HERMAN (Grégoire), *Messages personnels* (Bière, Bordeaux).
BERNARD (Henry), *Un ermite en exil* (A. Fayard).
BETHÉGNIES (Robert), *Le sacrifice de Dunkerque* (Yves Demailly).
BETZ (Maurice), *Dialogue des prisonniers* (Émile Paul).
BILLIG (Joseph), *Le commissariat général aux questions juives* (Ed. du Centre).
BLANCHARD, *Le retour à la Terre* (Les Livres Nouveaux).
BODIN (Léon), *Les journées tragiques d'Ecueillé* (Arrault, Tours).
BOPP (Marie-Joseph), *L'Alsace sous l'occupation allemande* (X. Mappus, Le Puy).
BOUCHARDON (Pierre), *Souvenirs* (Albin Michel).
BOURGET (Pierre), *Témoignages inédits sur le maréchal Pétain* (A. Fayard).
BOURGET (Pierre) et LACRETELLE (Charles), *Sur les murs de Paris* (Hachette).
BOUTANG (Pierre) et DUBREUIL (H.), *Amis du Maréchal* (Fernand Sorlot).
BOUTHILLIER, *Le drame de Vichy*, 2 vol. (Plon).
BOUVARD (Jean), *Dans ma sous-préfecture* (Lyon, Audin).
BOVERAT (Fernand), *Niveau d'existence et charge de famille* (Librairie de Médicis).
BRASILLACH (Robert), *Journal d'un homme occupé* (Les sept couleurs).
BREDÈCHE (Raymond), *Carnet de route d'un maquisard* (Ed. de l'Etape, Grenoble).
Bulletin de statistique générale (Imprimerie Nationale).

CADIER (Henri), *Le calvaire d'Israël et la solidarité chrétienne* (Ed. Labor).
Cahiers d'Histoire de la Deuxième Guerre Mondiale (nos 1, 3, 4, 14, 15, 16, 17, 21, 26, 32) (Presses Universitaires).
CAILLAUD (Paul), *Nantes sous les bombardements* (Ed. du Fleuve).
CALET (Henri), *Les murs de Fresnes* (Ed. des Quatre-Vents).
CANLORBE (Pierre), *Le service de Santé de la Résistance* (A. Legrand).
CARCOPINO (Jérôme), *Souvenirs de sept ans* (Flammarion).
CASSOU (Jean), *La mémoire courte* (Ed. de Minuit).
CASSOU (Jean), *Le Pillage par les Allemands des œuvres d'art et des bibliothèques appartenant à des juifs en France* (Ed. du Centre).
Catalogue des périodiques clandestins (Bibliothèque Nationale).
CATHERINE (Robert), *Economie de la répartition des produits industriels* (Presses Universitaires).
CATOIRE (Maurice), *La direction des services de l'Armistice* (Berger-Levrault).
CÉ (Alain de), *L'évasion d'un saint-cyrien* (Les Œuvres Nouvelles, New-York).
CERNAY (Louis), *Le Maréchal Pétain, l'Alsace et la Lorraine* (Les Îles d'Or).
CHAMSON (André), *Le puits des miracles* (Gallimard).
CHANTAL (Jean), *Allons Français, va au village !* (Ed. Sorlot).
CHANTEREL (Etienne), *Les heures difficiles de 1940.*
CHANLAINE (Pierre), *Un régiment régional, le 211e.*
CHAUMET (André), *Les buts secrets de la Relève et du S. T. O.* (Ed. C. E. A.).
CHOMBART DE LAUWE, *Pour retrouver la France* (Ed. Ecole des Cadres, Uriage).
CLÉMENT (G.), *Avec l'Alsace en guerre* (Istra).
CONDROYER (Daniel), *Equipe* (Ed. Françaises Nouvelles).
CORDAY (Pauline), *J'ai vécu dans Paris occupé* (L'Arbre).
COROSI (Lucien), *Un village français en 1944* (La Nouvelle Edition).
COSTON (Henry), *La Franc-Maçonnerie sous la Troisième République* (C. A. D.).
COTEREAU (Jean), *L'Eglise et Pétain* (Ed. de l'Idée Libre).
COULET (R. P.), *Les catholiques et la Révolution Nationale* (Apostolat de la Prière).
COURANT (Pierre), *Au Havre pendant le siège* (A. Fayard).
COUROUBLE (Alice), *Amie des Juifs* (Bloud et Gay).
CRÉMIEUX-DUNAND (J.), *La vie à Drancy* (Gedalge).
CRÉMIEUX-DUNAND (J.), *La vie des internés* (Gedalge).

DANSETTE (Adrien), *Histoire de la Libération de Paris* (A. Fayard).
DARLAN (Alain), *L'Amiral Darlan parle* (Amiot-Dumont).
DÉAT (Marcel), *Le parti unique* (Aux Armes de France).
DEBOUZY (Roger), *A marée basse* (Debresse).
DEBU-BRIDEL (Jacques), *Les Editions de Minuit, historique et bibliographie* (Ed. de Minuit).
DEGEM (Gustave), *Malgré nous* (Alsacia).
DELAGE (Jean), *Espoir de la France. Les chantiers de jeunesse* (Quillet).

DELAGE (Jean), *Grandeur et servitude des chantiers de jeunesse* (A. Bonne).
DE LATTRE (Maréchal de France) : ouvrage collectif (Plon).
Délégation Française auprès de la commission allemande d'armistice, 5 vol. (Imprimerie Nationale).
DEMARNE (Michèle), *La barque de Dante*.
DESCHAUMES (Guy), *Vers la croix de Lorraine* (Flammarion).
DESCOTTES (Edouard), *Quatre ans sous la botte*.
DESFEUILLES (André), *L'évasion du Prince Napoléon* (Ed. J. Peyronnet).
DÉVILLE (Jacques) et WICHÉNIE (Simon), *Drancy la juive* (A. L. E.).
DEVILLIERS (Daniel), *L'Etendard évadé* (Berger-Levrault).
DONCŒUR (Paul), *Péguy, la révolution et le sacré* (A l'Orante).
DOUEIL (Pierre), *L'Administration locale à l'épreuve de la guerre* (Recueil Sirey).
DUBOIS (Edmond), *Paris sans lumière* (Payot).
DUMAS (Pierre), *Saint-Jean, terroriste* (Delmas, Bordeaux).
DU MOULIN DE LABARTHÈTE (H.), *Le temps des illusions* (A l'Enseigne du Cheval Ailé).
DUPUY (Ferdinand), *Quand les Allemands entrèrent dans Paris*.
DURAND (Suzanne), *Mon journal des temps difficiles* (Cahiers du nouvel humanisme).
DUTOURD (Jean), *Au bon beurre* (roman) (Gallimard).

ECCARD (Frédéric), *Mes Carnets. Avec les Alsaciens évacués en Périgord* (Dernières Nouvelles de Strasbourg).
Enseignements de la Guerre de 1939-1945 *dans le domaine de la nutrition.* Un symposium tenu sous la présidence d'E. J. Bigwood (Masson).
ESCHOLLIER (Raymond), *Maquis de Gascogne* (Milieu du Monde).
ESDRAS-GOSSE (Bernard), *Le Havre* 1939-1944 (Association Prisonniers de guerre).
ESQUILLAT (Pierre), *Le ravitaillement de la France en temps de guerre.*
Evénements survenus en France de 1933 *à* 1945.
Témoignages et documents recueillis par la Commission d'enquête parlementaire, 9 vol. (P. U. F.).

FABRE (Marc-André), *Avec les héros de « 40 »* (Hachette).
FABRE-LUCE (Alfred), *Double prison* (édité par l'auteur).
FABRE-LUCE (Alfred), *Journal de la France* 1939-1944, 2 vol. (Constant Bourquin).
FABRY (Jean), *De la place de la Concorde au cours de l'Intendance* (Ed. de France).
FARGE (Yves), *Rebelles, soldats et citoyens* (Grasset).
FÉRAL, *Esquisse sommaire de l'histoire de Montauban sous l'Occupation* (Actes du 79e Congrès des S. S.).
FERNET (Vice-Amiral), *Aux côtés du Maréchal Pétain* (Plon).
FÉVRIER (André), *Expliquons-nous* (A. Wast et Cie).
FLAVIAN (C. L.), *Ils furent des hommes* (N. E. L.).
FOLLIET (Joseph), *Pour comprendre les prisonniers* (Ed. du Seuil).
FONTENICE (Georges), *Commentaires sur les émissions de la B. B. C. à Londres.*
FOUQUIÈRES (A. de), *Cinquante ans de panache* (Pierre Horay).
La France et son Empire dans la Guerre, 3 vol. (Ed. littéraire de France).
FLEURY (Mgr), *Le renouveau religieux chez les P. G.*
Francs-tireurs et Partisans de la Haute-Savoie (Ed. France d'abord).
FROSSARD (André), *La maison des Otages* (A. Fayard).
FROSSARD (L.-O.), *Du syndicat à la corporation* (E. L. F.).

GALINIER (Fanny), *Manger pour vivre* (Ed. du Grand-Pavois).
GALTIER-BOISSIÈRE (Jean), *Mon journal pendant l'Occupation* (La Jeune Parque).
GARCIN (Paul), *Interdit par la censure* (Lugdunum).
GAULLE (Charles de), *Mémoires de guerre* (Plon).
GAZAVE (Jean), *La terre ne meurt pas* (Villefranche de Rouergue).
GELEZEAU (A.), *Le Ve siège de La Rochelle.*
GÉRARD, *Le juif, ce qu'il est, ce qu'il veut, ce qu'il a fait* (Union française pour la défense de la race).
GERNOUX (Alfred), *Chateaubriand et ses martyrs* (Ed. du Fleuve).
GEX-LEVERRIER (Madeleine), *Une Française dans la tourmente* (Emile Paul).
GIBRIN (Commandant Ch.), *Dix causeries radiodiffusées sur la Protection familiale contre les bombardements* (Lavauzelle).
GILDAS (G.), *Radio Toulouse* (Champion).
GIRARD (Louis-Dominique), *L'Appel de l'Ile d'Yeu* (André Bonne).
GIRARD (Louis-Dominique), *Montoire, Verdun diplomatique* (André Bonne).
GIRAUDOUX (Jean), *Armistice à Bordeaux* (Ed. du Rocher, Monaco).
GLATH (Paul), *Du pays de Bitche à la Charente-Maritime.*
GODIN (H.) et DANIEL (Y.), *La France, pays de mission* (L'Abeille).
GRANET (Marie) et MICHEL (Henri), *Combat. Histoire d'un mouvement de Résistance* (P. U. F.).
GROUSSARD (Colonel), *Chemins secrets*, 2 vol. (Bader-Dufour).
GUEHENNO (Jean), *Journal des années noires* (1940-1944) (Gallimard).

GUERRY (Mgr), *L'Eglise catholique en France sous l'Occupation* (Flammarion).
GUILLAIN DE BÉNOUVILLE, *Le sacrifice du matin.*
GUILLAIN DE BÉNOUVILLE, *Vie exemplaire du commandant d'Estienne d'Orves* (Plon).
GUILLAUME (Paul), *Au temps de l'héroïsme et de la trahison* (Orléans, Imprimerie Nouvelle).
GUILLEMARD (J.), *L'enfer du Havre* (Ed. Médicis).

HAUTECLOQUE (Françoise de), *La guerre chez nous* (Ed. Colbert).
HEITZ (Robert), *Mon ami Hans* (Chez l'auteur).
HENRIOT (Philippe), *Et s'ils débarquaient ?* (Ed. du Centre d'études de l'Agence Inter-France).
HERBIER-MONTAGNON (Germaine L'), *Disparus dans le ciel* (Fasquelle).
HERVAL (René), *Bataille de Normandie. Récits de témoins*, 2 vol. (Ed. de Notre Temps).
HIRSON, *Evasion de France* (F. Nathan).
HOFFET (Frédéric), *Psychanalyse de l'Alsace* (Flammarion).
HOOVER-INSTITUTE, *La vie de la France sous l'Occupation*, 3 vol. (Plon).

IOTA (sœur), *Le vieil Hostel Dieu de Notre-Dame des Anges 1651-1946* (Ed. Coquemard, Angoulême).
IPPECOURT, *Les chemins d'Espagne* (Gaucher).
ISORNI (Jacques), *Témoignages sur un temps passé* (Flammarion).

JACOB (Max), *D'un carnet de notes* (N. R. F.).
JACQUES (Anne), *Pitié pour les hommes* (Le Seuil).
JANON (René), *J'avais un sabre* (Charlot).
JOUBERT (J.), *La Libération de la France* (Payot).
JOURDAN (Louis), HELFGOTT (Julien), GOLLIET (Pierre), *Glières. Première bataille de la Résistance.*
JUNGER (Ernst), *Journal*, 1941-1943 (Julliard).

KAMMERER (Albert), *La vérité sur l'Armistice* (Ed. Médicis).
KENT (Victoria), *Quatre ans à Paris* (Le livre du jour).
KERLO (Marie), *Ceux-ci n'ont pas rampé* (Imp. des Orphelins d'Auteuil).
KNOUT (David), *Contribution à l'histoire de la résistance juive en France* (Ed. du Centre).

LABUSQUIÈRE, *Vérités sur les combattants* (Lardanchet).
LAFFARGUE (André), *Le général Dentz* (Les Iles d'Or).
LAFFERRE (Dr Max), *Les heures dures. Le siège de Brest* (Librairie Le Goaziou, Quimper).
LAFFITE (Jean), *Ceux qui vivent* (Ed. Hier et Aujourd'hui).
LANGERON (Roger), *Paris, Juin 40* (Flammarion).
LAPLAGNE (Robert), *Les jours maudits* (Les documents contemporains).
LAURE (général), *Pétain* (Berger-Levrault).
LAZARUS (Jacques), *Juifs au combat* (Ed. du Centre).
LEAHY (Amiral William D.), *J'étais là* (Plon).
LEBOUCHER (Dr Marcel), *De Caen à Oranienbourg* (Imp. Ozanne).
LECLÈRE (J.-P.), *Souvenirs d'exil* (Mutelet, Metz).
LE DIUZET (Alain), *Dans les barbelés* (Saint-Brieuc).
LEFÈVRE (Roger), *Raz de marée* (Baudinière).
LEFORT (Max), *Prisonnier au Stalag III B* (Texier, Poitiers).
LE GENTIL (René), *La tragédie de Dunkerque* (Magne, Lisieux).
LEIXNER (Léo), *Von Lemberg bis Bordeaux.*
LELONG, *Du sang sur le rail* (Ed. Rivet).
LE RAY (Lieut.-col.), *Le département de l'Isère, de la défaite à l'occupation allemande* (Actes du 77ᵉ congrès des S. S.).
LERECOUVREUX, *Résurrection de l'armée française* (Nouv. Editions latines).
LEROY (Louis), *La terre aux jeunes paysans* (Debresse).
LESAUNIER (Maurice), *La conscience catholique en face du devoir civique actuel.*
LHOTTE (Céline), *Et pendant six ans* (Bloud et Gay).
LORRAINE (J.), *Les Allemands en France* (Ed. du Désert, Oran).
LOTH (Gaston), *Un département breton, le Morbihan sous l'effroyable tyrannie allemande.*
LUBETZKI, *La condition des juifs en France sous l'occupation allemande* (C. D. J. C.).
LUCHAIRE (Corinne), *Ma drôle de vie* (Ed. Sun).

MAESTU DE BODUER, *Retour de Stalag* (Les Cahiers du Berry, 1943).
MALLET (Alfred), *Pierre Laval*, 2. vol. (Amiot-Dumont).
MARILLIER (abbé M.), *Maquis au val de Saône.*
MARTELLI (Georges), *L'homme qui a sauvé Londres* (Julliard).
MARTIN DU GARD (M.), *Chronique de Vichy* (Flammarion).
MASSON (André), *Entre deux mondes* (Pierre Lagrange).

MASSU (Commissaire), *L'enquête Petiot* (A. Fayard).
MAUPERTUIS (comtesse de), *La vie en Normandie.*
MAZE (Pierre) et GENEBRIER (Robert), *Les grandes journées du Procès de Riom* (La Jeune Parque).
MEGGLE (Armand), *Recensement des forces économiques de la Nation* (Les Cahiers de France).
MESNIL-AMAR, *Ceux qui ne dormaient pas* (Ed. de Minuit).
METGE (Maurice), *Evasion d'un stalag* (Ed. Méridionales, Albi).
MEY (Eugène), *Le drame de l'Alsace* (Berger-Levrault).
MEYNIER (André), *Les déplacements de la population vers la Bretagne.*
MICHEL (Henri), *Histoire de la Résistance* (P. U. F.).
MILLIAT (Robert), *Le dernier carrousel* (Arthaud).
MIR (Mathilde), *Quand la terre se soulève* (Coquemard, Angoulême).
MONZIE (Anatole de), *La saison des juges* (Flammarion).
MOREEL, *Les jours sombres de l'occupation allemande à Dunkerque* (Actes du 85ᵉ congrès des S. S.).
MOSSU (René), *Les secrets d'une frontière* (Milieu du Monde).
MOULIN (Jean), *Premier combat* (Ed. de Minuit).
MOUSSINAC (Léon), *Le radeau de la Méduse.*
MUNCH (Karl), *« Nous l'avons échappé... »* (Les Œuvres françaises).

NEGIS (André), *Marseille sous l'occupation* (Capricorne).
NETTER (Nathan), *La patrie égarée et la patrie renaissante* (Paul Even).
NICOLLE (Pierre), *Cinquante mois d'armistice* (André Bonne).
NOBECOURT (R. G.), *Rouen désolée* (Ed. Médicis).
NOEL (Geneviève), *La mort étrange de la IIIᵉ République* (Ed. du Scorpion).
NOGUÈRES (Henri), *Le suicide de la flotte française à Toulon* (Robert Laffont).
NORD (Pierre), *Mes camarades sont morts* (Lib. Champs-Elysées).
NORDMANN (Roger), *Le Bain* (La Porte Etroite).
NOUVEAU (L.-H.), *Des capitaines par milliers* (Calman-Lévy).

Occupation (L') et la Libération par des écoliers ardennais (Croix-Rouge Française de la Jeunesse).
ODIN (Jean), *Les Quatre-vingts* (Taillandier).
OLTRAMARE (Georges), *Les souvenirs nous vengent* (Ed. de l'autre son de cloche, Genève).
ORNANS (Noël d'), *Les jeudis du Maréchal.*
OUWERX (Dr Paul), *Les précurseurs du communisme ; la Franc-Maçonnerie peinte par elle-même.*

PAS COMPRIS, *Recueil d'histoires des chansonniers parisiens* (Les Œuvres Françaises).
PEABODY (Polly), *A travers les deux zones* (Keliger, Hudson, Kearns, Londres).
PERRAUD-CHARMANTIER, *La guerre en Bretagne* (Aux Portes du Large).
PERRIGAULT (Jean), *Les passeurs de frontières* (Ed. de la France au combat).
Persécution des juifs en France et dans les autres pays de l'Ouest présenté par la France à Nuremberg (Ed. du Centre).
PESQUIDOUX (Joseph de), *En pays gascon* (La Palatine).
PIERRE (abbé), *23 mois de vie clandestine* (conf. au Palais de Chaillot).
PÉTAIN (Maréchal), *Paroles aux Français* (Lardanchet).
PINEAU (Christian), *La simple vérité* (Julliard).
PINELLI (Noël), *Les journées de juin 1940 à Paris.*
PIQUET (Georges), *Presses clandestines* (Fernand Nathan).
PLANES (L.-G.) et DUFOURG (R.), *Bordeaux, capitale tragique* (Médicis).
POLIAKOV (L.), *La condition des juifs en France sous l'occupation italienne* (Ed. du Centre).
POLIAKOV (L.), *L'étoile jaune* (Ed. du Centre).
POLONSKI (Jacques), *La Presse, la propagande et l'opinion sous l'occupation* (C. D. J. C.).
POMIANE (Dr de), *Cuisine et restrictions* (Corréa).
PORTE DU THEIL (J. de la), *Les chantiers de jeunesse.*
Pour la Milice, Justice ! par un chef de corps de la Milice (Ed. Etheel).
Procès de la Collaboration (Les) (Albin Michel).
Procès de la Radio (Les) (Albin Michel).
Procès de Xavier Vallat présenté par ses amis (Le) (Ed. du Conquistador).
Procès du maréchal Pétain (Le), compte rendu sténographique, 2 vol. (Albin Michel).
PUCHEU (Pierre), *Ma vie* (Amiot-Dumont).

QUERRILLAHC, *J'étais S. T. O.* (France Empire).
QUEVAL (Jean), *Première page, cinquième colonne* (A. Fayard).

RAVON (Georges), *Des yeux pour voir* (Flammarion).
REBATET (Lucien), *Les Décombres* (Denoël).
REINE (Charles), *Sous le signe de l'étoile* (Brentano's).
RÉMY, *Dix marches vers l'espoir* (Presses de la Cité).

Renseignements généraux sur la France après quatre ans d'occupation ennemie (Ed. par l'Entraide française, 1945).
Requête aux Nations Unies sur les violations des droits de l'homme (Union pour la Restauration et la Défense du Bien Public).
REYNAUD (Paul), *La France a sauvé l'Europe*, 2 vol. (Flammarion).
RIBERS (Paul), *Flèches ouvrantes* (Baudinière).
RIFFAUT (Madeleine), *Les carnets de Charles Debarge* (Ed. Sociales).
ROGER-FERDINAND, *Les « J 3 »* (Réalités).
ROQUES (René), *Le sang de nos fautes* (Albin Michel).
ROSSI (A.), *La guerre des papillons, quatre ans de politique communiste* (1940-1944) (Les Iles d'Or).
ROSSI (A.), *Physiologie du Parti Communiste Français* (S. E. F. I.).
ROUÈCHE (Dr), *Etat sanitaire de la population infantile, pendant l'exode* 1940.
ROUSSET (David), *Le pitre ne rit pas* (Ed. du Pavois).

SACHS (Maurice), *La chasse à courre* (Gallimard).
SAINT-BONNET (G.), *Vichy-capitale* (Ed. Mont Louis).
SAINT-EXUPÉRY (A. de), *Pilote de guerre* (Gallimard).
SALLERON (Louis), *La Charte paysanne.*
SANDY (Isabelle) et DUFOUR (Marguerite), *Le Cardinal Saliège* (Spes).
SCHAEFFER, *L'Alsace et la Lorraine* 1940-1945 (Lib. de Droit et de Jurisprudence).
La Seconde Guerre Mondiale (Larousse).
SERRIGNY (général), *Trente ans avec Pétain* (Plon).
SERVAGNAT, *La Résistance dans l'arrondissement d'Epernay.*
SIMIOT, (Bernard), *De Lattre* (Flammarion).
SIMONET (Roger), *Les produits de remplacement* (P. U. F.).
Soldats du Feu, Sapeurs-pompiers du Havre.
SORDET (Dominique), *Naissance de l'anglophilie.*
SOREL (Jean-Albert), *Le chemin de croix* (Julliard).
STÉPHANE (Roger), *Chaque homme est lié au monde* (Sagittaire).

TAITTINGER (Pierre), *Et Paris ne fut pas détruit* (N. E. L.).
TANANT (Pierre), *Vercors* (Arthaud).
TEXCIER (Jean), *Ecrit dans la nuit* (La Nouvelle Edition).
THÉRIVE (André), *L'envers du décor* (La Clé d'Or).
TONY-RÉVILLON (M.-M.), *Mes carnets* (Odette Lieutier).
TOUDOIRE (Maurice) et VÉRON (Pierre), *Marché noir et hausse illicite* (André Bonne).
TRACOU (Jean), *Le Maréchal aux liens* (André Bonne).
TRARIEUX (Jean), *Journal d'un homme de courses* (A. Fayard).
TRUFFY (abbé Jean), *Les mémoires du curé du maquis de Glières.*
TURPIN (Michel) et MALOIRE (Albert), *Le 24e bataillon de chasseurs* (Berger-Levrault).

VAILLAND, *La hiérarchie des salaires.*
VALLAT (Xavier), *Le nez de Cléopâtre* (Ed. des quatre fils Aymon).
VALLOTON (Benjamin), *Fascistes et nazis en Provence* (Mercure de France).
VALLOTON (Benjamin), *Ceux d'Etobon* (Metthez frères).
VALLOTON (Benjamin), *Journal de Jules Perret* (Mercure de France).
VARILLON (Pierre), *Le sabordage de la flotte* (Amiot-Dumont).
VAUCHER (Robert), *Quand le Maréchal Pétain prend son bâton de pèlerin* (Presse française et étrangère 1941).
VERGEOT et AUBÉ, *Rapport sur le problème agricole français* (Chaix).
VERGNET (Paul), *Les Catholiques dans la résistance* (Ed. les saints pères).
VERNOUX (le général M.), *Wiesbaden 1940-1944* (Berger-Levrault).
VIBRAY (Tony de), *Avec mon groupe de reconnaissance* (les ordres de chevalerie).
Vichy contre le Maréchal (brochure de propagande éditée par le R. N. P.).
VIDALENC (Jean), *L'exode de mai-juin 40* (P. U. F.).
VINCENT (François), *Histoire des famines à Paris.*

WALTER (Gérard), *La vie à Paris sous l'occupation* (A. Collin).
WEIL-CURIEL (André), *Le temps de la honte*, 3 vol. (Ed. du Myrthe).
WEILL (Dr Joseph), *Contribution à l'histoire des camps d'internement dans l'anti-France* (Ed. du Centre).
WELLERS (Georges), *De Drancy à Auschwitz* (Ed. du Centre).
WEYGAND (Jacques), *Le serment* (Flammarion).
WEYGAND (Maxime), *Mémoires* (tome III, *Rappelé au Service* (Flammarion).

TABLE DES MATIERES

Cet ouvrage a été reproduit
par procédé photomécanique
et réalisé par la
SOCIÉTÉ NOUVELLE FIRMIN-DIDOT
Mesnil-sur-l'Estrée
pour le compte des Éditions Fayard
en octobre 1990

Imprimé en France
Dépôt légal : octobre 1990
N° d'édition : 9736 – N° d'impression : 16025
ISBN : 2-213-02634-3
35-36-8406-01/7